国家卫生健康委员会"十四五"规划教材

全国高等中医药教育教材

 江苏省高等学校重点教材（编号：2021-1-036）

供护理学类专业用

健康评估

第 3 版

護理

主　编　孙志岭　李壮苗

副主编　张玉芳　黄　丽　秦明芳　彭正禄

编　委　（按姓氏笔画排序）

马景双（辽宁中医药大学）　　武学润（天津中医药大学）

王秋玲（南京中医药大学）　　金宁宁（北京中医药大学）

叶红芳（浙江中医药大学）　　秦明芳（广西中医药大学）

江志虹（山西中医药大学）　　秦莉花（湖南中医药大学）

孙志岭（南京中医药大学）　　夏继凤（宁夏医科大学）

李　潇（云南中医药大学）　　黄　丽（安徽中医药大学）

李壮苗（福建中医药大学）　　康林之（江西中医药大学）

张玉芳（山东中医药大学）　　彭正禄（成都中医药大学）

陈明霞（陕西中医药大学）　　董　璐（上海中医药大学）

人民卫生出版社

·北京·

图书在版编目（CIP）数据

健康评估 / 孙志岭，李壮苗主编 . —3 版 . —北京：
人民卫生出版社，2021.9（2023.12重印）
　　ISBN 978-7-117-31644-6

　　Ⅰ.①健… Ⅱ.①孙…②李… Ⅲ.①健康 – 评估 –
中医学院 – 教材　Ⅳ.①R471

　　中国版本图书馆 CIP 数据核字（2021）第 171409 号

人卫智网　www.ipmph.com	医学教育、学术、考试、健康，购书智慧智能综合服务平台	
人卫官网　www.pmph.com	人卫官方资讯发布平台	

健 康 评 估
Jiankang Pinggu
第 3 版

主　　编：孙志岭　李壮苗
出版发行：人民卫生出版社（中继线 010-59780011）
地　　址：北京市朝阳区潘家园南里 19 号
邮　　编：100021
E - mail：pmph @ pmph.com
购书热线：010-59787592　010-59787584　010-65264830
印　　刷：人卫印务（北京）有限公司
经　　销：新华书店
开　　本：850 × 1168　1/16　印张：25
字　　数：624 千字
版　　次：2012 年 6 月第 1 版　　2021 年 9 月第 3 版
印　　次：2023 年 12 月第 3 次印刷
标准书号：ISBN 978-7-117-31644-6
定　　价：78.00 元

◇◇◇ 修 订 说 明 ◇◇◇

为了更好地贯彻落实《中医药发展战略规划纲要(2016—2030年)》《中共中央国务院关于促进中医药传承创新发展的意见》《教育部 国家卫生健康委 国家中医药管理局关于深化医教协同进一步推动中医药教育改革与高质量发展的实施意见》《关于加快中医药特色发展的若干政策措施》和新时代全国高等学校本科教育工作会议精神,做好第四轮全国高等中医药教育教材建设工作,人民卫生出版社在教育部、国家卫生健康委员会、国家中医药管理局的领导下,在上一轮教材建设的基础上,组织和规划了全国高等中医药教育本科国家卫生健康委员会"十四五"规划教材的编写和修订工作。

为做好新一轮教材的出版工作,人民卫生出版社在教育部高等学校中医学类专业教学指导委员会、中药学类专业教学指导委员会和第三届全国高等中医药教育教材建设指导委员会的大力支持下,先后成立了第四届全国高等中医药教育教材建设指导委员会和相应的教材评审委员会,以指导和组织教材的遴选、评审和修订工作,确保教材编写质量。

根据"十四五"期间高等中医药教育教学改革和高等中医药人才培养目标,在上述工作的基础上,人民卫生出版社规划、确定了第一批中医学、针灸推拿学、中医骨伤科学、中药学、护理学5个专业100种国家卫生健康委员会"十四五"规划教材。教材主编、副主编和编委的遴选按照公开、公平、公正的原则进行。在全国50余所高等院校2 400余位专家和学者申报的基础上,2 000余位申报者经教材建设指导委员会、教材评审委员会审定批准,聘任为主编、副主编、编委。

本套教材的主要特色如下:

1. **立德树人,思政教育** 坚持以文化人,以文载道,以德育人,以德为先。将立德树人深化到各学科、各领域,加强学生理想信念教育,厚植爱国主义情怀,把社会主义核心价值观融入教育教学全过程。根据不同专业人才培养特点和专业能力素质要求,科学合理地设计思政教育内容。教材中有机融入中医药文化元素和思想政治教育元素,形成专业课教学与思政理论教育、课程思政与专业思政紧密结合的教材建设格局。

2. **准确定位,联系实际** 教材的深度和广度符合各专业教学大纲的要求和特定学制、特定对象、特定层次的培养目标,紧扣教学活动和知识结构。以解决目前各院校教材使用中的突出问题为出发点和落脚点,对人才培养体系、课程体系、教材体系进行充分调研和论证,使之更加符合教改实际、适应中医药人才培养要求和社会需求。

3. **夯实基础,整体优化** 以科学严谨的治学态度,对教材体系进行科学设计、整体优化,体现中医药基本理论、基本知识、基本思维、基本技能;教材编写综合考虑学科的分化、交叉,既充分体现不同学科自身特点,又注意各学科之间有机衔接;确保理论体系完善,知识点结合完备,内容精练、完整,概念准确,切合教学实际。

4. **注重衔接,合理区分** 严格界定本科教材与职业教育教材、研究生教材、毕业后教育教材的知识范畴,认真总结、详细讨论现阶段中医药本科各课程的知识和理论框架,使其在教材中得以凸显,既要相互联系,又要在编写思路、框架设计、内容取舍等方面有一定的区分度。

5. 体现传承,突出特色　本套教材是培养复合型、创新型中医药人才的重要工具,是中医药文明传承的重要载体。传统的中医药文化是国家软实力的重要体现。因此,教材必须遵循中医药传承发展规律,既要反映原汁原味的中医药知识,培养学生的中医思维,又要使学生中西医学融会贯通,既要传承经典,又要创新发挥,体现新版教材"传承精华、守正创新"的特点。

6. 与时俱进,纸数融合　本套教材新增中医抗疫知识,培养学生的探索精神、创新精神,强化中医药防疫人才培养。同时,教材编写充分体现与时代融合、与现代科技融合、与现代医学融合的特色和理念,将移动互联、网络增值、慕课、翻转课堂等新的教学理念和教学技术、学习方式融入教材建设之中。书中设有随文二维码,通过扫码,学生可对教材的数字增值服务内容进行自主学习。

7. 创新形式,提高效用　教材在形式上仍将传承上版模块化编写的设计思路,图文并茂、版式精美;内容方面注重提高效用,同时应用问题导入、案例教学、探究教学等教材编写理念,以提高学生的学习兴趣和学习效果。

8. 突出实用,注重技能　增设技能教材、实验实训内容及相关栏目,适当增加实践教学学时数,增强学生综合运用所学知识的能力和动手能力,体现医学生早临床、多临床、反复临床的特点,使学生好学、临床好用、教师好教。

9. 立足精品,树立标准　始终坚持具有中国特色的教材建设机制和模式,编委会精心编写,出版社精心审校,全程全员坚持质量控制体系,把打造精品教材作为崇高的历史使命,严把各个环节质量关,力保教材的精品属性,使精品和金课互相促进,通过教材建设推动和深化高等中医药教育教学改革,力争打造国内外高等中医药教育标准化教材。

10. 三点兼顾,有机结合　以基本知识点作为主体内容,适度增加新进展、新技术、新方法,并与相关部门制订的职业技能鉴定规范和国家执业医师(药师)资格考试有效衔接,使知识点、创新点、执业点三点结合;紧密联系临床和科研实际情况,避免理论与实践脱节、教学与临床脱节。

本轮教材的修订编写,教育部、国家卫生健康委员会、国家中医药管理局有关领导和教育部高等学校中医学类专业教学指导委员会、中药学类专业教学指导委员会等相关专家给予了大力支持和指导,得到了全国各医药卫生院校和部分医院、科研机构领导、专家和教师的积极支持和参与,在此,对有关单位和个人表示衷心的感谢!希望各院校在教学使用中,以及在探索课程体系、课程标准和教材建设与改革的进程中,及时提出宝贵意见或建议,以便不断修订和完善,为下一轮教材的修订工作奠定坚实的基础。

人民卫生出版社
2021 年 3 月

前 言

护理程序始于健康评估,健康评估是护理学专业的必修课程和核心课程,衔接着护理基础课程和专科课程。为把握新时代要求,全面振兴本科教育,进一步推进医学教育改革与发展,根据全国高等中医药教育本科"十四五"规划教材的编写要求,人民卫生出版社在教育部、国家卫生健康委员会、国家中医药管理局的领导下,启动本教材第3版的编写和修订工作。

本教材修订原则是夯实基础、整体优化、与时俱进、创新融合,在进一步完善知识体系、精炼内容、准确概念的基础上,增加了思政元素、随文二维码等。本教材共11章,内容包括绪论、健康资料、问诊、体格检查、心理评估、社会评估、实验室检查、心电图检查、影像学检查、护理诊断与思维、健康评估记录等。本教材适用于全国高等院校全日制护理本科生和成人教育,也可作为国家护士执业资格考试的参考书,其他各级医院不同层次护理人员继续教育及临床带教老师教学指导用书。

本教材由南京中医药大学、福建中医药大学、山东中医药大学、安徽中医药大学、广西中医药大学、成都中医药大学、北京中医药大学、上海中医药大学、浙江中医药大学、天津中医药大学、湖南中医药大学、云南中医药大学、宁夏医科大学、山西中医药大学、陕西中医药大学、江西中医药大学、辽宁中医药大学等17所高等院校的18位老师编写而成。"绪论"由孙志岭编写,"健康资料"由李壮苗编写,"问诊"由李壮苗、秦莉花、康林之、黄丽、夏继凤、张玉芳编写,"体格检查"由叶红芳、秦莉花、夏继凤、秦明芳、孙志岭、董璐、张玉芳编写,"心理评估"由张玉芳编写,"社会评估"由江志虹编写,"实验室检查"由王秋玲、马景双、金宁宁编写,"心电图检查"由彭正禄、武学润编写,"影像学检查"由李潇、陈明霞编写,"护理诊断与思维"由马景双编写,"健康评估记录"由陈明霞编写。

全书在编写过程中得到了第四届全国高等中医药教育(本科)护理学专业教材评审委员会及各编委单位的大力支持与指导,在此表示衷心的感谢!尽管我们在本教材的编写过程中付出了诸多辛苦和努力,但由于能力和学识有限,疏漏不足之处在所难免。诚挚希望使用本教材的师生和读者批评指正,特致谢意!

编者

2021 年 3 月

◇◇◇ 目 录 ◇◇◇

第一章 绪论 ·· 1
一、健康评估的概念及其重要性 ······································ 1
二、健康评估的起源和发展 ·· 1
三、健康评估课程的内容 ··· 2
四、健康评估学习方法与要求 ·· 3

第二章 健康资料 ··· 5
第一节 健康资料的来源与类型 ·· 5
一、健康资料的来源 ··· 5
二、健康资料的类型 ··· 6
第二节 健康资料的内容 ·· 7
一、问诊资料 ··· 7
二、体格检查资料 ·· 7
三、辅助检查资料 ·· 7

第三章 问诊 ··· 8
第一节 概述 ··· 8
一、问诊的目的 ··· 8
二、问诊的内容 ··· 9
三、问诊的方法与技巧 ··· 13
第二节 常见症状问诊 ·· 17
一、发热 ·· 17
二、疼痛 ·· 22
三、水肿 ·· 28
四、脱水 ·· 30
五、咳嗽与咳痰 ·· 31
六、咯血 ·· 35
七、发绀 ·· 37
八、呼吸困难 ·· 40
九、心悸 ·· 43

十、恶心与呕吐 ·· 45

十一、腹泻 ··· 48

十二、便秘 ··· 49

十三、呕血与便血 ·· 51

十四、排尿异常 ·· 54

十五、黄疸 ··· 56

十六、眩晕 ··· 60

十七、晕厥 ··· 62

十八、抽搐与惊厥 ·· 63

十九、意识障碍 ·· 65

二十、睡眠障碍 ·· 69

二十一、焦虑 ·· 71

二十二、抑郁 ·· 73

第四章　体格检查 ··· 76

第一节　概述 ·· 76

一、体格检查的目的 ·· 76

二、体格检查的注意事项 ·· 76

三、体格检查的基本方法 ·· 77

第二节　全身状态检查 ·· 82

一、一般资料 ·· 82

二、生命体征 ·· 82

三、发育与营养 ·· 86

四、意识状态 ·· 87

五、面容与表情 ·· 87

六、体位与步态 ·· 89

第三节　皮肤和浅表淋巴结检查 ····································· 90

一、皮肤 ·· 90

二、浅表淋巴结 ·· 93

第四节　头部和颈部检查 ·· 96

一、头部 ·· 97

二、颈部 ·· 104

第五节　胸壁、胸廓和乳房检查 ····································· 107

一、胸部体表标志 ·· 107

二、胸壁、胸廓 ·· 110

三、乳房 ·· 111

第六节　肺脏检查 ·· 113

一、肺脏视诊 ·· 113

二、肺脏触诊 ·· 113

三、肺脏叩诊 ·· 115

　　四、肺脏听诊 ……………………………………………………………………………… 117

第七节　心脏和血管检查 ………………………………………………………………………… 121

　　一、心脏视诊 ……………………………………………………………………………… 121

　　二、心脏触诊 ……………………………………………………………………………… 122

　　三、心脏叩诊 ……………………………………………………………………………… 122

　　四、心脏听诊 ……………………………………………………………………………… 125

　　五、血管 …………………………………………………………………………………… 131

第八节　腹部检查 ………………………………………………………………………………… 131

　　一、腹部体表标志及分区 ………………………………………………………………… 131

　　二、腹部视诊 ……………………………………………………………………………… 133

　　三、腹部听诊 ……………………………………………………………………………… 135

　　四、腹部叩诊 ……………………………………………………………………………… 136

　　五、腹部触诊 ……………………………………………………………………………… 137

第九节　肛门、直肠和外生殖器检查 …………………………………………………………… 141

　　一、肛门与直肠 …………………………………………………………………………… 141

　　二、外生殖器 ……………………………………………………………………………… 144

第十节　脊柱、四肢与关节检查 ………………………………………………………………… 148

　　一、脊柱 …………………………………………………………………………………… 148

　　二、四肢与关节 …………………………………………………………………………… 151

第十一节　神经系统检查 ………………………………………………………………………… 155

　　一、脑神经 ………………………………………………………………………………… 155

　　二、感觉功能 ……………………………………………………………………………… 157

　　三、运动功能 ……………………………………………………………………………… 158

　　四、自主神经功能 ………………………………………………………………………… 160

　　五、神经反射 ……………………………………………………………………………… 161

第五章　心理评估 ………………………………………………………………………………… 168

第一节　概述 ……………………………………………………………………………………… 168

　　一、心理评估的目的 ……………………………………………………………………… 168

　　二、心理评估的方法 ……………………………………………………………………… 168

第二节　心理评估的内容 ………………………………………………………………………… 169

　　一、认知功能 ……………………………………………………………………………… 169

　　二、情绪与情感 …………………………………………………………………………… 174

　　三、心理应激 ……………………………………………………………………………… 177

　　四、健康行为 ……………………………………………………………………………… 180

　　五、自我概念 ……………………………………………………………………………… 182

第六章　社会评估 ………………………………………………………………………………… 186

第一节　概述 ……………………………………………………………………………………… 186

　　一、社会评估的目的 ……………………………………………………………………… 186

二、社会评估的方法 ···186
第二节　社会评估的内容 ···187
一、角色与角色适应评估 ···187
二、家庭评估 ···188
三、环境评估 ···191
四、文化评估 ···192

第七章　实验室检查 ···197
第一节　概述 ···197
一、实验室检查的主要内容 ···197
二、实验室检查在健康评估中的作用 ···198
三、标本的采集与处理 ···198
第二节　血液检查 ···201
一、血液一般检查 ···201
二、血型鉴定及交叉配血试验 ···209
三、止血和凝血的实验室检查 ···210
四、血液自动分析仪检测 ···214
第三节　尿液检查 ···214
一、一般性状检查 ···214
二、化学检查 ···215
三、显微镜检查 ···217
四、尿液自动分析仪检测 ···218
第四节　粪便检查 ···219
一、一般性状检查 ···219
二、化学检查 ···220
三、显微镜检查 ···220
四、细菌学检查 ···221
第五节　肝功能检查 ···221
一、蛋白质代谢检查 ···221
二、胆红素代谢检查 ···223
三、血清总胆汁酸测定 ···224
四、血清酶学检查 ···224
第六节　肾功能检查 ···226
一、肾小球功能检查 ···226
二、肾小管功能检查 ···229
三、血尿酸测定 ···231
第七节　其他常用临床生物化学检查 ···231
一、血糖及其代谢物检查 ···231
二、血清脂质与脂蛋白检查 ···234
三、血清电解质检查 ···237

　　四、心肌损伤生物标志物检查 ··· 239

　　五、胰腺疾病的酶学检查 ··· 243

第八节　临床常用免疫学检查 ··· 244

　　一、体液免疫检测 ··· 244

　　二、细胞免疫检测 ··· 246

　　三、自身抗体检测 ··· 247

　　四、肿瘤标志物检测 ··· 248

　　五、感染免疫检测 ··· 250

第九节　血液气体分析和酸碱度测定 ··· 254

　　一、常用的血气分析指标 ··· 254

　　二、酸碱平衡失调的判断 ··· 257

第十节　内分泌功能检查 ··· 258

　　一、甲状腺激素检测 ··· 258

　　二、肾上腺皮质激素检测 ··· 260

　　三、肾上腺髓质激素检测 ··· 261

　　四、性激素检测 ··· 262

第十一节　浆膜腔积液检查 ··· 264

　　一、一般性状检查 ··· 264

　　二、化学检查 ··· 265

　　三、显微镜检查 ··· 265

　　四、细菌学检查 ··· 265

　　五、漏出液与渗出液的鉴别诊断 ··· 266

第十二节　脑脊液检查 ··· 266

　　一、一般性状检查 ··· 267

　　二、化学检查 ··· 267

　　三、显微镜检查 ··· 269

　　四、病原生物学检查 ··· 269

第八章　心电图检查 ··· 271

第一节　心电图学基本知识 ··· 271

　　一、心电图产生原理 ··· 271

　　二、心电图各波段的组成与命名 ··· 273

　　三、心电图导联体系 ··· 275

　　四、心电图的测量 ··· 279

　　五、正常心电图的波形特点与正常值 ··· 284

　　六、小儿心电图特点 ··· 287

　　七、老年人心电图特点 ··· 287

第二节　异常心电图 ··· 288

　　一、心房肥大、心室肥厚 ··· 288

　　二、心肌缺血 ··· 291

　　三、心肌梗死 ⋯⋯⋯⋯⋯⋯⋯⋯⋯⋯⋯⋯⋯⋯⋯⋯⋯⋯⋯⋯⋯⋯⋯⋯⋯⋯⋯⋯⋯⋯⋯⋯⋯ 292
　　四、心律失常 ⋯⋯⋯⋯⋯⋯⋯⋯⋯⋯⋯⋯⋯⋯⋯⋯⋯⋯⋯⋯⋯⋯⋯⋯⋯⋯⋯⋯⋯⋯⋯⋯⋯ 297
　　五、电解质紊乱和药物影响 ⋯⋯⋯⋯⋯⋯⋯⋯⋯⋯⋯⋯⋯⋯⋯⋯⋯⋯⋯⋯⋯⋯⋯⋯⋯ 311
　第三节　心电图描记、分析和临床应用 ⋯⋯⋯⋯⋯⋯⋯⋯⋯⋯⋯⋯⋯⋯⋯⋯⋯⋯⋯⋯ 315
　　一、心电图描记 ⋯⋯⋯⋯⋯⋯⋯⋯⋯⋯⋯⋯⋯⋯⋯⋯⋯⋯⋯⋯⋯⋯⋯⋯⋯⋯⋯⋯⋯⋯⋯ 315
　　二、心电图的分析方法和步骤 ⋯⋯⋯⋯⋯⋯⋯⋯⋯⋯⋯⋯⋯⋯⋯⋯⋯⋯⋯⋯⋯⋯⋯⋯ 316
　　三、心电图的临床应用价值 ⋯⋯⋯⋯⋯⋯⋯⋯⋯⋯⋯⋯⋯⋯⋯⋯⋯⋯⋯⋯⋯⋯⋯⋯⋯ 317
　第四节　多参数心电监护仪的使用 ⋯⋯⋯⋯⋯⋯⋯⋯⋯⋯⋯⋯⋯⋯⋯⋯⋯⋯⋯⋯⋯⋯ 318
　　一、概述 ⋯⋯⋯⋯⋯⋯⋯⋯⋯⋯⋯⋯⋯⋯⋯⋯⋯⋯⋯⋯⋯⋯⋯⋯⋯⋯⋯⋯⋯⋯⋯⋯⋯⋯ 318
　　二、多参数心电监护仪的临床应用 ⋯⋯⋯⋯⋯⋯⋯⋯⋯⋯⋯⋯⋯⋯⋯⋯⋯⋯⋯⋯⋯ 318
　　三、多参数心电监护仪的操作程序 ⋯⋯⋯⋯⋯⋯⋯⋯⋯⋯⋯⋯⋯⋯⋯⋯⋯⋯⋯⋯⋯ 319

第九章　影像学检查 ⋯⋯⋯⋯⋯⋯⋯⋯⋯⋯⋯⋯⋯⋯⋯⋯⋯⋯⋯⋯⋯⋯⋯⋯⋯⋯⋯⋯⋯⋯⋯ 322
　第一节　X 线检查 ⋯⋯⋯⋯⋯⋯⋯⋯⋯⋯⋯⋯⋯⋯⋯⋯⋯⋯⋯⋯⋯⋯⋯⋯⋯⋯⋯⋯⋯⋯ 322
　　一、概述 ⋯⋯⋯⋯⋯⋯⋯⋯⋯⋯⋯⋯⋯⋯⋯⋯⋯⋯⋯⋯⋯⋯⋯⋯⋯⋯⋯⋯⋯⋯⋯⋯⋯⋯ 322
　　二、X 线检查前的准备及检查注意事项 ⋯⋯⋯⋯⋯⋯⋯⋯⋯⋯⋯⋯⋯⋯⋯⋯⋯⋯ 325
　　三、X 线检查的临床应用 ⋯⋯⋯⋯⋯⋯⋯⋯⋯⋯⋯⋯⋯⋯⋯⋯⋯⋯⋯⋯⋯⋯⋯⋯⋯ 326
　第二节　计算机体层成像 ⋯⋯⋯⋯⋯⋯⋯⋯⋯⋯⋯⋯⋯⋯⋯⋯⋯⋯⋯⋯⋯⋯⋯⋯⋯⋯⋯ 343
　　一、概述 ⋯⋯⋯⋯⋯⋯⋯⋯⋯⋯⋯⋯⋯⋯⋯⋯⋯⋯⋯⋯⋯⋯⋯⋯⋯⋯⋯⋯⋯⋯⋯⋯⋯⋯ 343
　　二、CT 检查前的准备及检查注意事项 ⋯⋯⋯⋯⋯⋯⋯⋯⋯⋯⋯⋯⋯⋯⋯⋯⋯⋯⋯ 345
　　三、CT 检查的临床应用 ⋯⋯⋯⋯⋯⋯⋯⋯⋯⋯⋯⋯⋯⋯⋯⋯⋯⋯⋯⋯⋯⋯⋯⋯⋯⋯ 346
　第三节　超声检查 ⋯⋯⋯⋯⋯⋯⋯⋯⋯⋯⋯⋯⋯⋯⋯⋯⋯⋯⋯⋯⋯⋯⋯⋯⋯⋯⋯⋯⋯⋯⋯ 346
　　一、概述 ⋯⋯⋯⋯⋯⋯⋯⋯⋯⋯⋯⋯⋯⋯⋯⋯⋯⋯⋯⋯⋯⋯⋯⋯⋯⋯⋯⋯⋯⋯⋯⋯⋯⋯ 346
　　二、超声检查前的准备及检查注意事项 ⋯⋯⋯⋯⋯⋯⋯⋯⋯⋯⋯⋯⋯⋯⋯⋯⋯⋯ 349
　　三、超声检查的临床应用 ⋯⋯⋯⋯⋯⋯⋯⋯⋯⋯⋯⋯⋯⋯⋯⋯⋯⋯⋯⋯⋯⋯⋯⋯⋯ 349
　第四节　磁共振成像检查 ⋯⋯⋯⋯⋯⋯⋯⋯⋯⋯⋯⋯⋯⋯⋯⋯⋯⋯⋯⋯⋯⋯⋯⋯⋯⋯⋯ 355
　　一、概述 ⋯⋯⋯⋯⋯⋯⋯⋯⋯⋯⋯⋯⋯⋯⋯⋯⋯⋯⋯⋯⋯⋯⋯⋯⋯⋯⋯⋯⋯⋯⋯⋯⋯⋯ 355
　　二、磁共振成像前的准备及检查注意事项 ⋯⋯⋯⋯⋯⋯⋯⋯⋯⋯⋯⋯⋯⋯⋯⋯ 357
　　三、磁共振成像的临床应用 ⋯⋯⋯⋯⋯⋯⋯⋯⋯⋯⋯⋯⋯⋯⋯⋯⋯⋯⋯⋯⋯⋯⋯⋯ 357
　第五节　核医学检查 ⋯⋯⋯⋯⋯⋯⋯⋯⋯⋯⋯⋯⋯⋯⋯⋯⋯⋯⋯⋯⋯⋯⋯⋯⋯⋯⋯⋯⋯ 357
　　一、概述 ⋯⋯⋯⋯⋯⋯⋯⋯⋯⋯⋯⋯⋯⋯⋯⋯⋯⋯⋯⋯⋯⋯⋯⋯⋯⋯⋯⋯⋯⋯⋯⋯⋯⋯ 357
　　二、核医学检查前的准备及检查注意事项 ⋯⋯⋯⋯⋯⋯⋯⋯⋯⋯⋯⋯⋯⋯⋯⋯ 358
　　三、核医学检查的临床应用 ⋯⋯⋯⋯⋯⋯⋯⋯⋯⋯⋯⋯⋯⋯⋯⋯⋯⋯⋯⋯⋯⋯⋯⋯ 359

第十章　护理诊断与思维 ⋯⋯⋯⋯⋯⋯⋯⋯⋯⋯⋯⋯⋯⋯⋯⋯⋯⋯⋯⋯⋯⋯⋯⋯⋯⋯⋯⋯ 362
　第一节　护理诊断 ⋯⋯⋯⋯⋯⋯⋯⋯⋯⋯⋯⋯⋯⋯⋯⋯⋯⋯⋯⋯⋯⋯⋯⋯⋯⋯⋯⋯⋯⋯ 362
　　一、护理诊断的定义 ⋯⋯⋯⋯⋯⋯⋯⋯⋯⋯⋯⋯⋯⋯⋯⋯⋯⋯⋯⋯⋯⋯⋯⋯⋯⋯⋯⋯ 362
　　二、护理诊断的构成 ⋯⋯⋯⋯⋯⋯⋯⋯⋯⋯⋯⋯⋯⋯⋯⋯⋯⋯⋯⋯⋯⋯⋯⋯⋯⋯⋯⋯ 362
　　三、护理诊断的陈述 ⋯⋯⋯⋯⋯⋯⋯⋯⋯⋯⋯⋯⋯⋯⋯⋯⋯⋯⋯⋯⋯⋯⋯⋯⋯⋯⋯⋯ 364
　　四、护理诊断与医疗诊断的区别 ⋯⋯⋯⋯⋯⋯⋯⋯⋯⋯⋯⋯⋯⋯⋯⋯⋯⋯⋯⋯⋯ 365

第二节　合作性问题 ··· 366

一、合作性问题的定义 ·· 366

二、合作性问题的陈述 ·· 366

三、护理诊断与合作性问题的区别 ·· 366

第三节　护理诊断程序 ·· 367

一、资料的收集和整理 ·· 367

二、资料的分析和归纳 ·· 368

三、选择和确定护理诊断 ··· 368

第四节　临床辩证思维方法 ··· 369

第十一章　健康评估记录 ·· 371

第一节　概述 ·· 371

一、健康评估记录的意义 ··· 371

二、健康评估记录的基本要求 ··· 371

第二节　健康评估记录格式与内容 ·· 372

一、入院护理评估记录单 ··· 372

二、护理记录 ·· 376

主要参考文献 ·· 379

第一章

绪 论

学习目标

识记:健康评估的概念;健康评估课程的主要内容;健康评估课程的学习方法和要求。

理解:健康评估与护理程序的关系;健康评估在护理实践中的重要性。

一、健康评估的概念及其重要性

健康评估是一门研究护理人员系统收集和综合分析护理对象的健康资料,以明确其健康状况、现存的或潜在的健康问题,进而做出护理诊断的基础理论、基本知识、基本技能和临床思维方法的课程。

健康评估是护理学专业的必修课程和核心课程。其前期基础课程为人体解剖学、生理学、病理学、病理生理学和护理学导论等,后续为临床各专科护理课程。因此,健康评估是学习临床各专科护理课程的入门和基础,是帮助学生将医学基础知识、护理学的基础知识过渡到临床护理学知识的重要桥梁。健康评估又称为护理评估,突出了护理的特色,体现了专业的独立性,是临床护理人员开展护理工作、执行护理程序所必备的核心能力。护理程序是由评估、诊断、计划、实施和评价所组成的循序渐进、不断循环的动态过程,而健康评估是护理程序的首要环节,它既是执行护理程序的基础,又贯穿于整个护理的全过程。全面、系统、准确、动态的评估是确保高质量护理的先决条件。

二、健康评估的起源和发展

早在 19 世纪中期,现代护理学创始人南丁格尔(Florence Nightingale)就已经意识到评估在临床护理实践中的重要性。她视评估为"对疾病的观察"。她在《护理札记》中强调了观察的重要性,认为护士所具备的素质之一"必须是一个仔细的、彻底的、迅速的观察者",需要收集、分析、记录和解释患者的资料。此外,她还强调通过与患者交谈获取有关健康和疾病相关信息的重要性。自此,评估成为临床护理工作的内容之一。健康评估在临床护理实践中的应用也越来越广泛和重要,尤其是 20 世纪 50 年代以后,随着护理程序(nursing process)概念的提出,评估被列为护理程序的首要步骤和环节。护理程序是一种有计划、系统而科学的护理工作方法,目的是确认和处理护理对象对现存或潜在健康问题的反应。2016 年美国护士协会(American Nurses Association)指出,注册护士应采用系统的、动态的方式来收集和分析护理对象的资料,这是护理工作的第一步;除了生理评估,还应进行心理、社

 笔记栏

会文化、精神、经济和生活方式等诸多方面的评估。现如今,健康评估在护理实践中的应用比以往任何时候都更加普遍。此外,随着护理角色的多元化,如专科护士、临床护理专家等的设立,护理人员的健康评估也向专业化、多样化的方向发展。

在护理教育界,西方发达国家从 20 世纪 70 年代早期就开始在护理教学计划中增加健康评估的内容,在 70 年代中晚期开始出现《健康评估》教材,并日趋成熟。但国内自 80 年代开设护理本科和专科教育以来,在健康评估知识和技能的教学方面长期沿用临床医学专业的《诊断学》课程和教材。直到 1998 年上海医科大学出版社率先出版了国内的第一部《健康评估》教材,随后在护理界及各医药院校护理教育工作者的共同努力下,健康评估课程在国内的护理教育课程设置中逐步取代诊断学课程,成为护理专业的主干课程。

思政元素

南丁格尔精神

"她(南丁格尔)提着油灯大步走近昏暗拥挤的医务室。一位高瘦虚弱的男子(伤病员)仰面静躺,凹陷的眼睛几乎无法睁开。她轻声细语,把灯移近查看他苍白的脸。用手触摸他发烧的额头,感受他微弱的脉搏。擦去他太阳穴上的汗珠,观察他增强的胸部呼吸运动并计数呼吸次数。她把一块湿布覆盖在他干燥的嘴唇上,拉直他的枕头,然后走到窗前撰写(评估)记录"。上述描述显示,健康评估始于南丁格尔在克里米亚战争(1853—1856)期间的护理实践。她经常一天工作超过 20 小时,当夜幕降临时,她提着一盏小小的油灯,沿着崎岖的小路,在 4 英里之遥的营区里,逐床查看伤病员。士兵们亲切地称她为"提灯女神""克里米亚的天使"。

南丁格尔作为伟大的护理事业创始人,是护理界的榜样和楷模。她无私奉献,用自己的爱心、耐心、细心和责任心去好好对待照顾每一位患者。南丁格尔已经成为护士精神的代名词,南丁格尔精神一直影响着护理事业,激励着一代又一代的护理学子,在学习和工作中传承着爱与奉献。

三、健康评估课程的内容

(一) 健康资料

健康评估是护理人员对护理对象的健康资料(包括主观资料和客观资料)进行系统收集和综合分析的过程。护理人员通过健康评估获得护理对象的健康资料,包括健康史问诊、体格检查和辅助检查资料。因此,此部分内容介绍健康资料的来源、类型和主要内容。

(二) 问诊

即健康史采集。在问诊过程中,护理人员与患者进行提问与回答,从而达到收集患者相关健康资料的目的。问诊过程涉及人际沟通的基本知识和技能。症状是问诊的重要内容。此部分内容介绍问诊的目的与内容、方法与技巧以及临床常见症状的问诊,包括常见症状的病因、发生机制、临床表现及对患者的影响,并在此基础上从护理的角度提出问诊的要点及相关护理诊断。

（三）体格检查

即身体评估。指护理人员用自己的感官或简单的辅助器具(如听诊器、叩诊锤、血压计、体温计等)对患者进行系统的观察和检查,从而揭示身体正常和异常的征象。而通过体格检查所发现的异常征象被称为体征。此部分内容包括体格检查的目的和方法、全身体格检查的内容、正常表现、常见异常体征的特点、发生机制及临床意义等。

（四）心理与社会评估

即依据"生物 - 心理 - 社会"的新型生物医学模式和 WHO 对健康概念的最新阐述,贯彻"以人为中心"和整体护理理念而设置的且有别于诊断学内容的特色部分。此部分内容介绍心理与社会评估的内容与方法。

（五）实验室检查

属于辅助检查。即运用物理学、化学、生物学等实验技术对患者的体液、分泌物、排泄物、细胞和组织等标本进行的检查。通过实验室检查,可获得病原学、病理形态学或器官功能状态等相关资料。此外,大部分标本的采集与保存需要护理人员完成。此部分内容介绍标本的采集与保存,各种实验室检查项目的正常参考值和异常变化及其临床意义等。

（六）其他辅助检查

如心电图检查、影像学检查。即应用各种器械,如心电图机或 X 线、CT、超声、MRI、核医学等检查设备,对患者进行相关检查。通过上述辅助检查,可获得病理形态学或器官功能状态等相关资料。此外,心电图机的操作、影像学检查前的准备及检查后的观察与处理等也是护理的内容。此部分内容介绍这些检查的原理、检查的准备与观察处理、正常表现和异常表现及其临床意义等。

（七）护理诊断与思维

护理人员通过对患者的健康评估,最终形成护理诊断。形成护理诊断的过程是护理人员采用临床评判性思维去分析所采集的健康资料,寻找患者存在的护理问题的过程。此部分内容介绍护理诊断与合作性问题,形成护理诊断的步骤及临床辩证思维方法。

（八）健康评估记录

指护理人员将问诊、体格检查、心理和社会评估以及实验室检查等辅助检查获得的资料和结果,经过科学严谨的临床思维加工整理后形成的书面记录。它既是护理活动的重要文件,也是患者病情的法律文件。此部分内容介绍健康评估记录的意义、基本要求、格式和内容,并规范护理记录。

四、健康评估学习方法与要求

健康评估不但是从护理学专业基础课程向临床各专科护理课程过渡的一门桥梁课程,而且具有很强的实践性,学习方法和要求与基础课程有很大的不同。除课堂教学外,更注重学生的实践能力和辩证思维能力的培养。因此,学习的基本方法包括课堂理论讲授、案例分析讨论、影像资料的视听教学、基于各种模型的模拟教学、示教室内角色扮演进行技能训练,以及标准化患者(SP)教学、临床见习、网络学习等,以不断提高理论知识、实践技能和评判性思维能力,为顺利过渡到临床各专科护理课程的学习打下坚实的基础。此外,在学习的过程中,还需巩固已学的医学基础知识和护理基础知识,如人体解剖学、生理学、病理学、病理生理学和护理学导论等,以便更好地加深对本课程内容的理解和掌握。因此,学习健康评估应达到的基本要求如下:

笔记栏

1. 体现"以人为中心"的护理理念,明确学习目的,端正学习态度,关心、爱护、体贴患者,建立良好护患关系。

2. 基本概念要清晰,基础知识要牢固,基本技能要熟练。

3. 树立求实创新和评判性思维的学习精神,注重理论联系实际,善于思考,勤学苦练。

4. 能独立进行系统而有针对性的问诊,发现异常征象,熟练掌握主诉、症状、体征之间的内在联系和临床意义。

5. 能以规范化的方法进行系统、全面、重点、有序的体格检查,不断地反复练习,达到熟练、准确的程度。

6. 在明确心理社会评估的重要意义及常用方法的基础上,掌握心理社会评估的主要内容及资料收集的具体方法与注意事项。

7. 掌握常用实验室检查项目的标本采集方法、注意事项,熟悉临床上常用实验室检查项目的正常参考值及异常改变的临床意义。

8. 掌握心电图机、心电监护仪操作和影像学检查前患者的准备,熟悉心电图正常波形、常见异常心电图及临床意义,了解影像学常见异常值报告的临床意义。

9. 能根据健康史、体格检查、实验室检查和其他辅助检查所提供的资料,进行综合分析,提出初步的护理诊断。

10. 能将问诊、体格检查及辅助检查结果进行系统整理,写出格式正确、文字通顺、表达清楚、字体规范、符合要求的健康评估记录。

(孙志岭)

复习思考题

作为一名护理专业的学生,如何全面理解健康评估学习的重要性?

第二章

健 康 资 料

健康评估是一个有计划、系统地收集患者的健康资料,并对健康资料进行整理、分析、判断的过程,从而为护理诊断的建立提供依据。为使所收集的资料全面、准确和客观,护士必须明确健康资料的来源、类型和主要内容。

第一节　健康资料的来源与类型

一、健康资料的来源

健康资料的来源可分为以下两类:

(一) 主要来源

即患者本人。患者本人所提供的资料大多很难从其他人员那里获取,如患病后的感受、对治疗及护理的期望、对健康的认识及需求等,仅有患者本人最清楚、最能准确地表述,因此也是最可靠的资料来源。

(二) 次要来源

除了患者以外,护士还可从其他人员或健康记录中获得所需资料。通过这些资料可进一步证实或充实主要来源(患者本人)提供的资料。主要包括:

1. 患者的家庭成员或与之关系密切者　包括父母、夫妻、儿女、兄弟姐妹、朋友、同事、邻居、师生、保姆等,他们与患者一起生活或工作,对其目前及既往的健康状况、生活习惯、工作环境以及对疾病或健康的态度等有较全面的了解,这些信息对获得全面的健康资料、确定护理诊断及制定护理措施有重要的参考价值。

2. 目击者　指目睹患者发病或受伤过程的人员,他们可提供相关的发病原因、现场状况及病情进展等资料。

3. 卫生保健人员　包括有关的医护人员、营养师、理疗师、心理医生等,可提供其有关的诊断及治疗措施等。

5

4. 目前或以往的健康记录 包括出生记录、预防接种记录、体检记录、病历记录等,这些资料对了解既往健康状况及其对目前健康的影响有很大的帮助。

二、健康资料的类型

经评估所收集的资料可以是患者或有关人员的主观描述,也可以是体格检查、实验室或其他辅助检查的结果等。根据收集资料的方法不同,临床上将健康资料分为主观资料和客观资料;按照发生时间的不同,健康资料可分为目前资料与既往资料。

(一)主观资料与客观资料

1. 主观资料 指通过问诊获得的资料,包括患者的主诉、知情者的代诉,如患者在疾病状态下的身体不适感、对身体状况的评价、个人经历、心理压力、求医目的等。其中患者患病后对机体生理功能异常的自身体验和感受称为症状(symptom),如恶心、疼痛等。主观资料一般不能被医护人员直接观察或检查所获得。

2. 客观资料 指经体格检查(视、触、叩、听、嗅诊等)及实验室或其他检查方法所获得的患者健康状况的资料。其中通过体格检查所发现的异常征象被称为体征(sign),如肝大、心脏杂音等。有些异常既是症状,也是体征。体征是形成护理诊断的重要依据。

多数情况下,主观资料与客观资料是相互支持的,主观资料可指导客观资料的收集,而客观资料则可进一步证实或补充所获得的主观资料。对于一份全面、完整的健康资料来说,主观资料和客观资料同等重要,两者都是形成护理诊断的重要来源和依据。

案例分析

病案实例:

患者,男,69 岁,吸烟 40 年,反复咳嗽、咳痰 30 年,每年发作持续超过 3 个月。近 5 年开始出现呼吸困难。2 天前开始发热,咳黄黏痰,不易咳出,喘息加重。体检:体温 38.6℃,脉搏 102 次/min,呼吸 26 次/min,血压 130/70mmHg。神志清楚,消瘦,口唇发绀,胸廓呈桶状胸,呼吸运动减弱,触觉语颤减低,叩诊过清音,呼吸音粗,双肺满布哮鸣音,肺底散在湿啰音。血常规:白细胞 $12.2×10^9$/L。X 线胸片:两肺透亮度增加。

请问:以上案例提供的健康资料哪些是主观资料? 哪些是客观资料?

分析:

案例中"反复咳嗽、咳痰 30 年,每年发作持续超过 3 个月。近 5 年开始出现呼吸困难,2 天前开始发热,咳黄黏痰,不易咳出,喘息加重"是通过问诊获得的,属于主观资料。案例中"体温、脉搏、呼吸、血压、神志、体型;口唇发绀,胸廓呈桶状胸,呼吸运动减弱,触觉语颤减低,叩诊过清音,呼吸音粗,双肺满布哮鸣音,肺底散在湿啰音;血常规、X 线胸片"为体征或检查的结果,属于客观资料。

(二)目前资料与既往资料

1. 目前资料 指患者目前发生的有关健康问题的资料,如患者的基本资料、主诉、现病史、日常生活状况等。

2. 既往资料 指患者此次患病之前发生的有关健康问题的资料,如曾患过的疾病、住院史、外伤与手术史、预防接种史、过敏史等。

第二节　健康资料的内容

健康资料不仅包括患者的身体健康状况,还包括其心理、社会健康状况。收集健康资料的方法很多,如问诊、体格检查以及有关辅助检查结果或查阅病历等。下面重点介绍问诊资料、体格检查资料和辅助检查资料。

一、问诊资料

问诊资料是护士通过问诊所获得的有关患者健康状况的资料,可统称为健康史(history of health)。健康史是关于患者目前及既往的健康状况、影响健康状况的有关因素及对自己健康状况的认知与反应的主观资料。与医疗病史不同的是,护士更关注患者对其健康状况以及生活方式改变所做出的反应。全面系统、真实准确的问诊需要以丰富的临床经验和相应的理论知识作为基础,熟悉问诊的内容,掌握问诊的技巧。问诊的内容主要包括基本资料、主诉、现病史、日常生活状况、既往史(既往的健康状况、曾经患过的疾病、住院史、外伤与手术史、预防接种史及过敏史等)、个人史、婚育史、月经史、家族史、心理社会状况等的评估。

二、体格检查资料

体格检查是护士运用自己的感官或借助听诊器、体温表、手电筒、血压计、叩诊锤等简单的辅助工具,按照视诊、触诊、叩诊、听诊、嗅诊等方法对被检查者进行细致的观察和系统的检查,以了解其身体状况的最基本的检查方法。体格检查不需要复杂的设备和程序,经济实用、易于实施,但体格检查需以解剖、生理和病理学等知识为基础,具有很强的技术性,可为护理诊断提供客观依据,并指导护士制定合理的护理措施。体格检查资料包括全身状态检查、皮肤和浅表淋巴结检查、头面颈部检查、胸壁和胸廓检查、肺脏检查、心脏和血管检查、腹部检查、肛门直肠和外生殖器检查、脊柱四肢与关节检查及神经系统检查等内容。

三、辅助检查资料

辅助检查资料包括实验室检查(血液检查、尿液检查、粪便检查、肝功能检查、肾功能检查、血糖及其代谢物检查、血清脂质与脂蛋白检查、血清电解质检查、心肌损伤标志物检查、免疫学检查、血液气体分析和酸碱度测定、内分泌功能检查、浆膜腔积液检查、脑脊液检查)、心电图检查(常规心电图、动态心电图、心电图运动负荷试验)、影像学检查(X线检查、CT检查、超声检查、磁共振成像检查、核医学检查)等检测报告。应详细记录所做各项检查,尤其是与本次疾病密切相关的检查结果。若为外院检查,可予以注明时间及"院外"字样。若为入院前所做的检查,应注明检查日期及地点。另外,根据病情需要所进行的实验室检查或其他有关检查结果也须予以记录。若未做门诊检查,可记录为"缺如"。

●（李壮苗）

复习思考题

请将完整的健康资料内容分为主观资料与客观资料。

笔记栏

PPT 课件

◆◆◆ 第三章 ◆◆◆

问　诊

第一节　概　述

一、问诊的目的

问诊（inquiry）是护士通过对问诊对象进行有目的、有计划的系统询问，从而获得患者健康相关资料的交谈过程，又称为病史采集。

问诊的目的是获得患者主观感觉的不适或异常，了解疾病的发生、发展、诊治和护理经过、既往健康状况、曾患疾病的情况，以及由此产生的生理、心理、社会等方面的反应，明确患者的护理需求，为确定护理诊断提供依据，也为随后的体格检查、实验室检查等辅助检查的选择提供线索。

问诊是启动护理评估的第一步，并贯穿于患者从入院到出院的整个过程，既包括对患者入院时的评估，也包括在护理活动中与患者的自然交流，因此也是护士与患者建立积极的治疗性关系的重要时机。根据具体情况采用正确的问诊方式，运用恰当的问诊技巧，可以提高效率，达到收集完整、准确健康资料的目的，还可以借此向患者提供健康教育，有时候甚至交流本身也具有治疗作用。友善、信任、同情和关爱是良好护患关系的基础，这种关系可为患者在病痛或焦虑中寻求希望和理解提供情感和精神支持。

👤 课堂互动

讨论护士问诊与医生问诊的目的有何不同。

二、问诊的内容

遵循整体护理的理念,问诊的内容应包括与患者的健康状况有关的生理、心理、社会等各个层面。但由于社会文化背景的不同以及临床实践场所的差异等,问诊的内容及其组织形式所采用的理论框架也有所不同。目前临床应用较多的是以下两种形式:生理 - 心理 - 社会模式和功能性健康型态模式。

(一) 生理 - 心理 - 社会模式

该模式是在对传统的生物医学模式进行修订的基础上,增加并强调了心理与社会评估的内容。

1. 基本资料　包括患者的姓名、性别、年龄、职业、民族、籍贯、婚姻状况、文化程度、宗教信仰、医疗费用支付方式、家庭地址、电话号码、入院日期、入院诊断、入院类型、入院方式、资料来源的可靠性及收集资料的时间。若资料来源不是患者本人,则应注明与患者的关系。上述资料可为某些健康状况提供有用的信息,并有助于了解患者对健康的态度及价值观,为进一步收集资料和制定护理计划提供依据。如性别、年龄、职业、民族、籍贯、婚姻状况等与健康问题的发生发展有关;不同文化程度可帮助我们选择适合的健康教育方式;医疗费的支付方式则有助于了解患者的经济承受能力,从而为其选择合理的治疗方案和护理措施。

2. 主诉　主诉(chief complaint)为患者感觉最主要、最明显的症状或体征及其持续时间,即此次就诊的最主要原因及其时间。确切的主诉可初步反映病情轻重与缓急。记录主诉应突出重点、简明扼要、高度概括,并同时注明主诉自发生到就诊的时间,一般不超过 20 个字,如"发热、咽痛 2 天","咳嗽、咳痰 3 天,伴喘息 6 小时"。主诉要准确反映患者的主要矛盾,并尽可能用患者自己的语言进行描述,不应使用诊断名词,如"糖尿病 5 年"应记述为"多食、多饮、多尿 5 年"。对当前无症状而诊断与入院目的明确的患者,可以用诸如"患白血病 3 年,经检验复发 5 天"的方式记录。

3. 现病史　现病史(history of present illness)是围绕主诉详细描述患者自患病以来健康问题的发生、发展、演变、诊疗和护理的全过程,是健康史的主体部分。其内容如下:

(1) 起病情况与患病时间:起病的情况包括起病的时间、在何种情况下发生及其起病的缓急。有的疾病起病急骤,如脑栓塞、心绞痛、急性胃肠穿孔等;有的疾病起病缓慢,如肺结核、慢性阻塞性肺疾病、肿瘤等。不同的疾病其起病特点也不同,如脑血栓形成常发生于睡眠时,而脑出血常发生于情绪激动或紧张时。患病时间是指自起病至就诊或入院的时间。缓慢起病者,患病时间可按数年、数月或数日计算;急骤起病者,患病时间可按小时、分钟计算;起病时间难以确定者,需仔细询问、分析后再做判断。

(2) 病因与诱因:主要是指与本次发病有关的病因(外伤、中毒、感染等)和诱因(气候变化、环境改变、情绪、饮食起居失调等)。了解这些有助于明确患者的健康问题,并有利于采取针对性的护理措施。

(3) 主要症状的特点:询问的要点包括症状出现的部位、性质、持续时间和发作频率、严重程度及有无使其加重或减轻的因素等。了解这些特点可为寻找病因提供重要依据,同时也是确定护理诊断及制定相应护理措施的重要依据。如心绞痛和心肌梗死所致疼痛多在心前区与胸骨后或剑突下,可向左肩和左臂内侧放射;肺梗死所致胸痛位于胸骨后,向颈、肩部放射;上腹痛常提示为胃、十二指肠或胰腺病变;右下腹痛则多为阑尾炎所致。

（4）病情的发展与演变：是指患病过程中主要症状的变化或新症状的出现，如消化性溃疡患者出现呕血、黑便，则可能并发上消化道出血。

（5）伴随症状：指与主要症状同时或随后出现的其他症状。伴随症状对确定病因和判断有无并发症具有重要意义，也为完善护理措施提供重要线索。问诊时需问清伴随症状与主要症状之间的关系及演变过程。如胸痛伴咳嗽、咳痰者提示为肺部疾病所致；腹泻伴呕吐，则可考虑为饮食不洁或误食毒物所致的胃肠炎。

（6）诊断、治疗与护理经过：患者对健康问题是如何看待和处理的，曾接受过哪些诊疗和护理，效果如何？对于曾服用的药物应问明药物名称、用药途径、剂量、时间及不良反应等，记录所提及的药物名称、曾做的诊断，并应以双引号进行标注。

4. 日常生活状况　对日常生活状况（daily living conditions）的了解有助于发现患者可能存在的不良生活行为，并可根据患者不同的生活习惯找出适宜的方法以帮助其维持和恢复健康。收集资料的主要内容如下：

（1）饮食与营养：①膳食基本情况，包括每日餐次、进食量、饮食种类；②饮水情况；③有无特殊饮食（软食、流食、半流食、低蛋白饮食、低脂饮食等）及其可能的原因；④营养状况：对营养状况的自我感知，有无食欲及体重等方面的变化。

（2）排泄：包括排便排尿的次数、量、性状和颜色，有无异常改变及可能的原因，有无辅助排便、留置导尿等特殊情况。

（3）休息与睡眠：指睡眠、休息及放松的方式与习惯。主要内容包括平素睡眠是否规律、每日睡眠时间、晚间入睡及晨起的时间、是否午睡、是否需要药物或其他方式辅助睡眠、醒后是否感觉精力充沛、此次患病后有无睡眠障碍等。

（4）日常生活活动与自理能力：①日常活动：包括日常的主要活动形式、有无规律的身体锻炼活动、活动的强度及持续时间等；②自理能力：是指完成日常活动，包括进食、穿衣、洗漱、如厕、做饭、购物等的能力。应注意有无自理能力受限，受限的范围、程度、原因及表现，有无使用辅助器具等。

（5）个人嗜好：主要询问有无烟、酒、麻醉品或其他特殊嗜好。若有，应详细询问应用的时间与摄入量，是否戒除等。

5. 既往史　既往史（past history）是指患者既往的健康状况以及患病/住院的经历等。收集既往史的目的旨在了解患者过去所存在的健康问题、求医经历及其对自身健康的态度等。患者过去所患疾病可影响其目前健康状况及需求，通过对其过去健康问题的了解可以预测其对目前及将来健康问题的可能反应。因此，既往史的收集可以为制定和选择今后的治疗与护理方案提供重要的依据。

既往史包括患者既往的健康状况和曾经患过的疾病（包括各种传染病或地方病）、住院史、外伤与手术史、预防接种史及过敏史等，特别是与现病史有密切关系的疾病。主要内容包括：①对自己既往健康状况的评价；②有无患病、手术、外伤史，以及疾病名称、时间、诊疗、手术的名称及转归；③预防接种史，包括预防接种时间及疫苗类型；④有无过敏史，包括食物、药物、环境因素中已知的过敏物质等；若有，应详细询问并记录过敏发生的时间、过敏原和过敏反应的具体表现；⑤有无急慢性传染病史、地方病史，如居住地或生活地区是否存在主要传染病或地方病。

> **课堂互动**
>
> 讨论既往史与现病史的区别,两者如何界定?

6. 个人史　个人史(personal history)包括出生地、居住地区和居留时间(尤其是疫源地和地方病流行区)、受教育程度、经济生活和业余爱好等社会经历;工种、工作环境、接触有害毒物的情况及劳动保护措施;生活起居、饮食规律与卫生习惯等生活方式。对于儿童应详细了解其出生、喂养、生长发育等情况。

7. 月经史　询问月经史(menstrual history)时,对于青春期后的妇女应包括其月经初潮年龄、月经周期和经期的天数、经血的量和颜色、经期症状、有无痛经和白带异常及末次月经日期(last menstrual period,LMP),对于已绝经妇女还应询问其闭经日期、绝经年龄。记录格式如下:

$$初潮年龄\ \frac{行经期(天)}{月经周期(天)}\ 末次月经时间(LMP)或绝经年龄$$

8. 婚姻史与生育史　婚姻史(history of marriage)包括已婚或未婚、结婚年龄、婚姻状况、配偶健康状况、性生活情况、夫妻关系等。生育史(reproductive history)包括妊娠与生育次数,自然或人工流产的次数,有无死产、手术产、围生期感染,以及计划生育状况、避孕措施等。对男性患者也应询问是否患过影响生育的疾病。

9. 家族史　家族史(family history)主要是对患者直系亲属健康状况的了解,包括双亲、兄弟、姐妹及子女的健康、患病及死亡情况,特别应注意询问有无遗传性、家族性、传染性疾病或同样疾病病史,如血友病、糖尿病、高血压、遗传性球形红细胞增多症、心脏病、肿瘤、精神病、哮喘等。

10. 心理社会状况　心理社会状况评估是健康评估的重要内容之一,涉及的内容也较为广泛。

(1) 心理方面:①认知能力:如有无定向力、记忆力、注意力、语言能力等障碍;②感知能力:如视、听、触、嗅等感觉功能有无异常,有无错觉、幻觉等;③情绪状态:如有无焦虑、抑郁、失望、沮丧、恐惧、愤怒等情绪;④自我概念:对自己充满信心、有价值感,或觉得自己无能为力、毫无希望,成为别人的累赘等;⑤对健康和疾病的理解与反应;⑥压力反应及应对方式等。

(2) 社会方面:①价值观与信仰:包括对客观事物的意义、评价、看法和主张;②受教育情况:包括曾接受过的各种专业教育、培训或函授等,以及所取得的成绩或成果;③职业及工作环境:所从事过的工种、有无影响正常的生活规律等,还有工作环境中的卫生状况、有无噪音、工业毒物接触等;④生活与居住环境:包括卫生状况、居民素质等,注意有无饮水、饮食、空气污染及各种噪音等威胁健康的因素;⑤家庭:包括家庭人口构成、家庭关系是否融洽、患者在家庭中的地位、家人对患者的态度、病后对家庭的影响等;⑥社会交往状况:是否与人和谐共处,是否存在人际关系紧张;⑦经济负担:家庭的经济状况如何,特别是有无因为检查、治疗等经济负担而给患者带来的心理压力。

（二）功能性健康型态模式

功能性健康型态（functional health pattern，FHP）是马乔里·戈登（Marjory Gordon）于 1987 年提出的，涉及生理、心理和社会的 11 个功能型态。它以多家护理理论为基础，涵盖了个体生理、心理、社会、文化及生活行为等层面，护理工作中以 FHPs 为模式收集、分析健康资料，不仅能收集患者健康问题的资料，而且包含了正常活动能力或潜力以及处理自身健康问题的能力等资料，更能体现护理实践"以人为本"的特征，使临床思维更集中明确地指向护理诊断。为了发挥该模式的优势，在国内主要用以指导主观资料的收集与组织。其组织形式如下：

1. 基本资料　内容同生理-心理-社会模式。
2. 主诉　内容同生理-心理-社会模式。
3. 现病史　内容同生理-心理-社会模式。
4. 既往史　内容同生理-心理-社会模式。
5. 功能性健康型态

（1）健康感知与健康管理型态（health perception-health management pattern）：涉及个体的健康观念与如何管理自己的健康，主要包括个体对自身健康状况的认识和感受，以及为维护自身健康所采取的健康照顾行为和计划。如自觉一般健康状况如何；为维护或促进健康所做的最重要的事情及其对健康的影响；有无烟、酒、毒品等嗜好，每天的摄入量，有无药物成瘾或药物依赖、剂量及持续时间；是否经常进行乳房自检；平时能否服从医护人员的健康指导；是否知道所患疾病的原因，出现症状时采取的措施及其结果等。

（2）营养与代谢型态（nutritional and metabolic pattern）：涉及个体食物和液体的摄入与利用，以及可能影响食物和液体的摄入与利用的因素。如食欲及日常食物和水分摄入种类、性质、量，有无饮食限制或偏好；有无补充营养素；有无口腔溃疡；有无恶心、呕吐现象；有无咀嚼或吞咽困难及其程度、原因和进展情况；近期体重变化及其原因；有无自觉皮肤、黏膜、毛发的变化；牙齿是否正常。

（3）排泄型态（elimination pattern）：涉及个体排便与排尿的功能，包括个体自觉的排泄功能状态、排泄时间、方式、量和质的改变或异常以及泻药或排泄辅助器具的使用情况。如每日排便与排尿的次数、量、颜色、性状、气味，有无异常改变及其类型、诱发或影响因素，是否应用药物；出汗的量、气味。

（4）活动与运动型态（activity exercise pattern）：涉及个体日常生活活动、休闲娱乐、锻炼方式及与之相关的活动能力、活动耐力与日常生活自理能力。如进食、洗漱、如厕、洗澡、穿衣、行走、上下楼梯、做家务等日常活动能否自理及自理水平；日常活动与运动方式、活动量、活动耐力，有无医疗或疾病的限制，是否借助轮椅或义肢等辅助用具；有无呼吸困难、肢体疲倦或无力等阻滞运动与活动的因素。

（5）睡眠与休息型态（sleep-rest pattern）：涉及个体日常睡眠状况、休息和放松的模式，有无睡眠异常。如入睡困难、多梦、早醒、失眠等，是否借助药物或其他方式辅助入睡；醒后是否自觉精神饱满、精力充沛。

（6）认知与感知型态（cognitive-perceptual pattern）：是指个体的神经系统对外界各种感官刺激的感受能力以及大脑对接收到的各种刺激的反应和判断能力。前者主要包括有无视觉、听觉、味觉、嗅觉的改变，视、听觉是否借助辅助工具，后者主要包括有无记忆、思维过程、语言能力的改变；有无感觉异常，如有无疼痛，疼痛的部位、性质、程度、持续时间；学习方式及学习过程有何困难等。

(7) 自我概念型态(self-concept pattern):涉及个体对自己的个性特征、社会角色和身体特征的认识与评价,并受价值观、信念、人际关系、文化和他人评价等因素的影响。包括如何看待自己,多数情况下自我感觉良好抑或不良;有无导致愤怒、烦恼、焦虑、抑郁、恐惧、害怕、沮丧、绝望等情绪的因素,如何处理这些情绪反应。

(8) 角色与关系型态(role-relationship pattern):涉及个体在生活中的角色及与他人关系的性质,包括个体对其家庭、工作和社会角色的感知。如就业情况、工作情况、社会交往情况;角色适应及有无角色适应不良;独居或与家人同住;家庭结构与功能,有无处理家庭问题方面的困难,家庭对患者患病或住院持何看法;是否参加社会团体;与朋友关系是否密切,是否经常感到孤独;工作是否顺利;经济收入能否满足个人生活所需。

(9) 性与生殖型态(sexual-reproductive pattern):主要涉及个体的性别认同、性角色行为、性功能和生育能力。如性生活满意程度,有无改变或障碍;女性月经量、经期、周期、有无月经紊乱;是否怀孕、婚育,有无子女等。

(10) 压力与压力应对型态(coping-stress tolerance pattern):涉及个体对压力的感知与处理,包括个体对压力的适应或不适应的反应、对压力的认知与评价及其应对方式。如是否经常感到紧张,所采取的措施(如药物、酗酒或其他);近期生活中有无重大改变或危机,当生活中出现重大问题时如何解决,能否成功,能对其提供最大帮助和支持者;是否存在压力及其性质和程度,对压力的反应如何。

(11) 价值与信念型态(value-belief pattern):涉及个体的文化和精神世界,主要包括价值观、健康信念、人生观和宗教信仰等。如能否在生活中得到自己所需要的,如何理解生活的意义;有无宗教信仰;有无相互矛盾的价值观等。

三、问诊的方法与技巧

问诊不仅是一种收集资料的手段,更是一门艺术。为使问诊有效进行,达到预期目的,护士必须遵循一定的原则,运用相应的技巧。因此,护士必须认真学习和掌握问诊的方法和技巧,并在实践过程中不断积累经验。

(一) 问诊前准备

在问诊进行前,护士应做好如下准备:①问诊内容的准备:应熟练掌握问诊的主要内容及询问的先后顺序等。必要时,可将问诊提纲写在纸上,以免遗漏。②创造良好的问诊环境:问诊的环境必须安静、舒适,具有私密性,以缓解患者因环境生疏或对疾病的恐惧而产生的紧张情绪,使其能不受过多干扰地陈述与自己健康状况有关的感受及经历;问诊过程中注意保护患者的隐私,最好不要当着陌生人的面谈论病史。③选择合适的问诊时机:正确地把握问诊时机可以提高问诊效果,并可避免患者产生疲劳或厌倦的情绪。病情许可时,在患者入院后应尽早地采集健康史,尽可能以患者为直接问诊的对象。当患者处于痛苦或抢救状态时,应避免过多地问诊,在简要询问和重点检查之后,应立即实施抢救,详细健康史可稍后补充或从其亲属处获得。

(二) 问诊过程中常用的方法与技巧

1. 建立良好的护患关系　在问诊开始前应征得患者的同意,如为相关人员或患者家属,在征得同意的同时应明确其与患者的关系,并向患者作病史内容保密的承诺。问诊过程中,护士应主动营造一种宽松、和谐的氛围,消除患者紧张不安的情绪。一般从礼节性的交谈开始,可先作自我介绍(佩戴胸牌是很好的自我介绍的一种方式),说明自己的职责及问诊的目的,可以使用恰当的语言(包括肢体语言)表明愿意尽自己所能解除或缓解患者的病痛,上述举措有助于建立良好的护患关系,缩短护患之间的距离。

2. 围绕主诉问诊　问诊一般从主诉开始,有目的、有顺序地进行。首先提出一般性易于回答的问题(开放性问题),比如"您感到哪儿不舒服?",然后耐心倾听患者的陈述。护士可根据患者的陈述,逐步深入了解其本次患病的可能原因、有关症状的特点、处理经过等。如患者诉说腹痛,可以询问:"您腹痛有多长时间了? 部位在哪里? 什么样的痛? 都在什么情况下痛? 哪些因素可使疼痛加重或减轻? 疼痛发作时还有其他症状吗? 到哪里看过病? 接受过哪些治疗? 治疗的效果如何?"等。

3. 选择提问方式

(1) 开放性问题:对于提问没有可供选择的答案,可以使问诊对象对有关问题进行更详细的描述,如"您今天来,是哪儿不舒服?""您是什么原因来看病的?"开放性问题以患者为中心,以了解其完整背景和信息为目的,收集的病史将更全面、更客观。其优点是易于回答,容易获取有价值的信息,而缺点是患者的回答可能与评估目的无关,占用较多的时间,急症情况下不宜采用。

(2) 闭合性问题:为证实或确认患者叙述病史的细节,可以直接提问。如"您头痛有多长时间了?""请告诉我,您做胆囊切除术是什么时候?"等。直接提问的另一种方式是直接选择性提问,即要求患者回答"是"或"否",如"您曾经有过类似的疼痛吗?",或让患者对提供的选择做出回答,如"您腹痛时疼痛是锐痛、钝痛、绞痛、烧灼痛或别的什么?"。闭合式问题还用于患者存在焦虑、语言受限或身体不适等情况下。其缺点是不利于患者表达自己的感受及提供额外信息,使获得的资料不够准确和全面。若问诊中过多使用,还会使问诊对象产生压抑感、被动感,不利于其对问诊的主动参与。

4. 采取接受和尊重的态度　问诊过程中举止端庄,态度和蔼,对患者始终保持关切的态度,对其遭遇表示理解、认可和同情,切不可用带有责备语气的问题,如"您为什么吸那么多烟呢?"以免造成护士与患者之间的不快与隔阂。在问诊过程中,可对患者进行恰当的肯定、赞扬和鼓励等,使患者受到启发鼓舞,积极提供信息,如"您已经戒烟了,真有毅力!"等。当患者回答不确切时,要耐心启发,并给予足够的时间来思考和回答问题。对不愿回答的问题,不要强迫其回答。若为重要的资料,则需向患者做好解释,解除其顾虑。

5. 避免不恰当的提问形式

(1) 避免暗示性提问:问诊过程中,应避免诱导或套问,如"您的粪便颜色是黑的吗?""您呕吐是喷射样的吗?""您是不是在下午发热?",以免患者在带有倾向性特定答案的问题引导下随声附和,导致资料失真。更恰当的提问是"您的粪便是什么颜色?""您呕吐时是怎样吐的?""您一般在什么时候发热?"。

(2) 避免医学术语:提问时避免使用医学术语,如心悸、纳差、黄疸、谵妄、里急后重、端坐呼吸等,导致产生错误的理解或不解。

(3) 避免重复提问:问诊时要注意提问的目的性、系统性和侧重性,要全神贯注地倾听患者的回答,对同一问题不应再次或重复询问,以免降低患者对护士的期望与信心。

6. 切入/重回主题　在问诊过程中,经常遇到患者抓不住重点、离题或试图避免谈及某项问题等情况。如果断然中断谈话或改变话题,会令对方不舒服甚至产生敌对情绪而破坏问诊的气氛。此时,需要运用相应技巧帮助对方回到原来的主题,并就重点问题展开描述。如"我很愿意在稍后的时间与您讨论这些问题,现在我们再来谈谈您当时胸痛的情况?"。

7. 非语言性沟通技巧 在问诊过程中,除要掌握语言性沟通技巧外,还应善于运用非语言性沟通技巧,如与问诊对象保持合适的距离、目光的接触、微笑与点头、必要的手势、触摸、沉默及倾听等。恰当地运用非语言沟通技巧有助于消除与问诊对象之间的障碍,使问诊对象感到轻松自如,易于交流。

8. 及时核实资料 为确保所获病史资料的准确性,在问诊过程中必须对那些存有疑问、含糊不清或矛盾的内容进行核实。常用的核实方法有:①澄清:要求患者对模糊不清或模棱两可的内容做进一步的解释和说明,如"您说您心情特别不好,请具体说一下是什么情况?"。②复述:以不同的表达方式重复患者所说的内容,如"您说您的胸痛是在情绪激动时发作,是这样吗?"。③反问:以询问的口气重复患者的话,但不加入自己的观点,并鼓励患者能够提供更多的信息,如患者说:"我昨天夜里没有睡好",护士可以问:"您说您昨天夜里没有睡好?"。反问也可以用于描述问诊对象的非语言行为,并询问其原因。如"我注意到您总是向窗外看,有什么原因吗?"。④质疑:用于患者前后所说的情况不一致,或患者所陈述的情况与护士所见不一致时,如"您告诉我您的胃很痛,您却一直在微笑,能告诉我这是为什么吗?"。⑤解析:对患者所提供的信息进行分析和推论,并与其交流,如"您的父母同时死于车祸,您一定觉得很伤心",患者可以对你的解析加以确定、否认或提供另外的解释等,如:"我是非常伤心,但我从小就与祖父母生活在一起,所以我的感受可能没有您想象的那么严重"。

9. 问诊结束时的提示 在问诊即将结束时,问诊人员应有所暗示或提示,如看看表或对问诊内容做出结语等,切忌突然结束话题。同时,可告知患者接下来做什么以及患者需要做的准备等。

(三) 特殊情况问诊

特殊情况系指当问诊涉及患者敏感的话题而使其不愿意回答,或因不同的文化背景、老年人或儿童而可能发生的各种问诊过程中的困难,或因病情危重、情绪异常、认知功能障碍而难以回答,护士都应予以特别的关注。

1. 情绪异常

(1) 愤怒与敌意:部分患者因疾病困扰或缺乏安全感而迁怒于人,有些患者则自认为医护人员态度生硬或操作粗鲁而心怀敌意,对医生、护士或医疗护理过程不合作,病情加重或家庭、经济问题的不良刺激会进一步加重患者上述的情绪。对此类患者问诊时,护士应采取平静、温和、理解与克制的态度,尽量发现患者发怒的原因并予以针对性地解释说明。询问病史应缓慢而清晰,内容主要限于现病史,对心理社会及家族史等敏感的问题,应谨慎询问或分次进行,以免触怒患者。一旦患者情绪失控,护士应注意自身安全。

(2) 焦虑与抑郁:焦虑和抑郁是患者常见的负性情绪。焦虑者无论是接收还是表达信息都很困难,常有许多主诉,且混淆不清,语速快,易激惹。因此,问诊时护士应先说明问诊的目的,所提的问题应尽可能简单而有条理,同时应耐心倾听并鼓励患者平静、缓慢地叙述自己的感受,注意其语言的和非语言的各种异常的线索,以便确定问题性质,并在宽慰时注意分寸。抑郁是最常见的临床问题之一,且容易被忽略,应予特别重视。问诊时可较多采用直接提问,并应注意与患者的感情交流,努力成为其朋友,以便逐渐找出其抑郁的原因。对疑

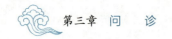

笔记栏

有抑郁症者应邀请精神科医生进行会诊。

(3) 缄默与忧伤:引起缄默的可能原因有:①患者因疾病而使情绪难以控制,或护士所提问题触及其敏感处而致伤心;②对护士的提问或表现不满而沉默不悦;③护士过多、过快的直接提问使患者惶惑而被动。患者若因患病而伤心、哭泣、情绪低落,护士应予以安抚、理解以及适当等待,待患者镇定后再继续询问。由于交谈不当引起情绪问题,护士应及时察觉,予以避免。

2. 老年人与儿童 不同年龄的患者,由于所处的生理心理发展阶段不同,参与问诊的能力也不同。如对于婴幼儿或较小的儿童,护士可通过观察或对其家长问诊而获取信息。5~6岁以上的儿童,已经具备了问诊的能力,可让儿童本人参与问诊。老年人可能存在听力、视力、记忆力等功能的减退,问诊时应注意提高音量、减慢语速,采取面对面交流的方式,使其能看清你的口型及表情,说话简单、清楚,问题应限于确实需要询问的方面。

3. 病情危重与临终患者

(1) 病情危重者:若病情危重,为争取时间,重点应放在对目前主要问题的评估,而且要边评估边给予抢救处理,对于与目前紧急情况无关或关系不大的资料可在以后补充完善。若病情危重、病痛或治疗等导致语言表达受限时,可适当应用非语言表达方式,突出重点以缩短问诊时间,其余资料可由亲属或其他来源获得。病情危重者病情许可,应尽可能以患者本人为直接问诊对象。病情危重者反应变慢,甚至迟钝,不应催促,给予理解。在做简明扼要的询问和重点检查后,应立即实施抢救。经初步处理,病情稳定后,再进行详细询问。

(2) 临终患者:临终患者常因对治疗无望而有孤独、拒绝、违拗、懊丧、抑郁等情绪,问诊时应特别关心,引导其做出反应。护士在与患者问诊的过程中常因刻意回避与"死亡"相关的问题而使问诊显得过于谨慎与沉重。临床上有相当部分患者知道其预后,部分患者虽不知情,但有可能从其他患者处察觉到自己的预后。故在与临终患者问诊前,护士应了解其是否已被告知或知晓自己的病情及预后。当患者需要了解并讨论其真实病情时,护士应给予患者感情支持,同时可根据患者的具体情况予以回答,回答问题应恰当中肯,避免对患者造成伤害,必要时可建议患者向主管医生咨询。

4. 认知功能障碍 认知功能障碍者因不能回答问题或不能正确地回答问题而使问诊难以进行,护士可通过询问患者的家属、目击者或其他了解患者情况的相关人员以获取病史信息。

5. 不同文化背景 不同文化背景的人在人际交流方式及对疾病的反应方面存在明显的文化差异,这种差异是显而易见的。在实际生活中,人们也总是沉浸在自己的文化中,习惯于以自己的方式为人处世。这种以自我文化为中心的情况如果发生在问诊过程中,必将影响问诊的结果。因此,问诊时护士应当理解不同的文化信仰和价值观,注意自己与他人文化间的差异,理解和尊重他人的文化,尤其在涉及双方问诊距离和触摸等文化背景行为时。同时问诊中尽可能避免使用俚语或医学术语尤其是医学缩略语,以保证问诊的有效进行。

第二节　常见症状问诊

学习目标

识记:常见症状的概念、临床表现及问诊要点。

理解:常见症状的病因与发生机制及对患者的可能影响。

运用:根据收集的患者健康史资料,提出护理诊断 / 护理问题。

一、发热

发热(fever)是机体在致热原(pyrogen)作用下,或各种原因引起体温调节中枢功能紊乱,使产热增多、散热减少,体温升高超出正常范围。人体的正常体温主要受体温调节中枢的调控,通过神经、体液因素使产热和散热过程保持动态平衡以维持体温的恒定。一般口温为36.3~37.2℃,腋温为 36.0~37.0℃,肛温为 36.5~37.7℃。正常情况下,人体体温受机体内外许多因素,如年龄、性别、环境温度、昼夜节律、活动程度、进餐、情绪、女性月经周期等的影响而略有波动。

(一) 病因与发病机制

1. 病因　发热的病因很多,临床上可分为感染性与非感染性两大类,以感染性发热多见。

(1) 感染性发热(infective fever):各种病原体,如病毒、细菌、支原体、立克次体、螺旋体、真菌、寄生虫等引起的感染,不论是急性、亚急性或慢性、局部性或全身性,均可出现发热。

(2) 非感染性发热(noninfective fever):①无菌性坏死物质的吸收:如手术、大面积烧伤、心肌梗死等组织蛋白分解释放出内源性致热原引起的吸收热。②抗原 - 抗体反应:免疫系统攻击自身组织,造成炎性反应,如结缔组织病、风湿热、血清病等。③内分泌与代谢障碍:如甲状腺功能亢进、严重脱水等。④皮肤散热障碍:如广泛性皮炎、慢性心力衰竭等。⑤体温调节中枢功能失常:致热因素直接作用于体温调节中枢,使体温调定点上移后发出调节冲动,使产热大于散热;中枢性发热(centric fever)见于脑出血、中暑、颅脑损伤等。⑥自主神经功能紊乱:夏季高温、精神紧张、剧烈运动后、月经前及妊娠初期都可有低热现象。

2. 发病机制　在正常情况下,人体的产热和散热保持动态平衡。由于各种原因导致产热增加或散热减少时可出现发热。

(1) 致热原性:致热原发热包括 4 个作用环节:①外源性致热原(exogenous pyrogen);②内源性致热原(endogenous pyrogen);③体温中枢调定点上升;④调定点上移后引起调温效应器的反应。外源性致热原(包括病原体及其产物、抗原 - 抗体复合物、炎性渗出物及无菌性坏死组织、致热性类固醇等)不能直接通过血 - 脑屏障作用于体温调节中枢,但可通过激活血液中的中性粒细胞、嗜酸性粒细胞、单核巨噬细胞系统,使其产生并释放内源性致热原(如白细胞介素、肿瘤坏死因子、干扰素等),可通过血 - 脑屏障直接作用于体温调节中枢的体温调定点(setpoint),使之上移。体温调节中枢一方面通过运动神经使骨骼肌紧张性增高或阵挛(表现为寒战)使产热增多,另一方面通过交感神经使皮肤血管及竖毛肌收缩,停止排汗,散热减少,以上两者综合作用促使体温升高。

(2) 非致热原性:①体温调节中枢直接受损:如颅脑外伤、出血、炎症等;②产热过多:如癫痫大发作、全身肌肉剧烈抽搐、甲状腺功能亢进、代谢增加;③散热减少:如先天性汗腺缺陷症、皮肤广泛鱼鳞病等。

(二) 临床表现

1. 发热的分度 按发热高低(以口腔温度为准)可分为:①低热:37.3~38℃;②中等度热:38.1~39℃;③高热:39.1~41℃;④超高热:41℃以上。

2. 热程 根据发热期的长短可分为急性发热和长期发热。发热病程少于2周者为急性发热,起病急,常见于各种急性感染;发热持续2周以上者为长期发热,见于伤寒、结核、结缔组织疾病、淋巴瘤等。

3. 发热的临床过程与特点 发热的临床经过一般分为3个阶段。

(1) 体温上升期:主要表现为皮肤苍白、无汗,畏寒或寒战,体温上升,特点为产热大于散热。体温上升的方式有两种:①骤升型:体温在数小时内达39~40℃或以上,常伴寒战,小儿多伴有惊厥,见于疟疾、大叶性肺炎、败血症、流行性感冒、急性肾盂肾炎、输液或某些药物反应;②缓升型:体温逐渐上升,在数日内达到高峰,多不伴有寒战,见于伤寒、结核病等。

(2) 高热期:主要表现为皮肤潮红、灼热,呼吸深快。此期寒战消失、开始出汗并逐渐增多,特点为产热与散热过程在较高水平上保持相对平衡。体温上升达高峰后保持一定时间,持续时间因病因而不同,如疟疾可持续数小时,流行性感冒可持续数天,伤寒则可持续数周。

(3) 体温下降期:主要表现为出汗多、皮肤潮湿。特点为散热大于产热,体温随病因消除而降至正常水平。体温下降的方式有两种:①骤降型:体温于数小时内迅速降至正常,见于疟疾、急性肾盂肾炎、大叶性肺炎、输液反应等;②渐降型:体温在数天内逐渐降至正常,见于伤寒、风湿热等。

4. 热型 热型(fever type)为患者发热期间绘制于体温单上的体温曲线类型。常见热型如下:

(1) 稽留热(continued fever):稽留热是指体温明显升高在39~40℃及以上,持续数天或数周,24小时内体温波动相差不超过1℃(图3-1)。常见于伤寒、大叶性肺炎高热期。

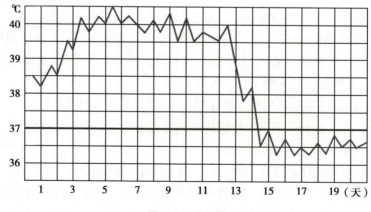

图 3-1 稽留热

(2) 弛张热(remittent fever):弛张热又称败血症热型,体温常在39℃以上,波动幅度大,24小时内波动范围超过2℃,最低时仍在正常水平以上的体温曲线类型(图3-2)。常见于败血症、风湿热、重症肺结核及化脓性感染等。

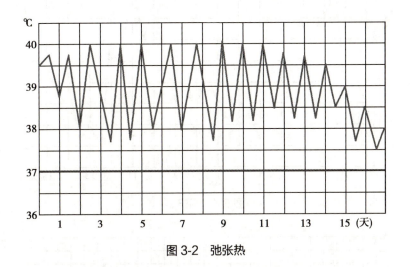

图3-2 弛张热

(3) 间歇热(intermittent fever):体温骤升达高峰后持续数小时,又骤降至正常水平;无热期(间歇期)可持续1天至数天,高热期与无热期反复交替出现(图3-3)。常见于疟疾、急性肾盂肾炎等。

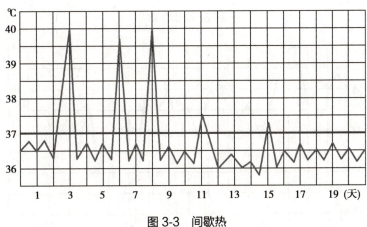

图3-3 间歇热

(4) 回归热(recurrent fever):体温骤升至39℃及以上,持续数天后又骤降至正常水平,高温期和无热期各持续若干天后规律性交替一次的体温曲线类型(图3-4)。可见于回归热、霍奇金(Hodgkin)淋巴瘤等。

(5) 波状热(undulant fever):体温逐渐上升达39℃或以上,发热数日后渐降至正常水平,持续数日后又逐渐升高,如此反复多次(图3-5)。常见于布氏杆菌病。

(6) 不规则热(irregular fever):发热患者的体温曲线无一定规律(图3-6),可见于结核病、风湿热、支气管肺炎、渗出性胸膜炎等。

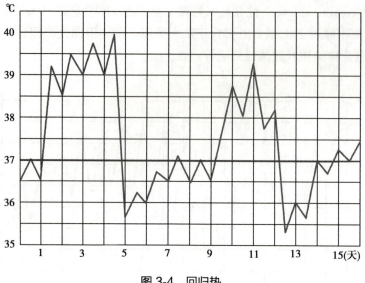

图 3-4 回归热

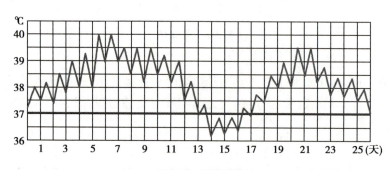

图 3-5 波状热

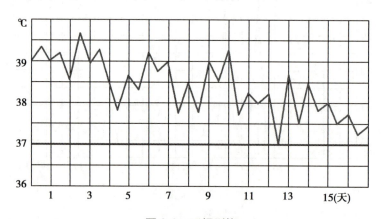

图 3-6 不规则热

 课堂互动

比较间歇热与回归热的异同。

（三）伴随症状

1. **伴寒战** 见于大叶性肺炎、败血症、急性胆囊炎、急性肾盂肾炎、流行性脑脊髓膜炎、疟疾、钩端螺旋体病、药物热、急性溶血或输血反应等。

2. 伴结膜充血　见于麻疹、流行性出血热、斑疹伤寒、钩端螺旋体病等。

3. 伴单纯疱疹　口唇单纯疱疹多出现于急性发热性疾病,见于大叶性肺炎、流行性脑脊髓膜炎、间日疟、流行性感冒等。

4. 伴淋巴结肿大　见于传染性单核细胞增多症、风疹、淋巴结结核、局灶性化脓性感染、丝虫病、白血病、淋巴瘤、转移癌等。

5. 伴肝脾肿大　见于传染性单核细胞增多症、病毒性肝炎、肝及胆道感染、布氏杆菌病、疟疾、结缔组织病、白血病、淋巴瘤、黑热病、急性血吸虫病等。

6. 伴出血　发热伴皮肤黏膜出血可见于重症感染及某些急性传染病,如流行性出血热、病毒性肝炎、斑疹伤寒、败血症等。也可见于某些血液病,如急性白血病、再生障碍性贫血、恶性组织细胞病等。

7. 伴关节肿痛　见于败血症、猩红热、布氏杆菌病、风湿热、结缔组织病、痛风等。

8. 伴皮疹　见于麻疹、猩红热、风疹、水痘、斑疹伤寒、风湿热、结缔组织病、药物热等。

9. 伴昏迷　先发热后昏迷者见于流行性乙型脑炎、斑疹伤寒、流行性脑脊髓膜炎、中毒性菌痢、中暑等;先昏迷后发热者见于脑出血、巴比妥类药物中毒等。

(四) 对患者的影响

急性发热时易引起舌炎、齿龈炎、腹胀、食欲减退、恶心、呕吐等;体温上升期和高热持续期可致神经系统兴奋性增高(烦躁不安、头晕、头痛、失眠、谵语、幻觉,小儿高热者易发生惊厥)、心率加快、呼吸加快、尿量减少及比重增高、分解代谢增强、血糖升高等;体温下降期大量水、电解质排出,易致电解质失衡。长期发热时可致体重减轻,出现焦虑情绪。

(五) 问诊要点

1. 病因与诱因　询问患者有无与发热相关的疾病如各种病原体所致的感染性疾病,或脏器梗死或大手术、风湿热、脑出血、甲状腺功能亢进、中暑、严重脱水等非感染性疾病;有无发热的流行病学情况,如是否到过瘟疫流行地区,有无传染病患者接触史;有无受凉、饮食不洁、环境温度过高等诱因。

2. 发热的特点　询问患者起病的时间、季节、起病缓急以及发热程度、热程、热型。测量患者体温值,判断是高热还是低热;根据患者的体温变化,评估其体温值波动范围;发热是持续性还是间歇性,同时观察伴随的症状与体征。

3. 发热对患者的影响　包括急性发热者有无食欲减退、恶心、呕吐等消化道症状;高热者有无谵妄、幻觉等意识障碍,小儿有无高热惊厥;大量出汗者有无脱水;长期发热者有无体重减轻等。

4. 诊断、治疗与护理经过　已接受过的诊断性检查项目及结果,如是否进行血、痰、粪、尿常规等细菌学检查等。已采用的治疗或护理措施,包括发热后是否使用退热药物或其他药物,药物的名称、剂量、给药途径及疗效,以及是否采用其他降温措施。

(六) 相关护理诊断

1. 体温过高　与病原体感染和/或体温调节中枢功能障碍有关。

2. 体液不足　与体温下降期出汗过多和/或液体摄入量不足有关。

3. 营养失调:低于机体需要量　与长期发热代谢率增高和/或营养物质摄入不足有关。

4. 口腔黏膜改变　与发热所致的口腔黏膜干燥有关。

5. 舒适度改变　与高热引起的全身肌肉酸痛有关。

6. 焦虑 与担心疾病预后不良 / 长期发热不愈有关。

7. 潜在并发症:惊厥;意识障碍。

二、疼痛

疼痛(pain)是指机体受到伤害性刺激而产生的不愉快感觉和伴随着机体现有的或潜在的组织损伤的情绪体验,包括"痛知觉"和"痛反应"两种反应形式。"痛知觉"是个体的主观感觉,包括痛觉和知觉;"痛反应"是机体对疼痛刺激的生理反应,包括保护性反应和病理性反应。强烈、持久的疼痛可致生理功能紊乱,甚至导致休克。

(一)发病机制

当各种物理、化学刺激作用于机体,致使局部组织释放出致痛物质如5-羟色胺、缓激肽、乙酰胆碱、组织胺及其同类的多肽类、钾离子、氢离子及酸性代谢产物等,这些物质会直接兴奋神经末梢的痛觉感受器,形成痛觉冲动传入脊髓后根的神经节细胞,经由脊髓丘脑侧束进入内囊,上传至在大脑皮质中央后回的第一感觉区(痛觉中枢),引起疼痛的感觉和反应。

(二)分类

1. 根据疼痛起始部位及传导途径分类

(1)皮肤痛(dermatodynia):多因体表皮肤黏膜受到机械性、化学性、灼伤等刺激而引起的疼痛。皮肤痛的特点为"双重疼痛"——快痛和慢痛,快痛是在皮肤受到刺激时很快发生定位清楚而尖锐的刺痛,0.5~1.0秒之后出现定位不明确的烧灼痛为慢痛。

(2)躯体痛(somatalgia):指肌肉、肌腱、筋膜和关节等深部组织受到机械性、化学性等引起的疼痛,这些由于神经分布的差异,对疼痛刺激的敏感性不同,以骨膜对痛觉最敏感。疼痛范围弥散,多为钝痛和痉挛痛。

(3)内脏痛(visceralgia):主要因内脏器官受到机械性牵拉、扩张、痉挛、炎症、化学性刺激等引起的疼痛。内脏痛定位常不准确,疼痛阈较高,发生缓慢而持久,可为钝痛、烧灼痛、绞痛。

(4)牵涉痛(referred pain):指内脏性疼痛牵涉至身体体表的部位,即内脏痛觉信号传至相应脊髓节段,引起该节段支配的体表部位疼痛,内脏器官疾病的牵涉性痛区(图 3-7)。如

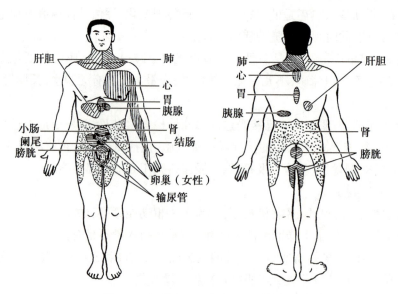

图 3-7 内脏器官疾病时的牵涉性痛区

心绞痛时,常在胸前区及左臂内侧皮肤感到疼痛;急性阑尾炎早期在脐周或上腹部感到疼痛。牵涉痛的特点是定位明确,疼痛剧烈,有压痛、肌紧张及感觉过敏。

(5) 假性疼痛(pseudo pain):指病变已经去除后仍感到相应部位疼痛,如截肢患者在手术后仍可感到已存在的肢体疼痛。其发生可能与病变部位去除前的疼痛刺激在大脑皮质形成强兴奋灶的后遗影响有关。

(6) 神经痛(neuralgia):指神经受损所致的疼痛,可表现位剧烈灼痛或刺痛等。

2. 按疼痛病程分类

(1) 急性疼痛(acute pain):起病急,持续仅数分钟、数小时或数天,如急性心肌梗死、急性胰腺炎、急性阑尾炎和急性肠梗阻等。其特点为:组织损伤迹象明显;定位准确,保护意识或反应强;常伴有交感神经兴奋的表现,如血压升高,心率、呼吸加快,出汗等。

(2) 慢性疼痛(chronic pain):是指疼痛持续3个月,或间隔数月或数年后疼痛复发,如骨关节炎、颈椎病、腰椎间盘突出症、腰椎滑脱等。其特点为:痛点模糊,并伴活动减少、活动受限、心理焦虑、担忧等表现。

3. 按疼痛性质分类

(1) 锐痛(sharp pain):尖锐的疼痛,能够准确地感受到疼痛部位,难以忍受,引起情绪的烦躁。如刺痛、刀割样痛,常见于由外伤引起的疼痛,如体表被锐器划破所致的疼痛。

(2) 钝痛(dull pain):主要表现酸痛、胀痛、闷痛,程度较隐痛剧烈,常见于内脏炎症、癌性疼痛或脑瘤、脑炎引起的头痛,多为较强烈的持续性钝痛。

(3) 其他:压榨样痛、跳痛、牵拉样痛等。

4. 按疼痛程度分类

(1) 微痛:似痛非痛,常与其他感觉复合出现,如酸、麻、沉重、不适感等。

(2) 轻痛:疼痛局限,程度很轻或仅有隐痛。

(3) 甚痛:较为剧烈,但尚能忍受,常合并痛反应如心跳加快、血压升高等。

(4) 剧痛:难以忍受,痛反应强烈。

(三) 临床常见部位疼痛的原因

1. 头痛 头痛(headache)是指额、顶、颞及枕部的疼痛,为某些器质性疾病与功能性疾病所致。

(1) 颅脑病变:①炎症:如脑炎、脑膜炎、脑脓肿等。②颅内血管病变:如蛛网膜下腔出血、脑出血、脑栓塞、高血压脑病、颅内动脉瘤等。③颅内占位性病变:如脑肿瘤、颅内转移瘤、颅内囊虫病或包虫病等。④颅脑外伤:脑震荡、脑挫伤、颅内血肿、脑外伤后遗症等。⑤其他:偏头痛、丛集性头痛、腰椎穿刺后头痛等。

(2) 颅外病变:①颈椎病及其他颈部疾病;②神经痛,如三叉神经痛、枕神经痛等;③眼、耳、鼻及牙齿疾病所致的牵涉性头痛;④颅骨疾病。

(3) 全身性疾病:常见的有流感、伤寒、原发性高血压、中暑、酒精中毒、一氧化碳中毒、有机磷农药中毒、贫血、肺性脑病等。

(4) 神经官能症:神经衰弱及癔症性头痛等。

2. 胸痛 胸痛(chest pain)主要是指发生于胸廓与胸腔部位的疼痛。

(1) 胸壁疾病:如带状疱疹、急性皮炎、肋软骨炎、肋间神经炎、肋骨骨折、急性白血病等。

(2) 肺及胸膜疾病:如胸膜炎、胸膜肿瘤、肺炎、支气管炎、肺结核、自发性气胸、支气管肺癌等。

笔记栏

（3）心血管系统疾病：如心包炎、心绞痛、心肌梗死、心肌病、二尖瓣或主动脉瓣病变、胸主动脉瘤（夹层动脉瘤）等。

（4）纵隔及食管病变：纵隔炎、纵隔气肿、纵隔肿瘤、食管炎、食管癌等。

（5）其他疾病：肝脓肿、肝炎、肝癌、膈下脓肿等。

3. 腹痛　腹痛（abdominal pain）是指发生于腹部的疼痛。腹痛多由腹部脏器疾病引起，但胸部疾病及全身性疾病也可引起。

（1）腹腔脏器炎症：如腹膜炎、胃炎、胰腺炎、肠炎、阑尾炎、急性胆囊炎等。

（2）空腔脏器梗阻或扩张：如肠梗阻、胆道蛔虫病、胆道或泌尿道结石梗阻等。

（3）脏器扭转或破裂：如肠扭转、肝脏或脾脏破裂、卵巢囊肿扭转、异位妊娠破裂等。

（4）腹腔脏器包膜牵张：实质性脏器因病变肿胀，导致包膜张力增加而发生的腹痛，如肝炎、肝淤血、肝脓肿、肝癌等。

（5）腹腔内血管阻塞：如缺血性肠病等。

（6）腹部其他疾病　如腹壁挫伤或脓肿、消化性溃疡、胃肠神经功能紊乱、肿瘤压迫与浸润等。

（7）胸腔疾病：如肺梗死、心绞痛、心肌梗死等引起腹部牵涉性疼痛。

（8）全身性疾病：如尿毒症、糖尿病酮症酸中毒、铅中毒等。

（四）临床常见部位疼痛的临床表现

1. 头痛

（1）发病情况：急性起病、急剧的头痛，合并发热者常为感染所致；急剧的头痛，持续不减，并有不同程度的意识障碍而无发热者，提示颅内血管性疾病（如蛛网膜下腔出血）；慢性进行性头痛并有颅内高压的症状可能是颅内占位性病变；长期的反复发作性头痛多见于偏头痛、紧张性头痛、丛集性头痛等。

（2）头痛部位：偏头痛多是一侧；颅内病变的头痛常为深层性且较弥散，颅内深部病变的头痛多向病灶同侧放射；全身性或颅内感染性疾病的头痛多为全头痛等；眼源性、鼻源性或牙源性头痛多为浅表性疼痛。

（3）头痛的程度与性质：三叉神经痛、偏头痛及脑膜刺激的疼痛最为剧烈；脑肿瘤的痛多为中度或轻度。颅内占位病变或者静脉窦血栓的头痛可表现为慢性胀痛；高血压性、血管性及发热性疾病的头痛，往往带有搏动性；神经痛多呈电击样痛或刺痛；紧张性头痛多为重压感、紧箍感或戴帽感等非搏动性疼痛。

（4）头痛出现的时间与持续时间：颅内占位病变往往清晨加剧；鼻窦炎的头痛经常发作于清晨和上午。脑肿瘤的头痛多为持续性，可有长短不等的缓解期。

（5）加重、减轻头痛的因素：咳嗽、打喷嚏、摇头、俯身可使颅内高压性头痛、颅内感染性头痛及脑肿瘤性头痛加剧；低颅压性头痛可在坐位或立位时出现，卧位时减轻或缓解；慢性或职业性的颈肌痉挛所致的头痛，可因活动、按摩颈肌而逐渐缓解；颈肌急性炎症所致的头痛可因颈部运动而加剧。

2. 胸痛

（1）发病年龄：青壮年胸痛多考虑结核性胸膜炎、自发性气胸、心肌炎、心肌病、风湿性心瓣膜病；40 岁以上则须注意心绞痛、心肌梗死和支气管肺癌。

（2）胸痛部位：大部分疾病引起的胸痛常有固定部位。带状疱疹所致胸痛，可见成簇的水疱沿一侧肋间神经分布并伴剧痛，且疱疹不超过体表中线；胸膜炎引起的疼痛多在胸侧部。食管及纵隔病变引起的胸痛多在胸骨后。心绞痛及心肌梗死的疼痛多在胸骨后方和心前区或剑突下,常放射至左肩背部、左上臂内侧,可达环指与小指,少数可放射至左颈与面颊部(易被误认为牙痛)。夹层动脉瘤引起的疼痛多位于胸背部,向下放射至下腹、腰部与两侧腹股沟和下肢。肺尖部肺癌(肺上沟癌、Pancoast 癌)引起的疼痛多以肩部、腋下为主,向上肢内侧放射。

(3)胸痛性质:带状疱疹呈刀割样或灼热样剧痛;食管炎多呈烧灼痛;肋间神经痛为阵发性灼痛或刺痛;心绞痛呈绞榨样痛并有重压窒息感,心肌梗死则疼痛更为剧烈并有恐惧、濒死感;气胸在发病初期有撕裂样疼痛;胸膜炎常呈隐痛、钝痛和刺痛;夹层动脉瘤常呈突然发生的胸背部撕裂样剧痛或锥痛。

(4)胸痛持续时间:平滑肌痉挛或血管狭窄缺血所致的疼痛为阵发性,炎症、肿瘤、栓塞或梗死所致疼痛呈持续性。如心绞痛发作时间短暂(持续数分钟),而心肌梗死疼痛持续时间很长(数小时或更长)且不易缓解。

(5)影响胸痛因素:食管疾病多在进食时发作或加剧,服用抗酸剂和促动力药物可减轻或消失。胸膜炎及心包炎的胸痛可因咳嗽或用力呼吸而加剧。心绞痛发作可在劳力或精神紧张时诱发,休息后或含服硝酸甘油或硝酸异山梨酯后于数分钟内缓解,而心肌梗死所致疼痛则服上述药物效果较差。

3. 腹痛

(1)腹痛部位:一般腹痛部位多为病变所在部位。如胃、十二指肠和胰腺疾病,疼痛多在中上腹部;胆囊炎、胆石症等疼痛多在右上腹部;小肠疾病疼痛多在脐部或脐周;急性阑尾炎疼痛在右下腹 McBurney 点;结肠疾病疼痛多在下腹或左下腹部;膀胱炎、盆腔炎及异位妊娠破裂疼痛亦在下腹部。弥漫性或部位不定的疼痛见于急性弥漫性腹膜炎、机械性肠梗阻、急性出血坏死性肠炎等。

(2)腹痛性质和程度:突发的中上腹剧烈刀割样痛或烧灼样痛,多为胃、十二指肠溃疡穿孔;中上腹持续性隐痛多为慢性胃炎或胃、十二指肠溃疡;上腹部持续性钝痛或刀割样疼痛呈阵发性加剧多为急性胰腺炎;持续性广泛性剧烈腹痛伴腹壁肌紧张或板样强直提示急性弥漫性腹膜炎。其中隐痛或钝痛多为内脏性疼痛,多由胃肠张力变化或轻度炎症引起;胀痛可能为实质脏器包膜牵张所致;绞痛多为空腔脏器痉挛、扩张或梗阻引起。胆石症或泌尿系统结石常为阵发性绞痛,疼痛剧烈,致使患者辗转不安;阵发性剑突下钻顶样疼痛是胆道蛔虫症的典型表现。

(3)腹痛发作时间:餐后疼痛可能由于胆胰疾病、胃部肿瘤或消化不良所致;周期性、节律性上腹痛见于胃、十二指肠溃疡;子宫内膜异位者腹痛与月经来潮相关。

(4)腹痛与体位的关系:某些体位可使腹痛加剧或减轻。如胃黏膜脱垂患者左侧卧位疼痛可减轻;胰腺癌患者仰卧位时疼痛明显,前倾位或俯卧位时减轻;反流性食管炎患者烧灼痛在躯体前屈时明显,直立位时减轻。

(5)腹痛诱发因素:胆囊炎或胆石症发作前常有进油腻食物史,急性胰腺炎发作前常有酗酒和/或暴饮暴食史,部分机械性肠梗阻多与腹部手术有关,腹部受暴力作用引起的剧痛并有休克者,可能是肝脾破裂所致。

(五) 临床常见部位疼痛的伴随症状

1. 头痛伴剧烈呕吐　多见于颅内压增高,头痛在呕吐后减轻者见于偏头痛。

2. 头痛伴眩晕　见于小脑肿瘤、椎基底动脉供血不足等。

3. 慢性头痛突然加剧并有意识障碍 提示可能发生脑疝。

4. 头痛伴视力障碍 可见于青光眼或脑肿瘤。

5. 头痛伴脑膜刺激征 提示有脑膜炎或蛛网膜下腔出血。

6. 胸痛伴有咳嗽、咳痰和 / 或发热 常见于气管、支气管和肺部疾病。

7. 胸痛伴咯血 主要见于肺栓塞、支气管肺癌。

8. 胸痛伴苍白、大汗、血压下降或休克 多见于心肌梗死、夹层动脉瘤、主动脉窦瘤破裂和大块肺栓塞。

9. 胸痛伴吞咽困难 多提示食管疾病,如反流性食管炎等。

10. 腹痛伴黄疸 可能与肝胆胰疾病有关。

11. 腹痛伴呕吐、反酸 提示食管、胃肠病变,呕吐量大提示胃肠道梗阻。

12. 腹痛伴腹泻 提示消化吸收障碍或肠道炎症、溃疡或肿瘤。

(六) 对患者的影响

疼痛对患者的影响,即患者对疼痛的生理、心理、社会等层面的反应。患者对疼痛的反应受其年龄、意志力、疼痛经历以及社会文化背景的影响。不同个体对疼痛的耐受力及表达方式也不同。

剧烈疼痛者多伴有明显的生理、心理和行为反应,包括:①痛苦面容、大汗、血压升高、呼吸和心率增快,面色苍白,重者可休克;②呻吟、哭泣,为缓解疼痛而采取强迫体位,可致骨骼肌过度疲劳;③休息与睡眠障碍;④胃肠功能紊乱,如食欲下降、恶心、呕吐;⑤产生恐惧、焦虑、抑郁、愤怒等情绪反应;⑥日常生活、工作及社会交往受影响。

(七) 问诊要点

1. 病史与诱因 询问有无与疼痛有关的疾病史或诱因。

2. 疼痛的特点 主要评估疼痛的部位、起病缓急、性质与程度、发生与持续的时间、有无牵涉痛及其部位、有无使疼痛加重或缓解的因素、疼痛的反应和表达。临床上常根据患者主诉、表情、是否影响睡眠等,通过量表的形式判断疼痛的程度及病情变化。常用的评估方法有:

(1) 评估疼痛性质:可根据患者口述或采用 Saint-Antonie 疼痛调查表(表 3-1)进行评估。

表 3-1 Saint-Antonie 疼痛调查表

下面各种有关疼痛的词汇可能是你在最近 48 小时内所感受到的,请选择最确切的词来表示你目前的疼痛。注意每组词汇只能选择一次,用打"√"的方法表示,这是对你目前疼痛的最好的描写。	
1. 搏动性	阵发性剧痛 闪电样 放电样 捶打样
2. 辐射性	放射样
3. 针刺样	刀割样 锐利的疼痛 刺穿样 刀刺样
4. 夹住性	夹紧样 压紧样 压碎样 钳夹样 研碎样
5. 痉挛性	牵拉样 膨胀样 撕裂样 扭转样 拔除样
6. 发热样	烧灼样
7. 发冷样	冰样
8. 刺痒	蚊走样 痒的
9. 麻木样	沉重感 隐隐约约的
10. 使人疲劳的	筋疲力尽的 令人疲乏不堪的

续表

11. 引起恶心的	令人窒息的 晕厥的
12. 令人不安的	使人感到忧郁的 使人焦虑的
13. 骚扰的	思想无法摆脱的 令人痛苦的 折磨人的 使人苦恼的
14. 令人不舒服的	令人不愉快的 艰难的 难以忍受的
15. 使人软弱无力的	恼人的 激怒的
16. 使人沮丧的	有自杀的想法的

(2) 疼痛程度：疼痛是主观感觉,常用的评估方法有视觉模拟评分法、数字评分法、面部表情疼痛量表、五指评估法。

1) 视觉模拟评分法(visual analogue scale,VAS)：患者在纸上画一条长 10cm 的直线,一端为 0,表示"无痛"；另一端为 10,表示"最痛"；中间部分表示不同程度的疼痛,根据自己所感受到的疼痛程度在直线上选择某一点画上"×"代表其疼痛强度的点(图 3-8)。临床常用的评估的标准为:0 分为无痛；1~3 分为轻度疼痛；4~6 分为中度疼痛；7~9 分为重度疼痛；10分为剧烈疼痛或暴发疼痛。VAS 是诸多疼痛强度评分方法中最敏感的方法。

图 3-8 视觉模拟评分法

2) 数字评分法(numeric rating scale,NRS)：用 0~10 之间的数字表示疼痛强度,其中 0 表示"无痛",10 表示"最痛",让患者自己选出一个最能代表其疼痛强度的数字(图 3-9)。NRS也是目前较为常用、有效的评估方法,尤其适用于老年人和文化程度较低者。

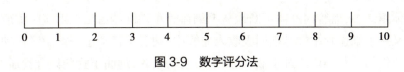

图 3-9 数字评分法

3) 面部表情疼痛量表(faces pain scale,FPS)：用 6 种不同的面部表情(从微笑至哭泣)来表达疼痛程度,由患者选出表示其疼痛程度的表情(图 3-10)。FPS 较直观,易于理解,适合于任何年龄。

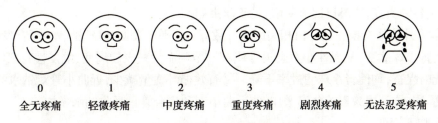

图 3-10 面部表情疼痛量表

4) 五指评估法：方法是以大拇指代表剧痛、小指代表无痛、示指代表重度痛、中指代表中度痛、环指代表轻度痛。因能随手展示,具有直观性,易被患者接受,尤其是儿童在疼痛状态下很难耐心听取护士的详细解释,而儿童感性认识的启蒙教育从手指开始,因此,他们更易于接受五指法。

3. 疼痛对患者的影响 患者日常生活、睡眠、工作和社交型态的改变,如疼痛导致的肢体活动功能障碍或强迫体位等,食欲、体重变化,皮肤黏膜红肿热痛,体温升高等,剧烈疼痛导致失眠、便秘、尿失禁,长期/剧烈疼痛引起的抑郁退缩、恐惧、焦虑等,家庭的支持情况等方面的改变。

4. 诊断、治疗及护理经过 疼痛是否用药,包括药物种类、剂量与疗效如何;是否进行过手术,手术部位与疼痛部位的关系;采用何种止痛护理措施,效果如何。

(八)相关护理诊断

1. 急性、慢性疼痛 与有害刺激作用于机体引起不适有关。
2. 焦虑 与长时间的疼痛、疗效不佳、担心预后等有关。
3. 恐惧 与剧烈的疼痛有关。
4. 活动无耐力 与疼痛影响患者日常生活有关。
5. 睡眠型态紊乱 与疼痛难以入睡有关。
6. 潜在并发症:休克。

三、水肿

水肿(edema)是指过多液体在组织间隙或体腔内积聚。水肿按分布范围可分为全身性水肿和局部性水肿。液体在组织间隙弥漫性分布时呈全身性水肿;在局部组织间隙积聚时呈局部性水肿。当皮下组织过多液体积聚,皮肤肿胀、弹性差,手指按压时出现凹陷,称为凹陷性水肿,又称为显形水肿;组织间隙液体积聚较少,体格检查不易发现,称为隐形水肿。液体积聚在体腔内称积液,如胸腔积液、腹腔积液、心包积液等。一般情况下,水肿不包括脑水肿、肺水肿等内脏器官的局部水肿。

(一)病因与发病机制

正常人体组织中,血管内液体不断地从毛细血管小动脉端滤出至组织间隙成为组织液,同时组织液又从毛细血管小静脉端回吸收入血管中,两者保持动态平衡。肾在钠、水平衡中起重要的调节作用。肾小球滤过水液,近曲小管主动吸收,远曲小管和集合管通过激素调节对钠、水进行吸收,保证了球-管的平衡。当维持体液平衡的因素发生障碍,出现组织液的生成大于回吸收时,则产生水肿。产生机制如下:

1. 血管内外液体交换失衡 ①毛细血管静水压升高:见于静脉压增高,如充血性心力衰竭、静脉血栓等;②血浆胶体渗透压降低:见于各型肾炎、肝硬化等;③毛细血管壁通透性增加:见于各种炎症;④淋巴回流受阻:见于丝虫病。

2. 体内外液体交换失衡 由相关因素导致球-管平衡失调,以致钠、水潴留,发生水肿。①广泛的肾小球病变、充血性心力衰竭等使有效循环血量减少的病变、继发性肾素-血管紧张素系统的兴奋,均使肾小球滤过率下降。②有效循环血量减少,近曲小管对钠水的重吸收增加;醛固酮、抗利尿激素等分泌增加,使远曲小管和集合管重吸收钠水增加。

(二)临床表现

1. 全身性水肿

(1)心源性水肿:主要见于右心衰竭。水肿特点为首先出现在身体低垂部位。能起床活动者,最早出现于踝内侧,经常卧床者则最早出现于腰骶部,活动后加重,休息后减轻或消失。颜面一般不出现水肿。水肿为对称性、凹陷性。常伴有右心衰竭的临床表现,如肝-颈静脉回流征阳性、肝肿大、静脉压升高,严重者可出现胸腔积液、腹腔积液、心包积液等。

(2) 肾源性水肿:见于各型肾炎。水肿特点是疾病早期晨起时眼睑与颜面水肿,以后迅速发展为全身水肿。常伴有尿常规改变、高血压及肾功能损害的表现。肾源性水肿需与心源性水肿相鉴别,鉴别要点见表3-2。

表 3-2 肾源性水肿与心源性水肿的鉴别

鉴别点	肾源性水肿	心源性水肿
病因	常见于原发性、继发性肾小球肾炎等	常见于右心衰竭、渗出性或缩窄性心包炎等
开始部位	从眼睑、颜面开始而延及全身	从低垂部位开始,向上延及全身
发展快慢	迅速	缓慢
水肿性质	柔软,移动性大	坚实,移动性较小
伴随改变	尿实验室检查异常、高血压、肾功能异常	心脏增大、心脏杂音、肝肿大、静脉压升高

(3) 肝源性水肿:肝硬化是肝源性水肿最常见的原因。发展缓慢,以腹水为主要表现。亦可首先出现踝部水肿,逐渐向上蔓延,而头面部、上肢常无水肿。常伴有肝功能减退和门静脉高压的临床表现。

(4) 营养不良性水肿:见于长期热量摄入不足、消化吸收障碍、慢性消耗性疾病等。水肿发生前常有消瘦、体重减轻等表现。皮下脂肪减少所致组织松弛,组织压降低,可加重水肿液的潴留。水肿常从足部开始逐渐蔓延全身。

(5) 妊娠性水肿与经前期水肿:妇女在妊娠后期出现不同程度的水肿,多属于生理性水肿,待分娩后水肿可自行消退。部分妊娠妇女的水肿为病理性。经前期水肿多于经前 7~14 天出现眼睑、踝部及手部轻度水肿,月经后水肿逐渐消退。

2. 局部性水肿　表现为局部组织的肿胀。多由于局部炎症、过敏、肢体静脉血栓形成、上下腔静脉阻塞综合征等所致。

(三) 伴随症状

1. 伴肝肿大　见于心源性、肝源性与营养不良性水肿。
2. 伴重度蛋白尿　见于肾源性水肿,而轻度蛋白尿也可见于心源性水肿。
3. 伴呼吸困难与发绀　常提示由于心脏病、上腔静脉阻塞综合征等所致。
4. 伴消瘦、体重减轻　可见于营养不良。
5. 水肿与月经周期有明显关系　可见于经前紧张征。

(四) 对患者的影响

患者可因水肿而出现:①体重增加:各型水肿均可因液体潴留而致体重增加。轻度水肿,体重可增加 5%;中度水肿,体重可增加 10%;重度水肿,体重可增加 10% 以上。②尿量减少:患者因血容量不足,导致肾小球滤过率下降,发生少尿甚至无尿。③皮肤黏膜改变:长期持续水肿因水肿区组织、细胞营养不良,或因严重水肿致液体渗出,易发生皮肤溃疡或继发感染,且伤口不易愈合。

(五) 问诊要点

1. 病因与诱因　有无感染史、心脏疾病、肾脏疾病、肝脏疾病、营养不良等病史。
2. 水肿的特点　水肿的发生时间、分布情况、性质、程度,水肿部位与体位变化及活动关系,加重或缓解的因素等。

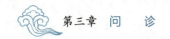

3. 水肿对患者的影响　体重变化情况,有无尿量的减少,严重者皮肤溃疡和继发性感染的情况。有无血压升高、脉搏增快、呼吸困难等。

4. 诊断、治疗与护理经过　已接受的诊断性检查及结果;用药种类、剂量与疗效;已采用的护理措施等。水肿患者重点询问血、尿一般检查情况,利尿剂的使用情况及效果。

(六) 相关护理诊断

1. 体液过多　与右心功能不全有关 / 肾脏疾病导致钠水潴留有关。

2. 皮肤完整性受损 / 有皮肤完整性受损的危险　与组织水肿、细胞营养不良有关。

3. 活动无耐力　与心排出量减少、组织获氧减少、代谢产物排泄减慢有关。

4. 潜在并发症:急性肺水肿。

四、脱水

脱水(dehydration)指饮水不足或体液大量丢失,导致细胞外液明显减少而引起的新陈代谢障碍的一组临床证候群。严重时造成虚脱,甚至危及生命。

(一) 病因与发病机制

人体体液由水、电解质、有机化合物及蛋白质等组成,主要成分是水。正常情况下,水摄入与排出保持动态平衡。任何原因造成机体摄入水量不足、水排出过多超过机体调节能力,或水钠调节机制失调,都可导致体液容量不足,出现脱水。体液容量减少时,常伴有血钠或渗透压的变化。根据其伴有的血钠或渗透压的变化,脱水可分为高渗性脱水(即细胞外液减少合并高血钠)、低渗性脱水(即细胞外液减少合并低血钠)、等渗性脱水(即细胞外液减少而血钠正常)等。

1. 高渗性脱水(hypertonic dehydration)　失水多于失钠,血清钠浓度 >150mmol/L,血浆渗透压 >310mmol/L。常见病因包括水摄入不足和水丢失过多。如进食或饮水困难、大量出汗、中枢性尿崩症、呕吐以及腹泻等。因失水多于失钠,细胞外容量减少,渗透压升高,反射性促使抗利尿激素分泌,肾小管对水的重吸收增加,引起少尿和尿比重增加,并刺激下丘脑口渴中枢引起口渴感。因失水致循环血量减少,可使醛固酮分泌增多,导致钠潴留,血浆渗透压进一步升高。当细胞外液渗透压显著增高时,细胞内液转移到细胞外,造成细胞内脱水。如果未能及时得到水分的补充,再由于皮肤和呼吸道蒸发丧失单纯水分,体内水的丢失大于钠的丢失,发生高渗性脱水。

2. 低渗性脱水(hypotonic dehydration)　失钠多于失水,血清钠浓度 <135mmol/L,血浆渗透压 <290mmol/L。常见于急性肾功能不全多尿期,长期使用排钠利尿剂等。因失钠多于失水,细胞外液渗透压降低,抗利尿激素分泌减少,肾小管对水的重吸收减少,尿量增加。因细胞外液渗透压降低,细胞外液向细胞内转移,致使细胞外液明显减少,易发生周围循环衰竭,严重者可导致脑细胞水肿。

3. 等渗性脱水(isotonic dehydration)　水与钠成比例丢失,血钠浓度和血浆渗透压在正常范围。可见于反复呕吐、腹泻、大面积烧伤、大量抽放胸水、腹水等。等渗性失水丢失的主要是细胞外液。组织液与血浆均减少,细胞内外渗透压相当,不出现水的细胞内外转移。细胞外液减少,出现血液浓缩,抗利尿激素和醛固酮分泌增加,肾脏对水钠重吸收增强,使细胞外液容量得到部分补充。患者可出现少尿、尿钠减少等表现。等渗性脱水不进行处理,患者经皮肤蒸发和呼吸道不断丢失水分而转化为高渗性脱水;若处理不当,补给过多低渗溶液则可转变为低钠血症或低渗性脱水。

笔记栏

(二) 临床表现

1. 高渗性脱水　口渴明显,尿比重增加,尿少,血容量下降较轻,较少发生休克。严重脱水可出现嗜睡、谵妄、昏迷等表现。

临床上按体重下降程度将高渗性脱水分为:①轻度脱水:失水量为体重的 2%~3%。除口渴外,多无其他症状。②中度脱水:失水量为体重的 4%~6%。患者有皮肤弹性下降、眼球下陷、明显口渴、乏力、尿少等表现。③重度脱水:失水量为体重的 7%~14%。患者表现为神志不清、嗜睡、躁狂、谵妄、定向力障碍等;失水量超过体重 15% 时,可出现高渗性昏迷、低血容量性休克等的临床表现。

2. 低渗性脱水　早期有手足麻木、肌肉痉挛、恶心、呕吐等低钠血症表现。低钠血症严重者可出现脑细胞水肿导致意识障碍。低渗性脱水血容量不足时出现皮肤弹性下降、眼球下陷、婴幼儿囟门凹陷等表现。

3. 等渗性脱水　轻症或早期等渗性脱水者可无明显口渴,血容量不足表现出现较早。根据脱水程度不同,具体可分为:①轻度脱水:患者不口渴,有尿少、乏力、舌干燥、眼球下陷、皮肤干燥、松弛等表现。②中度脱水:患者出现脉搏细数、肢端湿冷、血压不稳定或下降等表现。③重度脱水:患者有严重休克表现,常伴有代谢性酸中毒;若丧失的体液主要为胃液,则可伴有代谢性碱中毒。

(三) 对患者的影响

患者可因脱水出现的表现有:①体重增减。②尿量减少:因水液的丢失出现尿量减少。③皮肤黏膜改变:体液的丢失,出现皮肤黏膜干燥、弹性下降等表现。

(四) 问诊要点

1. 病因与诱因　有无高热大量出汗、剧烈呕吐或腹泻、大面积烧伤等。

2. 临床表现特点　脱水的起病情况、持续时间,有无口渴、尿量减少或体重下降,每日液体摄入与排出情况,有无低钠血症、血容量不足的表现。

3. 脱水对患者的影响　有无体重下降、皮肤黏膜干燥、皮肤弹性降低等改变;有无脉搏增快、血压下降等改变;有无谵妄、嗜睡、昏迷等改变。

4. 诊断、治疗与护理经过　已接受的诊断性检查及结果,用药种类、剂量与疗效,已采用的护理措施等。重点询问补液的措施及效果。

(五) 相关护理诊断

1. 体液不足　与液体摄入不足或丢失过多有关。

2. 有受伤的危险　与意识障碍、低血压有关。

五、咳嗽与咳痰

咳嗽(cough)是呼吸道受到刺激后引发的紧跟在短暂吸气后的一种保护性反射动作,通过咳嗽可以清除呼吸道分泌物及气道内异物。借助咳嗽将呼吸道内过多的分泌物排出体外的动作称为咳痰(expectoration)。

(一) 病因与发病机制

1. 病因

(1) 呼吸系统疾病:是引起咳嗽、咳痰最常见的病因。从咽喉到小支气管的黏膜受到刺激均可引起咳嗽。包括:①感染:各种病原体引起的急性上呼吸道感染、肺炎、慢性支气管炎、慢性阻塞性肺疾病、肺结核等;②变态反应性疾病:支气管哮喘等;③肿瘤:支气管肺癌等;

④其他:呼吸道异物吸入。

（2）胸膜疾病:各种原因引起的胸膜炎、自发性或外伤性气胸等。

（3）心血管系统疾病:二尖瓣狭窄或左心衰竭引起的肺淤血与肺水肿时,肺泡和支气管内含有浆液性或血性漏出物,刺激支气管黏膜;或因右心及体循环静脉栓子脱落引起肺栓塞等。

（4）中枢神经系统疾病:中枢神经病变如脑炎、脑膜炎等刺激大脑皮质与延髓的咳嗽中枢。

（5）其他因素:习惯性咳嗽、癔症、胃食管反流疾病（gastroesophageal reflux disease, GERD）,以及药物因素如血管紧张素转换酶抑制剂引起的慢性咳嗽等。

2. 发病机制

（1）咳嗽:由于延髓咳嗽中枢受到刺激而引发。刺激主要来自呼吸道黏膜、肺泡和胸膜,经迷走神经、舌咽神经和三叉神经的感觉神经纤维传入延髓咳嗽中枢,再经喉下神经、膈神经、肋间神经及脊神经等传出神经分别将冲动传至咽肌、膈肌、肋间肌及其他呼吸肌,以引起咳嗽动作。

知识链接

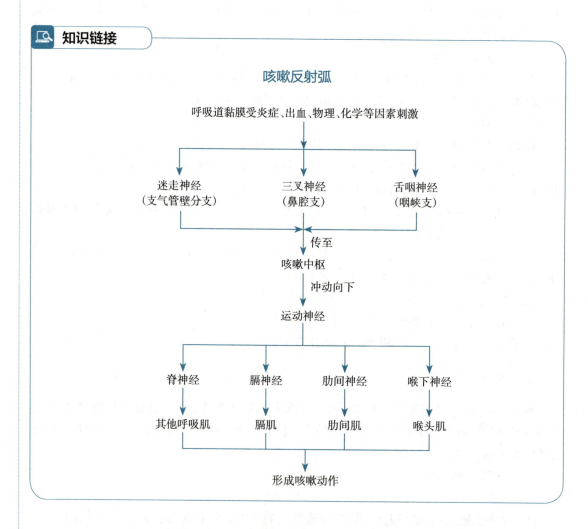

咳嗽反射弧

呼吸道黏膜受炎症、出血、物理、化学等因素刺激

迷走神经（支气管壁分支） 三叉神经（鼻腔支） 舌咽神经（咽峡支）

传至

咳嗽中枢

冲动向下

运动神经

脊神经 膈神经 肋间神经 喉下神经

其他呼吸肌 膈肌 肋间肌 喉头肌

形成咳嗽动作

（2）咳痰:正常支气管黏液腺和杯状细胞仅分泌少量黏液,保持呼吸道湿润。当呼吸道发生炎症时,黏膜充血、水肿,黏液分泌增多,毛细血管壁通透性增加,浆液渗出。此时含有

红细胞、白细胞、巨噬细胞、纤维蛋白等的渗出物与黏液、吸入的尘埃和某些组织破坏物等混合而成痰液,可随咳嗽动作排出。在肺淤血和肺水肿时,肺泡和小支气管内有不同程度的浆液漏出,也可引起咳痰。

(二) 临床表现

1. 咳嗽

(1) 病程:咳嗽时间小于 3 周称为急性咳嗽,介于 3~8 周为亚急性咳嗽,大于 8 周为慢性咳嗽。长期慢性咳嗽多见于慢性支气管炎、支气管扩张症、肺脓肿及肺结核。

(2) 性质:根据是否伴有咳痰,分为干性咳嗽和湿性咳嗽。①干性咳嗽:咳嗽无痰或痰量甚少,其特点为咳嗽短促、断续、音调高,可呈单发、散发或阵发性咳嗽,常见于急性咽喉炎、急性支气管炎早期、胸膜炎、肺结核和肺癌等;②湿性咳嗽:咳嗽伴有咳痰,多为连续性,见于慢性支气管炎、肺炎、支气管扩张和肺脓肿等。

 课堂互动

咳嗽按性质分为干性咳嗽与湿性咳嗽,对临床护理实践有何启示意义?

(3) 发作时间:清晨或体位改变时的咳嗽常见于支气管扩张、慢性支气管炎与肺脓肿等;夜间咳嗽常见于左心衰竭与肺结核患者,可能与夜间肺淤血加重迷走神经兴奋性增高有关;脓胸伴支气管胸膜瘘患者在一定体位时脓液进入瘘管可引起剧咳;纵隔肿瘤、大量胸腔积液患者改变体位时也可引起咳嗽。

(4) 音色:指咳嗽声音的特点,包括:①咳嗽声音嘶哑:多为声带的炎症或肿瘤压迫喉返神经所致;②鸡鸣样咳嗽:表现为连续阵发性剧咳伴有高调吸气回声,多见于百日咳、会厌、喉部疾病或气管受压;③金属音咳嗽:常因纵隔肿瘤、主动脉瘤或支气管癌直接压迫气管所致;④咳嗽声音低微或无力:见于严重肺气肿、声带麻痹及极度衰弱者;⑤呛咳:见于喉头水肿、狭窄,气管受压,咽喉肌肉麻痹等。

2. 咳痰

(1) 痰量:健康人很少有痰。痰量少者仅数毫升,见于呼吸道炎症;痰量多者,可达数百毫升,常见于支气管扩张症、肺脓肿和支气管胸膜瘘,且排痰与体位有关。痰量多时,静置后可出现分层现象:上层为泡沫,中层为浆液或浆液脓性,下层为坏死物质。痰量增减可反应病情进展,若痰量增多提示病情加重;痰量减少提示病情好转;痰量骤然减少而体温升高,应警惕排痰不畅。

(2) 痰的颜色:根据痰液所含的成分而呈现不同的颜色。无色透明痰见于急性支气管炎、支气管哮喘;白色黏痰见于慢性支气管炎、支气管哮喘;铁锈色或褐色痰为典型肺炎球菌肺炎、肺梗死的特征;黄色或黄绿色痰为含有大量脓细胞所致,提示化脓感染;红色或粉红色痰含血液见于支气管肺癌、肺结核、肺淤血;绿色痰见于铜绿假单胞菌感染;黑色痰见于大量灰尘、尘肺;痰白黏稠且牵拉成丝难以咳出,提示有真菌感染;粉红色泡沫痰是肺水肿的特征。

(3) 痰的性质:痰的性质可分为黏液性、浆液性、脓性、血性。①黏液性痰:质黏稠,无色透明或稍白,多见于急性支气管炎、支气管哮喘及大叶性肺炎的初期,也可见于慢性支气管炎、肺结核等;②浆液性痰:稀薄,多泡沫,细胞成分少,见于肺水肿;③脓性痰:质黏稠,含脓

性细胞、坏死组织等,见于化脓性细菌性下呼吸道感染,如肺炎、支气管扩张、肺脓肿等;④血性痰:痰中带血,是由于呼吸道黏膜受侵害、损害毛细血管或血液渗入肺泡所致。

(4) 痰的气味:正常人痰液无气味,当肺组织坏死或感染时有臭味,厌氧菌感染有特殊的恶臭味,见于支气管扩张、肺脓肿。

(三) 伴随症状

1. 伴发热　常见于急性上下呼吸道感染、肺结核、胸膜炎等。

2. 伴胸痛　常见于各种肺炎、胸膜炎、支气管肺癌、肺栓塞和自发性气胸等。

3. 伴大量脓痰　见于支气扩张、肺脓肿、肺囊肿合并感染、支气管胸膜瘘等。

4. 伴呼吸困难　见于喉水肿、喉肿瘤、支气管哮喘、慢性阻塞性肺疾病、重症肺炎、肺结核、大量胸腔积液、气胸、肺淤血、肺水肿、气管及支气管异物等。

5. 伴哮鸣音　见于支气管哮喘、心源性哮喘、慢性阻塞性肺疾病、弥漫性泛细支气管炎、气管与支气管异物等;局限性哮鸣音可见于支气管肺癌。

6. 伴咯血　见于支气管扩张、肺结核、肺脓肿、支气管肺癌、二尖瓣狭窄、支气管结石、肺含铁血黄素沉着症等。

7. 伴杵状指(趾)　主要见于支气管扩张症、慢性肺脓肿、支气管肺癌和脓胸等。

(四) 对患者的影响

剧烈咳嗽可因脏层胸膜破裂发生自发性气胸,或因呼吸道黏膜上皮受损产生咯血,或因腹腔压力增加致使胸腹部手术缝合口裂开,也可使骨质疏松者出现肋骨骨折。长期或剧烈的咳嗽可致呼吸肌疲劳、酸痛,使患者不敢有效咳嗽和咳痰,或因食欲减退、机体能量消耗增加导致明显消瘦,并可致头痛、失眠。不能有效咳痰者,痰液潴留促使呼吸道的微生物繁殖增长,可诱发或加重肺部感染,同时阻塞支气管,使得肺通气与换气功能受损。慢性反复性咳嗽、咳痰则影响患者正常的工作和生活,易引起焦虑或抑郁情绪。

(五) 问诊要点

1. 病因与诱因　询问有无咳嗽、咳痰相关的疾病史如呼吸系统、心血管系统、中枢神经系统及胃食管反流性疾病;是否接触职业粉尘、尘螨、花粉、化学试剂、化学制品等;儿童呛咳是否有异物吸入或支气管淋巴结肿大;成年人是否有吸烟史等。

2. 咳嗽与咳痰的特点

(1) 咳嗽的特点:评估患者咳嗽、咳痰是突发性还是渐进性,是持续性还是间歇性;咳嗽程度是轻是重,是单声还是连续性咳,或者发作性剧咳;在何种体位时咳嗽、咳痰加剧;咳嗽与睡眠的关系,是昼夜间的咳嗽还是晨起时加剧及咳痰有无变化;病程的长短,是急性还是慢性。

(2) 痰液的性状:包括痰量、颜色、气味、黏稠度。痰量一般以 24 小时为准,痰量减少提示病情好转,痰量增多提示支气管和肺的炎症加重。但应注意当有支气管阻塞时,痰不能顺利排出,临床上虽然表现为痰量减少,实际上病情仍在发展。

3. 咳嗽与咳痰对患者的影响　重点为长期或剧烈咳嗽可能带来的呼吸肌疲劳、睡眠不佳、食欲减退、日常生活受限及情绪反应,近期胸、腹部手术者缝合口的情况,剧烈咳嗽者有无自发性气胸或咯血等并发症。

4. 诊断、治疗与护理经过　评估患者是否做过 X 线、痰脱落细胞学、纤维支气管镜等诊断性检查。此外,询问患者是否服用过止咳、祛痰药,药物的种类、剂量及疗效,以及有无采用促进排痰的护理干预措施,效果如何等。

（六）相关护理诊断

1. 清理呼吸道无效　与痰液黏稠有关;与极度衰竭、无力咳嗽有关;与胸、腹部手术后引起的无效咳嗽有关。

2. 活动无耐力　与长期频繁咳嗽或机体组织缺氧有关。

3. 睡眠型态紊乱　与夜间频繁咳嗽有关。

4. 营养失调:低于机体需要量　与长期频繁咳嗽所致能量消耗增加、营养摄入不足有关。

5. 知识缺乏　缺乏对疾病发作的预防及吸烟有害健康的知识。

6. 潜在并发症:自发性气胸。

六、咯血

咯血(hemoptysis)是指喉及喉部以下呼吸道及肺任何部位出血经口腔咯出者,包括大量咯血、血痰或痰中带血。大咯血时血液从口鼻涌出,严重者可阻塞呼吸道,造成窒息死亡。

（一）病因与发病机制

咯血原因很多,主要见于呼吸系统疾病和心血管疾病。

1. 呼吸系统疾病　为咯血常见病因。

(1) 支气管疾病:常见的有支气管扩张症、支气管肺癌、支气管内膜结核和慢性支气管炎等。少见的有支气管结石、支气管腺瘤、支气管黏膜非特异性溃疡。其发生机制主要是炎症、肿瘤、结石致支气管黏膜或毛细血管通透性增加,或黏膜下血管破裂所致。

(2) 肺部疾病:常见有肺结核、肺炎、肺脓肿等。我国引起咯血的首要原因仍为肺结核。其发生机制多为结核病变使毛细血管通透性增高,血液渗出,导致痰中带血或小血块;若病变累及小血管致管壁破溃,则造成中等量咯血;若空洞壁肺动脉分支形成的小动脉瘤破裂,或继发的结核性支气管扩张形成的动静脉瘘破裂,可造成大量咯血而危及生命。

2. 心血管疾病　较常见于二尖瓣狭窄,其次为先天性心脏病所致的肺动脉高压或原发性肺动脉高压,另有肺栓塞、肺血管炎等。心血管疾病引起的咯血可表现为小量咯血或痰中带血、大量咯血、粉红色泡沫样痰和黏稠暗红色血痰。其发生机制多因肺淤血造成肺泡壁或支气管内膜毛细血管破裂和支气管黏膜下层支气管静脉曲张破裂所致。

3. 全身性疾病　包括:①血液病:白血病、血小板减少性紫癜、再生障碍性贫血等;②急性传染病:流行性出血热、肺出血型钩端螺旋体病等;③风湿性疾病:系统性红斑狼疮,结节性多动脉炎等;④其他:如气管、支气管、子宫内膜异位症等,均可引起咯血。

📖 **知识链接**

咯血病因的年龄分布

青壮年咯血常见于肺结核、支气管扩张、二尖瓣狭窄等。40岁以上有长期大量吸烟史者,应高度警惕支气管肺癌的可能性。儿童慢性咳嗽伴少量咯血与低色素贫血,须注意特发性含铁血黄素沉着症的可能。

（二）临床表现

1. 咯血量　咯血量的多少与受损血管的性质及数量有直接关系,与病情的严重程度不完全一致。大咯血主要见于空洞型肺结核、支气管扩张和慢性肺脓肿;支气管肺癌少有大咯血,主要表现为痰中带血;慢性支气管炎和支原体肺炎也可出现痰中带血或血性痰,但常伴有剧烈咳嗽。

根据咯血量多少可分为:

(1) 少量咯血:表现为痰中带血,每日咯血量在 100ml 以内。

(2) 中等量咯血:每日咯血量 100~500ml,咯血前多有喉部痒感、胸闷、咳嗽等先兆症状,咯出的血多为鲜红色,伴有泡沫或痰,呈碱性。

(3) 大量咯血:表现为咯出满口血或短时内咯血不止,每日咯血量达 500ml 以上,或一次咯血 100~500ml,常伴呛咳、脉搏细速、出冷汗、呼吸急促、面色苍白、紧张不安和恐惧感。

2. 咯血的颜色和性状 咯血颜色与性状因不同病因而异。肺结核、支气管扩张症、肺脓肿和出血性疾病所致的咯血,颜色多为鲜红色;铁锈色血痰可见于肺炎球菌肺炎,也可见于肺吸虫病和肺泡出血;砖红色胶冻样痰见于典型的肺炎克雷伯菌肺炎;二尖瓣狭窄所致咯血多为暗红色;左心衰竭所致咯血为浆液性粉红色泡沫痰;肺栓塞引起的咯血为黏稠暗红色血痰。

(三) 伴随症状

1. 伴发热 多见于肺结核、肺炎、肺脓肿、流行性出血热、肺出血型钩端螺旋体病、支气管肺癌等。

2. 伴胸痛 多见于肺炎链球菌性肺炎、肺结核、肺栓塞(梗死)、支气管肺癌等。

3. 伴呛咳 多见于支气管肺癌、支原体肺炎等。

4. 伴慢性咳嗽、脓痰 多见于支气管扩张、肺脓肿、空洞型肺结核继发细菌感染等。

5. 伴皮肤黏膜出血 可见于血液病、风湿病、肺出血型钩端螺旋体病和流行性出血热等。

6. 伴杵状指(趾) 多见于支气管扩张、肺脓肿、支气管肺癌等。

7. 伴黄疸 须注意钩端螺旋体病、肺炎链球菌性肺炎、肺栓塞等。

(四) 对患者的影响

无论咯血量多少,患者均可能产生不同程度的紧张不安、焦虑或恐惧。大量咯血者因血液在支气管内滞留或失血,可产生各种并发症。常见的如下:

1. 窒息 大量咯血时血液从鼻腔涌出,常可阻塞呼吸道导致窒息,为咯血直接致死的重要原因。表现为大咯血过程中咯血突然减少或中止,继之气促、胸闷、烦躁不安或紧张、恐惧、大汗淋漓、颜面青紫,重者意识障碍。常发生于急性大咯血、极度衰竭无力咳嗽、应用镇静或镇咳药及精神极度紧张者。

 课堂互动

临床上哪些咯血患者是易引起窒息的重点人群?

2. 肺不张 多因血块堵塞支气管所致。表现为咯血后出现呼吸困难、胸闷、气急、发绀、呼吸音减弱或消失。

3. 继发感染 因咯血后血液滞留于支气管所致。表现为咯血后发热、体温持续不退、咳嗽加剧,伴局部干、湿啰音。

4. 失血性休克　表现为大咯血后出现脉搏增快、血压下降、四肢湿冷、烦躁不安、少尿等。

(五) 问诊要点

1. 病因与诱因　询问有无与咯血相关的呼吸系统疾病、心血管系统或其他系统疾病,有无结核病接触史、吸烟史、职业性粉尘接触史等。

2. 咯血的特点　起病情况、持续时间、咯血次数、咯血量、颜色、性状以及伴随症状,有无并发症等。

咯血需与口腔、鼻腔出血及上消化道呕血相鉴别。应首先仔细检查口腔与鼻咽部局部有无出血灶。鼻出血多自前鼻孔流出,常在鼻中隔前下方发现出血灶;鼻腔后部出血,尤其是出血量较多时,血液经后鼻孔沿软腭与咽后壁下流,使患者咽部有异物感,引起咳嗽,将血液咳出,易与咯血混淆,鼻咽镜检查即可确诊。咯血还需与呕血进行鉴别,呕血是指上消化道出血经口腔呕出,出血部位多见于食管、胃及十二指肠。咯血与呕血的鉴别见表3-3。

表3-3　咯血与呕血的鉴别

	咯血	呕血
病史	肺结核、肺癌、支气管扩张、肺炎、肺脓肿、心脏病等	消化性溃疡、肝硬化急性糜烂出血性胃炎、胃癌等
出血前症状	喉部痒感、胸闷、咳嗽等	上腹部不适、恶心、呕吐等
出血方式	咯出	呕出,可呈喷射状
出血颜色	鲜红色	棕色或暗红色,有时鲜红色
血内混有物	痰液、泡沫	食物残渣、胃液
酸碱反应	碱性	酸性
便血	除非咽下血液,否则没有	有,呕血停止后仍持续数日
出血后痰性状	常有痰中带血	无痰

3. 咯血对患者的影响　有无咯血引发的焦虑、恐惧等负性情绪;大量咯血者有无窒息、继发感染、肺不张、失血性休克等并发症的表现;有无因少量持续咯血所致的精神不安或失眠。

4. 诊断、治疗与护理经过　已接受的诊断性检查及结果;已采用的治疗或护理措施,包括是否使用止血药物,药物的名称、剂量及效果,以及大量咯血时是否采取引流的措施及疗效。

(六) 相关护理诊断

1. 焦虑　与反复咯血久治不愈有关。

2. 恐惧　与大量咯血或咯血不止有关。

3. 潜在并发症:窒息;肺不张;肺部继发感染;失血性休克。

七、发绀

发绀(cyanosis)亦称紫绀,是指血液中脱氧血红蛋白(旧称还原血红蛋白)增多或血中含有异常血红蛋白衍生物所致的皮肤和黏膜青紫,在皮肤较薄、色素较少和毛细血管丰富的末梢部位,如舌、口唇、鼻尖、面颊、指(趾)、甲床等处较明显。

(一)发病机制与病因

1. 发病机制　发绀是由于血液中血红蛋白氧合不全,当毛细血管内血液的脱氧血红蛋白绝对量超过50g/L时,即可出现发绀;或由于血液中含有高铁血红蛋白、硫化血红蛋白等异常血红蛋白,使部分血红蛋白丧失携氧能力,当血液中高铁血红蛋白达30g/L,硫化血红蛋白达5g/L时,也可出现发绀。但临床所见发绀,有时并不一定能确切反映动脉血氧下降情况,如严重贫血(Hb<60g/L)的患者,虽动脉血氧明显降低,但常不能显示发绀。

2. 病因

(1)血液中脱氧血红蛋白增多(真性发绀)

1)中心性发绀:多由心、肺疾病导致动脉血氧饱和度降低所致。包括:①肺性发绀:由于呼吸功能不全、肺氧合作用不足所致。常见于各种严重的呼吸系统疾病,如呼吸道阻塞、肺淤血、肺水肿、肺炎、肺气肿、肺纤维化、胸腔大量积液、积气等。②心性发绀:由于心脏与大血管存在异常通道分流,使部分静脉血未通过肺的氧合作用而进入体循环动脉血,如分流量超过心输出量的1/3,即可出现发绀。常见于发绀型先天性心脏病,如法洛四联症。

2)周围性发绀:由于周围循环血流障碍所致。包括:①淤血性周围性发绀:因体循环淤血,周围血流缓慢,氧被组织过多摄取,致脱氧血红蛋白增多所致。常见于右心衰竭、渗出性心包炎心脏压塞、缩窄性心包炎、血栓性静脉炎、上腔静脉阻塞综合征、下肢静脉曲张等。②缺血性周围性发绀:因循环血量不足、心排出量减少与周围血管痉挛性收缩,血流缓慢。常见于严重休克,暴露于寒冷中和血栓闭塞性脉管炎、雷诺(Raynaud)病、肢端发绀症、冷球蛋白血症等。

3)混合性发绀:中心性与周围性发绀并存,常见于心力衰竭或心肺疾病合并周围循环衰竭者。

(2)血液中存在异常血红蛋白衍生物

1)高铁血红蛋白血症:包括先天性和后天获得性。先天性高铁血红蛋白血症是指自幼即有发绀,而无心、肺疾病及引起异常血红蛋白的其他原因所致,通常有家族史,身体一般状况较好;后天获得性高铁血红蛋白血症最常见于各种化学物质或药物中毒引起血红蛋白分子中二价铁被三价铁所取代,致使失去与氧结合的能力,当血中高铁血红蛋白量达到30g/L(3g/dl)时可出现发绀,常见于苯胺、硝基苯、伯氨喹、亚硝酸盐、磺胺类等中毒所致发绀。由于大量进食含亚硝酸盐的变质蔬菜而引起的中毒性高铁血红蛋白血症,也可出现发绀,称"肠源性青紫症"。

2)硫化血红蛋白血症:为后天获得性。服用某些含硫药物或化学品后,使血液中硫化血红蛋白达到5g/L(0.5g/dl)即可发生发绀。但一般认为本病患者须同时有便秘或服用含硫药物在肠内形成大量硫化氢为先决条件。

(二)临床表现

1. 中心性发绀　为全身性发绀,除颜面及四肢外,也累及躯干,但受累部位的皮肤是温暖的。

2. 周围性发绀　发绀常出现在肢体的末端与下垂部位,如肢端、耳垂与口唇,发绀部位皮肤冰冷,按摩或加温后发绀即可消退。中心性发绀和周围性发绀的区别见表3-4。

表 3-4 中心性发绀与周围性发绀的临床表现鉴别

分类	部位	皮肤温暖	加温或按摩
中心性发绀	全身性,除四肢及颜面部外,也累及躯干和黏膜的皮肤(包括舌及口腔黏膜)	温暖	不消失
周围性发绀	常出现于肢体的末端与下垂部位,如肢端、耳垂、鼻尖等	冷	可减轻或消失

3. 高铁血红蛋白血症 起病急剧,静脉血呈深棕色,给予氧疗青紫不退,给予静脉注射亚甲蓝或大量维生素 C,可使青紫消退。分光镜检查可证实血中高铁血红蛋白存在。还有极少数高铁血红蛋白血症患者是先天性的,自幼即有发绀,有家族史,身体健康状况较好,无心肺疾病及引起异常血红蛋白的其他原因。

4. 硫化血红蛋白血症 有致高铁血红蛋白血症的化学物质存在,同时有便秘或服用含硫药物者,可在肠内形成大量硫化氢,作用于血红蛋白,产生硫化血红蛋白,当血中硫化血红蛋白含量达 5g/L 时,即可出现发绀。持续时间长,可达数月以上,血液呈蓝褐色,分光镜检查可证明有硫化血红蛋白的存在。

(三)伴随症状

1. 伴头晕、头痛 多为缺氧所致,如慢性阻塞性肺气肿并发肺性脑病。

2. 伴晕厥、抽搐 多见于发绀型先天性心脏病缺氧发作时,因肺动脉瓣狭窄、痉挛使脑组织缺氧而引起,包括慢性阻塞性肺疾病所致的呼吸衰竭。

3. 伴严重呼吸困难 多见于气管哮喘持续状态等疾病。

4. 伴心率增快 多见于先天性心脏病、呼吸衰竭、充血性心力衰竭。

5. 伴血压下降、皮肤湿冷 常为周围循环衰竭并发休克的表现。

6. 伴意识障碍 多见于某些药物及化学药品的急性中毒。

7. 伴杵状指(趾) 见于发绀型先天性心脏病、慢性肺部疾病。

8. 伴蹲踞位 多见法洛四联症的患儿,因活动或久站后往往出现因缺氧而主动采取的蹲踞位,以增加回心血量。

(四)对患者的影响

发绀患者由于缺氧可出现呼吸困难、疲乏、活动耐力下降、焦虑和恐惧等。神经系统对缺氧的反应最为敏感:急性缺氧患者多先有兴奋、欣快感、定向力下降,继而出现运动不协调、头痛、乏力等;慢性缺氧患者易出现疲劳、嗜睡、注意力不集中等;严重缺氧患者可出现烦躁不安、惊厥、昏迷甚至死亡。

(五)问诊要点

1. 病因与诱因 确定为发绀者,应进一步询问发病诱因及相关病史。新生儿在出生时或出生后不久就有呼吸困难,随后出现发绀,可考虑呼吸窘迫综合征。幼年即出现发绀者,常见于发绀型先天性心脏病,先天性高铁血红蛋白症。特发性阵发性高铁血红蛋白血症可见于育龄女性,且发绀出现多与月经周期有关。急性起病且无心肺疾病表现的发绀,应考虑变异血红蛋白血症的可能,须进一步询问有无摄入相关药物、化学物品、变质蔬菜,有无进食腌制的咸菜以及在有便秘情况下服用含硫化物病史等。

2. 发绀的特点

(1)发绀分布:观察患者发绀的分布范围,是全身性还是局部性;注意发绀部位皮肤的温度,经按摩或加温后发绀能否消退。若发绀仅限于末梢部位如鼻尖、耳垂、手指、足趾等处,

而温暖部位并无青紫,加温后发绀消失或减轻者为周围性发绀;反之,身体温暖部位也出现发绀,加温后不消失为中枢性发绀。肢端发绀症与雷诺病都是以双侧手指发绀为主,双足或足趾较轻;血管痉挛性病变引起的发绀多呈对称性分布。

(2) 发绀程度:观察患者青紫的程度、色泽。发绀病程长者,多伴有红细胞增多症,发绀程度也会增加;而伴有休克或贫血者,发绀程度大多较轻,皮肤黏膜多呈青灰色。

3. 发绀对患者的影响 重点为有无呼吸困难及其程度;有无活动耐力下降;有无焦虑或恐惧等负性情绪。

4. 诊断、治疗及护理经过 询问患者是否进行动脉血氧饱和度测定、血气分析等检测,结果如何;有无使用药物,其种类、剂量及疗效;有无采取氧疗,给氧方式、浓度、流量、时间及效果如何。

(六) 相关护理诊断

1. 活动无耐力 与心肺功能不全所致机体缺氧有关。
2. 气体交换受损 与心肺功能不全所致肺淤血有关。
3. 低效性呼吸型态 与肺泡通气、换气、弥散功能障碍有关。
4. 焦虑 / 恐惧 与缺氧所致呼吸费力有关。

八、呼吸困难

呼吸困难(dyspnea)是指患者主观上感觉空气不足、呼吸费力,客观上表现为呼吸运动用力,重者可出现张口呼吸、鼻翼扇动、端坐呼吸,甚至发绀、辅助呼吸肌也参与呼吸运动,可伴有呼吸频率、深度与节律的异常。

(一) 病因与发病机制

1. 病因 引起呼吸困难的原因繁多,主要为呼吸系统和循环系统的疾病。

(1) 呼吸系统疾病:①气道阻塞:如喉、气管、支气管的炎症、水肿、肿瘤或异物所致的气道狭窄或阻塞及支气管哮喘、慢性阻塞性肺疾病等;②肺部疾病:如肺炎、肺结核、肿瘤、肺水肿等;③胸壁、胸廓、胸膜腔疾病:如胸壁炎症、严重胸廓畸形、胸腔积液、气胸、广泛胸膜粘连、结核、外伤等;④神经肌肉疾病:如感染性多发性周围神经炎、重症肌无力等;⑤膈肌运动障碍:如膈肌麻痹、大量腹腔积液、腹腔巨大肿瘤等。

(2) 循环系统疾病:各种原因所致的心力衰竭、心包积液、原发性肺动脉高压和肺栓塞等。

(3) 中毒:如尿毒症、糖尿病酮症酸中毒、感染性中毒、有机磷杀虫剂中毒和急性一氧化碳中毒等。

(4) 神经精神性因素:如颅脑外伤、脑出血、脑肿瘤、脑炎、脑膜炎、脑脓肿等颅脑疾病引起呼吸中枢功能障碍和精神因素所致的呼吸困难如癔症、焦虑症等。

(5) 血液系统疾病:常见于重度贫血、高铁血红蛋白症、硫化血红蛋白血症等。

2. 发病机制

(1) 肺源性呼吸困难:因呼吸系统疾病使肺脏功能和血液循环障碍,通气换气功能不良,肺活量降低,血中缺氧与二氧化碳浓度增高,刺激呼吸中枢引起的呼吸困难。

(2) 心源性呼吸困难:主要是由于左心和 / 或右心衰竭引起,尤其是左心衰竭时呼吸困难更为严重。①左心功能不全:肺泡内张力增高,刺激肺牵张感受器,通过迷走神经反射兴奋呼吸中枢;肺泡弹性减弱,妨碍其扩张与收缩,使肺活量减少;肺淤血使气体弥散功能降低;肺循环压力增高,对呼吸中枢的反射性刺激增强,使其兴奋性增高。②右心功能不全:右心房与上腔静脉压力升高,刺激压力感受器反射性兴奋呼吸中枢;血氧含量减少,而乳酸、丙酮酸等酸性产物增多,刺激呼吸中枢;若并发胸水、腹水及肝脏增大,由于压迫使呼吸运动受限,肺交换面积减少。

(3) 中毒性呼吸困难:代谢性酸中毒可导致血中代谢产物增多,刺激颈动脉窦、主动脉体化学受体或直接兴奋刺激呼吸中枢引起呼吸困难。

(4) 血源性呼吸困难:由红细胞携氧量减少,血氧含量降低所致。

(5) 神经精神性呼吸困难:神经性呼吸困难主要是由于呼吸中枢受增高的颅内压和供血减少的刺激,使呼吸变为慢而深,并常有呼吸节律的改变。精神性呼吸困难其发生机制多为过度通气而发生呼吸性碱中毒所致。

知识链接

喘 证

【概念】 喘证是以呼吸困难,甚至张口抬肩,鼻翼扇动,不能平卧等为主要表现的病证,严重时喘促持续不解,甚则发为喘脱。西医学中的肺炎、喘息型支气管炎、慢性阻塞性肺疾病、肺气肿、肺结核、硅沉着病、成人呼吸窘迫综合征、心源性哮喘以及癔症等疾病,出现以呼吸困难为主要临床表现时,可参考喘证进行辨证论治。

【病因病机】 本证多因外邪侵袭、饮食不当、情志失调、久病劳欲所致。喘证的病变部位主要在肺和肾,与肝、脾、心有关。肺主气,司呼吸,外合皮毛,为五脏之华盖,若外邪袭肺,或他脏病气犯肺,皆可使肺失宣降,呼吸不利,气逆而喘;久病肺虚,气失所主,亦可致喘。肾主纳气,为气之根。如肾元不固,摄纳失常,气不归元,则气逆于肺而为喘。而脾失健运,痰浊干肺及肝失疏泄,上逆侮肺等,均可致喘;心阳虚衰,不能下归于肾,可致阳虚水泛,凌心射肺之喘。

(二)临床表现

1. 肺源性呼吸困难 根据呼吸困难出现在吸气相还是呼气相,分为三种类型:

(1) 吸气性呼吸困难:吸气显著费力,重者可见"三凹征"(three depression sign),表现为吸气时胸骨上窝、锁骨上窝和肋间隙明显凹陷。可伴干咳及高调吸气性喉鸣。常见于喉、气管、大支气管的炎症、水肿、肿瘤或异物等引起狭窄或梗阻。

(2) 呼气性呼吸困难:表现为呼气费力及呼气时间延长,常伴有哮鸣音,严重者呈端坐呼吸,甚至发绀,常见于慢性喘息型支气管炎、支气管哮喘、慢性阻塞性肺疾病等。

(3) 混合性呼吸困难:吸气与呼气均感费力,呼吸频率增快,深度变浅,可伴有呼吸音异常或病理性呼吸音,常见于大面积肺炎、弥漫性肺纤维化、大量胸腔积液和气胸等。

2. 心源性呼吸困难 由于左心衰造成肺淤血的程度不同,呼吸困难也有差异,表现为:

(1) 劳力性呼吸困难:在体力活动时发生或加重,休息后缓解或消失,常为左心衰竭最早出现的症状。

(2) 夜间阵发性呼吸困难:急性左心衰竭时,常可出现夜间阵发性呼吸困难,表现为患者在夜间入睡后因突然胸闷、气急而憋醒,被迫坐起,呼吸深快。轻者数分钟至数十分钟后症状逐渐缓解,重者可伴有咳嗽、咳粉红色泡沫痰、气喘、发绀、肺部哮鸣音,称为"心源性哮喘"(cardiac asthma)。

(3) 端坐呼吸:为严重肺淤血的表现,即静息状态下患者仍觉呼吸困难,不能平卧。依病情轻重依次可表现为被迫采取高枕卧位、半坐卧位、端坐位,甚至还需双下肢下垂。

右心衰竭严重时也可引起呼吸困难,但程度较左心衰竭轻,通过半坐位可以缓解。

3. 中毒性呼吸困难　尿毒症、糖尿病酮症酸中毒表现为深长而规则的呼吸,可伴有鼾声,称为酸中毒大呼吸(Kussmaul 呼吸)。急性感染时,呼吸频率增快。吗啡、巴比妥类等药物中毒时,呼吸浅表、缓慢,也可有节律异常,如 Cheyne-Stokes 呼吸、Biots 呼吸。亚硝酸盐或急性一氧化碳中毒时呼吸深而慢。

4. 血源性呼吸困难　重度贫血、高铁血红蛋白血症等,表现为呼吸急促、心率加快。急性大出血或休克时,引起呼吸增快。

5. 神经精神性呼吸困难　重症颅脑疾病引起呼吸变慢变深,常伴有鼾声和呼吸节律异常如呼吸遏止(吸气突然终止)、双吸气(抽泣样呼吸);癔症患者可有发作性呼吸困难,其特点为呼吸快而浅,伴有叹息样呼吸或出现口周、肢体麻木及手足抽搐等呼吸性碱中毒的表现,严重时也可出现意识障碍。

课堂互动

讨论肺源性呼吸困难与心源性呼吸困难的临床症状有何不同。

(三) 伴随症状

1. 伴哮鸣音　见于支气管哮喘、心源性哮喘、急性喉水肿、气管异物等。
2. 伴胸痛　常见于大叶性肺炎、急性胸膜炎、自发性气胸等。
3. 伴发热　见于感染性疾病如肺炎、肺脓肿、胸膜炎、咽后壁脓肿等。
4. 伴咳嗽、咳痰　见于慢性支气管炎、急性左心衰、有机磷药中毒等。
5. 伴意识障碍　见于脑出血、脑膜炎、尿毒症、糖尿病酮症酸中毒、肺性脑病等。

(四) 对患者的影响

呼吸困难患者因能量消耗增加和缺氧,可出现活动耐力下降,日常生活活动受到不同程度的影响,严重呼吸困难患者甚至不能与人交谈。此外患者可出现紧张、焦虑、恐惧等情绪反应,以及睡眠障碍。

(五) 问诊要点

1. 病因与诱因

(1) 年龄与既往史:儿童的呼吸困难应评估是否有异物吸入或肺部急性感染。青壮年的呼吸困难应询问是否有肺结核、气胸、胸腔积液、风湿性心瓣膜病等病史。老年人的呼吸困难多考虑肺气肿、肺癌、慢性支气管肺炎、冠心病等,长期卧床的老年患者注意是否发生坠积性肺炎。

(2) 职业环境:是否从事接触各种粉尘刺激的工作,有无毒物接触史。饲鸽者、种蘑菇者发生呼吸困难多见于外源性过敏性肺泡炎的表现;登山运动员登山时突发呼吸困难可能是高山性肺水肿。

2. 呼吸困难的特点　呼吸困难起病缓急,是突发性、还是渐进性;呼吸困难与活动、体位有无关系,昼夜是否一致等,临床上常以完成日常活动能力水平判定呼吸困难程度(表3-5)。

表3-5　呼吸困难程度与日常生活活动能力水平的关系

分度	呼吸困难程度	日常活动能力水平
Ⅰ度	日常活动无不适,中、重体力活动时出现气促	正常,无气促
Ⅱ度	与同龄健康人平地行走无气促,登高或上楼时出现气促	满意,有轻度气促,但日常生活可自理,不需要帮助或中间停顿
Ⅲ度	与同龄健康人同等速度行走时既有呼吸困难	尚可,有中度气促,日常生活可自理,但费时、费力、必须停下来喘气休息
Ⅳ度	以自己的步速平地行走100m或数分钟即有呼吸困难	差,有显著呼吸困难,日常生活自理能力下降,需要部分帮助
Ⅴ度	洗脸、穿衣,甚至休息时也有呼吸困难	困难,日常生活不能自理,完全需要帮助

3. 呼吸困难对患者的影响　呼吸困难与心理反应可以相互作用、相互影响,如焦虑不安、极度紧张等可使呼吸困难加重;严重的呼吸困难,也可加剧恐惧或濒死感。评估患者有无语言障碍、意识障碍、烦躁不安;有无因发绀呼吸困难引起日常生活自理能力部分减退或完全丧失。

4. 诊断、治疗、护理经过　是否接受血常规检查及其结果;是否使用氧疗,其浓度、流量、疗效如何。

(六) 相关护理诊断

1. 低效性呼吸型态　与上呼吸道阻塞有关;与心肺功能不全有关。
2. 活动无耐力　与呼吸困难所致能量消耗增加和缺氧有关。
3. 气体交换受损　与心肺功能不全、肺部感染等引起有效肺组织减少、肺弹性减退有关。
4. 自理能力缺陷　与呼吸困难有关。
5. 语言沟通障碍　与严重喘息有关。

九、心悸

心悸(palpitation)是一种自觉心脏跳动的不适感或心慌感。当心率加快时感到心脏跳动不适,心率缓慢时则感到搏动有力。心悸时,心率可快、可慢,也可有心律失常,心率和心律正常者亦可有心悸。

(一) 病因与发病机制

1. 病因

(1) 心跳搏动增强:①生理性:见于健康人在剧烈运动或精神过度紧张时;大量吸烟、饮酒、喝浓茶或咖啡后;应用某些药物,如肾上腺素、麻黄碱、咖啡因、阿托品、甲状腺素片等;②病理性:见于心室肥大、甲状腺功能亢进、失血性贫血、寒战高热、低血糖等。

(2) 心律失常:窦性心动过速或过缓、房性或室性的期前收缩、心房扑动或心房颤动等。其严重程度与心脏病变程度常不一致。

(3) 神经官能症:由于头晕、头痛、焦虑、紧张、情绪激动、失眠、神经衰弱、精神创伤等因素的作用,受自主神经调节的心血管系统发生功能紊乱,交感神经兴奋,引起心搏量及神经敏感性增强,但心脏本身并无器质性病变。

2. 发病机制

(1)生理性:由于人体的各种消耗量增加,组织器官对血流量的需求增加,尤其是心跳过度,心跳速率及心肌收缩力增强,心搏出量改变,引起暂时性心悸。

(2)病理性:①心脏疾病:由于心肌或心瓣膜本身疾患,在反复发作、持续时间较长的代偿期之后的心室收缩,往往伴有强而有力的心脏搏动,患者会感到心悸;②非心脏疾病:贫血:因血液的氧含量不足,心跳加速,血液循环速度增快,心肌收缩力增强。发热:由于机体组织新陈代谢提高,心脏工作负荷随之提升,加之皮肤血管扩张而造成的血液分流也会增加心脏负担。低血糖:血糖过低,组织所需能量不足,引起交感神经系统兴奋而使心跳加速、心肌收缩力增加。甲状腺功能亢进症:机体新陈代谢加快时组织对氧及能量的需求增加,心脏负担同时增加。嗜铬细胞瘤:由于肾上腺激素增加,内分泌调节紊乱致使心跳加速、心肌收缩力增强。

(3)心因性心悸:多因心理或情绪上的紧张、愤怒、焦虑导致心悸。

 课堂互动

根据临床表现,讨论如何对心因性心悸进行护理。

(二)临床表现

1. 生理性心悸　心悸在运动、饮食、情绪等变化后发生,患者自觉心跳或心慌的不适感,心率缓慢时则感到搏动有力,但这种感觉是暂时性的,一般无阳性体征。

2. 病理性心悸

(1)心脏疾病:心悸反复发生,常伴有胸闷、气急、心前区疼痛、晕厥、心律失常等,其表现症状与心脏病变程度常一致,如不完全性房室传导阻滞,患者感觉忽然心脏不跳而后又跳;二尖瓣狭窄本身就有左心房扩大及心房颤动,心肌收缩力忽大忽小,患者也会自觉心脏不规则跳动;窦性心动过速、阵发性室上性心动过速,心跳速度可达 160~250 次/min,由于心排出量严重不足,致使患者大脑血流灌注减少而产生晕厥。

(2)躯体疾病:①贫血:心悸经常持续发生,严重者会形成高输出量性心力衰竭。患者同时合并眼结膜及手指甲床苍白,全身无力、倦怠,稍微活动即感呼吸困难等症状;②低血糖:心悸同时伴有冒冷汗、面色苍白、乏力、手指颤抖等;③甲状腺功能亢进:心悸时伴有手颤抖、出汗、怕热等现象。

3. 心因性心悸　多在情绪剧烈波动后发生,常见于女性或更年期患者,严重者常有心率加快,心前区隐痛,以及疲乏、失眠、头晕、头痛、耳鸣、记忆力减退等神经衰弱表现,有时还合并有胃肠道、泌尿道症状,这与个人敏感性、精神因素、注意力是否集中有关。

(三)伴随症状

1. 伴心前区疼痛　见于冠状动脉粥样硬化性心脏病(如心绞痛、心肌梗死)、心肌炎、心包炎,亦可见于神经官能症等。

2. 伴发热　见于急性传染病、风湿热、心肌炎、心包炎、感染性心内膜炎等。

3. 伴晕厥或抽搐　见于高度房室传导阻滞、心室颤动或阵发性室性心动过速、病态窦房结综合征等。

4. 伴贫血 见于各种原因引起的急性大量失血、脉搏微弱、血压下降或休克。慢性贫血、心悸多在劳累后较明显。

5. 伴呼吸困难 见于急性心肌梗死、心肌炎、心包炎、心力衰竭、重症贫血等。

6. 伴消瘦及出汗 见于甲状腺功能亢进症。

7. 伴发绀 见于先天性心脏病、右心功能不全和休克。

(四) 对患者的影响

患者因心悸出现焦虑、恐惧、失眠等,进而影响工作和学习、日常生活及人际交往。少数患者因心律失常可发生猝死,此时会出现大汗、意识障碍、血压降低、脉搏细速不能触及等表现。

(五) 问诊要点

1. 病因与诱因 询问患者心悸是否有重体力活动、精神受刺激、饮咖啡、吸烟、喝酒等诱因。若心悸常在轻度体力活动后产生,则病变多为器质性,应进一步询问既往有无器质性心脏病或全身性基础疾病,如内分泌疾病、贫血、神经官能症等;若心悸发生在剧烈运动或应用阿托品等药物之后,则为机体的一种生理调节反应。

2. 心悸的特点 心悸发作的间隔时间、持续时间、频率、主观感受及伴随症状。如患者突然发生的心悸在短时间内很快消失,情绪激动时易发作,则多与心脏神经官能症有关;如有心跳过快、过慢或不规则的感觉,并伴有心前区疼痛、头晕、头痛、晕厥、抽搐及周围循环障碍,则多与心搏出量改变和心律失常有关。

3. 心悸对患者的影响 有无心悸所致的日常生活等受影响;有无焦虑、恐惧等;有无心悸不适导致的失眠等。

4. 诊断、治疗与护理经过 包括是否接受心电检查、使用特殊药物治疗,或采用电复律、人工起搏治疗,是否采取护理干预措施,效果如何。

(六) 相关护理诊断

1. 活动无耐力 与心搏出量减少、氧的供需失衡有关。

2. 低效性呼吸型态 与疼痛及心肌缺血时左心室收缩力减弱有关。

3. 知识缺乏 缺乏心悸相关的知识。

4. 自理能力缺陷 与活动量受限有关。

5. 恐惧 / 焦虑 与对疾病缺乏认识及感觉不适症状有关。

十、恶心与呕吐

恶心与呕吐(nausea and vomiting)是临床常见的症状。恶心为上腹部不适、紧迫欲吐的感觉,可伴皮肤苍白、出汗、流涎、血压降低及心动过缓等迷走神经兴奋的症状,常为呕吐的前奏。呕吐是通过膈肌、肋间肌及腹部肌肉的收缩,呼吸运动停止,胃或部分小肠的内容物通过食管逆流经口腔排出体外的现象。二者均为复杂的反射动作,可由多种原因引起。

(一) 病因与发病机制

1. 病因

(1) 反射性呕吐:指组织器官病变发出神经冲动,反射性地通过迷走神经与副交感神经的内脏传入神经,将末梢神经刺激传入呕吐中枢引起的呕吐。

1) 咽部受到刺激:如吸烟、剧咳、鼻咽部炎症或溢脓等。

2）胃、十二指肠疾病：急慢性胃炎、消化性溃疡、功能性消化不良、急性胃扩张、幽门梗阻等。

3）肠道疾病：急性阑尾炎、各型肠梗阻、急性出血坏死性肠炎、腹型过敏性紫癜等。

4）肝胆胰疾病：急性肝炎、肝硬化、肝淤血、急慢性胆囊炎或胰腺炎等。

5）腹膜及肠系膜疾病：如急性腹膜炎。

6）其他疾病：肾输尿管结石、急性肾盂肾炎、急性盆腔炎、异位妊娠破裂等。急性心肌梗死早期、心力衰竭、青光眼等亦可出现恶心、呕吐。

（2）中枢性呕吐：指来自中枢神经系统或化学感受器的冲动，刺激呕吐中枢引起的呕吐。

1）神经系统疾病 ①颅内感染：各种脑炎、脑膜炎、脑脓肿；②脑血管疾病：脑出血、脑栓塞、高血压脑病及偏头痛等；③颅脑损伤：脑挫裂伤、颅内血肿、蛛网膜下腔出血等；④癫痫，尤其是持续状态。

2）全身性疾病：尿毒症、糖尿病酮症酸中毒、甲状腺危象、肾上腺皮质功能不全、低血糖、低钠血症及早孕均可引起呕吐。

3）药物：某些抗生素、抗癌药、洋地黄、吗啡等因兴奋呕吐中枢引起呕吐。

4）中毒：乙醇、重金属、一氧化碳、有机磷农药、鼠药等中毒均可引起呕吐。

5）精神因素：胃神经官能症、癔症等。

（3）前庭功能障碍性呕吐：凡呕吐伴有听力障碍、眩晕等症状者，需考虑前庭障碍性呕吐。如内耳前庭迷路病变、梅尼埃病（meniere's disease）、晕动症等。

2. 发病机制 呕吐中枢位于延髓，包括两个不同功能的机构：一是化学感受器触发带（chemoreceptor trigger zone），位于延髓第四脑室的底面，接受各种外来的化学物质或药物（如吗啡、洋地黄、依米丁等）或内生代谢产物（如感染、酮中毒、尿毒症等）的刺激，并由此引发出神经冲动，传至呕吐中枢引起呕吐；二是神经反射中枢，即呕吐中枢（vomiting center），位于延髓外侧网状结构的背部，接受来自消化道、大脑皮质、内耳前庭、冠状动脉以及化学感受器触发带的传入冲动，直接支配呕吐的动作。整个呕吐过程可分为恶心、干呕和呕吐三个阶段。

（二）临床表现

恶心多伴皮肤苍白、出汗、流涎、血压降低及心动过缓等迷走神经兴奋症状，常为呕吐的前驱表现。持久而剧烈的呕吐，可引起水、电解质紊乱、代谢性碱中毒及营养不良，甚至发生食管贲门黏膜撕裂伤（Mallory-Weiss 综合征）并发症。婴幼儿、老年人、病情危重和意识障碍者，呕吐时易发生误吸而致肺部感染或窒息。呕吐的临床特点因病因不同而异，反射性呕吐常有恶心先兆，且胃排空后仍干呕不止；中枢性呕吐多无恶心先兆，呕吐呈喷射状、吐后不感轻松，可伴有剧烈头痛和不同程度的意识障碍。具体如下：

1. 呕吐的时间 育龄妇女晨起呕吐见于早期妊娠，与雌激素有关。晨间呕吐也可见于尿毒症、慢性酒精中毒或功能性消化不良；鼻窦炎患者因起床后脓液经鼻后孔刺激咽部，亦可致晨起恶心、干呕。晚上或夜间呕吐见于幽门梗阻，这是由于日间多次进餐，致大量胃潴留，入夜时胃平滑肌已受明显牵伸而构成较强的传入神经冲动，兴奋呕吐中枢，引起呕吐。

2. 与进食的关系 活动性消化性溃疡位于幽门，因该处有水肿、充血、痉挛等，常导致进食过程中或餐后即刻呕吐；精神性呕吐多在餐后即刻呕吐；餐后 1 小时以上呕吐称延迟性呕吐，提示胃张力下降或胃排空延迟；餐后较久或数餐后呕吐，见于幽门梗阻；餐后近期呕吐，特别是集体发病者，多由食源性疾病导致。

3. 与运动的关系 前庭功能障碍引起的呕吐与头部位置改变有关，常有恶心先兆，并

笔记栏

伴有眩晕、眼球震颤等,闭目平卧后呕吐可缓解。晕动症多发生在航空、乘船、乘汽车,由于反复的旋转、上下颠簸所致的迷路刺激,常表现为面色苍白、出汗、恶心、呕吐、流涎。

4. 呕吐的特点 进食后立刻呕吐,恶心很轻或缺如,吐后可再进食,长期反复发作但营养状态不受影响,多为神经官能性呕吐。喷射状呕吐多为颅内高压性疾病。

5. 呕吐物性质 呕吐物有发酵、腐败气味提示胃潴留;有粪臭味提示低位小肠梗阻;若呕吐物不含胆汁则梗阻平面多在十二指肠乳头以上,含多量胆汁则提示在此平面下;含有大量酸性液体者多有胃泌素瘤或十二指肠溃疡,而无酸味者可能为贲门狭窄或贲门失弛缓症所致;有机磷中毒引起呕吐者常带有蒜味;化脓性胃炎或周围脓肿破入胃者,呕吐物中带有脓液;上消化道出血常呈咖啡渣样呕吐物;霍乱、副霍乱的呕吐物为米泔水样;大量呕吐见于病程较长的幽门梗阻或急性胃扩张,一次呕吐可超过1 000ml。还应注意呕吐物中有无蛔虫、胆石或吞入的异物。

(三) 伴随症状

1. 伴腹痛、腹泻 多见于急性胃肠炎或细菌性食物中毒和其他原因引起的急性食物中毒。

2. 伴右上腹痛及发热、寒战或有黄疸 应考虑胆囊炎或胆石症。

3. 喷射状呕吐者伴头痛 见于颅内高压或青光眼。

4. 伴耳鸣、眩晕、眼球震颤 见于内耳前庭疾患如梅尼埃病。

5. 应用阿司匹林、某些抗生素及抗癌药物 呕吐可能与药物副作用有关。

6. 已婚育龄妇女早晨呕吐 可能为早孕。

(四) 对患者的影响

剧烈频繁的呕吐可导致脱水、低钾血症、低氯血症、代谢性碱中毒等水、电解质及酸碱平衡紊乱。长期严重呕吐可引起营养不良。婴幼儿、老年人、病情危重和意识障碍患者,呕吐时易因误吸而致肺部感染或窒息。

(五) 问诊要点

1. 病因与诱因 询问患者既往有无胃肠道疾病史、腹部手术史,有无中枢神经系统、内分泌代谢疾病等病史;有无饮酒史等;有无洋地黄、抗肿瘤等药物应用史;体位、情绪、运动、咽部刺激是否会诱发恶心呕吐;有无不洁饮食、毒物和传染病接触史;女性患者还要注意月经史,排除妊娠的可能。

2. 恶心与呕吐的特点

(1) 发作情况:包括恶心呕吐的起病急或缓;恶心与呕吐的关系;呕吐的时间,晨起还是夜间,是间歇性发作还是持续性发作,病程持续时间长短,呕吐的频率;与饮食、活动等有无关系;呕吐是否喷射状;吐后是否感到轻松等。

(2) 呕吐物性质:询问和观察患者呕吐物的特征,包括呕吐物颜色、量、性状及气味等,由此可以推测是否中毒、严重消化道器质性疾病或梗阻等,并估计液体丢失量。

3. 恶心与呕吐对患者的影响 有无焦虑、不安、恐惧;有无乏力、头晕、面色苍白。有无体重变化、水电解质紊乱、酸碱平衡失调。对婴幼儿、老人、病情危重和意识障碍者,还要评估是否存在与误吸相关的危险因素,如体位等。

4. 诊断、治疗与护理经过 是否已作X线钡餐、胃镜、腹部B超、血糖、尿素氮等检查及其结果;是否已做过呕吐物毒物分析;是否已采取相应的治疗,使用的药物种类、剂量、疗效;护理措施及其效果如何等。

(六) 相关护理诊断

1. 体液不足/有体液不足的危险 与呕吐所致体液丢失过多及摄入量不足有关。
2. 营养失调:低于机体需要量 与长期频繁呕吐和食物摄入量不足有关。
3. 有误吸的危险 与呕吐物吸入气道有关。
4. 潜在并发症:水、电解质平衡紊乱;低血容量性休克。

十一、腹泻

腹泻(diarrhea)是指排便次数增多,粪质稀薄或带有黏液、脓血或未消化的食物。如排便次数增多(每日 3 次以上),或每天粪便增加(总量大于 200g),粪质稀薄(其中粪便含水量大于 80%),或带有未消化的食物、黏液、脓血及脱落的肠黏膜,则可认为是腹泻。腹泻可分为急性与慢性两种,超过 2 个月者属慢性腹泻。

(一) 病因与发病机制

1. 病因

(1) 急性腹泻:多为感染或食物中毒所致,如由病毒、细菌、霉菌、原虫、蠕虫等感染引起的肠炎及急性出血性坏死性肠炎等肠道疾病;如进食受霍乱弧菌污染的食物或水及毒蕈、河豚、鱼胆等引起的急性中毒性腹泻;如败血症全身性感染性腹泻或变态反应性肠炎、过敏性紫癜等引起的腹泻。

(2) 慢性腹泻:消化系统疾病:慢性萎缩性胃炎、胃大部切除后胃酸缺乏。肠道感染。溃疡性结肠炎、结肠多发性息肉、原发性小肠吸收不良综合征。肠道肿瘤。胰腺疾病。肝胆疾病等。全身性疾病:内分泌及代谢障碍疾病:如甲状腺功能亢进、肾上腺皮质功能减退等。其他系统疾病:系统性红斑狼疮、硬皮病、尿毒症、放射性肠炎等。药物副作用:如利血平、甲状腺素、洋地黄类药物、消胆胺等。神经功能紊乱:如肠易激综合征等。

2. 发病机制 腹泻可分成 5 种类型:①分泌性腹泻:由于胃肠黏膜分泌过多的液体超过肠黏膜吸收能力所致。霍乱弧菌外毒素引起的大量水样腹泻即属于典型的分泌性腹泻;②渗透性腹泻:因肠内容物渗透压增高,阻碍肠内水分与电解质的吸收,如服用大量高渗性泻剂(甘露醇)迅速由胃排空入空肠;③渗出性腹泻:由于黏膜炎症、溃疡或浸润性病变致血浆、黏液、脓血渗出所致;④动力性腹泻:因肠蠕动亢进致肠内食糜停留时间缩短,不能充分吸收所致,如肠炎、甲状腺功能亢进、糖尿病、胃肠功能紊乱等;⑤吸收不良性腹泻:因肠黏膜的吸收面积减少或吸收障碍所致,如小肠大部分切除、吸收不良综合征等。

(二) 临床表现

由于腹泻的病因与发生机制不同,其起病缓急与病程、排便次数、粪便量和性状等腹泻特点也各不相同。

1. 起病及病程 急性腹泻起病急骤,病程较短,多为感染或食物中毒所致。慢性腹泻起病缓慢,病程较长,多见于慢性感染、非特异性炎症、吸收不良、消化功能障碍、肠道肿瘤或神经功能紊乱等。

2. 腹泻次数及粪便性质 急性感染性腹泻常有不洁饮食史,于进食后 24 小时内发病,每天排便数次甚至数十次,多呈糊状或水样便,少数为脓血便。慢性腹泻表现为每天排便次数增多,可为稀便,亦可带黏液、脓血,见于慢性细菌性痢疾、炎症性肠病及结肠、直肠癌等。阿米巴痢疾的粪便呈暗红色或果酱样。粪便中带黏液而无异常发现者常见于肠易激综合征。

3. 腹泻与腹痛的关系 急性腹泻常伴有腹痛,尤以感染性腹泻较为明显。小肠疾病的

笔记栏

腹泻,疼痛常在脐周,便后腹痛缓解不明显。结肠病变疼痛多在下腹,便后疼痛常可缓解。分泌性腹泻往往无明显腹痛。

(三)伴随症状

1. 伴发热　多见于急性细菌性痢疾、伤寒或副伤寒、肠结核、肠道恶性淋巴瘤、溃疡性结肠炎急性发作期、败血症等。

2. 伴里急后重　提示病变以直肠、乙状结肠为主,如急性痢疾、直肠炎症或肿瘤等。

3. 伴明显消瘦　提示病变位于小肠,如胃肠道恶性肿瘤、肠结核及吸收不良综合征。

4. 伴皮疹或皮下出血　多见于败血症、伤寒或副伤寒、麻疹、过敏性紫癜等。

5. 伴重度失水　常见于分泌性腹泻,如霍乱、细菌性食物中毒或尿毒症等。

(四)对患者的影响

急性腹泻患者因短期内排便次数多、粪便含水量大可致脱水、电解质紊乱及代谢性酸中毒,排便频繁者可因粪便刺激肛周皮肤引起肛周皮肤糜烂与破损,严重腹泻干扰患者的休息与睡眠。长期慢性腹泻可引起患者营养不良、多种维生素缺乏、体重下降,甚至营养不良性水肿等。严重腹泻或病情迁延不愈者可出现焦虑或抑郁等负性情绪。

(五)问诊要点

1. 病因与诱因　注意患者发病季节、时间、地点、接触人群、饮食情况;注意患者有无腹泻加重、缓解的因素,如有无饮食过于油腻、不洁饮食或刺激性饮食;有无情绪紧张、焦虑、过劳、受凉等;有无服用番泻叶、硫酸镁、抗生素等药物史等。

2. 腹泻的特点

(1)病程:起病急骤、病程短者多为肠道感染或食物中毒所致;起病缓慢、病程长者多见于溃疡性结肠炎、肠易激综合征、吸收不良综合征等引起的腹泻,其病程可长达数年至数十年之久,且常呈间歇性发作。

(2)便量:询问患者腹泻的次数及大便量,有助于判断腹泻的类型及病变的部位,如分泌性腹泻粪便量常超过每日 1L,而渗出性腹泻粪便远少于此量。

(3)性状:注意患者所述腹泻的情况,是稀便还是水样便,大便中是否含有未消化的食物,大便有无血、黏液和脓液,大便颜色如何,是否为陶土样,是否浮在水面上(如脂肪泻)。询问患者大便的臭味,奇臭多有消化吸收障碍,无臭多为分泌性水泻。

3. 腹泻对患者的影响　有无焦虑、不安、恐惧;有无乏力、头晕、面色苍白、活动后心悸气促;有无皮肤弹性下降、消瘦、肛周皮肤破损;有无排便过于频繁而导致的睡眠异常。

4. 治疗、诊断、护理经过　粪便检查及其结果、血生化指标有无改变;补液的成分、液体量及补液速度;用药的种类、剂量及疗效;采取的护理干预措施及效果。

(六)相关护理诊断

1. 腹泻　与疾病所致肠道功能紊乱有关。

2. 有皮肤完整性受损的危险　与排便次数多及排泄物对肛周皮肤的刺激有关。

3. 体液不足 / 有体液不足的危险　与急性腹泻所致体液丢失过多有关。

4. 营养失调:低于机体需要量　与长期腹泻有关。

5. 焦虑　与慢性腹泻迁延不愈有关。

十二、便秘

便秘(constipation)是指大便次数减少,一般每周少于 3 次,伴排便困难,粪便干结。便秘影响生活质量,用力排便可导致急性心肌梗死、脑血管意外。

(一)病因与发病机制

1. 病因

(1)功能性便秘

1)进食量少、食物缺乏纤维素或水分不足,对结肠运动的刺激减少。

2)因工作紧张、生活节奏过快、工作性质和时间变化等精神因素干扰了正常的排便习惯。

3)结肠运动功能紊乱:常见于肠易激综合征,系由结肠及乙状结肠痉挛引起,部分患者可表现为便秘与腹泻交替。

4)腹肌及盆腔肌张力差,排便推动力不足,难以将粪便排出体外。

5)滥用泻药,形成药物依赖,造成便秘;年老体弱,活动过少,肠痉挛致排便困难。

(2)器质性便秘

1)直肠与肛门病变引起肛门括约肌痉挛、排便疼痛,造成惧怕排便,如痔疮、肛裂、肛周脓肿和溃疡、直肠炎等。

2)局部病变导致排便无力:如大量腹腔积液、膈肌麻痹、系统性硬化症、肌营养不良等。

3)结肠完全或不完全性梗阻:结肠良、恶性肿瘤,Crohn 病,先天性巨结肠,各种原因引起的肠粘连、肠扭转、肠套叠等。

4)腹腔或盆腔内肿瘤压迫:如子宫肌瘤。

5)全身性疾病导致肠肌松弛、排便无力:尿毒症、糖尿病、甲状腺功能减退症、脑血管意外、截瘫、多发性硬化、皮肌炎等。此外,血卟啉病及铅中毒引起肠肌痉挛,亦可导致便秘。

6)药物副作用:应用吗啡类药、抗胆碱能药、钙通道阻滞剂、神经阻滞剂、镇静剂、抗抑郁药以及含钙、铝的制酸剂等使肠肌松弛引起便秘。

2. 发病机制 食物在消化道经消化与吸收后,剩余的食糜残渣自小肠运至结肠,在结肠内大部分水分和电解质被吸收后形成粪团。粪团进入直肠,产生机械性刺激,引起便意和排便动作的各个环节,均可因神经系统活动异常、肠平滑肌病变及肛门括约肌功能异常而发生便秘。常见的因素有:

(1)摄入食物过少或纤维素及水分不足,致肠内的食糜和粪团的量不足以刺激肠道的正常蠕动。

(2)各种原因引起的肠道内肌肉张力减低和肠蠕动减弱。

(3)排便过程的神经及肌肉活动障碍,如排便反射减弱或消失,肛门括约肌痉挛,腹肌及膈肌收缩力减弱等。

(二)临床表现

急性便秘者多有腹痛、腹胀,甚至恶心、呕吐,多见于各种原因的肠梗阻;慢性便秘多无特殊表现,部分患者诉口苦、食欲减退、腹胀、下腹不适或头晕、头痛、疲乏等神经紊乱症状,但一般不严重。严重者排出粪便坚硬如羊粪,排便时可有左腹部或下腹痉挛性疼痛及下坠感,可在左下腹触及痉挛的乙状结肠。长期便秘者可因痔疮加重及肛裂而有大便带血或便血,患者因此而紧张、焦虑。慢性习惯性便秘多发生于中老年人,尤其是经产妇女,可能与肠肌、腹肌与盆底肌的张力降低有关。

(三)伴随症状

1. 伴呕吐、腹胀、肠绞痛 可能为各种原因引起肠梗阻。

笔记栏

2. 伴腹部包块　应注意结肠肿瘤、肠结核及克罗恩病。

3. 与腹泻交替　应注意肠结核、溃疡性结肠炎、肠易激综合征。

4. 随生活环境改变、精神紧张出现　多为功能性便秘。

(四) 对患者的影响

粪便过于坚硬，排便时会引起肛门疼痛甚至肛裂，或因用力排便所致直肠、肛门过度充血，久之易引发痔疮。慢性长期便秘者因肠道毒素吸收可引起头昏、食欲不振、口苦、乏力等全身症状，并可出现排便紧张或焦虑以及与此相关的滥用泻药甚至泻药依赖，使便秘加重。原有冠心病患者因用力排便而加重心肌缺血，可诱发心绞痛或心肌梗死，甚至导致猝死；原有高血压患者也可因用力排便使血压升高诱发脑出血。

(五) 问诊要点

1. 病因与诱因　询问便秘的起病和病程，是否于腹泻之后发生，是否因精神紧张，工作压力诱发；了解年龄、职业、生活习惯、进餐及食物是否含有足量纤维素、有无偏食等；是否长期服用泻药，药物种类及疗程；是否有腹部，盆腔手术史；有无服用引起便秘的药物史，如吗啡、阿片制剂、可待因、肠道吸收剂等。

2. 排便临床表现

(1) 便秘特点：了解有无便意、排便的频度、粪便性状、软硬度和粪便量、排便是否费力或不畅，并与既往排便情况相比较。

(2) 便秘程度：对于慢性便秘，要评估其严重程度，慢性便秘可分为轻、中、重度：轻度指症状较轻，不影响生活，经一般处理能好转，无需用药或少用药；重度指便秘症状持续，患者异常痛苦，严重影响生活，不能停药或治疗无效；中度则介于两者之间。

(3) 便秘类型：评估患者是慢传输型便秘、出口梗阻型便秘还是混合型便秘，有助于制定治疗、护理方案。如患者粪便排出异常艰难，使用膨松剂和渗透剂，使粪便软化后依然难以排出时，则提示为出口梗阻型便秘；糖尿病、硬皮病合并的便秘以及药物引起的便秘多是慢传输型便秘。

3. 便秘对患者的影响　主要是有无焦虑、紧张；有无肛周疼痛、缺乏预防便秘知识等。

4. 诊断、治疗、护理经过　检查肛门及其周围皮肤是否有异常；是否通过直肠指诊了解肛门括约肌的紧张度及其直肠内有无粪便嵌顿、肿块或触痛等；对可疑肛门、直肠病变者，是否进行了直肠镜或乙状结肠镜检查，或钡剂灌肠；是否接受促进排便的治疗和护理措施，进一步询问使用的是轻泻剂、肛栓、还是灌肠通便，详细了解所用通便剂的类型、剂量、使用频率，判断是否合理，并询问治疗效果如何。

(六) 相关护理诊断

1. 便秘　与饮食中纤维素量过少有关；与运动量过少有关；与排便环境改变有关；与精神紧张有关；与排便疼痛有关。

2. 组织完整性受损 / 有组织完整性受损的危险　与粪便过于干硬致肛周组织损伤有关。

3. 舒适度改变　与粪便干硬、排便困难、排便疼痛有关。

4. 知识缺乏　缺乏预防便秘的知识。

十三、呕血与便血

呕血（hematemesis）是指上消化道疾病（指屈氏韧带以上的消化器官，包括食管、胃、十二指肠、肝、胆、胰及胃空肠吻合术后的空肠上段疾病)或全身性疾病导致上消化道出血,血液经口腔呕出的现象。便血(hematochezia)是指消化道出血,血液从肛门排出的现象。便血颜色可呈鲜红,暗红或黑色。上消化道出血时,部分血液经肠道排出,血红蛋白在肠道内与硫化物结合成硫化亚铁,大便呈现黑色,称为黑便。黑便附有黏液而色泽发亮,类似柏油,又称为柏油样便。少量出血不造成粪便颜色改变,需经隐血试验才能确定者,称为隐血(occultblood)便。

(一) 病因

1. 消化系统疾病

(1) 食管疾病:反流性食管炎、食管癌、食管贲门黏膜撕裂综合征(Mallory-Weiss 综合征)、食管损伤等。

(2) 胃及十二指肠疾病:消化性溃疡,服用非甾体消炎药或应激所引起的急性糜烂性出血性胃炎及胃癌等。

(3) 肝胆疾病:门静脉高压引起的食管胃底静脉曲张破裂出血、肝癌、胆囊癌等。

(4) 小肠疾病:肠结核、肠伤寒、急性出血性坏死性肠炎、小肠肿瘤等。

(5) 结肠疾病:急性细菌性痢疾、阿米巴痢疾、溃疡性结肠炎、结肠癌、结肠息肉等。

(6) 直肠肛管疾病:直肠肛管损伤、非特异性直肠炎、直肠息肉、直肠癌、痔、肛裂等。

(7) 胰腺疾病:急性胰腺炎合并脓肿或囊肿、胰腺癌破裂出血通过胰管进入十二指肠等。

2. 全身性疾病

(1) 血液及造血系统疾病:血小板减少性紫癜、白血病、再生障碍性贫血、弥散性血管内凝血及其他凝血功能障碍性疾病等。

(2) 感染性疾病:流行性出血热、钩端螺旋体病、登革热、暴发型肝炎等。

(3) 结缔组织病:系统性红斑狼疮、皮肌炎等。

3. 其他　如尿毒症、呼吸功能衰竭等。

在引起呕血的病因中,以消化性溃疡引起的出血最为常见,其次是食管或胃底静脉曲张破裂,再次是急性糜烂性出血性胃炎和胃癌。

(二) 临床表现

1. 呕血与便血　呕血与便血的表现与出血的部位、出血量、出血速度及在消化道停留时间等有关。呕血前常有上腹部不适和恶心,随后呕出血性胃内容物。出血量多,血液在胃内停留时间短、出血位于食管则血色鲜红或为暗红色,常混有凝血块;当出血量少或在胃内停留时间长,则因血红蛋白与胃酸作用形成酸化正铁血红蛋白,呕吐物可呈棕褐色或咖啡渣样。

便血可表现为急性大出血、慢性少量出血及间歇性出血。出血量大、速度快则血色鲜红;若出血量小、速度慢,血液在肠道内停留时间较长,可为暗红色或黑便。上消化道或小肠出血,血液可与粪便混合或全为血液。直肠、肛门或肛管出血,血色鲜红附于粪便表面(如肛裂),或为便后有鲜血滴出(如痔疮)。

一般呕血多伴有黑便,而黑便不一定伴呕血。通常上消化道出血以呕血为主伴有黑便,若出血量较少、速度慢亦可无呕血。下消化道出血多以便血为主。上、下消化道出血需鉴别见表3-6。

表3-6　上、下消化道出血鉴别

鉴别点	上消化道出血	下消化道出血
病因	消化性溃疡、肝硬化、胃癌等	肠结核、小肠肿瘤等
出血前症状	上腹痛、恶心、呕吐	中下腹不适、下坠感
便血特点	柏油样便,无血块	暗红或鲜红色,质稀,量多时可有血块
是否呕血	可有呕血	无呕血

2. 失血性周围循环衰竭　出血量占循环血量 10% 以下时,患者一般无明显临床表现;出血量占循环血量的 10%~20% 时,可有头晕、乏力等表现,多无血压、脉搏的变化;出血量达循环血量的 20% 以上时,则有冷汗、四肢厥冷、心慌、脉搏增快等表现;若出血量达循环血量的 30% 以上,则有急性周围循环衰竭的表现,如神志不清、脉搏细弱、血压下降、呼吸急促等。

3. 血液学改变　出血早期血液学改变不明显,出血 3~4 小时以后因组织液的渗出或输液等情况,血液被稀释,血红蛋白及红细胞比容逐渐降低。大量或长期出血出现血红蛋白及红细胞计数下降。

(三) 伴随症状

1. 伴上腹痛　周期性、节律性的上腹痛,多为消化性溃疡;中老年人,慢性上腹痛,疼痛无明显规律性并有厌食及消瘦者,需警惕胃癌的可能。

2. 伴黄疸　黄疸、寒战、发热伴右上腹绞痛并呕血,可能由胆道疾病引起。

3. 伴肝脾肿大　皮肤有蜘蛛痣、肝掌、腹壁静脉曲张或出现腹腔积液,提示肝硬化;肝区疼痛、肝肿大、质地坚硬、表面凹凸不平或有结节者多为肝癌。

4. 伴皮肤黏膜出血　见于出血性疾病。

5. 伴头晕、黑矇、口渴、冷汗　提示血容量不足。

6. 伴里急后重　常见于痢疾、直肠炎及直肠癌等。

7. 伴腹部肿块　常见于结肠癌、肠结核及 Crohn 病等。

(四) 对患者的影响

呕血与便血的患者常有紧张、焦虑甚至恐惧等心理反应。大量呕血和便血可引起周围循环衰竭。此外,大量呕血与黑便可出现氮质血症、发热等表现。

(五) 问诊要点

1. 病因与诱因　有无与呕血与便血相关的疾病如消化性溃疡、肝硬化、结肠癌、痔疮等;有无服用肾上腺皮质激素、吲哚美辛、水杨酸类等可能导致急性胃黏膜病变的药物史。

2. 临床表现特点　呕血与便血的起病情况与持续时间,出血的次数、量、颜色、性状及其变化,加重或缓解的因素及伴随症状。根据全身反应估计出血量。粪便隐血试验阳性者提示每天出血量大于 5~10ml;出现黑便提示出血量在 50~70ml 以上;呕血提示胃内积血量达 250~300ml。

3. 呕血与便血的鉴别　确定呕血时须排除口腔、鼻咽部出血和咯血。便血应排除进食大量动物血、动物肝,以及肉类所致的黑便。服用铋剂、铁剂、炭粉或某些中药也会出现大便色黑,须注意鉴别。

4. 呕血与便血对患者的影响　有无焦虑或恐惧等情绪表现。有无周围循环血量不足的表现。

5. 诊断、治疗与护理经过　已接受过的相关诊断学检查及结果。已采用的有关呕血与便血的治疗及护理措施,具体药物名称、剂量、给药途径与疗效。重点评估采取的止血措施及效果。

(六)相关护理诊断

1. 外周组织灌注无效 与消化道出血所致血容量不足有关。

2. 活动无耐力 与呕血和便血所致贫血有关。

3. 有误吸的危险 与呕吐物误吸入气道有关。

4. 恐惧 与大量呕血/便血有关。

5. 焦虑 与长期便血病因不明有关。

6. 潜在并发症:失血性休克。

十四、排尿异常

排尿异常临床多表现为尿量异常、血尿、尿失禁以及尿潴留等。

成人 24 小时尿量少于 400ml,或每小时尿量少于 17ml 称为少尿(oliguria);24 小时尿量少于 100ml,或 12 小时完全无尿称为无尿;24 小时尿量若超过 2 500ml 称为多尿(polyuria)。血尿(hematuria)包括镜下血尿和肉眼血尿。尿液颜色正常,离心沉淀后每高倍镜视野有红细胞 3 个以上,称为镜下血尿;尿液肉眼可见血色或呈洗肉水色,称为肉眼血尿。尿失禁(incontinence of urine)是由于膀胱括约肌损伤或神经功能障碍导致排尿自控能力下降或丧失,尿液不自主地流出。尿潴留(urinary retention)指膀胱排空不完全或者停止排尿。尿液完全不能排出,称为完全性尿潴留;尿液排出后,残余尿量大于 100ml,称为不完全性尿潴留。

(一)病因与发病机制

1. 尿量异常

(1) 少尿、无尿:各种原因如休克、重度失水、大出血等导致有效血容量减少,心功能不全、严重的心律失常等导致心脏排血功能下降,肾血管狭窄或炎症等肾血管病变,均可使肾血流减少,引起尿量减少或无尿。肾小球病变或肾小管病变引起肾功能急剧恶化,导致尿量减少或无尿。结石、血凝块等机械性尿路梗阻,肿瘤、前列腺肥大等尿路的外压病因都可引起少尿或无尿。

(2) 多尿:①暂时性多尿:短时间内摄入过多水、含水分过多的食物;使用利尿剂后而出现。②持续性多尿:垂体性尿崩症因抗利尿激素分泌减少或缺乏,肾小管重吸收能力下降,尿量可达到 5 000ml/d;糖尿病因糖尿增高引起溶质性利尿,导致尿量增多。

2. 血尿

(1) 泌尿系统疾病:急、慢性肾小球肾炎、IgA 肾病等疾病,发生自身免疫反应,导致肾小球基底膜功能受损,红细胞进入尿液形成血尿。泌尿系统结石、肿瘤等直接破坏泌尿组织造成出血,引起血尿。尿路感染引起尿路黏膜水肿、淤血等炎症反应,造成血尿。

(2) 全身性疾病:包括:①感染性疾病:败血症、流行性出血热、猩红热等;②血液系统疾病:白血病、再生障碍性贫血、血小板减少性紫癜、过敏性紫癜、血友病等;③免疫与自身免疫性疾病:系统性红斑狼疮、结节性多动脉炎、皮肌炎、类风湿关节炎等。

(3) 其他:外伤、中毒等可使肾实质缺血坏死,出现血尿。

3. 尿失禁 NANDA 护理诊断将尿失禁分为压力性尿失禁、急迫性尿失禁、反射性尿失禁、功能性尿失禁、溢出性尿失禁。

(1) 压力性尿失禁:多见于老年女性、有盆腔或尿路手术者。发生机制与尿道括约肌张力减低,或尿道周围肌肉和韧带松弛,尿道阻力过低有关。

(2)急迫性尿失禁:脑血管意外、颅脑肿瘤等中枢神经系统病变,使大脑皮质对脊髓低级排尿中枢的抑制减弱。尿路感染、前列腺增生等因炎症或激惹作用的刺激,膀胱逼尿肌张力增高、反射亢进,膀胱收缩不受控制而发生尿失禁。

(3)反射性尿失禁:病因多为脊髓外伤、脊髓肿瘤等脊髓完全性损伤的疾病。骶髓排尿中枢水平以上的脊髓损伤,低级排尿中枢与高级排尿中枢联系中断,骶髓低级排尿中枢的排尿反射仍然存在,当尿液潴留,膀胱内压增高时,尿液被迫流出。

(4)功能性尿失禁:因身体功能或认知功能受损导致的不自主排尿。常见于脑血管病变、痴呆等。泌尿器官无器质性损害,尿失禁多由不能及时排尿引起。

(5)溢出性尿失禁:常见于前列腺增生、尿道狭窄等下尿路梗阻。膀胱排尿出口梗阻,尿液潴留,膀胱内压增高超过尿道阻力,尿液溢出。

4. 尿潴留 根据发生机制不同分为机械性梗阻和动力性梗阻。①机械性梗阻:常见于前列腺增生、前列腺肿瘤、膀胱颈挛缩、膀胱颈肿瘤、尿道结石等。由于尿路梗阻,尿液排出受阻,发生尿潴留。②动力性梗阻:常见于颅脑肿瘤、脊髓肿瘤等神经系统病变,阿托品、山莨菪碱等引起平滑肌松弛的药物。排尿中枢或周围神经损害导致排尿动力障碍,产生尿潴留。

(二) 临床表现

1. 尿量异常 主要表现为尿量异常减少或增多。

2. 血尿 血尿的主要表现是尿液颜色改变。肉眼血尿根据出血量多少而呈不同颜色。尿呈淡红色洗肉水样,提示每升尿含血量超过1ml。肾脏出血时,尿与血混合均匀,尿呈暗红色。膀胱或前列腺出血尿色鲜红,有时有血凝块。但红色尿不一定是血尿,需仔细辨别。如尿呈暗红色或酱油色,不浑浊无沉淀,镜检无或仅有少量红细胞,见于血红蛋白尿;棕红色或葡萄酒色,不浑浊,镜检无红细胞见于卟啉尿;服用某些药物如大黄、利福平、氨基比林或进食某些红色蔬菜也可排红色尿,但镜检无红细胞。镜下血尿尿液颜色正常。

临床可借助尿三杯试验判断出血病变部位。用三个清洁玻璃杯分别留起始段、中段和终末段尿观察。如起始段血尿提示病变在尿道;终末段血尿提示出血部位在膀胱颈部、三角区或后尿道的前列腺和精囊腺;三段尿均呈红色即全程血尿,提示血尿来自肾脏或输尿管。

3. 尿失禁 尿液不受主观控制而自尿道口处点滴溢出或流出。压力性尿失禁的临床表现特点为当咳嗽、打喷嚏、举重物等腹压骤然增高时,有少量尿液不自主地由尿道口溢出。急迫性尿失禁表现为尿意急迫,多来不及如厕即有尿液不自主流出,流出尿量较多,伴有尿频、尿急等膀胱刺激征和下腹部胀痛。反射性尿失禁患者表现不自主地间歇性排尿,无尿意,排尿前有出汗、颜面潮红或恶心等交感反应。功能性尿失禁患者能感觉到膀胱充盈,但由于精神障碍、运动障碍、环境因素或药物作用的影响,不能及时排尿而出现不自主排尿,每次尿量较大。溢出性尿失禁者失禁的尿量可以很小,但常持续滴漏,致使漏出的总量较大。

尿失禁根据程度可分为:轻度:仅在咳嗽、抬重物时出现尿溢出;中度:在走路、站立等轻度用力时出现尿失禁;重度:无论直立或卧位时都可发生尿失禁。

4. 尿潴留 急性尿潴留突然发生,尿液充盈膀胱,患者常感胀痛难忍,尿意迫切却不能自行排出。慢性尿潴留起病缓慢,可无明显症状,常有少量排尿,一般无下腹疼痛。

(三) 伴随症状

1. 少尿伴心悸、气促、胸闷、不能平卧 见于心功能不全。

2. 少尿伴有发热、腰痛、尿频、尿急、尿痛 见于急性肾盂肾炎。

3. 多尿伴多饮、多食和消瘦 见于糖尿病。

4. 多尿伴有烦渴、多饮、排低比重尿 见于尿崩症。

5. 血尿伴尿频、尿急、尿痛 见于膀胱炎和尿道炎,同时伴有腰痛、高热、畏寒常为肾盂肾炎。

6. 血尿伴水肿、高血压、蛋白尿 见于肾小球肾炎。

7. 尿失禁伴膀胱刺激征及脓尿 见于急性膀胱炎。

(四) 对患者的影响

血尿引起患者焦虑、紧张等情绪。急性尿潴留患者因尿液无法排出可致下腹疼痛、烦躁和辗转不安;贮积的尿液有利于细菌的生长繁殖,易发生尿路感染;长期尿潴留引起膀胱过度膨胀,压力增高,可发生输尿管反流,双侧输尿管及肾积水,最终导致肾功能受损;尿潴留患者留置尿管导尿会产生疼痛不适,并增加尿路感染的机会。尿失禁会使患者感到自卑不安;尿液刺激皮肤可引起皮炎,易发生压疮。

(五) 问诊要点

1. 病因与诱因 有无与尿量异常、血尿、尿失禁或尿潴留有关的疾病,手术、用药史。

2. 临床表现特点 起病缓急、持续时间、加重或缓解的因素,以及相关伴随症状。有无尿量的异常增多或减少;尿液颜色、有无血凝块等的表现。

3. 排尿异常对患者的影响 有无焦虑、烦躁不安、恐惧等情绪异常。是否有因排尿频率过多而导致的睡眠障碍。

4. 诊断、治疗与护理经过 已接受的诊断性检查及结果,已采用的治疗与护理措施及其效果。

(六) 相关护理诊断

1. 焦虑 与预感自身受疾病威胁有关。

2. 尿潴留 与尿道梗阻有关;与神经系统病变有关;与服用药物有关;与精神紧张有关等。

3. 压力性尿失禁 与尿道括约肌张力减低、骨盆底部肌肉和韧带松弛有关。

4. 急迫性尿失禁 与中枢神经系统和膀胱局部病变所致膀胱收缩不受控制有关。

5. 反射性尿失禁 与骶髓排尿中枢水平以上的脊髓完全性损伤有关。

6. 功能性尿失禁 与精神、运动障碍、环境因素或药物作用所致不能及时如厕有关。

7. 溢出性尿失禁 与膀胱排尿出口梗阻或膀胱逼尿肌失去正常张力,引起尿液潴留,膀胱内压超过尿道阻力时,尿液溢出有关。

8. 皮肤完整性受损 / 有皮肤完整性受损的危险 与尿液浸渍有关。

十五、黄疸

黄疸(jaundice)是由于血清中胆红素升高致使皮肤、黏膜和巩膜发黄的症状和体征。正常血清总胆红素值为 1.7~17.1μmol/L。当血清胆红素在 17.1~34.2μmol/L 时,临床不易察觉,称为隐性黄疸;超过 34.2μmol/L 时出现临床可见黄疸。

(一) 胆红素的正常代谢

机体内的胆红素主要来源于血红蛋白。正常血液循环中衰老的红细胞经单核巨噬细胞系统破坏和分解,在组织酶的作用下产生游离胆红素,又称为非结合胆红素(unconjugated bilirubin,UCB)。非结合胆红素与血清白蛋白结合而输送,不溶于水,不能从肾小球滤出,故尿液中不出现非结合胆红素。非结合胆红素通过血液循环运输至肝脏,与白蛋白分离后被肝细胞摄取,在葡萄糖醛酸转移酶的催化作用下,与葡萄糖醛酸结合,形成结合胆红素(conjugated bilirubin,CB)。结合胆红素为水溶性,可通过肾小球滤过而从尿液中排出。结合胆红素从肝细胞经胆管排入肠道后,在细菌酶的分解与还原作用下,形成尿胆原(urobilinogen)。尿胆原大部分从粪便排出,称为粪胆原。小部分尿胆原(约10%~20%)经肠道吸收,通过门静脉血回到肝内,其中大部分再转变为结合胆红素,又随胆汁排入肠内,形成"胆红素的肠肝循环"。被吸收回肝的尿胆原小部分经体循环由肾排出体外(图3-11)。

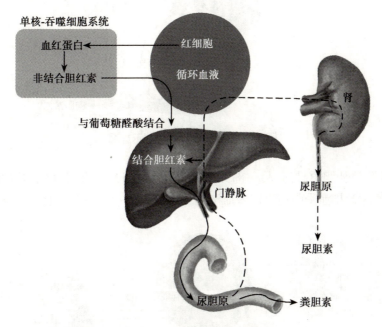

图 3-11 胆红素的正常代谢

正常情况下,血中胆红素浓度保持相对恒定,总胆红素(TB)1.7~17.1μmol/L,其中CB 0~3.42μmol/L,UCB 1.7~13.68μmol/L。

（二）病因与发生机制

凡胆红素生成过多,或肝细胞对胆红素的摄取、结合、排泄障碍,或肝内、肝外胆道阻塞等,均可致血清总胆红素浓度增高而发生黄疸。临床上根据黄疸的发生机制将其分为以下3种类型:

1. 溶血性黄疸 凡能引起溶血的疾病都可产生溶血性黄疸。常见病因有:①先天性溶血性贫血:如海洋性贫血、遗传性球形红细胞增多症;②后天性获得性溶血性贫血:如自身免疫性溶血性贫血、新生儿溶血、不同血型输血后的溶血。

溶血导致大量红细胞的破坏,形成大量的非结合胆红素,超过肝细胞的摄取、结合与排泄能力。另一方面,由于溶血造成的贫血、缺氧和红细胞破坏产物的毒性作用,降低了肝细胞对胆红素的代谢功能,使非结合胆红素在血中潴留,超过正常水平从而出现黄疸(图3-12)。

2. 肝细胞性黄疸 各种导致肝细胞严重损害的疾病均可引起,如病毒性肝炎、中毒性肝炎、钩端螺旋体病、败血症等。由于肝细胞严重损伤致肝细胞对胆红素的摄取、结合功能降低,因而血中的UCB增加。而未受损的肝细胞仍能将部分UCB转变为CB。生成的CB

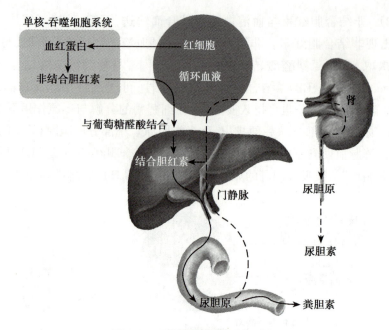

图 3-12 溶血性黄疸机制示意图

部分仍经毛细胆管从胆道排泄,另一部分则由于肿胀的肝细胞及炎性细胞浸润压迫毛细胆管和胆小管,使胆汁排泄受阻而反流入血液循环中,致血中 CB 亦增加而出现黄疸(图 3-13)。

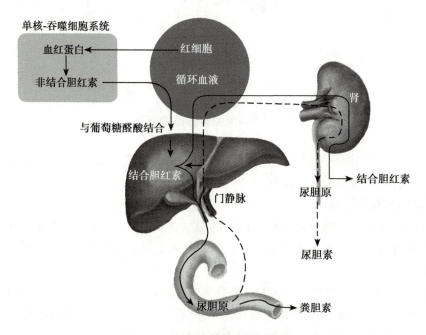

图 3-13 肝细胞性黄疸机制示意图

3. 胆汁淤积性黄疸 病因可分为:①肝内性胆汁淤积:见于肝内泥沙样结石、癌栓、寄生虫病(如华支睾吸虫病)、病毒性肝炎、药物性胆汁淤积(如氯丙嗪、甲睾酮、避孕药等)等。②肝外性胆汁淤积:见于胆总管结石、狭窄、炎性水肿、肿瘤及蛔虫阻塞等所引起。

由于胆道阻塞,阻塞上方胆管内压力升高,胆管扩张,导致小胆管与毛细胆管破裂,胆汁中的胆红素反流入血,使血中结合胆红素升高(图 3-14)。

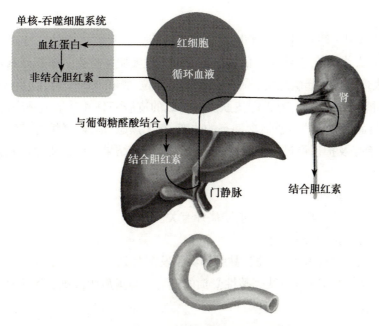

图 3-14 胆汁淤积性黄疸机制示意图

(三)临床表现

1. 溶血性黄疸 溶血性黄疸一般皮肤黏膜呈浅柠檬色,不伴皮肤瘙痒。急性溶血时可有发热、寒战、头痛、呕吐、腰痛,并有不同程度的贫血和血红蛋白尿(尿呈酱油色或茶色),尿隐血试验阳性,严重者可有急性肾衰竭;慢性溶血多为先天性,伴有贫血和脾肿大的表现。实验室检查血清 TB 增加,以 UCB 增高为主,CB 基本正常;尿胆原增加,粪胆原增高,粪便颜色加深。

2. 肝细胞性黄疸 皮肤、黏膜呈浅黄至深黄色,可伴有轻度皮肤瘙痒,其他为肝脏原发病的表现,如疲乏、食欲减退、肝掌、蜘蛛痣,严重者可有出血倾向、腹腔积液、昏迷等。实验室检查血清中 CB 与 UCB 均增加。尿中胆红素定性试验阳性,而尿胆原可因肝功能障碍而增高。

3. 胆汁淤积性黄疸 胆汁淤积性黄疸一般皮肤黏膜呈暗黄色,胆道完全阻塞者颜色可呈黄绿色或绿褐色,伴有皮肤瘙痒以及心动过缓。尿液颜色加深,粪便颜色变浅或呈白陶土色。实验室检查血清 CB 增加为主,尿胆红素试验阳性。因肠肝循环途径被阻断,故尿胆原及粪胆原减少或缺如。血清碱性磷酸酶及总胆固醇增高。

(四)伴随症状

1. 伴发热 见于急性胆管炎、肝脓肿、钩端螺旋体病、败血症等。

2. 伴上腹剧烈疼痛 见于胆道结石、肝脓肿或胆道蛔虫病。持续性右上腹钝痛或胀痛,见于原发性肝癌。

3. 伴肝肿大 见于病毒性肝炎、急性胆道感染或胆道阻塞、肝硬化、肝癌等。

4. 伴胆囊肿大 提示胆总管有梗阻,可见于胰头癌、壶腹癌、肝总管癌。

5. 伴腹水 见于重症肝炎、肝硬化失代偿期、肝癌等。

(五)对患者的影响

患者因皮肤瘙痒引起搔抓而出现抓痕或皮肤损伤以及睡眠异常。也可因皮肤黏膜黄染产生焦虑、恐惧等情绪。

（六）问诊要点

1. 病因与诱因　注意排除由于长期服用某些药物如米帕林（阿的平）、呋喃类等或进食过多胡萝卜、南瓜、橘子等食物所致的皮肤黄染。通过实验室检查了解胆红素水平。

2. 临床表现特点　起病急缓、持续时间、黄染部位、粪和尿的颜色，以及伴随症状。

3. 黄疸对患者的影响　有无因皮肤瘙痒所致的皮肤完整性受损或睡眠障碍；有无因皮肤、黏膜和巩膜黄染所致的自我概念型态的改变；有无焦虑、烦躁、恐惧等情绪。

4. 诊断、治疗及护理经过　已接受的诊断性检查及结果。已接受过的治疗及护理干预措施，效果如何。

（七）相关护理诊断

1. 睡眠型态紊乱　与黄疸所致皮肤瘙痒有关。
2. 焦虑　与皮肤严重黄染有关。
3. 体像紊乱　与黄疸所致皮肤、黏膜和巩膜发黄有关。
4. 皮肤完整性受损 / 有皮肤完整性受损的危险　与黄疸所致皮肤瘙痒有关。

十六、眩晕

眩晕（vertigo）是患者感到自身或周围环境物体旋转或摇动的一种主观感觉障碍，常伴有客观平衡障碍，一般无意识障碍。临床上眩晕分为：①前庭系统性眩晕（真性眩晕）：由前庭神经系统功能障碍引起，表现有旋转感、摇晃感、移动感等；②非前庭系统性眩晕（一般性眩晕）：多由全身性疾病起，表现为头晕、头胀、头重脚轻、眼花等，有时似觉颅内在转动但并无外境或自身旋转的感觉。

（一）病因与发病机制

人体通过视觉、本体觉和前庭器官分别将躯体位置的信息经感觉神经传入中枢神经系统，整合后做出位置的判断，并通过运动神经传出，调整位置，维持平衡。其中任何传入环节功能异常都会出现判断错误，产生眩晕。多种因素均可引起眩晕，根据病因，眩晕可分为周围性眩晕（耳性眩晕）、中枢性眩晕（脑性眩晕）和其他原因的眩晕。

1. 周围性眩晕（耳性眩晕）　指内耳前庭至前庭神经颅外段之间的病变所引起的眩晕。

（1）梅尼埃病（meniere's disease）：又称内耳眩晕病。是由内耳的淋巴代谢失调，引起内耳膜迷路积水所致，亦有人认为是变态反应，维生素 B 族缺乏等因素所致。

（2）迷路炎：因中耳病变（如胆脂瘤、炎症性肉芽组织等）直接破坏迷路的骨壁引起，少数是炎症经血行或淋巴扩散所致。

（3）药物中毒性：对某些药物，如链霉素、庆大霉素等药物敏感，内耳前庭或耳蜗受中毒性损害而引起；某些镇静安眠药（氯丙嗪、哌替啶等）亦可引起眩晕。

（4）晕动病：乘车、船或飞机时，内耳迷路受到机械性刺激，引起前庭功能紊乱所致。

（5）前庭神经元炎：前庭神经元发生炎性病变所致。

2. 中枢性眩晕（脑性眩晕）　指前庭神经颅内段、前庭神经核及其纤维联系、小脑、大脑等病变所引起的眩晕。

（1）颅内血管性疾病：椎 - 基底动脉供血不足、颈椎病、脑动脉粥样硬化、高血压脑病和小脑出血等。

（2）颅内占位性病变：听神经瘤、脑干肿瘤、第四脑室肿瘤、小脑肿瘤等。

（3）颅内感染性病变：见于颅后凹蛛网膜炎、小脑脓肿等。

(4) 癫痫。

(5) 其他　小脑或脑干感染、头颈部外伤等。

3. 全身疾病性眩晕

(1) 心血管疾病：见于高血压、低血压、心律失常、心脏瓣膜病、心肌缺血、颈动脉窦综合征、主动脉弓综合征等。

(2) 血液病：见于各种原因所致贫血、出血等。

(3) 中毒性疾病：见于急性发热性感染、尿毒症、重症肝炎、重症糖尿病等。

4. 其他　见于先天性视力减退、屈光不正、眼肌麻痹、青光眼、视网膜色素变性、神经官能症、更年期综合征、抑郁症等。

(二) 临床表现

1. 周围性眩晕　急性起病，程度较重，持续时间短，患者自觉周围物体旋转或自身摇动，不敢睁眼，走路向一侧偏斜或倾倒，常伴有自主神经症状。

(1) 梅尼埃病：青壮年多见，以突发性眩晕伴耳鸣、听力减退及眼球震颤为主要特点，发作前可无先兆，严重时可伴有恶心、呕吐、面色苍白和出汗，发作多短暂，持续 20 分钟至数小时，具有反复发作的特点。

(2) 迷路炎：多有化脓性中耳炎和中耳手术史，眩晕呈阵发性或继发性，伴恶心呕吐，检查发现鼓膜穿孔，有助于诊断。

(3) 药物中毒性：起病慢，多为渐进性眩晕伴耳鸣，听力减退，持续时间长，常先有口周及四肢发麻等。

(4) 晕动病：见于晕船、晕车等，常伴恶心、呕吐、面色苍白、出冷汗等。

(5) 前庭神经元炎：多在发热或上呼吸道感染后突然出现眩晕，常在早晨发病，伴恶心、呕吐，一般无耳鸣及听力减退。持续时间较长，有时可达 6 周，痊愈后很少复发。

2. 中枢性眩晕　起病较慢，有摇晃及浮动感，旋转感相对较轻，持续时间长，一般不伴有耳聋耳鸣，自主神经症状少。

(1) 颅内血管性疾病：多有头痛、耳鸣等症状，高血压脑病可有恶心呕吐，重者抽搐或昏迷。小脑或脑干出血常以眩晕、头痛、呕吐起病，重者很快昏迷。

(2) 颅内占位性病变：听神经瘤、小脑肿瘤除有眩晕外，常有进行性耳鸣和听力下降，还有头痛、复视、构音不清等。其他肿瘤因部位不同表现也各不相同。

(3) 颅内感染性病变：多有发热，呕吐比较明显，可伴有不同程度的精神和意识障碍。

(4) 癫痫：有些患者会出现眩晕性发作，多见于颞叶癫痫和前庭癫痫。

3. 全身疾病性眩晕

(1) 心血管疾病：出现血压、心率、心律等原发病变的表现，同时伴有眩晕。

(2) 血液病：出现贫血、出血等原发病表现，眩晕是其中一个症状。

(3) 中毒性疾病：表现不一，每个疾病均有其特征性的临床表现，眩晕只是一个伴随症状。

(三) 伴随症状

1. 全身症状　恶心、呕吐和面色苍白是眩晕常见的伴随症状。严重者可出现面色苍白、心率减慢、出汗等自主神经症状。

2. 伴耳鸣、听力下降　见于前庭器官疾病、听神经病变和肿瘤等。

3. 伴共济失调　见于小脑、颅后凹或脑干病变等。

4. 伴眼球震颤、复视　见于脑干病变、梅尼埃病等。

（四）对患者的影响

患者可因眩晕、视物不清、平衡障碍等发生跌倒；持续眩晕伴恶心呕吐可出现维生素缺乏，继发营养不良；长期眩晕迁延不愈，患者可出现紧张、抑郁等情绪。

（五）问诊要点

1. 病因或诱因　有无心、脑血管疾病及高脂血症等疾病史、用药史，有无乘船、乘车等诱发因素。

2. 眩晕的特点　发作时间、频率及严重程度，病程长短，有无加重或缓解的因素，伴随症状等。

3. 眩晕对患者的影响　有无耳鸣、听力下降、眼球震颤等。

4. 诊断、治疗和护理经过　已进行的检查及结果，以及已采用的治疗或护理措施。

（六）相关护理诊断

1. 舒适度减弱　与前庭或小脑功能障碍有关。

2. 有跌倒的危险　与前庭或小脑功能障碍有关。

3. 焦虑　与担心疾病预后不良/眩晕迁延不愈有关。

十七、晕厥

晕厥（syncope）是指一过性广泛脑供血不足所致短暂的意识丧失状态。发作时患者因肌张力消失不能保持正常姿势而倒地，一般为突然发作，自主恢复。

（一）病因与发病机制

1. 血管舒缩障碍　由于各种刺激通过迷走神经反射，引起短暂的血管扩张、回心血量减少、血压下降导致脑供血不足所致。见于单纯性晕厥、体位性低血压、颈动脉窦综合征、排尿性晕厥、咳嗽性晕厥及疼痛性晕厥等。

2. 心源性晕厥　由于心脏结构、节律及收缩力改变使心排血量突然减少或心脏停搏，导致脑组织缺氧而发生晕厥。见于严重心律失常、心绞痛、心肌梗死及心肌缺血性疾病等。

3. 脑源性晕厥　由于脑部血管或主要供应脑部血液的血管发生循环障碍，导致一时性广泛性脑供血不足所致。见于脑动脉粥样硬化、短暂性脑缺血发作、偏头痛、慢性铅中毒性脑病等。

4. 血液成分异常　由于各种原因导致脑缺氧所致。见于低血糖、通气过度综合征、哭泣性晕厥、重症贫血及高原晕厥等。

（二）临床表现

主要表现为突然发生的一过性意识丧失，持续数秒或数分钟。

1. 晕厥前期　常有先兆症状，如乏力、头晕、恶心、呕吐、面色苍白、大汗、视物不清、恍惚和心动过速等。

2. 晕厥期　意识丧失，伴有血压下降、脉搏细弱及瞳孔散大，可伴有尿失禁。

3. 恢复期　晕厥持续时间较短，患者经及时处理数秒至数分钟内即恢复正常，但可出现头晕、头痛、恶心呕吐、面色苍白及乏力等症状，经休息后可完全消失。

（三）伴随症状

1. 伴有明显的自主神经功能障碍　见于血管抑制性晕厥及低血糖晕厥。

2. 伴有心率和心律明显改变　见于心源性晕厥。

3. 伴有头痛、呕吐、视听障碍　提示中枢神经系统疾病。

4. 伴有呼吸深而快、手足发麻、抽搐　见于换气过度综合征、癔症等。

5. 伴有心悸、乏力、出汗、饥饿感　见于低血糖性晕厥。

6. 伴有抽搐　见于中枢神经系统疾病和心源性晕厥。

(四) 对患者的影响

晕厥常突然发生,患者可因意识丧失而跌倒在地,容易导致意外伤害等情况发生。患者可因症状原因不明而出现焦虑,甚至恐惧,或者因随时可能面临急性发作,而出现紧张或抑郁等情况。

(五) 问诊要点

1. 病因与诱发因素　晕厥发生的年龄、性别、诱因、与体位的关系、与咳嗽及排尿的关系、与用药的关系。

2. 晕厥的特点　晕厥发作的速度、发作持续时间、发作时面色、血压及脉搏情况及伴随症状等。

3. 晕厥对患者的影响　有无头痛、恶心呕吐、抽搐、视听障碍等。

4. 诊断、治疗和护理经过　已进行的检查及结果,以及已采用的治疗或护理措施。

(六) 相关护理诊断

1. 急性意识障碍　与一过性大脑供血不足有关。

2. 有受伤的危险　与意识障碍所致跌倒有关。

3. 个人 / 家庭应对无效　与处理晕厥的能力不足有关。

4. 焦虑　与担心疾病预后不良 / 晕厥反复发生有关。

十八、抽搐与惊厥

抽搐(tic)与惊厥(convulsion)均属于不随意运动。抽搐是指全身或局部骨骼肌非自主的抽动或强烈收缩,常可引起关节的运动和强直。当肌群收缩表现为强直性和阵挛性时,称为惊厥。惊厥表现的抽搐一般为全身性、对称性,伴有或不伴有意识丧失。

(一) 病因与发病机制

抽搐与惊厥发生机制尚未完全明了,认为可能是由于运动神经元的异常放电所致。这种病理性放电主要是神经元膜电位的不稳定引起,并与多种因素相关,可由代谢、营养、脑皮质肿物或瘢痕等激发,与遗传、免疫、内分泌、微量元素、精神因素等有关。

根据引起肌肉异常收缩的兴奋信号的来源不同,基本上可分为两种情况:①大脑功能障碍:如癫痫大发作等;②非大脑功能障碍:如破伤风、士的宁中毒、低钙血症性抽搐等。

抽搐与惊厥的病因可分为特发性与症状性。特发性常由于先天性脑部不稳定状态所致。症状性病因有:

1. 脑部疾病

(1) 感染:如脑炎、脑膜炎、脑脓肿等。

(2) 外伤:产伤、颅脑外伤等。

(3) 肿瘤:原发性脑肿瘤、脑转移瘤。

(4) 脑血管疾病:脑出血、蛛网膜下腔出血、脑栓塞、脑血栓形成、脑缺氧等。

(5) 寄生虫病:脑型疟疾、脑囊虫病等。

(6) 其他:先天性脑发育障碍、核黄疸、遗传代谢性脑病等。

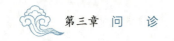

2. 全身性疾病

(1) 感染：急性胃肠炎、中毒性菌痢、败血症、破伤风、狂犬病等。

(2) 心血管疾病：阿-斯综合征(Adams-Stokes 综合征)、高血压脑病等。

(3) 中毒：包括：①内源性：如尿毒症、肝性脑病等；②外源性：如酒精、苯、铅、砷、汞、阿托品、樟脑、有机磷农药等中毒。

(4) 代谢障碍：如低血糖状态、低钙血症、低镁血症、子痫等。

(5) 风湿病：系统性红斑狼疮、脑血管炎等。

(6) 热性惊厥：如小儿高热、癫痫、脑炎等。

(7) 其他：安眠药、抗癫痫药突然撤药以及热射病、溺水、触电等。

3. 神经症 如癔症性抽搐和惊厥。

(二) 临床表现

不同病因所致抽搐与惊厥，临床表现各有其特征，通常可分为全身性和局限性两种。

1. 全身性抽搐 以全身性骨骼肌痉挛为主要表现，多伴有意识丧失。

(1) 癫痫大发作：表现为意识突然丧失，全身肌肉强直，呼吸暂停，继而四肢阵挛性抽搐，呼吸不规则，大小便失禁、发绀。发作半分钟自行停止，也可反复发作甚至呈持续状态。发作时可有瞳孔散大、对光反射迟钝或消失、病理反射阳性等。发作停止后不久意识恢复，醒后有头痛、全身乏力、肌肉酸痛等症状。

(2) 癔症性发作：发作前常有一定的诱因，如生气、情绪激动或各种不良刺激，发作样式不固定，时间较长，发作时经常带有感情色彩，无大小便失禁。

2. 局限性抽搐 以身体某一局部肌肉收缩为主要表现，多见于手足、口角、眼睑等部位。低钙血症所致手足抽搐症发作时腕及手掌指关节屈曲，指间关节伸直，拇指内收，呈"助产士手"；踝关节伸直，足趾跖屈，足呈弓状，似"芭蕾舞足"。

(三) 伴随症状

1. 伴发热 多见于急性感染，也可见于胃肠功能紊乱、重度失水等。

2. 伴血压增高 见于高血压、肾炎、子痫、铅中毒等

3. 伴脑膜刺激征 见于脑膜炎、脑膜脑炎、假性脑膜炎、蛛网膜下腔出血等。

4. 伴瞳孔扩大与舌咬伤 见于癫痫大发作。

5. 伴剧烈头痛 见于高血压、急性感染、蛛网膜下腔出血、颅脑外伤、颅内占位性病变等。

6. 伴意识丧失 见于癫痫大发作、重症颅脑疾病等。

(四) 对患者的影响

惊厥发作可致跌伤、舌咬伤、排便与排尿失禁及肌肉酸痛。短期频繁发作可致高热。伴意识障碍者可因呼吸道分泌物、呕吐物吸入或舌后坠堵塞呼吸道引起窒息。严重惊厥由于骨骼肌强烈收缩，机体氧耗量显著增加，加之惊厥所致呼吸改变可引起缺氧。惊厥发作后患者可因发作失态而致困窘。此外，患者健康的不稳定性及照顾情景的不可预测性可导致患者亲属应对能力失调。

(五) 问诊要点

1. 病因与诱因 抽搐与惊厥发生的年龄、性别、诱因、与体力活动有无关系，是否是孕妇等；有无脑部疾病、全身性疾病、癔症、毒物接触和外伤等病史及相关症状，婴幼儿应询问出生情况、生长发育史等。

2. 抽搐与惊厥的特点　抽搐与惊厥的类型、发作的频率、持续和间隔时间、意识状态等。

3. 抽搐与惊厥对患者的影响　有无排尿排便失禁、舌咬伤、肌痛等。

4. 诊断、治疗和护理经过　已进行的检查及结果,以及已采用的治疗或护理措施。

(六) 相关护理诊断

1. 有受伤的危险　与惊厥发作所致的不受控制的强直性肌肉收缩和意识丧失有关。

2. 排尿障碍 / 排便失禁　与抽搐与惊厥发作所致短暂意识丧失有关。

3. 恐惧　与不可预知的惊厥发作有关。

4. 自我形象紊乱　与抽搐发作时的失态有关。

5. 照顾者角色紧张　与照顾接受者的健康不稳定性及照顾情景的不可预测性有关。

6. 潜在并发症:窒息;高热。

十九、意识障碍

意识障碍(disturbance of consciousness)是指人对周围环境及自身状态的识别和觉察能力障碍的精神状态。多由于高级神经中枢功能活动受损所引起,严重的意识障碍为昏迷。

(一) 病因与发生机制

意识由意识内容和其"开关"系统组成。意识的"开关"系统包括经典的感觉传导路径(特异性上行投射系统)及脑干网状结构(非特异性上行投射系统)。意识"开关"系统激活大脑皮质并使之维持一定水平的兴奋性,使机体处于觉醒状态,在此基础上产生意识内容。意识内容即大脑皮质的功能活动,包括记忆、思维、定向力和情感等精神活动,以及通过视、听、语言和复杂运动等与外界保持密切联系的能力。清醒的意识活动有赖于大脑皮质和皮质下网状结构功能的完整性,任何原因导致大脑皮质弥漫性损害或脑干网状结构损害,使意识内容改变或觉醒状态减弱,均可发生意识障碍。颅内或颅外的各种感染、中毒和机械压迫等因素引起神经细胞和轴索损害,均可产生不同程度的意识障碍。

1. 颅内疾病

(1) 感染性疾病:各种脑炎、脑膜炎、脑脓肿等。

(2) 非感染性疾病:包括:①脑血管疾病:如脑出血、脑栓塞、脑血栓形成、蛛网膜下腔出血、高血压脑病等;②脑肿瘤;③颅脑损伤:脑挫裂伤、脑震荡、颅骨骨折、外伤性颅内血肿等;④癫痫。

2. 颅外疾病

(1) 急性重症感染:败血症、伤寒、肺炎、中毒型菌痢等。

(2) 内分泌与代谢障碍:甲状腺危象、甲状腺功能减退、糖尿病酮症酸中毒、低血糖昏迷、肝性脑病、肺性脑病、尿毒症等。

(3) 心血管疾病:急性心肌梗死、心律失常所致的阿 - 斯综合征(Adams-Stokes syndrome)、严重休克等。

(4) 中毒:安眠药、有机磷杀虫药、一氧化碳、氰化物、酒精和吗啡等中毒,毒蛇咬伤。

(5) 物理性及缺氧性损害:高温中暑、日射病、触电、高山病等。

(二) 临床表现

1. 以觉醒状态改变为主的意识障碍

(1) 嗜睡(somnolence):为程度最轻的觉醒障碍。患者处于持续睡眠状态可被唤醒,醒后

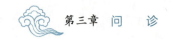

能正确回答问题和做出各种反应,当刺激停止后很快又入睡。

(2) 昏睡(stupor):觉醒障碍程度深于嗜睡。患者处于熟睡状态,一般的外界刺激不易唤醒,须经压迫眶上神经、摇动身体等强烈刺激方法能被唤醒,但很快又入睡。醒时答话含糊或答非所问。

(3) 昏迷(coma):为最严重的意识障碍,按程度不同又可分为 3 个阶段:

1) 轻度昏迷:意识大部分丧失,无自主运动,对声、光刺激无反应,对疼痛刺激尚可出现痛苦表情或肢体退缩等防御反应。角膜反射、瞳孔对光反射、眼球运动和吞咽反射可存在,生命体征无明显异常。

2) 中度昏迷:对周围事物及各种刺激均无反应,对强烈疼痛刺激可有防御反应。角膜反射减弱、瞳孔对光反射迟钝、无眼球运动,可有生命体征轻度异常以及不同程度排便排尿功能障碍。

3) 深度昏迷:意识完全丧失,全身肌肉松弛,对各种刺激全无反应,深、浅反射均消失,生命体征明显异常,排便排尿失禁。

2. 以意识内容改变为主的意识障碍

(1) 意识模糊(confusion):患者能保持简单的精神活动,但对时间、地点、人物的定向能力发生障碍。

(2) 谵妄(delirium):为一种以兴奋性增高为主的高级神经中枢急性功能失调状态。是一种急性、短暂的意识模糊状态,其特征是感知系统的全面受损。患者可表现出定向障碍、记忆障碍、感觉错乱(错觉、幻觉)、躁动不安、言语杂乱。睡眠和觉醒周期出现紊乱。谵妄患者可能恢复到之前的精神状态,也可能继续进展出现昏迷。引起谵妄的病因包括颅内出血、感染、缺乏睡眠、多种药物作用或药物戒断、中毒或代谢状态及发热。乙醇或者其他抗抑郁药戒断可以引起震颤性谵妄,这是一种伴有过度兴奋及抽搐的典型的谵妄类型。

3. 特殊类型的意识障碍

(1) 去大脑皮质状态:大脑皮质广泛损害导致皮质功能丧失,而皮质下结构的功能依然存在。患者表现双眼凝视或无目的的活动,无任何自发言语、呼之不应,貌似清醒,实无意识。缺乏随意运动,但原始反射活动保留。情感反应缺乏,偶有无意识哭叫或自发强笑。四肢腱反射亢进,病理反射阳性。表现特殊的身体姿势,双前臂屈曲和内收,腕及手指屈曲,双下肢伸直,足跖屈。

(2) 植物状态:患者表现对自身和外界的认知功能完全丧失,呼之不应,不能与外界交流,有自发性或反射性睁眼,偶可发现视觉追踪,可有自发的无意义哭笑,对疼痛刺激有回避动作,存在吮吸、咀嚼和吞咽等原始反射,大小便失禁。持续植物状态是指颅脑外伤后植物状态持续 12 个月以上,非外伤性病因导致的植物状态持续 3 个月以上。

📖 知识链接

检查昏迷患者的 ABCDEE 模式

在初次接触昏迷患者时,检查者必须遵循特定的模式,可总结为 ABCDEE 模式以便于记忆。这一模式可检测对脑威胁的 5 个"H":缺氧(hypoxia)、低血压(hypotension)、低血糖(hypogIycemia)、高热(hyperthermia)及脑疝(herniation)。

1. A 和 B 为呼吸道(airway)和呼吸(breathing)。确保患者的气道开放,能呼吸,否则大脑(其需要连续供应氧气及葡萄糖)在缺氧5min后开始死亡。

2. C为血液循环(circulation)。血液循环给大脑提供氧气和葡萄糖,必须在数分钟之内恢复呼吸和循环。

3. D为葡萄糖(dextrose)。血液循环必须包含足够的葡萄糖供应大脑。

4. EE为检查眼睛(examine the eyes)。检查瞳孔大小和反应、视盘、眼睛的位置和自发运动、前庭眼反射等,这些检查比任何其他检查更能反映昏迷患者神经系统的状态。瞳孔无反应和眼睛呆滞是危险信号。

5. 测量体温。

(三) 伴随症状

1. 伴发热　先发热后有意识障碍见于重症感染性疾病;先有意识障碍后有发热,见于脑出血、蛛网膜下腔出血、巴比妥类药物中毒等。

2. 伴呼吸缓慢　多见于吗啡、巴比妥类、有机磷农药等中毒。

3. 伴低血压　见于各种原因引起的休克。

4. 伴高血压　多见于高血压脑病、脑血管意外、肾炎等。

5. 伴心动过缓　可见于颅内高压症、房室传导阻滞。

6. 伴瞳孔缩小　可见于吗啡、巴比妥类、有机磷农药等中毒。

7. 伴瞳孔散大　可见于颠茄类、酒精、氰化物等中毒以及癫痫、低血糖状况。

(四) 对患者的影响

意识障碍患者感知能力、对环境的识别能力及日常生活自理能力均发生改变。谵妄者因躁动不安易发生意外。昏迷者由于意识部分或完全丧失所致无自主运动、不能经口进食、咳嗽以及吞咽反射减弱或消失,排便与排尿控制能力丧失或留置导尿等,除血压、脉搏、呼吸等生命体征可有改变外,易发生肺部感染、尿路感染、口腔炎、结膜炎、角膜炎、角膜溃疡、压疮、营养不良及肢体挛缩畸形等。此外,还可能出现照顾者因照顾负荷过重而产生的照顾角色紧张。

(五) 问诊要点

1. 病史或诱发因素　通过家属了解其病史。仔细询问既往有无急性感染性休克、高血压、动脉硬化、糖尿病、肝肾疾病、肺源性心脏病、癫痫等病史;近期有无外伤、感染、用药中断或服用过量药物、生气、发热、服毒及毒物接触史,以及同居同食者的情况,头痛、呕吐情况等;询问患者意识障碍发病前后情况。

2. 意识障碍程度及其进展　可通过与患者交谈,对其思维、反应、情感活动、定向力等予以评估,必要时可通过痛觉、角膜反射、瞳孔对光反射检查等判断意识障碍的程度。也可按格拉斯哥昏迷评分表(Glasgow coma scale,GCS)对意识障碍的程度进行测评。GCS评分项目包括睁眼反应、运动反应和语言反应。分别测3个项目并予以计分,再将各项目分值相加求其总分,即可得到意识障碍程度的客观评分,见表3-7。GCS总分为3~15分,对语言指令没有反应或不能睁眼且GCS总分为8分或更低的情况被定义为昏迷。评估中应注意运动反应的刺激部位应以上肢为主,以最佳反应记分。

通过动态观察或GCS动态评分可了解意识障碍的进展。GCS动态评分是将每日GCS 3项记录值分别绘制成横向的3条曲线,曲线下降表示意识障碍程度加重,病情趋于恶化;反

之,曲线上升表示意识状态障碍程度减轻,病情趋于好转。

表 3-7 Glasgow 昏迷评分量表

评分项目	反应	得分
睁眼反应	自发性睁眼	4
	言语呼唤时睁眼	3
	疼痛刺激时睁眼	2
	任何刺激无睁眼反应	1
运动反应	按指令动作	6
	对疼痛刺激能定位	5
	对疼痛刺激有肢体退缩反应	4
	疼痛刺激时肢体过屈(去皮层强直)	3
	疼痛刺激时肢体过伸(去大脑强直)	2
	对疼痛刺激无反应	1
语言反应	能准确回答时间、地点、人物等定向问题	5
	能说话,但不能准确回答时间、地点、人物等定向问题	4
	对答不切题	3
	言语模糊不清,字意难辨	2
	对任何刺激无语言反应	1

知识链接

对于眼睛因水肿闭合,完全镇静并且有气管插管的患者来说,格拉斯哥评分难以进行。另外,格拉斯哥对脑干功能评估不敏感(没有评估瞳孔大小及光反应性)。因此,格拉斯哥的改良版及新的更可靠的昏迷评分方法已经提出,但还没有被广泛接受。全面无反应性量表(FOUR)(表 3-8,Wijdicks 等,2005)是一种新的更好的评估昏迷的方法,可作为格拉斯哥评分的替换。该量表包括 4 个部分(睁眼反应、动作反应、脑干反射和呼吸模式)。总分是 0~16 分,每一项最高得 4 分。

表 3-8 全面无反应性量表(FOUR)

睁眼反应	脑干反射
4= 眼睑睁开或者根据指令睁开、活动或眨眼	4= 瞳孔反射和角膜反射存在
3= 眼睑睁开但不能活动	3= 一个瞳孔放大并固定
2= 眼睑闭合但在大声刺激后睁开	2= 瞳孔反射或角膜反射消失
1= 眼睑闭合但在疼痛刺激后睁开	1= 瞳孔反射和角膜反射都消失
0= 眼睑在疼痛刺激时仍闭合	0= 瞳孔反射、角膜反射和咳嗽反射全消失
动作反应	**呼吸**
4= 翘拇指、握拳或平静状态	4= 没有插管,正常呼吸模式
3= 可触及疼痛部位	3= 没有插管,陈施呼吸
2= 疼痛可引起屈曲反应	2= 没有插管,呼吸不规则
1= 疼痛可引起伸展反应	1= 呼吸频率超过呼吸机频率
0= 对疼痛没反应或全身肌阵挛状态	0= 呼吸频率等于呼吸机频率或者呼吸停止

3. 意识障碍对患者的影响 主要包括有无口腔炎、角膜炎、结膜炎、角膜溃疡、压疮;有无肌肉萎缩、关节僵硬、肢体畸形;有无排便、排尿失禁;有无亲属无能力照顾患者的情况;有无头痛、呕吐等提示危重急症的伴随症状。

4. 诊断、治疗和护理经过 已接受过的诊断性检查及结果,例如脑电图、腰椎穿刺等。已采用的治疗措施及其效果。

(六) 相关护理诊断

1. 清理呼吸道无效 与意识障碍所致咳嗽、吞咽反射减弱或消失有关。

2. 口腔黏膜完整性受损 与意识障碍患者禁食、口腔自理障碍及唾液分泌减少有关。

3. 排尿受损 与意识丧失所致排尿功能障碍有关。

4. 大便失禁 与意识丧失所致排便功能障碍有关。

5. 有受伤的危险 与意识障碍所致躁动不安、自我防护能力下降有关。

6. 营养失调:低于机体需要量 与意识障碍不能正常进食有关。

7. 有组织完整性受损的危险 与意识障碍所致自主运动消失有关;与意识障碍所致排便、排尿失禁有关。

8. 有感染的危险 与意识障碍所致咳嗽、吞咽反射减弱或消失有关;与侵入性导尿装置有关。

9. 照顾者角色紧张 与照顾者角色负荷过重有关。

二十、睡眠障碍

睡眠障碍(sleep disorder)是指睡眠量及质的异常,或在睡眠时出现某些临床症状,也包括影响入睡或保持正常睡眠能力的障碍。睡眠障碍分为器质性睡眠障碍和非器质性睡眠障碍。精神与行为障碍分类(ICD-10)对非器质性睡眠障碍的分类包括睡眠失调(失眠、嗜睡和睡眠觉醒节律障碍)和睡眠失常(梦魇、睡行症和睡惊),其中失眠症最为常见。

(一) 睡眠发生机制

人在睡眠时可出现周期性的快速眼球运动,将睡眠可分为非快眼动睡眠(non-rapid eye movement sleep,NREM sleep)和快眼动睡眠(rapid eye movement sleep,REM sleep)。

脑内存在多个促进 NREM 睡眠的部位,其中最重要的是视前区腹外侧部(ventolatral preoptic area,VLPO)。VLPO 内存在大量促睡眠神经元,它们发出的纤维,通过神经递质对促觉醒脑区活动的抑制,促进觉醒向睡眠转化,产生 NREM 睡眠。此外,对脑干和间脑促眠区施以低频电刺激,可引起 NREM 睡眠;在前脑促眠区无论施加低频或高频电刺激均将引起 NREM 睡眠的发生。

位于脑桥头端被盖外侧区的胆碱能神经元称为 REM 睡眠启动(REM-on)神经元,能引发 PGO 锋电位(PGO spike)。PGO 锋电位是 REM 睡眠的启动因素,它一方面通过视觉中枢产生快速眼球运动,另一方面通过传出纤维兴奋延髓巨细胞核,再经网状脊髓腹外侧束兴奋脊髓的抑制性神经元,引起四肢肌肉松弛和放电停止。此外,REM 睡眠关闭(REM-off)神经元,在觉醒时放电频率较高,在转为 NREM 睡眠时放电明显减少,而转为 REM 睡眠时则放电停止。因此,REM 睡眠的发生和维持可能受控于 REM-off 神经元和 REM-on 神经元之间的相互作用。

(二) 睡眠障碍的病因与发生机制

与睡眠有关的脑区组织或与觉醒有关的脑区组织功能障碍;调节觉醒与睡眠的内源性

物质,如腺苷、前列腺素 D_2、生长激素等水平异常,均会产生睡眠与觉醒的异常,进而产生睡眠障碍。

1. 失眠 根据引起失眠的原因不同,可分为原发性失眠与继发性失眠。原发性失眠,即失眠症。继发性失眠是由心理、生理或环境的因素引起的短暂失眠,可见于下列情况:①精神因素:如焦虑、恐惧等;②躯体因素:如疼痛、瘙痒等;③环境因素:如噪声、室温过高等;④药物因素:如利血平、苯丙胺、甲状腺素、氨茶碱等可引起失眠,停药后失眠消失。

2. 嗜睡症 病因较多,包括心理社会因素、精神障碍及躯体器质性疾病。也可能与遗传因素有关。

3. 梦魇症 精神压力较大、惊吓、过度疲累、作息不正常、失眠、焦虑因素易诱发。

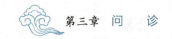课堂互动

在现代社会中,你认为导致失眠最重要的原因是什么? 为什么?

(三) 临床表现

1. 失眠 以入睡及睡眠维持困难为主要表现的一种最常见的睡眠障碍。表现为难以入睡、睡眠不深、易醒、多梦、早醒、醒后不易再睡、醒后不适感、疲乏或白天困倦等。失眠可引起患者焦虑、抑郁或恐惧心理,并导致精神活动效率下降,妨碍社会功能。

2. 嗜睡症 指不存在睡眠量不足的情况下出现睡眠过多,或醒来时达到完全觉醒状态的过渡时间延长的情况。白天睡意强烈,睡眠时间延长,醒转后常有短暂意识模糊,呼吸及心率增快。发作前多有难以控制的倦意,常影响工作、学习和生活。

3. 梦魇症 指在睡眠过程中为噩梦所惊醒,梦境内容通常涉及对生存、安全的恐怖事件,如被怪物追赶,攻击等。醒后对梦境中的恐怖内容能清晰回忆,伴有心跳加快和出汗。长期的梦魇可导致久治不愈的睡眠障碍、睡眠感知障碍,引起入睡幻觉症、焦虑症,还可继发各种躯体不适。

(四) 伴随症状

1. 伴猝倒 见于嗜睡症。

2. 伴心跳加快和出汗 见于梦魇症。

(五) 对患者的影响

难以入睡,易醒,梦魇引起的惊醒等使患者易产生焦虑、抑郁或恐惧心理,继发各种躯体不适。

(六) 问诊要点

1. 病因与诱因 有无环境刺激、心理压力、药物作用等诱发因素或相关病史。

2. 临床表现特点 发病时间、持续情况以及伴随症状。

3. 睡眠障碍对患者的影响 有无焦虑、烦躁、恐惧等情绪。

4. 诊疗及护理经过 已接受的诊断性检查及结果。已接受过的治疗及护理干预措施及效果,尤其询问镇定催眠药物或中枢兴奋药物的使用情况及效果。

(七) 相关护理诊断

1. 睡眠型态紊乱 与社会心理因素刺激、焦虑、睡眠环境改变、药物影响等有关。

2. 疲乏　与失眠、异常睡眠引起的不适有关。

3. 焦虑　与严重失眠有关。

4. 恐惧　与异常睡眠引起的幻觉、梦魇有关。

二十一、焦虑

焦虑(anxiety)是一种常见的情绪体验,是源于内心的紧张、压力感,常表现为内心不安、心烦意乱,有莫名的恐惧感和对未来的不良预感。常伴有明显的生理变化,尤其是自主神经功能紊乱症状。焦虑普遍存在于人们的日常生活中,也是患者最常见的情绪反应。

焦虑存在的意义表现出两面性。一方面,焦虑能够促使个体适应性调整警觉与防御状态,以便快速觉察并应对环境中的潜在威胁,所以适度的焦虑水平对个体的生存、适应环境具有重要价值。另一方面,持续、过度的焦虑会使个体身心受损,进而发展为焦虑障碍。

焦虑障碍(anxiety disorder)属于病理性焦虑,是一种以焦虑、紧张、恐惧情绪为主,伴有自主神经系统症状和运动不安等为特征的神经症。患者的焦虑并非由实际威胁或危险引起,或其紧张不安及恐慌程度与现实处境不相称。焦虑障碍包括广泛性焦虑障碍和惊恐发作,是发病率较高的一种情绪障碍。

(一) 病因与发生机制

焦虑作为一种心理情绪反应,有关其发生机制的心理学研究较多,随着研究的深入,对焦虑可能存在生物学基础的研究也越来越受到重视。

1. 生物学因素　包括:①遗传因素:相关研究显示焦虑症具有遗传易感性。②神经生物学因素:有研究发现焦虑症患者存在大量神经系统的变异,主要表现在 GABA/苯二氮䓬类系统、去甲肾上腺素系统以及 5-羟色胺系统的功能失调,而导致脑部多个区域的过度活跃,尤其是涉及对危险和威胁做出生理、情绪及行为反应的边缘系统。过度、持续的神经元活动使个体处于慢性、弥漫的焦虑状态。

2. 心理学因素　人本主义心理学认为焦虑是个体面临自由选择时,必然存在的心理体验,是一种不确定性和无依无靠的感觉,并与个体的自我意识形成和发展有关。精神分析学派认为,焦虑是潜意识中本我的性或攻击欲望与超我的惩罚之间的冲突,自我为了阻止那些不能接受的想法进入意识而启动自我防御机制。若不能启动有效的自我防御机制,将会产生更为强烈和持久的焦虑或其他神经症症状。认知心理学认为焦虑来源于认知的偏差,焦虑患者易被威胁相关刺激吸引,并难以从该刺激中转移开来。行为主义理论则认为焦虑是一种习得性行为,条件刺激泛化则形成焦虑障碍。

3. 生活事件　焦虑的最常见原因是生活事件引起的心理冲突。任何可威胁到身体和/或心理安全的情景、事件或变化都可因应激而产生焦虑,如患病、住院、久病不愈、亲人病危以及结婚、迁居等。焦虑反应的强弱程度与个体的发展阶段、个性特点、健康状况及应对能力等有关。若焦虑状态持续存在、焦虑程度与现实处境极不相称或无明确诱因者,应考虑焦虑性神经症的可能。

临床上,患者的焦虑按原因可分为以下 3 种:①期待性焦虑:面临即将发生但又尚未确定的重大事件时的焦虑,常见于疾病初期对病因、疾病性质、疾病转归及预后不明确,或希望做详细深入的检查又担心面对不良结果,或对有一定危险性的检查和治疗担心其安全性的患者。②分离性焦虑:与熟悉的环境或亲人分离,产生分离感所伴随的情绪反应。常见于依赖性较强的儿童和老年人。③阉割性焦虑:自我完整性受到威胁或破坏时产生的情绪反应。

常见于外伤、手术切除肢体或脏器的患者。

(二)临床表现

1. 心理方面

(1) 认知方面:表现为注意力不集中、认知范围缩小、生活和工作能力下降。

(2) 情绪方面:紧张、不安的期待情绪是焦虑的典型特点,表现为对未来可能发生、难以预料的某种危险或不幸事件的担心。严重者可产生恐惧感,犹如大祸临头而惶惶不安。

(3) 行为方面:表现为唉声叹气、咬指甲、来回踱步、不能静坐等,严重者可出现回避行为。

2. 生理方面 可出现心悸、血压升高、出汗、胸闷、气短、呼吸急促、过度换气、头痛、眩晕、恶心、腹泻、尿频等自主神经功能紊乱的症状。由于思虑所担心的问题,而出现睡眠障碍,表现为入睡困难、睡眠间断或不愉快的梦境体验等。

(三)伴随症状

1. 伴入睡困难和 / 或易醒 见于失眠症患者。

2. 伴躯体症状 常见于躯体疾病的患者,如甲状腺疾病、心脏病、系统红斑狼疮、某些脑炎、脑血管疾病等,也见于疑病症、躯体化障碍患者。

(四)对患者的影响

焦虑对个体的影响与焦虑的程度、持续的时间以及应对焦虑的能力等有关。其主要影响表现为焦虑所引起的认知能力改变对工作、学习及日常生活的影响。根据其影响程度可分为以下 4 级:

1. 轻度 个体的认知能力增强,注意力集中;有好奇心、常提问题;考虑问题全面;能应对和解决各种情况和问题;工作效率高。

2. 中度 能专心于某些事情,做事非常认真、有效率,但是对其他事情则无法面面俱到,甚至会选择性拒绝。一旦对其提出过多要求,则会发生冲突,易激惹。有时可能没有注意到周围情况及变化,在适应和分析方面存在一定困难。

3. 重度 认知能力明显降低,注意力集中在细节上,或高度分散,不能集中,甚至给以指导也难以改善。常用过去的观点观察现在的经历,几乎不能理解目前的情境。不仅严重影响学习,日常生活也受到影响。

4. 恐慌 为一种严重的精神失调,表现为接受能力失常,注意力集中在夸大的细节上,经常曲解当时的情景,学习难以进行,并失去维持有目的活动的能力。有时对微小的刺激可产生不可预料的反应。有临近死亡的感觉,日常生活受到严重影响。

(五)问诊要点

1. 病因与诱因 有无家族史,近期是否遭遇不良生活事件,有无甲状腺功能亢进、脑炎、低血糖、精神疾病等可引起焦虑的相关疾病,有无酗酒及滥用药物等。

2. 焦虑的表现与严重程度 是否存在担心的问题,有无紧张不安的情绪体验,有无认知功能改变、睡眠障碍、自主神经功能紊乱以及行为表现等。必要时,可采用焦虑相关量表进行测评。

3. 应激与应对能力 包括既往的应对策略、近期所经历的各种应激事件、对应激事件的看法(包括对目前所患疾病的看法)、所采取的应对措施及其效果等。

4. 诊断、治疗和护理经过 已接受的诊断性检查及结果、对自己的情绪状态的看法,以及已经采用的治疗或护理措施及其效果等。

(六) 相关护理诊断

1. **焦虑**　与担心疾病预后有关;与当前状况的威胁 / 死亡威胁等有关。
2. **失眠**　与焦虑引起的思虑过度、入睡困难、睡眠维持困难有关。
3. **疲乏**　与焦虑所致副交感神经反应有关。
4. **压力过多**　与资源不足、反复紧张性刺激有关。
5. **无能为力**　与焦虑所致的应对策略无效、对病程进展缺乏控制感等有关。
6. **社交隔离**　与分离性焦虑有关。

二十二、抑郁

抑郁(depression)是一种以心境低落为主的不愉快的情绪体验,也称情感低落。其情绪低落的程度不等,可以从闷闷不乐到悲痛欲绝,常有兴趣丧失、思维迟缓、注意困难、自罪感和自杀观念,伴有失眠、食欲减退或缺失、闭经等,并有其他的认知、行为和社会功能的异常,严重时甚至悲观厌世、自伤或自杀。

抑郁情绪与抑郁症不同。正常人的抑郁情绪是:①基于一定的客观事物,事出有因;②情绪变化有一定的时限性,通常不超过2周;③可以通过自我调适,自行恢复情绪平稳。而抑郁症则是病理性抑郁,往往具有情绪低落、兴趣缺失、精力减退3个核心症状中的2个,同时个人的社会功能受到影响、给本人造成痛苦或不良后果。病理性抑郁具体可表现为显著而持久的抑郁悲观,与现实环境不相称,持续时间2周以上,甚至不经治疗难以自行缓解。病理性抑郁多见于抑郁障碍(depression disorder)患者,抑郁障碍属于心境障碍,又称抑郁发作(depressive episode)。

(一) 病因与发生机制

有关抑郁的发生机制尚未彻底阐明,目前主要从以下几个方面探讨。

1. **生物学因素**　①遗传因素:研究发现本病有家族史者高达30%~41.8%,血缘关系越近患病率越高。②神经生物学因素:单胺类神经递质假说认为脑内5-羟色胺(5-HT)、去甲肾上腺素(NE)功能活动降低导致抑郁。临床上使用的抗抑郁剂大多为5-HT或NE的再摄取抑制剂,能够增加5-HT、NE系统的功能活动。有些药物如安非他阻滞多巴胺(DA)的回收,也具有抗抑郁作用,因而DA的功能活动降低也可能与抑郁有关。其他被认为与抑郁有关的神经递质还有谷氨酸、P物质等。③神经内分泌因素:神经内分泌系统调节与睡眠、食欲、性欲、快感体验有关的重要激素,并影响机体对外界紧张性刺激做出反应。研究发现,抑郁者的下丘脑-垂体-肾上腺轴(HPA轴)多处于持续兴奋状态,分泌的过量激素对单胺类递质受体起抑制作用,引发抑郁。另外,有证据显示女性在月经前、月经期间、产后、更年期发生抑郁的概率增加,但雌激素、黄体酮等激素与抑郁的关系尚不清楚。

2. **生活事件与环境应激事件**　各种不良的生活事件如意外灾害、亲友亡故、经济损失等严重负性生活事件往往构成抑郁障碍的致病因素。应激被认为是导致抑郁的重要因素之一,常与焦虑情绪相伴发生。Engel认为人对应激时间的反应可分为"战或逃反应"和"保存-退缩反应"两类。"战或逃反应"与焦虑、恐惧和愤怒有关,主要为交感神经活动增强的表现;"保存-退缩反应"与抑郁、悲观、失望和无助有关,主要表现为下丘脑-垂体-肾上腺皮质轴活动增强,迷走神经活动增强,肾上腺皮质激素分泌增多,外周血管阻力增大,骨骼肌运动减少。

个体对应激事件的应对反应与其对应对事件的认知程度、既往经历、个性倾向及社会支持等因素有关。人们在面对一些负性生活事件时感到悲伤、失望是很正常的情绪反应,这种情绪会在应对措施的调节下随着时间推移而逐渐减退。若这种情绪长期持续并伴有负罪感、无望感等,应考虑抑郁症或抑郁性精神病的可能。

3. 心理学因素 精神分析理论强调早年经历对成年期障碍的影响,将抑郁障碍看作对亲密者所表达的攻击,以及未能摆脱的童年压抑体验。也有精神分析家认为抑郁障碍是自我与超我之间的矛盾。认知理论认为,抑郁障碍患者存在一些认知上的误区,如悲观无助、对生活经历消极的扭曲体验、过低的自我评价等。行为理论认为抑郁是对有压力的负性生活事件的反应,这些事件包括人际关系破裂、失业、患重病等,然而大多数承受压力的人不会发生抑郁。行为心理学家马丁·塞里格曼(Martin Seligman)则采用“习得性无助”解释人类抑郁的发生。

(二) 临床表现

既往将抑郁障碍的表现概括为“三低症状”,即情绪低落、思维迟缓、意志减退,但不一定见于所有抑郁障碍患者身上。目前将抑郁障碍的表现归纳为核心症状、心理症状群、躯体症状群三个方面。抑郁症状常表现晨重暮轻。

1. 核心症状 包括情绪低落、兴趣缺失,精力减退。情绪低落可以从闷闷不乐到悲痛欲绝,悲观消极、对前途失望甚至绝望,丧失自信或自尊,无价值感和无助感;兴趣缺失表现为对以前喜爱的活动失去兴趣,丧失享乐能力;精力减退表现为过度疲乏、打不起精神、行动费劲、语调低沉、行动迟缓,严重者可卧床不起。

2. 心理症状群 主要有焦虑、自罪自责、精神病性症状如幻觉和妄想,认知症状如认知扭曲、注意力和记忆力下降等;精神运动性迟滞,即活动减少,行动迟缓,无精打采,严重者可呈木僵状态,木僵状态时动作行为和言语活动抑制,不言、不动、不食,面部表情固定,大小便潴留,对刺激缺乏反应;激越者表现为烦躁不安、紧张、难以控制自己,甚至出现攻击行为。自知力受损,出现自杀观念或行为。

3. 躯体症状群 可有睡眠紊乱、食欲下降和胃肠功能紊乱、慢性疼痛、性欲和性功能下降等,睡眠紊乱可表现为不易入睡、睡眠浅、早醒,早醒是特征性症状。还可有其他非特异性症状,如头昏脑涨、周身不适、肢体沉重、心慌气短等。

(三) 伴随症状

1. 伴躁狂 见于双相情感障碍患者。

2. 伴认知功能减退 如反应速度、注意力、记忆力、抽象思维能力改变等,常见于认知症的患者。

3. 伴睡眠浅和 / 或早醒 常见于失眠症患者。

4. 伴躯体症状 见于疑病症、躯体化障碍患者,也可见于慢性病患者。

(四) 对患者的影响

抑郁对患者的影响与抑郁的严重程度有关。轻度抑郁者,可感到做事困难,但对工作、社交的影响较小;中度抑郁者,继续进行工作、社交或家务活动有相当困难;重度抑郁者,常出现所有的抑郁表现,并伴有明显的躯体症状,严重者有自杀的危险。

(五) 问诊要点

1. 病因与诱因 有无家族史,近期是否经历不良生活事件,有无引起抑郁的疾病史及用药史,如甲状腺功能减退、贫血,或服用治疗高血压、抗结核药物等。

2. 抑郁的表现 抑郁出现与持续的时间、严重程度,有无伴随症状等。有无情绪低落、兴趣缺失,精力减退;有无焦虑、自罪自责、幻觉和妄想;是否存在活动减少、行动迟缓、无精打采,或烦躁不安、紧张、难以控制自己,甚至出现攻击行为;是否存在懒言少语、不修边幅、回避社交等行为表现;有无记忆力及注意力下降、语速及思维过程缓慢、思维内容消极等;有无睡眠紊乱、食欲下降和胃肠功能紊乱、慢性疼痛、性欲和性功能下降等;有无自杀观念或行为。必要时,采用相关量表进行测评。

3. 应激与应对能力 包括既往的应对策略、对近期所经历的各种应激事件的看法(包括对目前所患疾病的看法)、所采取的应对措施及其效果等。

4. 诊断、治疗和护理经过 已接受的诊断性检查及结果、对自己情绪状态的看法,已采用的治疗或护理措施及其效果等。

(六) 相关护理诊断

1. 应对无效 与情绪低落、自我效能感低、资源不足等有关。

2. 失眠 与抑郁导致的睡眠维持困难、早醒等有关。

3. 疲乏 与缺乏兴趣、精力不足、躯体症状增加有关。

4. 社交隔离 与严重抑郁所致的缺乏个人资源、社会行为退缩有关。

5. 绝望 与抑郁所致的悲伤/无望感/无能为力感有关,与躯体疾病恶化、长期压力、长期活动受限、社交隔离等有关。

6. 有自杀的危险 与抑郁所致的自罪自责、无价值感以及终末期疾病丧失希望等有关。

（李壮苗 秦莉花 康林之 黄丽 夏继凤 张玉芳）

复习思考题

1. 现病史的问诊要点有哪些?

2. 临床上"发热待查"患者应考虑哪些病因?

3. 疼痛程度的评估方法有哪些?

4. 临床如何鉴别心源性水肿、肾源性水肿、肝源性水肿?

5. 高渗性脱水程度如何评估?

6. 简述咳嗽与咳痰对患者的影响。

7. 简述咯血与呕血的鉴别要点。

8. 比较鉴别中心性发绀与周围性发绀的临床表现。

9. 从呼吸时相、特点、病因方面总结比较肺源性呼吸困难临床分类。

10. 呕血与黑便的常见病因有哪些?

11. 血尿的常见病因有哪些?

12. 临床如何鉴别溶血性黄疸、肝细胞性黄疸、胆汁淤积性黄疸?

13. 简述晕厥发生可能出现的前驱症状。

14. 不同程度昏迷临床表现的异同点有哪些?

15. 失眠与嗜睡症的临床表现特点有哪些?

16. 患者的焦虑有哪些类型?

17. 抑郁的核心症状有哪些?

PPT 课件

◆◆◆ **第四章** ◆◆◆

体 格 检 查

> **学习目标**
>
> 识记:各部位体格检查的主要内容及正常表现;常见异常体征的概念及特点。
>
> 理解:各项检查内容的临床意义;常见异常体征的发生机制及临床意义。
>
> 运用:规范、熟练地进行全面系统的体格检查,并体现对患者的关爱与尊重;发现并辨识异常体征,以作为提出护理诊断的客观依据;总结各系统常见疾病的主要体征特点。

第一节 概 述

体格检查(physical examination)是指检查者运用自己的感官或借助于检查器具,客观地了解和评估被检查者身体状况的最基本的检查方法。体格检查是护士进行健康评估的基本功,要求反复实践达到熟练掌握。

一、体格检查的目的

体格检查一般在问诊结束后进行。目的是进一步验证问诊过程中所获得的有意义的临床症状,发现被检查者存在的体征,为进一步确立护理诊断提供客观依据。

二、体格检查的注意事项

体格检查既是收集被检查者资料的过程,也是与其交流、沟通,建立良好护患关系的过程。体检时应注意:

1. 检查环境应当安静、舒适、具有私密性,室温恰当,光线适宜,以自然光线为最佳。

2. 检查者仪表端庄,举止大方,态度诚恳和蔼。

3. 检查前先对被检查者作自我介绍,说明体格检查的目的和要求,取得其密切配合。

4. 注意避免交叉感染,检查前尽可能在被检查者面前洗净双手,必要时可穿隔离衣,戴口罩和手套,做好消毒隔离工作。

5. 检查者一般站在被检查者右侧,按一定顺序进行,依次暴露被检查部位,动作轻柔、准确、规范,检查内容完整有重点。避免重复和遗漏,避免反复翻动患者。

6. 检查过程要观察被检查者身体反应,边检查边思考。

7. 根据病情变化及时进行复查,不断补充、修正检查的结果,以调整护理诊断和护理措施。

8. 检查过程保持对被检查者的尊重与关爱,检查结束后向其做必要的反馈说明,并对其配合表示感谢。

 课堂互动

如果患者不愿意配合进行体格检查,你会怎么做?

三、体格检查的基本方法

体格检查的基本方法有 5 种,包括视诊、触诊、叩诊、听诊以及嗅诊。不同方法要借助于不同的检查器具(图 4-1)。检查者需在具备扎实的医学与护理知识的基础上,经过长期、反复的练习和实践,并根据不同的情况选择合适的方法,以达到熟练掌握的程度。

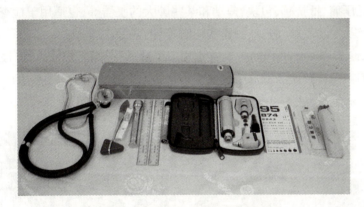

图 4-1 体格检查常用物品和器具

 知识链接

体格检查常用物品和器具

体温计、血压计、听诊器、叩诊锤、压舌板、手电筒、检眼镜、大头针或别针、直尺和卷尺、棉签、检耳镜、检鼻镜、鹅颈灯、音叉、近视力表、胶布、手套、纱布垫、润滑油、便携血氧脉搏仪等。

(一)视诊

视诊(inspection)是检查者用视觉来观察被检查者全身或局部表现的检查方法。视诊可用于全身一般状态和部分体征的检查,如年龄、性别、发育、营养、意识状态、面容、表情、体位、姿势以及步态等;局部视诊可用于了解身体各部分的改变,如皮肤、黏膜、头颅、胸廓、腹形、肌肉、骨骼以及关节外形等。特殊部位如眼、耳、鼻的视诊还需借助检眼镜、耳镜、鼻镜以及内镜等器械进行检查。

视诊的方法简单,适用的范围广泛,不同部位的视诊其方法和内容不同。视诊可为评估提供重要的资料和线索,但必须有丰富的医学知识和临床经验,才能减少和避免"视而不见"的现象;只有深入、细致的观察,反复临床实践,才能发现有意义的临床征象。

(二) 触诊

触诊(palpation)是检查者通过手接触被检查部位时的感觉,或观察被检查者的反应来判断身体某部有无异常的检查方法。通过触诊可以进一步明确视诊所不能明确的异常体征,如皮肤的温度、湿度、压痛、震颤、波动感、摩擦感以及包块的部位、大小、轮廓、表面性质、压痛、硬度、移动度等。触诊的适用范围很广,可遍及全身,尤以腹部检查最为常用。手的不同部位对触觉的敏感度不同,指腹对触觉较为敏感,掌指关节的掌面皮肤对震动较为敏感,手背皮肤对温度较为敏感,触诊时多采用上述部位。

1. 触诊方法　触诊时,由于检查目的不同而施加不同的压力,据此可分为浅部触诊法和深部触诊法。

(1) 浅部触诊法(light palpation):检查者将一手轻置于被检查部位,利用掌指关节和腕关节的协同动作,以旋转或滑动方式轻柔地进行触摸,可触及的深度约为1cm。该检查主要用于评估腹部有无压痛、抵抗感、包块、搏动和某些肿大的脏器等,也适用于检查体表浅在的病变如关节、软组织、浅部动脉、静脉、阴囊和精索等(图4-2)。

(2) 深部触诊法(deep palpation):检查者用单手或两手重叠,由浅入深,逐渐加压以达到深部触诊的目的。深部触诊法触及的深度常常在2cm以上,有时可达4~5cm,主要用于检查腹腔脏器和内在病变(图4-3)。根据检查目的和手法不同,常用的方法有以下几种:

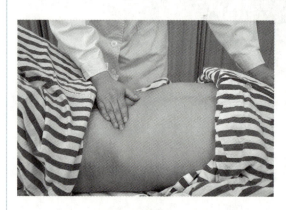

图4-2　浅部触诊法

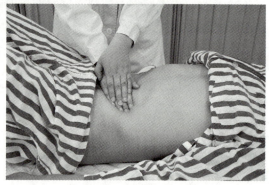

图4-3　深部触诊法

1) 深部滑行触诊法(deep slipping palpation):检查时嘱被检查者张口呼吸,或与其谈话以转移其注意力,使腹肌尽量放松。检查者用右手以并拢的二、三、四手指末端逐渐触向腹腔的脏器或包块,在被触及的脏器或包块上做上下左右滑动触摸。如为肠管或条索状包块,应沿其长轴向垂直的方向进行滑动触诊。该触诊法主要用于腹腔深部包块和胃肠病变的检查。

2) 双手触诊法(bimanual palpation):检查者将左手掌置于被检查者脏器或包块的背后部,把被检查部位向右手方向托起,同时右手中间三指并拢平置于腹壁被检查的部位,使被检查的脏器或包块位于两手之间,更接近于体表,有利于右手的触诊。此法多用于肝、脾、肾和腹腔肿物等内容的检查。

3）深压触诊法（deep press palpation）：检查者用一个或两个并拢的手指逐渐深压腹壁被检查的部位，用于探测腹腔深在病变的部位或确定腹部压痛点，如阑尾压痛点、胆囊压痛点、输尿管压痛点等。检查反跳痛时，在手指深压的基础上稍停2~3秒后，迅速将手抬起，并询问被检查者是否疼痛加重或观察面部是否出现痛苦的表情。

2. 触诊注意事项

（1）触诊前向被检查者解释触诊的目的，消除其紧张情绪，取得密切配合。

（2）触诊的手应温暖，手法应轻柔，以免引起腹肌紧张，影响触诊效果。

（3）被检查者取适当体位，通常取仰卧位，双手置于体侧，双腿稍屈，腹肌尽可能放松。检查肝、脾、肾时可取侧卧位。触诊下腹部时，应嘱其排尿，必要时须排便后检查。

（4）触诊时应从健侧开始，逐渐触及疑有病变处，动作由浅入深，注意检查时手的感觉，随时观察被检查者的表情。

（5）触诊时检查者应手脑并用，注意病变的部位、特点及解剖毗邻关系，思考病变的来源和性质。

（三）叩诊

叩诊（percussion）是指用手指叩击或手掌拍击体表的某一部位，使之震动而产生音响，根据震动和声响的特点来判断被检查部位的脏器有无异常的检查方法。叩诊多用于确定肺下缘位置、肺部病变大小与性质、心界大小与形状、肝脏的边界、腹腔积液的有无与量以及膀胱的检查等。在胸、腹部检查方面尤为重要。

1. 叩诊方法 根据叩诊的目的和手法的不同，可分为直接叩诊法和间接叩诊法。

（1）直接叩诊法（direct percussion）：检查者右手中间三手指并拢，用其掌面直接拍击被检查的部位，根据拍击的反响和指下的震动感来判断病变情况的方法（图4-4）。适用于胸部、腹部范围较广泛的病变，如胸膜粘连或增厚、大量胸腔积液、腹腔积液或气胸等。

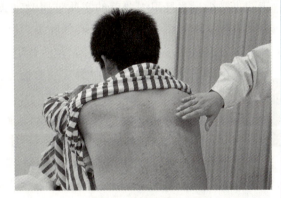

图4-4 直接叩诊法

（2）间接叩诊法（indirect percussion）：是临床最常用的叩诊方法。检查者将左手中指第二指节紧贴于叩诊部位，其余手指稍微抬起，勿与体表接触；右手指自然弯曲，用中指指端叩击左手中指末端指关节处或第二节指骨的远端。（图4-5、图4-6）。

叩诊要领：①叩击方向应与叩诊部位的体表垂直；②叩诊以腕关节与掌指关节的活动为主，避免肘关节和肩关节参与运动；③叩击动作要灵活、短促、富有弹性；④叩击后右手中指应立即抬起，以免影响对叩诊音的判断；⑤在同一部位叩诊可连续叩击2~3下，尽量避免连续快速叩击，以免影响对叩诊音的分辨。

检查肝区或肾区有无叩击痛，检查者可将左手手掌平置于被检查部位，右手握拳，用其尺侧叩击左手手背，询问或观察被检查者有无疼痛，亦属于间接叩诊法。

2. 叩诊音 叩诊音（percussion sound）是指叩诊时被叩击部位产生的反响。叩诊音的不同取决于被叩击器官或组织的密度、弹性、含气量及与体表的间距。临床上根据叩诊音音响的频率（高音者调高，低音者调低）、振幅（大者音响强，小者音响弱）以及是否乐音（音律和谐）

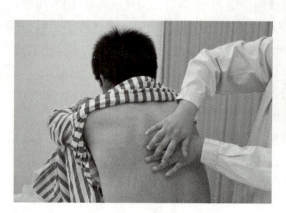

图 4-5　间接叩诊法

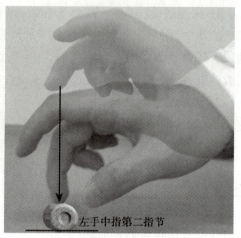

左手中指第二指节

图 4-6　间接叩诊法示意图

的不同,分为清音、浊音、实音、鼓音、过清音五种。

（1）清音（resonance）:为正常肺部的叩诊音。它是一种频率约为 100~128 次 /s,振动时间较长的非乐音叩诊音。提示肺组织的弹性、含气量、致密度正常。

（2）浊音（dullness）:是一种音调较高,音响较弱,振动持续时间较短的叩诊音。正常见于叩击被少量含气组织覆盖的实质脏器时,如叩击心脏或肝脏被肺段边缘所覆盖的部分;病理状态下见于肺组织含气量减少,如肺炎。

（3）实音（flatness）:是一种音调较浊音更高,音响更弱,振动持续时间更短的叩诊音。正常情况下,见于叩击心脏和肝脏等实质脏器无肺组织覆盖部分;在病理状态下可见于大量胸腔积液或肺实变等。

（4）鼓音（tympany）:是一种和谐的乐音,如同击鼓声,音响比清音更强,振动持续时间也较长,在叩击含有大量气体的空腔脏器时产生。正常情况下可见于胃泡区和腹部;病理情况下可见于肺内浅表大空洞、气胸及气腹等。

（5）过清音（hyperresonance）:介于鼓音与清音之间属于鼓音范畴的一种变音,音调较清音低,音响较清音强。临床上常见于肺组织含气量增多、弹性减弱时,如肺气肿。正常儿童亦可叩出相对过清音。

3. 叩诊注意事项

（1）环境应安静,以免噪音影响叩诊音的判断。

（2）根据叩诊部位不同,被检查者应采取适当体位,如叩诊胸部可取坐位或卧位,叩诊腹部时常取仰卧位,充分暴露检查部位。

（3）叩诊时应注意对称部位的比较与鉴别。

（4）叩诊时不仅要注意叩诊音的变化,还要注意不同病灶震动感的差异。

（5）叩诊操作应规范,用力要均匀适当,叩诊力量应视不同的检查部位、病变组织范围大小、位置深浅或性质等情况而定。

（四）听诊

听诊（auscultation）是检查者用耳直接或借助听诊器以听取被检查者身体各部分活动时发出的声音判断其正常与否的一种检查方法。广义的听诊还包括听取被检查者发出的任何声音,如语声、咳嗽、呃逆、嗳气、呻吟、啼哭、呼吸音、呼叫声、肠鸣音、关节活动音及骨擦音等。听诊是体格检查的重要手段,在心、肺检查中尤为重要,常用于听诊呼吸音、心音、杂音、心律失常等。

1. 听诊方法　根据使用听诊器与否,听诊可分为直接听诊和间接听诊两种方法。

(1) 直接听诊法(direct auscultation):是将耳直接贴附于被检查者的体表上进行听诊。此法所能听到的体内声音很弱,目前仅在某些特殊和紧急情况下采用。

(2) 间接听诊法(indirect auscultation):是借用听诊器进行听诊的检查方法。此法方便,可在任何体位听诊时应用。因听诊器对器官活动的声音有放大作用,且能减少环境中噪音的干扰,所以听诊效果好。间接听诊法除用于心、肺、腹部的听诊外,还可听取其他部位发出的声音,如血管音、皮下气肿音、关节活动音、骨摩擦音等,其应用范围广泛。

听诊器(stethoscope)通常由耳件、体件及软管3部分组成(图4-7)。体件有钟型和膜型两种,钟型体件适用于听取低调声音,如二尖瓣狭窄的舒张期隆隆样杂音;膜型体件适于听取高调声音,如心音、呼吸音、肠鸣音等。

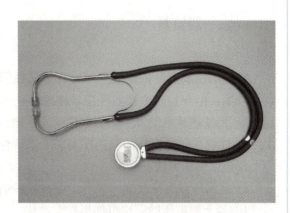

图4-7　听诊器

2. 听诊注意事项

(1) 听诊环境要安静、温暖、避风,以避免噪音及因寒冷引起的肌束颤动所产生的附加音影响听诊效果。

(2) 应根据病情和听诊的需要,嘱被检查者采取适当的体位。

(3) 要正确使用听诊器。听诊前应注意检查耳件弯曲的方向是否正确;硬管、软管的管腔是否通畅;钟型体件使用时应轻触体表被检部位,但应避免体件与皮肤摩擦而产生的附加音;膜型体件使用时应紧触体表被检查部位的皮肤。

(4) 切忌隔着衣服听诊,体件要直接接触并紧贴皮肤,以获取确切的听诊结果。

(5) 听诊时注意力要集中,听诊肺部时要摒除心音的干扰,而听诊心音时要摒除呼吸音的干扰,必要时嘱被检查者调控呼吸配合听诊。

(五) 嗅诊

嗅诊(olfactory examination)是通过嗅觉来分辨发自被检查者的异常气味与疾病之间关系的检查方法。这些来自被检查者皮肤、黏膜、呼吸道、胃肠道、呕吐物、排泄物、分泌物、血液或脓液等的异常气味,可为临床护理提供有价值的线索。常见的异常气味及临床意义如下:

1. 汗液味　正常人的汗液无强烈的刺激性气味。酸性汗味常见于风湿热等发热性疾病或长期服用阿司匹林等解热镇痛药物者;特殊的狐臭味见于腋臭患者;脚臭味可见于脚癣合并感染者。

2. 呼气味　浓烈的酒味见于酒后;刺激性蒜味见于有机磷中毒;烂苹果味见于糖尿病酮症酸中毒者;氨味见于尿毒症者;肝腥味见于肝性脑病。

3. 呕吐物　单纯食物性胃内容物略带酸味。若呕吐物呈酸臭味提示食物在胃内滞留时间过长;呕吐物呈粪臭味则见于低位肠梗阻。

4. 痰液味　正常痰液无特殊气味。如闻及血腥味见于大量咯血者;若呈恶臭味提示可能为厌氧菌感染,见于支气管扩张或肺脓肿。

5. 脓液味 脓液有恶臭者提示可能有气性坏疽或厌氧菌感染。

6. 粪便味 粪便有腐败性臭味多为消化不良导致;腥臭味见于细菌性痢疾;肝腥味则见于阿米巴痢疾。

7. 尿液味 尿液有浓烈的氨味见于膀胱炎,由于尿液在膀胱内被细菌发酵所致。

第二节 全身状态检查

一、一般资料

(一) 性别

性别的主要判断依据是生殖器和第二性征的发育情况。正常成人男女性征明显,性别容易判断。但在检查个体时还应该注意性别与疾病的关系,如有些疾病的发生有明显的性别差异,而某些疾病的发生会引起性征发生改变。

1. 性别与某些疾病的发生率有关 系统性红斑狼疮和甲状腺疾病多发生于女性,而甲型血友病仅见于男性。

2. 疾病所致性征改变 如肾上腺皮质肿瘤或长期使用肾上腺皮质激素,可使女性发生男性化;肾上腺皮质肿瘤也可使男性女性化。

3. 性染色体异常所致的性征改变 性染色体数目和结构异常可致两性畸形。Turner综合征多发生于女性,Klinefelter综合征、先天性睾丸发育不全综合征多发生于男性,染色体的数目和结构异常可致两性畸形。

(二) 年龄

年龄大小一般通过交谈得知,但在某些情况下,如被检查者有严重的意识障碍、死亡、故意隐瞒真实年龄时,需通过观察其毛发的分布与色泽、皮肤的弹性与光泽、面与颈部皮肤的皱纹、肌肉的状态以及牙齿的状态等进行检查。

年龄与疾病的发生和预后密切相关,如佝偻病、白喉、麻疹、猩红热多见于幼儿和儿童,结核病、风湿热多发生于少年与青年,动脉硬化性疾病和实体肿瘤多见于老年人;青年患病后康复较快,老年人康复相对较慢。

二、生命体征

生命体征是评价生命活动是否存在及其质量的重要指标,其内容包括体温、脉搏、呼吸、血压,为体格检查时必须检查的项目之一。

生命体征具体测量方法及记录详见基础护理学教材。

(一) 体温

生理情况下,体温会有一定的波动。清晨体温略低,下午略高,24小时内波动幅度一般不超过1℃;运动或进食后体温略高;老年人体温略低;月经期前或妊娠期妇女体温略高。

腋测法、口测法、肛测法的正常范围详见第三章第二节"发热"。

体温高于正常称为发热。详见第三章第二节"发热"。

体温低于正常称为体温过低,见于休克、严重营养不良、甲状腺功能减退、低血糖昏迷等情况。

(二)脉搏

检查脉搏主要用触诊,也可用脉搏计描记波形。触诊主要是浅表动脉,一般多在桡动脉,常用并拢的示指、中指和环指的指腹进行触诊。检查时需进行两侧脉搏情况对比,正常人两侧脉搏差异很小,不易察觉。某些疾病时,两侧脉搏明显不同,如缩窄性大动脉炎或无脉症。在检查脉搏时应注意脉搏脉率、节律、紧张度和动脉壁弹性、强弱和波形变化。

1. 脉率 脉率的生理和病理变化及其与心率基本一致,但在某些心律失常时,如心房颤动、频发期前收缩等,由于部分心搏的搏出量显著下降,不能使周围动脉产生搏动或搏动过弱而不能觉察,以致脉率低于心率,即脉搏短绌。

2. 脉律 脉搏的节律可反映心脏的节律。正常人脉律规则。各种心律失常患者均可影响脉律,如心房颤动者脉律绝对不规则、脉搏强弱不等、脉搏短绌;期前收缩呈二联律或三联律者可形成二联脉、三联脉。

3. 紧张度与动脉壁状态 脉搏的紧张度与动脉硬化的程度有关。检查时,可将两个手指指腹置于桡动脉上,近心端手指用力按压阻断血流,使远心端手指触不到脉搏,通过施加压力的大小及感觉的血管壁弹性状态判断脉搏紧张度。例如,将桡动脉压紧后,虽远端手指触不到动脉搏动,但可触及条状动脉的存在,并且硬而缺乏弹性似条索状、迂曲或结节状,提示动脉硬化。

4. 强弱 脉搏的强弱与心搏量、脉压和外周血管阻力相关。心排出量增加、脉压增大、周围血管阻力减低时,脉搏有力而振幅大,称为洪脉(bounding pulse),见于高热、甲状腺功能亢进、主动脉瓣关闭不全等;反之,脉搏减弱,称为丝脉或细脉(small pulse),见于心力衰竭、主动脉瓣狭窄与休克等。

5. 脉搏波形 具体的脉搏波形往往需要用无创性脉波描记仪作描记,但是,通过仔细地触诊周围动脉,仍可发现下述的多种脉波异常的脉搏(图4-8)。

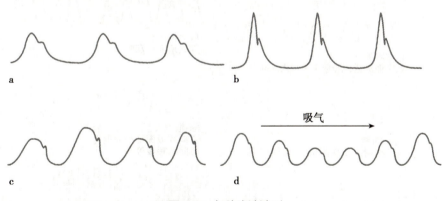

吸气

图4-8 各种脉波波形

(1)水冲脉(water-hammer pulse):脉搏骤起骤落,犹如潮水涨落,故名水冲脉。检查者手掌握紧被检查者手腕掌面桡动脉处,将其前臂高举过头部,可明显感知桡动脉犹如水冲的急促而有力的脉搏冲击。如感知明显的水冲脉,表明脉压增大,主要见于主动脉瓣关闭不全,也可见于严重贫血、甲状腺功能亢进症、动脉导管未闭等。

(2)交替脉(pulses alternans):指节律规则而强弱交替出现的脉搏。其产生与左室收缩力强弱交替有关,为左心衰竭的重要体征之一。

（3）奇脉（paradoxical pulse）：指平静吸气时脉搏明显减弱或消失的现象。其产生与左心室排血量减少有关，见于大量心包积液、缩窄性心包炎等。

（4）无脉（pulseless）：即脉搏消失，主要见于严重休克、多发性大动脉炎或肢体动脉栓塞。

（三）呼吸

正常成人静息状态下，呼吸为 12~20 次 /min，呼吸与脉搏之比为 1：4。新生儿呼吸约 44 次 /min，随着年龄增长而逐渐减慢。常见的异常表现有（图 4-9）：

1. 呼吸频率的变化

（1）呼吸过速（tachypnea）：指呼吸频率超过 20 次 /min。见于发热、疼痛、贫血、甲状腺功能亢进及心力衰竭。一般体温每升高 1℃，呼吸增加约 4 次 /min。

（2）呼吸过缓（bradypnea）：指呼吸频率低于 12 次 /min。见于麻醉剂或镇静剂过量、颅内压增高等。

2. 呼吸深度的变化

（1）呼吸浅快：见于呼吸肌麻痹、严重鼓肠、腹水和肥胖以及肺部疾病，如肺炎、胸膜炎、胸腔积液和气胸等。

（2）呼吸深快：见于剧烈运动、情绪激动、过度紧张等。严重代谢性酸中毒患者常见到呼吸加深，多为深快，见于糖尿病酮症酸中毒和尿毒症酸中毒等，称为库斯莫尔（Kussmaul）呼吸。

3. 呼吸节律和幅度　正常人静息状态下呼吸节律整齐，幅度均匀。常见的异常表现有（图 4-10）：

（1）潮式呼吸：又称陈 - 施（Cheyne-Stokes）呼吸，是一种周期性的呼吸异常。呼吸由浅慢逐渐变为深快，然后再由深快转为浅慢，随之出现呼吸暂停 5~30 秒，如此周而复始。形式似潮水涨落，故称潮式呼吸。潮式呼吸周期可长达 30 秒 ~2 分钟。

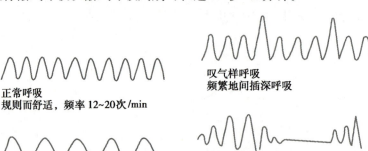

图 4-9　呼吸频率和深度的变化　　　　图 4-10　呼吸节律的变化

84

此种呼吸大多是病情危重,预后不良的表现。常见于中枢系统的疾病,如脑炎、脑膜炎、颅内压增高等,也可见于尿毒症、糖尿病酮症酸中毒和巴比妥中毒等。其发生机制是当呼吸中枢兴奋性减弱和高度缺氧时,呼吸减弱至暂停一段时间,体内缺氧和二氧化碳潴留到一定程度时,刺激呼吸中枢,使呼吸恢复并逐渐加强;当缺氧和二氧化碳潴留改善后,呼吸中枢又失去有效的刺激,呼吸再次减弱至暂停,从而形成周期性呼吸。

(2)间停呼吸:又称毕奥(Biots)呼吸,表现为有规律的均匀呼吸几次后,突然停止一段时间,又开始规律均匀呼吸,即周而复始的间停呼吸。呼吸暂停时间比潮式呼吸长,呼吸次数也明显减少。

间停呼吸发生原因及机制与潮式呼吸大致相同,但患者呼吸中枢抑制比潮式呼吸者更严重,预后不良,多在临终前发生。

(3)抑制性呼吸:此为胸部发生剧烈疼痛所致的吸气相突然中断,呼吸运动短暂地突然受到抑制,患者表情痛苦,呼吸较正常浅而快。常见于急性胸膜炎、胸膜恶性肿瘤、肋骨骨折及胸部严重外伤等。

(4)叹气样呼吸:表现在一段正常呼吸中插入一次深大呼吸,并常伴有叹息声。多为功能性改变,见于神经衰弱、精神紧张或抑郁症。

(四)血压

血压(blood pressure,BP)通常指体循环动脉血压,是重要的生命体征。

1. 血压标准　根据中国高血压防治指南(2018 年修订版)的标准,详见表 4-1。

表 4-1　成人血压水平的分类和定义

分类	收缩压(mmHg)		舒张压(mmHg)
正常血压	<120	和	<80
正常高值血压	120~139	和 / 或	80~89
高血压	≥140	和 / 或	≥90
1 级高血压(轻度)	140~159	和 / 或	90~99
2 级高血压(中度)	160~179	和 / 或	100~109
3 级高血压(重度)	≥180	和 / 或	≥110
单纯收缩期高血压	≥140	和	<90

注:当收缩压和舒张压分属于不同级别时,以较高的分级为准。

2. 血压变动的临床意义

(1)高血压:血压测量值受多种因素的影响,如情绪激动、紧张、运动等;若在安静、清醒和未使用降压药的条件下采用标准测量方法,至少 3 次非同日血压值达到或超过收缩压 140mmHg 和 / 或舒张压 90mmHg,即可认为有高血压,如果仅收缩压达到标准则称为单纯收缩期高血压。高血压绝大多数是原发性高血压,约 5% 继发于其他疾病,称为继发性高血压,如慢性肾炎、肾动脉狭窄等。

(2)低血压:血压低于 90/60mmHg 时称低血压。急性的持续(>30 分钟)低血压状态多见于严重病症,如休克、心肌梗死、急性心脏压塞等。慢性低血压也可有体质的原因,患者自诉一贯血压偏低,一般无症状。另外,如果患者平卧 5 分钟以上后站立 1 分钟和 5 分钟时测定血压,如果其收缩压下降 20mmHg 以上,并伴有头晕或晕厥,为体位性低血压。

(3)两上肢血压不对称:正常双侧上肢血压差别达 5~10mmHg,若超过 10mmHg 则属异常,见于多发性大动脉炎或先天性动脉畸形等。

(4)上下肢血压差异常:正常下肢血压高于上肢血压达 20~40mmHg,如下肢血压等于或低于上肢血压,则提示相应部位动脉狭窄或闭塞,见于主动脉缩窄,或胸腹主动脉型大动脉炎等。

(5)脉压改变:脉压 >40mmHg 为脉压增大,多见于甲状腺功能亢进、主动脉瓣关闭不全和动脉硬化等。脉压 <30mmHg 为脉压减小,可见于主动脉瓣狭窄、心包积液及严重心力衰竭患者等。

三、发育与营养

(一)发育

发育是否正常通过年龄、智力和体格成长状态(身高、体重及第二性征)及其之间相互的关系来进行综合判断。机体发育受种族、遗传、内分泌、营养代谢、生活条件、体育锻炼、疾病等因素影响。

(二)正常成人体格标准

头部的长度为身高的 1/8~1/7;胸围是身高的 1/2;两上肢展开后,左右指端的距离与身高基本一致;身体上部量(头顶与耻骨联合上缘的距离)与下部量(身高减去上部量或耻骨联合上缘至足底的距离)之比约 1∶1;坐高约等于下肢的长度,即等于身高的 1/2。

(三)体型

1. 类型　体型是身体发育的外观表现,包括骨骼、肌肉、脂肪的成长与分布状态等。临床上将成年人的体型分为三种类型:

(1)正力型(匀称型):身体各部分匀称适中,腹上角 =90°。

(2)超力型(矮胖型):体格粗壮、颈粗短、肩宽、胸宽厚、腹上角 >90°。

(3)无力型(瘦长型):体高肌瘦、颈细长、肩窄下垂、胸扁平、腹上角 <90°。

2. 体型异常

(1)比例正常:异常高大,如巨人症;异常矮小,如侏儒症。

(2)比例失常:上部量 < 下部量,如性腺功能减退症(骨骺闭合延迟);上部量 > 下部量,如呆小病。

(四)营养状态

营养状态与食物的摄入、消化、吸收及代谢等因素密切相关,是评估个体健康和疾病程度的指标之一。营养过剩引起的肥胖及营养不良引起的消瘦均为营养状态异常。营养状态的检查可依据皮肤、毛发、皮下脂肪及肌肉发育情况,结合年龄、身高、体重进行综合评估。

1. 评估方法

(1)体重:在一定时期内测量体重的变化是观察营养状态最常用的方法,一般于清晨、空腹和排便排尿后,在体重秤上进行测量。成人的标准体重(亦称理想体重)可以用下列公式计算。

$$标准体重(kg)= 身高(cm)-105$$

一般认为体重在标准体重 ±10% 的范围内为正常;超过标准体重的 10%~20% 为超重,超过 20% 以上为肥胖;低于标准体重的 10%~20% 为消瘦,低于 20% 以上为明显消瘦,极度消瘦称恶液质。

(2)体重指数:由于体重受身高影响较大,不受性别的影响,目前常用体重指数(BMI)作为衡量标准体重的常用指标。计算公式为 BMI= 体重(kg) / 身高(m)^2。我国成人正常标准的 BMI 为 18.5~23.9,BMI<18.5 为消瘦,BMI 24~27.9 为超重,BMI≥28 为肥胖。

(3) 皮褶厚度:临床上皮褶厚度可评估脂肪的贮存情况,一般通过皮褶计简单测量皮下脂肪厚度。常用部位有肱三头肌、肩胛下和脐旁,其中肱三头肌皮褶厚度测量最常用。正常的范围为男性(13.1±6.6)mm,女性为(21.5±6.9)mm。

(4) 肌肉厚度:肌肉厚度测量可反映骨骼肌量,最常用的是上臂肌围。

2. 营养状态分级　临床上一般用良好、中等、不良 3 个等级对营养状态进行描述。

(1) 营养良好:皮肤有光泽、弹性好,黏膜红润,皮下脂肪丰满,皮褶厚度正常或增大,肌肉结实,指甲、毛发润泽,肋间隙及锁骨上窝深浅适中,肩胛部和股部肌肉丰满。

(2) 营养不良:皮肤黏膜干燥、弹性降低,皮下脂肪菲薄,皮褶厚度低于正常,肌肉松弛无力,肩胛骨及髂骨嶙峋突出,肋间隙、锁骨上窝凹陷,指甲粗糙无光泽,毛发稀疏。

(3) 营养中等:介于营养良好和营养不良之间。

3. 异常营养状态临床意义

(1) 营养不良:临床表现为消瘦,重者可呈恶病质。其发生机制是多由于摄入不足、消化吸收障碍、代谢受损、丢失或排泄过多。可见于严重厌食症、恶性肿瘤、糖尿病、慢性肝脏和肾脏疾病、重症疾病等。

(2) 营养过剩:主要表现为肥胖,肥胖主要是由于体内脂肪积聚过多所致。按病因可将肥胖分为继发性肥胖和单纯性肥胖。

1) 单纯性肥胖:主要与摄食过多和营养过剩或运动过少有关,也可是具有一定遗传倾向的体质性肥胖,并与生活方式和精神因素有关系。临床表现特点为全身脂肪分布均匀,儿童期表现为生长较快,青少年期可有外生殖器发育迟缓。一般无神经系统、代谢与内分泌等系统的功能性或器质性异常。

2) 继发性肥胖:多为内分泌系统疾病与代谢性疾病有关,多见于腺垂体功能减退症、肾上腺皮质功能亢进症和胰岛素瘤、甲状腺功能减退症等。继发性肥胖者脂肪分布多有显著性,如肾上腺皮质功能亢进所致向心性肥胖,表现为体内脂肪沉积是以心脏和腹部为中心而开始发展的一种肥胖,体形最粗的部位是在腹部,腰围往往大于臀围;下丘脑病变所致的肥胖性生殖无能综合征,表现为大量脂肪积聚在面部、腹部、臀部及大腿;肾上腺皮质功能亢进症(库欣综合征)表现为满月脸、水牛背和向心性肥胖。

四、意识状态

意识状态是大脑功能活动的综合表现,即对所处环境与自身状态的认知和觉察能力。正常人意识清晰,思维反应敏锐精确,情感活动正常,语言准确、表达能力良好、流畅,定向力正常。

检查个体的意识状态一般采用问诊、瞳孔反射、测量生命体征、必要的痛觉试验等进行判断。凡能影响大脑功能活动的疾病均可引起不同程度的意识改变称为意识障碍。意识障碍的临床表现与检查详见第三章第十九节。

五、面容与表情

面容是面部呈现的状态;表情是面部情感的表现。面容与表情是评价个体情绪状态的重要指标。健康人表情自然,神态安详。患病时因疾病困扰,常使被检查者面容和表情发生变化,会出现一些特征性的面容和表情,对于疾病的诊断有重要的临床价值。

临床上常见的典型面容的特点和临床意义如下：

1. **急性病容** 面色潮红，表情痛苦，烦躁不安，鼻翼扇动，呼吸急促，口唇疱疹。临床上主要见于急性感染性疾病，如肺炎球菌肺炎、流行性脑脊髓膜炎、疟疾等。

2. **慢性病容** 面容憔悴，面色晦暗或苍白无华，目光暗淡，双目无神，表情忧虑，精神萎靡不振。临床上主要见于恶性肿瘤，慢性消耗性疾病如严重结核、肝硬化等。

3. **二尖瓣面容** 面色晦暗，双颊紫红，口唇发绀。临床上主要见于风湿性心脏病二尖瓣狭窄患者（图4-11）。

4. **甲状腺功能亢进面容** 表情惊愕，眼裂增大，眼球突出，兴奋不安，以及烦躁易怒。临床上主要见于甲状腺功能亢进症（图4-12）。

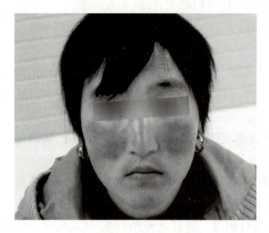
图4-11 二尖瓣面容

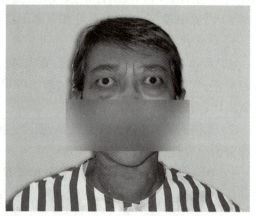
图4-12 甲状腺功能亢进面容

5. **黏液性水肿面容** 颜面水肿，面色苍白，睑厚面宽，目光呆滞，眉毛、头发稀疏，反应迟钝。临床上主要见于甲状腺功能减退症。

6. **肢端肥大症面容** 头颅增大，面部变长，眉弓及两颧隆起，下颌增大并向前突，耳鼻增大，唇舌肥厚。临床上主要见于肢端肥大症（图4-13）。

7. **满月面容** 面圆如满月，皮肤发红，常伴有痤疮与胡须生长。临床上主要见于皮质醇增多症及长期应用肾上腺糖皮质激素者（图4-14）。

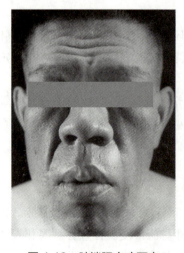
图4-13 肢端肥大症面容

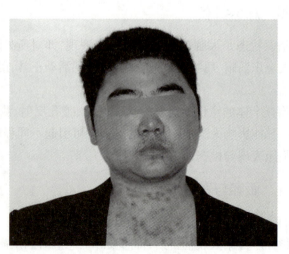
图4-14 满月面容

8. 肝病面容　面色晦暗,前额、鼻部及双颊有褐色色素沉着,有时可见蜘蛛痣。临床上主要见于慢性肝病。

9. 肾病面容　面色苍白,眼睑及颜面部水肿,舌色淡,舌缘有齿痕。临床上主要见于慢性肾脏疾病。

10. 贫血面容　面色苍白无华,唇舌色淡,表情疲惫。临床上主要见于各种原因引起的贫血患者。

11. 面具面容　面部呆板无表情,似面具样。临床上主要见于脑炎、震颤性麻痹等。

12. 苦笑面容　牙关紧闭,面肌痉挛,呈苦笑状。临床上主要见于破伤风。

13. 伤寒面容　表情淡漠,反应迟钝呈无欲状态。见于肠伤寒、脑脊髓膜炎、脑炎等高热衰竭。

六、体位与步态

(一) 体位

体位(position)是指被检查者卧位时身体所处的状态。体位的改变对某些疾病的诊断具有一定的意义,常见体位的特点和临床意义如下:

1. 自主体位　身体活动自如,不受限制。见于正常人、轻症或疾病早期者。

2. 被动体位　被检查者不能自己随意调整或变换躯干或肢体的位置。见于瘫痪、意识丧失或极度衰弱的患者。

3. 强迫体位　被检查者为减轻疾病的痛苦,被迫采取某种特殊的体位。临床上常见的强迫体位可分为以下几种:

(1) 强迫俯卧位:俯卧位可减轻脊背肌肉的紧张度。见于脊柱疾病。

(2) 强迫仰卧位:仰卧,双腿屈曲,以降低腹肌的紧张度而减轻腹部疼痛。见于急性腹膜炎和胸腹部手术等。

(3) 强迫侧卧位:被检查者向患侧卧位,可限制患侧胸廓活动,同时减轻对健侧肺的压迫以减轻胸痛,有利于健侧代偿性呼吸减轻呼吸困难。见于一侧胸膜炎和大量胸腔积液者。

(4) 强迫停立位:被检查者在活动时,突发心前区疼痛而被迫立刻停止原来的活动,被迫即刻站立,并以手按抚心前区,待疼痛稍缓解后才继续行走。见于心绞痛。

(5) 强迫蹲位:被检查者在步行或其他活动过程中,因感到呼吸困难和心悸,而停止活动并取蹲位或膝胸位。见于发绀型先天性心脏病者。

(6) 强迫坐位:又称端坐呼吸,被检查者坐于床沿,以两手置于膝盖或扶持床边。该体位有助于减少回心血量,减轻心脏负担,同时有助于辅助呼吸肌参与呼吸运动,可使膈肌活动度加大,增加肺通气量。见于心、肺功能不全者。

(7) 辗转体位:被检查者腹痛发作时,坐卧不宁,辗转反侧。见于肾绞痛、胆石症和胆道蛔虫症等。

(8) 角弓反张位:被检查者因颈及脊背肌肉强直,出现头向后仰,胸腹前凸,背过伸,躯干弯曲呈弓形。见于脑炎、破伤风及小儿脑膜炎。

(二) 步态

步态是走动时所表现的姿态。正常人的步态因年龄、健康状态和所受训练的不同而有所不同。身患某些疾病的被检查者可导致步态发生显著改变,并具有一定的特征性,有助于疾病的诊断。常见典型的异常步态有以下几种:

笔记栏

1. 蹒跚步态 走路时身体左右摇摆如鸭步。见于佝偻病、大骨节病、进行性肌营养不良或双侧先天性髋关节脱位等。

2. 酒醉步态 行走时身体重心不稳,步态紊乱,不能走直线如醉酒状。见于小脑疾患、乙醇或巴比妥中毒。

3. 慌张步态 起步困难,起步后小步急行前冲,身体前倾,越走越快,难以止步。见于震颤麻痹患者(图 4-15)。

4. 剪刀步态 由于双下肢肌张力增高,尤其以伸肌和内收肌肌张力增高显著,移步时下肢内收过度,下肢向下向内划弧圈,两腿交叉呈剪刀状。见于脑性瘫痪与截瘫患者(图 4-16)。

5. 共济失调步态 起步时一脚高抬,骤然垂落,行走不稳,双目向下注视,两脚间距较宽,摇晃不稳,闭目时不能保持平衡。多见于脊髓疾病。

6. 跨阈步态 由于踝部肌腱、肌肉松弛而致患足下垂,行走时必须高抬下肢才能起步。见于腓总神经麻痹(图 4-17)。

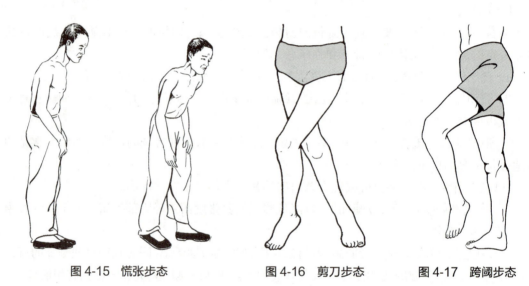

图 4-15 慌张步态　　　　图 4-16 剪刀步态　　　　图 4-17 跨阈步态

7. 间歇性跛行 因步行过程中下肢突发性酸痛乏力,被检查者被迫停止行进,休息片刻后方能继续前行。见于动脉硬化性疾病、高血压。

【相关护理诊断】

1. 营养失调:低于机体需要量 与热量和/或蛋白质摄入不足或消耗过多有关。

2. 营养失调:高于机体需要量 与机体进食增多、运动不足有关。

3. 有感染的危险 与营养不良、患者免疫力下降有关。

第三节　皮肤和浅表淋巴结检查

一、皮肤

皮肤本身的疾病很多,许多疾病在病程中可伴随着多种皮肤病变和反应。皮肤的病变和反应有的是局部的,有的是全身的。皮肤病变除颜色改变外,亦可为温度、弹性改变,以及出现皮疹、出血点、紫癜、水肿及瘢痕等。皮肤病变的检查一般通过视诊观察,有时尚需配合触诊。

(一) 颜色

皮肤的颜色(skin color)与种族遗传有关,同一种族可因毛细血管的分布、血液充盈度、色素量的多少及皮下脂肪的厚薄等因素不同而异,同一个人不同部位、不同生理及疾病状态、不同环境下也不相同。

1. 苍白(pallor)　皮肤黏膜苍白可由贫血、末梢毛细血管痉挛或充盈不足所致,见于惊恐、寒冷、虚脱、休克、主动脉瓣关闭不全等。检查时,应观察甲床、掌纹、结膜、口腔黏膜及舌质颜色。仅肢端苍白,与肢体动脉痉挛或阻塞有关,见于雷诺病、血栓闭塞性脉管炎等。

2. 发红(redness)　皮肤黏膜发红是由于毛细血管扩张充盈、血流加速、血流量增加或红细胞数量增多所致。生理情况下,见于情绪激动、运动、饮酒等;病理情况下见于发热性疾病、阿托品或一氧化碳中毒等。皮肤持久性发红见于真性红细胞增多症、Cushing综合征等。

3. 发绀(cyanosis)　皮肤黏膜呈青紫色,由于单位容积血液中还原血红蛋白量增高所致。常见的部位为面颊、舌、口唇、耳垂及肢端。常见于心肺疾病、亚硝酸盐中毒等。

4. 黄染(stained yellow)　皮肤黏膜发黄称黄染。常见的原因有:

(1) 黄疸:血清总胆红素浓度超过34.2μmol/L时,可出现黄疸。黄疸引起皮肤黏膜黄染的特点是:①黄疸首先出现于巩膜、硬腭后部及软腭黏膜上,随着血中胆红素浓度的继续增高,黏膜黄染更明显时,才会出现皮肤黄染;②巩膜黄染是连续的,近角巩膜缘处黄染轻、黄色淡,远角巩膜缘处黄染重、黄色深。

(2) 药物影响:长期服用盐酸米帕林(阿的平)、呋喃类等含有黄色素的药物也可引起皮肤黄染。其特点是:①黄染首先出现于皮肤,严重者也可出现于巩膜;②巩膜黄染的特点是角巩膜缘处黄染重,黄色深;离角巩膜缘越远,黄染越轻,黄色越淡,这一点是与黄疸的重要区别。

(3) 胡萝卜素增高:过多食用橘子、南瓜、胡萝卜等引起血中胡萝卜素含量增高,当超过2.5g/L时,可使皮肤黄染。其特点是:①黄染首先出现于手掌、足底、前额及鼻部皮肤;②一般不出现巩膜和口腔黏膜黄染;③血中胆红素不高;④停止食用含胡萝卜素的蔬菜或果汁后,皮肤黄染逐渐消退。

5. 色素沉着(pigmentation)　由于表皮基底层的黑色素增多所致的部分或全身皮肤色泽加深,称为色素沉着。正常人身体外露部分、腋窝、乳头、乳晕、关节、肛门周围及外阴皮肤色素较深。如果这些部位的色素明显加深或其他部位出现色素沉着,则提示为病理征象。常见于肝硬化、肝癌、肾上腺皮质功能减退症、黑热病,以及长期使用砷剂及抗肿瘤药物等患者。

妊娠妇女的面部、额部出现棕褐色对称性色素沉着,称为妊娠斑。老年人全身或面部可出现散在的色素斑片,称为老年斑。

6. 色素脱失(depigmentation)　正常皮肤均含有一定量的色素,当酪氨酸酶缺乏致体内酪氨酸不能转化为多巴胺而形成黑色素时,即可发生色素脱失。常见有白癜、白斑和白化症。

(1) 白癜风(vitiligo):为多形性大小不等的色素脱失斑片,发生后可逐渐扩大,但进展缓慢,无自觉症状亦不引起生理功能改变。见于白癜风患者,有时偶见于甲状腺功能亢进症、肾上腺皮质功能减退症及恶性贫血患者。

(2) 白斑(leukoplakia):多为圆形或椭圆形色素脱失斑片,面积一般不大,常发生于口腔黏膜及女性外阴部,部分白斑可发生癌变。

(3) 白化病(albinismus):为全身皮肤和毛发色素脱失,头发可呈浅黄色或金黄色,属于遗传性疾病,为先天性酪氨酸酶合成障碍所致。

(二)湿度

皮肤湿度(moisture)与皮肤的排泌功能有关,排泌功能是由汗腺和皮脂腺完成的,其中汗腺起主要作用。出汗多者皮肤比较湿润,出汗少者比较干燥。在气温高、湿度大的环境中出汗增多是正常生理的调节反应。出汗多者皮肤较湿润,出汗少者皮肤较干燥。在病理情况下,可发生出汗增多或无汗,具有一定的诊断价值。可表现为:①多汗:见于结核病、佝偻病、风湿病和布氏杆菌病等;②盗汗:夜间入睡后出汗称为盗汗,多见于结核病;③冷汗:手足皮肤发凉而大汗淋漓称为冷汗,见于休克和虚脱患者;④皮肤异常干燥:见于维生素 A 缺乏、黏液性水肿、硬皮病、脱水等。

(三)弹性

皮肤弹性(elasticity)与年龄、皮下脂肪、营养状态、组织间隙含液量有关。儿童与青年皮肤紧张富有弹性;中年以后皮肤弹性减弱,逐渐松弛;老年皮肤组织萎缩,皮下脂肪减少,皮肤弹性差。

检查皮肤弹性时,常选择手背或上臂内侧肘上 3~4cm 处,以示指和拇指将皮肤提起,1~2 秒钟后松开,观察皮肤皱褶平复速度(图 4-18)。正常人于松手后皮肤皱褶迅速平复;皮肤皱褶平复缓慢者为皮肤弹性减弱,见于慢性消耗性疾病、严重脱水或营养不良的患者。发热时血液循环加速,周围血管充盈,可使皮肤弹性增加。

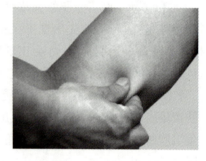

图 4-18 皮肤弹性检查

(四)皮疹

皮疹(skin eruption)多为全身性疾病的表现之一,是临床上诊断某些疾病的重要依据。皮疹的种类很多,常见于传染病、皮肤病、药物及其他物质所致的过敏反应等。其出现的规律和形态有一定的特异性,发现皮疹时应仔细观察和记录其出现与消失的时间、发展顺序、分布部位、形态大小、颜色及压之是否褪色、平坦或隆起、有无瘙痒及脱屑等。临床上常见的皮疹有以下几种:

1. 斑疹 表现为局部皮肤发红,只有局部皮肤颜色改变而一般不隆起于皮肤表面。见于斑疹伤寒、丹毒和风湿性多形性红斑等。

2. 丘疹 为局限性、实质性、局部皮肤颜色改变且隆起于皮面。见于麻疹、药疹、湿疹和猩红热等。

3. 玫瑰疹 为一种鲜红色的圆形斑疹,直径 2~3mm,压之皮疹消退,松开后又复出现,多出现于胸腹部,为伤寒或副伤寒的特征性皮疹。

4. 斑丘疹 丘疹周围有皮肤发红的底盘称为斑丘疹。见于猩红热、药疹和风疹。

5. 荨麻疹 为速发性皮肤变态反应所致,局部皮肤暂时性的水肿性隆起,形状不等、大小不一、苍白色或淡红色,伴瘙痒,消退后不留痕迹。见于各种过敏反应和虫咬伤等。

6. 疱疹 为局限性高出皮面的腔性皮损,颜色可因腔内所含液体不同而异。腔内液体为血清、淋巴液,直径小于 1cm 者为小水疱,可见于单纯疱疹、水痘等。直径大于 1cm 为大水疱。腔内含脓者为脓疱,脓疱可以原发也可以由水疱感染而来,可见于糖尿病足和烫伤患者。

(五) 皮下出血

皮下出血为血管性皮肤损害,特点为局部皮肤呈青紫或黄褐色(陈旧性),压之不褪色,除血肿外一般不高出皮面。

皮下出血斑点直径小于 2mm 者称为瘀点;直径 3~5mm 称为紫癜;直径在 5mm 以上者称为瘀斑;片状出血伴皮肤显著隆起称为血肿。皮下出血常见于造血系统疾病、重症感染、外伤或药物中毒等。较小的瘀点应注意与红色的皮疹或小红痣进行鉴别,皮疹受压时,一般可褪色或消失,瘀点和小红痣受压后不褪色,但小红痣于触诊时可感到稍高于皮肤表面,且表面光亮。

(六) 蜘蛛痣与肝掌

蜘蛛痣是皮肤小动脉末端分支性扩张所形成的血管痣,形似蜘蛛。多出现在面、颈、肩部,手背、前臂、上臂、前胸等上腔静脉分布的区域内(图 4-19),其大小不等。检查时用棉签等物品压迫蜘蛛痣的中心,其辐射状小血管网立即消失,去除压力后复又出现。

肝掌是指慢性肝病患者大小鱼际处皮肤常发红,加压后褪色(图 4-20)。一般认为蜘蛛痣和肝掌的发生与肝脏对雌激素的灭活作用减弱、体内雌激素水平升高有关,见于慢性肝炎、肝硬化患者,也可以见于健康女性。

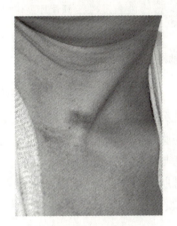
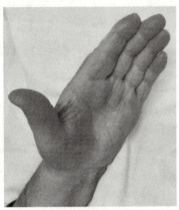

图 4-19 蜘蛛痣　　　　　　图 4-20 肝掌

(七) 脱屑

皮肤脱屑常见于正常皮肤表层不断角化和更新,但由于数量很少,一般不易察觉。病理状态下可见大量皮肤脱屑。米糠样脱屑常见于麻疹;片状脱屑常见于猩红热;银白色鳞状脱屑见于银屑病。

(八) 瘢痕

瘢痕指皮肤外伤或病变愈合后结缔组织增生形成的斑块。表面低于周围正常皮肤者为萎缩性瘢痕;高于周围正常皮肤者为增生性瘢痕。外伤、感染及手术等均可在皮肤上遗留瘢痕,为曾患某些疾病的证据。患过皮肤疮疖者在相应部位可遗留瘢痕;患过天花者,在其面部或其他部位有多数大小类似的瘢痕;颈淋巴结结核破溃愈合后的患者常遗留颈部皮肤瘢痕。

二、浅表淋巴结

淋巴结分布全身,一般体格检查时只能查到接近体表部位的淋巴结。正常淋巴结体积较小,直径多在 0.2~0.5cm,质地柔软,表面光滑,单个散在,触之无压痛,与相邻组织无粘连,一般不易触及。

(一)浅表淋巴结分布

1. 头颈部　颈部淋巴结群见图 4-21。一个组群的淋巴结收集一定区域内的淋巴液,局部炎症或肿瘤往往引起相应区域的淋巴结肿大。

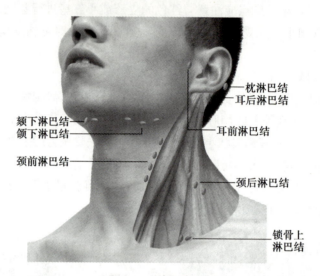

图 4-21　颈部淋巴结群

(1) 耳前淋巴结:位于耳屏前方。

(2) 耳后淋巴结:位于耳后乳突表面、胸锁乳突肌止点处,亦称为乳突淋巴结。

(3) 枕淋巴结:位于枕部皮下,斜方肌起点与胸锁乳突肌止点之间。

(4) 颌下淋巴结:位于颌下腺附近,在下颌角与颏部之中间部位。

(5) 颏下淋巴结:位于颏下三角内,下颌舌骨肌表面,两侧下颌骨前端中点后方。

(6) 颈前淋巴结:位于胸锁乳突肌表面及下颌角处。

(7) 颈后淋巴结:位于斜方肌前缘。

(8) 锁骨上淋巴结:位于锁骨与胸锁乳突肌所形成的夹角处。

2. 上肢

(1) 腋窝淋巴结:是上肢最大的淋巴结组群,可分为五群(图 4-22):

1) 腋尖淋巴结群:位于腋窝顶部。

2) 中央淋巴结群:位于腋窝内侧壁近肋骨及前锯肌处。

3) 胸肌淋巴结群:位于胸大肌下缘深部。

4) 肩胛下淋巴结群:位于腋窝后皱襞深部。

5) 外侧淋巴结群:位于腋窝外侧壁。

(2) 滑车上淋巴结:位于上臂内侧,内上髁上方 3~4cm 处,肱二头肌与肱三头肌之间的间沟内。

3. 下肢

(1) 腹股沟淋巴结:位于腹股沟韧带下方股三角内,它又分为上、下两群(图 4-23):

1) 上群:位于腹股沟韧带下方,与韧带平行排列,故又称为腹股沟韧带横组或水平组。

2) 下群:位于大隐静脉上端,沿静脉走向排列,故又称为腹股沟淋巴结纵组或垂直组。

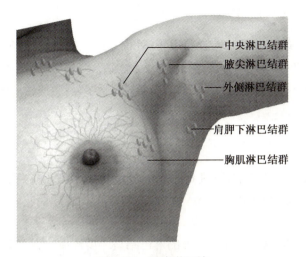

中央淋巴结群
腋尖淋巴结群
外侧淋巴结群
肩胛下淋巴结群
胸肌淋巴结群

图 4-22　腋窝淋巴结

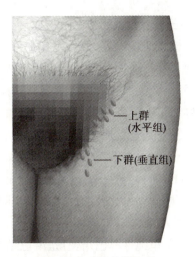

上群
(水平组)
下群(垂直组)

图 4-23　腹股沟淋巴结

（2）腘窝淋巴结：位于小隐静脉和腘静脉的汇合处。

（二）检查方法

检查淋巴结时主要采用视诊和触诊。视诊时既要注意局部征象（包括皮肤有无隆起、颜色有无变化、有无皮疹、瘘管、瘢痕等）也要注意全身状态。

触诊方法：患者采取坐位或卧位，受检部位充分暴露及放松，检查者站在其对面，检查时以并拢的示、中、环三指紧贴检查部位，由浅入深，以指腹按压的皮肤与皮下组织之间的滑动进行触诊。

检查颈部淋巴结时可站在被检查者前面或背后，手指紧贴检查部位，由浅及深进行滑动触诊，嘱被检查者头稍低，或偏向检查侧，以使皮肤或肌肉松弛，有利于触诊。被检查者卧位时，检查颈部淋巴结见图 4-24。检查锁骨上淋巴结时，让被检查者取坐位或卧位，头部稍向前屈，用双手进行触诊，左手触诊右侧，右手触诊左侧，由浅部逐渐触摸至锁骨后深部。检查腋窝淋巴结时，被检查者前臂稍外展，检查者以右手检查左侧，以左手检查右侧，触诊时由浅及深至腋窝各部。检查滑车上淋巴结时，以左（右）手扶托被检查者左（右）前臂，以右（左）手向滑车上由浅及深进行触摸（图 4-25）。

发现淋巴结肿大时，应注意其部位、大小、数目、压痛、硬度、活动度、有无粘连、局部皮肤有无红肿、瘢痕、瘘管等。同时注意寻找引起淋巴结肿大的原发病灶。

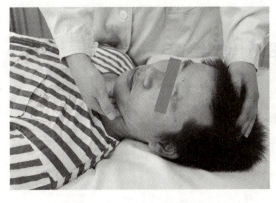

图 4-24　颈部淋巴结触诊

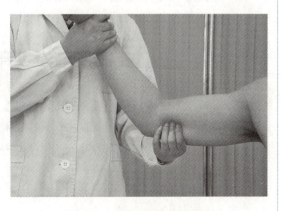

图 4-25　滑车上淋巴结触诊

(三)检查顺序

检查应按顺序进行,以免遗漏。头颈部淋巴结检查顺序为:耳前、耳后、枕、颌下、颏下、颈前、颈后、锁骨上淋巴结。上肢淋巴结检查顺序为:腋窝、滑车上淋巴结。腋窝淋巴结检查顺序为:腋尖群、中央群、胸肌群、肩胛下群和外侧群。下肢淋巴结检查顺序为:腹股沟(先查上群、后查下群)、腘窝淋巴结等。

(四)淋巴结肿大的临床意义

1. 局部淋巴结肿大

(1)非特异性淋巴结炎:相应部位的某些急、慢性炎症,如化脓性扁桃体炎、牙龈炎引起颈部淋巴结肿大,初起时柔软,有压痛,表面光滑,肿大到一定程度即停止。慢性期较硬,但仍可缩小或消退。

(2)单纯性淋巴结炎:是淋巴结本身的急性炎症。肿大的淋巴结呈中度硬度,有疼痛、触痛,多发生于颈部淋巴结。

(3)淋巴结结核:肿大的淋巴结多发生于颈部血管周围,呈多发性,质地稍硬,大小不等,可互相粘连,或与周围组织粘连,如发生干酪性坏死,则可触到波动。晚期破溃后形成瘘管,经久不愈。愈合后形成瘢痕。

(4)恶性肿瘤淋巴结转移:恶性肿瘤转移所致肿大的淋巴结,质地坚硬,或有橡皮样感,表面可光滑或突起,与周围组织粘连,不易推动,一般无压痛。胸部肿瘤如肺癌可向右侧锁骨上窝或腋部淋巴结群转移;胃癌、食管癌多向左侧锁骨上淋巴结群转移,这种肿大的淋巴结称为 Virchow 淋巴结。

2. 全身性淋巴结肿大

(1)感染性疾病:病毒感染见于传染性单核细胞增多症、艾滋病等;细菌感染见于布氏杆菌病、血行播散型肺结核、麻风等;螺旋体感染见于梅毒、鼠咬热、钩端螺旋体病等;原虫与寄生虫感染见于黑热病、丝虫病等。

(2)非感染性疾病

1)结缔组织疾病:如系统性红斑狼疮、干燥综合征、结节病等。

2)血液系统疾病:如急、慢性白血病,淋巴瘤,恶性组织细胞病等。

【相关护理诊断】

1. 营养失调:低于机体需要量　与恶性肿瘤淋巴结转移有关。

2. 皮肤完整性受损:瘘管　与淋巴结结核有关。

3. 急性意识障碍:昏迷　与肝性脑病有关。

第四节　头部和颈部检查

头部和颈部是人体最重要的外部特征之一,仔细检查常可提供重要评估线索。主要检查内容包括头发与头皮、头颅、眼、耳、鼻、口和颈部相关检查。检查方法以视诊和触诊为主。头颈部器官及全身性疾病可在头颈部有特征性改变,头部和颈部检查对临床护理病情观察有重要意义。

一、头部

(一) 头发与头皮

检查头发(hair)时注意头发颜色、密度、分布、质地,有无脱发,注意有无头虱。正常人头发的颜色、曲直和疏密度因种族遗传因素与年龄而异,儿童及老年人头发较稀疏。老年以后头发逐渐变白。头皮脂溢性皮炎、发癣、甲状腺功能减退、腺垂体功能减退、伤寒等疾病可致脱发;肿瘤放射治疗和化学治疗后也可引起脱发。检查时要观察脱发发生的部位、形状与头发改变的特点等。

检查头皮(scalp)时需分开头发观察头皮颜色,有无头皮屑、头癣、炎症、外伤及瘢痕等。触诊有无肿块和缺损。正常头皮呈白色,有少量头屑。

(二) 头颅

头颅检查内容包括头颅大小、外形及有无异常运动,检查方法为视诊和触诊。先视诊,后触诊头颅的每一部位,了解其外形、有无异常隆起和压痛。头颅大小以头围来衡量,测量时以软尺自眉间开始向颅后通过枕骨粗隆绕头一周。成人头围平均≥53cm,活动自如,无不自主运动。

🔍 知识链接

头围在发育阶段的变化

头围随着人体发育的不同阶段而变化,出生时头围平均为 33~34cm,第 1 年前 3 个月头围的增长约等于后 9 个月头围的增长值(6cm),即 1 岁时头围约为 46cm;生后第 2 年头围增长减慢,约为 2cm,2 岁时头围约 48cm;2~15 岁头围仅增加 6~7cm。头围的测量在 2 岁以内最有价值。

临床常见的头颅大小异常及畸形有以下几种:

1. 小颅 因囟门过早闭合引起小颅畸形,常伴智力障碍。

2. 巨颅 额、顶、颞及枕部突出膨大呈圆形,头颅明显增大,颜面相对很小。由于颅内压增高,压迫眼球、形成双目下视、巩膜外露的特殊表情,称为"落日现象",常见于脑积水(图 4-26)。

3. 方颅 头顶平坦呈方形,前额左右突出,多见于佝偻病、先天性梅毒。

4. 尖颅 由于矢状缝和冠状缝过早闭合所致,头顶部尖突高起,与颜面比例异常,常见于先天性尖颅并指(趾)畸形。

5. 长颅 自颅顶至下颌部的长度明显增大,见于马方综合征及肢端肥大症的患者。

头部运动异常一般视诊即可发现。常见活动受限见于颈椎病;头部不随意颤动见于帕金森病;与颈动脉搏动一致的点头运动称缪塞征(Musset sign),见于严重主动脉

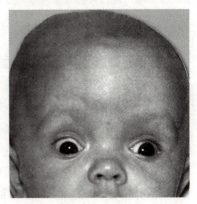

图 4-26 脑积水

瓣关闭不全的患者。

(三) 眼

眼部检查一般遵循由外向内,先右侧后左侧的原则进行。主要检查内容包括眼睑、结膜、眼球、角膜、巩膜、虹膜、瞳孔、视功能和眼底检查等。检查眼外部时,要借助自然光或手电筒斜照光进行;检查眼底时,需要在暗室内佩戴检眼镜进行。

1. 眼睑(eyelids)　眼睑分上睑和下睑。正常睁眼时两侧眼裂相等,闭眼时眼睑闭合,无眼睑水肿。常见眼睑异常如下:

(1) 睑内翻:由于瘢痕形成,使睑缘向内翻转,见于沙眼。

(2) 上睑下垂:双侧上睑下垂见于重症肌无力;单侧上睑下垂见于蛛网膜下腔出血、脑炎、外伤所致动眼神经麻痹。

(3) 眼睑闭合障碍:双侧眼睑闭合障碍见于甲状腺功能亢进;单侧眼睑闭合障碍见于面神经麻痹及球后肿瘤。

(4) 眼睑水肿:眼睑组织疏松,某些疾病引起体液潴留时,轻度水肿即可出现眼睑水肿。临床常见于肾炎、贫血、营养不良和血管神经性水肿等。

(5) 倒睫:由于睫毛囊瘢痕性收缩,睫毛乱生所致,常见于沙眼、烧伤、外伤等。

2. 结膜(conjunctiva)　结膜分睑结膜、穹隆结膜和球结膜三部分。检查时需将眼睑外翻,充分暴露睑结膜及穹隆部结膜。检查上眼睑结膜时,检查者用示指和拇指捏起上睑中外 1/3 交界处,嘱被检查者双目下视,轻轻向前下方牵拉,同时示指轻向下压迫睑板上缘,配合拇指将睑缘向上捻转,即可使上眼睑外翻(图 4-27)。检查下眼睑结膜时,嘱被检查者向上看,用拇指将下眼睑向下翻开,暴露下眼睑结膜。翻眼睑时动作要轻巧、柔和、以免引起被检查者痛苦。

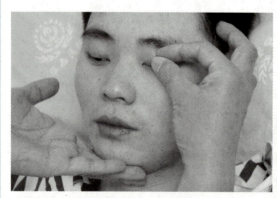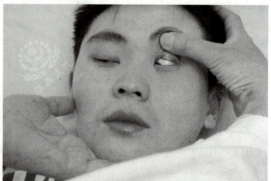

图 4-27　翻转眼睑检查上睑结膜

正常睑结膜呈粉红色。结膜常见异常改变有:苍白见于贫血;发黄见于黄疸;伴有充血和分泌物见于急性结膜炎;散在出血点见于亚急性感染性心内膜炎、败血症等;大片结膜下出血,见于高血压、动脉硬化、外伤以及出血性疾病等;颗粒与滤泡见于沙眼;球结膜水肿见于颅内压增高、流行性出血热、肺性脑病以及重症水肿等。

3. 眼球(eyeball)　检查时注意眼球(图 4-28)外形与运动。

(1) 眼球突出与下陷:单侧眼球突出多见于局部炎症或眶内占位性病变;双侧眼球突出见于甲状腺功能亢进症。患者除突眼外还有以下眼征:①Graefe 征:眼球下转时上睑不能相应下垂。②Stellwag 征:眨眼减少。③Mobius 征:表现为集合运动减弱。④Joffroy 征:上视时

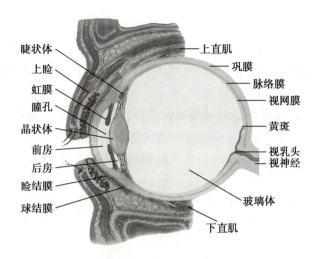

图 4-28　眼球矢状切面图

无额纹出现(图 4-29)。双侧眼球下陷见于严重脱水或慢性消耗性疾病;单侧眼球下陷见于 Horner 综合征和眶尖骨折。

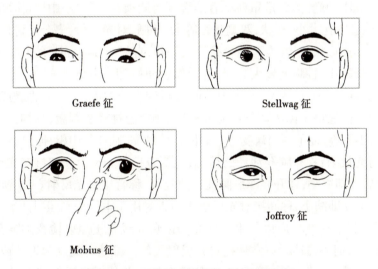

图 4-29　甲状腺功能亢进症的眼部特征

(2) 眼球运动:检查者将示指或棉签置于被检查者眼前 30~40cm 远处,嘱其头部固定,眼球按左→左上→左下→右→右上→右下 6 个方向运动,每一方向代表双眼的一对配偶肌的功能。正常人双眼可随着指示方向运动,若有某一方向运动受限提示该对配偶肌功能障碍,并伴有复视。

当动眼神经、滑车神经、展神经麻痹时,出现眼球运动障碍伴复视。支配眼肌运动的神经麻痹所致的斜视,称麻痹性斜视,多见于颅内炎症、脑血管病变及肿瘤等。眼球震颤是指眼球有节律的快速往返运动,运动方向以水平方向多见,垂直和旋转方向少见。自发的眼球震颤见于耳源性眩晕、小脑疾患和视力严重低下等。

(3) 眼压:有眼压计测压法和指测法两种。指测法是以示指交替按压上眼睑的眉弓和睑板上缘之间,感觉眼球波动的抗力,判断其软硬度。指测法不够准确,发现眼球张力异常时,需要用眼压计进一步测量。眼压增高常见于青光眼、颅内压增高等;眼压降低常见于眼球萎缩及各种原因所致严重脱水。

4. 角膜（cornea） 角膜表面有丰富的感觉神经末梢,对刺激十分灵敏。用笔形手电筒由角膜斜方照射进行视诊,观察角膜的透明度、有无云翳、白斑、溃疡、软化及新生血管等。正常角膜透明、光滑、湿润,无上述病变。

发生在瞳孔部位的云翳和白斑可影响视力;角膜周围血管增生见于严重沙眼;角膜干燥、无光、软化见于维生素 A 缺乏;角膜边缘出现灰白色混浊环,是类脂质沉着的结果,又称老年环,多见于老年人;角膜边缘出现黄色或棕褐色环称凯 - 弗(Kayser-Fleischer)环,为铜代谢障碍所致,见于肝豆状核变性。

5. 巩膜（sclera） 巩膜为不透明瓷白色。黄疸时巩膜出现黄染。血液中其他黄色色素成分(如胡萝卜素、阿的平等)增多时,也可见巩膜黄染,要注意区别,详见本章第三节皮肤检查内容。

6. 虹膜（iris） 虹膜为眼球葡萄膜的最前部分,中央的圆形孔洞即为瞳孔。正常虹膜近瞳孔部分呈放射状纹理排列,周边呈环形排列。虹膜内有瞳孔括约肌与放大肌,可以调节瞳孔大小。虹膜炎症、水肿或萎缩时纹理模糊或消失。虹膜粘连、外伤或先天性缺损时,出现形态异常或有裂孔。

7. 瞳孔（pupil） 瞳孔为急危重症患者的重要监测项目,可提示中枢神经的一般功能状况。检查时要注意瞳孔大小、形状,双侧是否等大、等圆,对光反射、集合反射是否正常。

（1）瞳孔大小和形状:正常人两侧瞳孔等大等圆,直径约 3~4mm。幼儿、老年人稍小,青少年较大;明亮处较小,昏暗处较大。交感神经兴奋时较大,副交感神经兴奋时较小。瞳孔缩小见于虹膜炎症、吗啡、氯丙嗪等药物反应、有机磷农药中毒、毛果芸香碱或毒蕈中毒等;瞳孔扩大见于阿托品、可卡因等药物反应或外伤、颈交感神经受刺激、视神经萎缩及青光眼等;双侧瞳孔大小不等,提示颅内病变,如脑外伤、脑肿瘤、脑疝及中枢神经梅毒等。

（2）瞳孔对光反射:检查瞳孔活动的情况,包括直接对光反射和间接对光反射。正常人瞳孔经光照射后立即缩小,移开光源后瞳孔迅速复原,称直接对光反射。当光源照射一侧瞳孔时,对侧瞳孔也立即缩小,称间接对光反射。检查时用手电筒分别照射两侧瞳孔并观察其变化,检查间接对光反射时,应以一手挡住光线以免光线直接照射检查测瞳孔。瞳孔对光反射用灵敏、迟钝、消失描述。正常瞳孔对光反射灵敏。瞳孔对光反射迟钝或消失,提示患者昏迷,见于脑膜炎、脑炎、脑血管病等;两侧瞳孔散大并伴对光反射消失见于濒死状态的患者。

（3）集合反射:嘱被检查者注视 1m 外检查者的手指,然后将手指逐渐移近眼球约 5~10cm 处,正常人可见双眼内聚、瞳孔缩小,称为集合反射。甲状腺功能亢进时集合反射减弱;动眼神经功能受损时,导致睫状肌和双眼内直肌麻痹,导致集合反射消失。

8. 视功能检查 视功能检查包括视力、色觉和视野等检查。

（1）视力（visual acuity）:视力检查包括远视力和近视力,后者通常指阅读能力。检查远视力用远距离视力表,在距视力表 5m 处能看清"1.0"行视标者为正常视力。若视力达不到正常,需通过凹透镜可矫正者为近视,通过凸透镜可矫正者为远视。检查近视力用近视力表,在距近视力表 33cm 处能看清"1.0"行视标者为正常近视力。随年龄增长,晶状体弹性逐渐降低,造成近视力减低者称老视。视力检查可初步判断有无近视、远视、散光等,或器质性病变如眼底病变、白内障等。

（2）色觉（color sensation）:色觉检查主要是辨别由各种颜色组成的图案或色谱,以检查被检查者的辨色能力。色觉异常包括:色弱和色盲两种。色弱是对颜色的识别能力减低,色盲是对颜色的识别能力丧失。色觉检查应在适宜的光线下,让被检查者在 50cm 距离处 5~10 秒内读出色盲表上的数字或图像,如不能完成,可按色盲表上的说明判断其为某种色盲或色弱。色弱是指对某种颜色的识别能力减低;色盲是对某种颜色识别能力丧失。后天性色觉异常主要见于视网膜病变、视神经萎缩和球后视神经炎等。

(3) 视野(visual fields):指当眼球向正前方固视不动时所见的空间范围。它是周围视力,是检查黄斑中心凹以外的视网膜功能,采用手试对比检查法可粗略地测定视野。检查方法为:被检查者与检查者相对而坐,距离约 1m,分别检查两眼。检查右眼时,嘱其用手遮住左眼,右眼注视检查者的左眼,此时,检查者将自己的右眼遮盖;然后,检查者将其手指置于自己与被检查者中间等距离处,分别自上、下、左、右等不同的方位从外周逐渐向眼的中央部移动,嘱被检查者在发现手指时,立即示意。如被检查者能在各方向与检查者同时看到手指,则大致属于正常视野。若对比检查法结果异常或怀疑有视野缺失,可利用视野计作精确的测定。

视野在各方向均缩小者,称为向心性视野狭小。在视野内的视力缺失地区称为暗点。视野的左或右一半缺失,称为偏盲。单侧不规则的视野缺损见于视神经和视网膜病变,双眼视野颞侧偏盲或象限偏盲,见于视交叉以后的中枢病变。

9. 眼底检查　需在暗室或光线暗处用眼底镜进行观察。主要观察项目为视神经乳头、视网膜各象限、黄斑区和视网膜血管等。正常视神经乳头为圆形或卵圆形,边缘清楚,色淡红,颞侧较鼻侧稍淡,中央凹陷。动脉颜色鲜红,静脉颜色暗红,动静脉管径正常比例是 2∶3。视神经乳头水肿常见于颅内肿瘤、外伤性脑出血、脑脓肿、脑炎、脑膜炎等所致的颅内压增高。视网膜上有点、片状出血,或有软性或硬性渗出物见于原发性高血压、动脉硬化、糖尿病、慢性肾炎及白血病等。

(四) 耳

耳是听觉和平衡器官。检查内容包括耳廓、外耳道、乳突、中耳和听力测定等。

1. 耳廓(auricle)　检查耳廓的外形、大小、位置和对称性,注意外耳有无畸形、外伤瘢痕、结节、红肿及分泌物,乳突有无压痛。痛风患者可在耳廓上触及痛性小而硬的白色结节,为尿酸钠沉积所致,称痛风结节。

2. 外耳道(external auditory canal)　将耳廓轻轻拉向后上方,观察外耳道皮肤是否正常、有无溢液。外耳道内有局限性红、肿、疼痛,并有耳郭牵拉痛为疖肿;有黄色液体流出并有痒痛者为外耳道炎;有脓性分泌物合并有全身症状者考虑中耳炎;有血液或脑脊液流出,考虑颅底骨折。

3. 中耳(middle ear)　用耳镜观察中耳内部有无鼓膜有无内陷、外凸、颜色改变及穿孔等。正常鼓膜平坦呈圆形,颜色灰白,呈圆形。如鼓膜穿孔,有溢脓或恶臭,可能为胆脂瘤。

4. 乳突(mastoid)　乳突内腔与中耳相连,检查时观察耳廓后面皮肤有无红肿、局部有无压痛。乳突局部皮肤有红肿并有明显压痛者,考虑乳突炎,严重时可继发脑膜炎或脑脓肿。

5. 听力测定　听力测定方法有粗略法和精确法两种。粗略法为在静室内被检查者坐于椅上,用手指堵塞非受检耳,检查者立于背后手持机械表或用捻指声从 1m 以外逐渐移向耳部,直至听到为止。约在 1m 处听到机械表滴嗒声或捻指声为听力正常。如粗略法发现听力减退,建议进行精确法测定。精确法为使用规定频率的音叉或电测听器设备进行的测试,对明确诊断有重要的价值。听力减退见于外耳道耵聍或异物、局部或全身动脉硬化、听神经损害、中耳炎等。

(五) 鼻

检查时通过视诊和触诊检查鼻部外形、颜色、有无鼻翼扇动,鼻道是否通畅,鼻腔有无脓、血性分泌物以及鼻窦有无压痛等。

1. 鼻外形 鼻梁塌陷称马鞍鼻,见于鼻骨骨折或先天性梅毒。鼻腔部分或完全阻塞,外鼻变形,鼻梁宽而平,称蛙状鼻,见于鼻息肉。外鼻普通性增大见于黏液性水肿、肢端肥大症等。鼻尖和鼻翼皮肤发红,伴毛细血管扩张和组织肥厚称酒渣鼻。鼻梁部皮肤出现红色水肿斑块,并向两侧面颊部扩展,呈蝶状,见于系统性红斑狼疮。鼻梁部皮肤色素沉着见于慢性肝病。

2. 鼻翼扇动(nasal ale flap) 吸气时鼻孔开大,呼气时鼻孔回缩,称鼻翼扇动。见于伴有呼吸困难的高热性疾病(如大叶性肺炎)、支气管哮喘或心源性哮喘发作等。

3. 鼻腔 用左手将鼻尖轻轻上推、右手持手电筒照射鼻腔检查。观察鼻腔黏膜的颜色,有无肿胀或萎缩;鼻甲大小,鼻中隔有无偏曲;有无分泌物、出血等。再依次检查两侧鼻道是否通畅。

正常人鼻黏膜湿润粉红,无明显充血、肿胀或萎缩,鼻中隔大致居中,无异常分泌物、出血等,两侧鼻道通畅。

鼻腔分泌清稀无色的分泌物一般为卡他性炎症表现,见于流行性感冒;黏稠发黄的脓性分泌物常见于鼻或鼻窦或上呼吸道化脓性炎症。

单侧鼻腔出血常见于外伤、局部血管损伤、鼻腔感染、鼻腔肿瘤等。双侧出血多见于全身性疾病,如出血性疾病、高血压、某些发热性传染病如伤寒、流行性出血热等。女性周期性鼻出血应考虑子宫内膜异位症。

鼻道呼吸不畅见于鼻炎、鼻黏膜肿胀、鼻息肉及鼻中隔重度偏曲等。

4. 鼻窦 鼻窦包括额窦、筛窦、上颌窦、蝶窦共四对(图 4-30)。各对鼻窦口均与鼻腔相通,引流不畅时易发生鼻窦炎。检查额窦时,检查者以两手固定头部,双手拇指置于眼眶上缘内侧向后、向上按压,询问有无压痛。检查筛窦时,双手固定患者两侧耳后,双侧拇指分别置于鼻根部与眼内眦之间向后方按压,询问有无压痛。检查上颌窦时,检查者双手固定于患者的两侧耳后,将拇指分别置于左右颧部向后按压,询问有无压痛。因蝶窦的解剖位置较深,不能在体表进行检查。正常人鼻窦无压痛,如被检查者有鼻塞、流涕、头痛伴鼻窦压痛时,提示为鼻窦炎。

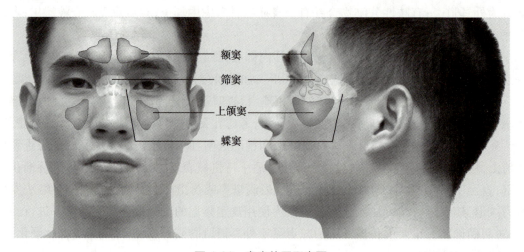

图 4-30 鼻窦位置示意图

(六) 口

口（mouth）的检查包括口唇、口腔内器官及组织、口腔气味等。检查时按照由外向内顺序如下：口唇、口腔黏膜、牙齿和牙龈、舌、咽、扁桃体、腮腺以及口腔气味等。

1. 口唇　视诊口唇颜色，有无疱疹、口唇干燥皲裂、肿块、口角糜烂或歪斜等。正常口唇红润光泽。

口唇苍白系血红蛋白含量降低或毛细血管充盈不足所致，见于贫血、虚脱、主动脉瓣关闭不全等；口唇发绀系血液中还原血红蛋白含量增加所致，见于心肺功能不全；口唇呈樱桃红色见于一氧化碳中毒。急性发热性疾病者常有口唇疱疹。口唇肥厚见于黏液性水肿、肢端肥大症及呆小症等。口角糜烂见于核黄素缺乏。口角歪斜见于脑血管意外或面神经麻痹。

2. 口腔黏膜　在光线充足或用手电筒照明情况下，检查者用压舌板撑开被检查者的口腔，嘱被检查者舌头上翘触及硬腭，观察整个口腔黏膜。注意口腔黏膜的颜色，有无出血点、溃疡、黏膜斑及真菌感染等。正常口腔黏膜湿润光洁，呈粉红色。

黏膜苍白见于贫血，有蓝黑色斑片状色素沉着见于肾上腺皮质功能减退。黏膜瘀点、瘀斑、血疱见于损伤、维生素C缺乏、血小板减少症及感染等。若在相当于第二磨牙的颊黏膜处出现周围有红晕的帽头针大小的白色斑点，为麻疹黏膜斑，是麻疹的早期征象。黏膜溃疡见于口炎。黏膜上有白色或灰白色乳凝块样物（鹅口疮），多为白念珠菌感染，见于重病体弱或长期使用广谱抗生素和抗肿瘤药物者。

3. 牙齿（teeth）及牙龈（gums）　视诊时重点观察牙齿的颜色、形状、数目、序列、有无龋病、缺齿、残根和义齿等。发现牙齿疾患时按下列格式标好部位。

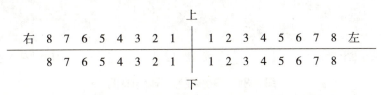

上

| 右 8 7 6 5 4 3 2 1 | 1 2 3 4 5 6 7 8 左 |
| 8 7 6 5 4 3 2 1 | 1 2 3 4 5 6 7 8 |

下

1. 中切牙　2. 侧切牙　3. 尖牙　4. 第一前磨牙　5. 第二前磨牙　6. 第一磨牙
7. 第二磨牙　8. 第三磨牙

正常牙齿呈瓷白色，排列整齐，无龋齿、缺齿或残根。黄褐色牙齿常见于饮水中含氟量过高所致。若中切牙切缘凹陷呈月牙状且牙齿间隙增宽，称哈钦森齿（Hutchinson），是先天性梅毒的重要体征之一。单纯牙齿间隙增宽见于肢端肥大症。

正常牙龈呈粉红色，质坚韧且与牙颈部贴合紧密，压迫后无出血和溢脓。若牙龈的游离缘出现蓝黑色铅线为慢性铅中毒的表现，铋、汞、砷等重金属中毒也会出现类似的黑褐色点线状色素沉着。牙龈红肿、经挤压后溢脓、龈乳头变钝、刷牙时易出血见于慢性牙龈炎。

4. 舌（tongue）　检查时嘱被检查者伸舌，舌尖翘起，左右侧移，观察舌苔、舌质及舌的运动情况。正常人舌质淡红，表面湿润，覆有薄白苔，伸舌居中，活动自如无颤动。

舌常见病理变化有：①舌面干燥，舌体缩小见于严重脱水、使用阿托品或放射线治疗等；②舌乳头萎缩，舌面呈光滑的红色或粉红色，见于营养不良或贫血；③舌呈紫色见于心肺功能不全；④舌呈鲜红色，舌乳头肿胀、凸起，见于长期发热性疾病或猩红热；⑤伸舌偏斜见于舌下神经麻痹，伸舌时有细震颤，见于甲状腺功能亢进。

5. 咽部及扁桃体　咽自上而下分为鼻咽、口咽和喉咽三个部分。口咽位于软腭平面之上，会厌上缘的上方，前方直对口腔。软腭向下延续成前后两侧黏膜皱襞，分别为舌腭弓和咽腭弓,扁桃体位于舌腭弓和咽腭弓之间的扁桃体窝中。咽腭弓后方称咽喉壁,一般咽部检查即指这个范围。

检查时让被检查者取坐位,头稍后仰,张口发"啊"音。检查者用压舌板将舌前2/3与后1/3的交界处迅速下压,此时软腭上抬,在手电筒照明的配合下即可看到软腭、腭垂、咽腭弓、舌腭弓、扁桃体、咽部等。观察部颜色、对称性,有无充血、肿胀、分泌物及扁桃体的大小等。

正常人咽后壁无红肿、充血和黏液分泌增多,扁桃体不大。急性咽炎时,咽部充血、红肿,分泌物增多。慢性咽炎时,咽黏膜充血并且表面粗糙,可见呈簇状增生的淋巴滤泡。急性扁桃体炎时,扁桃体肿大、充血,表面有黄白色的苔状假膜,易于拭去,此可与咽白喉鉴别。咽白喉在扁桃体上形成的假膜不易剥离,强行剥离易引起出血。扁桃体肿大一般分为三度(图4-31):扁桃体未超出咽腭弓为Ⅰ度肿大;超出咽腭弓为Ⅱ度肿大;达到或超出咽后壁正中线为Ⅲ度肿大。

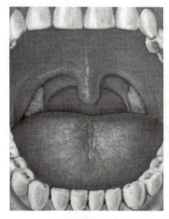 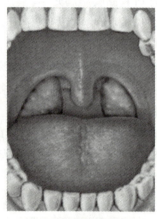 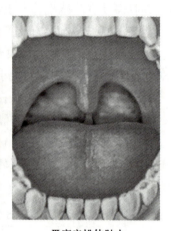

Ⅰ度扁桃体肿大　　　　Ⅱ度扁桃体肿大　　　　Ⅲ度扁桃体肿大

图4-31　扁桃体肿大分度示意图

6. 腮腺　位于耳屏、下颌角、颧弓所构成的三角区内。正常时腮腺腺体薄软,不能触及其轮廓。腮腺导管开口于上颌第二磨牙对面的颊黏膜上。腮腺肿大常见于急性流行性腮腺炎,视诊可见以耳垂为中心的隆起,肿大迅速,常常是先为单侧,继而累及对侧,有压痛,腮腺导管口可红肿。急性化脓性腮腺炎时,腮腺肿大,导管口加压后会流出脓性分泌物,多见于抵抗力低下的重症患者、胃肠道手术后及口腔卫生不良者等。腮腺肿瘤以腮腺混合瘤多见,腮腺质韧,结节状,边界清楚,可移动。恶性肿瘤时质硬,有痛感,发展迅速,与周围组织粘连或固定,可伴有面瘫。

7. 口腔气味　正常口腔无异味,局部或全身疾病时口腔可出现特殊气味。牙周炎、牙龈炎、龋齿、消化不良等可致口臭。其他疾病所致口腔特殊气味有:糖尿病酮症酸中毒者有烂苹果味;尿毒症者有尿味;有机磷农药中毒有大蒜味;肝坏死者有肝臭味。

二、颈部

颈部检查方法主要是视诊和触诊,必要时听诊。诊室环境应安静并且光线充足。被检查宜取舒适坐位,也可取半坐位或卧位,充分暴露颈部和肩部。检查时手法要轻柔,疑有颈椎病时应更加注意。

颈部每侧以胸锁乳突肌为界分为颈前三角与颈后三角。颈前三角为胸锁乳突肌内缘、下颌骨下缘与前正中线之间的区域。颈后三角为胸锁乳突肌后缘、锁骨上缘与斜方肌前缘之间的区域。明确颈部分区有助于体检定位准确。

(一)颈部外形与活动

正常人颈部直立,两侧对称。检查时先视诊外形,再嘱被检查者进行颈部伸屈、转动,与静止时比较,观察有无活动受限或出现疼痛。正常人颈部转动等活动自如。如果颈部向一侧偏斜称为斜颈,常见于外伤、瘢痕收缩、斜颈或先天性颈肌挛缩等。颈向前倾,甚至头不能抬起,见于重症肌无力、严重消耗性疾病晚期等。颈部活动受限伴有疼痛,见于软组织炎症、颈肌扭伤、颈椎病变等。颈项强直为脑膜刺激征,见于各种脑膜炎、蛛网膜下腔出血等。

(二)颈部血管

颈部血管重点检查有无颈静脉怒张、颈静脉搏动以及颈动脉搏动等。

1. 颈静脉怒张 正常人立位或坐位时颈外静脉不显露,平卧位时可稍见充盈,但充盈的水平限于锁骨上缘至下颌骨距离的下 2/3 以内。在坐位或半坐位(上身与水平面呈45°)时,如颈静脉明显充盈或扩张,称为颈静脉怒张。颈静脉怒张提示静脉压增高,主要见于右心衰竭、心包积液、缩窄性心包炎、上腔静脉阻塞综合征,以及胸腔、腹腔压力增高等。

2. 颈静脉搏动 正常情况下不会出现颈静脉搏动,仅在三尖瓣关闭不全伴颈静脉怒张时,才可见到颈静脉搏动。颈静脉搏动柔和,范围弥散,触诊无波动感。

3. 颈动脉搏动 正常人在安静状态下不会出现颈动脉搏动,仅在剧烈活动后可见到。如在静息状态下出现明显的颈动脉搏动,常见于甲状腺功能亢进、高血压、主动脉瓣关闭不全及严重贫血等。颈动脉搏动比较强劲,呈膨胀感,波动感明显。

(三)甲状腺

甲状腺(thyroid)位于甲状软骨下方和两侧(图 4-32),呈蝶形紧贴于气管的两侧,中间连以峡部,正常15~25g,表面光滑,柔软,不易触及。甲状腺检查一般按视、触、听诊的顺序进行。

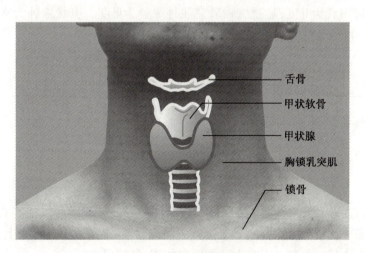

图 4-32 甲状腺位置图

1. 视诊 被检查者取坐位,头稍后仰,嘱其做吞咽动作,观察甲状腺大小及对称性。正常甲状腺外观不明显,不易观察到,女性在青春发育期、妊娠期可略增大,属正常现象。

2. 触诊 触诊部位包括甲状腺峡部和侧叶,主要内容有甲状腺大小、硬度、对称性、表面光滑度,有无结节及震颤等。

(1) 前面触诊:检查者位于被检查者前面,先检查甲状腺峡部。用拇指从胸骨上切迹向上触摸,可感到气管前软组织,判断有无增厚,请受检者吞咽,可感到此软组织在手指下滑动,判断有无肿大或肿块。检查侧叶时,一手拇指施压于一侧甲状软骨,将气管推向对侧,另一手示、中指在对侧胸锁乳突肌后缘向前推挤甲状腺侧叶,拇指在胸锁乳突肌前缘触诊,配合吞咽动作重复检查,可触及被推挤的甲状腺。换手用同样方法检查另一侧甲状腺。触及肿大的甲状腺时,注意观察肿大的程度、质地、表面是否光滑、有无压痛及震颤(图 4-33)。

(2) 后面触诊:检查者立于被检查者后面,检查甲状腺峡部时,用示指从胸骨上切迹向上触摸。检查侧叶时,一手示、中指施压于一侧甲状软骨,将气管推向左侧,另一手拇指在对侧胸锁乳突肌后缘向前推挤甲状腺,示、中指在其前缘触诊甲状腺。配合吞咽动作。换手用同样方法检查右侧甲状腺(图 4-34)。

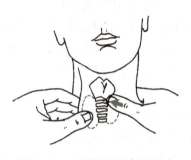 

图 4-33 甲状腺触诊(从前面)   图 4-34 甲状腺触诊(从后面)

3. 听诊 正常甲状腺无血管杂音。触及肿大的甲状腺时,应以钟型听诊器置于肿大的甲状腺上进行听诊,注意有无杂音。甲状腺功能亢进时,可闻及低调的连续性静脉嗡鸣音,对弥漫性甲状腺肿伴功能亢进者,有时可听到收缩期动脉杂音。

甲状腺肿大可分三度:不能看出肿大但能触及肿大者为Ⅰ度;能看到肿大又能触及,但在胸锁乳突肌以内者为Ⅱ度;超过胸锁乳突肌外缘者为Ⅲ度。甲状腺肿大常见于甲状腺功能亢进症、单纯性甲状腺肿、甲状腺肿瘤、慢性淋巴性甲状腺炎等。

 课堂互动

甲状腺检查时,为何要嘱被检查者做吞咽动作?

(四) 气管

正常气管位于颈前正中部。检查时被检查者取坐位或仰卧位,使颈部处于自然伸直状态。检查者将右手示指与环指分别置于两侧胸锁关节上,中指置于气管之上,观察中指与示指及中指与环指之间的距离。正常人两侧距离相等,气管居中。

如两侧距离不等表示气管移位。当出现一侧胸腔积液、积气或纵隔肿瘤时,气管向健侧移位;当出现肺不张、肺纤维化、胸膜增厚粘连时,气管向患侧移位。

【相关护理诊断】

1. 体液不足:双侧眼球下陷/口唇干燥 与疾病引起的体液丢失有关。

2. 有跌倒的危险:视力下降 与白内障所致视力受损有关。

3. 口腔黏膜受损：口腔溃疡　与口腔感染相关。

4. 体温升高　与中耳炎有关。

5. 活动无耐力　与贫血相关。

6. 语言沟通障碍：听力受损　与听神经所致面瘫有关。

7. 体液过多：颈静脉怒张　与右心功能不全所致体循环淤血有关。

第五节　胸壁、胸廓和乳房检查

胸部是指颈部以下和腹部以上的区域。被检查者一般取坐位或卧位，按视、触、叩、听顺序，先检查前胸部，然后侧胸部，最后背部，注意两侧对比。

一、胸部体表标志

胸部体表标志包括骨骼标志、自然陷窝、分区及人工划线，可用来标记胸部脏器的位置和轮廓，描述异常体征的位置和范围等。

（一）骨骼标志

1. 肋间隙（intercostal space）　为两个肋骨之间的空隙，第 1 肋骨下面的空隙为第 1 肋间隙，第 2 肋骨下面的空隙为第 2 肋间隙，以此类推。胸壁的水平位置常用肋骨或者肋间隙为标志（图 4-35）。

2. 胸骨角（sternal angle）　又称 Louis 角，由胸骨柄和胸骨体连接处稍向前突起而成，其两侧分别与左右第 2 肋软骨相连，是计数前胸壁肋骨和肋间隙顺序的重要标志，也标志气管分叉等部位（图 4-35）。

3. 腹上角（upper abdominal angle）　又称胸骨下角（infrasternal angle），为前胸下缘左右肋弓在胸骨下端会合形成的夹角，相当于横膈的穹窿部。正常为 70°~110°，体型瘦长者较锐，矮胖者较钝。其后为肝脏左叶、胃及胰腺所在区域（图 4-35）。

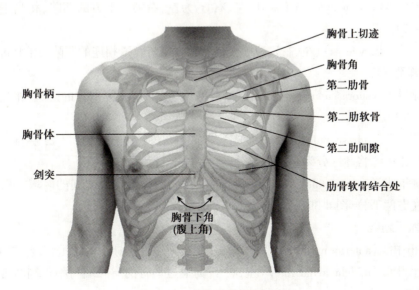

图 4-35　前胸壁的骨骼标志

4. 第七颈椎棘突（the spinous process of the 7th cervical vertebra） 低头时,后颈根部最明显的骨性突起。其下为第 1 胸椎,常以此处作为计数胸椎的标志（图 4-36）。

5. 肩胛下角(subscapular angle) 为后胸壁肩胛骨的最下端。被检查者取坐位或直立位,两上肢自然下垂时,肩胛下角平第 7 后肋或第 7 肋间隙水平。为后胸壁计数肋骨或肋间隙的标志（图 4-36）。

6. 肋脊角（costalspinal angle） 为第 12 肋骨与脊柱构成的夹角,其前方为肾和输尿管上端所在区域（图 4-36）。

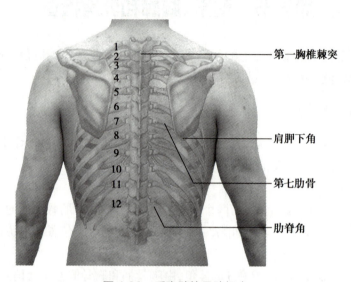

图 4-36 后胸壁的骨骼标志

（二）自然陷窝

1. 胸骨上窝（suprasternal fossa） 为胸骨柄上方的凹陷,正常气管位于其后（图 4-37）。

2. 锁骨上窝（supraclavicular fossa）（左、右） 为左、右锁骨上方的凹陷,相当于两肺尖的上部（图 4-37）。

3. 锁骨下窝（infraclavicular fossa）（左、右） 为左、右锁骨下方的凹陷,相当于两肺尖的下部（图 4-37）。

4. 腋窝（axillary fossa）（左、右） 为左、右上肢内侧与胸壁相连的凹陷（图 4-38）。

（三）解剖区域

1. 肩胛上区（suprascapular region）（左、右） 为左、右肩胛冈上方的区域,相当于两肺尖的下部（图 4-39）。

2. 肩胛下区（infrascapular region）（左、右） 为两肩胛下角连线与第 12 胸椎水平线之间的区域。后正中线将此区分为左右两部分（图 4-39）。

3. 肩胛间区（interscapular region）（左、右） 为两肩胛骨内缘之间的区域。后正中线将此区分为左右两部分（图 4-39）。

（四）人工划线

1. 前正中线（anterior midline） 又称胸骨中线,为通过胸骨正中的垂直线（图 4-37）。

2. 锁骨中线（midclavicular line）（左、右） 为通过锁骨的肩峰端与胸骨端两者中点向下的垂直线（图 4-37）。

3. 胸骨线（sternal line）（左、右） 为沿胸骨边缘与前正中线平行的垂直线（图 4-37）。

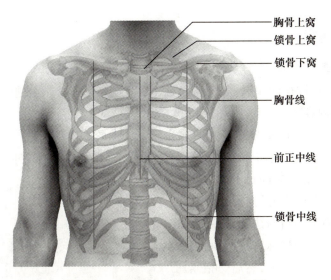

图 4-37　前胸壁的自然陷窝和人工划线

4. 胸骨旁线（parasternal line）（左、右）　为通过胸骨线和锁骨中线中间的垂直线（图 4-37）。

5. 腋前线（anterior axillary line）（左、右）　为通过腋窝前皱襞沿前侧胸壁向下的垂直线（图 4-38）。

6. 腋后线（posterior axillary line）（左、右）　为通过腋窝后皱襞沿后侧胸壁向下的垂直线（图 4-38）。

7. 腋中线（midaxillary line）（左、右）　为自腋窝顶端于腋前线和腋后线之间中点向下的垂直线（图 4-38）。

8. 后正中线（posterior midline）　又称脊柱中线，为通过椎骨棘突或沿脊柱正中下行的垂直线（图 4-39）。

9. 肩胛线（scapular line）（左、右）　为两臂自然下垂时通过肩胛下角的垂直线（图 4-39）。

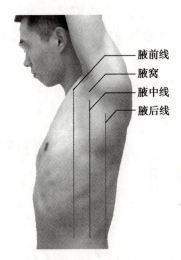

图 4-38　侧胸壁的自然陷窝和人工划线

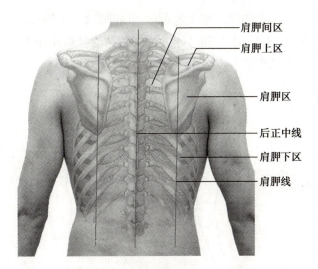

图 4-39　后胸壁的分区和人工划线

二、胸壁、胸廓

(一) 胸壁检查

胸壁检查主要通过视诊和触诊来完成。除注意营养状态、肿胀、皮肤以及淋巴结等情况外,还要注意下列内容。

1. **胸壁静脉** 正常胸壁静脉多无明显显露。当上腔静脉或下腔静脉血流受阻建立侧支循环时,胸壁静脉充盈或曲张。上腔静脉阻塞时,胸壁静脉血流方向自上而下;下腔静脉阻塞时,胸壁静脉血流方向自下而上。为了辨别胸壁静脉曲张的来源,需要检查其血流方向。借助于简单的指压法即可鉴别:选择一段没有分支的胸壁静脉,检查者将右手示指和中指并拢压在静脉上,然后一指紧压不动,另一指紧压静脉并向外滑动,挤空静脉内血液至一定距离,放松该手指,观察挤空的这段静脉是否快速充盈,若是,则血流方向是从放松的一端流向紧压的一端;如否,则血流方向相反。再同法放松另一手指,观察静脉充盈速度,即可核实血流方向(图 4-40)。

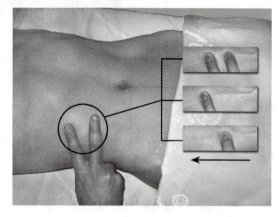

图 4-40 检查静脉血流方向手法示意图

2. **胸壁皮下气肿**(subcutaneous emphysema) 指胸部皮下组织有气体积存,多由胸部外伤、肋骨骨折、自发性气胸等引起肺、气管或胸膜受损,气体自病变部位逸出,存积于胸壁皮下组织所致。视诊可见胸壁外观肿胀;触诊可引起气体在皮下组织内移动,有捻发感或握雪感;听诊器按压,可听到类似捻动头发的声音。

3. **胸壁压痛** 正常情况下胸壁无压痛。肋间神经炎、肋软骨炎、胸壁软组织炎及肋骨骨折的患者,受累的局部可有压痛。骨髓异常增生(如白血病)者,常有胸骨压痛和叩击痛。

(二) 胸廓检查

正常胸廓两侧大致对称,呈椭圆形。成年人胸廓的前后径较左右径为短,两者的比例约为 1:1.5。小儿和老年人胸廓的前后径略小于左右径或几乎相等,故呈圆柱形。常见胸廓外形异常(图 4-41)如下:

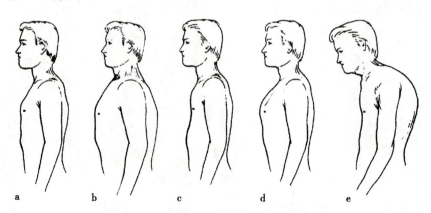

图 4-41 正常胸廓及常见胸廓外形的改变
a. 正常胸;b. 桶状胸;c. 漏斗胸;d. 鸡胸;e. 脊柱后突

1. 扁平胸（flat chest） 胸廓扁平,前后径不及左右径的一半。见于瘦长体型者,也见于慢性消耗性疾病,如肺结核、肿瘤晚期等。

2. 桶状胸（barrel chest） 胸廓圆桶状,前后径增加,可与左右径几乎相等,甚至超过左右径。肋骨上抬,斜度变小,肋间隙增宽饱满,腹上角增大。见于严重慢性阻塞性肺疾病患者,也可见于老年人或矮胖体型者。

3. 佝偻病胸（rachitic chest） 为佝偻病所致的胸廓改变,多见于佝偻病儿。包括:

（1）鸡胸（pigeon chest）:胸廓前后径略长于左右径,侧壁向内凹陷,胸骨下端向前突出,形如鸡的胸廓。

（2）肋膈沟（harrison's groove）:下胸部前面的肋骨常外翻,沿膈附着部位的胸壁向内凹陷形成的沟状带。

（3）佝偻病串珠（rachitic rosary）:前胸部各肋软骨与肋骨连接处隆起,呈串珠状。

4. 漏斗胸（funnel chest） 胸骨下段和剑突处显著凹陷,形如漏斗状。多为先天性。

5. 胸廓一侧变形 胸廓一侧膨隆可见于大量胸腔积液、气胸等。胸廓一侧平坦或下陷常见于肺不张、肺纤维化,广泛性胸膜增厚和粘连等。

6. 胸廓局部隆起 常见于心脏扩大、心包积液或主动脉瘤等。

7. 脊柱畸形 脊柱前凸、后凸或侧凸,导致两侧胸廓不对称,可见于先天性畸形、脊柱外伤和结核等。

三、乳房

正常儿童和男性乳房多不明显,乳头约位于锁骨中线第4肋间隙。女性乳房在青春期逐渐长大,呈半球形;乳头也长大呈圆柱状。乳房检查主要为视诊和触诊。

1. 视诊 被检查者取坐位,主要内容有:

（1）对称性和大小（symmetry and size）:正常女性坐位时两侧乳房基本对称。一侧乳房明显增大见于先天畸形、囊肿、炎症或肿瘤等。一侧乳房明显缩小则多为发育不全。

（2）乳房皮肤（skin of breast）:注意颜色,有无水肿、局部回缩。局部皮肤发红应考虑乳房炎症或乳腺癌。单纯炎症常伴局部红、肿、痛、热。肿瘤所致者皮肤常显暗红色,不伴热痛。由于癌肿机械性阻塞皮肤淋巴管引起淋巴水肿,多伴有毛囊和毛囊孔下陷,皮肤变厚,局部皮肤呈猪皮（pig skin）或橘皮（orange peel）状。乳房皮肤局部回缩可由于外伤或炎症所致,也可能是乳腺癌早期体征。在双臂高举或双手叉腰时更为明显。

（3）乳头（nipple）:注意乳头位置、大小、两侧是否对称、有无回缩与分泌物。正常乳头呈圆柱形,两侧大小相等,颜色相似。乳头回缩如系自幼发生,为发育异常;若为近期发生,则可能为乳癌或炎症。乳头血性分泌物常见于乳腺癌。清亮的黄色分泌物常见于慢性囊性乳腺炎。

2. 触诊 被检查者可取坐位或仰卧位。坐位时,双臂自然下垂,必要时高举过头或双手叉腰。仰卧位时,应在肩胛骨下置一小枕头,手臂置于枕后。通常以乳头为中心作一垂直线和水平线,将乳房分为四个象限（图4-42）。触诊时,检查者示指、中指和环指并拢,平放在乳房上,以指腹轻施压力,按照外上、外下、内下、内上的顺序,由浅入深,进行旋转或来回滑动触诊,最后触诊乳头。先查健侧乳房,后查患侧。注意质地和弹性,有无压痛和包块,以及乳头分泌物等。

（1）质地和弹性（consistency and elasticity）:正常乳房呈模糊的颗粒感和柔韧感,弹性良好。乳房的质地和弹性随不同年龄和生理周期有所变化。青年人乳房柔软,质地均匀一致;老年人多呈纤维和结节感。月经期乳房小叶充血,乳房有紧张感。妊娠期乳房增大并有柔韧感,哺乳期呈结节感。乳房硬度增加和弹性消失提示皮下组织被炎症或新生物所浸润。

（2）压痛（tenderness）:乳房局部压痛常提示炎症,乳腺癌甚少出现压痛。

（3）包块（masses）:触及乳房包块时应注意其部位、大小、数目、外形、质地、活动度、有无压痛、与周围组织有无粘连等。

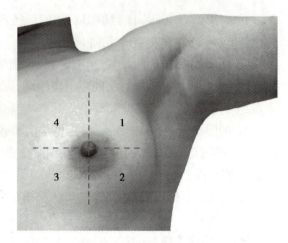

图 4-42　乳房的划线和分区

课堂互动

若进行乳房触诊时摸到包块,如何鉴别是炎性包块还是乳腺癌?

【相关护理诊断】
1. 低效性呼吸型态:桶状胸　与慢性阻塞性肺疾病所致的通气障碍有关。
2. 焦虑:乳房肿物　与不确定病情有关。

思政元素

粉红丝带,情系乳房

"粉红丝带"作为全球乳腺癌防治活动的公认标识,用于宣传"及早预防,及早发现,及早治疗"这一理念,足迹已遍布全球数十个国家。各国政府亦将每年的10月定为"乳腺癌防治月"。越来越多的媒体、社会政要、医务人员、名人明星参与进来,为实现一个没有乳腺癌的世界而努力。

乳房恶性肿瘤患者会出现恐惧、焦虑、悲观的心理,乳房检查的过程中,检查者要注意观察患者的感受,关心、爱护患者。同时,在得知病情时,患者亲属也会出现震惊、悲伤、焦虑、厌恶、沮丧、困惑和气愤,承担了照顾与经济压力,复杂的心理变化若不经正确引导,常常导致不和谐的冲突,影响家庭的稳定和社会的和谐。疾病击中了身体最脆弱的部分,让患者变得多愁善感,作为医护人员,需要给予患者和其亲属人文关怀,鼓励他们虽经历疾病与苦难,仍需相信爱与坚持的力量,相信现代医学的发展定能共克时艰。医学人文关怀有时就是患者的"希望",任何一丁点的"希望"就是"星星之火",在患者看来都是最好的抚慰,点燃患者战胜疾病的信心。乳房恶性肿瘤的预防仅凭医务人员的努力是远远不够的,要动员全社会力量注重筛查,呵护乳房,关爱生命。

第六节 肺脏检查

检查肺脏时,患者一般取坐位或仰卧位,充分暴露胸部。室内温度适宜、安静、光线充足。按照视诊、触诊、叩诊和听诊的顺序进行检查。

一、肺脏视诊

肺脏视诊内容包括呼吸运动的类型、呼吸困难、呼吸频率和深度、呼吸节律和幅度等。

(一)呼吸运动的类型

正常成年男性和儿童的呼吸以膈肌运动为主,吸气时上腹部隆起较明显,形成腹式呼吸;成年女性呼吸则以肋间肌运动为主,呼吸时胸廓扩张较明显,形成胸式呼吸。通常两种呼吸不同程度同时存在。

胸壁、胸膜或肺部的病变如肋骨骨折、胸膜炎或肺炎等可使胸式呼吸减弱而腹式呼吸增强;腹部病变如腹膜炎、大量腹水、肝脾极度肿大、腹腔巨大肿瘤或妊娠晚期可使腹式呼吸减弱而胸式呼吸增强。

(二)呼吸困难

分为吸气性呼吸困难、呼气性呼吸困难、混合性呼吸困难三种类型。参见第三章第二节"呼吸困难"。

(三)呼吸频率和深度

参见本章第二节"生命体征"。

(四)呼吸节律和幅度

参见本章第二节"生命体征"。

二、肺脏触诊

(一)胸廓扩张度

胸廓扩张度(thoracic expansion)即呼吸时的胸廓动度,一般在胸廓前下部呼吸动度最大的部位检查。

检查方法:检查者双拇指分别沿两侧肋缘指向剑突,拇指尖在正中线两侧对称部位,指间留一块松弛的皮褶,指间距约2cm,手掌和其余伸展的手指置于前侧胸壁。嘱被检查者做深呼吸,观察拇指随胸廓扩张而分离的距离,并感觉呼吸运动的范围和对称性(图4-43)。

正常人平静呼吸或深呼吸时,两侧拇指随胸廓活动而对称性的离合,两侧胸廓呈对称性的张缩。一侧胸廓扩张度降低见于该侧大量胸腔积液、气胸、胸膜增厚或肺不张等。

(二)语音震颤

语音震颤(Vocal fremitus)是被检查者发出声音,声波沿气管、支气管及肺泡传到胸壁所引起的震动,检查者可在胸壁用手触及,故又称触觉语颤(tactile fremitus)。语音震颤的强弱能反映胸内病变的性质。

检查方法:检查者以两手掌面或两手掌尺侧缘轻放于被检查者胸壁两侧的对称部位,嘱其用同样强度重复发长声"一",自上而下,从内到外,先前胸后背部,比较两侧相应部位语音震颤是否对称,有无增强或减弱。语音震颤检查方法见图4-44,触诊部位及顺序见图4-45。

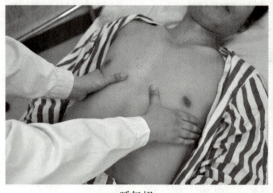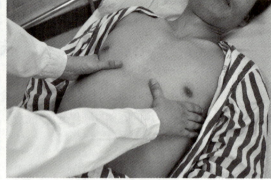

呼气相　　　　　　　　　　　　　　　　吸气相

图 4-43　胸廓扩张度的检查方法

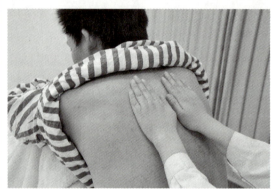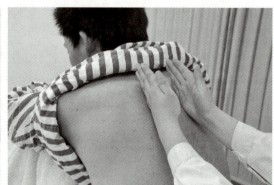

图 4-44　语音震颤的检查方法

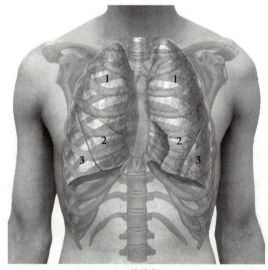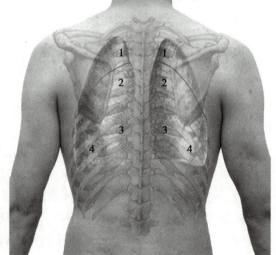

前胸部　　　　　　　　　　　　　　　　后胸部

图 4-45　语音震颤触诊部位及顺序

　　正常人语音震颤的强度受发音的强弱,音调的高低,胸壁的厚薄以及支气管至胸壁距离的差异等因素的影响。一般来说,发音强、音调低、胸壁薄及支气管至胸壁的距离近者语音震颤强,反之则弱。因此,正常成人,男性和消瘦者较儿童、女性和肥胖者为强;前胸上部较前胸下部距支气管近,故为强,右侧支气管较左侧支气管粗、短,故右胸上部较左胸上部为强。

语音震颤减弱或消失,主要见于:①肺泡内含气量过多,如慢性阻塞性肺疾病;②支气管阻塞,如阻塞性肺不张;③大量胸腔积液或气胸;④胸膜显著增厚粘连;⑤胸壁皮下气肿。

语音震颤增强主要见于:①肺组织实变,如大叶性肺炎实变期和大片肺梗死等;②靠近胸壁的肺内大空腔,尤其当空腔周围有炎性浸润时,如空洞型肺结核、肺脓肿等;③压迫性肺不张,如胸水压迫引起。

课堂互动

语音震颤减弱或消失可见于大量胸腔积液,语音震颤增强可见于胸水(胸腔积液)压迫引起压迫性肺不张。讨论胸腔积液患者的语音震颤的检查结果是增强还是减弱。

(三)胸膜摩擦感

胸膜摩擦感(pleural friction fremitus)是急性胸膜炎时,渗出的纤维蛋白沉积于脏、壁层胸膜,胸膜表面粗糙,呼吸时两层胸膜互相摩擦,可由检查者的手触到摩擦感,似皮革相互摩擦的感觉。在呼吸动度较大的前下胸侧部最易触及,屏住呼吸,则此感觉消失。

三、肺脏叩诊

肺脏叩诊方法常用间接叩诊法。被检查者取坐位或仰卧位。检查顺序从上到下、先前胸、再侧胸,最后背部。叩诊前胸时,胸部稍前挺,由锁骨上窝开始,沿锁骨中线、腋前线自第1肋间隙从上至下逐一肋间隙进行叩诊。叩诊侧胸时,双臂抱头,自腋窝开始沿腋中线、腋后线叩诊,向下至肋缘。叩诊背部时,头稍低,上身稍前倾,双臂交叉抱肘或抱肩,自肺尖开始,从上至下逐一肋间隙叩诊肩胛间区、肩胛下区直至肺底,注意避开肩胛骨。检查者叩诊板指一般放在肋间隙,与肋骨平行;但在叩诊肩胛间区时,板指可与脊柱平行。检查大面积病变时,可用直接叩诊法。注意左右、上下、内外对比。

(一)正常胸部叩诊音

正常肺叩诊音为清音,但各部位略有不同。由于肺上叶的体积较下叶为小,含气量较少,且上胸部的肌肉较厚,故前胸上部较下部叩诊音相对稍浊;因右肺上叶较左肺上叶为小,且惯用右手者右侧胸大肌较左侧厚,故右肺上部叩诊音亦相对稍浊;由于背部的肌肉、骨骼层次较多,故背部的叩诊音较前胸部稍浊;右侧腋下部因受肝脏的影响叩诊音稍浊,而左侧腋前线下方有胃泡的存在,故叩诊呈鼓音(图4-46),又称Traube鼓音区。

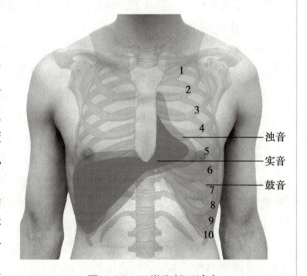

图4-46　正常胸部叩诊音

115

笔记栏

知识链接

侧卧位的正常胸部叩诊音

侧卧位时近床面的胸部可叩得一条相对浊音或实音带。在该带的上方区域由于腹腔脏器的压力影响,使靠近床面一侧的膈肌升高,可叩出一粗略的浊音三角区,其底朝向床面,其尖指向脊柱,此外,因侧卧时脊柱弯曲,使靠近床面一侧的胸廓肋间隙增宽,而朝上一侧的胸廓肋骨靠拢肋间隙变窄。故于朝上的一侧的肩胛角尖端处可叩得一相对的浊音区,撤去枕头后由于脊柱伸直,此浊音区即行消失。

(二)异常胸部叩诊音

在正常肺的清音区范围内,如出现浊音、实音、过清音或鼓音即为异常叩诊音,提示肺、胸膜、膈或胸壁有病理改变。异常叩诊音的类型取决于病变的性质、范围的大小及部位的深浅。

1. 过清音 见于肺弹性减弱而含气量增多时,如慢性阻塞性肺疾病。

2. 鼓音 见于①肺内空腔性病变如其腔径大于3~4cm,且靠近胸壁,如空洞型肺结核、液化的肺脓肿和肺囊肿等;②胸膜腔积气,如气胸。

3. 浊音 见于①肺组织含气量减少的病变,如肺炎、肺不张、肺结核、肺梗死、肺水肿等;②胸膜病变,如胸膜增厚等。

4. 实音 见于①不含气的肺病变,如肺肿瘤、肺实变、未液化的肺脓肿等;②胸腔积液。

(三)肺界的叩诊

1. 肺上界 即肺尖的宽度。检查时自斜方肌前缘中点开始叩诊,逐渐叩向外侧,当清音变为浊音时,即为肺上界的外侧终点。然后再由叩诊的起始部叩向内侧,至清音变为浊音时,即为肺上界的内侧终点。此清音带的宽度即为肺尖的宽度(又称Kronig峡),正常约为4~6cm。因右肺尖位置较低,且右侧肩胛带的肌肉较发达,故右侧较左侧稍窄(图4-47)。肺上界变窄或叩浊音,常见于肺结核病所致的肺尖浸润、肺纤维化。双侧肺上界增宽并呈过清音,见于慢性阻塞性肺疾病。

2. 肺前界 正常的肺前界相当于心脏的绝对浊音界。右肺前界相当于胸骨线的位置,左肺前界相当于胸骨旁线第4~6肋间隙的位置。左、右肺前界浊音区扩大见于心脏扩大、心包积液、主动脉瘤等;左、右肺前界浊音区缩小见于慢性阻塞性肺疾病。

3. 肺下界 通常在两侧锁骨中线、腋中线和肩胛线上叩诊肺下界。嘱被检查者平静呼吸,从肺野的清音区(一般前胸从第2或第3肋间隙,侧胸从腋窝顶部,后胸从肩胛线第8肋间隙)开始叩诊,向下叩至浊音。正常人平静呼吸时两侧肺下界大致相等,在锁骨中线、腋中线和肩胛线上分别是第6、第8和第10肋间隙。可因体型和发育情况的不同,肺下界的位置略有差异。病理情况下肺下界降低见于慢性阻塞性肺疾病、腹腔内脏下垂;肺下界上升见于肺不张、膈肌麻痹或使膈上升的疾病,如腹水、气腹、肝脾肿大、腹腔内巨大肿瘤等。

4. 肺下界移动范围 相当于深呼吸时横膈移动范围。首先叩出平静呼吸时肺下界,然后分别在深吸气与深呼气后,屏住呼吸,叩出肺下界并分别标记。深吸气和深呼气两个肺下界之间的距离即肺下界移动范围。检查肺下界移动范围一般叩肩胛线处,正常为6~8cm(图4-47)。肺下界移动范围减少见于:①肺组织弹性减低,如慢性阻塞性肺疾病;②肺组织萎缩,

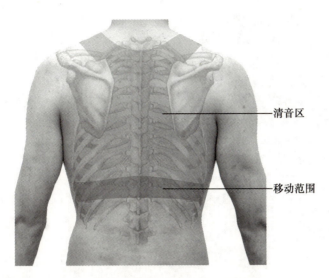

图 4-47 正常肺尖宽度与肺下界移动范围

如肺纤维化、肺不张;③肺组织炎症和水肿。当大量胸腔积液、气胸及广泛胸膜增厚粘连时,肺下界及其移动范围不能叩出。膈神经麻痹者,肺下界移动度亦消失。

四、肺脏听诊

听诊是肺脏最重要的检查方法。听诊时,被检查者取坐位或卧位。微张口做均匀而平静的呼吸,必要时做深长吸气、深呼气、屏气或咳嗽后听诊。听诊顺序与叩诊相同:自上而下,左右交替,由前胸到侧胸再到背部。注意上下、左右对称的部位进行对比。每一听诊部位至少听诊 1~2 个呼吸周期。

(一)正常呼吸音

1. 肺泡呼吸音(vesicular breath sound) 为呼吸气流在细支气管和肺泡内进出所致。吸气时气流经支气管进入肺泡,使肺泡由松弛变为紧张,呼气时肺泡由紧张变为松弛。肺泡的一张一弛以及气流的震动形成肺泡呼吸音。

肺泡呼吸音为一种叹息样的或柔和吹风样的"fu-fu"声。其特点为音调较低,音响较弱。吸呼气相比,吸气音比呼气音音响强、音调较高且时间较长。正常人大部分肺野均闻及肺泡呼吸音。正常人肺泡呼吸音的强弱随着呼吸深浅、肺组织弹性大小、胸壁厚度以及被检查者的年龄、性别不同而略有变化。

2. 支气管呼吸音(bronchial breath sound) 为呼吸气流流经声门、气管或主支气管形成湍流所产生的声音,如同将舌抬起经口呼气所发出的"ha"声。其特点为音响强而音调高。吸呼气相比,呼气音较吸气音音响强、音调高且时间较长。正常人在喉部、胸骨上窝、背部第 6、7 颈椎和第 1、2 胸椎附近可闻及支气管呼吸音。

3. 支气管肺泡呼吸音(bronchovesicular breath sound) 又称混合性呼吸音,兼有支气管呼吸音和肺泡呼吸音的特点。表现为吸气音和肺泡呼吸音相似,但音调较高且较响亮。呼气音和支气管呼吸音相似,但强度较弱,音调较低,时间较短。吸气音与呼气音大致相同。正常人在胸骨两侧第 1、2 肋间,肩胛间区的第 3、4 胸椎水平及肺尖前后部可听到支气管肺泡呼吸音。

三种正常呼吸音的特征见图 4-48。

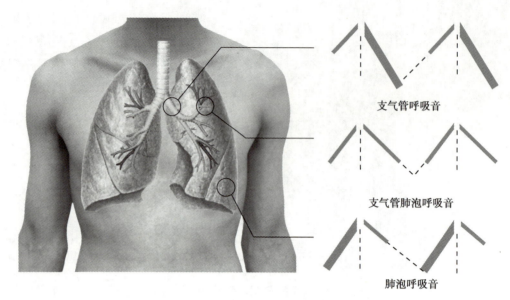

图 4-48　三种正常呼吸音示意图

升支为吸气相,降支为呼气相,吸、呼气相间的空隙为短暂间歇,线条粗细表示音响强弱;长短表示时相;斜线与垂直线的夹角表示音调高低,角度小为音调高。

(二) 异常呼吸音

1. 异常肺泡呼吸音　由于病理变化引起肺泡呼吸音强度、性质或时间的变化,称为异常肺泡呼吸音。

(1) 肺泡呼吸音减弱或消失:与进入肺泡的空气流量减少、流速降低,及肺泡呼吸音传导减弱有关。常见于:①胸廓活动受限,如胸痛等。②呼吸肌疾病,如重症肌无力、膈麻痹等。③支气管阻塞,如慢性阻塞性肺疾病、支气管狭窄等。④压迫性肺膨胀不全,如胸腔积液、气胸等。⑤腹部疾病,如大量腹水、腹腔内巨大肿瘤等。

(2) 肺泡呼吸音增强:主要与肺泡通气增加、流量增加或流速增快有关。双侧肺泡呼吸音增强常见于:发热、代谢亢进,贫血和酸中毒;一侧肺泡呼吸音增强,见于一侧肺或胸膜病变时,其对侧可代偿性肺泡呼吸音增强。

(3) 呼气音延长:见于①下呼吸道阻力增加,如慢性支气管炎和支气管哮喘。②肺组织弹性减退,如慢性阻塞性肺疾病。

(4) 断续性呼吸音:肺内局部性炎症或小支气管狭窄,使空气不能均匀地进入肺泡,引起断续性呼吸音,因有短促的不规则间歇,又称齿轮呼吸音,常见于肺结核和肺炎等。

(5) 粗糙性呼吸音:为支气管黏膜轻度水肿或炎症浸润造成不光滑或狭窄,使气流进出不畅所致,见于支气管或肺部炎症的早期。

2. 异常支气管呼吸音　如在正常肺泡呼吸音的区域听到支气管呼吸音,则为异常支气管呼吸音,亦称管样呼吸音。

气流通过声门、气管和支气管的湍流声,如通过实变或致密的肺组织的良好传导或经过大空洞的共鸣而传至胸壁,可在肺泡呼吸音的部位听到支气管呼吸音。见于:①肺组织实变,如大叶性肺炎的实变期等。②肺内大空腔,如肺脓肿或空洞型肺结核患者。③压迫性肺不张,如胸腔积液所致压迫性肺不张,肺组织致密传导好,可于胸腔积液区上方听到支气管呼吸音。

3. 异常支气管肺泡呼吸音　在正常肺泡呼吸音的区域闻及支气管肺泡呼吸音称为异常支气管肺泡呼吸音。系由于肺实变区域较小且与正常肺组织混杂存在,或肺实变部位较深且被正常肺组织所覆盖。常见于支气管肺炎、肺结核、大叶性肺炎初期或在胸腔积液上方肺膨胀不全的区域听到。

课堂互动

异常肺泡呼吸音、异常支气管呼吸音、异常支气管肺泡呼吸音的概念是否相似?听诊部位是否相同?

(三) 啰音

啰音是呼吸音以外的附加音(adventitious sound),正常一般无啰音存在,故非呼吸音的改变。按性质不同分为下列几种,见图 4-49。

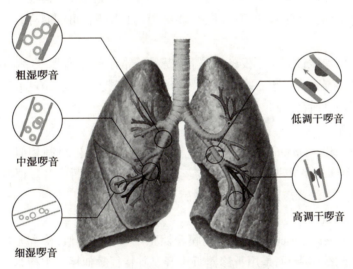

图 4-49　啰音发生的机制和部位

1. 干啰音(dry rales / rhonchi)　由于气管、支气管或细支气管狭窄或部分阻塞,当空气吸入或呼出经过时发生湍流所产生的声音。其病理基础有炎症引起的黏膜充血水肿和分泌物增加、支气管平滑肌痉挛、管腔内肿瘤或异物以及管壁被管腔外淋巴或肿瘤压迫等。

(1) 分类:根据音调可分为高调和低调。①高调干啰音(sibilant rhonchi)又称哨笛音,音调高,如同飞箭、鸟鸣或哨笛之声。多起源于较小的支气管或细支气管。发生于小支气管者音调高伴呼气延长的称"哮鸣音"。②低调干啰音(sonorous rhonchi)又称鼾音。音调低,如熟睡中鼾声,多发生于气管或主支气管。发生于主支气管以上大气道的干啰音,有时不用听诊器亦可听及,谓之喘鸣。

(2) 听诊特点:音调较高,持续时间较长,吸气及呼气时均可闻及,以呼气时明显。强度、性质和部位易改变,在瞬间内数量可明显增减。但由肿瘤、异物或淋巴结增大引起的管腔阻塞或狭窄所致的干啰音,其强度、性质、部位及数量不易变。

(3) 临床意义:弥漫性干啰音见于慢性支气管炎、支气管哮喘、慢性阻塞性肺疾病和心源性哮喘等;局限性干啰音见于局部支气管狭窄,如支气管内膜结核、肺癌和支气管异物等。

2. 湿啰音(moist rale) 系由于吸气时气体通过呼吸道内的稀薄分泌物如渗出液、痰液、血液、黏液和脓液等,形成水泡并破裂所产生的声音,故又称水泡音(bubble sound)。或由于小支气管壁因分泌物黏着而陷闭,当吸气时突然张开重新充气所产生的爆裂音(crackles)。宛如水煮沸时冒泡音或用小管捅入水中吹水的声响。

(1) 分类:按呼吸道腔径大小和腔内渗出物的多寡分为粗、中、细湿啰音和捻发音。①粗湿啰音(coarse rales)又称大水泡音。发生于气管、主支气管或空洞部位,多出现在吸气早期。昏迷或濒死的患者因无力排出呼吸道分泌物,于气管处可闻及粗湿啰音,有时不用听诊器也可听到,谓之痰鸣音。②中湿啰音(medium rales)又称中水泡音。发生于中等大小的支气管,多出现于吸气的中期。③细湿啰音(fine rales)又称小水泡音。发生于小支气管,多在吸气后期出现。④捻发音(crepitus)是一种极细且均匀一致的湿啰音。多在吸气的终末期听到,颇似在耳边用手指捻搓一束头发时所发出的声音。但正常老人或长期卧床的患者,于肺底亦可听到捻发音,在数次深呼吸或咳嗽后可消失,一般无临床意义。

(2) 听诊特点:断续而短暂,一次常连续多个出现,于吸气时尤其吸气终末较为明显,有时也出现于呼气早期。部位较恒定,性质不易变,中、小湿啰音可同时存在,咳嗽后可减轻或消失。

(3) 临床意义:局限性固定不变的湿啰音,提示局部有病灶,如肺炎、肺结核、支气管扩张症等。两侧肺底部湿啰音见于心力衰竭所致肺淤血和支气管肺炎。双肺广泛性湿啰音见于急性肺水肿、严重支气管肺炎。

(四) 语音共振

语音共振(vocal resonance)又称听觉语音,同语音震颤产生机制相似,检查方法基本相同,与语音震颤不同的是并非用手触胸壁震动,而是用听诊器听声音。语音共振增强、减弱或消失的临床意义同语音震颤,但较后者敏感。

(五) 胸膜摩擦音

胸膜摩擦音(pleural friction rub)同胸膜摩擦感产生机制相似,检查方法基本相同,不同的是并非用手触胸壁感受,而是用听诊器听声音。其特征颇似用一手掩耳,以另一手指在其手背上摩擦时所听到的声音。在呼吸双相均可听到,吸气末或呼气初较为明显,屏气时即消失。胸膜摩擦音可随体位的变动而消失或复现。深呼吸或在听诊器体件上加压时,摩擦音可增强。胸膜摩擦音最常听到的部位是前下侧胸壁,因呼吸时该区域的呼吸动度最大。胸膜摩擦音常发生于纤维素性胸膜炎、肺梗死、胸膜肿瘤及尿毒症等患者。

案例分析

病案实例:

患者,男性,60岁,反复咳嗽、咳痰、气喘4年余,再发加重3天。既往有高血压、慢性支气管炎病史。体格检查:T 37.1℃,P 110次/min,R 23次/min,BP 150/75mmHg。神志清,口唇发绀。桶状胸,胸式呼吸运动减弱。双侧语音震颤减弱。叩诊过清音、肺下界下移。双肺肺泡呼吸音减弱,呼气相延长,闻及干啰音,双侧语音共振减弱。CT提示:双侧肺气肿。

请问:该患者存在的胸部异常体征及其原因?

分析:

存在桶状胸、双侧语颤和语音共振减弱、叩诊过清音、肺下界下移等体征与肺组织含气量增多有关;呼气相延长现象与呼气阻力增加和 / 或呼气驱动力减弱有关;闻及干啰音提示气道狭窄。存在胸式呼吸运动减弱、双肺肺泡呼吸音减弱等体征与肺组织含气量增多,导致进出肺泡的空气流量减少和 / 或流速减慢等有关。

【相关护理诊断】

1. 低效性呼吸型态:呼气时间延长 / 桶状胸　与慢性阻塞性肺疾病所致的通气功能障碍有关。

2. 气体交换受损:肺底湿啰音　与左心功能不全所致的肺部淤血有关。

3. 沐浴 / 穿着 / 进食 / 如厕自理缺陷　与各种原因导致的肺通气或换气功能障碍有关。

4. 清理呼吸道无效　与痰液多而黏稠有关。

第七节　心脏和血管检查

检查心脏时,患者一般取坐位或仰卧位,充分暴露胸部。室内温度适宜、安静、光线充足。按照视诊、触诊、叩诊和听诊的顺序进行检查。

一、心脏视诊

心脏视诊的内容包括心前区外形、心尖搏动、心前区异常搏动等内容。护士站于患者的右侧,将视线与胸廓同高以切线方向进行观察。

(一)心前区外形

正常人心前区外形与右侧相应部位对称,无异常隆起或凹陷。

心前区异常隆起(protrusion of precordium)多为儿童时期患先天性心脏病或风湿性心脏病伴右心室增大,影响胸廓正常发育而形成。心前区饱满提示大量心包积液。

(二)心尖搏动

心尖搏动(apical impulse)是指心室收缩时,心尖向前冲击前胸壁相应部位而形成的向外搏动。

1. 正常心尖搏动　正常成人心尖搏动位于第 5 肋间,左锁骨中线内侧 0.5~1.0cm,搏动范围直径 2.0~2.5cm。正常心尖搏动可因体位、体型、年龄、妊娠等生理因素有所变化。心尖搏动的强弱与胸壁厚度有关;剧烈运动或情绪激动时,心尖搏动也增强。

2. 异常心尖搏动　异常的心尖搏动在病理情况下主要包括位置变化和强弱及范围变化。

(1) 心尖搏动位置变化:①心脏疾病:左心室增大时,心尖搏动向左下移位;右心室增大时,因心脏呈顺钟向转位,可使心尖搏动向左移位,甚至略向上;全心增大时,心尖搏动向左下移位,并伴心界向两侧扩大。②胸部疾病:一侧胸腔积液或气胸,心尖搏动随心脏移向健侧;一侧肺不张或胸膜粘连,心尖搏动移向患侧。③腹部疾病:大量腹水或腹腔巨大肿瘤等使横膈抬高,心尖搏动随之向上移位。

(2) 心尖搏动强弱及范围变化:心尖搏动减弱见于心肌炎、心肌梗死等心肌病变;心尖搏动减弱或消失见于心包积液、左侧胸腔大量积液、积气或肺气肿;心尖搏动增强、范围增大见于左心室肥大、甲状腺功能亢进、发热和严重贫血,尤以左心室肥大明显。

(三) 心前区异常搏动

胸骨左缘第2肋间收缩期搏动,可见于肺动脉高压。胸骨左缘第3、4肋间或剑突下搏动,多见于右心室肥大。

二、心脏触诊

心脏触诊除可进一步确定视诊发现的心尖搏动及异常搏动外,还可发现是否有震颤及心包摩擦感。与视诊检查能起互补效果。触诊方法是检查者先用右手全手掌置于心前区,然后用手掌尺侧(小鱼际)或示指及中指指腹(图 4-50)并拢同时触诊以确定具体位置等,必要时也可单指指腹触诊。

(一) 心尖搏动

触诊能更准确地判断心尖搏动或其他搏动的位置、强弱和范围,尤其是在视诊不能发现或看不清楚的情况下。如触诊的手指被强有力的心尖搏动抬起,称为抬举性心尖搏动,为左心室肥厚的体征。

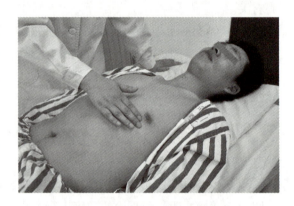

图 4-50 示指及中指指腹触诊

(二) 震颤

震颤(thrill)是指触诊心脏时,手掌或手指感觉到的一种细小震动感,与在猫喉部摸到的呼吸震颤类似,故又称"猫喘"。是器质性心血管病的特征性体征之一,常见于某些先天性心脏病和心脏瓣膜狭窄。震颤与听诊时发现的杂音有类似的机制,由于血流经口径较狭窄的部位,或循异常的方向流动而产生漩涡,使心壁或血管壁振动,传至胸壁而被触及。一般情况下,震颤的强弱与血流的速度、病变狭窄的程度及两侧的压力阶差密切相关。

(三) 心包摩擦感

急性心包炎时,渗出的纤维蛋白使心包膜表面变粗糙。当心脏搏动时,心包脏层和壁层间的摩擦引起振动,以致在前胸壁触诊时可感觉到,即心包摩擦感(sense of pericardial friction)。通常心包摩擦感在胸骨左缘第3、4肋间处较易触及,多呈收缩期和舒张期双相的粗糙摩擦感,以收缩期、前倾体位和呼气末(使心脏靠近胸壁)更为明显。当心包渗出液增多,使脏层和壁层分离,则心包摩擦感可消失。

三、心脏叩诊

心脏叩诊的目的是确定心界,判定心脏大小、形状及其在胸腔内的位置。心脏为不含气器官,不被肺掩盖的部分叩诊呈实音(即绝对浊音),心脏左右两侧缘被肺脏遮盖的部分叩诊呈浊音(即相对浊音)。心界是指心脏相对浊音界,反映心脏的实际大小(图 4-51)。

(一) 叩诊方法

通常采用间接叩诊法,患者一般取平卧位,叩诊板指与肋间平行放置,如取坐位时,板指可与肋间垂直。叩诊以力度适中的轻叩为宜,叩诊顺序为先叩左界,后叩右界,由下而上,自外向内。

　　叩诊心脏左界时,从心尖搏动最强点外 2~3cm 处(一般为左锁骨中线第 5 肋间稍外)开始,由外向内叩诊至叩诊音由清音变为浊音时,为心脏边界,用笔作一标记,如此逐一肋间向上叩诊,直至第 2 肋间,分别标记。叩诊心右界时,先沿右锁骨中线自上而下叩出肝上界,当叩诊音由清变浊时为肝上界。然后从肝上界的上一肋间(通常为第 4 肋间)开始,由外向内叩出浊音界,按肋间依次向上至第 2 肋间,分别标记。用硬尺测量前正中线至各标记点的垂直距离(cm)表示心界大小,再测量左锁骨中线距前正中线的距离,以记录心脏相对浊音界的位置。

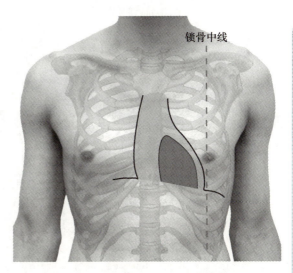

图 4-51　心脏绝对浊音界和相对浊音界

(二) 正常心浊音界

　　正常人心脏左界在第 2 肋间几乎与胸骨左缘一致,第 3 肋间以下心界逐渐形成一个向外凸起的弧形,在第 5 肋间处距前正中线最远。右界除第 4 肋间处稍偏离胸骨右缘外,其余各肋间几乎与胸骨右缘一致。正常成人左锁骨中线至前正中线的距离为 8~10cm。正常人心界与前正中线的距离见表 4-2。

表 4-2　正常成人心脏相对浊音界

右界 (cm)	肋间	左界 (cm)
2~3	II	2~3
2~3	III	3.5~4.5
3~4	IV	5~6
5~6	V	7~9

注:左锁骨中线距前正中线为 8~10cm。

(三) 心浊音界各部的组成

　　心脏左界第 2 肋间处相当于肺动脉段,第 3 肋间为左心耳,第 4、5 肋间为左心室,其中血管与左心交接处向内凹陷,称心腰。右界第 2 肋间相当于升主动脉和上腔静脉,第 3 肋间以下为右心房。(图 4-52)

(四) 心脏浊音界的变化及其临床意义

　　心脏浊音界大小、形态和位置可因心脏本身病变或心外因素的影响而发生变化。

　　1. 心脏本身病变

　　(1) 左心室增大:心浊音界向左下扩大,心腰部加深,使心界呈靴形。最常见于主动脉瓣关闭不全,又称主动脉型心(图 4-53),也可见于高血压性心脏病。

　　(2) 右心室增大:轻度增大时,心绝对浊音界扩大,相对浊音界无明显变化;显著增大时,相对浊音界向左右扩大,以向左扩大明显。常见于肺源性心脏病。

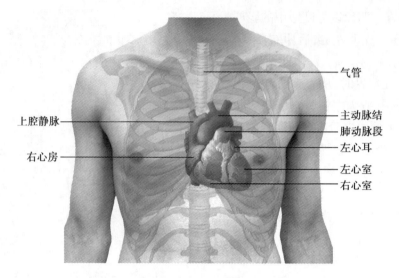

图 4-52　心脏和大血管在胸壁上的投影

（气管、主动脉结、肺动脉段、左心耳、左心室、右心室、上腔静脉、右心房）

（3）左、右心室增大：心浊音界向两侧扩大，且左界向左下扩大，称普大型心。常见于扩张型心肌病、重症心肌炎和全心衰竭。

（4）左心房增大或合并肺动脉段扩大：左心房显著增大时，胸骨左缘第 3 肋间心界增大，心腰消失；左心房增大合并肺动脉段扩大时，胸骨左缘第 2、3 肋间心浊音界向外扩大。心腰更为饱满或膨出，心界呈梨形。又称二尖瓣型心（图 4-54），常见于二尖瓣狭窄。

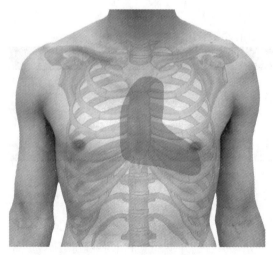

图 4-53　"主动脉型"靴形心

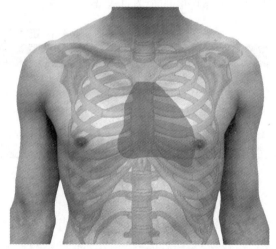

图 4-54　"二尖瓣型"梨形心

（5）心包积液：心包积液达一定量时，心界向两侧扩大，坐位时心浊音区呈三角形烧瓶样，仰卧位时心底部浊音区明显增宽呈球形，并随体位改变而变化，此种变化为心包积液的特征性体征（图 4-55）。

2. 心外因素　一侧胸腔大量积液或积气时，患侧心界叩不出，健侧心界向外移位；一侧胸膜粘连、增厚与肺不张则使心界移向患侧；肺气肿时，心浊音界变小或不易叩出；腹腔大量积液或巨大肿瘤等使膈肌上抬，心脏呈横位，叩诊时心界向左扩大。

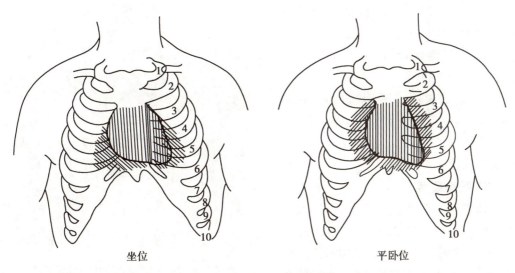

坐位 平卧位

图 4-55 心包积液的心浊音界

知识链接

　　心脏康复（cardiac rehabilitation,CR）是一个多学科、多门类、多形式的综合性医学保健模式。是一项主要目的在于保证心脏患者获得最佳的体力、精神及社会状况的活动,从而使患者通过自己的努力能在社会上恢复自主的生活,并能重新实现个人价值和社会地位。广义上讲,现代的心脏康复包括医学康复、教育康复、职业康复以及社会心理康复。医学康复作为其中最为重要的一部分,其目的是为提高患者的运动能力,降低心血管事件的再发生率与病死率,提高患者的生存质量,实现重返社会能力,从而改善心血管病患者的心脏功能或者为以后的功能康复创造条件。CR 的主要意义在于尽最大可能的实现患者在"生理 - 心理 - 社会"等方面的良好状态,使患者恢复发病前的生活和工作状态,重新返回社会,实现自我认同感和个人价值。

四、心脏听诊

　　叩诊在心脏检查的应用不大,视诊与触诊为听诊的基础,并与听诊结果相参照。心脏听诊是心脏检查中最重要和较难掌握的方法。被检查者取坐位或仰卧位,必要时可改变体位,或深呼气或深吸气,或在病情许可情况下适当活动后听诊,有助于听清和辨别心音或杂音。

（一）心脏瓣膜听诊区（auscultatory valve area）

　　心脏各瓣膜开放与关闭时所产生的声音传导至胸壁最易听清的部位称心脏瓣膜听诊区,与瓣膜的解剖部位并不完全一致。当心脏疾病导致心脏结构和位置发生改变时,这些听诊区域需根据心脏结构改变的特点和血流的方向,适当移动听诊部位和扩大听诊范围。通常有 5 个听诊区。（图 4-56）

　　1. 二尖瓣区（mitral valve area）　位于心尖搏动最强点,即第 5 肋间左锁骨中线稍内侧,又称心尖区。

2. 肺动脉瓣区(pulmonary valve area) 位于胸骨左缘第 2 肋间。

3. 主动脉瓣区(aortic valve area) 位于胸骨右缘第 2 肋间。

4. 主动脉瓣第二听诊区(the second aortic valve area) 位于胸骨左缘第 3 肋间。

5. 三尖瓣区(tricuspid valve area) 位于胸骨左缘第 4、5 肋间。

(二)听诊顺序

通常按逆时针方向从心尖区开始,依次听诊二尖瓣区、肺动脉瓣区,主动脉瓣区、主动脉瓣第二听诊区和三尖瓣区。也可依病变好发部位按二尖瓣区、主动脉瓣区、主动脉瓣第二听诊区、肺动脉瓣区和三尖瓣区。

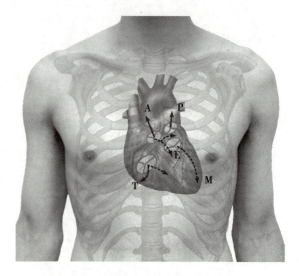

图 4-56 心脏瓣膜解剖部位及瓣膜听诊区
M:二尖瓣区;A:主动脉瓣区;E:主动脉瓣第二听诊区;P:肺动脉瓣区;T:三尖瓣区

(三)听诊内容

听诊内容包括心率、心律、心音、额外心音、心脏杂音和心包摩擦音。

1. 心率(heart rate) 指每分钟心跳的次数。正常成人在安静、清醒的情况下心率范围为 60~100 次 /min,女性稍快,儿童偏快(3 岁以下多在 100 次 /min 以上),老年人多偏慢。

(1) 心动过速:成年人心率超过 100 次 /min,婴幼儿心率超过 150 次 /min,称为心动过速(tachycardia)。生理情况下可见于健康人运动时、紧张激动时;病理情况下见于发热、甲状腺功能亢进、贫血、休克等。

(2) 心动过缓:心率低于 60 次 /min,称为心动过缓(bradycardia)。过缓可表现为短暂性或持续性,可见于运动员、长期处于体力劳动的健康者、多种疾病或服用某些药物引起。

2. 心律(cardiac rhythm) 指心脏搏动的节律。正常人心律基本规则,部分青少年可出现随呼吸而改变的心律,吸气时心率增快,呼气时减慢,称窦性心律不齐(sinus arrhythmia),一般无临床意义。听诊所能发现的心律失常最常见的有期前收缩(premature beat)和心房颤动(atrial fibrillation)。

(1) 期前收缩(简称早搏):是指在规则心律基础上,突然提前出现一次心跳,其后有一较长间歇。如果期前收缩规律出现,可形成联律。连续每一次窦性搏动后出现一次期前收缩,称二联律(bigeminal beats);每两次窦性搏动后出现一次期前收缩则称为三联律(trigeminal beats),以此类推。二联律及三联律多为病理性。常见原因有器质性心脏病、洋地黄中毒及低血钾等。

(2) 心房颤动(简称房颤):是由于心房内异位节律点发出的异位冲动导致心房肌快速而不协调的收缩所致。听诊特点:①心律绝对不规则。②第一心音强弱不等。③脉率低于心率,这种脉搏脱漏现象称为脉搏短绌或短绌脉(pulse deficit)。常见原因有二尖瓣狭窄、高血压、冠心病和甲状腺功能亢进症等。

3. 心音(heart sound) 按心音在心动周期中出现的先后次序,依次命名为第一心音(first heart sound,S_1)、第二心音(second heart sound,S_2)、第三心音(third heart sound,S_3)和第四心音(fourth heart sound,S_4)。通常只能听到第一、第二心音,部分青少年可闻及第三心音,第四心音属病理性,一般不易听到。心脏听诊最基本的技能是正确区分第一和第二心音,由此才能

笔记栏

进一步确定杂音或额外心音所处的心动周期时相。

(1) 第一心音和第二心音:第一心音出现标志心室收缩期开始,主要是由于二尖瓣和三尖瓣关闭引起的振动所产生。第二心音出现标志心室舒张期开始,主要是由于主动脉瓣和肺动脉瓣关闭引起的振动所产生。正常的第一心音与第二心音的听诊特点见表4-3。通常情况下,第一心音与第二心音的判断并无困难。

表4-3 第一心音与第二心音的听诊特点

	第一心音	第二心音
音调	较低	较高
强度	较响	较 S_1 弱
性质	较钝	较清脆
时限	较长,持续约0.1秒	较短,约0.08秒
与心尖搏动的关系	同时出现	之后出现
最响听诊部位	心尖部	心底部

(2) 心音的改变:包括心音强度和性质的改变。

心音强度改变:除肺含气量多少、胸壁或胸腔病变等心外因素和是否有心包积液外,影响心音强度的主要因素是心肌收缩力与心室充盈程度(影响心室内压增加的速率)、瓣膜位置的高低、瓣膜的结构和活动性等。①S_1 改变:主要决定因素是心室内压增加的速率,心室内压增加的速率越快,S_1 越强;其次受心室开始收缩时二尖瓣和三尖瓣的位置和上述其他因素影响。S_1 增强常见于二尖瓣狭窄、高热、贫血、甲状腺功能亢进等患者。S_1 减弱常见于二尖瓣关闭不全、心肌炎、心肌病、心肌梗死或心力衰竭时。S_1 强弱不等常见于心房颤动和完全性房室传导阻滞。②S_2 改变:S_2 有两个主要部分即主动脉瓣 S_2 部分和肺动脉瓣 S_2 部分。通常主动脉瓣 S_2 部分在主动脉瓣区(简写 A_2)最清楚,肺动脉瓣 S_2 部分在肺动脉瓣区(简写 P_2)最清晰。S_2 增强:A_2 增强或亢进见于主动脉压增高,主动脉瓣关闭有力,如高血压、动脉粥样硬化;P_2 增强见于肺动脉压增高,如肺源性心脏病、左向右分流的先天性心脏病(如房间隔缺损、室间隔缺损、动脉导管未闭等)、二尖瓣狭窄伴肺动脉高压等。S_2 减弱:A_2 减弱见于主动脉瓣狭窄等;P_2 减弱见于肺动脉瓣狭窄等。③S_1、S_2 同时改变:同时增强多见于运动、情绪激动、贫血、甲状腺功能亢进症等使心脏活动增强时;同时减弱多见于心肌严重受损和休克等循环衰竭,或左侧胸腔大量积液、肺气肿、胸壁水肿等。

心音性质改变:心肌严重病变时,第一心音失去原有性质且明显减弱,第二心音也弱,S_1、S_2 极相似,可形成"单音律"。当心率增快,收缩期与舒张期时限几乎相等时,听诊类似钟摆声,又称"钟摆律",或"胎心律",提示病情严重,如大面积急性心肌梗死和重症心肌炎等。

4. 额外心音(extra cardiac sound) 指在原有 S_1、S_2 之外听到的附加心音,与心脏杂音不同。大部分出现在 S_2 之后即舒张期,其中以舒张早期额外心音最为常见。舒张早期额外心音听诊特点:出现在 S_2 之后,音调较低,强度较弱。与原有的 S_1、S_2 构成三音律(triple rhythm),同时有心率增快时,犹如马奔跑时的蹄声,故称舒张早期奔马律(protodiastolic gallop)。舒张早期奔马律的出现,提示有严重器质性心脏病,常见于心力衰竭、急性心肌梗死、重症心肌炎与扩张型心肌病等。

5. 心脏杂音(cardiac murmurs) 指在心音与额外心音之外的异常声音,其特点为持续时间较长,强度、频率不同,可与心音完全分开或连续,甚至完全遮盖心音。杂音性质的判断对于心脏病的诊断具有重要的参考价值。

（1）杂音产生的机制：正常血流呈层流状态，在血流加速、异常血流通道、血管管径异常等情况下，可使层流转变为湍流或漩涡而冲击心壁、大血管壁、瓣膜、腱索等使之振动而在相应部位产生杂音（图4-57）。

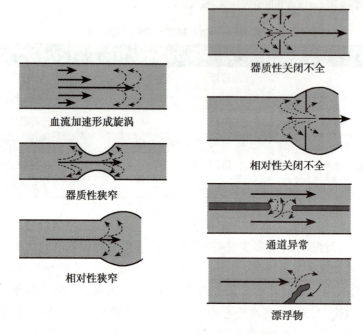

图4-57 杂音的产生机制示意图

（2）杂音的特性与听诊要点：杂音的听诊有一定难度，应根据以下要点进行仔细分辨并分析：

最响部位和传导方向：杂音最响部位常与病变部位有关，如杂音在心尖部最响，提示二尖瓣病变；杂音在主动脉瓣区或肺功脉瓣区最响，则分别提示为主动脉瓣或肺功脉瓣病变；如在胸骨左缘第3、4肋间闻及响亮而粗糙的收缩期杂音，应考虑室间隔缺损等。杂音的传导方向也有一定规律，如二尖瓣关闭不全的杂音多向左腋下传导，主动脉瓣狭窄的杂音向颈部传导。由于许多杂音具有传导性，在心脏任何听诊区听到的杂音除考虑相应的瓣膜病变外，尚应考虑是否由其他部位传导所致。一般杂音传导得越远，则其声音将变得越弱，但性质仍保持不变。

心动周期中的时期:不同时期的杂音反映不同的病变。可分收缩期杂音、舒张期杂音、连续性杂音和双期杂音(收缩期与舒张期均出现但不连续的杂音)。一般认为,舒张期杂音和连续性杂音均为器质性杂音,而收缩期杂音则可能系器质性或功能性。

性质:指由于杂音的不同频率而表现出音调与音色的不同。按音调高低可分为柔和与粗糙两种。功能性杂音较柔和,器质性杂音较粗糙。杂音的音色可形容为吹风样、隆隆样(雷鸣样)、机器样、喷射样、叹气样(哈气样)、乐音样等。临床上常根据杂音性质推断不同病变,如二尖瓣区收缩期粗糙的吹风样杂音,提示二尖瓣关闭不全;舒张期隆隆样杂音是二尖瓣狭窄的特征;主动脉瓣第二听诊区舒张期叹气样杂音为主动脉瓣关闭不全的特征;机器样杂音见于动脉导管未闭;乐音样杂音见于感染性心内膜炎、梅毒性心脏病。

强度:即杂音的响度。收缩期杂音的强度一般采用 Levine 6 级分级法(表4-4),对舒张期杂音的分级也可参照此标准,但亦只分为轻、中、重度三级。杂音分级的记录方法:杂音级别为分子,6 为分母;如响度为 3 级的杂音记为 3/6 级杂音。器质性杂音强度常 ≥3/6 级。

表 4-4 杂音强度分级

级别	响度	听诊特点	震颤
1	很轻	很弱,易被初学者或缺少心脏听诊经验者所忽视	无
2	轻度	能被初学者或缺少心脏听诊经验者听到	无
3	中度	明显的杂音	无
4	中度	明显的杂音	有
5	响亮	杂音很响,但听诊器离开胸壁即听不到	明显
6	响亮	杂音很响,即使听诊器稍离开胸壁也能听到	明显

体位、呼吸和运动对杂音的影响:①体位:左侧卧位可使二尖瓣狭窄的舒张期隆隆样杂音更明显;前倾坐位时,易于闻及主动脉瓣关闭不全的叹气样杂音;仰卧位则二尖瓣、三尖瓣与肺动脉瓣关闭不全的杂音更明显。②呼吸:深吸气时,胸腔负压增加,回心血量增多和右心室排血量增加,从而使与右心相关的杂音增强,如三尖瓣或肺动脉瓣狭窄与关闭不全。③运动:使心率增快,心搏增强,在一定的心率范围内亦使杂音增强。

(3) 杂音的临床意义:杂音对心血管病的诊断与鉴别诊断有重要价值。但是,有杂音不一定有心脏病,有心脏病也可无杂音。生理性杂音必须符合以下条件:只限于收缩期,心脏无增大,杂音柔和、吹风样,无震颤。

杂音的分类:根据产生杂音的心脏部位有无器质性病变可区分为器质性杂音与功能性杂音;根据杂音的临床意义又可以分为病理性杂音和生理性杂音(包括无害性杂音)。器质性杂音是指杂音产生部位有器质性病变存在,而功能性杂音包括:①生理性杂音。②全身性疾病造成的血流动力学改变产生的杂音(如甲状腺功能亢进使血流速度明显增加)。③有心脏病理意义的相对性关闭不全或狭窄引起的杂音(也可称相对性杂音)。后者心脏局部虽无器质性病变,但它与器质性杂音又可合称为病理性杂音。

收缩期杂音:①二尖瓣区:功能性杂音常见于运动、发热、贫血、妊娠与甲状腺功能亢进等,杂音性质柔和、吹风样、强度≤2/6 级,时限短,较局限;具有心脏病理意义的功能性杂音(相对性杂音)由左心增大引起的二尖瓣相对性关闭不全,可见于高血压性心脏病、冠心病、贫血性心脏病和扩张型心肌病等,杂音性质较粗糙、吹风样、强度 2/6~3/6 级,时限较长,可有

笔记栏

一定的传导。器质性杂音主要见于风湿性心瓣膜病,如二尖瓣关闭不全等,杂音性质粗糙、吹风样、高调,强度≥3/6级,持续时间长,可占全收缩期,甚至遮盖 S_1,并向左腋下传导。②主动脉瓣区:以主动脉瓣狭窄引起的器质性杂音多见,听诊为典型的喷射性收缩中期杂音,响亮而粗糙,向颈部传导,常伴有震颤,且 A_2 减弱。③肺动脉瓣区:以功能性杂音多见,其中生理性杂音多见于青少年及儿童;相对性杂音,为肺淤血及肺动脉高压导致肺动脉扩张产生的肺动脉瓣相对性狭窄的杂音。④三尖瓣区:多为相对性杂音,见于右心室扩大导致三尖瓣相对性关闭不全。器质性杂音极少见。⑤其他部位:器质性杂音常见于室间隔缺损,听诊特点为胸骨左缘第3、4肋间响亮而粗糙的收缩期杂音伴震颤,有时呈喷射性。

舒张期杂音:①二尖瓣区:相对性杂音主要见于中、重度主动脉瓣关闭不全,导致相对性二尖瓣狭窄而产生杂音,称 Austin - Flint 杂音。听诊柔和,无震颤;器质性杂音主要见于风湿性心瓣膜病的二尖瓣狭窄。听诊特点为局限于心尖部的舒张中、晚期隆隆样杂音,S_1 亢进,常伴震颤。②主动脉瓣区:主要见于主动脉瓣关闭不全所致的器质性杂音。杂音呈舒张早期叹气样,常向胸骨左缘及心尖传导,于主动脉瓣第二听诊区、前倾坐位、深呼气后暂停呼吸最清楚。③肺动脉瓣区:器质性病变引起者极少,多由于肺动脉扩张导致相对性关闭不全所致的功能性杂音。杂音柔和、较局限,呈舒张期递减型、吹风样,于吸气末增强,多见于二尖瓣狭窄伴明显肺动脉高压。④三尖瓣区:极为少见,见于三尖瓣狭窄。

连续性杂音:常见于先天性心脏病动脉导管未闭。杂音粗糙、响亮似机器转动声,持续于整个收缩与舒张期,其间不中断,掩盖 S_2。在胸骨左缘第2肋间稍外侧闻及,常伴有震颤。

6. 心包摩擦音(pericardial friction sound) 指脏层与壁层心包由于生物性或理化因素致纤维蛋白沉积而粗糙,以致在心脏搏动时产生摩擦而出现的声音。音质粗糙、高音调、搔抓样、比较表浅,类似纸张摩擦的声音。在心前区或胸骨左缘第3、4肋间最响亮,坐位前倾及呼气末更明显。心包摩擦音与心搏一致,屏气时摩擦音仍存在,可据此与胸膜摩擦音相鉴别。心包摩擦音见于各种感染性心包炎,也可见于急性心肌梗死、尿毒症、心脏损伤后综合征和系统性红斑狼疮等非感染性情况。

案例分析

病案实例:

患者,男性,65岁。主诉:胸闷心慌3天。现病史:3天前做家务时突感心慌,夜间休息时不能平卧,坐起后呼吸困难稍缓解,并咳出少量粉红色泡沫痰,舌下含服硝酸甘油不能缓解,症状进行性加重,呼吸困难难以缓解。既往有"风湿热"病史。体格检查:神志清,二尖瓣面容,心尖搏动向左下移位,心浊音界扩大,第一心音增强,心尖部可闻及较局限的舒张中、晚期隆隆样杂音,左侧卧位时更明显。心脏彩色超声检查提示:风湿性心脏病,二尖瓣狭窄。

请问:该患者心脏杂音的听诊特征及其与病变的关系。

分析:

该患者为典型的风湿性心瓣膜病的二尖瓣狭窄患者。杂音的最响部位在心尖部,提示病变在二尖瓣瓣膜。杂音传导方向的特点是局限于心尖区,与二尖瓣狭窄杂音的特点相符。心尖部杂音出现的时期为舒张期,提示是二尖瓣的狭窄而不是关闭不全。杂音的性质为隆隆样杂音符合二尖瓣狭窄杂音的音色特征。采取左侧卧位的体位可使二尖瓣狭窄的舒张期隆隆样杂音更明显。

五、血管

血管检查是心血管检查的重要组成部分。一般进行周围血管检查,主要包括脉搏、血压和周围血管征。

(一)脉搏

参见本章第二节"生命体征"。

(二)血压

参见本章第二节"生命体征"。

(三)周围血管征

脉压增大除可触及水冲脉外,还有以下体征。

1. 枪击音(pistol shot sound) 在外周较大动脉表面,常选择股动脉,轻放膜型听诊器时可闻及与心跳一致短促如射枪的声音。

2. 杜柔双重杂音(Duroziez sign) 以钟型听诊器稍加压力于股动脉,并使体件开口方向稍偏向近心端,可闻及收缩期与舒张期连续性的吹风样杂音。

3. 毛细血管搏动征(capillary pulsation sign) 用手指轻压被检查者指甲末端或以玻片轻压被检查者口唇黏膜,使局部发白,当心脏收缩和舒张时则发白的局部边缘发生有规律的红、白交替改变即为毛细血管搏动征。

凡体检时发现上述体征及水冲脉可统称周围血管征阳性,主要见于主动脉瓣重度关闭不全、甲状腺功能亢进和严重贫血等。

【相关护理诊断】

1. 心输出量减少:第一心音减弱/心动过缓 与左心功能不全、严重心律失常有关。

2. 有心输出量减少的危险:心尖部舒张期杂音 与二尖瓣狭窄有关。

3. 有脑组织灌注无效的危险:舒张期奔马律 与心功能不全有关。

4. 有活动无耐力的危险:心脏杂音/震颤 与心脏结构异常有关。

5. 有休克的危险:第一、二心音减弱 与心功能衰竭有关。

第八节 腹部检查

腹部检查包含腹壁、腹腔和腹腔内脏器等内容。腹部上起横膈,下至骨盆,前面及侧面为腹壁,后面为脊柱及腰肌。腹部检查时,为避免叩诊、触诊对胃肠蠕动的影响,使肠鸣音发生变化,一般按视诊、听诊、叩诊、触诊的顺序进行,但为了保持格式的统一,记录时仍按视、触、叩、听顺序。腹部检查中以触诊最为重要。

一、腹部体表标志及分区

为了准确描述和记录腹部脏器及病变的部位,需要借助腹部体表标志对其进行分区,以便熟悉腹部脏器的部位及其在体表的投影。

(一)体表标志

常用下列腹部标志(图4-58)。

1. 肋弓下缘(costal margin) 由第8~10肋软骨连接形成的肋缘和第11、12浮肋构成,其下缘为体表腹部上界,常用于腹部分区、胆囊点定位及肝脾测量。

2. 腹上角(upper abdominal angle) 为两侧肋弓至剑突根部的交角,常用于判断体型及肝脏测量。

3. 脐(umbilicus) 为腹部的中心,平第3~4腰椎之间,为腹部四区分法的标志。

4. 髂前上棘(anterior superior iliac spine) 髂嵴前上方突出点,为腹部九区分法标志及阑尾压痛点的定位标志。

5. 腹直肌外缘(lateral border of reclus muscles) 相当于锁骨中线的延续,右侧腹直肌外缘与肋弓下缘交界处为胆囊点。

6. 腹中线(midabdominal line) 为前正中线至耻骨联合的延续,为腹部四区分法的垂直线。

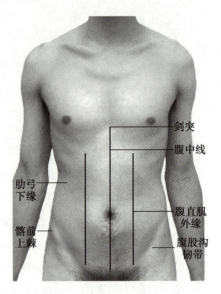

图 4-58 腹部体表标志示意图

7. 腹股沟韧带(inguinal ligament) 两侧腹股沟韧带与耻骨联合上缘共同构成腹部体表的下界。

8. 肋脊角(costovertebral angle) 背部两侧第12肋骨与脊柱的交角,为检查肾脏叩击痛的位置。

9. 耻骨联合(pubic symphysis) 为腹中线最下部的骨性标志,系两耻骨间的纤维软骨连接,与耻骨共同组成腹部体表下界。

(二)腹部分区

常用的腹部分区法为四区分法和九区分法。(图4-59)

1. 四区分法 通过脐划一水平线与一垂直线(即腹中线)将腹部分为四区,即右上腹、右下腹、左上腹和左下腹。四区分法最为常用且简单易行,但较粗略,需以九区分法进一步准确定位。

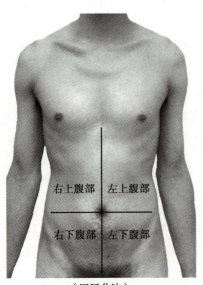

(四区分法)

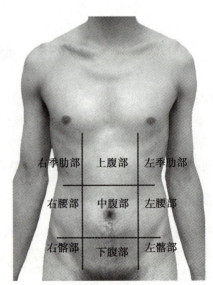

(九区分法)

图 4-59 腹部体表分区示意图

2. 九区分法　由两条水平线和两条垂直线将腹部分为九个区,上部的水平线为两侧肋弓下缘最低点的连线,下部的水平线为两侧髂前上棘连线;两条垂直线分别为通过左右髂前上棘至腹中线连线的中点所做的垂直线。四线相交将腹部分为左右上腹部(季肋部)、左右侧腹部(腰部)、左右下腹部(髂部)及上腹部、中腹部(脐部)和下腹部(耻骨上部)九个区域,各区的命名及脏器分布情况如下。

(1) 右上腹部(右季肋部):肝右叶、胆囊、结肠肝曲、右肾及右肾上腺。

(2) 右侧腹部(右腰部):升结肠、部分空肠及右肾下极。

(3) 右下腹部(右髂部):盲肠、阑尾、回肠下段、女性右侧卵巢及输卵管、男性右侧精索。

(4) 上腹部:胃体及幽门区、肝左叶、十二指肠、胰头及胰体、横结肠、腹主动脉、大网膜。

(5) 中腹部(脐部):十二指肠下段、空肠和回肠、下垂的胃或横结肠、肠系膜、输尿管、腹主动脉、大网膜。

(6) 下腹部(耻骨上部):回肠、乙状结肠、输尿管、胀大的膀胱或增大的子宫。

(7) 左上腹部(左季肋部):胃体及胃底、脾、胰尾、结肠脾曲、左肾及左肾上腺。

(8) 左侧腹部(左腰部):降结肠、左肾下极、空肠或回肠。

(9) 左下腹部(左髂部):乙状结肠、女性左侧卵巢及输卵管、男性左侧精索。

二、腹部视诊

腹部视诊时,被检查者应排空膀胱、取低枕仰卧位,手放于身体两侧,充分暴露全腹。检查者站立于被检查者右侧,在充足的自然光线下,自上而下按一定顺序视诊腹部。有时为了查出细小隆起或蠕动波,检查者应自腹部侧面呈切线方向观察。腹部视诊的主要内容有腹部外形、呼吸运动、腹壁静脉、胃肠型及蠕动波等。

(一)腹部外形

健康成年人平卧时,前腹壁大致处于肋缘至耻骨联合平面或略微凹陷,称为腹部平坦。前腹壁稍高于肋缘与耻骨联合平面,称为腹部饱满,见于小儿及肥胖者。前腹壁稍低于肋缘与耻骨联合平面,称为腹部低平,常见于消瘦者及皮下脂肪少的老年人。上述均属于正常范围。如若腹部外形明显膨隆或凹陷,则应视为异常。

1. 腹部膨隆　平卧时前腹壁明显高于肋缘至耻骨联合平面,外观呈凸起状,称腹部膨隆(abdominal protuberance),可因生理状况如肥胖、妊娠,或病理状况如腹水、积气、巨大肿瘤等引起,因情况不同又可表现为以下几种。

(1) 全腹膨隆:腹部弥漫性膨隆呈球形或椭圆形。常见于:①腹腔积液:腹腔内积液称腹水(ascites),平卧位时液体下沉于腹腔两侧,致腹部扁而宽,称为蛙腹(frog belly)。侧卧或坐位时,因液体向下移动而使得腹下部膨出。常见于肝硬化门静脉高压症,亦可见于心力衰竭、缩窄性心包炎、腹膜癌转移(肝癌、卵巢癌多见)、肾病综合征、胰源性腹水或结核性腹膜炎等;②腹内积气:腹内积气多在胃肠道内,大量积气可引起全腹膨隆呈球形,两侧腰部膨出不明显,改变体位时其形状无明显改变,见于各种原因引起的肠梗阻或肠麻痹。积气在腹腔内,称为气腹(pneumoperitoneum),见于胃肠穿孔或治疗性人工气腹;③腹内巨大肿块:如巨大卵巢囊肿、畸胎瘤等,体位改变时外形不会改变;④其他:如过度肥胖、妊娠晚期。肥胖者、腹壁脂肪过多、脐凹陷明显;腹腔内病变所致者腹壁无增厚,压力影响致使脐突出。

全腹膨隆时,为观察其程度,常需要测量腹围。应定期在同样条件下测量并比较,以观察腹腔内容物(如腹水)的变化。方法为让被检查者排尿后平卧,用软尺经脐绕腹一周,测得的周长即为腹围,称脐周腹围,通常以厘米为单位。

(2) 局部膨隆:腹部的局限性膨隆常因脏器肿大、腹内肿瘤或炎症性肿块、胃或肠胀气,以及腹壁上的肿物和疝等。脏器肿大一般都在该脏器所在部位,并保持该脏器的外形特征,如脾脏切迹等。

上腹中部膨隆常见于肝左叶肿大、胃癌、胃扩张、胰腺肿瘤或囊肿等。右上腹膨隆常见于肝肿大(肿瘤、脓肿等)、胆囊肿大及结肠肝曲肿瘤。左上腹膨隆常见于脾肿大、结肠脾曲肿瘤。腰部膨隆见于多囊肾,巨大肾上腺瘤,肾盂大量积水或积脓。脐部膨隆常因脐疝、腹部炎症性肿块引起。下腹膨隆常见于子宫增大(妊娠、肌瘤等)、卵巢肿瘤、膀胱胀大,后者在排尿后可以消失。右下腹膨隆见于回盲部结核或肿瘤、克罗恩病及阑尾周围脓肿等。左下腹膨隆见于降结肠及乙状结肠肿瘤,或干结粪块所致。

为鉴别局部膨隆是由于腹壁上的肿块还是腹腔内病变,可嘱被检查者平卧位作屈颈抬肩动作使腹壁肌肉紧张,如肿块更加明显,说明是位于腹壁上。反之,如变得不明显或者消失,说明肿块在腹腔内。

2. 腹部凹陷　仰卧时前腹壁明显低于肋缘与耻骨联合平面,称腹部凹陷(abdominal concavity),凹陷亦分全腹和局部,但以前者意义更为重要。

(1) 全腹凹陷:患者严重时前腹壁明显凹陷,见于消瘦和脱水者。严重时几乎贴近脊柱,肋弓、髂嵴和耻骨联合显露,使腹外形如舟状,称舟状腹(scaphoid abdomen),见于恶病质,如结核病、恶性肿瘤等慢性消耗性疾病。

(2) 局部凹陷:较为少见。多因手术后腹壁瘢痕收缩所致。

(二) 呼吸运动

腹式呼吸减弱常因腹膜炎症、腹水、急性腹痛、腹腔内巨大肿物或妊娠。腹式呼吸消失常见于胃肠穿孔等所致急性腹膜炎或膈肌麻痹等。

腹式呼吸增强不多见,常为肺部或胸膜疾病使胸式呼吸受限所致。

(三) 腹壁静脉

正常人腹壁静脉一般不显露,消瘦或皮肤白皙者,皮肤较薄而松弛的老年人隐约可见,但不迂曲,多呈较直的条纹。正常时脐水平线以上的腹壁静脉血流自下向上经胸壁静脉和腋静脉而进入上腔静脉,脐水平以下者自上向下经大隐静脉而流入下腔静脉。

各种使腹压增加的情况,如腹水、腹腔巨大肿物、妊娠等,可见腹壁静脉显露。腹壁静脉显而易见或迂曲变粗,称为腹壁静脉曲张。常见于门静脉高压或上、下腔静脉回流受阻而有侧支循环形成时。根据腹壁静脉曲张分布及血流方向可以判断静脉曲张的来源:门静脉高压时,于脐部可见到一簇曲张静脉向四周放射,形如水母头(caput medusas)状,血流方向以脐为中心呈放射状(图4-60);下腔静脉梗阻时,曲张静脉大多分布在腹壁两侧,脐上、脐下的腹壁静脉的血流方向均向上(图4-60);上腔静脉梗阻时,血流方向均向下(图4-60)。借简单的指压法即可鉴别。

检查腹壁曲张静脉的血流方向,同检查胸壁静脉曲张的血流方向,见本章第五节。

(四) 胃肠型和蠕动波

正常人腹部一般看不到胃和肠的轮廓及蠕动波形,除非腹壁特别松弛或菲薄,如老年人、经产妇、极度消瘦。

胃肠道发生梗阻时,梗阻近端的胃或肠段扩张而隆起,可呈现胃肠的轮廓,称为胃型或肠型(gastral or intestinal pattern),同时伴有该部位的蠕动加强,可以看到蠕动波(peristalsis)。

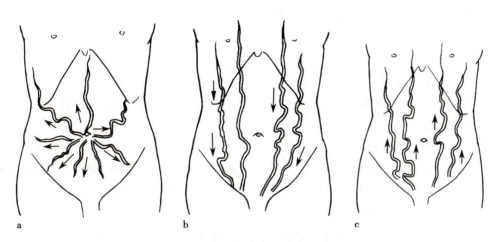

图 4-60 腹壁静脉曲张血流方向示意图

a.门脉高压时,静脉血流方向;b.上腔静脉梗阻时静脉血流方向;c.下腔静脉梗阻时静脉血流方向

胃蠕动波自左肋缘下开始,缓慢地向右推进,到达右腹直肌旁消失,此为正蠕动波。有时尚可见到自右向左的逆蠕动波。小肠阻塞所致的蠕动波多见于脐部;严重梗阻时,呈管状隆起,排列于腹中部,组成多层梯形肠型,并可看到明显的肠蠕动波,此起彼伏,运行方向不一。结肠远端梗阻时,宽大的肠型多位于腹部周边。如发生了肠麻痹,则蠕动波消失。

三、腹部听诊

腹部听诊时应全面听诊各区,尤其注意上腹部、脐部。腹部听诊内容主要有:肠鸣音、振水音。

(一)肠鸣音

肠蠕动时,肠管内气体和液体随之流动,产生一种断续的咕噜声或气过水声,称为肠鸣音(bowel sound)。听诊时,将听诊器膜型体件置于脐旁或右下腹部至少听诊 1 分钟。正常肠鸣音大约每分钟 4~5 次。其频率声响和音调变异较大,餐后频繁明显,休息时稀疏微弱。肠鸣音异常有:

1. 肠鸣音活跃 肠鸣音达每分钟 10 次以上,但音调并不特别高亢,见于急性胃肠炎、服泻药后或胃肠道大出血时。

2. 肠鸣音亢进 肠鸣音次数多且响亮、高亢,甚至呈叮当声或金属音,见于机械性肠梗阻。

3. 肠鸣音减弱 肠鸣音明显少于正常,甚至数分钟才听到 1 次,见于老年性便秘、腹膜炎、低钾血症,胃肠动力低下等。

4. 肠鸣音消失 持续听诊 2 分钟以上未听到肠鸣音,用手指轻叩或搔弹腹部仍未听到肠鸣音,见于急性腹膜炎、腹部大手术后或麻痹性肠梗阻。

(二)振水音

被检查者仰卧,检查者以一耳凑近或将听诊器体件置于上腹部,然后用稍弯曲的手指在被检查者的上腹部做连续迅速的冲击动作,如听到胃内气体与液体相撞击而产生的声音,即为振水音。也可用双手左右摇晃其上腹部以闻及振水音。

正常人在餐后或饮入多量液体时可有上腹振水音,若在清晨空腹或餐后 6~8 小时以上仍有此音,则提示胃排空障碍,见于幽门梗阻或胃扩张等。

四、腹部叩诊

腹部叩诊主要用于了解某些脏器的大小和是否有叩击痛,胃肠道充气情况,腹腔内有无积气、积液和肿块等。直接叩诊法和间接叩诊法均可应用于腹部,但多采用间接叩诊法。

(一) 腹部叩诊音

腹部叩诊大部分区域均为鼓音,只有肝脾所在部位、增大的膀胱和子宫占据的部位以及两侧腹部近腰肌处叩诊为浊音。鼓音范围缩小见于肝脾或其他脏器极度肿大、腹腔内肿瘤或大量腹水。鼓音明显范围增大见于胃肠高度胀气和胃肠穿孔致气腹。

(二) 肝脏及胆囊叩诊

1. 肝上界和肝下界 用叩诊法定肝上界时,一般沿右锁骨中线由肺清音区向下叩向腹部转为浊音时,即为肝上界。此处相当于被肺遮盖的肝顶部,又称肝相对浊音界。再向下叩1~2肋间,则浊音变为实音,此处的肝脏不再被肺遮盖,称肝绝对浊音界,亦为肺下界。确定肝下界时,最好由腹部鼓音区沿右锁骨中线向上叩,由鼓音转为浊音处即是。一般叩得的肝下界比触得的肝下缘高1~2cm。匀称体型者的正常肝上界在右锁骨中线上第5肋间,下界位于右季肋下缘。两者之间的距离为肝上下径,约为9~11cm。矮胖体型者肝上下界均可高一个肋间,瘦长体型者则可低一个肋间。

肝浊音界扩大见于肝癌、肝脓肿、肝炎、肝淤血和多囊肝等;肝浊音界缩小见于急性重型肝炎、肝硬化和胃肠胀气等;肝浊音界消失代之以鼓音者,是急性胃肠穿孔的一个重要征象;肝浊音界向上移位见于右肺纤维化、右下肺不张、气腹、鼓肠等;肝浊音界向下移位见于肺气肿、右侧张力性气胸等。

2. 肝区叩击痛 肝区叩击痛见于病毒性肝炎、肝脓肿或肝癌等。

3. 胆囊叩击痛 胆囊区叩击痛为胆囊炎的重要体征。

(三) 肾脏叩诊

常用肾区叩击痛检查肾脏病变。检查时,被检查者采取坐位或侧卧位,检查者用左手掌平放在其肋脊角处(肾区),右手握拳用由轻到中等的力量叩击左手背。正常时无叩击痛,叩击痛见于肾炎、肾盂肾炎、肾结石、肾结核及肾周围炎。

(四) 膀胱叩诊

膀胱叩诊用于判断膀胱膨胀的程度。在耻骨联合上方进行,通常从上往下,由鼓音转为浊音。膀胱空虚时,因有肠管存在,叩诊呈鼓音。膀胱内有尿液充盈时,耻骨上方叩诊呈圆形浊音区;排尿或导尿后复查,则浊音区转为鼓音。此可与女性妊娠时子宫增大、子宫肌瘤或卵巢囊肿时该区叩诊浊音相鉴别。

(五) 移动性浊音

移动性浊音(shifting dullness)为确定腹腔有无积液的重要检查方法。叩诊机制为当腹腔积液患者取仰卧位时,液体因重力作用积聚于腹腔低处,含气的肠管漂浮其上,故叩诊腹中部呈鼓音,腹部两侧呈浊音。患者取侧卧位时,液体积聚于下部,肠管上浮,下侧腹部转为浊音。鉴此,检查者自患者腹中部脐平面开始叩向左侧至出现浊音时,板指固定不动,嘱患者右侧卧,再次叩诊如呈鼓音,表明浊音移动。同样方法向右侧叩诊,叩得浊音后嘱患者左侧卧,以核实浊音是否移动。这种因体位改变而出现浊音移动的现象,称移动性浊音。正常人无移动性浊音。当腹腔内游离积液在1 000ml以上时,即可查出移动性浊音。

五、腹部触诊

触诊是腹部检查的主要方法。触诊时,患者应排尿后取低枕仰卧位,两手自然置于身体两侧,两腿屈曲并稍分开,以使腹肌尽量松弛,并做平静的腹式呼吸,吸气时腹部上抬隆起,呼气时腹部自然下陷。检查者面向被检查者站于其右侧,前臂与腹部表面尽量在同一水平。先全腹触诊,后脏器触诊。全腹触诊的顺序与全腹叩诊相同,自左下腹开始逆时针方向依次检查全腹各区。若被检查者已主诉有病痛部位,则检查的原则是先触诊未诉病痛的部位,逐渐移向病痛部位。边触诊边观察被检查者的反应与表情,边触诊边与被检查者简单交流。

触诊时,根据不同的目的,采用不同的触诊手法。浅部触诊用于腹部触诊起始,用以检查腹壁紧张度、表浅的压痛、肿块、搏动和腹壁上的肿物;深部触诊继浅部触诊后施行,感知腹腔脏器的大小、形态、压痛、反跳痛以及腹内肿块情况等。

(一)腹壁紧张度

正常人腹壁有一定张力,一般触之柔软,较易压陷,称腹壁柔软。某些病理情况可使全腹或局部腹肌紧张度增加或减弱。

1. 腹壁紧张度增加 主要因腹膜炎症刺激引起腹肌痉挛所致。

(1)全腹壁紧张度增加:①急性胃肠穿孔或脏器破裂所致急性弥漫性腹膜炎,腹膜刺激而引起腹肌痉挛、腹壁明显紧张,甚至强直,硬如木板,称板状腹(board-like rigidity);②结核性腹膜炎或癌性腹膜炎,由于发展较慢,对腹膜刺激缓慢,且可有腹膜增厚和肠管、肠系膜的粘连,故形成腹壁柔韧而具抵抗力,不易压陷,称揉面感(dough kneading sensation)或柔韧感。

(2)局部腹壁紧张度增加:常因腹内脏器炎症波及腹膜而引起,如上腹或左上腹肌紧张常见于急性胰腺炎,右上腹肌紧张常见于急性胆囊炎,右下腹肌紧张常见于急性阑尾炎。

2. 腹壁紧张度减低 多因腹肌张力降低或消失所致。检查时腹壁松软无力,失去弹性,全腹紧张度减低,见于慢性消耗性疾病或大量放腹水后,亦见于经产妇或老年体弱、脱水患者。

(二)压痛及反跳痛

1. 压痛 正常腹部触诊时不引起疼痛,深压时仅有一种压迫不适感。压痛(tenderness)多来自腹壁或腹腔内的病变。浅表的腹壁病变抬头屈颈使腹肌紧张时压痛明显,有别于腹腔内病变引起者。腹腔内的病变如脏器的炎症、淤血、肿瘤、破裂、扭转,以及腹膜的刺激(炎症、出血等)等均可引起腹部压痛,根据压痛部位可推测受累脏器。一些位置较固定的压痛点常反映特定的疾病,如位于右锁骨中线与肋缘交界处的胆囊点压痛标志胆囊的病变;位于脐与右髂前上棘连线中、外 1/3 交界处的阑尾点(麦氏点,McBurney point)压痛标志阑尾的病变等。

2. 反跳痛 当检查者用手触诊腹部出现深压痛后,示、中和环指三指可于原处稍停片刻,使压痛感觉趋于稳定,然后迅速将手抬起,如此时被检查者感觉腹痛骤然加重,并常伴有痛苦表情或呻吟,称为反跳痛(rebound tenderness)。反跳痛是腹膜壁层已受炎症累及的征象,为腹内脏器病变累及邻近腹膜的标志。当被检查者查有腹肌紧张、压痛与反跳痛,称腹膜刺激征(peritoneal irritation sign),亦称腹膜炎三联征。

(三)肝脏触诊

主要用于了解肝脏下缘的位置和肝脏的质地、边缘、表面及搏动等。

1. 触诊方法 触诊时,需嘱被检查者做较深腹式呼吸以使肝脏上下移动。可用单手或双手触诊,单手触诊法较为常用。

（1）单手触诊法：需在右锁骨中线上及前正中线上，分别触诊肝缘。右锁骨中线上触诊时，检查者将右手四指并拢，掌指关节伸直，示指前端桡侧与肋缘大致平行地放在右锁骨中线上，估计肝下缘的下方，配合被检查者较深的腹式呼吸进行触诊。被检查者呼气时，腹壁松弛下陷，手指压向腹壁深部触诊肝脏边缘，吸气时，手随腹壁隆起缓慢抬起，朝肋缘方向迎触下移的肝缘。如此反复进行，手指逐步向肋缘移动，直到触及肝缘或肋缘为止（图4-61）。前正中线上触诊时，示指与中指的指端指向剑突放在前正中线上估计肝下缘的下方，配合腹式深呼吸进行迎触。

（2）双手触诊法：检查者右手位置同单手法。用左手掌托住被检查者右腰部，拇指张开置于肋部，触诊时左手向上推，拇指按压使肝下缘紧贴于前腹壁，并限制右下胸扩张，以增加膈下移的幅度，吸气时下移的肝脏就更易被触及（图4-62）。

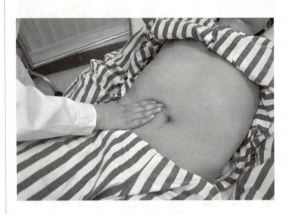
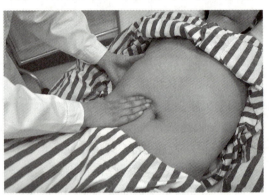

图4-61　单手触诊法触诊肝脏　　　　　图4-62　双手触诊法触诊肝脏

2. 触诊内容　触诊内容包括肝脏大小、质地、表面状态及边缘情况、有无压痛等，此外必要时检查肝颈静脉回流征等。

（1）大小：如触及肝缘，在平静呼吸时测量其与右肋缘和/或剑突根部的距离，以厘米表示。正常成人肝脏，一般在肋缘下不易触到，但腹壁松软、体形瘦长的人在深吸气时可于肋缘下触及肝下缘，但应在1cm以内；在剑突下多在3cm以内。肝下缘超出上述标准，其肝上界正常或升高，提示肝肿大。弥漫性肝大，见于肝炎、肝淤血、脂肪肝、白血病、血吸虫病等。局限性肝大见于肝脓肿、肝肿瘤及肝囊肿等。肝脏缩小见于急性和亚急性重型肝炎、门静脉性肝硬化晚期，病情极为严重。

（2）质地：肝脏质地一般分为质软、质韧和质硬三级。正常肝脏质软如触撅起之口唇；急性肝炎、脂肪肝质地稍韧，慢性病毒性肝炎及肝淤血质韧如触鼻尖；肝硬化、肝癌时质硬如触前额。肝脓肿或囊肿有液体时呈囊性感，大而表浅者可能触到波动感（fluctuation）。

（3）表面状态及边缘：正常肝脏表面光滑，边缘整齐、厚薄一致。肝淤血、脂肪肝时，边缘钝圆；肝硬化时，边缘锐利，表面扪及细小结节；肝癌则肝边缘不规则，表面不光滑，呈不均匀结节状。

（4）压痛：正常肝脏无压痛。当肝包膜有炎症反应或因肝肿大受到牵张时可出现压痛。轻度压痛见于肝炎、肝淤血等；剧烈压痛见于肝脓肿。

（5）肝颈静脉回流征（hepatojugular reflux）：检查时，嘱被检查者卧床，头垫高枕，张口平静呼吸，如有颈静脉怒张者，应将床头抬高30°~45°，使颈静脉怒张水平位于颈根部。检查者右手掌面轻贴于右上腹肝区,逐渐加压,持续 10 秒钟,同时观察颈静脉怒张程度。正常人颈静脉不扩张,或施压之初可有轻度扩张,但迅即下降到正常水平。右心衰竭的患者,如按压其淤血肿大的肝脏时,则颈静脉怒张更为明显,称肝颈静脉回流征阳性,为早期右心功能不全的重要体征。

(四)脾脏触诊

正常情况下脾脏不能触及,内脏下垂、左侧大量胸腔积液或积气致膈肌下降,脾随之下移,深吸气时可在左肋缘下触及。除此之外触及脾则提示脾大。

1. 触诊方法　脾脏明显肿大而位置又较表浅时,用单手触诊即可查到。如果肿大的脾脏位置较深,应需采用双手触诊法。临床上以双手触诊法应用居多。

(1) 双手触诊法:被检查者仰卧,两腿稍屈曲,检查者左手绕过被检查者腹前方,手掌置于其左胸下第 9~11 肋处,试将其脾脏从后向前托起,并限制胸廓运动。右手掌平置于脐部,与左肋弓大致成垂直方向,如同触诊肝脏一样,配合呼吸,逐步向上,迎触脾脏,直至触及脾缘或左肋缘。在脾脏轻度肿大而仰卧位不易触到时,可嘱被检查者取右侧卧位,左下肢屈曲,再用双手触诊容易触及(图 4-63)。

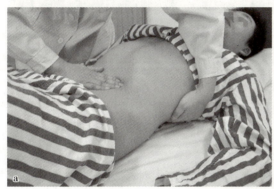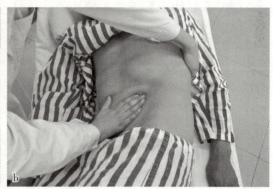

图 4-63　双手触诊法触诊脾脏

(2) 单手触诊法:同双手触诊法的右手手法。

2. 脾脏肿大的测量方法　临床上多采用第I线测量、第II线测量和第III线测量描述脾脏的大小,以厘米为单位。第I线测量是指左锁骨中线与肋缘交点至脾下缘的距离。脾脏轻度肿大时只作第I线测量。脾脏明显肿大时,应增加第II线测量和第III线测量,前者系指左锁骨中线与肋缘交点至脾脏最远点的距离(应大于第I线测量),后者指脾右缘与前正中线的距离。如脾脏高度增大向右越过前正中线,则测量脾右缘至前正中线的最大距离,以"+"表示;未超过前正中线则测量脾右缘与前正中线的最短距离,以"−"表示。(图 4-64)

3. 脾脏肿大的分度及临床意义　如同肝脏触诊一样,触到脾脏后除注意大小外,还要注意它的质地、边缘和表面情况,有无压痛等。

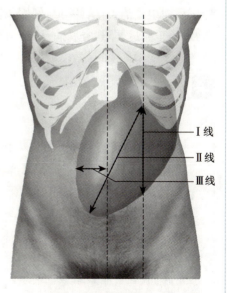

图 4-64　脾脏肿大测量法示意图

I 线
II 线
III 线

临床上常根据脾下缘至肋下缘的距离,将脾大分为轻、中、高三度。脾缘在肋下不超过 2cm,为轻度肿大,见于急慢性肝炎、伤寒等,质地多较柔软;超过肋下 2cm,但在脐水平线以上者,为中度肿大,见于肝硬化、慢性淋巴细胞白血病、淋巴瘤等;超过脐水平线或向右超过前正中线,为高度肿大,即巨脾,见于慢性粒细胞白血病、慢性疟疾、淋巴瘤或恶性组织细胞病。

(五)胆囊触诊

正常时胆囊隐没于肝脏之后,不能触及。

1. 胆囊肿大　肿大的胆囊超过肝缘及肋缘,可在右肋缘下腹直肌外缘处触及。肿大的胆囊一般呈梨形或卵圆形,表面光滑,张力较高,常有触痛,随呼吸上下移动。如其伴有明显压痛,常见于急性胆囊炎;如无压痛,见于壶腹周围癌;有实性感者,可见于胆囊结石或胆囊癌。

2. 胆囊触痛与 Murphy 征阳性　有时胆囊有炎症,但并无肿大或未肿大到肋缘以下,触诊不能查到胆囊。此时可探测胆囊触痛。检查者以左手掌平放于被检查者右胸下部,以拇指指腹勾压于右肋下胆囊点处(图4-65),然后嘱被检查者缓慢深吸气。在吸气过程中发炎的胆囊下移时撞及用力按压的拇指,即可引起疼痛,此为胆囊触痛,如因剧烈疼痛而致吸气中止称墨菲征(Murphy sign)阳性。

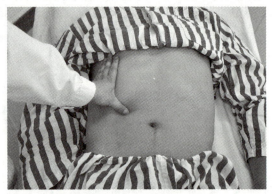

图 4-65　Murphy 征检查法

(六)膀胱触诊

正常膀胱空虚时隐于盆腔内,不易触到。只有当膀胱充盈胀大时,才超出耻骨上缘而在下腹中部触到。膀胱触诊一般采用单手滑行触诊法。在仰卧屈膝情况下检查者以右手自脐开始向耻骨方向触摸,触及肿块后应详察其性质。膀胱增大多由积尿所致,呈扁圆形或圆形,触之囊性感,不能用手推移,按压时憋胀,有尿意。极度充胀时,触之质硬,但光滑。排尿或导尿后缩小或消失,借此可与妊娠子宫、卵巢囊肿及直肠肿物等鉴别。膀胱胀大多由尿潴留所致,见于尿道梗阻、脊髓病、昏迷、腰椎或骶椎麻醉后、手术后局部疼痛患者。

知识链接

腹部肿块触诊

腹部触及肿块时,应注意以下各点:

1. 部位　某些部位的肿块常来源于该部的脏器。

2. 大小　凡触及的肿块均应测量其上下(纵长)、左右(横宽)和前后径(深厚)。为了形象化,也可以用公认大小的实物作比喻,如拳头、鸡蛋、核桃等。

3. 形态　触到肿块应注意其形状、轮廓、边缘和表面情况。圆形且表面光滑的肿块多为良性,以囊肿或淋巴结居多。形态不规则,表面凸凹不平且坚硬者,应多考虑恶性肿瘤、炎性肿物或结核性肿块。

4. 质地　肿块若为实质性的,其质地可能柔韧、中等硬或坚硬,见于肿瘤、炎性或结核浸润块。肿块若为囊性,质地柔软,见于囊肿、脓肿。

5. 压痛 炎性肿块有明显压痛。与脏器有关的肿瘤压痛可轻重不等。

6. 搏动 消瘦者可以在腹部见到或触到动脉的搏动。如在腹中线附近触到明显的膨胀性搏动,则应考虑腹主动脉或其分支的动脉瘤。

7. 移动度 如果肿块随呼吸而上下移动,多为肝、胆、脾、胃、肾或其肿物。局部炎性肿块或脓肿及腹腔后壁的肿瘤,一般不能移动。

此外,还应注意所触及的肿块与周围器官和腹壁的关系等。

【相关护理诊断】

1. 营养失调:低于机体需要量:舟状腹 与慢性消耗性疾病有关;与严重腹泻有关。
2. 营养失调:高于机体需要量:腹部膨隆 与不良生活习惯导致肥胖有关。
3. 体液过多:腹腔积液 与肝硬化、低蛋白血症、心功能不全有关。
4. 便秘:肠鸣音减弱 与排便习惯不规律有关。

第九节 肛门、直肠和外生殖器检查

肛门、直肠、生殖器由于部位比较特殊,某些患者在接受检查时可能会紧张,可能不配合,甚至拒绝检查,因此,检查者在检查前要保护患者隐私,向患者说明检查目的、方法和重要性,同时尊重患者权利,保护患者隐私,如果患者拒绝接受检查,要尊重患者意愿。

一、肛门与直肠

直肠全长约 12~15cm,下连肛管。肛管下端在体表的开口为肛门,位于会阴中心体与尾骨尖之间,肛门与直肠的检查方法简便,常能发现许多有重要临床价值的体征。

检查肛门与直肠时可根据病情需要,让患者采取不同的体位,以便达到所需的检查目的,常用的体位有:

1. 肘膝位 患者两肘关节屈曲,置于检查台上,胸部尽量靠近检查台,两膝关节屈曲成直角跪于检查台上,臀部抬高。此体位最常用于前列腺、精囊及内镜检查(图 4-66)。

图 4-66 肘膝位

2. **左侧卧位** 患者取左侧卧位,右腿向腹部屈曲,左腿伸直,臀部靠近检查台右边,检查者位于患者背后进行检查。该体位适用于病重、年老体弱或女性患者(图4-67)。

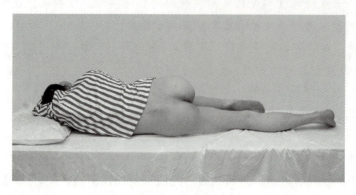

图 4-67 左侧卧位

3. **仰卧位或截石位** 患者仰卧于检查台上,臀部垫高,两腿屈曲、抬高并外展。适用于重症体弱患者或膀胱直肠窝的检查,亦可进行直肠双合诊,即右手示指在直肠内,左手在下腹部,双手配合,以检查盆腔脏器或病变情况。

4. **蹲位** 患者下蹲呈排大便的姿势,屏气向下用力。适用于检查直肠脱出、内痔及直肠息肉等。

肛门与直肠检查的结果及其病变部位按时钟方向记录,并要注明检查体位,如肘膝位病变在肛门后正中点为12点钟,前正中点为6点钟,而仰卧位时的时钟位则与之相反。

肛门与直肠的检查方法以视诊和触诊为主,辅以内镜检查。

(一)视诊

检查者用手分开被检查者臀部,观察肛门及其周围皮肤颜色及皱褶,正常颜色较深,皱褶自肛门向外周呈放射状,让被检查者提肛收缩肛门时括约肌皱褶更明显,作排便动作时皱褶变浅,还应观察肛门周围有无脓血、黏液、肛裂、外痔、瘘管口或脓肿等。

1. **肛门闭锁(proctatresia)与狭窄** 多见于新生儿先天性畸形;因感染、外伤或手术引起的肛门狭窄,常可在肛周发现瘢痕。

2. **肛门瘢痕与红肿** 肛门周围瘢痕,多见于外伤或手术后;肛门周围有红肿及压痛,常为肛门周围炎症或脓肿。

3. **肛裂(anal fissure)** 为肛管下段(齿状线以下)深达皮肤全层的纵行及梭形裂口或感染性溃疡。患者自觉排便时疼痛,排出的粪便周围常附有少许鲜血。检查时肛门常可见裂口,触诊时有明显触压痛。

4. **痔(hemorrhoid)** 为直肠下端黏膜下或肛管边缘皮下的内痔静脉丛或外痔静脉丛扩大和曲张所致的静脉团。多见于成年人,患者常有大便带血、痔块脱出、疼痛或瘙痒感。①内痔(internal hemorrhoid)位于齿状线以上。表面被直肠下端黏膜所覆盖;在肛门内口可查到柔软的紫红色包块,排便时可突出肛门口外;②外痔(external hemorrhoid)位于齿状线以下,表面被肛管皮肤所覆盖,在肛门外口可见紫红色柔软包块,表面为皮肤;③混合痔(mixed hemorrhoid)是齿状线上、下均可发现紫红色包块,下部被肛管皮肤所覆盖;具有外痔和内痔的特点。

5. **直肠脱垂(proctoptosis)** 又称脱肛(hedrocele),是指肛管、直肠或乙状结肠下端的肠壁,部分或全层向外翻而脱出于肛门外。检查时患者取蹲位,观察肛门外有无突出物。如无突出物或突出不明显,让其用力屏气做排便动作时,可见肛门外紫红色球状突出物,且随排便力气加大而突出更加明显,直肠指诊时能感到其肛管括约肌收缩无力,此系直肠部分脱垂(即直肠黏膜脱垂),停止排便时突出物常可回复至肛门内;若突出物呈椭圆形块状物,表面有环形皱襞,即为直肠完全脱垂(即直肠壁全层脱垂),停止排便时不易回复。

6. 肛门直肠瘘 简称肛瘘(archosyrinx),有内口和外口,内口在直肠或肛管内,瘘管经过肛门软组织,开口于肛门周围皮肤,肛瘘多为肛管或直肠周围脓肿与结核所致,不易愈合,检查时可见肛门周围皮肤有瘘管开口,有时有脓性分泌物,直肠指诊在内口处有轻度压痛,可扪及硬结样内口及锁样瘘管。

(二)触诊

肛门或直肠的触诊称为直肠指诊或肛门指诊,简称肛诊,方法简便易行而有效,许多肛门直肠疾病通过指诊就可早期发现,而且对盆腔的其他疾病如前列腺与精囊病变、子宫及输卵管病变等,都具有重要的诊断价值。触诊时要求被检查者采取肘膝位、左侧卧位等,为避免肛门括约肌紧张,可嘱被检查者张口深呼吸。检查者右手戴手套或仅右手示指带指套,示指涂以液体石蜡、肥皂液或凡士林等润滑剂,以示指轻轻按摩肛门外口,待被检查者肛门括约肌松弛后,再将手指缓慢插入肛门及直肠内(图4-68)。先检查肛门及括约肌的紧张度,再查肛管及直肠的内壁。注意有无触痛、黏膜是否光滑,有无包块、狭窄或波动感。示指抽出后,观察指套上有无黏液、脓血等分泌物,必要时取其涂片镜检或作细菌学检查。正常直肠指诊肛管和直肠内壁柔软、光滑,无触痛和包块。

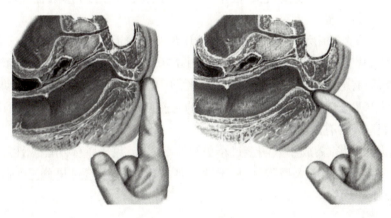

图 4-68 直肠指检

知识链接

直肠触诊范围和体位

一般直肠可扪及的长度为 7~7.5cm,若向内压有效长度可增至 9~10cm;若由膝肘位改为膝直立位,在增加腹压下常可达 11~12cm。因此,手指触诊长度与患者的体位及松弛程度有关。有学者认为右侧卧位比左侧卧位能扪到较高部位的肿块。因左侧卧位时,乙状结肠坠入左髂窝,远离手指;而在右侧卧位,乙状结肠退后,与手指接近,容易扪到较高部位的肿块。

二、外生殖器

(一)男性生殖器

男性生殖器包括阴茎、阴囊、前列腺和精囊等。阴囊内有睾丸、附睾及精索等。检查时应充分暴露被检查者外阴部,双下肢取外展位,视诊与触诊相结合,先检查外生殖器阴茎及阴囊,后检查内生殖器前列腺及精囊。

1. 阴茎 阴茎(penis)为前端膨大的圆柱体,分头、体、根三部分,正常成年人阴茎长7~10cm,由3个海绵体(两个阴茎海绵体,一个尿道海绵体)构成,其检查顺序如下:

(1)包皮:阴茎的皮肤在阴茎颈前向内翻转覆盖于阴茎表面称为包皮。成年人包皮不应掩盖尿道口,翻起后应露出阴茎头。翻起包皮后应露出阴茎头,若翻起后仍不能露出尿道外口或阴茎头者称为包茎(phimosis)。见于先天性包皮口狭窄或炎症、外伤后粘连。若包皮长度超过阴茎头,但翻起后能露出尿道口或阴茎头,称包皮过长(redundant prepuce)。包皮过长或包茎易引起尿道外口或阴茎头感染、嵌顿;污垢在阴茎颈部易于残留,长期的污垢刺激常被认为是阴茎癌的重要致病因素。

(2)阴茎头和阴茎颈:阴茎前端膨大部分称为阴茎头,俗称龟头。在阴茎头、颈交界部位有一环形浅沟,称为阴茎颈或阴茎头冠。检查时应将包皮上翻暴露全部阴茎头及阴茎颈,注意阴茎头有无充血、水肿、糜烂、溃疡、结节及分泌物等(图4-69)。正常阴茎头红润、光滑,无红肿和结节,如看到或触到硬结,伴有暗红色溃疡、易出血,或融合成菜花状,表面附有灰白色坏死组织,应考虑阴茎癌;阴茎颈部若有单个椭圆形质硬溃疡称为下疳(chancre),愈后留有瘢痕,此征对诊断梅毒有重要价值;阴茎头部如出现淡红色小丘疹融合成蕈样,呈乳突状突起,应考虑为尖锐湿疣。

(3)尿道口:检查时用示指与拇指,轻轻挤压龟头使尿道张开,观察尿道口有无红肿、分泌物、溃疡、是否狭窄,注意有无尿道口异位(图4-70)。正常尿道外口黏膜红润,无分泌物。尿道外口发红、附有分泌物并沿尿道口有压痛者,见于淋球菌或其他病原体感染所致的尿道炎;尿道外口狭窄见于先天性畸形或炎症引起的粘连;尿道下裂时尿道口位于阴茎腹面。如嘱患者排尿,裂口处常有尿液溢出。

(4)阴茎大小与形态:成年人阴茎过小呈婴儿型阴茎,见于垂体功能或性腺功能不全患者;在儿童期阴茎过大呈成人型阴茎,见于性早熟,如促性腺激素过早分泌。假性性早熟见于睾丸间质细胞瘤患者。

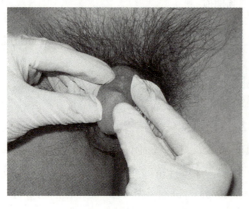
图4-69 阴茎头颈部检查

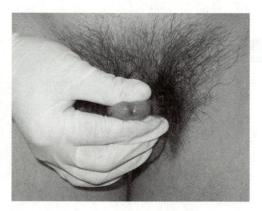
图4-70 尿道口检查

144

2. 阴囊　阴囊（scrotum）为腹壁的延续部分，囊壁由多层组织构成。阴囊内中间有一隔膜将其分为左右两个囊腔，每囊内含有精索、睾丸及附睾。检查时被检查者取站立位或仰卧位，两腿稍分开。先观察阴囊皮肤是否粗糙，有无颜色改变，有无渗出、糜烂、皮疹及水肿等，后进行阴囊触诊，方法是检查者将双手拇指置于被检查者阴囊前面，其余四指置于阴囊后面，起托护作用，拇指作来回滑动触诊，可双手同时进行（图4-71）。也可用单手触诊。阴囊检查按以下顺序进行。

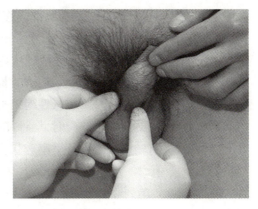

图4-71　阴囊触诊

（1）阴囊皮肤及外形：正常阴囊皮肤深暗色，多皱褶。视诊时注意观察阴囊皮肤有无皮疹、脱屑溃烂等损害，观察阴囊外形有无肿胀肿块和静脉情况。正常情况下某些正常人可以有表皮样囊肿，其特征是多形的白色或黄色小结节，由脱落的毛囊上皮细胞角蛋白碎片堵塞毛囊引起的多发良性结节。阴囊常见病变包括：

1）阴囊湿疹：阴囊皮肤增厚呈苔藓样，并有小片鳞屑；或皮肤呈暗红色、糜烂，有大量浆液渗出，有时形成软痂，伴有顽固性奇痒。

2）阴囊水肿：阴囊皮肤肿胀发亮，达到透明程度，常见于全身性水肿的一部分，也可由于局部因素，如局部炎症或过敏反应、静脉血或淋巴液回流受阻等。

3）鞘膜积液：正常情况下鞘膜囊内有少量液体，当鞘膜本身或邻近器官出现病变时，鞘膜液体分泌增多，而形成积液，此时阴囊肿大触之有水囊样感，不同病因所致鞘膜积液有时难以鉴别，如阴囊疝与睾丸肿瘤，透光试验有助于两者的鉴别，透光试验方法简便易行，方法是用不透明的纸片卷成圆筒，一端置于肿大的阴囊部位，对侧阴囊以电筒照射，从纸筒另一端观察阴囊透光情况。也可把房间关暗，用电筒照射阴囊后观察。鞘膜积液时，阴囊呈橙红色均质的半透明状，而阴囊疝和睾丸肿瘤则不透光。

4）阴囊疝：因肠管或肠系膜经腹股沟管下降至阴囊内所形成，表现为单侧或双侧阴囊肿大，触之有囊样感，有时可推回腹腔，但患者用力咳嗽等使腹腔内压增高时可再降入阴囊。

5）阴囊象皮肿：阴囊皮肤水肿粗糙、增厚如象皮样，称为阴囊象皮肿或阴囊象皮病，见于丝虫病引起的淋巴管炎或淋巴管阻塞所致。

（2）精索：为柔软的条索状圆形结构，由腹股沟管外口延续至附睾上端，它由输精管、提睾肌、动脉、静脉、精索神经及淋巴管等组成。精索在左右精囊腔内各有一条，位于附睾上方，检查时检查者用拇指和示指触诊精索，从附睾摸到腹股沟环。正常精索无压痛。异常发现包括：①局部皮肤红肿且有挤压痛，可见于急性精索炎；②局部呈串珠样肿胀，可见于输精管结核；③触及蚯蚓状柔软的团块，且团块于站立位或增加腹压时明显，平卧位时消失，则见于精索静脉曲张。④靠近附睾的精索触及硬结，常由丝虫病所致。

（3）睾丸：左、右各一，椭圆形，表面光滑柔韧。检查时检查者用拇指及示、中指触及睾丸，两侧对比，注意其大小、形状、硬度、有无触痛及缺如等。异常发现包括：①睾丸急性肿痛，并有明显触压痛，见于急性睾丸炎，常继发于流行性腮腺炎、淋病或睾丸外伤等；②睾丸慢性肿痛多由结核引起；③一侧睾丸肿大、质硬或伴有结节，应考虑睾丸肿瘤或白血病细胞浸润；④睾丸萎缩可因流行性腮腺炎或外伤后遗症及精索静脉曲张所引起；⑤睾丸过小常为先天性或内分泌异常引起，如肥胖性生殖无能症等；⑥若在阴囊内未触及睾丸，可能为隐睾症，睾丸隐藏在阴茎根部、腹股沟管、会阴部或腹腔等处;⑦睾丸缺如可为单侧或双侧,常见于性染色体数目异常所致的先天性无睾症,双侧无睾症患者生殖器官及第二性征均发育不良。

(4)附睾:是贮存精子和促进精子成熟的器官,位于睾丸上端后外侧,上端膨大为附睾头,下端细小如囊锥状为附睾尾。检查时检查者用拇指和示、中指触诊,注意附睾大小,有无结节和压痛。异常发现包括:①急性附睾炎时,附睾肿痛明显,且常伴有睾丸炎症肿大,附睾与睾丸分界不清;②慢性附睾炎时,触诊能摸到结节,压痛轻。③若附睾肿胀而无压痛,质硬并有结节感,伴有输精管增粗且呈串珠状,可能为附睾结核,结核病灶可与阴囊皮肤粘连,破溃后易形成瘘管。

3. 前列腺 前列腺位于膀胱下方、耻骨联合后约2cm处,包绕尿道根部,形状及大小像栗子,上端宽大,下端窄小,后面较平坦,正中有纵行浅沟,将其分为左、右两叶,尿道从前列腺中纵行穿过,前列腺排泄管开口于尿道前列腺部。检查时被检查者取肘膝卧位、站立弯腰体位或左侧卧位,检查前排空膀胱,检查者示指戴指套(或手套),指端涂以润滑剂,徐徐插入肛门,向腹侧触诊(图4-72)。正常成人前列腺距肛门4cm,直径不超过4cm,突出于直肠小于1cm,表面光滑,质韧而有弹性,无结节、压痛及粘连,左、右两叶大小及形态对称,之间可触及正中沟。良性前列腺肥大时中间沟消失、表面平滑、质韧、无压痛和粘连,多见于老年人;前列腺肿大并有明显压痛,多见于急性前列腺炎;前列腺肿大、质硬、无压痛,表面有硬结节者多为前列腺癌。前列腺触诊时可同时作前列腺按压留取前列腺液做化验检查。

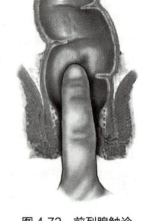

图 4-72 前列腺触诊

4. 精囊 精囊(seminal vesicle)又称精囊腺,为长椭圆形的囊状器官,位于膀胱底的后方,输精管壶腹的外侧,左右各一,由过曲的管道组成,其排泄管与输精管壶腹的末端合成射精管。精囊分泌的液体组成精液的一部分。正常时,肛诊一般不易触及精囊。如可触及则视为病理状态。精囊呈索条状肿胀并有触压痛多为炎症所致;精囊表面呈结节状多因结核引起,质硬肿大应考虑癌变。精囊病变常继发于前列腺,如炎症波及,结核扩散和前列腺癌的侵犯。

(二) 女性生殖器

女性生殖器包括内、外生殖器的检查两部分,检查时嘱被检查者排空膀胱,暴露下身,仰卧于检查台上,两腿外展、屈膝,检查者戴无菌手套进行检查。检查顺序与方法如下:

1. 外生殖器

(1)阴阜(mons veneris):位于耻骨联合前面,为皮下脂肪丰富、柔软的脂肪垫。性成熟后皮肤有阴毛,呈倒三角形分布,为女性第二性征。若阴毛先浓密后脱落而明显稀少或缺如,见于性功能减退症或希恩综合征等;阴毛明显增多,呈男性分布,多见于肾上腺皮质功能亢进。

(2)大阴唇(labium majus pudendi):为一对纵行长圆形隆起的皮肤皱襞,皮下组织松软,富含脂肪及弹力纤维。性成熟后表面有阴毛,未生育妇女两侧大阴唇自然合拢遮盖外阴;经产妇两侧大阴唇常分开;老年人或绝经后则常萎缩。

(3)小阴唇(labium minus pudendi):位于大阴唇内侧,为一对较薄的皮肤皱襞,两侧小阴唇常合拢遮盖阴道外口。小阴唇表面光滑、呈浅红色或褐色,前端融合后包绕阴蒂,后端彼此会合形成阴唇系带。小阴唇炎症时常有红肿疼痛。局部色素脱失见于白斑症;若有结节、溃烂应考虑癌变可能。如有乳突状或薹样突起见于尖锐湿疣。

笔记栏

(4)阴蒂(clitoris):为两侧小阴唇前端会合处与大阴唇前连合之间的隆起部分,外表为阴蒂包皮,其内具有男性阴茎海绵体样组织,性兴奋时能勃起。阴蒂过小见于性发育不全;过大应考虑两性畸形;红肿见于外阴炎症。

(5)阴道前庭(vestibulum vaginae):为两侧小阴唇之间的菱形裂隙,前部有尿道口,后部有阴道口(图4-73)。前庭大腺分居于阴道口两侧,如黄豆粒大,开口于小阴唇与处女膜的沟内。如有炎症则局部红肿、硬痛并有脓液溢出。肿大明显而压痛轻,可见于前庭大腺囊肿。

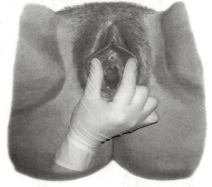

图 4-73　阴道前庭检查

2. 内生殖器

(1)阴道(vagina):为生殖通道,平常前后壁相互贴近,内腔狭窄,但富于收缩和伸展性。受性刺激时阴道前 1/3 产生收缩,分娩时可高度伸展。检查时,检查者用拇、示指分开两侧小阴唇,在前庭后部可见阴道外口,其周围有处女膜。处女膜外形有不同类型,未婚女性一般不做阴道检查,但已婚妇女有指征者不能省略该项检查。正常阴道黏膜呈浅红色,柔软、光滑。检查时应注意其紧张度,有无瘢痕、肿块、分泌物、出血等并观察宫颈有无溃烂及新生物形成。

(2)子宫(uterus):为中空的肌质器官,位于骨盆腔中央,呈倒梨形。触诊子宫应以双合诊法进行检查(图 4-74)。正常宫颈表面光滑,妊娠时质软着紫色,检查时应注意宫颈有无充血、糜烂、肥大及息肉。环绕宫颈周围的阴道分前、后、左、右穹窿,后穹窿最深,为诊断性穿刺的部位。正常成年未孕子宫长约 7.5cm,宽 4cm,厚约 2.5cm;产后妇女子宫增大,触之较韧,光滑无压痛,子宫体积匀称性增大见于妊娠;非匀称性增大见于各种肿瘤。

(3)输卵管(oviduct):长约 8~14cm。正常输卵管表面光滑、质韧无压痛。输卵管肿胀、增粗或有结节,弯曲或僵直,且常与周围组织粘连、固定,明显触压痛者,多见于急、慢性炎症或结核。明显肿大可为输卵管积脓或积水。双侧输卵管如有病变,会导致管腔变窄或梗阻,则难以受孕。

(4)卵巢(ovary):为一对扁椭圆形性腺,成人女性的卵巢约 4cm×3cm×1cm 大小,表面光滑、质软。绝经后萎缩变小、变硬;卵巢触诊多用双合诊(图 4-75),增大有压痛常见于卵巢炎

图 4-74　子宫触诊

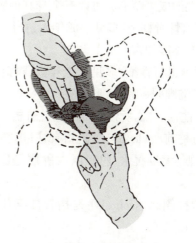

图 4-75　卵巢触诊

症;卵巢囊肿常可出现卵巢不同程度肿大。

【相关护理诊断】

1. 排尿障碍:前列腺肿大　与前列腺增生有关。
2. 久坐的生活方式:痔疮　与工作繁忙/缺乏锻炼意识有关。
3. 皮肤完整性受损:肛裂/痔疮　与长期便秘有关。

第十节　脊柱、四肢与关节检查

检查脊柱、四肢与关节时以视诊为主,结合触诊和叩诊,被检查者站立位或坐位。

一、脊柱

脊柱是支撑体重、维持躯体各种姿势的重要支柱,并作为躯体活动的枢纽。由7个颈椎、12个胸椎、5块腰椎和5个骶椎和4个尾椎组成,借椎间盘、椎间关节及许多韧带连接成一个整体。脊柱病变主要表现为疼痛、姿势或形态异常及活动受限。

(一) 脊柱弯曲度

检查脊柱弯曲度时,被检查者可取立位或坐位,肌肉放松,上肢自然下垂,充分暴露背部。

1. 生理性弯曲　正常人直立时,从脊柱侧面观察有颈、胸、腰、骶4个生理性弯曲,颈曲和腰曲前凸,胸曲和骶曲后凸,形似"S"。检查时,检查者从侧面观察脊柱有无前后凸出畸形,从背面观察脊柱有无侧弯,用手指沿其脊椎棘突以适当的压力自上而下划压皮肤,观察划压后的红色充血压痕是否位于后正中线上。正常人脊柱无侧弯。除以上方法检查外,还应侧面观察脊柱各部形态,了解有无前后突出畸形。

2. 病理性变形

(1) 脊柱后凸(kyphosis):指脊柱过度后弯,也称为驼背,多发生于胸段脊柱。脊柱胸段后凸的原因很多,表现也不完全相同,常见病因如下。

1) 佝偻病:多在儿童期发病,坐位时胸段呈明显均匀性向后弯曲,仰卧位时弯曲可消失。

2) 脊柱结核:多在青少年时期发病,病变多见于由于椎体被破坏、压缩,棘突明显后凸,形成特征性的成角畸形。可伴有全身其他脏器的结核病变如肺结核等。

3) 强直性脊柱炎:多见于成年人,脊柱胸段成弧形(或弓形)后凸,常有脊柱强直性固定,仰卧位时亦不能伸直。

4) 脊椎退行性变:多见于老年人,椎间盘退行性萎缩,骨质退行性变,胸腰椎后凸曲线增大,造成胸椎明显后凸,形成驼背。

5) 其他:如外伤所致脊椎压缩性骨折,可发生于任何年龄。

(2) 脊柱前凸(lordosis):是指脊柱过度向前凸出,臀部明显向后凸出,多发生在腰段。见于晚期妊娠、大量腹水、腹腔巨大肿瘤等所致腹压增大及髋关节结核、先天性髋关节后脱位等。

(3) 脊柱侧凸(scoliosis):是指脊柱离开后正中线向左或右偏移,分为胸段、腰段及胸腰段联合侧凸。

1) 姿势性侧凸:无脊柱结构的异常,改变体位,如平卧位或向前弯腰时脊柱侧凸可消失。常见于儿童发育期坐、立姿势不良,一侧下肢短于另一侧所致,椎间盘突出所致坐骨神经性侧凸,脊髓灰质炎后遗症等。

2)器质性侧凸:特点是改变体位不能使侧凸得到纠正,见于佝偻病、先天性脊柱发育不全、肌肉麻痹、营养不良、慢性胸膜粘连及增厚、肩部或胸廓畸形等。

(二)脊柱活动度

1. 正常活动度　正常人脊柱有一定活动度,但各部位活动范围明显不同。在直立、骨盆固定的条件下,颈椎段和腰椎段的活动范围最大;胸椎段活动范围最小;骶椎和尾椎已融合成骨块状,几乎无活动性。

检查脊柱的活动度时,嘱被检查者作前屈、后伸、左右侧弯及旋转等运动,以观察脊柱的活动情况及有无变形。已有脊柱外伤可疑骨折或关节脱位时,应避免脊柱活动,以防止损伤脊髓。检查方法见图 4-76。颈段、胸段、腰段的活动范围参考值如表 4-5。

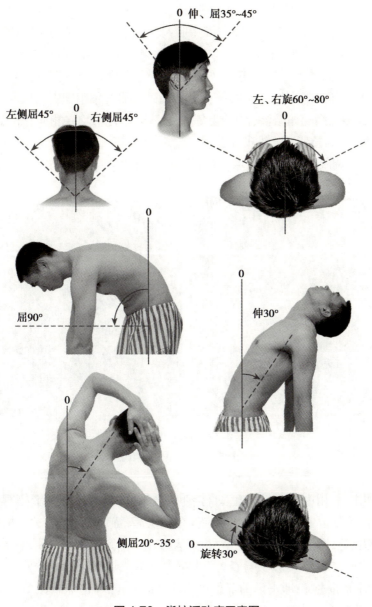

图 4-76　脊柱活动度示意图

表 4-5　颈段、胸段、腰段的活动范围参考值

	前屈	后伸	左右侧屈	旋转度（一侧）
颈椎	35°~45°	35°~45°	45°	60°~80°
胸椎	30°	25°	20°	35°
腰椎	75°~90°	30°	20°~35°	30°
全脊柱	128°	125°	73.5°	115°

2. 活动受限　检查脊柱颈段活动度时，检查者固定患者肩部，嘱患者做前屈后伸，侧弯及左右旋转，颈及软组织有病变时，活动常不能达以上范围，否则有疼痛感，严重时出现僵直。脊柱活动受限常见于相应脊柱节段肌纤维组织炎症或韧带损伤、脊柱增生性关节炎、结核或肿瘤浸润所致骨质破坏、骨折及关节脱位、椎间盘突出等。

（三）脊柱压痛及叩击痛

1. 压痛　检查方法是嘱被检查者取端坐位，身体稍向前倾，检查者用右手拇指自枕骨粗隆开始由上而下逐个按压脊柱棘突和椎旁肌肉。正常时每个棘突及椎旁肌肉均无压痛。若有压痛，提示压痛部位可能有病变，并以第 7 颈椎棘突为标志计数病变椎体的位置。除颈椎外，颈旁组织的压痛也提示相应病变，如落枕时斜方肌中点处有压痛；颈肋综合征及前斜角肌综合征的压痛点在锁骨上窝和颈外三角区内；颈部肌纤维组织炎的压痛点在颈肩部，范围比较广泛。胸腰椎病变如结核、椎间盘突出及外伤或骨折，均在相应脊椎棘突有压痛，若椎旁肌肉有压痛，常为腰背肌纤维炎或劳损。

2. 叩击痛　检查时嘱被检查者取坐位，检查方法有两种。检查方法见图 4-77。

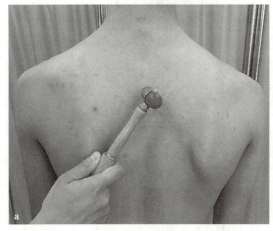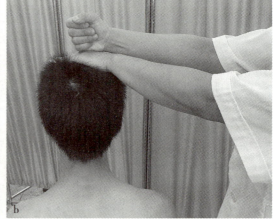

图 4-77　脊柱叩痛检查
a. 直接叩击法；b. 间接叩击法

（1）直接叩击法：用中指或叩诊锤垂直接叩击各椎体的棘突，观察有无疼痛，多用于检查胸椎与腰椎。因颈椎位置深，一般不用于检查颈椎疾病，特别是颈椎骨关节损伤时。

（2）间接叩击法：嘱被检查者取坐位，检查者将左手掌置于患者头顶，右手半握拳以小鱼际肌部位叩击自己左手背，观察被检查者脊柱各部位有无疼痛。

正常人脊柱无叩击痛，叩击痛的部位多为病变的部位，叩击痛阳性多见于脊柱结核、骨折、脊椎肿瘤及椎间盘突出等，间接叩诊时可出现上肢的放射性疼痛。

知识链接

直腿抬高试验（Lasegue 征）

　　直腿抬高试验是特殊的脊柱检查方法之一。检查时，患者仰卧，双下肢平伸，检查者一手握患者踝部，一手置于大腿伸侧，分别做双侧直腿抬高动作，腰与大腿正常可达80°~90°。若抬高不足70°，且伴有下肢后侧的放射性疼痛，则为阳性。见于腰椎间盘突出症，也可见于单纯性坐骨神经痛。

二、四肢与关节

　　四肢（limbs）及其关节（articulation）的检查通常运用视诊与触诊，两者相互配合，特殊情况下采用叩诊和听诊。四肢检查除大体形态和长度外，应以关节检查为主。正常人四肢与关节左右对称，形态正常，无肿胀及压痛，活动不受限。

（一）形态异常

　　1. 匙状甲（spoon nails）又称翘甲或反甲。其特点为指（趾）甲中央凹陷，边缘翘起，指甲变薄变脆，表面粗糙有条纹（图 4-78）。多见于缺铁性贫血及高原疾病。

　　2. 杵状指（趾）（acropachy）　为手指（或足趾）末端指节增生，增宽、肥厚，指（趾）甲从根部到末端拱形隆起呈杵状膨大（图 4-79），早期的杵状指表现为甲面与甲根部由正常的 160° 夹角变为 180°；晚期杵状指则可见逐渐突出的甲床高于甲面。其发生机制可能与肢体末端慢性缺氧、代谢障碍及中毒性损害有关。多见于肺脓肿、支气管扩张、支气管肺癌、发绀性先天性心脏病、亚急性感染性心内膜炎、肝硬化、溃疡性结肠炎、克罗恩病等。

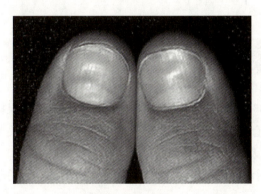

图 4-78　匙状甲

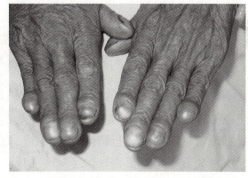

图 4-79　杵状指

　　3. 指关节变形　包括：①梭形关节：近端指间关节呈梭形畸形，可伴红肿、疼痛及活动受限，晚期手指及腕部向尺侧偏移，常为双侧对称性改变，见于类风湿关节炎；②爪形手：大小鱼肌和骨间肌萎缩，掌指关节过伸，指间关节屈曲，手状似鸟爪，见于尺神经损伤、脊髓空洞症、进行性肌萎缩及麻风病等；③猿掌：拇指不能外展、对掌，鱼际萎缩，手显平坦，见于正中神经损伤。

　　4. 肢端肥大症　手指、足趾粗而短，手、足背厚而宽，因青春期发育成熟后发生腺垂体功能亢进，生长激素分泌增多，使骨末端及其韧带等软组织增生、肥大所致肢体末端变得异常粗大。见于肢端肥大症与巨人症。

5. 腕关节畸形　腕部手掌的神经、血管、肌腱及骨骼的损伤或先天性因素等均可引起畸形,见于桡神经损伤所致的腕垂症、Colles 骨折餐叉样畸形。

6. 肘关节变形　正常人肘关节伸直时,肱骨内外上髁与尺骨鹰嘴位于一直线,屈肘 90° 时,此三点成一等腰三角形,称肘后三角(图 4-80)。肘关节脱位时,此三点关系发生改变,肱骨内外上髁位于肱骨下端,当患者屈肘时较易扪及。若外上髁有压痛时称"网球肘";当内上髁有压痛时,则称"高尔夫肘"。

7. 肩关节异常　正常双肩对称呈弧形。当肩关节脱位或三角肌萎缩时,肩关节弧形轮廓消失,肩峰突出,呈"方肩"。先天性肩胛高耸症及脊柱侧弯者两肩关节一高一低,短颈耸肩。锁骨骨折导致其远端下垂,锁骨外端过度上翘,肩部突出畸形,呈"肩章状肩",此外,也见于外伤性肩锁关节脱位(图 4-81)。

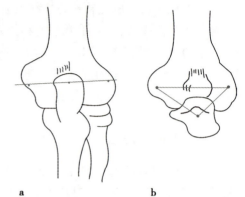

图 4-80　肘关节关系示意图
a. 肘关节伸直;b. 屈肘 90° 时,肘后三角

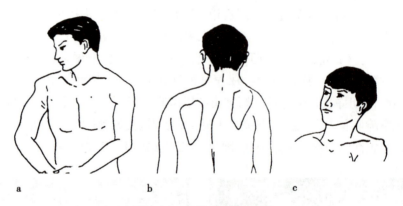

图 4-81　肩关节外形异常
a. 方肩;b. 耸肩;c. 肩章状肩

8. 髋关节畸形　患者取仰卧位,双下肢伸直,使患侧髂前上棘连线与躯干正中线保持垂直,腰部放松,腰椎放平贴于床面观察关节有无内收、外展、旋转畸形,如果有多为髋关节脱位,股骨干及股骨头骨折错位,见于脑瘫、先天性髋关节脱位等。

9. 膝关节变形　膝关节红、肿、热、痛及活动障碍,多为膝关节急性炎症,如风湿性关节炎。膝关节腔内有过多积液时,视诊膝关节周围有明显肿胀,当膝关节屈曲呈 90° 时,髌骨两侧的凹陷消失。浮髌试验检查方法为:被检查者取平卧位,患肢伸直并放松,检查者的左右手指及其余手指分别固定于肿胀膝盖上、下方的两侧,然后用右手示指将髌骨连续向下方按压数次,按压时髌骨与关节面有碰触感,松手时髌骨随手浮起,即为浮髌试验阳性(图 4-82)。提示有中等量以上关节积液(50ml)。

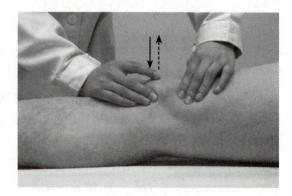

图 4-82　浮髌试验

10. 膝内、外翻　正常人直立双脚并拢时，双膝和双踝能靠拢。膝内翻者表现为双踝接触时，双膝不能靠拢，呈"O"形，故也称 O 形腿（图 4-83）；膝外翻者表现为双膝靠拢时，双踝异常分离，呈"X"形，故也称 X 形腿（图 4-84），膝内翻或膝外翻多见于佝偻病和大骨节病。

11. 膝反张　表现为膝关节过度后伸形成向前的反屈状，称膝反屈畸形。见于脊髓灰质炎后遗症、膝关节结核（图 4-85）。

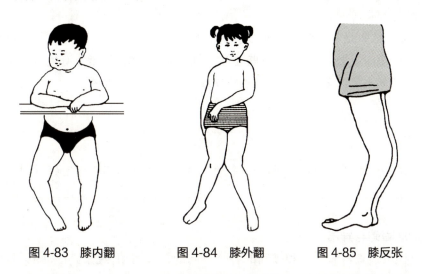

图 4-83　膝内翻　　　　图 4-84　膝外翻　　　　图 4-85　膝反张

12. 足内、外翻畸形　正常人足内、外翻动皆可达 35°，复原时足掌、足跟可着地。足内翻畸形者足呈固定内翻、内收位，足外翻畸形者足呈固定外翻、外展位（图 4-86）。足内翻或足外翻见于脊髓灰质炎后遗症和先天性畸形。

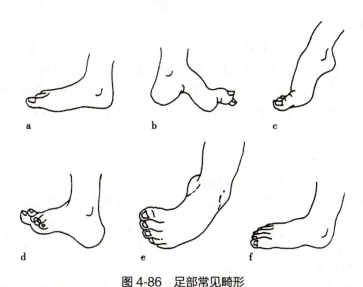

图 4-86　足部常见畸形

a. 扁平足；b. 弓形足；c. 马蹄足；d. 跟足畸形；e. 足内翻；f. 足外翻

13. 足弓与足负重异常　包括：①扁平足（flatfoot）：足纵弓塌陷，足跟外翻，前半足外展，形成足旋前畸形，横弓塌陷，前足增宽，足底前部形成胼胝直立时，足底变平，足底中部内侧及前足掌、足趾和足跟都着地，多为先天性异常；②弓形足（clawfoot）：足纵弓高起，横弓下陷，足背隆起，足趾分开。常见于下肢神经麻痹等；③马蹄足：踝关节跖屈，前半足着地，见于跟腱挛缩或腓总神经麻痹；④跟足畸形：足不能跖屈，伸肌牵拉使踝关节背伸，行走和站立时足跟着地,见于小腿三头肌麻痹。

14. 关节脱位和骨折　关节脱位后可有肢体位置改变,关节活动受限制。骨折常使肢体变形或缩短,局部因出血等有红肿及压痛。

15. 肌肉萎缩(muscle atrophy)　为中枢或周围神经病变、肌炎或肢体失用所致的部分或全部肌肉组织体积缩小、松弛无力。常见于脊髓灰质炎后遗症、偏瘫、周围神经损伤、外伤性截瘫、多发性神经炎等。

16. 下肢静脉曲张　主要是下肢浅静脉血液回流受阻所致。表现为下肢静脉迂曲、怒张如蚯蚓状,严重者下肢肿胀,局部皮肤萎缩、脱屑、瘙痒、颜色暗紫或有色素沉着,甚至形成溃疡和湿疹,经久不愈。多见于从事持久站立或下肢深静脉血栓者。

 课堂互动

类风湿关节炎、先天性心脏病和缺铁性贫血所致四肢形态异常有何区别?

(二) 运动障碍与异常

检查时让被检查者做主动和被动的各个方向的关节运动,观察其活动范围及有无活动受限或疼痛、肌肉痉挛。关节的正常活动范围如下:

1. 肩关节　让检查者尽可能地将上肢从前方上抬并超过头部高度,正常肩关节前屈约135°;再让其尽可能将上肢从下方向后上方运动,正常后伸45°。内收肘部可达正中线(45°~50°),肩胛固定不动外展可达90°。嘱检查者曲肘后做外展动作将手置于脑后,再向下运动置于腰后侧,检查肩关节内旋和外旋功能,正常内旋90°,外旋约30°。

2. 肘关节　屈肘、屈腕时,拇指可达肩部,伸直为180°。检查者一手握持检查者的一侧肘关节,另一手握住其手腕,使前臂尽量屈向肩部;用同样方法检查另一侧肘关节。正常肘关节主动或被动屈曲可达130°~150°,过伸可达5°~10°。于屈曲位把持住被检查者的肘关节,嘱其旋转手臂至手掌向下(旋前),然后反向旋转至手掌向上(后),肘关节旋前或旋后可达80°~90°。

3. 腕关节　活动度的测定以腕关节、手和前臂在一条直线上作为0°。将被检查者的前臂处于旋前位,以一手握持,另一手轻轻地将腕关节向下屈曲正常可达50°~60°;再让其腕关节背伸,正常为30°~60°。被检查者前臂旋前,检查者一手握住其前臂,让其手向其身体方向活动(内收),然后向离开身体的方向活动(外展),正常内收25°~30°,外展为30°~40°。

4. 指关节　要求被检查者展开五指,然后并拢,除拇指外各手指握拳和拇指对掌动作。正常各指关节均可伸直,屈曲可握拳。

5. 髋关节　检查屈曲时,嘱被检查者仰卧,检查者一手按压髂嵴,另一手将屈曲的膝关节推向前胸,正常髋关节可屈曲130°~140°;检查后伸时,被检查者俯卧,检查者一手按压其臀部,另一手握小腿下端,屈膝90°后上提,正常后伸15°~30°;检查内收时,被检查者仰卧,双下肢伸直平放,检查者将一侧下肢自中立位越过另一侧下肢前面交叉,正常内收为20°~30°;检查外展时,将一侧下肢自中立位外移,远离躯体中线,正常外展为30°~60°。检查旋转时,保持被检查者下肢伸直。髌骨和足尖向上,检查者双手置于被检查者大腿下部和膝部旋转大腿,髋关节可内旋或外旋45°。

6. 膝关节　缓慢尽力屈曲被检查者的膝关节,正常膝关节可屈曲 120°~150°贴近股后部。膝关节半屈曲位时,小腿可做小幅度旋转运动。检查者握住被检查者的膝和踝关节,从屈曲位尽力伸直膝关节。正常情况下,膝关节能完全伸直,有时可有 5°~10°的过伸。

7. 踝关节　握住被检查者的足部并将之向上方和下方推动,正常背伸 20°~30°,跖屈 40°~50°。检查者一手握住其踝部,另一手握住其足部并将踝部向左右两侧活动,正常足内、外翻各为 35°。

8. 跖趾关节　嘱被检查者伸直各趾,然后做屈曲和背伸动作,正常跖屈 30°~40°,背伸 45°。

【相关护理诊断】

1. 有失用综合征的危险:肌肉萎缩　与关节病变有关;与肢体外伤有关。
2. 躯体活动障碍:脊柱 / 关节活动受限　与脊柱病变 / 关节病变有关。
3. 行走障碍:下肢肌肉萎缩　与脑卒中后功能锻炼不足有关。
4. 自理缺陷:脊柱 / 关节活动受限　与脊柱病变 / 关节病变有关。
5. 有跌倒的危险:脊柱或关节活动受限 / 肌肉萎缩　与脊柱 / 关节病变有关。

第十一节　神经系统检查

神经系统检查主要包括脑神经、感觉功能、运动功能、神经反射及自主神经功能的检查。神经系统检查时需借助相应的工具,如叩诊锤、棉签、大头针、音叉、试管、手电筒、眼底镜以及嗅觉、味觉测试工具等。

一、脑神经

脑神经(cranial nerves)是与脑相连的周围神经,共有 12 对,用罗马数字按次序命名。脑神经检查对颅脑损害的定位诊断有重要意义。检查时应按顺序进行,以免遗漏,同时注意双侧对比。

(一) 嗅神经(Ⅰ)

嗅神经(olfactory nerve)司嗅觉。检查前先确定被检查者的鼻道是否通畅,然后测试嗅觉。嘱被检查者闭目,压住一侧鼻孔,选用日常生活中熟悉的醋、酒、香烟、茶叶、香皂等不同气味的物品,分别置于另一鼻孔前,要求被检查者分辨各物品的气味,以了解其嗅觉正常与否,有无减退或消失。注意不能使用可能直接刺激三叉神经末梢的挥发性液体,如酒精、氨水、甲醛溶液等。

嗅觉正常时可正确区分测试物品的气味,若被检查者无法嗅到气味即为嗅觉缺失;能嗅到气味但无法辨别,为嗅觉不良。发现被检查者有嗅觉不良或缺失,应该区分是由于鼻腔病变还是嗅神经病变所致。嗅觉改变常提示同侧嗅神经损害,见于颅脑创伤、前颅凹占位性病变等。鼻黏膜炎症或萎缩也可引起嗅觉减退。

(二) 视神经(Ⅱ)

视神经(optic nerve)司视觉。视神经的检查包括视力、视野和眼底,具体内容参见本章第四节相关部分。

(三) 动眼神经(Ⅲ)、滑车神经(Ⅳ)和展神经(Ⅵ)

此三对神经共同支配眼球运动,支配提上睑肌、上直肌、下直肌、内直肌、外直肌、上斜肌、下斜肌及瞳孔括约肌。检查时主要观察眼裂、瞳孔和眼球运动,具体内容参见本章第四节相关部分。动眼神经(oculomotor nerve)麻痹时,上睑下垂,眼球内向、上、下方活动均受限,瞳孔扩大,瞳孔对光反射和集合反射均消失;滑车神经(trochlear nerve)麻痹时,眼球向下及外展运动减弱,向下看出现复视;展神经(abducens nerve)麻痹时,眼球不能外展,出现内斜视和复视。

(四)三叉神经(Ⅴ)

三叉神经(trigeminal nerve)为混合性神经,其感觉纤维分布于面部皮肤及眼、鼻和口腔黏膜;运动纤维主要支配咀嚼肌和颞肌。

检查感觉功能时,用棉签自上而下,由内向外轻触前额、鼻部两侧及下颌,注意两侧对比,随时检查被检查者有无感觉减退、消失或过敏,并画出感觉障碍的分布区域。

检查运动功能时,首先观察两侧颞肌和咀嚼肌有无萎缩,然后将双手置于被检查者两侧下颌角上面咀嚼肌隆起处,让被检查者做咀嚼动作,比较两侧咀嚼肌力量的强弱;再将手置于被检查者的颏下向上用力,嘱被检查者做张口动作,感触张口时的肌力,观察张口时下颌有无偏斜。一侧三叉神经运动纤维受损时,病侧咀嚼肌肌力减弱或出现萎缩,张口时下颌偏向病侧。

(五)面神经(Ⅶ)

面神经(facial nerve)支配面部表情肌、泪腺,司舌前 2/3 的味觉和外耳道感觉。检查时先观察被检查者两侧额纹、眼裂、鼻唇沟及口角是否对称,然后嘱被检查者作皱额、闭眼、露齿、鼓腮和吹口哨动作,观察左右两侧是否相等。面神经受损可分周围性和中枢性两种类型,一侧面神经周围性(核性或核下性)损害时,患侧额纹减少、眼裂较大、鼻唇沟变浅,不能皱额、闭眼,露齿时口角歪向健侧,鼓腮及吹口哨时病侧漏气。中枢性面神经(核上的皮质脑干束或皮质运动区)损害时,由于上半部面肌受双侧皮质运动区的支配,皱额和闭眼无明显影响,仅出现健侧下半部面部表情肌瘫痪,表现为鼻唇沟变浅、口角下垂等。

(六)位听神经(Ⅷ)

位听神经(vestibulocochlear nerve)司听觉、平衡觉,检查包括听力和前庭功能检查。

1. 听力 听力检查参见本章第四节相关部分。

2. 前庭功能 询问被检查者有无眩晕、平衡失调,检查有无自发性眼球震颤,若出现眩晕、平衡失调或有自发性眼球震颤提示前庭神经病变。

(七)舌咽(Ⅸ)、迷走神经(Ⅹ)

舌咽神经(glossopharyngeal nerve)司舌后 1/3 味觉、咽部感觉,支配咽肌、唾液分泌;迷走神经(vagus nerve)支配咽、喉肌及胸腹内脏运动的感觉和运动。先询问被检查者有无吞咽困难和饮水呛咳,注意说话声音有无嘶哑或鼻音,然后嘱被检查者张口发"啊"音,观察两侧软腭上抬是否有力、对称,腭垂有无偏斜。一侧神经受损时,该侧软腭上提减弱,腭垂偏向健侧。舌后 1/3 味觉减退为舌咽神经功能损害。

(八)副神经(Ⅺ)

副神经(spinal accessory nerve)支配胸锁乳突肌和斜方肌,可进行耸肩和转颈动作。观察胸锁乳突肌与斜方肌有无萎缩。检查者将一手置于被检查者腮部,嘱被检查者对抗阻力转颈,以测试胸锁乳突肌的肌力;将两手置于被检查者双肩向下压,嘱被检查者对抗阻力耸肩,以测试斜方肌的肌力。副神经损害时,可出现一侧肌力下降或肌肉萎缩。

(九)舌下神经(Ⅻ)

舌下神经(hypoglossal nerve)支配舌肌。检查时首先嘱被检查者张口,观察舌在口腔内的位置、形态以及有无肌纤维颤动。然后嘱被检查者伸舌,观察有无舌偏斜、舌肌萎缩。再请被检查者用舌尖分别顶推两侧口颊部,检查者用手指按压腮部测试肌力强弱。单侧舌下神经麻痹时,伸舌向患侧偏斜,常见于脑血管病变;双侧舌下神经麻痹时,舌不能伸出口外,伴语言及吞咽困难。

二、感觉功能

感觉功能包括浅感觉、深感觉和复合感觉。检查感觉功能时,环境须安静,被检查者必须意识清晰。检查前向被检查者说明检查的目的与方法,以取得被检查者的合作。检查应从感觉障碍区向正常部位移行,若感觉过敏则由健处向障碍区移行,注意两侧对比。为避免主观或暗示作用,检查时被检查者应闭目。如果被检查者无神经系统的症状和体征,感觉功能的检查一般仅选择触觉、痛觉和振动觉。否则,被检查者需依次进行下列的感觉功能检查。

(一) 浅感觉检查

1. 痛觉(algesia) 嘱被检查者闭目,用大头针的针尖和针帽交替、均匀地轻刺被检查者皮肤,让被检查者陈述感受。注意两侧对称部位的比较,同时记录痛觉障碍类型(正常、过敏、减退或消失)与范围。正常人对痛觉刺激能准确回答或以手示意,痛觉过敏、减退或消失则分别表现为对微弱的痛觉刺激即发生强烈的反应、对痛觉刺激回答模糊、对痛觉刺激无反应。痛觉障碍见于脊髓丘脑侧束病损。

2. 触觉(esthesia) 用棉签轻触被检查者的躯干及四肢皮肤或黏膜,让被检查者回答有无轻痒的感觉。正常人对轻触觉灵敏,触觉减退或消失者分别表现为对触觉刺激反应不灵敏或无反应。触觉障碍见于脊髓丘脑前束和后索病损。

3. 温度觉(thalposis) 用分别盛有热水(40~50℃)及冷水(5~10℃)的试管交替测试被检查者的皮肤,让其陈述自己的感受。正常人能明确辨别冷、热的感觉。温度觉障碍见于脊髓丘脑侧束损害。

(二) 深感觉检查

1. 运动觉(cinesthesia) 检查时嘱被检查者闭目,检查者用示指和拇指轻持被检查者的手指或足趾两侧做被动屈或伸的动作,让被检查者回答"向上"或"向下",观察被检查者反应是否正确。运动觉障碍见于脊髓后索病损。

2. 位置觉(topesthesia) 检查时嘱被检查者闭目,检查者将被检查者肢体放置在某种位置上,询问被检查者是否能明确回答肢体所处的位置。位置觉障碍见于脊髓后索损害。

3. 振动觉(pallesthesia) 用振动着的音叉柄置于被检查者的骨隆起处(如内踝、外踝、手指、桡尺骨茎突、胫骨、膝盖等),询问有无振动感,注意比较两侧有无差别。正常人有共鸣性振动感。振动觉障碍见于脊髓后索损害。

📖 **知识链接**

本 体 感 觉

本体感觉(Proprioception),指通过躯体深部感受器的运动而获得的与之相关的信息。具体定义为来自肌肉、关节、结缔组织及前庭系统的运动觉、位置觉及骨骼张力觉,当其与视觉及触觉结合时,可感知水平及垂直方向的运动。

笔记栏

(三) 复合感觉

复合感觉是大脑综合分析和判断的结果,又称皮质感觉。包括皮肤定位觉、两点辨别觉、实体觉和体表图形觉。正常人闭目情况下可正确辨别,大脑皮质病变者复合感觉障碍。

1. 皮肤定位觉(point localization) 检查者以手指或棉签轻触被检查者体表某处皮肤,让被检查者指出被触部位。皮肤定位觉障碍见于皮质病变。

2. 两点辨别觉(two-point discrimination) 以分开的钝脚分规同时轻触皮肤上的两点,轻触幅度以不造成被检查者疼痛为准。如被检查者能分辨为两点,则再逐步缩小双脚间距,直到被检查者感觉为一点时,测其实际间距,两侧比较。造成疼痛,检测被检查者辨别两点的能力,再逐渐缩小双脚间距,直到被检查者感觉为一点时,测其实际间距,两侧比较。正常情况下,手指的辨别间距是 2mm,舌是 1mm,脚趾是 38mm,手掌是 8~12mm,后背是 40~60mm。检查时应注意个体差异,必须两侧对照。触觉正常而两点辨别觉障碍见于额叶病变。

3. 实体觉(stereognosis) 嘱被检查者用单手触摸熟悉的物体,如钢笔、钥匙、硬币等,并说出物体的名称。先测功能差的一侧,再测另一侧。功能障碍见于大脑皮质病变。

4. 体表图形觉(graphesthesia) 被检查者闭目,以钝物在其皮肤上画方形、圆形、三角形等简单图形,观察其能否辨别。如有障碍,常为丘脑水平以上病变。

三、运动功能

运动包括随意运动和不随意运动两种。随意运动又称自主运动,由锥体束支配;不随意运动又称不自主运动,由锥体外系和小脑支配。

(一) 肌张力

肌张力(muscular tension)是指静息状态下肌肉的紧张度和被动运动时遇到的阻力。检查时嘱被检查者完全放松被检肢体,检查者通过触诊肌肉的硬度及根据关节被动运动时的阻力对肌张力是否正常做出判断。

1. 肌张力增高 触摸肌肉坚实,做被动运动时阻力增加。见于锥体束或锥体外系损害。

2. 肌张力降低 触摸肌肉松软,伸屈肢体时阻力降低,关节运动范围扩大,可表现为关节过伸。见于周围神经炎、脊髓前角灰质炎、小脑病变等。

(二) 肌力

肌力(myodynamia)是指肌肉做主动运动时的最大收缩力。检查时令被检查者作肢体伸屈动作,检查者从相反方向给予阻力,测试被检查者对阻力的克服力量,并注意两侧比较。肌力的记录采用 0~5 级的 6 级分级法(表 4-6)。

表 4-6 肌力的分级

0级	完全瘫痪,测不到肌肉收缩
1级	仅测到肌肉收缩,但不能产生动作
2级	肢体在床面上能水平移动,但不能对抗自身重力,即不能抬离床面
3级	肢体能抬离床面,但不能对抗阻力
4级	能做抗阻力动作,但不完全
5级	正常肌力

肌力减退或消失称为瘫痪。按瘫痪的程度可分为完全性瘫痪和不完全性瘫痪(轻瘫)。完全瘫痪者肌力为 0 级,不完全瘫痪者肌力为 1~4 级。

不同部位或不同组合的瘫痪可分别命名为:①单瘫(monoplegia):为单一肢体瘫痪,多见于脊髓灰质炎;②偏瘫(hemiplegia):为一侧肢体(上、下肢)瘫痪,常伴有同侧脑神经损害,多见于颅内病变或脑卒中;③交叉性偏瘫(crossed paralysis):为一侧肢体瘫痪及对侧脑神经损害,多见于脑干病变;④截瘫(paraplegia):多为双侧下肢瘫痪,见于脊髓外伤、炎症等所致脊髓横贯性损伤。

瘫痪按性质又可分为中枢性瘫痪与周围性瘫痪。中枢性瘫痪者瘫痪肢体无肌萎缩、肌张力痉挛性增高、深反射亢进、病理反射阳性;周围性瘫痪者瘫痪肌肉明显萎缩、肌张力降低、深反射减弱或消失、病理反射阴性。

(三)不自主运动

指患者意识清晰的情况下,随意肌不自主收缩产生的一些无目的的异常动作,多为锥体外系损害的表现。

1. 震颤(tremor) 指主动肌与拮抗肌交替收缩所引起的不自主动作。可分为:

(1)静止性震颤(static tremor):静止时表现明显,运动时减轻,睡眠时消失,常伴肌张力增高,见于帕金森病(Parkinson's disease)。

(2)姿势性震颤(postural tremor):身体保持某种姿势时出现,运动及休息时消失,较静止性震颤细而快。姿势性震颤包括应用肾上腺素后、甲状腺功能亢进症、焦虑状态所致的震颤。检查时嘱被检查者两上肢平伸,可见手指出现细微的不自主震颤。肝昏迷(肝性脑病)、尿毒症、慢性肺功能不全等全身代谢障碍患者,两上肢前伸,手指及腕部伸直维持一定姿势时,腕关节突然屈曲,而后迅速伸直至原来位置,如此反复,状如扑翼,称扑翼样震颤,也属于姿势性震颤。

(3)动作性震颤(action tremor):又称意向性震颤,在动作时出现,动作终末愈接近目的物时愈明显,休息时消失。见于小脑疾患。

2. 手足搐搦(theumatic contraction) 发作时手足肌肉呈紧张性痉挛,在上肢表现为腕部屈曲、手指伸展、指掌关节屈曲、拇指内收靠近掌心并与小指相对;在下肢表现为踝关节与趾关节皆呈屈曲状。见于低钙血症和碱中毒。

3. 舞蹈样运动(choreic movement) 为面部肌肉及肢体的快速、不规则、无目的、不对称的不自主运动,表现为"做鬼脸"、转颈、耸肩、手指间断性伸屈、摆手和伸臂等舞蹈样动作,常难以维持一定的姿势,睡眠时可减轻或消失。多见于儿童期脑风湿性病变、服用抗精神病药物者。

(四)共济运动

共济运动(coordination)是指机体完成任一动作时所依赖的某组肌群协调一致的运动,其协调有赖于小脑、前庭神经、深感觉及锥体外系的共同参与。当上述结构发生病变,动作协调发生障碍时,称为共济失调(ataxia)。共济运动的检查方法如下:

1. 一般观察 观察被检查者穿衣、系纽扣、取物、写字和步态等动作的准确性以及言语是否流畅。

2. 指鼻试验 嘱被检查者将前臂外旋、伸直,用示指触自己的鼻尖,先慢后快,先睁眼后闭眼,重复做上述动作。正常人动作准确,小脑半球病变者同侧指鼻不准;如睁眼时指鼻准确、闭眼时出现障碍为感觉性共济失调(图4-87)。

3. 跟-膝-胫试验 嘱被检查者仰卧,先抬起一侧下肢,然后将足跟置于另一侧膝部下端,并沿胫骨徐徐滑下至足背,先睁眼后闭眼,重复进行。小脑损害时动作不稳,感觉性共济

笔记栏

图 4-87 指鼻试验的正常和异常表现

失调者闭眼时足跟难以寻到膝盖。

4. 轮替试验 嘱被检查者伸直手掌并反复做快速旋前旋后动作,或者一手用手掌、手背连续交替拍打对侧手掌,共济失调者动作缓慢,节奏不匀和不准确。

5. 闭目难立征 又称 Romberg 征。嘱被检查者双足并拢站立,两臂前伸,然后闭目,如出现身体摇晃或倾斜为阳性,仅闭眼时站不稳而睁眼时能站稳,提示两下肢有深感觉障碍,为感觉性共济失调。闭目睁目皆不稳提示小脑蚓部病变。

四、自主神经功能

自主神经分为交感神经与副交感神经,其主要功能是调整内脏、血管、竖毛肌和腺体等的活动。

(一) 一般观察

1. 皮肤及黏膜 皮肤及黏膜是反映自主神经功能的重要部位,应注意有无下列改变:①色泽:苍白、潮红、红斑、发绀等;②质地:光滑、变硬、增厚、脱屑、潮湿、干燥;③水肿;④溃疡等。

2. 毛发、指甲营养状况 毛发有无稀少、脱落;指甲有无条纹、枯脆、裂痕等。

3. 出汗 有无全身或局部出汗过多、过少或无汗。①交感神经短期损害:血管扩张、充血,局部皮肤潮红,温度升高;②交感神经长期损害:血管调节功能丧失,血流淤滞,局部皮肤发绀、湿冷,温度降低。

(二) 自主神经反射检查

1. 眼心反射 嘱被检查者仰卧,眼睑自然闭合,计数脉率。检查者将右手中指及示指置于被检查者眼球的两侧,逐渐施加压力,以被检查者不感到疼痛为度。加压 20~30 秒后再次计数脉率。正常可减少 10~12 次/min。超过 12 次/min 提示副交感(迷走)神经功能亢进。压迫后脉率不减少反而增加,提示交感神经功能亢进。

2. 竖毛反射 将冰块置于被检查者颈后或腋窝,数秒钟后可见竖毛肌收缩,毛囊处隆起呈鸡皮状。竖毛肌由交感神经支配,根据竖毛反射障碍的部位来判断交感神经功能障碍的范围。交感神经麻痹时会出现竖毛肌反射障碍。

3. 卧立试验 在被检查者平卧位时计数 1 分钟脉率,然后嘱被检查者起立,再次计数脉率。由卧位到立位脉率增加超过 10~12 次/min,为交感神经兴奋性增强。反之,如由立位到卧位脉率减慢超过 10~12 次/min 为副交感(迷走)神经兴奋性增强。

4. 皮肤划痕试验 用棉签杆加适度压力在皮肤上划压(注意勿划伤皮肤),数秒后皮肤就会出现白色划痕并高起皮面。正常持续 1~5 分钟即消失,如果持续时间超过 5 分钟,提示交感神经兴奋性增高。经棉签杆划压后很快出现红色条纹,持续时间较长,提示副交感神经兴奋性增高。

5. Horner 综合征　是由颈交感神经损害引起颈交感神经麻痹而产生的一系列症状。患者患侧瞳孔缩小,眼裂变小,眼球凹陷,面部无汗。

6. 发汗试验　常用碘淀粉法,即以碘 1.5g,蓖麻油 10ml,与 95% 酒精 100ml 混合成淡碘酊涂布于皮肤,干后再敷以淀粉。皮下注射毛果芸香碱 10mg,作用于交感神经节后纤维而引起出汗,出汗处淀粉变黄色,无汗处颜色不变,可协助判断交感神经功能障碍的范围。

7. Valsalva 动作　被检查者深吸气后,在屏气状态下用力作呼气动作 10~15 秒。计算此期间最长心搏间期与最短心搏间期的比值,正常人大于或等于 1.4。若小于 1.4,提示压力感受器功能不灵敏或其反射弧的传入纤维或传出纤维损害。

五、神经反射

神经反射是通过反射弧完成的,并且受高级神经中枢控制。反射弧包括感受器、传入神经、中枢、传出神经和效应器。反射弧中任一环节病变都可使反射减弱或消失,而锥体束以上部位有病变,则会使一些反射活动失去抑制而出现反射亢进。临床根据刺激部位的不同,反射可分为浅反射和深反射两部分。

(一) 浅反射

刺激皮肤、黏膜或角膜引起的反应称为浅反射(superficial reflex)。

1. 角膜反射(corneal reflex)　将一手示指置于被检查者眼前约 30cm 处,引导其向内上方注视,另一手用细棉签纤维由被检查者眼外侧从视野外向内接近并轻触被检查者的角膜,注意避免触及睫毛。正常时可见该眼睑迅速闭合,称为直接角膜反射(图 4-88)。如刺激一侧角膜,对侧也出现眼睑闭合反应,称为间接角膜反射。

直接角膜反射消失,间接角膜反射存在,见于该侧面神经瘫痪(传出障碍),直接与间接角膜反射均消失见于三叉神经病变(传入障碍)。深昏迷患者角膜反射完全消失。

2. 腹壁反射(abdominal reflex)　嘱被检查者仰卧,下肢稍屈以使腹壁放松,然后用棉签杆按上(肋缘下)、中(脐平)、下(腹股沟上)3 个部位由外向内轻划腹壁皮肤(图 4-89)。正常时于受刺激的部位可见腹壁肌肉收缩。

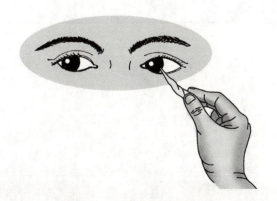　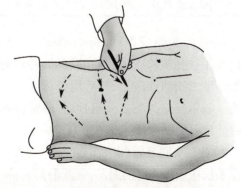

图 4-88　角膜反射检查方法　　　图 4-89　腹壁反射检查方法

腹部上部反射消失见于胸髓 7~8 节病损,中部反射消失见于胸髓 9~10 节病损,下部反射消失见于胸髓 11~12 节病损。双侧上、中、下腹壁反射均消失见于昏迷或急腹症患者。一侧腹壁反射消失见于同侧锥体束病损。肥胖、老年及经产妇因腹壁过于松弛腹壁反射也可减弱或消失。

3. 提睾反射（cremasteric reflex） 嘱被检查者仰卧,用棉签杆由下向上轻划股内侧上方皮肤,可引起同侧提睾肌收缩,使睾丸上提。双侧反射消失见于腰髓1~2节病损。一侧反射减弱或消失见于锥体束损害。局部病变如腹股沟疝、阴囊水肿等也可影响提睾反射。

4. 跖反射（plantar reflex） 检查方法:被检查者仰卧,上下肢伸直,检查者左手持其踝部,用竹签钝头沿足底外侧缘由后向前划至小跖趾关节处再转向蹈趾侧。正常反应为各足趾向跖面屈曲（图4-90）,即Babinski征阴性。

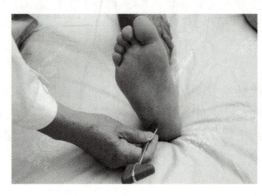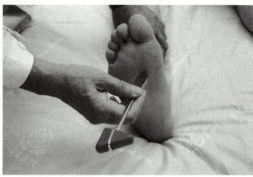

图4-90 跖反射检查法

（二）深反射

刺激骨膜、肌腱引起的反应称为深反射（deep reflex）,又称腱反射。检查时应嘱被检查者完全放松受检肢体。检查者叩击力量要均等,注意两侧对比（见表4-7）。

表4-7 深反射强度分级

0:反射消失
+:肌肉收缩存在,但无相应关节活动,为反射减弱
++:肌肉收缩并导致关节活动,为正常反射
+++:反射增强,可为正常或病理状况
++++:反射亢进并伴有阵挛,为病理状况

1. 肱二头肌反射（biceps reflex） 检查者以左手扶托被检查者屈曲的肘部,并将拇指置于肱二头肌肌腱上,然后用叩诊锤叩击拇指。正常反应为肱二头肌收缩,前臂快速屈曲。反射中枢为颈髓5~6节（图4-91）。

2. 肱三头肌反射（triceps reflex） 检查者用左手扶托被检查者的肘部,嘱其肘部屈曲,然后以叩诊锤直接叩击尺骨鹰嘴上方的肱三头肌肌腱,正常反应为肱三头肌收缩,前臂稍伸展。反射中枢为颈髓6~7节（图4-92）。

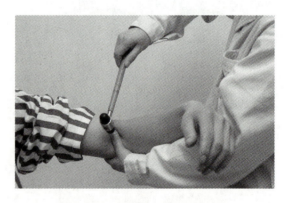

图4-91 肱二头肌反射检查法

3. 膝反射（knee jerk reflex） 被检查者取坐位检查时,小腿完全松弛,自然下垂;卧位时,检查者用左手在被检查者腘窝处托起两下肢,使膝关节屈曲约120°,然后用右手持叩诊锤叩击髌骨下方的股四头肌肌腱,正常反应为小腿伸展。反射中枢为腰髓2~4节（图4-93）。

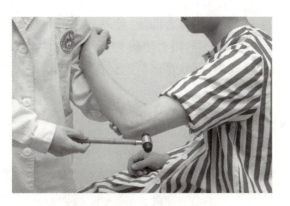

图 4-92 肱三头肌反射检查法

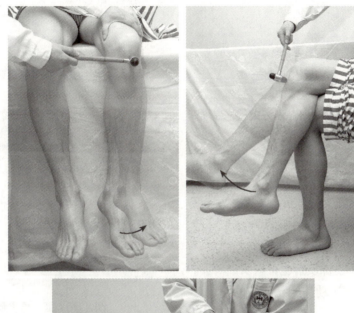

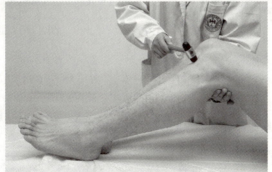

图 4-93 膝反射检查法

4. 跟腱反射(achilles tendon reflex) 嘱被检查者仰卧,髋及膝关节稍屈曲,下肢取外旋外展位,检查者左手将被检查者足部背屈成直角,然后以叩诊锤叩击跟腱。正常反应为腓肠肌收缩,足向跖面屈曲。如卧位不能测出时,可嘱被检查者跪于椅面上,双足自然下垂,然后轻叩跟腱,反应同前。反射中枢为骶髓 1~2 节(图 4-94)。

5. 阵挛(clonus) 深反射高度亢进时,如突然牵拉引出该反射的肌腱不放手,使之持续紧张,则出现该牵拉部位的持续性、节律性收缩,称痉挛,常见的有踝阵挛(图 5-85)和髌阵挛。阵挛主要见于锥体束以上病变。

（1）踝阵挛（ankle clonus）：被检查者仰卧，髋与膝关节稍屈，检查者一手持被检查者小腿，一手持被检查者足掌前端，突然用力使踝关节背屈并维持之。阳性表现为腓肠肌与比目鱼肌发生连续性节律性收缩，而致足部呈现交替性屈伸动作（图 4-95），系腱反射极度亢进。

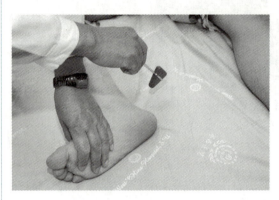

图 4-94　跟腱反射检查法

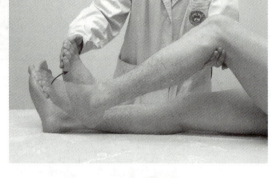

图 4-95　踝阵挛检查法

（2）髌阵挛（patellar clonus）：被检查者仰卧，下肢伸直，检查者以拇指与示指控住其骨上缘，用力向远端快速连续推动数次后维持推力。阳性反应为股四头肌发生节律性收缩使髌骨上下移动（图 4-96）

深反射减弱或消失多为器质性病变，见于末梢神经炎、神经根炎、脊髓前角灰质炎等。骨关节病肌营养不良深反射也可减弱或消失。深反射亢进常为上运动神经元瘫痪的表现。

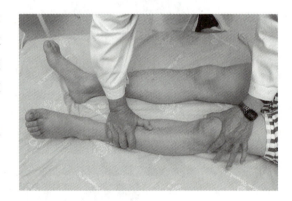

图 4-96　髌阵挛检查法

（三）病理反射

当锥体束病损以及在休克、昏迷、麻醉时，大脑失去了对脑干和脊髓的抑制作用，而出现的异常反射，称为病理反射，也称锥体束征。此类反射多属于原始脑干和脊髓反射。1 岁半以内的婴幼儿由于神经系统发育尚未完善，也可出现，不属于病理性。依检查方法的不同，临床常见的有以下几种。

1. 巴宾斯基征（Babinski 征）　检查方法同跖反射检查。阳性反应为拇趾背伸，其余四趾呈扇形展开。

2. 奥本海姆征（Oppenheim 征）　检查者用拇指和示指从膝关节下开始，沿被检查者胫骨前缘用力由上向下滑压，直到踝关节上方。阳性表现同 Babinski 征（图 4-98）。

3. 戈登征（Gordon 征）　检查者用手以一定力量挤压腓肠肌，阳性反应同 Babinski 征（图 4-99）。

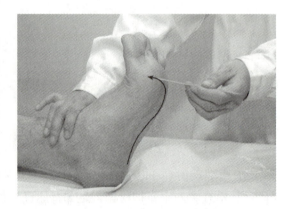

图 4-97　Babinski 征检查法

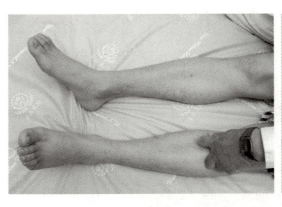
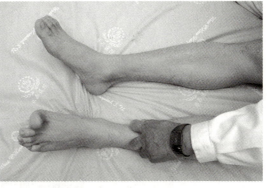

图 4-98 Oppenheim 征检查法

4. 霍夫曼征（Hoffmann 征） 检查者左手握持被检查者腕关节上方，右手示指和中指夹住被检查者中指，并向上方提拉使腕略背屈，再用拇指指甲迅速弹刮被检查者的中指指甲，阳性表现为其余四指微掌屈（图 4-100）。多见于颈髓病变。

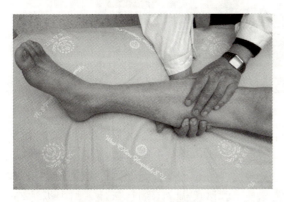
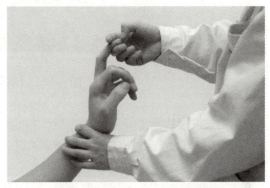

图 4-99 Gordon 征检查法　　　　　图 4-100 Hoffmann 征检查法

（四）脑膜刺激征

脑膜刺激征为脑膜受刺激的表现。见于各种脑膜炎、蛛网膜下腔出血和颅内压增高等。常见的脑膜刺激征有以下几种：

1. 颈强直　被检查者仰卧，检查者以一手托患者枕部，另一只手置于胸前，作屈颈动作，以测试颈肌抵抗力。若抵抗力增强则为颈部阻力增高或颈强直。除颅内、脊髓病变外，排除颈椎或颈部肌肉局部病变之后，即可认为有脑膜刺激征。

2. 凯尔尼格征（Kernig 征） 被检查者仰卧，检查者先将其一侧下肢髋、膝关节屈曲呈直角并保持不变，再将其小腿尽量上抬伸膝，正常膝关节可伸达 135°以上。阳性表现为伸膝受限并伴有疼痛与屈肌痉挛（图 4-101）。

3. 布鲁津斯基征（Brudzinski 征） 被检查者仰卧，下肢自然伸直。检查者一手按于被检查者胸前以维持胸部位置不变，另一手托其枕部使头部前屈，若出现两侧膝关节和髋关节同时屈曲，为阳性（图 4-102）。

图 4-101　Kernig 征检查法

图 4-102　Brudzinski 征检查法

【相关护理诊断】

1. 躯体移动障碍:瘫痪 / 肌力减弱 / 肌张力增高 / 共济失调 / 不随意运动　与中枢神经系统疾病有关。

2. 自理能力缺陷:瘫痪 / 肌力减弱 / 肌张力增高 / 共济失调 / 不随意运动　与中枢神经系统疾病有关。

3. 单侧忽略:偏瘫　与脑损伤、脑血管意外等有关。

4. 站立 / 行走障碍:共济失调　与小脑损害、前庭功能障碍等有关。

5. 有跌倒的危险　与中枢神经系统疾病所致肌力改变、行走障碍有关。

6. 有静脉血栓栓塞的危险　与脑血管意外、手术和全麻时间长等有关。

7. 皮肤完整性受损 / 有皮肤完整性受损的危险　与瘫痪而致长期卧床有关。

8. 有失用综合征的危险　与意识改变、医嘱制动、瘫痪等有关。

●（叶红芳　秦莉花　夏继凤　秦明芳　孙志岭　董璐　张玉芳）

复习思考题

1. 总结比较不同的叩诊音特点及其临床意义。

2. 呼吸节律的变化有哪些表现?

3. 淋巴结检查时发现患者淋巴结肿大,应如何描述?

4. 对长期使用广谱抗生素的危重患者做口腔检查时,重点观察内容有哪些? 为什么?

5. 如何进行咽部及扁桃体的检查? 扁桃体肿大分哪几度?

6. 进行胸壁、胸廓检查时,应注意哪些内容?

7. 如何为患者进行乳房检查?

8. 张女士,30 岁,初产妇,3 周前顺产一名健康女婴,纯母乳喂养。自诉 2 日前出现左乳胀痛,局部红肿伴发热,无破溃,今日体温升高,自测体温 38.6℃,无寒战,遂至医院就诊。既往无特殊病史。体格检查:T 39.2℃,P 90 次 /min,R 19 次 /min,BP 95/63mmHg,左乳房压痛性肿块,左侧淋巴结肿大;实验室检查:血常规:WBC $11×10^9$/L,N 86%。诊断为急性乳腺炎。

(1) 针对该患者目前的情况,提出相应的护理诊断并排序。

(2) 该患者目前患有急性乳腺炎,是否还能进行母乳喂养?

9. 总结比较胸腔积液(胸水)患者和胸腔积气(气胸)患者肺脏体格检查的典型体征有何异同?

10. 心脏瓣膜听诊区的顺序是什么? 如何确定听诊的正确位置?

11. 心前区震颤的临床意义是什么?

12. 如何鉴别大量腹水、肥胖和腹腔内巨大肿块引起的全腹膨隆?

13. 脊柱四肢检查与心脏、肺和腹部检查有何不同?

14. 分组情景模拟:两位同学相互扮演检查者和蛛网膜下腔出血患者,应用相应的检查方法进行神经系统检查。

◇◇◇　**第五章**　◇◇◇

心 理 评 估

📝 学习目标

识记:心理评估的主要内容及常用方法,心理评估的基本概念,心理评估常见异常表现的主要特点。

理解:心理评估的目的,心理评估常见异常表现的临床意义。

运用:根据患者的具体情况及评估内容的不同特点,恰当地运用相关的评估方法对患者进行心理状况的评估,根据评估所获得的资料做出护理诊断。

第一节　概　述

一、心理评估的目的

个体的心理现象包括心理过程和个性心理两个部分。心理过程是人脑对客观现实的反应过程,包含认知、情绪情感和意志三方面。个性是指一个人的整个心理面貌,是个体稳定的心理倾向和心理特征的总和。因此,心理评估涵盖内在和外在心理活动两个范畴,其内容主要包括认知过程、情绪与情感、心理应激、健康行为以及自我概念等。

心理评估(psychological assessment)是采用心理学的理论、方法和技术,对个体的心理过程、个性心理等进行评估的过程。心理评估应用多种方法获得信息,对患者的心理品质或状态进行客观的描述和鉴定,是一套标准化的评估技术,其目的是发现患者在疾病发生发展过程中现存或潜在的心理健康问题,为制订心理护理干预措施提供依据。

二、心理评估的方法

(一) 会谈法

会谈法(interview)是心理评估最基本的方法,通过会谈可使交谈双方建立相互合作和信任的关系,以获得个体对其心理状况和问题的自我描述。会谈可分为自由式会谈和结构式会谈两种类型。自由式会谈是指无固定的访谈问题,无预设的程序,鼓励患者发表自己的看法,可以最大限度地获取患者的信息,收集信息量大,但比较费时,影响评估的效率。结构式会谈是按照预定的会谈提纲有目的、有计划、有步骤的交谈,具有省时、高效、切题等特点,但患者会觉得拘谨或例行公事。

（二）观察法

观察法（observation）是一种有目的、有计划地通过对被观察者的行为表现直接或间接地进行考察、记录和分析的方法。通过观察得到的资料，可推测患者的心理活动过程及个性特征等。

1. 自然观察　指在自然条件下，根据观察的目的对个体心理活动的外在表现进行观察。通过自然观察，可观察到的行为表现范围较广，观察者应具有深刻的洞悉力和分析、综合能力，需花费较多的时间与患者接触，且对资料的分析较为困难。

2. 控制观察　又称实验观察，系指在特殊实验环境下观察个体对特定刺激的反应，需预先设计，并按既定程序进行，每一个体都接受同样的刺激。其优点为可获取具有较强可比性和科学性的结果。但实验条件、环境和程序等人为因素，以及受试者意识到正在接受实验，可干扰结果的客观性。

（三）心理测量学方法

心理测量学方法是依据心理学的原理和技术，利用心理测量工具，如标准化测验或量表，对个体的外显行为进行观察或评定，并将结果按数量或类别加以描述的过程。依据心理测量工具的不同，可将心理测量学方法分为心理测验法和评定量表法。

1. 心理测验法（psychological test）　即依据心理学理论，使用一定的操作程序，在标准情境下，用统一的测量手段（如仪器）测试个体对测验项目集所做出的行为反应的方法。

2. 评定量表法（rating scale）　指应用量表（即一套预先已标准化的测试项目）对患者的某种心理品质进行测量、分析和鉴别的方法。

（四）心理生理评估法

心理生理评估（psychophysiological assessment）是通过生理学的测量技术，探索机体在理化环境及社会环境中的行为与体验等相关心理现象，力求从生理学测量的结果去透视心理学本质。心理生理评估将生理学测量和心理评估两者有机地结合在一起，通过对与心理现象有关的各系统、各器官生理反应的测量，来更深入地解读心理学问题。常用方法包括基础生理指标测量、电生理指标测量和神经影像学测量方法。

（五）作品分析法

作品分析法（product analysis）是通过分析患者的作品，对患者的心理水平和心理状态进行评估，并且作为护理诊断的客观依据，可反映患者的心理发展水平、心理特征、行为模式以及当时的心理状态等。

第二节　心理评估的内容

一、认知功能

（一）基础知识

认知过程（cognition process）是指人们获得知识或运用知识的过程，即信息加工的过程，是人最基本的心理过程，包括感觉、知觉、注意、记忆、思维、语言、定向力及智能，其中思维是认知过程的核心。认知水平受个体的年龄、教育水平、生活经历、文化背景、疾病、经验等因素的影响。

笔记栏

1. 感知觉　感觉(sensation)是人脑对直接作用于感觉器官的当前客观事物的个别属性的反映,为最基本的认知过程。知觉(perception)是人脑对直接作用于感觉器官的当前事物的整体属性的反映。感觉反映事物的个别属性,知觉反映事物的整体属性。感觉是知觉的基础,感觉越清晰、越丰富,知觉就会越完整。感知觉是思维的基础,对维持大脑正常活动有着重要的意义。

2. 注意　注意(attention)是心理活动对一定对象的指向和集中,具有选择、保持以及对活动的调节和监督功能。注意可分为:①无意注意:是预先没有目的、也不需要意志努力的注意,如寂静的病室突然出现巨大的响声所引起的人们的注意;②有意注意:是预先设有目的并需要意志努力的注意,为注意的一种高级形式;③有意后注意:是指事先有预定目的,但不需要一定意志努力的注意。有意后注意是在有意注意的基础上发展起来的,有高度的稳定性,如护士熟练进行的铺床操作。

3. 记忆与遗忘　记忆(memory)是指在头脑中积累和保持个体经验的心理过程。从信息加工的观点来分析,记忆是人脑对外界输入的信息进行编码、储存和提取的过程。记忆的基本过程包括识记、保持、再认和再现(回忆)。记忆的内容不能保持或提出时有困难,称为遗忘。遗忘是与记忆的各个阶段相伴随的一种正常的、合理的心理现象,包括暂时性遗忘和永久性遗忘,前者是指对识记材料一时不能再认或回忆;后者是指识记过的内容不经重新学习不能再认或回忆。

4. 思维　思维(thinking)为人脑对客观现实的一般特性和规律间接的、概括的反映,是人们认识事物本质特征及其内部规律的理性认知过程。思维活动是人类认知活动的最高形式,在感知觉的基础上产生,借助语言和文字来表达。

(1) 思维的分类:①根据思维的凭借物不同可将其分为:动作思维、形象思维和抽象思维,抽象思维又称为逻辑思维,为人类思维的核心;②根据思维的指向性可分为集中性思维和发散性思维;③根据思维的创造性又可将其分为习惯性思维和创造性思维等。

(2) 思维的过程:人类从感性认识上升到理性认识是通过一系列思维过程实现的。任何思维活动都是分析与综合、比较与分类及抽象与概括这些过程协同作用的结果,其中分析与综合是思维的基本过程。

(3) 思维的形式:包括概念、判断和推理 3 种基本形式。概念是指人脑反映客观事物本质特征的思维形式,在抽象概括的基础上形成,是最基本的思维形式;判断是指人们比较和评价客观事物及其相互关系并做出结论的思维形式;推理是指人们由已知的判断,经过分析与综合推出新判断的过程,包括演绎和归纳两种形式。

总之,个体的思维是在生活过程中,在感知觉获得的感性材料的基础上,在大脑中进行复杂的分析与综合、比较与分类、抽象与概括等一系列智力操作,形成概念、应用概念进行判断和推理,从而认识事物本质特性和规律性联系的心理过程。

5. 语言　语言(language)是人们进行思维的工具,是思维的物质外壳。思维的抽象与概括总是借助语言得以实现的,所以思维与语言不可分割,共同反映人的认知水平。语言可分为接受性语言和表达性语言,前者指理解语句的能力,后者为传递思想、观点、情感的能力。

6. 定向力　定向力(orientation)是指个体对时间、地点、人物及自身状态的判断认识能力,包括时间定向、地点定向、空间定向、人物定向等。

7. 智能　智能(intelligence)也称智力,是人们认识客观事物并运用知识解决实际问题的能力。智能是认知过程各种能力的综合,与感知、记忆、思维、注意、语言等密切相关。

(二) 常见认知障碍

认知障碍(cognitive impairment)是指认知过程异常,包括感知觉障碍、记忆障碍、思维障碍、注意障碍、语言障碍、定向力障碍、智能障碍。

1. 感知觉障碍

(1) 感知觉过敏:感知觉的阈值下降,表现为对各种刺激过分敏感。对外部感知觉刺激过度敏感者表现为不耐强光、噪声、高温或强烈气味等;对内部感觉过敏者则表现为不能耐受正常心搏或胃肠蠕动等感觉,有多种躯体不适感。感知觉过敏多见于神经症患者。

(2) 感知觉减退:感知觉的阈值增高,表现为对各种刺激的感受性降低。对外部感知觉减退者表现为对外界感知不清晰;对内部感觉减退者则表现为对躯体自身的信息感觉减退,甚至觉得自身不存在,严重者可出现人格解体症状。感知觉减退多见于抑郁患者或催眠状态,也可见于正常人紧张或激情状态。

(3) 感知觉综合障碍:是指对具体客观存在的事物的本质属性或整体能正确认识,但对诸如大小、形状、颜色、距离、空间位置等个别属性出现错误的感知。

(4) 错觉(illusion):是指对具体客观事物整体属性的错误感知。病理性错觉多见于感染、中毒等因素导致意识障碍如谵妄时,也见于功能性精神病如精神分裂症,后者出现错觉时多与幻觉同时存在。

(5) 幻觉(hallucination):是指没有现实刺激作用于感觉器官时出现的知觉体验,是一种虚幻的知觉。幻觉是感知觉障碍中一个重要且常见的精神症状。幻觉一般按感觉器官来划分,有幻视、幻听、幻嗅、幻味、幻触、内脏幻觉等。病理性幻觉多见于脑器质性精神病,如颞叶病变、谵妄状态,也常见于精神分裂症,心境障碍也可见到。

2. 注意障碍 指注意的强度、范围及稳定性等发生改变。根据注意障碍的特点可将其分为以下几种类型,其中以注意减弱和注意狭窄最为常见。

(1) 注意增强:主要表现为有意注意增强,即对某种事物或活动保持高度的注意和警觉,不易被其他事物所转移。常见于偏执型精神分裂症或神经症患者。如具有妄想观念的患者常过分地注意看其所怀疑者的一举一动,具有疑病观念的神经症患者常过分地注意自身的健康状态或那些使其忧愁的病态思维内容等。

(2) 注意减弱:有意和无意注意的兴奋性下降,注意的范围缩小、稳定性也明显下降。多见于神经衰弱、精神分裂症及伴有意识障碍时。

(3) 注意涣散:有意注意明显减弱,易于唤起注意,但注意力不易集中,稳定性下降。多见于神经衰弱和精神分裂症。

(4) 随境转移:表现为无意注意的兴奋性增强,但注意不持久,注意的对象不断转移。例如处于兴奋状态的躁狂症患者,注意力易被周围环境中的新现象吸引而转移。

(5) 注意迟钝:注意的兴奋性集中困难而缓慢,但是注意的稳定性障碍较小,多见于抑郁症。

(6) 注意狭窄:注意范围显著缩小,有意注意减弱,表现为当患者集中于某一事物时,不能再注意与之相关的其他事物。见于朦胧状态和痴呆。

(7) 注意固定:注意稳定性特别增强,总是将注意固定于某些事物或活动上。见于健康人和精神病患者。

3. 记忆障碍 指任何原因引起的记忆能力异常,可表现为记忆量和质的异常。前者包括记忆力增强、记忆力减退、遗忘症等,后者称为记忆错误,包括错构症、虚构症、潜隐记忆等。

(1) 记忆减退：指识记、保存、再认和回忆普遍减退。临床比较多见，既可见于神经衰弱、脑动脉硬化和其他脑器质性损害的患者，也可见于正常老年人。

(2) 遗忘症（amnesia）：为一种回忆的丧失，表现为局限于某一事情或某一时期内的经历的遗忘而不是记忆的普遍性减退。临床上可分为：①顺行性遗忘：指对紧接着疾病发生以后一段时间的经历不能回忆，多见于各种原因引起的意识障碍，如脑震荡、脑挫裂伤者不能回忆受伤后一段时间内的事。②逆行性遗忘：指对紧接着疾病发生以前一段时间的经历不能回忆，多见于脑外伤。③进行性遗忘：指记忆的丧失随着病情的发展而发展，而不仅仅是存在某一时间阶段的遗忘，主要见于老年期痴呆。④心因性遗忘：具有选择性遗忘的特点，即所遗忘的事情选择性地限于痛苦经历或可能引起心理痛苦的事情，主要见于癔症和应激性精神障碍。

(3) 记忆错误：指回忆的内容与事实不符。常见的表现有：①错构：指在回忆过去曾经历的事件时，在发生地点、时间或情节上出现错误或混淆，多见于脑部器质性疾病。②虚构：指对某段亲身经历发生遗忘而用完全虚构的故事来填补和代替，随之坚信，多见于痴呆患者和慢性酒精中毒性精神病等脑器质性精神障碍。③潜隐记忆：又称歪曲记忆，是将他人的经历或者自己曾经的所见所闻回忆成自己的亲身经历，或者将本人的真实经历回忆成自己所见所闻的他人的经历。

(4) 记忆增强：是一种病理性的记忆增强，表现为患者将时间久远且不重要的事情都能回忆起来，多见于躁狂症，特别是轻度躁狂患者。

4. 思维障碍　指各类精神疾病常见的症状，其临床表现多种多样，可分为思维形式障碍和思维内容障碍。

(1) 思维形式障碍：包括思维联想障碍和思维逻辑障碍。常见的表现有：①思维奔逸：是一种兴奋性的联想障碍，表现为思维联想速度加快、数量增多及内容丰富生动，但思维逻辑联系非常肤浅，常缺乏深思而信口开河，多见于躁狂症。②思维迟缓：与思维奔逸相反，是一种抑制性联想障碍，思维活动量显著减少，速度缓慢，联想困难，反应迟钝，常见于抑郁症。③思维松弛：又称为思维散漫，表现为联想松弛，内容散漫，缺乏主题，使人不易理解。严重时发展为破裂性思维。④破裂性思维：患者在意识清楚的情况下，出现思维联想过程破裂，缺乏内在意义上的连贯性和应有的逻辑性，致使他人无法理解其意义，多见于精神分裂症。⑤思维贫乏：为联想数量减少，概念与词汇贫乏，表现为沉默少语，谈话言语单调，自感"脑子空虚没有什么可说的"，见于精神分裂症等。⑥病理性赘述：思维活动停滞不前、迂回曲折，联想枝节过多，极易偏离中心，做不必要的累赘的描述，多见于脑器质性、癫痫性及老年性精神障碍。

(2) 思维内容障碍：常见的表现有：①妄想（delusion）：是一种在意识清晰的情况下产生的歪曲的信念，为病态推理和判断的结果。临床常见有被害妄想、关系妄想、疑病妄想、夸大妄想、罪恶妄想等。②强迫观念（obsessive idea）：或称为强迫思维，指某一概念在脑内不自主地反复出现，明知没有必要，但无法摆脱，主要见于强迫症。

👥 **课堂互动**

如何区分错觉、幻觉和妄想？

5. 语言障碍　临床所见的语言障碍,主要指局限性脑或周围神经病变所致的语言障碍,包括失语和构音困难。

(1) 失语(aphasia):由语言中枢受损引起。语言中枢的不同部位受损会导致不同类型的语言障碍,包括:①运动性失语:部分或全部丧失说话能力,但能理解他人的语言和书面文字。②感觉性失语:发音清晰,语言流畅,但内容不正常,不能理解他人和自己的语言。③混合性失语:运动性失语和感觉性失语并存。④命名性失语:理解物品的性质和用途,但叫不出名字。⑤失写:已获得的书写表达和交流能力受损或丢失。⑥失读:丧失对文字、图画等视觉符号的认识能力不能识别词句、图画。

(2) 构音困难(dysarthria):是指由于神经病变,与言语有关的肌肉麻痹、收缩力减弱或运动不协调所致的语言障碍,表现为发声困难、发音不清,声音、音调及语速等异常。

6. 定向障碍　指对环境或自身状况的认识能力丧失或认识错误,多见于症状性精神病及脑器质性精神病伴有意识障碍的患者,包括时间定向障碍、地点定向障碍、空间定向障碍和人物定向障碍等。定向障碍是意识障碍的重要标志,但有定向障碍不一定有意识障碍。

7. 智能障碍　指各种原因所致的智能低下,分为精神发育迟滞与继发性痴呆两大类型。

(1) 精神发育迟滞(mental retardation):主要在胎儿期、出生时或婴儿期,由于遗传、感染、中毒、头部创伤、内分泌异常或缺氧等原因,致使患者大脑发育不良或受阻,智能发育停留在一定的阶段。随着年龄增长,其智能和社会适应能力明显低于正常的儿童。

(2) 痴呆(dementia):是指大脑发育成熟后,由于各种有害因素作用引起大脑器质性损害,使已获得的智能全面减退。主要表现为分析、综合、判断和推理的能力下降,记忆力下降、计算力下降,获得的知识丧失、工作和学习能力下降或丧失,甚至生活不能自理,并可伴有行为异常。病变多呈进行性,常不易恢复或不能完全恢复。如治疗适当,可阻止其继续发展。

(三) 认知水平的评估

1. 感知觉评估　感知觉评估需综合应用会谈法、观察法和心理生理检测法。通过询问"你觉得最近视力怎么样""你觉得最近听力有改变吗"等问题了解患者有无感知觉异常的表现,同时结合观察以及视力、听力等感知觉方面医学检测,相互验证,综合分析、判断患者的感知觉情况。

2. 注意能力评估

(1) 无意注意:可通过观察患者对周围环境变化有无反应进行评估,如对所住病室人员的出入、光线的明暗变化等有无反应。

(2) 有意注意:可以通过让患者完成某项任务进行评估,如让患者填写入院评估表。同时观察其执行任务时的专注程度,或询问其"能集中精力做事或学习吗"等问题。对于儿童和老人,应着重观察其能否有意识地将注意力集中于某一具体的事物。

3. 记忆能力评估

(1) 回忆法(recall method):为评估记忆最常用的方法,用于测量短时记忆和长时记忆。评估短时记忆可让患者重复听到的一句话或一组由 5~7 个数组成的数字串,如电话号码。评估长时记忆可让患者说出当天进食的食品、自己的生日或家人的姓名等。

(2) 再认法(recognition method):让患者完成试卷中是非题或选择题即属于用再认法测量其已学过的知识。再认法也为评估记忆最常用的方法、可用于测量感觉记忆、短时记忆和长时记忆 3 种不同的记忆类型、尤其当回忆法无法使用时,再认法可以弥补其不足。

笔记栏

（3）评定量表测评：上述的评估方法大多只考察了记忆的部分种类或部分特征，专门用于检测记忆能力的成套记忆测验则能更全面系统地评估患者的记忆能力。目前国内常用的记忆测验工具有：韦氏记忆量表（Wechsler memory scale，WMS）、中国临床记忆量表（clinical memory scale，CMS）等。

4. 思维能力评估　主要针对思维形式和思维内容两方面进行。推理是思维的基本形式之一，也是临床最常用的思维能力评估指标。护士可根据患者的年龄特征和认知特点提出相关问题，如让患者解释一种自然现象的形成过程。也可借用瑞文标准推理测验（Raven's standard progressive matrices，SPM）对患者的推理能力进行系统评估。

此外，也可通过询问患者"周围的人，如你的同事或家人对你的态度如何""有没有人对你不友好，对你暗中使坏""外界有没有东西能影响或控制你的思维或行动"等问题评估其思维内容是否正常。

5. 语言能力评估　通过观察、会谈等可对语言能力进行初步判断，如发现语言能力异常，应进一步明确其语言障碍的类型。可通过观察患者对问题的理解和回答是否正确，判断其有无感觉性失语。如怀疑患者有命名性失语，可取出一些常用物品，请患者说出名称。可请患者诵读短句或一段文字，并说出其含义、自发性书写、默写或抄写一段文字等，来判断其有无失读、失写等可能。

6. 定向能力评估　可通过询问"今天是星期几"或"今年是哪一年"评估其时间定向能力；"现在在什么地方"判断其地点定向能力；"我站在你的左边还是右边""呼叫器在什么方向"评估其空间定向能力；"你叫什么名字"或"你知道我是谁吗"判断其人物定向能力。

7. 智能评估　临床常通过一些有目的的简单提问和操作了解患者的常识、理解能力、分析判断能力、记忆力和计算力等，从而对其智能是否有损害及其损害的程度做出粗略的判断。此外，还可使用简易精神状态量表（mini- mental state examination，MMSE）、长谷川痴呆量表（Hastgawa dementia scale，HDS）、圣路易斯大学智能状态检查量表（Saint Louis University mental status examination，SLUMSE）、蒙特利尔认知评估量表（Montreal cognitive assessment，MoCA）等对患者的智能进行评估。MMSE 是目前公认的用于认知功能初步筛查的评价方法，主要内容包括定向力、注意力、计算力、记忆力、语言和视空间能力等。但由于其敏感性较低，主要用于痴呆的筛查。对于轻度认知功能损害者，目前国内多采用蒙特利尔认知评估量表进行筛查。

（四）相关护理诊断

1. 急性精神错乱/慢性精神错乱　与认知功能改变、谵妄、痴呆、脑血管意外等有关。
2. 记忆受损　与脑损伤、神经损伤、组织缺氧、轻度认知受损等有关。
3. 语言沟通障碍　与自我概念改变、情感障碍、中枢神经受损、躯体障碍等有关。
4. 知识缺乏　与认知功能改变、记忆改变、缺乏学习兴趣等有关。

二、情绪与情感

（一）基础知识

情绪（emotion）与情感（feeling）是个体对客观事物是否满足自身需要的内心体验与反映。当需要获得满足，就会引起高兴、满意、爱慕等积极肯定的情绪和情感，反之则会引起生气、不满、憎恨等消极否定的情绪和情感。

情绪与情感既存在区别又相互联系。情绪是人和动物共有的心理现象，与生理需要满

笔记栏

足与否的体验相关,具有较强的情境性、激动性和暂时性;情感是人类特有的高级心理现象,具有较强的稳定性、深刻性和持久性,为人格构成的重要成分。情绪依赖于情感,各种情绪受已经形成的情感特点的制约;情感也依赖于情绪,人的情感总是在各种不断变化着的情绪中得到体现。从某种意义上说,情绪是情感的外在表现,情感是情绪的内在本质。

1. 情绪与情感的作用

(1) 适应作用:情绪与情感是个体生存、发展与适应环境的重要手段。如初生婴儿由于脑的发育尚未成熟,还不具有独立生存的基本能力,依靠情绪信息的传递,得到成人的抚育。在危险情境下,人的情绪反应使机体处于高度紧张状态,通过自主神经系统和内分泌系统的活动,调动机体能量,可以促使个体产生适宜的防御反应。各种情绪与情感的发生,时刻提醒着个体去了解自身或他人的处境与状态,以求得良好适应。

(2) 动机作用:情绪与情感作为个体的需要得到满足与否的主观体验,能够激励或阻碍人的行为,在最广泛的领域里为人类的各种活动提供动机。情绪与情感的动机功能既体现在生理活动中,也体现在认识活动中。

(3) 组织作用:情绪与情感是心理活动的组织者,这种由需要的满足与否引起的特殊心理活动影响着感知、记忆、思维等其他心理过程。正性情绪起协调、组织作用,负性情绪起破坏、瓦解或阻断作用。研究证明,情绪能影响认知操作的效果,其效应取决于情绪的性质与强度。愉快强度与操作效果呈倒"U"形,即中等程度的愉快和兴趣为认知活动提供最佳的情绪背景。负性情绪,如痛苦、恐惧的强度与操作效果呈直线相关,情绪强度越大,操作效果越差。

(4) 沟通作用:情绪和语言一样,具有服务于人际沟通的功能。情绪通过面部肌肉运动、声调和身体姿态变化构成的表情等非语言沟通的形式来实现信息传递和人际间的相互了解,其中面部表情是最重要的情绪信息媒介。

2. 情绪与情感的分类　情绪与情感复杂多样,很难准确分类,一般可分为基本情绪、情绪状态以及高级情感体验。

(1) 基本情绪:为最原始的情绪。中医认为人有喜、怒、忧、思、悲、恐、惊的情志变化,亦称"七情"。现代心理学将情绪分为 4 种最基本类型。①快乐(happiness):为追求的目标得以实现导致紧张解除时产生的情绪体验;②愤怒(anger):由于愿望不能达到,一再受阻时引起内心的紧张积累而产生的情绪体验;③悲哀(sadness):个体失去某种其重视或追求的东西或目标时产生的情绪体验;④恐惧(fear):是面临或预感危险而又缺乏应对能力时产生的情绪体验。

(2) 情绪状态:是指在某种生活事件或情境的影响下,于一定时间内,情绪活动在强度、紧张水平和持续时间上的综合表现。①心境(mood):是指微弱而持久,带有渲染性的情绪状态。心境不是对于某一事物的特定体验,而是作为一种心理背景,使人的一切活动都带有一定的感情色彩,少则持续几天,长则数周、数月。②激情(intense emotion):是一种强烈而短暂的情绪状态。③应激(stress):当人们遇到突发事件或危险时产生的高度紧张的情绪状态,以做出适应性和应对性反应。

(3) 高级情感体验:情感是人类特有的、区别于动物的、与社会性需要相联系的心理体验。人的高级情感主要有:道德感(moral feeling)、理智感(rational feeling)和美感(aesthetic feeling)。

3. 情绪与情感对健康的影响　积极健康的情绪对促进人体身心健康具有正性作用,如

笔记栏

愉快、乐观的情绪状态能提高大脑及整个神经系统活动的张力,充分发挥机体的潜能,提高脑力劳动和体力劳动的效率和耐力,还能增强机体抵抗力,更有效地适应环境,减少疾病发生的机会,即使患有某种疾病,也有利于康复。相反,不良情绪与情感不仅可以直接作用于人的心理活动导致心理疾病,还可通过神经、内分泌和免疫等一系列中介机制,影响人体组织器官的生理功能,甚至引起组织器官的器质性病理改变,导致心身疾病。

(二) 常见异常情绪

1. 焦虑 参见第三章第二十一节相关内容。

2. 抑郁 参见第三章第二十二节相关内容。

3. 恐惧 恐惧(phobia)是指面临不利或危险处境时出现的情绪体验,常伴有避开不利或危险处境的行为,表现为紧张、害怕,伴有心悸、出汗、四肢发抖,甚至出现排便、排尿失禁等自主神经功能紊乱症状。

4. 情绪高涨 情绪高涨(elation)为一种病态的喜悦情感,在连续一段时间中(一般指1周以上甚至更长的时间),情绪持续保持在过分满意和愉快的状态。常表现为不分场合的兴奋话多、语音高亢、表情丰富、眉飞色舞,常同时伴有联想奔逸、动作增多等,多见于躁狂症。

5. 易激惹 易激惹(irritability)是指个体存在的各种程度不等的易怒倾向,一般或轻微的刺激即可使其产生剧烈的情绪反应。持续时间一般较短暂,常见于疲劳状态、躁狂症、人格障碍、神经症或偏执性精神病。

6. 情绪不稳 情感反应多变、喜怒无常、变化莫测。与外界环境有关的轻度情绪不稳可以是一种性格的表现;与外界环境无关的情绪不稳是精神疾病的表现,常见于器质性精神障碍。

(三) 情绪与情感的评估

1. 会谈 会谈是评估情绪与情感最常用的方法,用可通过询问患者"你近来心情如何""你如何描述你此时和平时的情绪""有什么事情使你感到特别高兴、担心或沮丧,这样的情绪存在多久了""你感到生活有意义吗"等问题,收集有关情绪、情感的主观资料。并应将问诊结果与患者的家属如父母、配偶、同事、朋友等核实。

2. 观察 观察情绪与情感的外部表现,即表情。包括:

(1) 面部表情:是情绪在面部肌肉上的表现。人的眼睛是最善于传情的,不同的眼神可以表达不同的情绪,如高兴时眉开眼笑、气愤时怒目而视等。口部肌肉的变化也是表现情绪的重要线索,如憎恨时咬牙切齿、哭泣时口角向下等。整个面部肌肉的协调活动能显示出人类丰富多彩的情绪状态。

(2) 肢体语言:为情绪在身体动作上的表现。人在不同的情绪状态下身体姿势会发生不同的变化,如得意时摇头晃脑、紧张时坐立不安、悔恨时捶胸顿足等。在身体表情中以手势最为重要。

(3) 言语表情:是情绪在语言的音调、速度和节奏等方面的表现如喜悦时音调高亢、速度较快;悲哀时音调低沉、速度缓慢等。

3. 心理生理测量 情绪常伴随着一系列的生理变化,主要为呼吸、循环系统的变化。因此可通过测量患者的呼吸频率、心率、血压、皮肤颜色和温度、食欲及睡眠状态等变化获取情绪与情感异常的客观资料。注意对会谈所收集的主观资料进行验证,如紧张常伴有皮肤苍白,焦虑和恐惧常伴有多汗,抑郁可有食欲减退、睡眠障碍、体重下降等。

4. 评定量表测量 评定量表测评是评估情绪与情感较为客观的方法,可根据需要选择适宜的情绪情感测评量表对患者进行评估。常用的量表有 Avillo 情绪情感形容词检表、Zung 焦虑自评量表（self-rating anxiety scale，SAS）、Zung 抑郁自评量表（self-rating depression scale，SDS）、医院焦虑抑郁量表（hospital anxiety and depression scale，HADS）等。此外，对于情绪抑郁者，需特别注意其有无自杀倾向以及自残或自杀的行为。常见的自杀倾向包括行为的突然改变如将自己珍藏的财物捐献出来、回避社交等。

(四) 相关护理诊断

1. 情绪调节受损　与疾病因素、环境因素等有关。
2. 焦虑　与需求未满足、过度担心、环境不适应等有关。
3. 恐惧　与环境因素、威胁刺激、恐怖刺激等有关。
4. 哀伤　与患病住院、抑郁等有关。
5. 睡眠型态紊乱　与心理应激、情绪异常、环境改变等有关。
6. 疲乏　与兴趣缺乏、精力不足等有关。
7. 有自残/自杀的危险　与情感障碍、自尊受损、应对策略无效、绝望、无助等有关。
8. 有他人/自我指向的暴力危险　与自控能力下降、易激惹等有关。

三、心理应激

(一) 基础知识

现代应激理论认为，应激（stress）是个体面临或觉察到环境变化对机体有威胁或挑战时，做出的适应性和应对性反应的过程。

塞里（Selye H）是第一个系统使用应激概念说明机体受到威胁时所发生的调节反应的生理学家。他用"应激"这一术语代表严重威胁机体内稳态的任何刺激影响，而将引起应激的刺激称为"应激源"。塞里在动物实验中发现，用冷、热刺激和感染、毒物作为应激源，总是能引起小鼠肾上腺皮质增生，胸腺、脾脏、淋巴结明显萎缩，嗜酸性粒细胞显著下降，胃黏膜浅层溃疡等变化，上述反应与注射物的种类和性质无关。塞里将这种反应称为一般性适应综合征（general adaptation syndrome，GAS），认为这是一种机体的非特异性反应。一般性适应综合征可划分为三期：①警觉期：表现为体重减轻、肾上腺皮质增大。外周反应为肾上腺素分泌增加，血压升高，脉搏与呼吸加快，心脑血管血流量增加，血糖升高等等。若机体处于持续的有害刺激，又能度过第一阶段，则会转入下一阶段。②抵抗期或耐受期：表现为体重恢复正常，肾上腺皮质变小，淋巴腺恢复正常，激素水平恒定。这时机体对应激源表现出一定的适应，对其抵抗能力增强。若机体继续处在有害刺激下或刺激过于严重，则会丧失所获得的抵抗力而进入下一个阶段。③衰竭期：表现为肾上腺增大，最终耗竭。体重再次减轻，淋巴系统功能紊乱，激素水平再次升高后降低。当个体抵抗应激的能力枯竭时，副交感神经系统异常兴奋，常出现抑郁、疾病甚至死亡。

根据应激学说的发展历史和 20 世纪 70~80 年代国外各种应激相关研究成果，国内学者倾向于将心理应激看作是由应激源（生活事件）到应激反应的多因素作用过程，即"应激过程模型"（图 5-1）。

根据过程模型认为，心理应激是个体在应激源作用下，通过认知、应对、社会支持和个性特征等中间多因素的影响或中介，最终以心理、生理反应表现

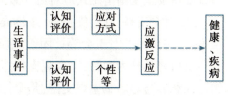

图 5-1　应激过程模型示意图

出来的作用"过程"。应激是个体对环境威胁和挑战的一种适应过程：应激的原因是生活事件，应激的结果是适应的或不适应的心身反应；从生活事件到应激反应的过程受个体的认知等多种内外因素的制约。

(二) 应激过程

1. 应激源　凡能够引起个体产生应激的各种因素均可视为应激源（stressors）。应激源可以来自体内抑或来自体外；可以是客观的抑或是主观的；可以是正性的、积极的，抑或是负性的、消极的。一般按属性可分为：

(1) 生理性应激源：包括机体生理功能失调或组织结构残缺，如疲劳、饥饿、失眠、外伤、手术、疾病等。

(2) 心理性应激源：主要指导致个体产生焦虑、恐惧和抑郁等情绪反应的各种心理冲突和心理挫折。

(3) 社会文化性应激源：包括战争动乱、家庭功能失调、经济困难、职业压力、角色改变、文化差异等。

(4) 环境性应激源：包括寒冷、炎热、噪声、空气污染、生活环境改变等。

2. 应激的心理中介因素　应激过程除了受到人体神经系统、内分泌系统、免疫系统等生理解剖结构和功能系统的介导或调节，个体的认知评价、应对方式、社会支持和个性特征也在应激源和应激心身反应之间起着重要的中介作用。

(1) 认知评价：认知评价（cognitive appraisal）是指个体根据自身情况对应激源的性质和意义做出的估计。当事件发生时，个体会通过认知活动评价其与自己是否存在利害关系。当个体认为该事件与自己无关或属于良性刺激时，不会引起应激反应；若认为有关，则会对事件是否可以改变或对个人的应对能力进行评价。若个体认为事件是可以控制的，多采用问题式应对方式；反之，多采用情感式应对方式。认知评价在心理应激反应的发生及其强度方面发挥重要作用，同样的应激源，由于认知评价不同，引起的应激反应可以截然不同。认知评价并不是完全独立的因素，一方面认知评价受到诸多因素特别是人格特征和社会支持的影响，另一方面认知评价又影响着其他的因素，其中受认知评价影响较为明显的是应对方式。

(2) 应对方式：应对（coping）是个体对生活事件以及因生活事件而出现的自身不稳定状态所采取的认知和行为措施。不同的应对方式对应激反应的产生和发展起着促进或限制的作用，从而影响个体的心身健康。根据应对的指向性，可将其分为：①情感式应对：为解决自身情境反应的应对活动，指向的是应激反应。倾向于采用过度进食、用药、饮酒、远离应激源等行为回避或忽视应激源，以处理由应激源所致的情感问题。②问题式应对：为直接解决事件或改变情境的应对活动，指向应激源。倾向于通过有计划地采取行动、寻求排除或改变应激源所致影响的方法，以处理导致应激的情境本身。

人们在面对应激时，多同时使用上述两种应对方式。一般认为，在应激可以由行动直接处理时，问题式应对方式更积极有效；反之则情感式应对更为有效，可暂时缓解紧张情绪。但过度持续地使用情感式应对可导致高度的焦虑或抑郁，甚至出现自毁行为。

(3) 社会支持：社会支持（social support）是指个体与社会各方面包括亲属、朋友、同事，以及家庭、单位、党团、工会等社团组织所产生的精神上和物质上的联系程度。根据社会支持的性质可将其分为两种：①客观支持：是可见的或实际的，包括物质上的直接援助、团体关系的存在和参与等。②主观支持：是个体体验到的或情感上感受到的支持，与个体的主观感受密切相关。在应激过程中，社会支持是个体"可利用的外部资源"，具有减轻或缓冲应激反应的作用。个体的社会支持程度与各种应激因素存在交互关系。

(4) 个性特征:个性(personality)指人格特征,是个体稳定的心理特征。个性作为应激系统中的诸多因素之一,与应激源、认知评价、应对方式、社会支持和应激反应等因素之间均存在相关性。个性可以影响个体对生活事件的感知,有时甚至可以决定作为应激源的生活事件的形成;个性可以不同程度地影响个体对应激源的认知评价,从而间接地影响应激反应;个性在一定程度上决定个体的应对方式;个性间接影响客观社会支持的形成,同时也影响了主观感知到的社会支持以及对社会支持的利用度;个性与应激反应的形成和程度也存在密切关系,同样的生活事件,不同个性的个体可以出现完全不同的心身反应结果。

课堂互动

请同学觉察分析自己面对应激时所采取的认知和行为措施,举例说明自己的应对方式倾向于情感式应对还是问题式应对。

3. 应激的心理反应 应激反应(stress reaction)是指应激源所致认知、情绪、行为和机体生理等方面的非特异性反应,通常称为应激的心身反应。应激通过各种心理和生理反应影响个体的健康水平。生理反应即塞里的一般性适应综合征的主要特点(参见本节相关内容)。心理反应包括以下三个方面。

(1) 认知反应:应激引起的认知反应包括积极的和消极的两个方面。适度的应激水平可以引起积极的认知反应如警觉水平提高、注意力集中、思维活跃,记忆力、判断力、洞察力和解决问题的能力均有所增强。但如果应激水平较高或长时间处于高应激状态则会引起消极的认知反应,包括注意范围缩小、注意力涣散、记忆力下降、思维迟钝、感知混乱、判断失误、定向障碍等,发现、分析和解决问题的能力下降。同时,还可能影响人的社会认知,导致自我评价下降等。

(2) 情绪反应:个体在应激时产生的情绪反应及其强度受多种因素的影响,差异很大。适度的应激水平使人保持适度的紧张和焦虑,从而有助于任务的完成。若应激水平过高,会引起过度焦虑和恐惧,还可出现抑郁、愤怒、敌意、过度依赖和无助感等。这些负性情绪反应可与其他心理行为活动产生相互影响,使自我意识变狭窄,注意力下降、判断能力和社会适应能力下降等。

(3) 行为反应:行为是人们心理活动的外在表现,个体在应激状态下的行为可随心理活动的变化而出现相应的改变。常见的行为反应有五种:①逃避与回避,如拖延、闭门不出、离家出走或辞职;②退化与依赖,如哭闹、退化到儿童的反应方式;③敌对与攻击,如毁物、争吵、冲动、伤人或自杀;④无助与自怜,如不采取能力所及的行动积极应对;⑤物质滥用,如吸烟、酗酒或吸毒。这些行为改变可影响个体的社会适应性。

应激反应因人而异,并不是每个人都会出现以上所有的反应。此外,所有的应激反应都是机体以整体方式做出的反应,这些反应相互影响,相互作用,彼此转化。

应激反应与健康的关系可以表现为两个方面:一方面,应激反应是个体对变化着的内外环境所做出的适应性反应,具有积极的意义。通过对应激源及时做出反应的锻炼,可以使人形成健康的体格和积极的人格,从而有益于对各种环境的适应。另一方面,当应激源过强或长期存在,超出个体的应对能力时,则会对健康带来不利影响,可诱发心身疾病,并可导致个体出现应激相关的心理障碍如急性应激障碍、创伤后应激障碍或适应障碍等。

(三) 应激的评估

1. 应激源评估 可通过询问患者"目前让你感到有压力的事件有哪些""近来你的生活有哪些改变"等问题了解其近 1 年内是否经历过重大的生活事件和日常生活困扰及其对个体的影响。常用的应激源量表有:社会再适应评定量表、生活事件量表、住院患者压力评定量表等。

2. 应对方式评估 可询问患者"通常你采取什么方式缓解紧张或压力""这样做的效果如何""这次生病住院对你有什么影响吗""你是怎么处理的"等问题,了解患者以往对应激事件常采用的应对方式及其效果、目前所面临的应激事件的反应及应对情况。常用的应对方式量表有:Jaloviee 应对方式量表、简易应对方式问卷、特质应对方式问卷、医学应对方式问卷等。

3. 社会支持评估 可通过询问以下问题了解患者主观和客观的社会支持情况,如"当你遇到困难时,是否主动寻求家人、亲友或同事的帮助""当你遇到困难时,能否感受到家人和朋友的支持""当你遇到困难时,你的家人、亲友和同事中谁能帮你""你对家人、亲友或同事的帮助是否满意"等。临床常用的社会支持量表有:肖水源等(1993)编制的社会支持评定量表、领悟社会支持量表等。

4. 个性特征评估 可通过询问下列问题进行评估,如"一般你面对困难时采取什么样的态度和行为""你做事情和作决定是独立完成还是依赖他人""遇到不开心的事,你是喜欢说出来还是闷在心里"。个性特征也可以通过个性测验(也称人格测验)来评估,包括人格调查和投射技术。人格调查常用的问卷有艾森克人格问卷(EPQ)、明尼苏达多相人格测验(MMPI)和卡特尔 16 因素人格测验(16PF)。常用投射技术有罗夏墨迹测验、主题统觉测验等。

5. 应激反应评估 询问患者有无食欲不振、头痛、疲乏、睡眠障碍等应激所致的生理反应;有无焦虑、抑郁、愤怒等情绪反应;有无记忆力下降、思维混乱、解决问题的能力下降等应激所致的认知改变;有无行为退化或敌对、物质滥用、自杀或暴力倾向等应激所致的行为反应。检测有无因应激所致的生理功能变化,如血压升高、心率加快、儿茶酚胺水平增高等。

(四) 相关护理诊断

1. 应对无效 与高度威胁、资源不足、缺乏控制感、缺乏社会支持等有关。
2. 无能为力/有无能为力的危险 与焦虑、低自尊、应对策略无效、缺乏社会支持等有关。
3. 情绪调节受损 与疾病因素、环境因素等有关。
4. 有他人/自我指向的暴力危险 与酒精或药物依赖、情结不稳等有关。
5. 焦虑 与患病住院、环境改变、应对无效等有关。
6. 恐惧 与疾病预后不佳、应对策略无效等有关。

四、健康行为

行为(behavior)是机体在内外环境因素的刺激下产生的外显的活动、动作等,是内在的生理变化和心理活动的反应。研究行为与健康关系属于健康心理学领域,健康心理学主张采用心理学方法来改变或矫正有碍身体健康的生活方式和行为习惯。

(一) 健康行为

健康行为(health behavior),也称行为免疫、健康保护行为,是指有助于个体在生理、心理和社会上保持良好状态,从而预防疾病的行为。它与健康信念密切相关,是个体为维持、实现、重建健康和预防疾病而进行的活动。

1. 健康行为的基本特征 ①有利性:对自身、他人、家庭乃至整个社会有益;②规律性:有规律,如起居有常,饮食有节;③适宜性:被社会所理解和接受;行为强度有理性控制,无明显冲动表现,且该强度对健康有利;④一致性:行为本身具有外显性,但与内心的心理情绪是一致的,没有冲突或表里不一的表现;⑤和谐性:是个体行为倾向的固有特征,当个体与他人或环境发生冲突时,能够根据整体情境随时调整自身的行为。

2. 常见的健康行为 健康的行为方式对个体的身心健康具有重要意义。WHO 提出了人类的四大健康行为是"合理膳食、适量运动、戒烟限酒、心理平衡"。目前,人们倾向于将健康行为分为五大类:①基本健康行为,如平衡的营养、合理的膳食、积极的锻炼、充足的睡眠等;②预防事故发生以及事故发生后能够正确应对的预警行为,如在火灾发生时,懂得采取安全常识进行自救,诸如使用湿毛巾捂住口鼻、不乘坐电梯、走安全通道等;③合理利用医疗保健服务的行为,如定期体检、预防接种、发现身体不适及时就诊等;④离开危险环境的行为,如撤离被周围废弃工厂所污染的环境等;⑤戒除吸烟、酗酒以及滥用药品等不良嗜好的行为。

(二)健康危险行为

健康危险行为(risk behavior),也称行为病因,健康损害行为。是指与疾病发生、发展和康复关联的行为,涵盖疾病行为、疾病角色行为、损害健康的习惯和不良生活方式等。

1. 不良生活方式与习惯 主要指不良饮食习惯和缺乏运动。不良饮食习惯包括饮食过度、高脂、高糖、高钠(食盐)或低纤维素饮食,偏食,嗜好致癌性食物等。不良生活方式与习惯会直接或间接地危害人体健康,导致各种严重的慢性疾病,如肥胖症、糖尿病、心血管疾病及恶性肿瘤等。

2. 日常健康损害行为 主要包括吸烟、过度饮酒、吸毒和不安全性行为等。

3. 不良病感行为 指个体从感知到自身患有疾病直至疾病康复全过程所表现出来的一系列不利于健康的行为,包括疑病、恐惧、讳疾忌医、不及时就诊、不遵从医嘱、迷信或放弃治疗而自暴自弃等。

4. 致病行为模式 指可导致特异性疾病发生的行为模式,也称作危害健康的人格类型。例如 A 型行为模式和 C 型行为模式。研究发现,A 型行为模式的人冠心病的发病率和复发率成倍高于非 A 型行为者,C 型性格者比较容易罹患癌症。

📖 **知识链接**

行为转变理论模型

行为转变理论模型(transtheoretical model of behavior,TTM),也称为行为阶段转变理论模型,由美国心理学教授 Prochaska(1983)提出。它着眼于行为变化过程及对象需求,理论基础是社会心理学。TTM 认为人类的行为转变不是一次性的事件,而是由 5 个不同阶段组成的循序渐进的连续过程。5 个阶段包括:①无意图阶段(precontemplation);②意图阶段(contemplation);③准备阶段(preparation);④行动阶段(action);⑤维持阶段(maintenance)。

（三）健康行为的评估

个体对健康行为的选择和维持与其所掌握的知识和健康信念密切相关,但有了知识与信念,并不等于一定会采取相应的行为,如有的人深知吸烟对健康的危害,但依然吸烟。因此,在健康行为评估过程中,除了要对相应的行为进行评估外,还应注意其对相关行为的认识、态度等的评估。可采取下列方法进行评估:

1. 会谈 通过询问了解患者是否存在不良的生活方式与习惯、日常健康损害行为、不良病感行为和致病行为模式等及其可能的原因。

（1）生活方式与习惯:参见第三章第一节问诊内容部分。

（2）日常健康损害行为:参见第三章第一节问诊内容部分。

（3）不良病感行为:通过询问"你是否经常怀疑自己患有疾病""你是否害怕到医院看病""你身体不舒服时是否及时就医""你是否遵从医生的治疗方案""你是否想放弃治疗"等评估个体是否存在不良病感行为。

（4）致病行为模式:通过询问:"你做事是否有耐心""你喜欢做富有竞争性的事情吗""你是否经常觉得时间紧张""你是否觉得压力较大"等确认个体是否具有致病行为模式。

2. 观察 观察内容包括个体的健康行为或健康危险行为发生的频率、强度和持续时间等,如饮食的量、种类、有无节食或暴饮暴食行为;日常运动类型、频次;有无吸烟、酗酒、吸毒行为或皮肤注射痕迹或瘢痕;是否存在 A 型或 C 型行为模式的表现等。

3. 评定量表测评 常用的评定量表包括健康促进生活方式问卷（health-promoting life profile,HPLP）、酒精依赖疾患识别测验（the alcohol use disorders identification test,AUDIT）和 A 型行为评定量表（type A behavior pattern,TAPP）等。

（四）相关护理诊断

1. 静坐的生活方式 与躯体活动的知识 / 动机 / 资源 / 训练不足等有关。

2. 有危险倾向的健康行为 与缺乏社会支持、自我效能低、社交焦虑、紧张性刺激等有关。

3. 健康维持 / 管理无效 与缺乏资源、决策受损、缺乏社会支持等有关。

4. 肥胖 / 超重 / 有超重的危险 与进食行为障碍、饮酒过多、缺乏足够的运动、进食高热量饮食、睡眠障碍等有关。

五、自我概念

（一）基础知识

自我概念（self concept）是人们通过对自己的内在、外在特征以及他人对其反应的感知与体验而形成的对自我的认知与评价,是个体在与其心理社会环境相互作用过程中形成的动态的、评价性的"自我肖像"。

1. 自我概念的分类 按照 Rosenberg 的分类法,自我概念可分为真实自我、期望自我、表现自我三方面。

（1）真实自我:为自我概念的核心,是人们对其身体内在、外在特征及社会状况的如实感知与评价,包括社会认同、自我认同、身体意象。

（2）期望自我:又称理想自我,既包括个体期望得到的外表和生理方面的特征,也包括个体希望具备的个性特征、心理素质以及人际交往与社会方面的属性,是人们获取成就、达到个人目标的内在动力。期望自我含真实与不真实两种成分。真实成分含量越高,与真实自我越接近,人的自我概念越好,否则可产生自我概念紊乱或自尊低下。

(3) 表现自我:为自我概念最富于变化的部分。指个体对真实自我的展示与暴露,由于不同的人、不同的社会团体对他人自我形象的认可标准不一样,因此,人们在不同场合,如初次见面和求职面试时,暴露自我的方式和程度也不一致,评估起来很困难。评估的结果取决于暴露自我与真实自我的相关程度。

2. 自我概念的组成

(1) 身体意象(body image):为自我概念主要组成部分之一,是个体对自己身体外形和功能的认识和评价,包括外表、感觉反馈及内在的感觉,身体意象是自我概念中最不稳定的部分,较易受疾病、手术或外伤的影响。

(2) 社会认同(social identity):为个体对自己的社会人口特征如年龄、性别、职业、社会团体成员资格、社会名誉、地位的认识与评价。

(3) 自我认同(personal identity):指个体对自己的智力、能力、性情、道德水平等的感受与评价。自我认同障碍者无法分辨自己与他人,或无法从社会环境中将自己作为一个独立的个体区分出来。

(4) 自尊(self-esteem):自尊是人们赞赏、重视、喜欢自己的程度;社会科学则认为自尊是指人们对自己的价值、长处、重要性等总体情感的评价。这些评价可从个体有关自我肯定或否定的陈述中反映出来。自尊是一种主观的判断和评价,与自我期望有关。当自我评价与期望自我一致时,自尊得以提高,反之则下降。

3. 自我概念的影响因素

(1) 人格特征:Rotter 提出的控制观可分为内控型和外控型两种类型。内控型者将事物的结果归因于个人的行动和选择,多与积极的自我概念相联系,持内控型控制观者面对疾病时,会寻求并重获控制感;持外控型控制观者则将事物的结果归因于命运、运气或外部力量,多与消极的自我概念相联系。

(2) 早期生活经历:个体在早期生活经历中,如得到的身心社会反馈是积极的、令人愉快的,建立的自我概念则多半是良好的;反之,则是消极的。

(3) 生长发育过程中的正常生理变化:如妊娠、衰老过程中皮肤弹性的丧失、脱发、青春期第二性征的出现等,均可影响个体的自我感知。

(4) 健康状况:健康状况改变,如疾病、手术、外伤等,也可致自我概念,尤其是身体意象的暂时性或永久性改变,此时需个体自我调节和适应。Norris 认为个体适应体像改变的程度取决于体像改变的性质、对个体的意义、个体的适应能力、有重要意义的他人的反应以及个体获得的社会和家庭支持等。

(5) 其他:包括环境、文化、社会经济状况、人际关系、职业和个人角色。

(二) 自我概念紊乱

自我概念紊乱可有生理、心理和行为方面的表现。在生理方面,自我概念紊乱者可有心悸、食欲减退、睡眠障碍以及机体功能的减退。心理方面可有焦虑、抑郁、恐惧等情绪改变。在行为方面,自我概念紊乱常可通过个体的语言和非语言行为表现出来,如"我真没用""看来我是无望了"等语言流露;非语言行为则可表现出不愿见人、不愿照镜子、不愿与他人交往、不愿看身体意象改变的部位、不愿与他人讨论伤残或不愿听到相关的谈论等。

笔记栏

(三) 自我概念的评估

自我概念可采用会谈、观察、画人测验、评定量表测评等方法进行综合评估。

1. **会谈**　主要从身体意象、社会认同、自我认同等几方面进行,采用开放式和非开放式的问题进行询问。

(1) 身体意象:通过询问"身体的哪一部分对你来说最重要,为什么""你最喜欢你身体的哪些部位,最不喜欢的又是哪些部位""你最希望自己的外表什么地方有所改变,他人又希望你什么地方有所改变"以及"这些改变对你的影响有哪些""你认为经过这些改变后,他人对你的看法有何改变"等问题,了解个体是否存在对自我身体意象认知的改变。

(2) 社会认同:通过询问"你从事什么职业""你有哪些引以为豪的个人成就""你是某个政治或学术团体的成员吗""你的家庭及工作情况如何"等问题,评估个体的社会认同。

(3) 自我认同与自尊:通过询问"你觉得你是怎样的一个人""你是如何描述你自己的""你是否常有'我还不错'的感觉""总体来说,你对自己满意吗""你处理工作和日常生活问题的能力如何""你对你的个性特征、心理素质和社会能力满意吗,不满意的是哪些方面""朋友、同事、领导如何评价你"等问题,评估个体的自我认同与自尊。

(4) 自我概念的现存与潜在威胁:通过询问"目前,哪些事情让你感到忧虑或痛苦""哪些事情让你感到焦虑、恐惧、绝望"等问题予以评估。

2. **观察法**　具体的观察内容包括:

(1) 外表:外表是否整洁,穿着打扮是否得体,身体哪些部位有异常改变。

(2) 非语言行为:是否与评估者有目光交流,面部表情是否与其主诉一致,是否有不愿见人、不愿照镜子、不愿与他人交往、不愿看形体改变的部位、不愿与他人讨论伤残或不愿听到这方面的谈论等行为表现。

(3) 语言行为:是否有"我真没用""我什么都做不好"等语言流露。

(4) 心理反应:是否有焦虑、抑郁、恐惧等心理反应。

(5) 行为反应:有无哭泣、睡眠障碍、食欲减退、体重下降、心慌、易疲劳等表现。

3. **投射测试**　是指个人把自己的思想、态度、愿望、情绪或特征等不自觉地反应于外界事物或他人的一种心理作用。画人测验(draw a person test, DPT)即是投射测验的一种,具体方法是让患者画自画人像并对其进行解释,从中了解患者对身体意象改变的内心体验。主要适用于儿童等不能很好地理解和回答问题的个体。

4. **评定量表测评**　常用的可直接测定个体的自我概念的量表有 Pieer-Harries 的儿童自我概念量表、Michigan 青少年自我概念量表、Tennessee 自我概念量表、Sears 自我概念 48 项目量表以及 Coopersmith 青少年自尊量表,Rosenberg 自尊量表等。

(四) 相关护理诊断

1. **体像受损**　与身体外形及功能变化有关。

2. **个人身份障碍/有个人身份障碍的危险**　与自我概念紊乱引起的低自尊、体像改变、器质性性疾病、精神障碍导致的妄想等有关。

3. **长期低自尊**　与自我认同降低、事业失败、家庭矛盾等有关。

4. **情境性低自尊**　与疾病或外伤导致机体功能下降等有关。

(张玉芳)

复习思考题

分组情景模拟:一位学生扮演自我概念紊乱的截肢患者,由其他学生扮演护士模拟进行心理评估。

笔记栏

PPT 课件

第六章

社 会 评 估

> **学习目标**
>
> 　识记:社会评估的主要内容及常用方法;社会评估相关内容的基本概念;社会评估常见异常表现的主要特点。
>
> 　理解:社会评估的目的和意义;社会评估常见异常表现的临床意义。
>
> 　运用:根据患者的具体情况及评估内容的不同特点,恰当地运用相关的评估方法对患者进行社会状况的评估;根据评估所获得的资料做出护理诊断。

第一节　概　　述

　　人的社会功能对其生理健康具有重要的影响,因而,要衡量个体的健康水平,除评估其生理、心理功能外,社会状况的评估也是不可缺少的重要组成部分。

一、社会评估的目的

　　社会是人类存在和发展的必要条件,由环境、人口、文化和语言四大要素组成。环境是人类生存和发展的物质条件的总和。作为社会主体的人类的活动必然涉及经济、政治、文化与生态等主要领域并受其影响。而文化则多以语言、风俗、规范、习惯和价值观等形式体现。所以,社会评估应包括角色适应评估、文化评估、家庭评估、环境评估等要素。

　　社会评估的主要目的是评估患者的社会功能状态及所处的社会环境等,包括角色、家庭、文化和环境等,以明确其对人健康状况的可能影响,为制定相应的护理措施,促进个体的社会适应能力及身心健康提供依据。

二、社会评估的方法

　　社会评估可利用社会学的会谈、观察、量表评定等评估方法,也可以对环境评估采用实地考察和抽样调查的方法。评估时可直接询问患者,这是评估资料的主要来源;而次要来源也可从其亲友或熟悉他的人询问有关资料,或从相关记录中获得所需资料(如目前或以往的健康记录、病历等)。

186

第二节　社会评估的内容

一、角色与角色适应评估

（一）基础知识

1. 角色的定义　角色又称身份,社会学中的角色是指社会所规定的一系列与社会地位相对应的行为模式,以及社会对处于某一特定位置的个体的行为期待。社会角色可以是暂时的,也可以是长期的。

2. 角色分类　角色在总体上可分为以下三类:

(1) 第一角色:也称基本角色。它决定个体的主体行为,是由年龄和性别决定的角色,如儿童、妇女角色等。

(2) 第二角色:又称一般角色。是个体为完成每个生长发育阶段中的特定任务,由所处的社会情形所确定的角色,如父母、夫妻、儿女角色等。

(3) 第三角色:又称独立角色。是为完成某些暂时性任务而临时承担的角色,如护理学会会员,但有时是不可选择的,如患者角色。

以上 3 种角色的分类是相对的,在不同的情形下可相互转换。例如一个工人因患病住院,则其社会角色暂时转换为患者角色,当疾病痊愈出院后,其角色身份也随之又转换为原来的工人角色(第二角色)。

3. 角色的形成　角色的形成经历了角色认知和角色表现两个阶段。

(1) 角色认知:是个体认识自己与他人的身份、地位以及各种社会角色的区别与联系的过程。模仿是角色认知的基础。

(2) 角色表现:是个体为达到自己所认识的角色要求而采取行动的过程,也是角色成熟的过程。

4. 角色适应不良　当个体的角色表现与角色期望不协调,或无法达到角色期望的要求时,可发生角色适应不良。角色适应不良给个体带来生理、心理两方面的不良反应。生理方面可有头痛、头晕、乏力、睡眠障碍等异常表现,心理上可产生紧张、焦虑、抑郁,甚至绝望等不良情绪。角色适应不良常见的有以下几种:

(1) 角色冲突:角色期望与角色表现之间差距太大,使个体难以适应而发生的心理冲突与行为矛盾。引起角色冲突的原因有两种:①个体需同时承担两个或两个以上在时间或精力上相互冲突的角色;②对同一角色有不同的角色期望标准。

(2) 角色模糊:个体对角色期望不明确,不知道承担这个角色应该如何行动而造成的不适应反应。引起角色模糊的原因有角色期望太复杂、角色改变太快、主要角色与互补角色间沟通不良等。

(3) 角色负荷过重和角色负荷不足:前者是指个体的角色行为在一定的时间期限内难以达到过高的角色期望,或对个体的角色期望过高。后者则为对个体的角色期望过低而使其能力不能完全发挥。角色负荷过重或不足是相对的,与个体的知识、技能、经历、观念以及动机是否与角色需求吻合有关。

(4) 角色匹配不当:指个体的自我概念、自我价值观或自我能力与其角色期望不匹配。

5. **患者角色** 患者角色有以下特征:①脱离或部分脱离日常生活中的其他角色,减轻或免除相应的责任和义务。其程度取决于病情、患者的责任心及其支持系统所给予的帮助。②不要求患者单纯依靠自己的意志和决心使疾病好转,公认其对自身疾病不负责任,因此,处于一种需要照顾的状态。③有寻求治疗和恢复健康的义务,患者应根据要求休息、禁食、服药或注射等。④有享受健康服务、知情同意、寻求健康保健信息和要求保密的权利。由于患者角色的不可选择性,个体在进入或脱离患者角色过程中,常发生角色适应不良。

(1)患者角色冲突:指个体在适应患者角色过程中与其常态下的各种角色发生的心理冲突和行为矛盾。

(2)患者角色缺如:即没有进入患者角色,不承认自己有病或对患者角色感到厌倦,也就是对患者角色的不接纳和否定。

(3)患者角色强化:指当个体已恢复健康,需从患者角色向常态角色转变时,仍沉溺于患者角色,对自我能力怀疑,对原承担的角色恐惧。

(4)患者角色消退:指某种原因迫使已适应患者角色的个体转入常态角色,在承担相应的义务和责任时,使已具有的患者角色行为退化,甚至消失。

(二)评估方法与内容

1. **会谈** 通过询问、会谈,着重了解患者所承担的角色数量、角色感知和满意度、角色紧张等相关信息。

(1)角色数量:可询问患者所承担的角色和责任。

你从事什么职业及担任什么职务、职称?

目前在家庭单位或社会中所承担的角色与任务有哪些?

(2)角色感知:可询问患者是否清楚所承担角色的权利与义务,觉得自己所承担的角色与责任是否合适。

(3)角色满意度:询问患者对自己的角色行为是否满意、与自己的角色期望是否相符。询问患者对自己的角色行为是否感觉满意,与自己的角色期望是否相符。

(4)角色紧张:询问患者有无角色紧张的生理和心理表现。

2. **观察** 主要观察有无角色适应不良的身心行为反应。如焦虑、抑郁、睡眠障碍、头痛、心悸、缺乏对治疗护理的依从性等。

(三)相关护理诊断

1. **角色紊乱** 与角色适应不良或对角色的自我感知有所改变有关。

2. **父母角色冲突** 与慢性疾病致使父母与子女分离有关。

3. **无效性角色行为** 与疾病导致对角色的认识发生改变有关。

二、家庭评估

(一)基础知识

1. **定义** 家庭是基于婚姻、血缘或收养关系而形成的社会共同体,至少应包含2个或2个以上的成员,组成家庭的成员必须共同生活,有密切的经济和交往。

2. **家庭结构** 家庭结构包括家庭人口结构、权力结构、角色结构、沟通过程和价值观。

(1)人口结构:即家庭类型,指家庭的人口组成。按规模和人口特征分为核心家庭、主干家庭、单亲家庭、重组家庭、无子女家庭、同居家庭和老年家庭。

笔记栏

（2）权力结构：家庭权力结构是指家庭中夫妻间、父母与子女间在影响力、控制力和支配权方面的相互关系。家庭权力结构的一般类型有：传统权威型、工具权威型、分享权威型和感情权威型。

（3）角色结构：家庭角色结构是指家庭对每个家庭成员所期待的行为和规定的家庭权利与义务。良好的角色结构应具有以下特征：①每个家庭成员都能认同和适应自己的角色范围。②家庭成员对某一角色的期望一致，并符合社会规范；③角色期待能满足家庭成员的身心发展需要；④家庭角色有一定的弹性，能适应角色的变化。

（4）沟通过程：家庭内部沟通良好是家庭和睦和家庭功能正常的保证。家庭内部沟通过程良好的特征为：①家庭成员间能进行广泛的情感交流；②沟通过程中能互相尊重对方的感受和信念；③家庭成员能坦诚地讨论个人和社会问题；④极少有不宜沟通的领域；⑤家庭根据个体的成长发育水平和需求分配权利。

（5）价值观：家庭价值观指家庭成员对家庭活动的行为准则和目标的共同态度和基本信念。它可影响家庭的权力结构、角色结构和沟通方式。

3. 家庭生活周期　家庭生活周期指从家庭单位的产生、发展到解体的整个过程。根据 Duvall 模式，家庭生活周期可分为新婚、有婴幼儿、有学龄前儿童、有学龄儿童、有青少年、有孩子离家创业、空巢期、老年期 8 个阶段。

4. 家庭功能

（1）情感支持功能：建立家庭关爱气氛，使每个成员充分享受家的温馨、快乐、有归属感、安全感、亲密感和家庭幸福感。家庭必须满足成员的感情需求以维持家庭的整体性。

（2）社会化功能：家庭是孩子社会化的主要场所。孩子通过角色模仿、教育和奖罚措施完成社会化的过程。家庭也是培养家庭成员的社会责任感，社会交往意识与技能，促进健全人格发展的场所。

（3）繁衍和养育功能：家庭是生育子女、繁衍后代的基本单位。只有这样才能使人类种族和社会延续和生存。

（4）经济功能：家庭提供食物、衣物、住所和卫生保健等资源以满足家庭成员的各种需求。

（5）健康照顾功能：家庭为保护其成员健康而提供照顾、物质和精神资源等。

5. 家庭危机　家庭危机指当家庭压力超过家庭资源，导致家庭功能失衡的状态。家庭内的主要压力源有：①家庭经济收入低下或减少；②家庭成员关系改变或终结，如离婚、分居、丧偶等；③家庭成员角色改变，如初为人父、退休、收养子女等；④家庭成员的行为违背家庭期望或损害家庭荣誉，如酗酒、赌博、吸毒、乱伦等。⑤家庭成员生病、残障或无能等。

（二）评估方法与内容

家庭评估的方法以会谈、观察和量表测评为主。

1. 会谈　具体的会谈内容见表 6-1。

表 6-1　家庭评估的会谈内容

项目	评估内容
人口结构	询问个体的家庭人口组成，确定家庭人口的结构类型
角色结构	询问家庭中各成员所承担的正式与非正式角色，注意是否有人扮演有损自身或家庭健康的角色，了解各成员的角色行为是否符合家庭的角色期待，是否存在角色适应不良

笔记栏

续表

项目	评估内容
权力结构	询问家庭的角色过程,如家里大事小事通常由谁做主;家里有麻烦时,通常由谁提出意见和解决办法。
沟通过程	了解家庭内部沟通过程是否良好,可询问:您的家庭和睦吗、快乐吗? 大家有想法或要求时是否能直截了当地提出来? 听者是否认真? 对于你讲述的问题,对方是否重视并提出相应的意见或建议。
家庭价值观	询问家庭最主要的日常生活规范有哪些? 家庭是否将成员的健康看作头等大事? 是否主张预防为主、有病及时就医? 家庭生活方式如何? 如何看待吸烟、酗酒、吸毒等不良生活行为? 是否倡导家庭成员间相互支持、关心,个人利益服从家庭整体利益等?
家庭生活周期	询问结婚多长时间? 有孩子吗? 最大孩子多大? 是否跟孩子一块住? 按不同的生活周期提出相应的问题,如孩子离家外出工作能否适应? 经常与孩子联系吗? 孩子经常回来看看吗?
家庭功能	询问家庭收入是否够用,能否满足衣、食、住、行等基本生活需求;家庭生活是否和睦、快乐;对孩子培养与成长是否满意;家庭成员间能否彼此照顾,尤其对患病的成员。
家庭资源	询问家庭的经济条件。能否支付医疗费用、住院费用;家庭成员是否有时间、精力并乐意提供照顾;家庭成员的文化程度,能否提供所需的保健知识、就医信息;医院离家近否;医疗护理水平如何,能否满足你的就医需求;除了家人外还可以从哪些方面得到帮助,如朋友、邻居、同事、单位等。
家庭压力	家庭生活压力是否大。家庭有无失业、搬迁、破产等状况;家庭成员有无如离婚、分居、丧偶、失业等改变;家庭成员有无生病、残障等健康问题;家庭成员有无酗酒、赌博、吸毒等不良行为;是否有家庭危机等。

2. 观察　观察内容包括家庭居住条件,家庭成员衣着、饮食,家庭氛围,家庭成员间的亲密程度,家庭权利结构,沟通过程等,在与家庭接触过程中,应观察是谁在回答问题、谁做决定,而谁在一直沉默,以及家庭各成员的情绪。

3. 量表测评　可采用评定量表对个体的家庭功能状况及其从家庭中可获得的社会支持情况进行测评,常用的评定量表有 Procidano 与 Heller 的家庭支持量表和 Smilkstein 的家庭功能量表。

(三) 相关护理诊断

1. 照顾者角色紧张　与照顾任务复杂,照顾者缺乏知识或经验等有关。

2. 父母角色冲突　与父母因病不能照顾子女、子女因病与父母分离等有关。

3. 语言沟通障碍　与家庭成员间亲近感减弱或家庭成员间没有沟通交流有关。

4. 家庭运作过程改变　与家庭情况改变或家庭危机有关;与酒精成瘾或缺乏解决问题的技巧有关。

5. 持续性悲伤　与不能满足家庭成员的情感需要有关。

6. 有孤独的危险　与情感上失落、社交孤立及身体隔离有关。

7. 有依附关系受损的危险　与父母患病或存在躯体障碍有关。

三、环境评估

(一) 基础知识

环境是指人类赖以生存、发展的社会与物质条件的总和。可将人的环境分为内环境和外环境。人的外环境包括自然环境、社会环境、文化环境和政治环境;人的内环境是由人的内心世界和人体的各个组织系统所构成,又称生理心理环境,其中人的生理环境包括呼吸、循环、消化、泌尿、内分泌、神经系统等,人的心理环境包括认知、情绪情感、个性、压力应对等。

1. 自然环境 自然环境即狭义的环境,也称为物理环境,它是指一切存在于机体外环境的物理因素的综合。

2. 社会环境 社会环境包括制度、法律、经济、文化、教育、人口、民族、职业、生活方式、社会关系、社会支持等多方面。

(1) 经济:是保障个体衣、食、住、行等基本需求和享受教育、健康服务的基础物质条件,是影响健康最为明显的因素之一。

(2) 文化教育:良好的文化教育对个体健康的影响可体现在多个方面,如有助于获取健康保健信息、改变不良传统习惯、参与社会卫生、感知疾病和提高卫生服务的有效利用。

(3) 生活方式:指由经济、文化、政治等因素相互作用所形成的人们在衣、食、住、行、乐等方面的社会行为,个体的生活方式受家庭、文化、社会、风俗等影响。不良生活方式对健康是有害的。

(4) 社会关系与社会支持:个体的社会关系网包括所有与之有直接或间接联系的人或人群。社会支持包括物质、情感、信息、经济支持,社会关系网越健全、社会支持力度越大,个体的身心调解与适应也越快,则个体的生活质量也越高。

(二) 评估方法与内容

1. 自然环境 通过会谈、实地考察、取样检测等方法综合评估。主要评估内容:家庭环境(居住环境、家庭安全),工作环境,病室环境等。还可以进行量表评定,如通过跌倒危险因素评估表评估病室中有无引起患者跌倒的危险因素。

(1) 家庭环境:包括整洁程度、采光通风、温度湿度、噪声情况、供水卫生、食物问题、卫生设施、用电安全、化学物品和安全因素等方面。

(2) 工作环境:包括整洁程度与通风情况、刺激物、有无污染源、安全作业条例及执行与否,工作防护措施等。

(3) 病室环境:包括病室内采光、通风、卫生、气味、温湿度、以及安全防护,如地面防滑、用电和用氧安全、药物储藏、安全设施等。

2. 社会环境 通过询问、会谈、观察等方法,了解患者的经济、文化教育水平、生活方式、社会关系与社会支持等情况。在评估患者的生活方式时,还可通过直接观察患者及其亲朋好友、同事的饮食、睡眠、活动、娱乐方式与习惯,有无吸烟、酗酒等,以了解其家人、同事、朋友的生活方式,若有不良生活方式,则进一步了解对患者的影响状况。

(三) 相关护理诊断

1. 缺乏社区保健 与社区缺乏保健措施,管理不到位等有关。

2. 焦虑/悲伤 与面临重大应激事件而社会支持资源不足等有关。

3. 有感染的危险　与贫困导致营养不足、居住环境卫生状况差等有关。

4. 有中毒的危险　与环境有害气体污染有关。

5. 有受伤的危险　与感官及视觉障碍、环境缺乏安全设施等有关。

四、文化评估

(一) 基础知识

1. 文化的定义　文化是一个社会及其成员所特有的物质和精神财富的总和,即特定的为适应社会环境和物质环境而共有的行为模式和价值观念。

2. 文化的特征

(1) 民族性:各民族衍生、创造和发展了其具有本民族特色的文化,文化总是根植于民族之中,并与民族的发展相伴相生。

(2) 继承性与发展性:继承性是文化的基础,文化也不是静止不变的,社会的发展和变化可导致文化的相应发展和变化,但文化特征并不轻易改变。

(3) 共享性:文化必须为一个社会或群体的全体成员共同接受、共同享有的,才能成为文化。

(4) 复合性与双重性:所有的文化现象不是单一的,而是复合存在的。多种文化现象形式并存、相互间不可替代,成为全人类共同的财富,即为文化的复合性。

(5) 其他:文化还具有历史性、影响性、时代性、地区性、现实性、渗透性、阶级性和整体性等。

3. 文化的要素　人类学家将文化比喻为金字塔,其中塔顶为社会群体文化中的"习俗",可视性强,易通过外显行为观察,最具体且易于表达;中层为"信念与信仰";塔底为社会群体文化中的"价值观"。文化中价值观、信念和信仰、习俗是核心要素,与个体的健康密切相关。

(1) 价值观:价值观是指一个社会或群体中的人们在长期社会化进程中形成的对生活方式和生活目标的看法或思想体系,一般包括生活目标以及与其相关的行为方式。价值观对个体健康观念的影响较大。

(2) 信念与信仰:信念是个体坚信某种观点的正确性,并支配自己行动的个性倾向。个体因不同的社会文化背景会对健康和疾病的理解不同,继而影响其相应的健康行为。信仰是指人们对某种事物或思想、主义的极度尊崇和信服,并把它作为自己的精神寄托和行为准则。

(3) 习俗:是指一个民族的生活方式或意念,日久相沿而成的习惯,涉及人们在衣食住行、生产、社交、婚姻与家庭、医药、丧葬、节日、庆典、礼仪、祭祀等物质文化生活上的共同喜好、禁忌等方面。

(4) 文化照顾:文化照顾是指用一些人们认识到的价值观、信念和已成型的表达方式,来帮助、支持个体(或群体)维持健康、改善生活方式或面对死亡与残疾。文化照顾的表达方式有:文化照顾缺如、强加、维护、调适、重建。①文化照顾缺如:护理人员忽视文化因素对患者的影响,提供的护理照顾缺乏文化照顾的内涵。②文化照顾强加:以自己的主观意识、文化标准、信仰及对待健康和疾病的态度,为个体或患者提供和选择文化照顾的方式和内容,而不考虑个体或患者的自身感受和看法。③文化照顾维护:帮助个体或患者保持或维持其健康,从疾病中康复或面对死亡。④文化照顾调适:协助个体或患者去适应不同于自己的文化价值观和信仰,以达到良好的健康状态或面对疾病、死亡。⑤文化照顾重建:帮助个体或患者改变其旧的健康观念及原有的生活方式,重新建立,塑造新的健康信念和有利于健康的生活方式。

> **❤ 思政元素**

> 传统医药在习俗上的体现
>
> 　　传统医药是与健康行为关系最为密切的习俗。几乎所有的民族均有其独特的传统医药,包括家庭疗法、民间疗法等,这些疗法通常被该民族的人所信赖,简便易行又花费无几。如我国民间用"刮痧"解风寒、橘皮化积食、冰糖梨祛痰、蜂蜜和番泻叶通便等。对这些习俗的评估有助于护士在不违反医疗原则的前提下选择患者熟悉而又乐于接受的护理措施。

　　4. 文化休克　文化休克指生活在某一种文化环境中的人初次进入到另一种不熟悉的文化环境,因失去自己熟悉的所有社会交流的符号与手段所产生的思想混乱与心理上的精神紧张综合征。简而言之,就是人们对生活在陌生文化环境中所产生的迷惑与失落的经历。

　　(1) 文化休克的原因:①沟通障碍:在不同的文化背景下,同样的内容可能会有不同的含义,脱离了文化背景来理解沟通的内容会产生误解。②日常生活习惯的改变;当一个人的文化环境改变时,其日常生活活动、生活习惯等随之发生变化,需要花时间和精力去适应新环境的文化模式,在适应的过程中,人们往往会产生受挫感,从而引起文化休克。③异域文化所致孤独与无助;在异域文化中,一个人丧失了自己在原文化环境中原有的社会角色,同时对新环境感到生疏,又与亲人或朋友分离或语言不通,孤独和无助感便会油然而生,可造成情绪不稳定,产生焦虑和对新环境的恐惧等情绪,出现文化休克。④适应新习俗的困惑:不同文化背景的人都有不同的风俗习惯,一旦改变了文化环境,必须去适应新环境中的风俗习惯、风土人情,使得身处异乡的人既困惑又难以适应,但必须去了解和接受。⑤不同价值观的冲突:当一个人的文化环境突然改变时,其长时期形成的文化价值观与异域文化中的一些价值观会产生矛盾,导致其行为无所适从。

　　(2) 文化休克的分期:当个体离开熟悉的环境进入陌生的文化环境时,多经历以下4期的变化历程:①兴奋期:也被称为"蜜月期",指人们初到一个新的环境,被新环境中的人文景观和意识形态所吸引,对一切事物都感到新奇,渴望了解新环境中的风俗习惯和语言行为等,并希望能够顺利开展活动,进行工作。此期的主要表现是兴奋,情绪亢奋和高涨。此阶段一般持续几个星期到数月时间。②意识期:或称为沮丧期,个体好奇、兴奋的感觉被失望、失落、烦恼和焦虑代替,开始意识到自己要在新的环境中作长时间的停留。必须改变自己以往的生活习惯和思维模式去适应新环境的生活方式及新环境中的风俗、习惯。此时个体原有的文化价值观与其所处新环境的文化价值观产生文化冲突,个人的信仰、角色、行为、自我形象和自我概念等可受到挫伤,尤其是当原定计划无法正常实施、遭遇挫折时,会感到孤独,思念熟悉环境中的亲人和朋友,觉得新环境中的一切都不如自己熟悉的旧环境,并可能由此产生退缩、发怒和沮丧等表现,甚至由于心理压力太大而返回自己的家乡。此期是文化休克综合征中表现最重,也是最难度过的一期,一般持续数周、数月甚至更长的时间。③转变期:指在经历了一段时间的迷惑和沮丧后,个体开始学习、适应新环境的文化模式,逐渐了解新环境中的"硬文化"和"软文化",熟悉当地人的语言以及当地的风俗习惯,并有当地人做朋友。此时个人能用比较客观、平和的眼光看待周围的环境、原来心理上混乱、沮丧、孤独感和失落感渐渐减少,开始慢慢适应异文化的环境。例如一患者因骨折住院,患者开始意识到自己将住院一段时间,对疾病和治疗转为担忧,继而因思念家人而焦虑,对改变自己的习惯而产生受挫折感,随后认识到需住院治疗的现实,逐渐接受住院带来的改变。④适应期:随着文化冲突问题的解决,个人已完全接受新环境中的文化模式,建立起符合新文化环境要求的行为、习惯、价值观念、审美意识等。在新环境中有安全感,一旦需要再次离开新环境,回到旧环境中,又会重新经历一次新的文化休克。我国许多早年移居国外的移民多处在此期,当他们再重返故里时会产生文化休克。

(3) 影响文化休克的因素:文化休克的程度除与新的文化与原有文化之间的差异有关外,还与个人的健康状况、年龄、既往的经历及应对方式等有关。①个人的健康状况:身心健康的人在应对文化冲突过程中,应对能力强于身心衰弱的个体。②年龄:儿童处于学习阶段且生活习惯尚未成型,对生活方式改变适应较快,应对文化休克的困难较少,异常表现也比较轻。反之,年龄越大,原有的文化模式越根深蒂固,越不会轻易放弃熟悉的文化模式而学习和适应新的文化模式。③既往应对生活改变的经历:既往生活变化较多,并对各种变化适应良好者,在应对文化休克时,比生活上缺乏变化者的困难要少,文化休克的症状也较轻。④应对类型:对外界变化做出一般性反应和易适应的个体,与对外界变化容易做出特殊反应的个体比较,应对文化休克的能力要强,异常表现亦较轻。

(二) 评估方法与内容

文化评估的方法主要是会谈与观察。对患者健康及健康行为的评估越全面、越准确,制定的护理计划、护理措施就更能符合个体的需求。

1. 价值观的评估 评估的会谈内容有:

(1) 通常情况下,什么对您最重要?

(2) 您的人生观、生活信念有哪些? 您的做人原则、行为准则是什么?

(3) 您属哪一个民族,主要的价值观是什么?

(4) 遇到困难时,您是如何看待的,如何应对的?

(5) 一般情况下,您从何处寻求力量与帮助? 您参加什么组织?

(6) 您的健康观念是什么? 患病后,您的健康观念有何改变?

(7) 您对您患的疾病有什么看法? 患病对您有何影响,对您的价值观有无影响?

2. 健康信念的评估 Kleinman 提出的"健康信念注解模式"是目前常用的方法,通过询问下列问题,了解个体对自身健康问题的认识和看法。

(1) 对您来说,健康指什么? 不健康又指什么?

(2) 通常您在什么情况下才认为自己有病并就医?

(3) 您认为导致您健康问题的原因是什么?

(4) 您怎样、何时发现您有该健康问题的?

(5) 该健康问题对您的身心产生了哪些影响?

(6) 健康问题严重程度如何? 发作时持续长还是短?

(7) 您认为您该接受何种治疗？

(8) 您希望通过治疗达到哪些效果？

(9) 您的病给您带来的主要问题有哪些？

(10) 对这种疾病您最害怕什么？

3. 信仰的评估　对有宗教信仰者,可通过询问个体及其亲属下列有关问题来进行评估。

(1) 您有宗教信仰吗？是何种类型？

(2) 平时您参加哪些宗教活动？

(3) 住院对您的宗教活动有何影响？内心感受如何？有无其他人选替你完成？需要我们为您做什么？

(4) 您的宗教信仰对您在住院、检查、治疗、饮食等方面有何特殊限制？

4. 习俗的评估　习俗的评估主要是饮食习俗和语言沟通。同时结合观察患者与医护人员之间、家属之间、同室病友之间交流的表情、眼神、手势、坐姿等收集资料。

(1) 您平常进食哪些食物？主食有哪些？喜欢的食物有哪些？有何食物禁忌或过敏？

(2) 您常采用的食物烹调方式有哪些？常用的调味品是什么？

(3) 您每日进食几餐？都在哪些时间？

(4) 您认为哪些食物对健康有益？哪些食物会使您的食欲下降？

(5) 哪些情况会增加您的食欲？哪些情况会使您的食欲下降？

(6) 您讲何种语言？

(7) 您喜欢的称谓是什么？

(8) 语言禁忌有哪些？

(9) 您所处的民族常用的民间疗法有哪些？

5. 文化休克的评估　通过会谈、观察的方法,了解个体对住院的感受,有无文化休克的表现,分析文化差异对个体的影响,以制定有效的预防干预措施。

(三) 相关护理诊断

1. 精神困扰　与对治疗的道德和伦理方面的含义有疑问或由于强烈的病痛,其信仰的价值系统面临挑战有关。

2. 有精神健康增强的潜力　与有自我意识,有自觉性及内在的动力,有超越感,希望自己的精神状态更加健康向上有关。

3. 社会交往障碍　与社交环境改变有关。

4. 语言沟通障碍　与医院环境中医务人员使用医学术语过多有关。

5. 焦虑 / 恐惧　与环境改变及知识缺乏有关。

6. 迁居应激综合征　与医院文化环境和背景文化有差异有关。

●——————————————————————————————（江志虹）

复习思考题

1. 张先生,中年男性,某大公司经理,事业有成,但常向下属抱怨"我因为工作而没有照顾好自己年迈的父母",并为此深感沮丧。请问该案例有无角色适应不良的情况？若有,最可能的类型是什么？分析其产生的原因？

笔记栏

2. 列举家庭评估的方法及其适用范围。

3. 就文化而言,住院患者住院期间可能会发生什么问题? 如何评估?

4. 如何对影响个体健康的环境因素进行评估?

5. 分组情景模拟:嘱学生分别扮演角色适应不良、家庭关系失常、文化休克的案例,由其他学生模拟进行社会环境评估。

◇◇◇ 第七章 ◇◇◇

实验室检查

📖 学习目标

识记:描述实验室检查标本采集与处理的原则及注意事项;叙述常用实验室检查项目的参考区间。

理解:解释常用实验室检查的目的及临床意义。

运用:正确进行各项实验室检查标本的采集、保存及送检;正确分析实验室检查结果,结合患者的其他健康资料对其健康状况进行分析和判断,为做出护理诊断提供依据。

第一节 概 述

实验室检查(laboratory examination)是指实验室运用物理学、化学、生物学等学科的实验技术,对患者的血液、体液、骨髓、排泄物、分泌物等标本进行检测,以获得反映机体的功能状态或病理变化的信息资料,在协助疾病诊断、推测疾病预后、制定治疗和护理措施、观察病情与疗效等方面具有重要作用。

一、实验室检查的主要内容

(一) 血液学检查

针对原发于血液系统和造血组织的疾病及非造血组织疾病所致的血液学变化的检查,包括血细胞的数量、生成动力学、形态学、细胞化学以及相关参数等检查;止血功能、抗凝和纤溶功能检查;溶血的检查;血型鉴定和交叉配血试验等。

(二) 体液与排泄物的检查

对尿液、粪便及胃液、胆汁、脑脊液等排泄物及分泌物的检查,主要检查标本的理化性状、标本中的有形成分及特殊细胞形态,如肿瘤脱落细胞等。

(三) 生物化学检查

对血液及体液中的生化物质及治疗药物浓度的定量检查:包括糖、脂肪、蛋白质及其代谢产物和衍生物的检查;体液、血液中的电解质、微量元素、血气、酸碱平衡、酶学、激素、内分泌功能等检查。

（四）免疫学检查

包括免疫功能、感染性免疫、自身免疫、肿瘤标志物、细胞因子等检查。

（五）病原微生物学检查

包括感染性疾病病原体的检查、性传播性疾病病原体的检查等。

（六）其他检查

包括染色体分析、基因诊断、以及即时检验（point-of-care testing，POCT）指在患者旁边进行的医学检验等。

二、实验室检查在健康评估中的作用

实验室检查与临床护理工作密切相关。首先大部分实验室检查的标本需护士采集。一份合格的标本，对临床的诊断、治疗特别重要，可以说标本的质量决定着检测数据准确性。因此，临床护士需要掌握各类检验标本的采集、处理方法和注意事项，避免干扰因素对检验结果的影响。另外，实验室检查结果可反映机体的功能状态、病理变化或病因等客观资料，从而指导护士观察病情、判断病情及治疗护理效果，为形成护理诊断提供线索。因此，护士要明确各项检查的目的，熟悉各项检查的参考值及临床意义，将实验室检查结果应用于临床护理工作中。

三、标本的采集与处理

（一）血液标本的采集与处理

1. 采集前的准备

（1）医护人员的准备：完整、准确填写申请书；准备用物、通知患者。

（2）受检者准备：要求受检者情绪稳定、不能剧烈运动、忌烟酒、咖啡、茶等，尽量不使用药物，注意食物对检验结果的影响，因为患者的情绪、饮食、运动、吸烟、饮酒、药物、体位等均会影响检验结果。原则上静脉血都应空腹采集。

（3）用物准备：注射器、采血器、碘伏、酒精等。

（4）采血前核对：核对患者的病房号、床号、姓名、性别、年龄、检验项目与检验申请单是否相符，携带用物是否符合检验要求，避免误采集他人血或采集标本不合格等。严格查对是护士良好素质之一。

2. 血液标本的分类　根据血液标本的性质可分为全血、血浆和血清3种类型。全血适用于血细胞成分的检查；血清适用于大部分临床生化检查和免疫学检查；血浆适用于凝血因子测定和游离血红蛋白以及部分临床生化检查。

3. 采血部位与方法

（1）毛细血管采血：又称皮肤穿刺采血或末梢采血，主要用于急诊和床边项目，其结果代表局部的状态。成人常在指尖（WHO推荐中指或环指尖内侧）或耳垂；婴幼儿可在拇指或足跟；烧伤患者可选择皮肤完整处采血。采血部位应无炎症或水肿，采血穿刺深度适当，切忌用力挤压，以免造成溶血、凝血和混入组织液。

（2）静脉采血：用于了解全身信息和需血量多时采血，是应用最多的血液标本。常用的采血部位有肘部静脉、腕部静脉、手背静脉和股静脉；婴幼儿可在颈外静脉采血。采血使用的注射器和容器必须干燥；止血带结扎不超过1分钟，采血针进入静脉的同时放松止血带；标本注入试管时不要用力过猛、过快以免溶血；采抗凝血时注意将抗凝剂与血液充分混匀；

进行血小板功能检查时注射器和容器要硅化处理;采血时只能外抽不能内推防止空气栓塞;严禁在静脉输液管中采血,防止输液成分影响检测结果;采血过程中患者出现晕厥,宜立即停止采血,拔出采血针止血;将患者置于平卧位,松开衣领。

(3)动脉采血:常用的采血部位有股动脉、桡动脉和肱动脉。常用于血气分析,血气分析采血时应注意:①选择合适的部位。②用肝素充分抗凝,采集标本无凝块。③标本必须与空气隔绝,无气泡。④抽血后立即送检,宜在 10 分钟完成检测,或者,标本置于冰浴中或 4℃冷藏,于 2 小时内完成检测。⑤正在吸氧者,如病情许可停止吸氧 30 分钟后再采血,否则注明氧浓度与氧流量。⑥穿刺部位必须压迫止血 3~5 分钟,凝血功能异常或口服抗凝剂者,压迫时间延长到 15 分钟。

(4)采血时间:不同检查项目对采集的时间要求不同。①空腹采血:指在禁食 8 小时后采取的标本,一般在晨起早餐前采血,常用于临床生化检查。以避免饮食成分和白天生理活动对检查结果的影响。②定时采血:即在规定时间内采血,如血糖、激素等水平,随人体生物节律变化而变化;甘油三酯、维生素等有季节变化。进行药物浓度监测时,更需要定时采血,以便测得药物浓度的峰值和低谷。③急诊采血:不受时间限制,检查单上应标明"急诊"和采血时间。

(5)采血器:传统的采血器包括血清管、各种抗凝管和其他特殊试管;目前多使用标准真空采血器,包括持针器、采血针和真空试管。试管内根据不同检查目的已加入一定量的特定添加剂,如抗凝剂、促凝剂或防腐剂等(表 7-1)。

表 7-1　真空采血管内所含添加剂及其主要用途

采血管帽颜色	抗凝剂	促凝剂	分离胶	主要用途
红色	/	+		血清,大部分生化和免疫学检查
金黄色	/	+	+	血清,大部分生化和免疫学检查
绿色	肝素钠、肝素锂	/	+	血浆,大部分生化和免疫学检查
蓝色	枸橼酸钠:血液 =1∶9	/	/	凝血检查
黑色	枸橼酸钠:血液 =1∶4	/	/	红细胞沉降率测定
紫色	EDTA-Na$_2$	/	/	血常规检查
灰色	氟化物或草酸钾			葡萄糖、乳酸测定

(6)血液标本的处理:血液离开血管后,细胞代谢活动仍在继续,因此,需尽快处理,及时送检和检测。①抗凝:常用的抗凝剂有枸橼酸盐、肝素、乙二胺四乙酸盐等,注意含钾、钠的抗凝剂不能用于离子检测的抗凝。②抑制糖酵解:常用的糖酵解抑制剂有氯化物和碘化物。③冰浴:用于血氨测定、血气分析、凝血试验等。④保温:如冷凝集素试验。⑤避光:避免血中某些成分遇光分解,引起结果异常。⑥微生物标本:采集后注入无菌容器,立即送检不能置冰箱,一般要求 35℃孵育。

(二)尿标本的采集与处理

1. 标本的种类及量

(1)首次晨尿:尿在膀胱中存留 8 小时以上,尿液呈浓缩状态,有形成分完整,有利于有形成分的检出,一般用于尿常规检查,量为 5~10ml。

(2)随机尿:即留取任何时间的尿液,易受到饮食、运动、用药等影响。适于门诊患者和急诊患者,尿有形成分浓度低,尿常规标本量为 5~10ml。

（3）定时尿：用于空腹尿糖、餐后 2 小时尿胆原、Addis 计数、24 小时尿蛋白、钾钠氯等测定。

（4）中段尿：用于细菌培养和药物敏感试验，一般要求冲洗外阴后或外阴消毒后留取中段尿，收集标本于无菌小瓶内；排尿困难者可导尿留取尿标本，一般插入导尿管后将尿弃 15ml 左右再留取培养标本；对厌氧菌的培养，采用耻骨上膀胱穿刺法收集于无菌厌氧小瓶送检。标本量一般 10~15ml。

2. 保存

（1）冷藏：用于不能立即进行常规检测的标本。可将尿液标本置冰箱（2~8℃）保存，但不能超过 6 小时。注意有些标本冷藏后有磷酸盐、尿酸盐析出，影响有形成分的观察。

（2）化学保存法：盐酸用于尿 17-羟类固醇或 17-酮类固醇、儿茶酚胺、肾上腺素等激素定量检查；甲醛用于 Addis 计数检查；甲苯用于尿蛋白、尿糖、丙酮等检查；冰醋酸用于醛固酮和 5-羟色胺的检测；麝香草酚用于结核菌检测。

（三）粪便标本的采集与处理

标本采集通常采用自然排出的粪便，应注意以下事项：

1. 容器　应使用干净、不透水的一次性容器，细菌学检查用灭菌后封口的容器。

2. 采样部位　应采集病理性粪便成分，如选取含有脓血及黏液部分；外观无异常粪便应在表面、深处及粪便多处取样检查。

3. 标本量

（1）常规检查：留取标本 5~10g。

（2）血吸虫毛蚴孵化、寄生虫或虫卵计数时留取 24 小时粪便。

（3）脂肪定量试验：先服定量脂肪膳食，每日 50~100g，连续 6 天，从第 3 天起，收集 72 小时内的粪便，将收集的标本混合称量，取出 60g 送检。如用简易法，可在正常膳食下收集 24 小时标本，混合称量，取出 60g 送检。

（4）粪胆原定量试验：应连续收集 3 天的粪便，每日将粪便混匀称量后取出 20g 送检。

4. 及时送检　采集标本后及时送检，并于标本采集后 1 小时内完成检查，否则可因消化酶、酸碱度变化以及细菌的作用等因素的影响，导致粪便有形成分被破坏。

5. 避免污染　标本不得混入尿液、消毒剂、污水等。

6. 避免干扰因素　粪便隐血检测，患者应素食 3 天，并禁食铁剂及维生素 C 等，以免影响检验结果。

7. 避免遗漏　由于许多肠道原虫和某些蠕虫卵都有周期性排出现象，寄生虫及虫卵初筛时，应连续 3 天采集标本送检；检查蛲虫卵时，需用透明薄膜拭子或玻璃纸拭子于深夜 12 时或清晨排便前，自肛门周围皱襞处拭取粪便，立即送检。

（四）痰标本的采集

1. 留取方法　漱口后自然咳痰法、气管穿刺吸痰、支气管镜抽取、无痰或痰少者先用生理盐水雾化吸入。

2. 特殊标本的收集　细胞学检查留取上午 9~10 点的新鲜痰液；细菌学检查留痰于无菌容器中；观察痰量、分层情况及浓集法检查结核杆菌时留 24 小时痰液，痰咳于无色广口瓶，并加少许苯酚防腐。

（五）脑脊液标本采集

脑脊液标本由医生经无菌腰椎穿刺术采集，特殊情况下可行小脑延髓池或脑室穿刺术采集。穿刺成功后首先测定脑脊液压力。待测定压力后,根据检查目的,分别采集脑脊液于3个无菌试管中,每个试管 1~2ml,第 1 管用于病原生物学检查,第 2 管用于化学和免疫学检查,第 3 管用于一般性状和细胞学检查。如疑为恶性肿瘤,则再采集 1 管进行脱落细胞学检查。标本采集后应在检查申请单上注明标本采集的日期和时间。

(六)浆膜腔积液的标本采集

人体的胸腔、腹腔、心包腔统称浆膜腔,在生理状态下,腔内有少量液体,正常成人胸腔液 <20ml,腹腔液 <50ml,心包腔液 10~50ml,在腔内起润滑作用,一般不宜采集。病理状态下,腔内有大量液体潴留,称为浆膜腔积液(serous membrane fluid)。浆膜腔积液的标本由医生经无菌胸穿、腹穿、心包穿刺获得,标本留取 4 管,第 1 管做细菌学检查,第 2 管做化学和免疫学检查,第 3 管做细胞学检查,第 4 管不加抗凝剂观察有无凝集现象,采集后立即送检。浆膜腔积液标本留取量多少不一,如做生化检查,应同时采血做相应项目检查,以进行对照。

第二节　血液检查

一、血液一般检查

血液是由细胞成分和非细胞成分组成,细胞成分包括红细胞、白细胞和血小板;非细胞成分为血浆和血浆中的其他成分。血液不断地流动于循环系统之中,直接或间接与全身各个组织器官联系,参与各项生理功能活动,在维持机体新陈代谢、功能调节以及机体内、外环境间的平衡中起重要作用。发生疾病时,直接或间接地引起血液成分的变化。临床上通过对血液成分分析了解疾病的变化程度和发展过程。

血液一般检查包括血液细胞成分的常规检查(简称血液常规检查)、网织红细胞检查和红细胞沉降率检查等。血常规检查是最常用、最具有意义的检查项目。临床医师和护理人员都应掌握其临床意义。

(一)红细胞计数和血红蛋白测定

【标本采集】

非空腹采血,血液分析仪法静脉采血 EDTA 抗凝,手工法末梢采血。

【参考值】

成年男性:红细胞计数 $(4.0~5.5)×10^{12}/L$;血红蛋白 120~160g/L。

成年女性:红细胞计数 $(3.5~5.0)×10^{12}/L$;血红蛋白 110~150g/L。

新生儿:红细胞计数 $(6.0~7.0)×10^{12}/L$;血红蛋白 170~200g/L。

【临床意义】

1. 红细胞及血红蛋白增多　指单位容积循环血液中红细胞数及血红蛋白量高于参考值上限。成年男性红细胞 $>6.0×10^{12}/L$,血红蛋白 >170g/L;成年女性红细胞 $>5.5×10^{12}/L$,血红蛋白 >160g/L 即为增多。可分为相对增多和绝对增多。

(1)相对增多:因血浆容量减少,使红细胞数量相对增多。见于严重呕吐、腹泻、出汗、烧伤、慢性肾上腺皮质功能减退、尿崩症、甲亢危象、糖尿病酮症酸中毒等。

(2)绝对增多:生理性增多见于胎儿、新生儿、高原居民、登山运动员等;病理性增多见于严重的慢性心、肺疾患如阻塞性肺气肿、肺源性心脏病、发绀型先天性心脏病等,以上疾病由于血氧饱和度下降引起红细胞生成素代偿性的增加所致;另外,某些肿瘤和肾脏疾病可使红细胞生成素增多,如肝癌、卵巢癌、肾癌、肾盂积水、多囊肾等;真性红细胞增多症患者红细胞增多原因不明,可能与造血干细胞受累有关。

2. 红细胞及血红蛋白减少

(1) 生理性减少:见于婴幼儿、15岁以前儿童,红细胞及血红蛋白比正常人低10%~20%;部分老年人和妊娠中晚期的妇女均可使红细胞和血红蛋白减少。

(2) 病理性减少:见于各种贫血。根据贫血产生的原因和发病机制不同,可将贫血分为红细胞生成减少、红细胞破坏增多、红细胞丢失过多。

(3) 药物干扰:使用抗生素、抗肿瘤药物、利福平、阿司匹林、磺胺类等药物也可引起红细胞减少。

(二) 血细胞比容测定

血细胞比容(hematocrit,HCT)又称红细胞压积,是指红细胞在血液中所占容积的比值。

【标本采集】

非空腹采血。血液分析仪法静脉采血 EDTA 抗凝,手工法末梢采血。

【参考值】

成年男性:0.40~0.50(40~50vol%);平均 0.45L/L。

成年女性:0.37~0.48(37~48vol%);平均 0.40L/L。

【临床意义】

血细胞比容可反映红细胞增多或减少,常用于诊断贫血、判断贫血严重程度但易受血浆容量、红细胞体积等的影响。

1. 血细胞比容增高 相对增高见于各种原因所致的血液浓缩;绝对增高见于新生儿、高原地区居民、严重慢性心肺疾患、真性红细胞增多症等。

2. 血细胞比容降低 见于各种原因所致的贫血。血细胞比容减少与红细胞数减少不一定成正比,因此,只有将红细胞计数、血红蛋白、血细胞比容结合起来,计算出红细胞的各项平均值,对贫血的诊断才有意义。

(三) 红细胞平均值参数

包括平均红细胞容积、平均红细胞血红蛋白量、平均红细胞血红蛋白浓度。

【标本采集】

非空腹采血,血液分析仪法静脉血采血 EDTA 抗凝,手工法末梢采血。

1. 平均红细胞容积(mean corpuscular volume,MCV) MCV 指每个红细胞的平均体积,以飞升(fl)为单位。计算公式如下:

$$MCV=HCT\times10^{15}/RBC\times10^{12}/L \quad 1L=10^{15}fl$$

2. 平均红细胞血红蛋白量(mean corpuscular hemoglobin,MCH) MCH 指每个红细胞内所含血红蛋白的平均量,以皮克(pg)为单位。计算公式如下:

$$MCH=Hb(g/L)\times10^{12}/RBC\times10^{12} \quad 1g=10^{12}pg$$

3. 平均红细胞血红蛋白浓度(mean corpuscular hemoglobin concentration,MCHC) MCHC 指单位容积红细胞的平均血红蛋白量,以 g/L 表示。计算公式如下:

$$MCHC= Hb(g/L)/HCT(L/L)$$

【参考值】

仪器法:MCV 80~100fl;MCH 27~34pg;MCHC 320~360g/L。

【临床意义】

根据上述 3 项红细胞平均值可进行贫血的形态学分类,见表 7-2。

表 7-2 贫血的形态学分类

贫血的形态学分类	MCV(fl) (80~100)	MCH(pg) (27~34)	MCHC(g/L) (320~360)	病因
正常细胞性贫血	80~100	27~34	320~360	再生障碍失血性贫血、多数溶血性贫血、急性失血性贫血、骨髓病性贫血
大细胞性贫血	>100	>34	320~360	巨幼细胞贫血及恶性贫血
小细胞低色素性贫血	<80	<27	<320	缺铁性贫血、珠蛋白生成障碍性贫血、铁粒幼细胞贫血
单纯小细胞性贫血	<80	<27	320~360	慢性感染、炎症、恶性肿瘤、肝病、风湿性疾病、尿毒症等所致的贫血

(四)红细胞体积分布宽度

红细胞体积分布宽度(red blood cell distribution width,RDW)是由血液分析仪测得的,反映红细胞大小均一程度的客观指标,以变异系数或标准差表示,对贫血的诊断有重要意义。

【参考值】

RDW:11.5%~14.5%。

【临床意义】

1. 鉴别、诊断缺铁性贫血 缺铁性贫血的患者 95% 以上 RDW 增高,珠蛋白生成障碍性贫血的患者 88%RDW 正常。

2. 结合 MCV 进行贫血形态学分类。

3. 动态监测缺铁性贫血治疗效果 在缺铁潜伏期,RDW 既有增高,治疗后贫血已纠正,RDW 仍未降至正常水平,可能是储存铁尚未完全补足。

(五)网织红细胞计数

网织红细胞(reticulocyte)是晚幼红细胞脱核后的细胞,由于胞质中尚残存核糖体等嗜碱性物质,煌焦油或新亚甲蓝染色后,呈现浅蓝或深蓝色的网织状细胞而得名。网织红细胞较成熟红细胞稍大,直径为 8.0~9.5μm,是 Wright 染色血涂片中的嗜多色性红细胞。

【参考值】

百分数:成人 0.5%~1.5%;绝对值:(24~84)×10⁹/L。

【临床意义】

1. 网织红细胞增多 表示骨髓红细胞系增生旺盛。见于增生性贫血、溶血性贫血时,网织红细胞计数可高达 40% 以上,急性贫血也明显增高。

2. 网织红细胞减少 表示骨髓造血功能减低。见于再生障碍性贫血,可作为急性再生障碍性贫血的实验诊断依据,急性再生障碍性贫血时可为 0,也见于骨髓病性贫血。

3. 判断贫血治疗和实验性治疗的效果 缺铁性贫血或巨幼细胞贫血经有效治疗 3~5 天后,可见网织红细胞增高,7~10 天达高峰,2 周左右网织红细胞减低而红细胞及血红蛋白增高,此称网织红细胞反应。

(六)红细胞形态的检查

通过血涂片染色观察红细胞大小、形态、胞浆的着色及结构方面有无异常改变,有助于疾病的诊断。

1. 红细胞大小异常　红细胞直径 <6μm 称小红细胞,见于缺铁性贫血、珠蛋白生成障碍性贫血;红细胞直径 >10μm 称大红细胞,红细胞直径 >15μm 称巨红细胞,见于巨幼细胞贫血、部分溶血性贫血、急性贫血等。

2. 红细胞形态异常　球形细胞增多见于遗传性球形红细胞增多症,亦可见于自身免疫性溶血性贫血;椭圆形细胞增多见于遗传性椭圆形红细胞增多症;镰形细胞增多见于镰形细胞性贫血;靶形细胞增多见于海洋性贫血,异常血红蛋白病;泪滴形细胞增多见于骨髓纤维化。

3. 染色反应异常

(1) 低色素性(hypochromic):红细胞染色过淡、中央淡染区扩大,提示血红蛋白含量明显减少,见于缺铁性、海洋性、铁粒幼细胞贫血。

(2) 高色素性(hyperchromic):红细胞着色深,中央淡染区消失,见于巨幼红细胞性贫血,球形细胞亦呈高色素性。

(3) 嗜多色素(多染色性,polychromatic):细胞呈淡灰或紫灰色,是刚脱核未完全成熟红细胞,正常人外周血约占 1%,其增多反映骨髓增生旺盛,见于增生性贫血,尤以溶血性贫血最常见。

4. 红细胞结构异常

(1) 嗜碱性点彩(basophilic stippling):红细胞内见到散在的大小和数量不一的深蓝色颗粒称为嗜碱点彩,见于增生性贫血、巨幼细胞贫血、骨髓纤维化、铅中毒等。

(2) 染色质小体(Howell-Jolly):红细胞内含有紫红色圆形小体,见于成熟红细胞或晚幼红细胞胞浆内,一个或多个,见于溶血性贫血、巨幼细胞贫血、红白血病等。

(3) 卡波环(Cabot ring):在红细胞中出现的一种紫红色呈圆形或 8 字形细线状环,常与染色质小体同时出现。

(4) 有核红细胞(nucleated erythrocyte):成人有核红细胞均存在于骨髓中,外周血中出现有核红细胞,均属病理现象。见于增生性贫血、红白血病、髓外造血等。

(七) 红细胞沉降率测定

红细胞沉降率(erythrocyte sedimentation rate,ESR)是指红细胞在一定条件下沉降的速度,简称血沉。血沉受多种因素的影响:①血浆中各种蛋白的比例改变,如血浆中纤维蛋白原、球蛋白、胆固醇增加或清蛋白减少时,血沉加快。②红细胞的数量和形状:红细胞数量减少,血沉加快;球形红细胞数量增多血沉减慢;红细胞直径越大血沉越快。

【测定方法】

1. 手工法　非空腹采血,静脉血 1.6ml,以 3.8% 枸橼酸钠 0.4ml 抗凝,然后将混合均匀的血液装入血沉管,放在血沉架上,记录时间,1 小时后记录结果。

2. 仪器法　与手工法操作步骤相同,只是将血沉试管垂直立于具有自动计时装置的血沉架之后,可于 30 分钟、60 分钟、120 分钟时分别自动记录其结果。

【参考值】

成年男性:0~15mm/h;成年女性:0~20mm/h。

【临床意义】

1. 血沉增快

(1) 生理性增快:12 岁以下的儿童、60 岁以上的高龄者、妇女月经期、妊娠 3 个月以上血沉可增快,可能与生理性贫血或血浆纤维蛋白原含量增高有关。

(2) 病理性增快:①各种炎性疾病:急性细菌性炎症时,炎症发生后 2~3 天即可见血沉增快。风湿热、结核病活动期,血沉明显增快,可能与纤维蛋白原及免疫球蛋白含量增加有关。临床上常用血沉来观察风湿热和结核病的动态变化。②组织损伤及坏死:心肌梗死后,常于发病后一周左右血沉增快,并持续 2~3 周,心绞痛时血沉正常。因此,可用血沉结果加以区别。③恶性肿瘤:迅速增长的恶性肿瘤血沉增快,可能与肿瘤分泌糖蛋白、肿瘤组织坏死、继发性感染或贫血有关。良性肿瘤血沉多正常。④高球蛋白血症:如系统性红斑狼疮、慢性肾炎、肝硬化时血沉常增快;多发性骨髓瘤时,浆细胞的恶性增殖使血浆病理性球蛋白高达 40~100g/L 或更高,故血沉增快明显;巨球蛋白症患者,血浆中 IgM 增多,血沉增快,若 IgM 明显增多反而抑制血沉,可正常甚至减慢。⑤其他:贫血患者血沉可轻度增快;动脉粥样硬化、糖尿病、肾病综合征、黏液性水肿等患者,血中胆固醇含量增高,血沉增快。

2. 血沉减慢　临床意义较小,见于真性红细胞增多症及继发性红细胞增多症、弥散性血管内凝血、低纤维蛋白原血症、球形红细胞增多症等。

(八) 白细胞计数和白细胞分类计数

【标本采集】

非空腹采血,血液分析仪法静脉血采血 EDTA 抗凝,手工法末梢采血。

【参考值】

1. 白细胞计数

成人:$(4\sim10)\times10^9$/L。

6 个月 ~2 岁:$(11\sim12)\times10^9$/L。

新生儿:$(15\sim20)\times10^9$/L。

2. 白细胞分类计数　见表 7-3。

表 7-3　五种白细胞正常百分数和绝对值

细胞类型	百分数(%)	绝对值($\times10^9$/L)
中性粒细胞(N)		
杆状核(st)	0~5	0.04~0.05
分叶核(sg)	50~70	2~7
嗜酸性粒细胞(E)	0.5~5	0.05~0.5
嗜碱性粒细胞(B)	0~1	0~0.1
淋巴细胞(L)	20~40	0.8~4
单核细胞(MO)	3~8	0.12~0.8

【临床意义】

白细胞总数高于参考值的高限(成人为 10×10^9/L)称白细胞增多,低于参考值的低限(成人为 4×10^9L)称白细胞减少。白细胞总数的增多或减少主要受中性粒细胞数值的影响,淋巴细胞等数量上的改变也会引起白细胞总数的变化。其临床意义见白细胞分类计数的临床意义。

1. 中性粒细胞

(1) 中性粒细胞增多

1) 生理性中性粒细胞增多:饱餐、激动、剧烈运动、高温、严寒等可使中性粒细胞暂时性

笔记栏

升高;新生儿、月经期、妊娠 5 个月以上的妇女可增高,生理性增多是一过性的,不伴有白细胞质量变化。

2)病理性中性粒细胞增多:①急性感染:特别是化脓性球菌感染(如金黄色葡萄球菌、溶血性链球菌、肺炎链球菌等)为最常见的原因。②广泛的组织损伤或坏死:严重外伤、手术、大面积烧伤、心肌梗死、肺梗死等。③急性溶血:与红细胞大量破坏导致相对缺氧,以及红细胞破坏后的分解产物刺激骨髓贮存池中的粒细胞释放有关。④急性失血:可能与大出血所致的缺氧和机体的应激反应,动员骨髓贮存池中的血细胞释放有关。⑤急性中毒:铅、汞、药物等中毒。⑥恶性肿瘤:特别是肝癌、胃癌等。

(2)中性粒细胞减少

1)感染性疾病:特别是革兰氏阴性杆菌感染,如伤寒、副伤寒;某些病毒感染性疾病,如流感、病毒性肝炎、风疹等。

2)血液系统疾病:见于再生障碍性贫血、巨幼细胞贫血、严重缺铁性贫血等。

3)物理、化学因素:放射线、核素、毒物、药物等。

4)单核巨噬细胞系统功能亢进:脾功能亢进等。

5)其他:系统性红斑狼疮(SLE)、过敏性休克等。

(3)中性粒细胞核象变化:中性粒细胞核象是指粒细胞分叶状况,它反映粒细胞的成熟程度。正常时中性粒细胞分叶以 3 叶居多,可见少量杆状核,杆状核与分叶核之比为 1∶13。在病理情况下,中性粒细胞核象可发生变化,出现核左移或核右移现象。

1)核左移:周围血中出现不分叶核粒细胞(杆状核、晚幼、中幼或早幼粒细胞)的百分率超过 5% 时,称核左移。常见于感染,尤其急性化脓性感染,也可见于急性失血、急性中毒及急性溶血反应等。白血病和类白血病反应,也可出现极度核左移现象。

2)核右移:周围血中粒细胞核出现 5 叶或更多分叶,其百分率超过 3% 时,称核右移。主要见于巨幼细胞贫血和应用抗代谢药物治疗时,在感染的恢复期,也可出现一过性核右移现象,核右移是由于缺乏造血物质,使 DNA 合成障碍或造血功能减退所致。

(4)中性粒细胞形态异常

1)中性粒细胞的中毒性改变:在严重传染病、化脓性感染、败血症、恶性肿瘤、中毒及烧伤等病理情况下,中性粒细胞可发生中毒性和退行性变化。表现为:①细胞大小不均:见于病程较长的化脓性炎症或慢性感染,可能是骨髓幼稚中性粒细胞受内毒素等影响发生不规则分裂增殖所致。②中毒颗粒:中性粒细胞胞质中出现粗大、大小不等、分布不均匀、染色呈深紫红或黑紫色。③空泡形成:中性粒细胞胞质或胞核中出现单个或多个、大小不等的空泡,可能是细胞质发生脂肪变性所致。④核变性:中性粒细胞胞核出现核固缩、核碎裂或核溶解。以上改变可单独出现,也可同时出现。

2)巨多分叶核中性粒细胞:细胞胞体较大,细胞核分叶过多,常超过 5 叶以上;甚至在 10 叶以上,核染色质疏松,常见于巨幼细胞贫血,抗代谢药物治疗后。

3)棒状小体:白细胞胞浆中出现的紫红色细杆状物,一个或数个不等,长约 1~6um,故称棒状小体。棒状小体一旦出现在细胞中,就可拟诊为急性白血病。棒状小体在鉴别急性白血病类型时有重要价值。急性淋巴细胞白血病无此小体,在急性粒细胞白血病和急性单核细胞白血病中可见到。

2. 嗜酸性粒细胞 嗜酸性粒细胞(eosinophil,E)增多见于:①变态反应性疾病:如哮喘、荨麻疹、药物过敏等;②寄生虫病:如血吸虫、丝虫、囊虫等;③皮肤病:如湿疹、剥脱性皮炎、银屑病等;④血液病:如嗜酸性粒细胞白血病等;⑤某些恶性肿瘤。嗜酸性粒细胞减少较少见。

3. 嗜碱性粒细胞　嗜碱性粒细胞(basophil,B)增多见于变态反应性疾病、慢性粒细胞白血病、慢性溶血、切脾、嗜碱性粒细胞白血病、恶性肿瘤等。嗜碱性粒细胞减少较少见。

4. 淋巴细胞

(1) 淋巴细胞(lymphocyte,L)增多:生理性增多见于出生后4~6天的婴儿至4~6岁的儿童。病理性增多见于:①感染性疾病:主要为病毒感染,如麻疹、风疹、病毒性肝炎、传染性单核细胞增多症等;②血液病:急、慢性淋巴细胞白血病、淋巴瘤等。

(2) 淋巴细胞减少:主要见于应用免疫抑制、接触放射性物质等。

(3) 异形淋巴细胞(abnormal lymphocyte):即外周血中形态变异的不典型淋巴细胞。正常人外周血中偶可见到,但不超过2%,可能由T细胞受抗原刺激转化而来。异形淋巴细胞增多可见于:①病毒感染:引起淋巴细胞增多的病毒性疾病均可出现异形淋巴细胞增多,尤其传染性单核细胞增多症、流行性出血热等,可高达10%以上。疾病恢复后异形淋巴细胞仍可在外周血中持续数周、数月才消失。②药物过敏。③输血、血液透析后。④其他免疫性疾病,放疗后等。

5. 单核细胞

(1) 单核细胞(monocyte,M)增多:生理性增多见于儿童、新生儿等。病理性增多见于:①某些感染:如疟疾、黑热病、结核病等。②血液病:单核细胞白血病、粒细胞缺乏恢复期、恶性组织病、淋巴瘤等。

(2) 单核细胞减少:一般无临床意义。

(九) 血小板检查

1. 血小板计数

【参考值】

(100~300)×10⁹/L。

$(100\sim300)\times10^9/L$。

【临床意义】

(1) 血小板低于100×10⁹/L称血小板减少。见于:①血小板生成障碍:如再生障碍性贫血、放射性损伤、急性白血病、巨幼细胞贫血、骨髓纤维化等。②血小板破坏或消耗增多:如特发性血小板减少性紫癜(ITP)、系统性红斑狼疮(SLE)、恶性淋巴瘤、弥散性血管内凝血(DIC)、血栓性血小板减少性紫癜(TTP)等。③血小板分布异常:脾大、血液稀释等。

(2) 血小板计数超过400×10⁹/L称血小板增多。见于:①原发性增多:见于骨髓增殖性疾病等。②反应性增多:急性感染、急性溶血、某些癌症等,一般轻度增多,在500×10⁹/L以下。

2. 血小板平均容积

【参考值】

7~11fl。

【临床意义】

(1) 血小板平均容积减低:见于骨髓造血功能不良,血小板生成减少。血小板持续下降是骨髓造血功能衰竭的主要指标之一。

(2) 血小板平均容积增加:见于血小板破坏增加而骨髓造血功能良好者骨髓造血功能抑制解除。血小板平均容积增加是造血功能恢复的首要表现。

知识链接

骨髓检查的适应证与禁忌证

1. 适应证　包括：①外周血细胞数量及形态异常，如一系、二系或三系细胞的增多或减少；外周血中出现原始、幼稚细胞等；②不明原因的发热，肝、脾、淋巴结肿大；③骨痛、骨质破坏、肾功能异常、黄疸、紫癜、血沉明显增快等；④化疗后的疗效观察；⑤其他：染色体核型分析、造血祖细胞培养、微生物及寄生虫学检查（如伤寒、疟疾）等。

2. 禁忌证　由于凝血因子缺陷引起的出血性疾病，如血友病；晚期妊娠的孕妇做骨髓穿刺术应慎重。

（十）血细胞直方图及临床应用

20世纪50年代，Coulter研制了电阻抗法血细胞分析仪。血细胞为不良导体，用等渗电解质溶液稀释的血细胞悬液通过两侧有稳定电流的小孔时，由于细胞导电性较电解质溶液低，瞬间引起电压变化而产生一个脉冲信号，称为通过脉冲。电压变化的程度取决于细胞体积，即细胞体积越大，产生的脉冲越大，脉冲振幅越高。脉冲信号经过放大、甄别、整形后送入计数机系统，从而得到细胞计数结果和细胞体积分布图形。这些显示细胞群分布情况的图形称为血细胞分布直方图（nomogram）。直方图是由测量每个细胞通过小孔感应区的脉搏累积得到的，与细胞计数同时进行分析测量。直方图的横坐标表示细胞体积，纵坐标表示细胞的相对数量。体积数据以 n 为单位。

1. 白细胞体积分布直方图　白细胞经过特殊的溶血剂处理后，细胞失水皱缩，各群细胞之间的体积差异增加。仪器计算机部分可将白细胞体积在35~450fl范围内分为若干通道，细胞根据其大小分别分配在不同的通道中，从而得到白细胞体积分布的直方图（图7-1）。白细胞可根据体积大小区分为三个群，在直方图上表现为三个峰（区）。

（1）第一群是小细胞区（35~90fl）：主要为淋巴细胞，包括成熟淋巴细胞、异型淋巴细胞。

（2）第二群是中间细胞区（90~160fl）：包括单核细胞、原始细胞及幼稚细胞，以及嗜酸性粒细胞、嗜碱性粒细胞。

（3）第三群是大细胞区（160~450fl）：包括中性分叶核粒细胞、杆状核粒细胞和晚幼粒细胞。

根据各群占总体的比例可计算出各群细胞的百分率，如再与该标本的白细胞总

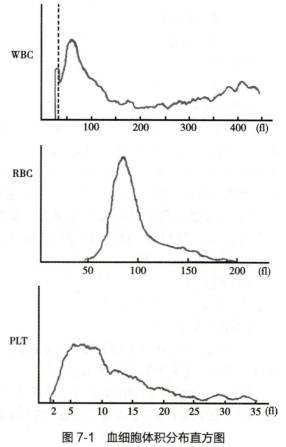

图7-1　血细胞体积分布直方图

数相乘,即可得到各类细胞的绝对值。白细胞体积分布直方图的图形变化并无特异性,因图中细胞分群只是根据细胞体积大小来区分,在1个群体中,可能以某种细胞为主,如小细胞区主要是淋巴细胞,大细胞区以中性粒细胞为主。由于细胞体积之间有交叉,同一群中可以包括多种细胞存在,其中任何一种细胞增多,均可使直方图产生相似的变化。因此,白细胞直方图只是粗略判断细胞比例的变化或有无明显的异常细胞出现,需要进一步做血涂片显微镜检查,进行细胞分类计数及形态观察。

2. 红细胞体积分布直方图　红细胞直方图体积分布曲线的显示范围为24~360fl。仪器将大于360fl的颗粒计为红细胞,直方图上反映的是生理状态红细胞的大小。在典型的直方图上,可以看到两个细胞群体:①红细胞主群:从50fl偏上开始,有一个近似两侧对称,基底较为狭窄的正态分布曲线,又称"主峰"。②小细胞群:位于主峰右侧,分布在130~185fl区域,又称"足趾部"。它是一些二聚体、三聚体、多聚体细胞,小孔残留物和白细胞的反映。

测量时,仪器首先将"足趾部"剪去,再对主峰的两侧边缘进行适当的整形,左侧除去细胞碎片、大血小板或血小板凝块等,右侧除去二聚体、三聚体、多聚体细胞、小孔残留物和白细胞等的干扰。与红细胞直方图相关的有2个参数,即MCV和RDW。MCV代表红细胞平均体积,与红细胞峰处在X轴上的位置有关。MCV增大,细胞峰右移,MCV变小,细胞峰左移。

RDW变异性大,波峰的基底增宽;反之,基底变窄。直方图有时会呈"双峰"则说明外周血中存在2个红细胞群。故在分析直方图图形时,要注意主峰的位置、峰的基底宽度,以及峰顶的形状及有无双峰现象。红细胞直方图图形变化,再结合其他有关参数综合分析,对某些贫血的诊断和鉴别诊断具有一定的价值。几种贫血的细胞直方图图形变化如下:

(1) 缺铁性贫血:典型的缺铁性贫血呈小细胞性贫血,MCV降低,主峰曲线的波峰左移;红细胞大小的非均一性,RDW增高,则波峰基底增宽,显示为小细胞非均一性贫血特征。

(2) 轻型珠蛋白生成障碍性贫血:呈小细胞均一性贫血,其图形表现为波峰左移,基底变窄。因此,这一特征可作为与缺铁性贫血鉴别的指标。

(3) 铁粒幼细胞贫血:红细胞呈典型的"双形"性改变,即小细胞低色素性红细胞与正常红细胞同时存在,故出现波峰左移、峰底增宽的双峰。缺铁性贫血经治疗有效时,也可出现峰底更宽的类似的双峰图形。

(4) 巨幼细胞贫血:红细胞呈大细胞非均一性,直方图波峰右移,峰底增宽。经治疗后,正常红细胞逐渐增加,与病理性大细胞同时存在,也可出现双峰现象,故有助于判断疗效。

(5) 混合性营养性贫血:营养性巨幼细胞贫血可同时合并缺铁性贫血,前者MCV增高,后者降低,故直方图图形需视哪一类细胞占优势。如两者的严重程度相似,则反映MCV的波峰位置可显示正常,而RDW明显增高,则峰底增宽。

3. 血小板直方图　血小板直方图体积分布范围为2~20fl。血小板直方图可反映血小板数、血小板平均容积、血小板分布宽度和血小板比容等参数。

二、血型鉴定及交叉配血试验

血型(blood group)是一种人体血液的遗传性状。血型血清学已发展成为"免疫血液学"这一新的独立学科,在临床医学、人类学、遗传学、法医学、考古学等方面的应用日趋广泛,尤其是在输血、器官移植、骨髓移植等临床实践中发挥着重要的作用。本部分重点叙述与输血有密切联系的红细胞血型系统。

笔记栏

红细胞血型是发现最早的人类血型。截至 1983 年已报道的人类红细胞血型有 20 多个系统,400 多种血型抗原。而其中最重要的是 ABO 血型系统,其次是 Rh 血型系统。

临床输血时,必须鉴定 ABO 血型和 Rh 血型,其他血型一般不需要鉴定。在选择相同血型的受血者和供血者之后,还必须进行交叉配血试验。只有在 ABO 和 Rh 血型相合、交叉配血试验无输血禁忌时,才能进行输血。

(一) ABO 血型系统

1. ABO 血型系统的抗原和抗体　根据红细胞表面是否具有 A 或 B 抗原,血清中是否存在抗 A 或抗 B 抗体,ABO 血型系统可分为四型。红细胞上有 A 抗原,血清中有抗 B 抗体为 A 型;红细胞上有 B 抗原,血清中有抗 A 抗体为 B 型;红细胞上有 A 和 B 抗原,血清中不含抗 A 和抗 B 抗体者为 AB 型;红细胞上不具有 A 和 B 抗原,而血清中有抗 A 和抗 B 抗体为 O 型。

ABO 血型系统抗体有天然抗体和免疫抗体之分。所谓天然抗体可能是由一种无觉察的抗原刺激而产生。血型抗体也是免疫球蛋白,天然抗体主要是 IgM,免疫性抗体主要是 IgG。

2. ABO 血型鉴定和交叉配血试验

(1) ABO 血型鉴定:ABO 血型抗体能在生理盐水中与相应红细胞抗原结合而发生凝集反应。进行 ABO 血型鉴定时,采用标准的抗 A 及抗 B 血清以鉴定被检者红细胞上的抗原,同时用标准的 A 型及 B 型红细胞鉴定被检者血清中的抗体。只有被检者红细胞上的抗原鉴定和血清中的抗体鉴定所得结果完全相合才能肯定其血型类别。

(2) 交叉配血试验:输血前必须进行交叉配血试验,其目的主要是进一步验证供者与受血者的 ABO 血型鉴定是否正确,以避免血型鉴定错误导致输血后严重溶血反应。此外,也可检出 ABO 血型系统的不规则抗原,以及发现 ABO 系统以外的其他血型抗体。

交叉配血试验常采用试管法进行。交叉配血试验主要是检查受血者血清中有无破坏供血者红细胞的抗体,故受血者血清加供血者红细胞悬液相配的一管称为主侧,供血者血清加受血者红细胞相配的一管称为次侧,两者合称为交叉配血。

结果判断:同型血之间作交叉配血时,主侧管与次侧管均无凝集反应,表示配血完全相合,才可以输血。

(二) Rh 血型系统

1. Rh 血型系统的抗原和抗体　目前发现的 Rh 抗原主要有 C、c、D、E 和 e 五种,其中 D 的抗原性最强。含有 D 抗原的红细胞为 Rh 阳性,不含 D 抗原的为 Rh 阴性。我国 Rh 阴性者甚为少见,据血型调查资料表明,汉族人中 Rh 阴性率小于 1%。Rh 血型系统天然抗体极少,免疫性抗体为 IgG。

2. Rh 血型系统的鉴定　Rh 抗体主要是不完全抗体,如用 5 种不完全抗体标准血清进行鉴定,可将 Rh 血型系统分为 18 个型别。临床上仅对意义较大的 D 抗原进行鉴定。用抗 D 血清进行鉴定,则可粗略地分为 Rh 阳性及 Rh 阴性。

三、止血和凝血的实验室检查

生理情况下,体内存在着正常的止血、凝血和纤溶系统,共同维持着动态平衡。从而保证血液在血管内不断地循环,既不出血,也不形成血栓。一旦这种平衡受到破坏,可导致出血性疾病或血栓形成。止、凝血功能检查主要用于出血性疾病的诊断,疗效观察和调节药物剂量。也用于术前的常规检查,以防术中出血不止。参与机体止、凝血和纤溶机制的因素主要包括血管壁、血小板、血浆凝血因子和纤溶系统。

(一)血管壁和血小板功能检测

1. 毛细血管脆性试验　毛细血管脆性试验(capillary fragility test,CFT)又称束臂试验。通过给手臂局部毛细血管施加压力,检查一定范围内皮肤新出现出血点的数目,以估计血管壁的通透性和脆性。

【检测方法】

血压计袖带充气在收缩压与舒张压之间,上臂加压8分钟。解除压力5分钟后,计数前臂直径5cm圆圈内新出血点。

【参考值】

新出血点,成年男性低于5个,儿童和成年女性低于10个。

【临床意义】

新的出血点超过正常范围高限值为该试验阳性。见于:①血管壁的结构和/或功能缺陷:如遗传性出血性毛细血管扩张症、过敏性紫癜、单纯性紫癜等。②血小板数量和功能异常:原发性和继发性血小板减少症、血小板增多症以及遗传性和获得性血小板功能缺陷症等。③血管性血友病(von Willebrand disease,vWD)。④其他:高血压、糖尿病、败血症、维生素C缺乏症、尿毒症、肝硬化和某些药物等。

2. 出血时间　使用出血时间测定器,将皮肤刺破后,记录血液自然流出到血液自然停止所需的时间称为出血时间(bleeding time,BT)。

【参考值】

(6.9±2.1)分钟,超过9分钟为异常。

【临床意义】

BT延长见于:①血小板明显减少:如原发性和继发性血小板减少性紫癜;②血小板功能异常:如血小板无力症和巨血小板综合征等;③严重缺乏血浆某些凝血因子:如血管性血友病、弥散性血管内凝血;④血管异常:如遗传性出血性毛细血管扩张症;⑤药物影响:如服用阿司匹林、肝素和溶栓药等。

3. 血管性血友病因子抗原测定　血管性血友病因子(von Willebrand factor,vWF)由血管内皮细胞合成和分泌,参与血小板的黏附和聚集反应,起促凝血作用。

【参考值】

免疫火箭电泳法:4.1%±32.5%。

【临床意义】

(1) 减低:见于血管性血友病(vWD),是诊断vWD及其分型的指标之一。

(2) 增高:见于:①血栓性疾病:急性冠脉综合征、心肌梗死、心绞痛、脑血管病变等;②肾脏疾病:急性肾炎、肾病综合征、慢性肾炎等;③其他:妊娠高血压综合征、大手术后、糖尿病等。

4. 血小板相关免疫球蛋白测定　血小板相关免疫球蛋白(platelet associated immunoglobulin,PAIg)包括PAIgG、PAIgM、PAIgA。常用酶联免疫吸附试验法测定,以诊断血小板减少是否为免疫因素引起。

【参考值】

PAIgG:0~78.8ng/10^7血小板。

PAIgM:0~7.0ng/10^7血小板。

PAIgA:0~2.0ng/10^7血小板。

笔记栏

【临床意义】

（1）PAIg 增高：见于 ITP、同种免疫性血小板减少性紫癜、药物免疫性血小板减少性紫癜、恶性淋巴瘤、慢性活动性肝炎、系统性红斑狼疮、慢性淋巴细胞性白血病、多发性骨髓瘤等。

（2）观察病情：经治疗后，ITP 患者的 PAIg 水平下降；复发后，则升高。

5. 血块收缩试验（clot retraction test，CRT） 指在富含血小板的血浆中加入 Ca^{2+} 和凝血酶，使血浆凝固，血浆纤维蛋白网收缩时血清析出，测定析出血清的容积，可反映血小板血块收缩能力。

血块收缩率（%）= 血清（ml）/ 全血（ml）。

【参考值】

48%~64%。

【临床意义】

减低见于血小板减少、血小板无力症、红细胞增多症、低（无）纤维蛋白原血症、多发性骨髓瘤、原发性巨球蛋白血症等；增高见于先天性和获得性因子Ⅷ缺陷症等。

（二）凝血、抗凝血功能检测

1. 活化部分凝血活酶时间测定 活化部分凝血活酶时间（activated partial thromboplastin time，APTT）测定是内源性凝血系统功能的筛选试验。

【参考值】

32~43 秒，较正常对照延长 10 秒以上为异常。

【临床意义】

（1）APTT 延长：见于因子Ⅷ、Ⅸ、Ⅻ、Ⅺ、Ⅹ、Ⅴ、Ⅱ、PK 和纤维蛋白原缺乏，尤其因子Ⅷ、Ⅸ、Ⅺ缺乏。此外 APTT 是临床肝素治疗的首选实验室检测指标，一般要求应用肝素 APTT 是未使用肝素时的 1.5~2.5 倍为宜。

（2）APTT 缩短：见于血栓性疾病和血栓前状态。

2. 血浆凝血酶原时间检测 血浆凝血酶原时间（prothrombin time，PT）检测是外源性凝血系统功能的筛选试验。

【参考值】

（1）PT 正常为 11~13 秒，测定值超过正常对照值 3 秒以上为异常。

（2）凝血酶原比值（prothrombin ratio，PTR）：被检者凝血酶原时间 / 正常人血浆凝血酶原时间，参考值为 1.00±0.05。

（3）国际正常化比值（international normalized ratio，INR）：INR 参考值依国际灵敏度指数（international sensitivity index，ISI）不同而异，因此，做 PT 检测时必须用标有 ISI 值的组织凝血活酶。INR^{ISI} 一般为 1.0±0.1。

【临床意义】

（1）PT 延长：见于先天性凝血因子Ⅰ、Ⅱ、Ⅴ、Ⅶ、Ⅹ缺乏；获得性凝血因子缺乏，如严重肝病、维生素 K 缺乏、纤溶亢进、DIC、使用抗凝药物、血液循环中有抗凝血物质等。

（2）PT 缩短：血液高凝状态，如 DIC 早期、心肌梗死、脑血栓形成、多发性骨髓瘤等。

（3）PTR 及 INR 是监测口服抗凝剂的首选指标，在应用口服抗凝剂的过程中，PTR 维持在 1.5~2.0 为宜，INR 维持在 2.0~2.5 为宜。

3. 血浆纤维蛋白原（FIB）测定

【参考值】

2~4g/L。

【临床意义】

(1) 增高：见于糖尿病、急性心肌梗死、急性肾小球肾炎、肾病综合征、多发性骨髓瘤、休克、大手术后、妊娠高血压综合征等。

(2) 减低：见于 DIC、原发性纤溶症、重症肝炎、肝硬化和低(无)纤维蛋白原血症。

4. 血浆抗凝血酶活性(AT)测定

【参考值】

108.5% ±5.3%。

【临床意义】

(1) 增高：见于口服抗凝剂、血友病、白血病和再生障碍性贫血的急性出血期等。

(2) 减低：见于先天性和获得性抗凝血酶缺陷症，后者见于血栓前状态、血栓性疾病和肝脏疾病等。

(三) 纤维蛋白溶解检测

纤维蛋白溶酶(纤溶酶)可将已形成的血凝块加以溶解产生纤维蛋白(原)的降解产物(FDPs)，从而反映纤维蛋白溶解活性。

1. 血浆凝血酶时间测定

【参考值】

正常对照：1~18 秒，比正常对照值延长 3 秒以上为异常。

【临床意义】

凝血酶时间延长见于低(无)纤维蛋白原血症、异常纤维蛋白(原)血症、DIC 及存在肝素或类肝素物质，如肝素治疗中、SLE 和肝脏疾病等。

2. 血浆纤维蛋白(原)降解产物(FDPs)测定

【参考值】

<5mg/L。

【临床意义】

纤维蛋白(原)降解产物增高见于原发性纤溶症和继发性纤溶症，后者如 DIC、恶性肿瘤、急性早幼粒细胞白血病、肺血栓栓塞、深静脉血栓形成、肾脏疾病、肝脏疾病、器官移植的排斥反应、溶血栓治疗等。

3. 血浆硫酸鱼精蛋白副凝固试验(3P 试验)

【参考值】

阴性。

【临床意义】

(1) 阳性：见于 DIC 的早、中期。但在恶性肿瘤、上消化道出血、外科大手术后、败血症、肾小球疾病、人工流产、分娩等也可出现假阳性。

(2) 阴性：除正常人外，也可见于晚期 DIC 和原发性纤溶症。

本试验是鉴别原发性纤溶症和继发性纤溶症(DIC)的试验之一。

4. 血浆 D- 二聚体定性试验

【参考值】

阴性。

【临床意义】

阴性可排除深静脉血栓和肺血栓栓塞;阳性见于继发性纤溶,如 DIC;原发性纤溶时为阴性,此为两者鉴别的重要指标。

四、血液自动分析仪检测

血液自动分析仪(Automated Hematology Analyzer,AHA),早年称为血细胞计数仪(blood cell counter),已是国内外临床检验最常用的筛检仪器之一。它具有"精度高、速度快、易操作、功能强"的强劲特点,可以与血图片制备和染色仪组合,由后者完成血液分析仪检测后的形态学复检。现代血液分析仪的功能已扩展到检查体液细胞、白细胞计数和分类,当前应用多项检测原理的血液分析仪问世,为临床不同层次需求提供了有效的血细胞检测参数,对疾病诊断与治疗有着重要的临床意义。在临床血液细胞分析工作中,传统手工法显微镜血细胞计数或分类方法,不仅速度慢,而且因操作过程的随机误差、实验器材的系统误差和检测方法的固有误差,检测的精密度不高。在应对检查大量临床标本时,显微镜细胞计数法难以满足临床及时诊断疾病的需求。20 世纪 50 年代初,美国 W.H.Coulter 申请了粒子计数法的技术专利,在世界上研发了第一台电子血细胞计数仪,并应用于临床,开创了血细胞计数的新纪元。从此,随着基础医学和高科技,特别是计算机软件技术的发展,其检测原理逐渐完善,检测技术不断创新,检测参数显著增多。其功能如下:

1. 全血细胞计数功能(红细胞、白细胞和血小板计数及其相关的计算参数)。

2. 白细胞分类功能(三分群或五分类白细胞百分率和绝对值)。

3. 血细胞计数和分类功能的扩展功能,包括:有核红细胞计数、网织红细胞计数及其相关参数检测;未成熟粒细胞、幼稚粒细胞、造血干细胞计数;未成熟血小板比率;淋巴细胞亚型计数;细胞免疫表型检测等。

第三节　尿 液 检 查

根据尿标本的种类,确定正确的采集时间和方法,进行必要的处理并及时送检或保存,是影响尿液实验室诊断可靠性的主要因素,也是护理工作中重要的环节之一。

一、一般性状检查

(一) 尿量

【参考值】

成人尿量 1 000~2 000ml/24h。

【临床意义】

1. 尿量增多　24 小时尿量超过 2 500ml,称为多尿(polyuria)。

(1) 生理性多尿:见于饮水过多、输液、应用利尿剂和某些药物等。

(2) 病理性多尿:见于:①内分泌性疾病:尿崩症、糖尿病等;②肾脏疾病:慢性肾盂肾炎、急慢性肾衰竭的多尿期等。

2. 尿量减少　成人尿量低于 400ml/24h 或 <17ml/h,称为少尿;低于 100ml/24h,为无尿。

(1) 肾前性少尿:休克、脱水、心力衰竭、肝硬化、腹水等。

（2）肾性少尿：急进性肾炎、急性肾衰竭等。

（3）肾后性少尿：尿路结石、肿瘤压迫等。

（二）尿的颜色和透明度

1. 正常尿液外观　正常新鲜尿液清澈透明，淡黄色或琥珀色。其颜色受尿色素、尿胆原、尿胆素、卟啉等的影响。

2. 血尿　尿液内含有一定量的红细胞，称为血尿。每升尿液中含血量超过 1ml，即可出现淡红色，称肉眼血尿。尿液外观变化不明显，离心沉淀后，镜检时每高倍镜视野红细胞超过 3 个，称镜下血尿。血尿多见于泌尿系统结石、炎症、肿瘤、结核、外伤等，也可见于血液系统疾病，如血友病、血小板减少性紫癜等。

3. 血红蛋白尿及肌红蛋白尿　当血红蛋白和肌红蛋白出现于尿中，可使尿液呈浓茶色、红葡萄酒色或酱油色。血红蛋白尿见于阵发性睡眠性血红蛋白尿、急性溶血性贫血、血型不合的输血等；肌红蛋白尿常见于挤压综合征、缺血性肌肉坏死等。

4. 胆红素尿　尿内含有大量的结合胆红素，尿液呈豆油样改变，震荡后出现黄色泡沫且不易消失，常见于阻塞性黄疸和肝细胞性黄疸。

5. 脓尿和菌尿　当尿内含有大量的脓细胞、炎性渗出物或细菌时，新鲜尿液呈白色混浊或云雾状。常见于泌尿系统感染如肾盂肾炎、膀胱炎等。

（三）尿的气味

正常新鲜尿液的气味来自尿中挥发性的酸性物质，久置的尿液，细菌将尿素分解产生氨而散发出氨臭味。若新鲜尿即有氨味，见于慢性膀胱炎或尿潴留等；糖尿病酮症酸中毒时，酮体增高而致尿液呈烂苹果味；有机磷农药中毒时尿液呈蒜臭味；鼠臭味见于苯丙酮酸尿。

（四）酸碱度

正常新鲜尿呈弱酸性，尿 pH 约 6.5（波动于 5.5~6.5），久置呈碱性。

1. 尿 pH 增高（碱性尿）　见于碱中毒、肾小管酸中毒、呕吐、尿潴留、应用噻嗪类或碳酸氢钠药物、多食蔬菜等。

2. 尿 pH 降低（酸性尿）　见于酸中毒、发热、痛风、糖尿病、低钾性碱中毒、白血病、食入大量肉类等。

（五）尿比重

【参考值】

1.015~1.025，晨尿最高，一般大于 1.020，婴幼儿尿比重偏低。

【临床意义】

1. 尿比重增高　见于急性肾炎、高热、脱水、出汗过多、糖尿病、心力衰竭、休克。另外，蛋白尿、放射性造影剂均可使尿比重升高，故尿比重升高不一定都是病理性的。

2. 尿比重降低　急性肾小管坏死、肾间质性疾病、尿崩症、慢性肾衰竭、药物所致肾损伤等。

二、化学检查

（一）尿蛋白

【参考值】

尿蛋白定性试验阴性，定量试验 0~80mg/24h。

笔记栏

【临床意义】

尿蛋白定性试验呈阳性,定量 >100mg/L 或 150mg/24h,称为蛋白尿。

1. 生理性蛋白尿　指泌尿系统无器质性病变,尿内暂时出现蛋白质,程度较轻,持续时间短,诱因解除后消失,又称功能性蛋白尿。见于剧烈运动、发热、紧张等应急状态等。

2. 病理性蛋白尿　因各种肾脏及肾外疾病所致的蛋白尿,多为持续性蛋白尿。

(1) 肾小球性蛋白尿:肾小球受损所致的蛋白尿。肾小球轻微受损,尿中以清蛋白为主,受损严重尿中可有大、中、小分子量的蛋白质。见于肾小球肾炎、肾病综合征等原发性肾小球损害性疾病;糖尿病、高血压、系统性红斑狼疮等继发性肾小球疾病。

(2) 肾小管性蛋白尿:肾小管受损所致的蛋白尿。肾小管对正常滤过的血浆蛋白重吸收障碍,尿中以低分子量蛋白为主。见于肾盂肾炎、间质性肾炎、氨基苷类抗生素、解热镇痛药、重金属中毒、肾移植后排斥反应等。

(3) 混合性蛋白尿:肾小球和肾小管同时受损所致的蛋白尿,如肾小球肾炎或肾盂肾炎后期,以及同时累及肾小球和肾小管的全身性疾病,如糖尿病、系统性红斑狼疮等。

(4) 溢出性蛋白尿:血浆中出现异常增多的小分子量蛋白质,超过肾小管的重吸收能力所致的蛋白尿。如血红蛋白尿、肌红蛋白尿、多发性骨髓瘤等。

(二) 尿葡萄糖

【参考值】

尿糖定性试验阴性,定量试验 0.56~5.0mmol/24h。

【临床意义】

尿糖定性试验阳性,定量增高称为糖尿,一般指葡萄糖尿。

1. 血糖增高性糖尿　见于糖尿病、甲状腺功能亢进、嗜铬细胞瘤、肝功能不全、胰腺癌、胰腺炎等。

2. 血糖正常性糖尿　见于慢性肾炎、肾病综合征、家族性糖尿等。

3. 一过性糖尿(摄入性糖尿)　如大量进食碳水化合物、静脉滴注大量高糖;应激性糖尿如颅脑外伤、心肌梗死、情绪激动、脑血管意外时,血中肾上腺素或胰高血糖素升高;药物性糖尿如应用糖皮质激素、茶碱、咖啡因、大剂量阿司匹林等引起一过性糖尿等。

4. 非葡萄糖性糖尿　当乳糖、半乳糖、果糖、戊糖等非葡萄糖摄入过多或代谢紊乱时可出现糖尿。见于哺乳期妇女的乳糖尿、肝功能不全的果糖尿,大量进食水果后的果糖尿或戊糖尿等。

5. 假性糖尿　尿中还原物如维生素 C、尿酸、或随尿排出的药物如异烟肼、阿司匹林等,可使班氏定性试验出现假阳性。

(三) 尿酮体

【参考值】

正常人尿酮体定性试验阴性。

【临床意义】

酮体由羟丁酸、乙酰乙酸和丙酮组成。尿中出现酮体称为酮体尿,简称酮尿。

1. 糖尿病性酮症　糖尿病患者一旦出现尿酮,应考虑糖尿病酮症酸中毒,是发生酮症酸中毒性昏迷的前兆。

2. 非糖尿病酮尿　高热、严重呕吐、腹泻、长期饥饿、禁食、过分节食、妊娠剧吐、酒精性肝炎、肝硬化等,因糖代谢障碍而出现酮尿。

（四）尿胆红素与尿胆原

【参考值】

正常人尿胆红素定性试验阴性；尿胆原阴性或弱阳性。

【临床意义】

1. 尿胆红素阳性　见于急性黄疸性肝炎、阻塞性黄疸、门脉周围炎、先天性高胆红素血症等。

2. 尿胆原增多　见于肝细胞性黄疸和溶血性黄疸。

三、显微镜检查

尿显微镜检查是对尿液离心沉淀物中的细胞、管型及结晶等有形成分的检查。

（一）尿内常见的各种细胞

1. 红细胞

【参考值】

玻片法平均 0~3 个 /HP，定量检查 0~5 个 /μl。

【临床意义】

尿沉渣镜检红细胞 >3 个 /HP，称镜下血尿。异形性红细胞大于 80% 时，称肾小球性血尿，常见于急慢性肾小球肾炎、急性肾盂肾炎、狼疮性肾炎、肾病综合征等；异形性红细胞小于 50% 时，称非肾小球性血尿，见于肾结石、泌尿系统肿瘤、急性肾盂肾炎、狼疮性肾炎等。

2. 白细胞

【参考值】

玻片法平均 0~5 个 /HP，定量检查 0~10 个 /μl。

【临床意义】

尿中若有大量白细胞，多为泌尿系统感染如肾盂肾炎、肾结核、膀胱炎或尿道炎。也见于各种肾脏疾病。

3. 上皮细胞　尿中所见的上皮细胞可来自肾至尿道的整个泌尿系统，包括肾小管上皮细胞亦称肾细胞、移行上皮细胞和鳞状上皮细胞。肾小管上皮细胞如在尿中出现常提示肾小管病变；肾小管上皮细胞中出现含铁血黄素颗粒见于心力衰竭、肾梗死，肾移植后若肾小管上皮细胞持续增多或重新出现，则为排斥反应的表现；尿中大量出现或成片脱落移行上皮细胞，提示肾盂到尿道有炎性或坏死性病变；尿中大量出现或成片脱落鳞状上皮细胞，且伴有白细胞、脓细胞时见于尿道炎。

（二）管型

管型是以尿蛋白为基质，在肾小管、集合管中凝固而成的圆柱形蛋白聚体。形成管型的条件：①尿中少量的清蛋白和肾小管上皮细胞产生的 T-H 糖蛋白是构成管型的基质。②肾小管有浓缩、酸化尿液能力，前者可使形成管型的蛋白等成分浓缩，后者则促进蛋白变性聚集。③有交替使用的肾单位，处于休息状态的肾单位尿液淤滞，有足够时间形成管型。当该肾单位重新排尿时，已形成的管型随尿排出。常见管型的特征及临床意义如下：

1. 透明管型　主要由 T-H 糖蛋白、清蛋白和氯化物构成，为内部结构均匀、无色透明的圆柱状体。正常人偶见，老年人清晨浓缩尿中可见到，运动、重体力劳动、麻醉、发热时可一过性增高。肾病综合征、慢性肾炎、心力衰竭、应用氨基糖苷类抗生素所致肾实质性病变时可见增高。

2. 颗粒管型 为肾实质病变崩解的细胞碎片、血浆蛋白及其他有形物质凝聚于 T-H 糖蛋白而形成,颗粒总量超过 1/3 表面积管型。大量出现见于肾小球肾炎、肾病综合征及药物毒性所致的肾脏病变,并提示病变较重。

3. 细胞管型 细胞数量超过管型体积的 1/3 时称细胞管型。按其所含细胞命名为:①肾小管上皮细胞管型:见于急性肾小管坏死、急性肾小球肾炎、间质肾炎、慢性肾炎、肾淀粉样变性、中毒后肾损害等。②红细胞管型:见于急性肾炎、急进性肾炎、狼疮性肾炎、慢性肾炎急性发作,与尿中出现红细胞意义一致。③白细胞管型:见于肾盂肾炎、肾间质性肾炎。尿中出现以上管型为肾实质损害的最可靠的诊断依据之一。

4. 肾衰竭管型 由蛋白质及坏死脱落的上皮细胞碎片构成,外形宽大、不规则、易折断,又称宽幅管型。在慢性肾衰竭时若出现,提示预后不良。

5. 蜡样管型 由颗粒管型、细胞管型在肾小管中长期停留变性或直接由淀粉样变性的上皮细胞溶解形成。见于慢性肾炎晚期、慢性肾衰竭、肾淀粉样变性,预后不良。

6. 色素管型 见于肌红蛋白尿、血红蛋白尿。

7. 细菌管型 含有大量的细菌、真菌的管型,见于感染性疾病。

(三)结晶体

尿经离心沉淀后,在显微镜下观察到的形态各异的盐类结晶。尿结晶的形成与各种物质溶解度、尿 pH、温度及胶体浓度有关。少量出现没有临床意义,新鲜尿中出现并伴有大量红细胞应警惕形成结石。易在碱性尿中出现的结晶体有磷酸钙、碳酸钙和尿酸钙晶体等。易在酸性尿中出现的结晶体有尿酸晶体、草酸钙、胆红素、胆固醇、磺胺结晶等。

四、尿液自动分析仪检测

临床常用的尿液自动化检查的仪器有干化学尿分析仪和尿沉渣分析仪。这两种仪器具有操作简单、快速、检出灵敏度高、重复性好等优点。

干化学尿分析仪是用于化学法检测尿中某些成分的自动化仪器,该仪器将已使用的尿试纸条应用现代光 - 电技术检测其是否有成色反应及成色程度,并用微电脑控制检测过程和处理结果。其基本组成包括试条及传送装置、光 - 电系统、微电脑三部分。尿自动分析仪常使用 8~11 种检测项目组合试验。各项的基本检测原理、参考值见表 7-4,各监测项目的临床意义见本节内容。不同厂家的试剂组成、原理可能不同。干化学尿自动分析仪具有同时自动完成多项检测项目的优点,但影响因素多;易出现假阴性或假阳性的结果,因此,本法一般仅用作初诊患者或健康体检的筛选试验。

表 7-4 尿自动分析仪检测项目、参考值、原理

项目及代码	参考值	检测原理
酸碱度(pH)	5-7	酸、碱指示剂
蛋白(PRO)	阴性(<0.lg/L)	酸性环境中带正电荷蛋白与带负电荷指示剂反应显色
葡萄糖(GLU)	阴性(<2mmol/L)	葡萄糖氧化酶反应
酮体(KET)	阴性	亚硝基铁氰化钾反应
隐血(BLD)	阴性(10 个红细胞 /μl)	亚铁血红素的过氧化物酶样活性
胆红素(BIL)	阴性(1mg/L)	重氮反应
尿胆原(UBG)	阴性或弱阳性	重氮反应或 Ehrlich 反应

续表

项目及代码	参考值	检测原理
亚硝酸盐（NIT）	阴性	亚硝酸盐还原法
白细胞（LEU）	阴性（15 个白细胞 /μl）	中性粒细胞酯酶法
比重（SG）	1.015~1.025	多聚电解质离子解离法
维生素 C（VC）	阴性（10mg/L）	吲哚酚法

第四节　粪便检查

粪便检查的主要目的是了解消化道和通向消化道的器官有无炎症、出血、寄生虫感染、肿瘤等情况；了解肠道菌群分布是否合理，有无致病菌等。

一、一般性状检查

【参考值】

正常成人粪便为棕黄色、成形软便；婴儿粪便呈黄色或金黄色；无寄生虫；多数正常成人每日排便一次，约为 100~300g，粪便量与食物的种类、进食量及消化功能状态有关。

【临床意义】

1. 稀糊或稀汁样便　可为肠蠕动或分泌亢进所致，见于感染性和非感染性腹泻，小儿肠炎为绿色稀汁样便；大量（3 000ml 以上）黄绿色稀汁样便，并含有膜状物时见于假膜性肠炎。

2. 米泔样便　呈白色淘米水样，含有黏液，量大、稀水样，见于霍乱、副霍乱等。

3. 黏液便　正常粪便中的少量黏液与粪便混合不易察觉，小肠炎症时增多的黏液均匀地混于粪便中，大肠病变时黏液不易与粪便混合。单纯黏液便的黏液无色透明，稍黏稠，脓性黏液便则呈黄白色不透明，见于各种肠炎、细菌性痢疾、阿米巴痢疾等。

4. 脓血便　当肠道下段有病变如细菌性痢疾、溃疡性结肠炎、结肠癌或直肠癌等表现为脓血便，脓或血的多少取决于病变类型和程度，阿米巴痢疾以血为主，细菌性痢疾以黏液和脓为主，脓中带血。

5. 鲜血便　见于下消化道出血、直肠息肉、痔疮、肛裂、肿瘤等。痔疮时常在排便后有鲜血滴落，而其他病变则鲜血附着于粪便表面。

6. 柏油样便　稀薄、黏稠、漆黑、发亮的黑色粪便，形似柏油称柏油样便。见于消化道出血，每日出血量在 50~75ml，便隐血试验阳性。服用活性炭、铋剂也可有黑便，但无光泽且便隐血试验阴性，若食用较多动物血、肝或口服铁剂等粪便也呈黑色，便隐血试验阳性，注意鉴别。

7. 白陶土样大便　见于胆道阻塞、钡餐造影术后等。

8. 寄生虫　见于蛔虫、绦虫、蛲虫等感染。

9. 气味　恶臭见于慢性肠炎、肿瘤溃烂；鱼腥味见于阿米巴痢疾；酸臭见于消化不良。

10. 结石　粪便中可见到胆石、胰石、胃石、肠石等，最重要、最常见的是胆石，常见于排石术后。

笔记栏

二、化学检查

（一）粪便隐血试验

隐血指消化道出血时，粪便外观分辨不出出血改变，且显微镜下也未见红细胞的微量出血。此方法简单易行，但缺乏特异性。近年来多用免疫学检测方法，即应用抗人血红蛋白抗体或抗人红细胞基质抗体，检测粪便中的红细胞和血红蛋白。免疫学方法灵敏度高特异性好，一般血红蛋白为 0.2mg/L 或 0.03mg/g 粪便就可得到阳性结果，并不受动物血红蛋白影响，不需控制饮食。

【参考值】

阴性。

【临床意义】

隐血试验对消化道出血鉴别诊断有一定意义，可用于消化道出血、恶性肿瘤的筛查。消化性溃疡阳性率为 40%~70%，呈间歇阳性；消化道恶性肿瘤（胃癌、结肠癌）阳性率可达95%，呈持续性阳性；急性胃黏膜病变、肠结核、炎症性肠病、钩虫病、血友病、血小板减少性紫癜等常为阳性。

（二）粪胆红素、粪胆素试验

【参考值】

粪胆红素：阴性。

粪胆素：阳性。

【临床意义】

粪胆素减少或消失见于胆道梗阻，不完全梗阻时呈弱阳性，完全梗阻呈阴性；粪胆红素阳性见于成人腹泻或婴幼儿粪便。

三、显微镜检查

通过粪便直接涂片可以发现各种病理成分，如各种细胞、寄生虫卵、真菌、细菌和原虫等，以及食物残渣用于了解消化吸收功能。

（一）细胞检查

1. 白细胞　正常粪便中不见或偶见。肠道炎症时增多，其数量多少与炎症轻重及部位有关。小肠炎症时白细胞数一般少于 15 个/HP，细菌性痢疾遍布满视野，过敏性肠炎、肠道寄生虫时可见较多的嗜酸性粒细胞。

2. 红细胞　正常粪便中无红细胞，下消化道出血、痢疾、溃疡性结肠炎、结肠癌和直肠癌时，粪便中可见红细胞。细菌性痢疾时红细胞少于白细胞，散在分布，形态正常；阿米巴痢疾时红细胞多于白细胞，多成堆出现并有残碎现象。

3. 巨噬细胞　正常粪便中没有巨噬细胞。溃疡性结肠炎、细菌性痢疾等可见巨噬细胞。

4. 上皮细胞　正常粪便中没有上皮细胞。各种肠炎时可见上皮细胞。

5. 肿瘤细胞　见于大肠癌，直肠最多见，常为鳞状细胞癌或腺癌。

（二）食物残渣

正常粪便中的食物残渣是已充分消化的无定型的细小颗粒，仅可偶见淀粉颗粒和脂肪小滴等。大量的淀粉颗粒见于慢性胰腺炎、胰腺功能不全者；大量的脂肪小滴见于急、慢性胰腺炎及胰腺癌或因肠蠕动亢进、腹泻、消化不良综合征等。

（三）结晶

正常粪便中可见少量草酸钙、磷酸钙、碳酸钙结晶。病理性结晶主要有夏科 - 莱登结晶，常见于阿米巴痢疾、钩虫病及过敏性肠炎。

（四）寄生虫卵或原虫

常见的寄生虫卵有蛔虫卵、钩虫卵、鞭虫卵、蛲虫卵。粪便中找到寄生虫卵是诊断寄生虫感染的最可靠、最直接的依据。

四、细菌学检查

粪便中细菌极多,占干重的三分之一,多属正常菌群。婴幼儿粪便中主要有双歧杆菌、肠杆菌、肠球菌、少量芽孢菌及葡萄球菌等,成人主要有双歧杆菌、大肠埃希菌、厌氧菌及葡萄球菌等,产气杆菌、变形杆菌、铜绿假单胞菌多为过路菌,上述细菌出现没有临床意义。肠道致病菌检测主要通过粪便直接涂片镜检和细菌培养。正常菌群的量和菌谱处于相对稳定状,革兰阴性杆菌与革兰阳性球菌之比为 10∶1。正常菌群突然消失或比例失调称肠道菌群失调症,主要见于长期使用广谱抗生素、免疫抑制剂、慢性消耗性疾病,此时,粪便中除球菌/杆菌比值变大外,有时可见白色假丝酵母菌。疑为肠结核或小儿肺结核不能自行咳痰者,可行粪便抗酸染色涂片查找分枝杆菌。

> **课堂互动**
>
> 患者,男性,30 岁,因轻度发热、腹泻、伴里急后重感就诊。粪便常规检查结果如下:脓血便,隐血试验阳性,显微镜下可见大量成堆白细胞和红细胞,临床诊断为"细菌性痢疾"。
>
> 讨论:
> 1. 如何留取粪便进行实验室检查?
> 2. 粪便常规检查的主要内容有哪些?

第五节　肝功能检查

肝脏是人体内最大的腺体器官,其最主要功能是物质代谢功能,尤其是在蛋白质、糖、脂类、维生素、激素等物质代谢中,肝脏起着重要作用。同时肝脏还具有分泌、排泄、生物转化及胆红素、胆汁酸代谢等重要功能。临床上常将了解肝脏功能状态的试验称为肝功能检查,这些检查对于肝脏疾病的诊断、治疗、病情和疗效观察、预后判断以及某些相关疾病的预防,均有十分重要的意义。

一、蛋白质代谢检查

（一）血清总蛋白、清蛋白、球蛋白及清蛋白 / 球蛋白比值测定

90% 以上的血清总蛋白(total protein,TP)和全部的血清清蛋白(albumin,A)是由肝脏合

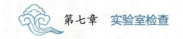

成,因此,血清总蛋白和清蛋白含量是反映肝脏功能的重要指标。球蛋白是一种存在于人体中的血清蛋白,由浆细胞分泌。根据清蛋白与球蛋白的量,还可计算出清蛋白与球蛋白的比值(A/G)。

【标本采集】

空腹静脉采血,肝素抗凝。

【参考值】

血清总蛋白:60~80g/L。

血清清蛋白:40~55g/L。

血清球蛋白:20~30g/L。

A/G 比值:(1.5~2.5)∶1。

【临床意义】

1. 血清总蛋白与清蛋白增高　常见于血液浓缩引起的相对性增高,如:严重脱水、休克、腹泻、呕吐、饮水量不足等。

2. 血清总蛋白与清蛋白降低

(1) 肝脏损害:见于亚急性重症肝炎、肝硬化、肝癌等。清蛋白合成障碍引起总蛋白平行性降低,其中清蛋白减少的量与肝损害程度成正比。当血清总蛋白 <60g/L 或清蛋白 <25g/L 称为低蛋白血症或低白蛋白血症,临床上常出现严重水肿及胸水、腹水。

(2) 营养不良:如长期饥饿、慢性腹泻、慢性胃炎、消化系统肿瘤等。

(3) 蛋白质丢失过多:如慢性肾病、急性大出血、外科大手术、烧伤等。

(4) 消耗增加:如结核、甲状腺功能亢进症、恶性肿瘤等。

3. 血清总蛋白与球蛋白增高　常由于系统性疾病引起球蛋白反应性增多导致,如自身免疫性肝炎、慢性活动性肝炎、肝硬化、多发性骨髓瘤、淋巴瘤、系统性红斑狼疮、肝外的慢性炎症与感染等。当血清总蛋白 >80g/L 或球蛋白 >35g/L 称为高蛋白血症或高球蛋白血症。

4. 血清球蛋白降低　见于免疫功能抑制,如肾上腺皮质功能亢进和长期应用免疫抑制剂所致的免疫球蛋白合成减少。

5. A/G 倒置　清蛋白降低或球蛋白增高均可引起 A/G 倒置,见于严重肝功能损害及 M 蛋白血症,如肝硬化、原发性肝癌、多发性骨髓瘤、原发性巨球蛋白血症等。

(二)血清蛋白电泳

血清中的蛋白质均带负电荷,在碱性环境中蛋白质会向阳极泳动,因蛋白质的分子量不同、所带的负电荷数量不同,故在电场中泳动的速度不同。

【方法】

常用醋酸纤维素膜法。血清蛋白经电泳后从阳极开始依次为清蛋白、α_1 球蛋白、α_2 球蛋白、β 球蛋白和 γ 球蛋白五个区带,结果用光密度计扫描图表示。

【参考值】

醋酸纤维素薄膜法:

清蛋白:0.62~0.71(62%~71%)。

α_1 球蛋白:0.03~0.04(3%~4%)。

α_2 球蛋白:0.06~0.10(6%~10%)。

β 球蛋白:0.07~0.11(7%~11%)。

γ 球蛋白:0.09~0.18(9%~18%)。

【临床意义】

1. 肝脏疾病 急性及轻症肝炎时电泳结果多无异常；慢性肝炎、肝硬化、肝细胞肝癌（常合并肝硬化）时 α_1、α_2、β 球蛋白有减少倾向；慢性活动性肝炎和失代偿的肝硬化可引起 γ 球蛋白显著增加。这些变化与肝炎的严重程度平行，在观察肝炎的进程中有重要意义。

2. 原发性巨球蛋白血症、多发性骨髓瘤 清蛋白浓度降低，球蛋白明显升高。

3. 肾病综合征、糖尿病肾病 由于血脂增高，可致 α_2 球蛋白及 β 球蛋白（是脂蛋白的主要成分）增高，清蛋白及球蛋白降低。

二、胆红素代谢检查

胆红素分为非结合胆红素（unconjugated bilirubin，UCB）和结合胆红素（conjugated bilirubin，CB），血清中的非结合胆红素与结合胆红素合称总胆红素（serum total bilirubin，STB），临床上通过检测血清总胆红素、结合胆红素、非结合胆红素、尿内胆红素及尿胆原，借以诊断有无溶血及判断肝、胆系统在胆色素代谢中的功能状态。

(一) 血清胆红素（serum bilirubin）测定

【参考值】

总胆红素：3.4~17.1μmol/L。

结合胆红素：0~6.8μmol/L。

非结合胆红素：1.7~10.2μmol/L。

【临床意义】

1. 判断有无黄疸及其程度 当总胆红素 >17.1μmol/L 可诊断为黄疸；17.1~34.2μmol/L 为隐性黄疸；34.2~171μmol/L 为轻度黄疸；171~342μmol/L 为中度黄疸；>342μmol/L 为重度黄疸。

2. 鉴别黄疸类型 根据结合胆红素与总胆红素比值，可协助鉴别黄疸类型。CB/STB<20% 提示为溶血性黄疸，20%~50% 之间常为肝细胞性黄疸，比值 >50% 为胆汁淤积性黄疸。

(二) 尿胆红素（urine bilirubin）检查

【参考值】

阴性。

【临床意义】

尿胆红素试验阳性提示血中结合胆红素增加，是鉴别黄疸的重要检查，阻塞性黄疸时可明显增高，肝细胞性黄疸时中度增高，而在溶血性黄疸时常呈阴性。

(三) 尿胆原（urobilinogen）检查

【参考值】

定量：0.84~4.2μmol/L（L·24h）。

定性：阴性或弱阳性。

【临床意义】

1. 尿胆原增多 ①肝细胞损伤：如病毒性肝炎，药物或中毒性肝损害及某些门脉性肝硬化患者。②溶血性疾病：如溶血性贫血及巨幼细胞贫血。③肠道回收增加：如肠梗阻、顽固性便秘。④其他：内出血时由于胆红素生成增加，尿胆原排出随之增加；充血性心力衰竭伴肝淤血时影响胆汁中尿胆原转运及再分泌，进入血中的尿胆原增加。

笔记栏

2. 尿胆原减少或缺如　见于：①胆道梗阻，如胆石症、胆管肿瘤、胰头癌等；完全梗阻时尿胆原缺如，不完全梗阻时则减少，同时伴有尿胆红素增加。②新生儿及长期服用广谱抗生素时，由于肠道细菌缺乏或受到药物抑制，使尿胆原生成减少。

三、血清总胆汁酸测定

肝脏分泌的胆汁经毛细胆管进入胆囊，在胆囊浓缩后再经胆管系统进入十二指肠，主要作用是参与脂类的消化与吸收。成人每日分泌的胆汁约 300~700ml。胆汁酸（bile acid，BA）是胆汁的主要成分，根据结构不同又分为游离胆汁酸和结合胆汁酸，临床常用总胆汁酸（total bile acid，TBA）测定来反映肝脏合成、摄取和排泌的功能，从而应用于肝细胞损伤及胆道系统代谢功能的诊断。

【标本采集】

空腹或餐后 2 小时采血，血液生化分析仪法静脉血采血 EDTA 抗凝，手工法末梢采血。

【参考值】

酶法：TBA 0~10μmol/L。

【临床意义】

血清 TBA 增高见于：

1. 生理性增高　进食后可一过性增高，此为生理现象。

2. 肝细胞损害　急性肝炎、慢性活动性肝炎、酒精性肝炎、中毒性肝炎、肝硬化及肝癌时 TBA 显著增高，尤其肝硬化时 TBA 阳性率明显高于其他指标。

3. 胆道阻塞　胆结石、胆道肿瘤时胆汁排泄受阻，使 TBA 增高。

四、血清酶学检查

酶是活细胞产生的能催化生物体内化学反应的一类特殊蛋白质，存在于血清、血浆、分泌物和组织液中。肝脏是人体含酶最丰富的器官，肝细胞中所含酶在全身物质代谢及生物转化中都起重要作用，常用于临床诊断的酶具有一定组织特异性，测定血清中某些酶的活性或含量可用于诊断肝胆疾病。血清中的这些酶活性变化能反映肝脏的病理状态，是肝脏疾病实验室检查中最活跃的一个领域。同工酶是指具有相同催化活性，但分子结构、理化性质及免疫学反应等都不相同的一组酶，因此又称同工异构酶。同工酶测定可提高酶学检查对肝胆系统疾病诊断及鉴别诊断的特异性。

（一）血清氨基转移酶及其同工酶测定

1. 血清氨基转移酶　氨基转移酶简称转氨酶，是一组催化氨基酸与 α- 酮酸之间的氨基转移反应的酶类，常用于肝功能检查的主要是丙氨酸氨基转移酶（alanine aminotransferase，ALT）和天冬氨酸氨基转移酶（aspartate aminotransferase，AST）。ALT 主要分布在肝脏，其次是骨骼肌、肾脏、心肌等组织中；AST 主要分布在心肌，其次在肝脏、骨骼肌和肾脏组织中。肝脏中，ALT 主要在肝细胞胞浆中，而 AST 主要在线粒体中。正常时 ALT 与 AST 血清的含量很低，但当肝细胞受损时，肝细胞胞浆内的 ALT 与 AST 释放入血浆，致使血清 ALT 与 AST 的酶活性升高。

【参考值】

速率法（37℃）：ALT：5~40U/L。

AST：8~40U/L。

DeRitis 比值(AST/ALT):1.15。

【临床意义】

(1) 急性病毒性肝炎:ALT 与 AST 均显著升高,常达正常上限的 20 倍以上,以 ALT 升高更为明显。AST/ALT 之比对于急慢性肝炎的诊断、鉴别诊断以及判断转归有重要价值。急性肝炎时 AST/ALT<1,肝硬化时 AST/ALT≥2,肝癌时≥3。在肝炎病毒感染后 1~2 周,转氨酶达高峰,在第 3 周到第 5 周逐渐下降,AST/ALT 比值逐渐恢复正常。急性重症肝炎时,转氨酶于病程初期即见升高,以 AST 为例,如在病情恶化时,黄疸进行性加重,酶活性反而降低,即出现"胆酶分离"现象,提示肝细胞坏死严重,预后不良。

(2) 慢性病毒性肝炎:血清转氨酶轻度上升(100~200U)或正常,AST/ALT<1,若 AST 升高较 ALT 显著,即 AST/ALT>1,提示慢性肝炎可能进入活动期。

(3) 非病毒性肝病:酒精性肝病、药物性肝炎、脂肪肝、肝癌等非病毒性肝病时,转氨酶轻度升高或正常,且 AST/ALT>1。酒精性肝病 AST 显著升高,ALT 接近正常,可能与酒精具有线粒体毒性有关。

(4) 肝硬化:转氨酶活性取决于肝细胞进行性坏死和纤维化的程度,终末期肝硬化转氨酶活性可正常或降低。

(5) 胆汁淤积:肝内、外胆汁淤积,转氨酶活性通常正常或轻度升高。

(6) 急性心肌梗死后 6~8 小时 AST 增高,18~24 小时达高峰,其值升高的幅度与心肌坏死范围和程度有关,4~5 天后可恢复正常。

2. AST 同工酶　在肝细胞中有两种 AST 同工酶,存在于胞浆中者称为上清液 AST(ASTs),存在于线粒体中者称为线粒体 AST(ASTm),正常血清中大部分为 ASTs。

【临床意义】

轻、中度急性肝炎,血清中 AST 轻度升高,其中以 ASTs 升高为主,ASTm 正常;重症肝炎、暴发性肝炎、酒精性肝病及心肌梗死时血清中 ASTm 升高。

(二)碱性磷酸酶及其同工酶测定

1. 碱性磷酸酶(ALP)

【参考值】

磷酸对硝基苯酚速率法(30℃):成人:40~110U/L。

儿童:<250U/L。

【临床意义】

(1) ALP 生理性增高:见于妊娠、新生儿骨质生成和正在发育的儿童。

(2) 病理性增高见于:①肝胆系统疾病:各种肝内、外胆管阻塞性疾病,如胰头癌、胆道结石引起的胆管阻塞、原发性胆汁性肝硬化、肝内胆汁淤积等,ALP 明显升高,且与血清胆红素升高相平行;累及肝实质细胞的肝胆疾病(如肝炎、肝硬化、肝癌),ALP 轻度升高。②骨骼系统疾病:如佝偻病、骨细胞瘤、纤维性骨炎、成骨不全症、骨软化症、骨折恢复期等,血清 ALP 活性也增高。

(3) 黄疸的鉴别诊断:ALP 和血清胆红素、转氨酶同时测定有助于黄疸的鉴别诊断。①阻塞性黄疸:ALP 和血清胆红素明显升高,转氨酶仅轻度增高。②肝细胞性黄疸:血清胆红素中度增加,转氨酶活性很高,ALP 正常或稍高。③肝内局限性胆道阻塞(如肝癌、肝脓肿等):ALP 明显增高,ALT 和血清胆红素大多正常。④毛细胆管性肝炎:ALP 和 ALT 均明显增高。⑤溶血性黄疸:ALP 可正常。

2. 碱性磷酸酶同工酶 碱性磷酸酶同工酶(isoenzyme of ALP)分为 6 种:ALP_1 至 ALP_6,根据其来源不同,把 ALP_2、ALP_3、ALP_4、ALP_5 分别称为肝型、骨型、胎盘型和小肠型,ALP_1 是细胞膜组分和 ALP_2 的复合物,ALP_6 是 IgG 和 ALP_2 复合物。

【参考值】

(1) 正常人血清中以 ALP_2 为主,占总 ALP 的 90%,出现少量 ALP_3。

(2) 发育中儿童 ALP_3 增多,占总 ALP 的 60% 以上。

(3) 妊娠晚期 ALP_4 增多,占总 ALP 的 40%~65%。

(4) 血型为 B 型和 O 型者可有微量 ALP_5。

【临床意义】

(1) 急性肝炎时,ALP_2 明显增加。ALP_1 轻度增加,且 $ALP_1 < ALP_2$。

(2) 在阻塞性黄疸,尤其是癌性梗阻时,100% 出现 ALP_1,且 $ALP_1 > ALP_2$。

(3) 80% 以上的肝硬化患者 ALP_5 明显增加,可达总 ALP 的 40% 以上。但不出现 ALP_1。

(4) 鉴别肝胆或骨骼疾病,被检血清经 56℃ 加热 10 分钟后,肝源性 ALP 仍保持较高活性,而骨源性 ALP 活性则大为降低。

(三) γ - 谷氨酰转移酶(GGT)测定

【参考值】

硝基苯酚速率法(37℃):<50U/L。

【临床意义】

1. 胆道梗阻性疾病 原发性胆汁性肝硬化、硬化性胆管炎等所致的慢性胆汁淤积,肝癌时由于肝内阻塞,肝细胞和癌细胞均产生 GGT,可使 GGT 明显升高,可达参考值上限的 10 倍以上,而且与血清中胆红素、ALP 的变化相一致,阻塞发生愈快、愈重,上升愈迅速、愈显著。

2. 急慢性病毒性肝炎、肝硬化 急性肝炎时,GGT 呈中等程度升高,上升幅度明显低于 ALT;慢性肝炎、肝硬化的非活动期,酶活性正常,若 GGT 持续升高,提示病变活动或病情恶化。

3. 急慢性酒精性肝炎、药物性肝炎 GGT 可呈明显或中度以上升高(300~1 000U/L),ALT 和 AST 仅轻度增高或正常。酗酒者当其戒酒后 GGT 可随之下降,该指标对酒精性肝病的诊断有一定的价值。

第六节 肾功能检查

肾的主要功能是生成尿液,以维持体内水、电解质和酸碱平衡的稳定。此外,它还具有内分泌功能,可合成和分泌促红细胞生成素、肾素、前列腺素、活性维生素 D 等多种生物活性物质,对血压、内分泌、造血和钙磷代谢等具有重要的调节功能。由于肾脏具有很强的储备和代偿能力,即使最敏感的检查方法也不能查出早期和轻微的肾实质损害。肾功能检查是判断肾脏疾病严重程度及预后调整治疗方案的重要依据。肾功能检查主要包括:①肾小球滤过功能;②肾小管重吸收功能。

一、肾小球功能检查

肾小球的主要功能为滤过,反映其滤过功能最重要的指标是肾小球滤过率(glomerular

filtration rate,GFR)。肾小球滤过率即单位时间内(分钟)经肾小球滤出的血浆液体量。为测定 GFR,临床上设计了肾脏对某些物质的血浆清除率试验,即单位时间内肾脏能将若干毫升血浆内的该物质完全清除,称为肾清除率,结果以 ml/min 表示,计算公式为:

$$清除率 = \frac{某物质每分钟在尿中排出的总量}{某物质在血浆中的浓度}$$

利用清除率可分别测定肾小球滤过率、肾血流量、肾小管对各种物质的重吸收和分泌作用。各种物质经肾排出的方式大致分为 4 种:①全部由肾小球滤出,肾小管不重吸收、不分泌,如菊粉,可作为 GFR 测定的理想试剂,能完全反映 GFR;②全部由肾小球滤过,不被肾小管重吸收,也很少被肾小管排泌,如尿素、肌酐可基本反映 GFR;③全部由肾小球滤过后又被肾小管全部重吸收,如葡萄糖,可作为肾小管最大吸收率测定;④除肾小球滤出外,大部分通过肾小管周围毛细血管向肾小管分泌后排出,如对氨马尿酸、碘锐特可作为肾血流量测定试剂。临床上最常用的清除率试验是内生肌酐清除率测定。

(一) 血肌酐测定

肌酐(creatinine,Cr)由外源性和内生性两类组成。内生性 Cr 是肌肉代谢的产物,在肌肉活动相对稳定的情况下,生成量非常稳定。机体每 20g 肌肉每天代谢产生 1mg 肌酐,血中肌酐主要由肾小球滤过排出体外,而肾小管基本不吸收。在严格控制外源性 Cr 摄入时,血液中 Cr 浓度取决于肾小球滤过能力。当肾实质受损肾小球滤过率降低至正常人的 1/3 时,血肌酐浓度就会明显上升。所以血肌酐浓度可以作为 GFR 受损的指标,但并非早期诊断指标。

【参考值】

全血肌酐　　88.4~176.8μmol/L。

血清或血浆　男性:53~106μmol/L。

　　　　　　女性:44~97μmol/L。

【临床意义】

1. 评价肾小球滤过功能　血肌酐升高见于各种原因引起的肾小球滤过功能减退。急性肾衰竭时,血肌酐进行性升高可提示器质性损害。慢性肾衰竭时,由于肾代偿能力很强,故不能反映肾功能早期受损的程度;在肾衰竭失代偿期血肌酐开始进行性升高 >178μmol/L,升高程度与肾损害程度一致。

2. 鉴别肾前性和肾性少尿

(1) 肾性少尿时,血肌酐常超过 200μmol/L,如器质性肾衰竭。

(2) 肾前性少尿,血肌酐上升一般不超过 200μmol/L,如心功能不全、脱水、肝肾综合征、肾病综合征等所致的有效血容量下降。

(二) 内生肌酐清除率测定

肾脏在单位时间内把若干毫升血液中的内生肌酐全部清除出去,称为内生肌酐清除率(endogenous creatinine clearance rate,Ccr)。内生肌酐清除率是测定肾小球滤过功能最常用的方法。

【方法】

1. 标准 24 小时留尿计算法　患者连续低蛋白饮食 3 天(蛋白质每日少于 40g),并禁食肉类(无肌酐饮食),避免剧烈运动。于第 4 天晨 8 时将尿排净,收集 24 小时尿液(次日晨 8

点尿必须留下),并加入甲苯 4~5ml 防腐。在第 4 天采血 2~3ml,与 24 小时尿样同时送检。测 24 小时尿量,测血及尿中的肌酐浓度,按清除率公式计算 Ccr。

$$Ccr(ml/min) = \frac{尿肌酐浓度(\mu mol/L) \times 每分钟尿量(ml/min)}{血肌酐浓度(\mu mol/L)}$$

2. 4 小时留尿改良法　在严格控制条件下,24 小时内血浆和尿液肌酐含量较恒定,因此为临床方便,可收集 4 小时尿及空腹一次性取血,来测定尿及血肌酐浓度,并按上面公式计算 Ccr。

由于不同人肾大小有差异,每分钟排尿能力也差异,而肾脏大小与体表面积呈正比,未排除这种个体差异可以应用以下公式来进行校正:

$$校正清除率 = 实际清除率 \times 标准体表面积(1.73m^2) / 受检者体表面积$$

【参考值】

(以标准体表面积 1.73m² 体表面积计算)

成人 80~120ml/min,老年人随年龄增长,有自然下降趋势。

【临床意义】

1. 判断肾小球损害　Ccr 是较早反映 GFR 的灵敏指标。成人 Ccr80ml/min 应视为肾小球滤过功能下降。急性肾小球肾炎患者首先出现 Ccr 下降,并随病情好转而回升。慢性肾小球损害,Ccr 呈进行性下降。

2. 评估肾功能　Ccr 51~70ml/min 为轻度损害;Ccr 31~50ml/min 为中度损害;Ccr<30ml/min 为重度损害。临床常用 Ccr 代替 GFR 评估肾功能。根据 Ccr 可将肾功能分为 4 期:肾衰竭代偿期 Ccr 51~80ml/min;肾衰竭失代偿期 Ccr 20~50ml/min;肾衰竭期 Ccr 10~19ml/min;尿毒症期或终末期肾衰竭 Ccr<10ml/min。

3. 指导治疗　当 Ccr<30~40ml/min 时,应限制蛋白质摄入;当 Ccr<30ml/min 时,噻嗪类利尿剂常无效,不宜应用;当 Ccr<10ml/min,应进行人工透析治疗。此外,肾衰竭患者在应用由肾代谢或经肾排出的药物时,也应根据 Ccr 降低程度来调节药量及用药间隔。

(三) 血尿素氮测定

血尿素氮(blood urea nitrogen,BUN)是蛋白质代谢的终末产物,其生成量取决于饮食中蛋白质的摄入量、组织蛋白质分解代谢及肝功能状况。尿素主要经肾小球滤过随尿排出,约 30%~40% 被肾小管重吸收。当肾实质受损 GFR 降低时,BUN 在血中浓度增加。

【参考值】

成人 3.2~7.1mmol/L。

儿童 1.8~6.5mmol/L。

【临床意义】

BUN 增高见于:

1. 器质性肾功能损害　如慢性肾炎、肾盂肾炎、肾动脉硬化、肾结核或肾肿瘤的晚期等。当 BUN 高于正常时,说明已有 60%~70% 有效肾单位受损,因此 BUN 不能作为早期肾功能指标。但对慢性肾衰竭,尤其是尿毒症患者,BUN 增高的程度与病情严重程度一致。

2. 肾前或肾后引起的尿量显著减少或无尿　如脱水或循环功能衰竭等,此时 BUN 升高,但肌酐升高不明显。

3. 体内蛋白质分解或摄入过多　如急性传染病、高热、上消化道大出血、严重创伤、大面积烧伤或高蛋白饮食等,但这类情况血肌酐一般不升高。

(四)血清胱抑素 C 测定

血清胱抑素 C(cystatin C,cys C)又称半胱氨酸蛋白酶抑制蛋白 C,它在人体内每日分泌量较恒定,可自由透过肾小球滤膜,原尿中的 cys C 几乎全部被肾小管重吸收,并在肾小管上皮细胞内分解,不回到血液中。因此,血清 cys C 水平是反映肾小球滤过功能的一个灵敏且特异的指标。

【参考值】

成人血清 cys C 0.6~2.5mg/L。

【临床意义】

同 Scr、BUN 及 Ccr。与 Scr、BUN 相比,在判断肾功能早期损伤方面,血清 cys C 水平更为灵敏。

二、肾小管功能检查

(一)近端肾小管功能检查

1. α_1- 微球蛋白测定 α_1- 微球蛋白(α_1-microglobulin,α_1-MG)为肝细胞和淋巴细胞产生的一种糖蛋白。游离的 α_1-MG 可自由透过肾小球,但原尿中 α_1-MG 约 99% 被近端肾小管上皮细胞重吸收并分解,仅微量从尿中排出。目前 α_1-MG 已成为检测尿中低分子蛋白质的首选指标,是反映各种原因所致早期近端肾小管功能损伤的特异、灵敏指标。

【参考值】

血清游离 α_1- MG:10~30mg/L;成人尿 α_1-MG<15mg/24h 尿,或 <10mg/g 肌酐。

【临床意义】

尿 α_1-MG 升高提示近端肾小管功能损害;血清 α_1-MG 升高提示肾小球滤过功能受损,其比血 Cr 检测更灵敏;血清和尿 α_1-MG 均升高,表明肾小球滤过功能和肾小管重吸收功能均受损。

2. 视黄醇结合蛋白测定 视黄醇结合蛋白(retinal-binding protein,RBP)是视黄醇(维生素 A)转运蛋白,由肝细胞合成。RBP 广泛存在于人体血液、尿液及体液中,游离的 RBP 由肾小球滤出,大部分由近端小管上皮细胞重吸收,并被分解成氨基酸供体内合成利用,仅有少量从尿中排泄。当肾小管重吸收功能障碍时,尿 RBP 浓度升高,血清 RBP 浓度下降。因此,尿 RBP 测定是评价早期肾功能损伤和疗效判定的灵敏指标。

【参考值】

血清 RBP 约 45mg/L,尿液约(0.11±0.07)mg/L,男性高于女性,成人高于儿童。

【临床意义】

尿 RBP 升高可见于早期近端肾小管损伤、急性肾衰竭;血清 RBP 升高常见于肾小球滤过功能减退、肾功能衰竭。另外,血清 RBP 水平也是一项诊断早期营养不良的灵敏指标。

(二)远端肾小管功能检查

1. 尿浓缩 - 稀释试验 生理情况下,夜尿较昼尿量少而比密高。在药物干预或特定的饮食条件下,观察患者的尿量和尿比重的变化,借此判断肾浓缩与稀释的方法称为浓缩 - 稀释试验,常用于评价肾脏的浓缩和稀释功能,是判断远端小管功能的敏感指标。临床中应用较多的是昼夜尿比密试验,又称莫氏试验。

【方法】

受试日正常进食，但每餐含水量控制在 500~600ml，此外不再摄入任何液体。晨 8 时排尿弃去，自上午 10、12 时，下午 2、4、6、8 时各留尿一次（共 6 次昼尿），分别测定每次尿量及比密。晚 8 时及次日晨 8 时的夜尿收集在一个容器中为夜尿，同样测定尿量及比密。

【参考值】

正常成人 24 小时尿量约为 1 000~2 000ml，12 小时夜间尿量 <750ml；昼尿量和夜尿量比值一般为(3~4)：1，至少 1 次尿比密 >1.018，最高与最低尿比密之差大于 0.009。

【临床意义】

(1) 夜尿量 >750ml 或昼夜尿比值降低，尿比密值及变化正常：为肾浓缩功能减退的早期表现。见于慢性肾小球肾炎、间质性肾炎、高血压肾病、痛风性肾病早期损害肾小管时。

(2) 夜尿量增多，且最高尿比重小于 1.018 或昼夜尿比密差 <0.009：提示肾稀释 - 浓缩功能严重受损。

(3) 尿比密固定在 1.010~1.012，称为等渗尿：提示肾稀释 - 浓缩功能完全丧失。

(4) 少尿伴尿比重增高（固定在 1.018 左右），尿比密差 <0.009：见于血容量不足及其他降低 GFR 的情况，此时原尿减少，而肾稀释 - 浓缩功能正常。

(5) 24 小时总尿量超过 4L 伴尿比密均低于 1.006：见于尿崩症。

2. 尿渗量测定 尿渗量(Urine osmolality, Uosm)指尿液中全部溶质的微粒总数，单位为毫渗量[mOsm/(kg·H₂O)]。尿渗量与颗粒大小无关，蛋白质和葡萄糖等大分子物质对其影响较小。因此与尿比密相比，尿渗量是评价肾稀释 - 浓缩功能更好的指标。

【方法】

晚餐后禁水 8 小时，次晨收集尿液，同时空腹采静脉血，肝素（不可用 EDTA、草酸钾等晶体盐）抗凝，分离血浆，用冰点渗透压计测定尿液和血浆渗量。

【参考值】

禁饮后尿渗量平均 800mOsm/(kg·H₂O)；血浆渗量 275~305mOsm/(kg·H₂O)，平均 300mOsm/(kg·H₂O)；尿/血浆渗量比值为(3~4.5)：1。

【临床意义】

(1) 判断肾浓缩功能。禁饮后，尿渗量在 300mOsm/(kg·H₂O) 左右时，即与正常血浆渗量相等，称为等渗尿；若 <300mOsm/(kg·H₂O)，称为低渗尿；正常人禁水 8 小时后尿渗量 <600mOsm/(kg·H₂O)，如同时尿/血浆渗量比值等于或小于 1，表明肾浓缩功能障碍，见于慢性肾盂肾炎、尿酸性肾病等慢性间质性病变，也可见于慢性肾炎后期，以及急、慢性肾衰竭累及肾小管和肾间质。

(2) 一次性尿渗量检测可用于鉴别肾前性和肾性少尿。肾前性少尿时，肾小管浓缩功能正常，故尿渗量较高，常 >450mOsm/(kg·H₂O)；肾小管坏死所致的肾性少尿时，尿渗量降低，常 <350mOsm/(kg·H₂O)。

 课堂互动

评价早期肾功能损伤的敏感指标有哪些？各指标分别评价哪方面肾功能？

三、血尿酸测定

尿酸(uric acid,UA)为嘌呤代谢产物,既可来自体内,亦可来自食物中嘌呤的分解代谢。肝是 UA 主要生成场所,除小部分 UA 可在肝脏进一步分解或随胆汁排泄外,大部分从肾脏排泄,进入原尿的尿酸 90% 左右在肾小管重吸收回血液。因此,血尿酸浓度受肾小球滤过功能和肾小管重吸收功能影响。

【方法】

禁食含中、高嘌呤食物(肉类、豆类、海鲜等)3 天,排除外源性尿酸干扰后静脉采血。

【参考值】

成人酶法血清尿酸浓度:男性:150~416μmol/L。

女性:89~357μmol/L。

【临床意义】

1. 尿酸增高　①反映肾小球滤过功能下降:比血肌酐及尿素氮检测更灵敏。②尿酸生成增多:常见于各种原因所致痛风及长期使用利尿剂、抗结核药物者。

2. 尿酸降低　各种原因导致肾小管重吸收功能下降时,尿酸可随尿液大量丢失;或严重肝脏损害所致尿酸生成减少。如范可尼综合征、急性重型肝炎、肝豆状核变性等。

第七节　其他常用临床生物化学检查

临床生物化学检测主要包括:①疾病所致相关物质的生物化学改变,如糖代谢紊乱、血浆脂质和脂蛋白代谢紊乱、电解质代谢紊乱等;②疾病所致器官和组织损伤的生物化学改变,如心肌损伤相关的生物学改变及代谢紊乱等;③临床酶学等。由于生物化学检测项目和手段不断完善,提高了生物化学检测的速度和结果的准确性,为临床评估、鉴别诊断、病情观察、预后判断和指导治疗提供重要依据。

一、血糖及其代谢物检查

借助血糖及其代谢产物检查,可了解糖代谢的情况,并为糖代谢紊乱相关疾病的诊断、疗效判断提供依据。

(一) 空腹血糖检测

空腹血糖(fasting blood glucose,FBG)是诊断糖代谢紊乱最常用的指标之一。血糖受饮食的显著影响,也与采血部位(毛细血管血、动脉血高于静脉血)、测定方法(如酶法、化学法、电极法等)有关,由于标本不同,检测结果也不同,其中空腹血浆葡萄糖(fasting plasma glucose,FPG)检测最可靠。

【方法】

隔夜空腹 8~10 小时以上,早餐前静脉采血,草酸钾 - 氟化钠抗凝。

【参考值】

成人 FPG(酶法):3.9~6.1mmol/L。

【临床意义】

血糖检测是目前诊断糖尿病的主要依据之一,也是判断病情的主要指标。

1. 血糖增高　FBG 增高,但未达到诊断糖尿病标准时,称为空腹血糖过高(impaired fasting glucose,IFG);FBG 增高超过 7.0mmol/L 时称为高血糖症。FBG 超过 9.0mmol/L 尿糖即可呈阳性。

(1) 生理性高血糖:见于饭后 2 小时以内,高糖饮食、剧烈运动、情绪激动等,但不应超过 10.0mmol/L。

(2) 病理性高血糖:见于①各型糖尿病;②内分泌疾病:如甲状腺功能亢进症、巨人症、肢端肥大症、皮质醇增多症、嗜铬细胞瘤和胰高血糖素瘤等;③应激性高血糖:如颅脑外伤、颅内压增高、中枢神经系统感染、心肌梗死、大面积烧伤、急性脑血管病等;④药物影响:如噻嗪类利尿剂、口服避孕药、泼尼松等;⑤肝脏和胰腺疾病:如严重的肝病、坏死性胰腺炎等。

2. 血糖降低　FBG 低于 3.9mmol/L 时为血糖减低,当 FBG 低于 2.8mmol/L 时称为低血糖症。

(1) 生理性或暂时性低血糖:饥饿和剧烈运动、妊娠期等。

(2) 病理性低血糖:①胰岛素过多:如胰岛素用量过多、口服降糖药过量和胰岛 B 细胞增生或肿瘤、胰腺腺瘤等;②抗胰岛素激素分泌不足:如肾上腺皮质激素、生长激素缺乏等;③肝糖原贮存缺乏:如肝淤血、重症肝炎、肝硬化、肝癌等;④急性酒精中毒;⑤先天性糖原代谢酶缺乏:如 I、III 型糖原累积病等;⑥慢性消耗性疾病:如严重营养不良、恶病质等。

(二) 口服葡萄糖耐量试验

正常人口服一定量葡萄糖后,在短时间内暂时升高的血糖即可降至空腹水平,称为耐糖现象。当糖代谢紊乱时,口服一定量的葡萄糖后血糖急剧升高,长时间不能恢复至空腹水平;或血糖升高虽不明显,但在短时间内不能降至原来的水平,称为糖耐量减低(impaired glucose tolerance,IGT)。葡萄糖耐量试验是检测葡萄糖代谢功能的试验,有静脉葡萄糖耐量试验(intravenous glucose tolerance test,IGTT) 和口服葡萄糖耐量试验(oral glucose tolerance test,OGTT)。临床上对空腹血糖正常或稍高,偶有尿糖,但糖尿病症状尚不明显的患者,常用 OGTT 试验来明确诊断。

【方法】

被检者试验前 3 天正常饮食,并停用胰岛素及其他影响糖代谢的药物,试验前 1 天正常晚餐后即不再进食,次晨抽取空腹血 2ml,然后口服 75g 葡萄糖,5 分钟内饮完,并于服糖后 30 分钟、1 小时、2 小时、3 小时各测静脉血糖一次,同时每次均留取尿液标本,检查尿糖。整个试验过程不能吸烟、饮茶或咖啡。

【参考值】

正常人于 30~60 分钟血糖达高峰,2 小时恢复至未服葡萄糖前的血糖值。

(1) FPG 3.9~6.1mmol/L。

(2) 口服葡萄糖后 30 分钟 ~1 小时峰值 <11.1mmol/L。

(3) 2 小时血糖 <7.8mmol/L。

(4) 3 小时恢复至空腹水平。

(5) 各次尿糖均为阴性。

【临床意义】

1. 诊断糖尿病　糖尿病患者因胰岛素分泌缺乏或释放迟缓,对葡萄糖的耐量减低,口服葡萄糖后,血糖增高明显,2 小时后仍处于高糖水平。临床上有以下条件者,即可诊断糖尿病。①具有糖尿病症状,FPG≥7.0mmol/L;②OGTT 血糖峰值≥11.1mmol/L,OGTT 2 小时血糖≥11.1mmol/L;③具有临床症状,随机血糖≥11.1mmol/L,且伴有尿糖阳性。临床症状不典型者,需要另一次重复检测确诊。如服糖后 2 小时,血糖测定≥11.1mmol/L 即可诊断为糖尿病。

2. 判断 IGT　如 FPG<7.0mmol/L,服糖后 2 小时血糖在 7.8~11.1mmol/L 之间,称为 IGT。IGT 多见于空腹血糖过高、2 型糖尿病、痛风、肥胖病、甲状腺功能亢进症、肢端肥大症及皮质醇增多症等。

3. 糖耐量异常　①如空腹血糖降低,服糖后血糖上升也不明显,2 小时后仍处于低水平状态,则可使葡萄糖耐量曲线低平,可见于胰岛 B 细胞瘤、甲状腺功能亢进症、腺垂体功能减低症及肾上腺皮质功能减退症;②如口服葡萄糖后血糖急剧升高,提早出现峰值,且大于 11.1mmol/L 而 2 小时后又低于空腹水平,常见于胃切除或严重肝损伤。

4. 鉴别低血糖　①功能性低血糖:FPG 正常,口服葡萄糖后出现高峰时间及峰值均正常,但 2~3 小时后出现低血糖,见于特发性低血糖症;②肝源性低血糖:FPG 低于正常,口服葡萄糖后血糖高峰提前并高于正常,但 2 小时后仍处于高水平,且尿糖阳性,常见于广泛性肝损伤、病毒性肝炎等。

(三) 糖化血红蛋白

糖化血红蛋白(glycosylated hemoglobin,GHb)是在红细胞生存期间,血红蛋白 A(HbA)与己糖(主要是葡萄糖)缓慢、连续的非酶促反应的产物。其中 HbA1c 是血红蛋白与葡萄糖结合的产物,且含量最高,是目前临床最常检测的部分。由于糖化过程非常缓慢,GHb 一旦生成则不再解离,且不受血糖暂时性升高的影响。

【参考值】

HbA1c 4%~6%。

【临床意义】

1. 作为糖尿病诊断和长期监控的指标　HbA1c 水平取决于血糖水平、高血糖持续时间,其生成量与血糖浓度呈正比。HbA1c 水平反映了近 2~3 个月的平均血糖水平,但并不能提供每天血糖的动态变化或低血糖异常发生的频率。因此,HbA1c 是监测糖尿病患者血糖控制情况的指标之一,特别是对血糖波动较大的患者更有意义。HbA1c<7% 说明糖尿病控制良好。糖尿病控制良好者,可每年检测 2 次,控制欠佳者建议每 3 个月检测 1 次,以便调整用药剂量。

2. 预测血管并发症　由于 HbA1c 与氧的亲和力强,可导致组织缺氧,故长期 HbA1c 增高,可引起组织缺氧而发生血管并发症。HbA1c>10%,提示并发症严重,预后较差。

3. 鉴别糖尿病性高血糖和应激性高血糖　糖尿病性高血糖的 HbA1c 水平增高,而应激性高血糖的 HbA1c 正常。

📖 **知识链接**

筛检和预测糖尿病

2010 年美国糖尿病协会(ADA)发布的糖尿病诊治指南中,正式将 HbA1c≥6.5% 作为糖尿病的诊断标准之一。HbA1c 水平在 5.7%~6.4% 为糖尿病高危人群,预示进展到糖尿病前期阶段。2011 年世界卫生组织(WHO)也推荐 HbA1c≥6.5% 作为糖尿病的诊断截点。由于我国有关 HbA1c 诊断糖尿病的相关资料尚不足,且缺乏 HbA1c 检测方法的标准化,因此,目前我国不推荐采用 HbA1c 诊断糖尿病。

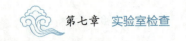

（四）血清胰岛素测定和胰岛素释放试验

糖尿病时,由于胰岛 B 细胞功能障碍和胰岛素生物学效应不足(胰岛素抵抗),而出现血糖增高和胰岛素降低的分离现象。胰岛素释放试验(insulin releasing test),用于了解胰岛 B 细胞基础功能状态和储备功能状态,以间接了解血糖控制情况。

【方法】

在进行 OGTT 的同时,分别于空腹和口服葡萄糖后 0.5 小时、1 小时、2 小时、3 小时检测血清胰岛素浓度的变化。

【参考值】

空腹胰岛素 10~20mU/L;释放试验:口服葡萄糖后胰岛素高峰在 0.5~1 小时,峰值为空腹胰岛素的 5~10 倍。2 小时胰岛素 <30mU/L,3 小时后达到空腹水平。

【临床意义】

1. 用于糖尿病的分型诊断　1 型糖尿病空腹胰岛素明显降低,口服葡萄糖后释放曲线低平;2 型糖尿病空腹胰岛素可正常、稍高或减低,口服葡萄糖后胰岛呈延迟释放反应。

2. 胰岛 B 细胞瘤　常出现高胰岛素血症,空腹血糖减低、糖耐量曲线低平,胰岛素 C 肽释放曲线相对较高。

3. 其他　血清胰岛素水平增高见于肥胖、肝功能损伤、肾衰竭、肢端肥大症、巨人症等;血清胰岛素水平减低见于腺垂体功能低下、肾上腺皮质功能不全或饥饿时。

（五）血清 C-肽测定

C-肽(connective peptide)是胰岛素原在蛋白水解酶的作用下分裂而成的与胰岛素等分子的肽类物。C-肽不受外源性胰岛素影响,也不受胰岛素抗体干扰。因此空腹 C-肽水平、C-肽释放试验可更好地评价胰岛 B 细胞分泌和储备功能。

【参考值】

空腹 C-肽:0.3~1.3nmol/L;C-肽释放试验:口服葡萄糖后 0.5~1 小时出现高峰,其峰值为空腹 C-肽的 5~6 倍。

【临床意义】

C-肽可以真实反映实际胰岛素水平,因此 C-肽水平变化常用于糖尿病的分型诊断,其意义与血清胰岛素一样,且用于指导临床调整胰岛素用量。

1. C-肽水平增高　空腹血清 C-肽增高、C-肽释放试验呈高水平曲线见于胰岛 B 细胞瘤时;血清 C-肽增高,且 C-肽/胰岛素比值降低见于肝硬化。

2. C-肽水平减低　空腹血清 C-肽降低见于糖尿病;C-肽释放试验:口服葡萄糖后 1 小时血清 C-肽水平降低,提示胰岛 B 细胞储备功能不足。释放曲线低平提示 1 型糖尿病;释放延迟或呈低水平见于 2 型糖尿病。

3. C-肽水平不升高,而胰岛素增高　提示为外源性高胰岛素血症,如胰岛素用量过大等。

二、血清脂质与脂蛋白检查

（一）血清脂质检测

血清脂质包括总胆固醇、甘油三酯、磷脂与游离脂肪酸等。血清脂质检测可作为脂质代谢紊乱及有关疾病的诊断指标,还可协助原发性胆汁性肝硬化、肾病综合征、肝硬化及吸收不良综合征等疾病的诊断。

1. 血清总胆固醇测定　胆固醇(cholesterol,CHO)是胆固醇酯(cholesterol esterase,CE)

和游离胆固醇(free cholesterol, FC)的总称,故称为总胆固醇(total cholesterol, TC)。CHO 主要用于早期识别动脉粥样硬化的危险性,及使用降脂药物疗效的监测。

【方法】

空腹,静脉采血,化学法和酶法

【参考值】

合适水平:<5.20mmol/L;边缘水平:<5.20~6.20mmol/L;升高:>6.20mmol/L。

【临床意义】

由于 TC 受多种因素影响,作为诊断指标既不灵敏又不特异,故只能作为某些疾病,特别是动脉粥样硬化的一种危险因素。因此,测定 TC 常作为动脉粥样硬化的预防、发病估计、疗效观察的参考指标。

2. 血清甘油三酯测定 甘油三酯(triglyceride, TG)是血清脂类的主要成分,又称为中性脂肪,主要功能是为机体提供能量,直接参与 CHO 与 CE 的合成。TG 增高也是动脉粥样硬化的危险因素之一。

【参考值】

合适水平:0.56~1.70mmol/L;边缘水平:1.70~2.30mmol/L;升高:>2.30mmol/L。

【临床意义】

血清 TG 受生活习惯、饮食和年龄等因素的影响,在个体内及个体间的波动较大,因而必须在空腹 12~16h 后静脉采集 TG 标本,以排除和减少饮食因素的影响。

(1) TG 增高:见于冠心病;原发性高脂血症、动脉粥样硬化症、肥胖症、糖尿病、痛风、甲状旁腺功能减退症、胰腺炎、肾病综合征、阻塞性黄疸;高脂饮食、酗酒后;妊娠和口服避孕药等。

(2) TG 减低:见于低 β 脂蛋白血症和先天性无 β 脂蛋白血症;严重的肝脏疾病、营养不良综合征、甲状腺功能减退、肾上腺皮质功能减退症等。

(二)血清脂蛋白检测

脂蛋白(lipoprotein, LP)是血清脂质与蛋白质(即载脂蛋白)结合的复合体。根据蛋白质颗粒的大小及其密度分类,用超速离心技术可把血浆脂蛋白分成 4 类,即乳糜微粒(chylomicron, CM)、极低密度脂蛋白(very low density lipoprotein, VLDL)、低密度脂蛋白(low density lipoprotein, LDL)和高密度脂蛋白(high density lipoprotein, HDL)。检查脂蛋白不仅可以了解血脂的质与量,也能对其生理功能进行分析。

1. 乳糜微粒测定 乳糜微粒(CM)是最大的脂蛋白,其主要功能是把食物中 TG 从小肠运输送到体循环。由于 CM 在血液中代谢快,正常空腹 12 个时后血液中不应有 CM。

【参考值】

阴性。

【临床意义】

血清 CM 极易受饮食中的 TG 的影响,易出现乳糜样血液。如果血液中脂蛋白酯酶缺乏或活性减低,血清 CM 不能及时清除,使血浆浑浊,常见于高脂蛋白血症。

2. 高密度脂蛋白胆固醇测定 高密度脂蛋白(high density lipoprotein, HDL)是血清中颗粒密度最大的脂蛋白,可将沉积在血管壁的胆固醇转运至肝脏而清除。因此,HDL 是一种保护因子,有抗动脉粥样硬化的作用,与冠心病的发病呈负相关。临床上一般检测与 HDL 结合的总胆固醇(HDL-C)的含量来反映 HDL 水平。

笔记栏

【参考值】

正常:1.03~2.07mmol/L。合适水平:>1.04mmol/L;减低:≤1.0mmol/L。

【临床意义】

HDL 降低见于动脉粥样硬化、急性感染、糖尿病、慢性肾衰竭、肾病综合征等疾病;HDL 水平高的个体患冠心病的危险性小,故 HDL 可用于评价患冠心病的危险性。

3. 低密度脂蛋白胆固醇测定 低密度脂蛋白(low density lipoprotein,LDL)是血浆中携带胆固醇的主要微粒,LDL 与胆固醇结合后称低密度脂蛋白胆固醇(LDL-C),如 LDL 在动脉内膜下累积易形成动脉粥样硬化症,故 LDL 为致动脉粥样硬化的因子。临床上以 LDL-C 的含量来反映 LDL 水平。

【参考值】

合适水平:≤3.4mmol/L;边缘水平:3.4~4.1mmol/L;升高:>4.1mmol/L。

【临床意义】

常借 LDL-C 增高来判断发生冠心病的危险性,LDL 水平增高与冠心病发病呈正相关;其次,遗传性高脂蛋白血症、甲状腺功能减退症、肾病综合征、阻塞性黄疸、肥胖症以及应用雄激素、β 受体阻滞剂、糖皮质激素等也可引起 LDL 升高。LDL-C 降低可见于甲状腺功能亢进症和肝硬化等。

4. 脂蛋白(a)测定 脂蛋白(a)[LP(a)]的结构与 LDL 相似,可以携带大量的 CHO,有促进动脉粥样硬化的作用。同时,LP(a)与纤溶酶原有同源性,可以与纤溶酶原竞争结合纤维蛋白位点,从而抑制纤维蛋白降解,促进血栓形成。

【参考值】

0~300mg/L。

【临床意义】

血清 LP(a)水平个体差异性较大,高低主要由遗传因素决定,基本不受性别、饮食和环境的影响。LP(a)增高是动脉粥样硬化和血栓形成的重要独立危险因子。检测 LP(a)对早期识别动脉粥样硬化的危险性,特别是在 LDL-C 浓度升高的情况下具有重要价值。LP(a)增高与动脉粥样硬化、冠心病、肌梗死冠状动脉搭桥术后或经皮腔内冠状动脉成形术(PI'CA)后再狭窄或脑卒中的发生有密切关系。LP(a)增高还可见于 1 型糖尿病、肾脏疾病、炎症、手术或创伤后以及血液透析后等。

(三) 血清载脂蛋白检测

脂蛋白中的蛋白质称为载脂蛋白(apolipoprotein,Apo),是决定脂蛋白性质的主要组分。

📖 知识链接

载 脂 蛋 白

载脂蛋白的主要功能是构成脂蛋白、激活或抑制脂蛋白代谢有关的酶以及与脂蛋白代谢有关的特异性受体结合。各种 Apo 主要在肝脏合成,小肠也能少量合成。Apo 一般分为 ApoA、ApoB、ApoC、ApoE 和 Apo(a),每类中又分有若干亚型。

ApoA 是 HDL 的主要结构蛋白,具有清除组织脂质和抗动脉粥样硬化作用。其中 ApoA I 亚型的意义最明确,且在组织中浓度最高,是临床常用的检测指标。ApoB 是 LDL 的主要结构蛋白。因此,ApoA 和 ApoB 可间接反映 HDL 和 LDL 的含量情况。

笔记栏

1. 载脂蛋白 A I（ApoA I）测定

【参考值】

男性:(1.42±0.17)g/L;女性:(1.45±0.14)g/L。

【临床意义】

ApoA I 可反映 HDL 水平,ApoA I 较 HDL 更能反映脂蛋白状态,且准确性与灵敏度优于 HDL,其水平与冠心病发病率呈负相关,因此 ApoA I 是预测和诊断冠心病的一种较灵敏指标。

2. 载脂蛋白 B 测定

【参考值】

男性:(1.01±0.21)g/L;女性:(1.07±0.23)g/L。

【临床意义】

ApoB 可直接反映 LDL 水平,因此是冠心病的危险因素,也可用于评价降脂治疗效果,在预测冠心病的危险性方面优于 LDL 和 CHO;还可见于其他疾病,如高 β 载脂蛋白血症、糖尿病、甲状腺功能减退症、肾病综合征和肾衰竭等。

课堂互动

讨论动脉粥样硬化的危险因素和保护因素分别有哪些。

三、血清电解质检查

体液中的电解质主要有钾、钠、氯、钙等,在维持体液中的酸碱平衡、渗透压平衡、水平衡和神经、肌肉组织正常应激性以及酶的催化作用等方面发挥着重要的作用。

(一) 血钾检测

钾离子是维持细胞生理活动的主要阳离子,在调节机体渗透压和酸碱平衡方面起重要作用,并参与糖、蛋白质代谢,是保持神经肌肉正常功能所必需的。每天摄入的钾有90%~95% 通过肾脏排出,5%~10% 由粪便排出,5% 由汗液排出。98% 的钾离子分布于细胞内液,是细胞内的主要阳离子,2% 存在于细胞外液,血钾实际反映了细胞外液钾离子的浓度变化。因此,在采集血标本时,应严防溶血,以免影响检验结果。

【参考值】

3.5~5.5mmol/L。

【临床意义】

1. 血钾增高 血钾超过 5.5mmol/L 时称为高钾血症。发生原因为:

(1) 摄入过多:高钾饮食、静脉输注大量钾盐或大量库存血液等。

(2) 排出减少:①肾功能不全,体内钾不能经肾脏排出体外;②肾上腺皮质功能不全,导致肾脏排钾减少;③长期使用保钾利尿剂,如螺内酯、氨苯蝶啶等;④远端肾小管上皮细胞泌钾障碍,如系统性红斑狼疮、肾移植术后等。

2. 血钾减低 血清钾低于 3.5mmol/L 时称为低钾血症。发生原因为:

(1) 摄入不足:长期低钾饮食、禁食、厌食和吸收障碍等。

(2) 丢失过多:①严重呕吐、长期腹泻、胃肠减压、大量出汗等;②肾衰竭多尿期、肾小管

笔记栏

性酸中毒、肾上腺皮质功能亢进症、醛固酮增多症等,可使钾随尿丢失过多;③大量应用排钾利尿剂,如呋塞米、依他尼酸和噻嗪类利尿剂等。

(二) 血钠检测

钠是细胞外液主要的阳离子,血清钠多以氯化钠的形式存在,其主要功能在于保持细胞外液容量、维持渗透压及酸碱平衡,并参与维持神经、肌肉的正常应激性。

【参考值】

135~145mmol/L。

【临床意义】

1. 血钠增高　血钠超过 145mmol/L 并伴有血液渗透压过高者,称为高钠血症。发生原因为:

(1) 摄入过多:进食过量钠盐或输入大量高渗盐水。

(2) 肾排钠减少:如肾上腺皮质功能亢进、原发性或继发性醛固酮增多症、进食困难、昏迷等。

(3) 水丢失过多:大量出汗、烧伤、长期腹泻、呕吐、糖尿病性多尿、胃肠引流等。

2. 血钠减低　血钠低于 135mmol/L 称为低钠血症。发生原因为:

(1) 摄入不足:饥饿、营养不良、长期低钠饮食及不恰当的输液等。

(2) 丢失过多:①肾脏丢失:如慢性肾炎并发尿毒症、糖尿病酸中毒和大量应用利尿剂,特别是长期限制钠摄入的心功能不全或肾病患者易出现低血钠;②皮肤黏膜丢失:如大量出汗、大面积烧伤时血浆外渗;③医源性丢失:如大量抽取腹水,丢失大量液体等;④胃肠道丢失:如严重的呕吐、反复腹泻和胃肠引流等。

(3) 消耗性低钠:由于细胞内蛋白质分解消耗,细胞内液渗透压降低,水分从细胞内渗到细胞外,导致血钠减低。多见于肺结核、肿瘤、肝硬化等慢性疾病。

(4) 水钠潴留:①慢性肾功能不全、肾病综合征、心力衰竭、肝硬化失代偿期;②抗利尿激素分泌过多,如尿崩症、剧烈疼痛、肾上腺皮质功能减退症等。

(三) 血钙检测

人体内 99% 以上的钙以磷酸钙或碳酸钙的形式存在于骨骼中。血液中的钙以蛋白结合钙、复合钙(与阴离子结合的钙)和游离钙(离子钙)的形式存在。

【参考值】

总钙:2.25~2.58mmol/L;离子钙:1.10~1.34mmol/L。

【临床意义】

1. 血钙增高　血清总钙超过 2.58mmol/L 为高钙血症。见于:

(1) 摄入过多:静脉输入钙过多、饮用大量牛奶等;大量应用维生素 D、溃疡病长期应用碱性药物治疗等,均可导致钙的吸收增加。

(2) 溶骨作用增强:原发性甲状旁腺功能亢进症、甲状腺功能亢进;伴有血清蛋白质增高的疾病,如多发性骨髓瘤、骨肉瘤等;肿瘤如分泌前列腺素 E_2 的肾癌、肺癌、骨转移癌等。

(3) 肾功能损害:急性肾功能不全时,钙排出减少。

2. 血钙减低　血清总钙低于 2.25mmol/L 称为低钙血症。见于:

(1) 摄入不足:维生素 D 摄取量不足或长期低钙饮食。

(2) 吸收减少:佝偻病、婴儿手足搐搦症及骨质软化症等。

(3) 成骨作用增强:甲状腺功能减退、恶性肿瘤骨转移等。

(四) 血氯检测

氯是细胞外液的最主要阴离子,在调节机体的酸碱平衡、渗透压、水电解质平衡和参与胃酸生成方面起重要作用。血浆中的氯主要以氯化钠的形式存在。血清氯离子变化与钠离子基本呈平行关系。

【参考值】

95~105mmol/L。

【临床意义】

1. 血氯增高 血清氯含量超过 105mmol/L 称为高氯血症。见于:

(1) 摄入过多:食入或静脉补充大量的 NaCl、$CaCl_2$、NH_4Cl 溶液等。

(2) 排出减少:如肾小球肾炎所致的肾衰竭、尿路梗阻或心功能不全时,氯化物排泄减少。

2. 血氯减低 血清氯含量低于 95mmol/L 称为低氯血症。见于:

(1) 摄入不足:如长期饥饿或无盐饮食等。

(2) 丢失过多:①严重呕吐、腹泻、胃肠引流、大量出汗等;②慢性肾功能不全、糖尿病以及应用噻嗪类利尿剂,使氯排出增多;③慢性肾上腺皮质功能不全,由于醛固酮分泌不足,氯随钠丢失增加。

(五) 血清磷检测

人体中 70%~80% 的磷以磷酸钙的形式沉积于骨骼中,其余的构成磷脂、核苷酸等人体重要的有机化合物。磷在体内参与糖、脂质及氨基酸代谢,调节酸碱平衡,参与骨骼及牙齿的组成,也是构成能量转运的物质。血磷与血钙有一定的浓度关系,即正常人的钙、磷浓度 (mg/dl) 乘积为 36~40。

【参考值】

0.97~1.61mmol/L。

【临床意义】

1. 血磷增高 见于:①内分泌疾病:如甲状旁腺功能减低;②维生素 D 过量;③其他:肾功能不全、重症肝炎、粒细胞白血病、多发性骨髓瘤(MM)及骨折愈合期等。

2. 血磷减低 见于输入大量葡萄糖后、甲状旁腺功能亢进、佝偻病、重症糖尿病、长期腹泻引起吸收不良及肾小管疾病等。

四、心肌损伤生物标志物检查

心肌损伤时机体生物化学指标变化较多,尤其是心肌酶和心肌蛋白对急性缺血性心肌损伤诊断尤为重要,特别适用于早期或症状不典型、心电图无明显改变的患者。

📖 **知识链接**

反映心肌缺血损伤的生物化学指标应具有的特点

反映心肌缺血损伤的理想生物化学指标应具有以下的特点:①具有高度的心脏特异性;②心肌损伤后迅速增高,并持续较长时间;③检测方法简便快速;④其应用价值已由临床所证实。

（一）肌酸激酶测定

肌酸激酶（creatine kinase，CK）广泛存在于各种组织的胞质和线粒体中，以骨骼肌、心肌含量最多，其次是脑组织和平滑肌。

【参考值】

CK：男性：80~200U/L，女性：60~140U/L。

【临床意义】

1. CK 增高

（1）急性心肌梗死（AMI）：CK 主要用于诊断心肌梗死。在患心肌梗死后，3~8 小时即开始显著增高，10~36 小时达到高峰，3~4 天恢复正常。CK 升高的程度与梗死的面积成正比。因此，CK 为早期诊断 AMI 的灵敏指标之一，但应注意 CK 的时效性，发病 8 小时内 CK 不增高，应动态观察，不能排除 AM；发病 24 小时的 CK 检测意义最大，如果此时 CK 小于参考值的上限，可排除 AMI。

（2）心肌炎和肌肉疾病：病毒性心肌炎时 CK 明显升高，对诊断及预后有参考价值。当心包炎累及心肌时，血清CK 活性也有轻度升高。各种肌肉疾病，如病毒性肌炎、多发性肌炎、皮肌炎、横纹肌溶解症、进行性肌营养不良、重症肌无力及肌肉损伤时 CK 明显增高。

（3）溶栓治疗：AMI 溶栓治疗后出现再灌注，导致 CK 活性增高，使峰值时间提前。因此，CK 水平有助于判断溶栓后的再灌注情况，如果经溶栓于发病后 4 小时内 CK 即达峰值，提示冠状动脉的再通能力达 40%~60%。

2. CK 减低　见于长期卧床、甲状腺功能亢进症、激素治疗等。

（二）肌酸激酶同工酶测定

CK 是由 2 个亚单位组成的二聚体，根据存在部位不同分为三种同工酶：CK-MM（CK_3）主要存在于骨骼肌和心肌中；CK- MM 可分为 MM_1、MM_2、MM_3 亚型。MM_3 是 CK-MM 在肌细胞中的主要存在形式。CK-MB（CK_2），主要存在于心肌中。CK-BB（CK_1），主要存在于脑、前列腺、肺、肠等组织中。正常人血清中以 CK-MM 为主，CK-MB 较少，CK-BB 含量极微。检测 CK 的不同亚型对鉴别 CK 增高的原因有重要价值。

【参考值】

CK-MM：94%~96%。

CK-MB：<5%。

CK-BB：极少或无。

【临床意义】

1. CK-MB 增高　见于：①AMI：CK-MB 对 AMI 早期诊断的灵敏度明显高于总 CK，且具有高度的特异性。AMI 胸痛发作后，血清中 CK-MB 上升，9~30 小时达高峰值，至 48~72 小时恢复正常水平；②其他心肌损伤：可见于心绞痛、心包炎、慢性心房颤动、安装起搏器等。损伤心肌的心脏手术，可有一过性 CK-MB 活性升高，一般手术后 24 小时内恢复正常。

2. CK-MM 增高　见于：①AMI：CK-MM 亚型对诊断早期 AMI 较为灵敏；②其他：肌内注射、肌肉创伤、骨骼肌疾病、重症肌无力、肌萎缩、进行性肌营养不良、多发性肌炎等，CK-MM 均明显增高。

3. CK-BB 增高　见于：①神经系统疾病：各种原因引起的缺氧性神经系统疾病，还可见于脑梗死、急性颅脑损伤、脑膜炎、脑出血等；②肿瘤：常见于脑肿瘤等。

(三)乳酸脱氢酶测定

乳酸脱氢酶(lactate dehydrogenase,LDH)是一种糖酵解酶,几乎存在于所有组织中,以肾、心肌、骨骼肌中含量最丰富,其次为肝脏、脾脏、胰腺、肺脏、肿瘤组织和红细胞。所以LDH对诊断具有较高的灵敏度,但特异性较差。

【参考值】

速率法:120~250U/L。

【临床意义】

1. 心脏疾病 AMI 时 LDH 活性增高较 CK、CK-MB 为晚(8~18 小时开始增高),24~72小时达到峰值,持续 6~10 天。心力衰竭、心肌炎、心包炎伴肝淤血时 LDH 活力可中度增高。

2. 肝脏疾病 急性病毒性肝炎、慢性活动性肝炎、肝硬化、阻塞性黄疸等 LDH 显著增高。

3. 恶性肿瘤 恶性淋巴瘤、白血病、肺癌、结肠癌、乳腺癌、胃癌、宫颈癌等 LDH 均明显增高。由于 LDH 的特异性较低,对肿瘤早期诊断的意义不大,但可用于观察化疗过程中有无组织器官损伤。

(四)乳酸脱氢酶同工酶测定

LDH 有多种同工酶,其中 LDH_1、LDH_2 主要来自心肌,LDH_3 主要来自肺、脾组织,LDH_4、LDH_5 主要来自肝脏,其次为骨骼肌。

【参考值】

LDH_1:(32.70 ± 4.60)%,LDH_2:(45.10 ± 3.53)%;LDH_3:$(18.50+2.96)$%,LDH_4:$(2.90+0.89)$%;LDH_5:(0.85 ± 0.55)%,$LDH_1/LDH_2<0.7$。

【临床意义】

1. 心脏疾病 AMI 发病后早期,LDH_1、LDH_2 明显增高,且 $LDH_1/LDH_2>1.0$。病毒性心肌炎、风湿性心肌炎、克山病,血清 LDH 同工酶的改变与心肌梗死相似;心绞痛和心律失常血清 LDH 同工酶谱正常。

2. 肝脏疾病 病毒性肝炎、肝硬化、原发性肝癌、传染性单核细胞增多症时,肝细胞显著受损,LDH_5 升高,且 $LDH_5>LDH_4$。

3. 肿瘤 由于恶性肿瘤细胞坏死引起 LDH 增高,且肿瘤生长速度与 LDH 增高程度有一定关系。大多数恶性肿瘤患者以 LDH_5、LDH_4、LDH_3 增高为主,且 $LDH_5>LDH_4>LDH_3$。

(五)肌钙蛋白 T 测定

肌钙蛋白(cardiac troponin,cTn)是肌肉收缩的调节蛋白。当心肌细胞损伤时,心肌肌钙蛋白 T(cardiac troponin T,cTnT)便释放入血。因此,检测 cTnT 浓度变化对诊断心肌缺血损伤的严重程度有重要价值。

【参考值】

正常:0.02~0.13μg/L;临界值:>0.2μg/L;如 >0.5μg/L,即可以诊断 AMI。

【临床意义】

由于 cTnT 与骨骼肌中的异质体不同,具有独特的抗原性,因而其特异性更优于 CK-MB。心肌损伤后游离的 cTnT 从心肌细胞胞质内释放入血,使血清中 cTnT 浓度迅速增高,持续的时间较长,在较长时间内可保持高水平状态。

1. 确定有无心肌损伤 ①诊断 AMI:cTnT 是诊断 AMI 的确定性标志物。AMI 病后 3~6小时 cTnT 即升高,10~24 小时达峰值,10~15 天恢复正常;②微小心肌损伤:不稳定型心绞痛患者常发生微小心肌损伤,这种心肌损伤只有检测 cTnT 才能确诊。因而,cTnT 水平的变化对诊断微小心肌损伤和判断不稳定型心绞痛预后有重要意义;③怀疑 AMI 的患者,建议入院时、入院 6 和 12 小时各测一次 cTnT。

2. 判断溶栓疗效 溶栓治疗后 90 分钟 cTnT 明显升高,提示再灌注成功。

3. 预测血液透析患者是否发生心血管事件 血清 cTnT 增高提示预后不良或发生猝死的可能性增大。

(六)心肌肌钙蛋白 I 测定

心肌肌钙蛋白 I(cardiac troponin I,cTnI)可抑制肌动蛋白中 ATP 酶活性,使肌肉松弛,防止肌纤维收缩。当心肌损伤时,cTnI 即可释放入血液中,它在血中出现较早,是反映心肌损害的较敏感、较特异的诊断指标。

【参考值】

正常:<0.2μg/L;临界值:>1.5μg/L。

【临床意义】

确定有无心肌损伤:诊断 AMI 时与 cTnT 比较,cTnI 具有较低的初始灵敏度和较高的特异性。cTnI 于 AMI 发病后 3~6 小时升高,14~20 小时达到峰值,5~7 天恢复正常。

(七)肌红蛋白测定

肌红蛋白(myoglobin,Mb)存在于骨骼肌和心肌细胞中,是一种低分子量含血红素的蛋白质。正常人血清 Mb 含量极少,AMI 后心肌组织中的 Mb 进入血液循环中,并经肾脏从尿排出。因此,测定血清及尿液中的 Mb 对 AMI 诊断具有重要价值。

【参考值】

定性:阴性;定量:ELISA 法 50~85μg/L,RIA 法 6~85μg/L;临界值:>75μg/L

【临床意义】

1. 诊断 AMI 由于 Mb 分子量小,心肌细胞损伤后即可释放入血,故在 AMI 发病后 0.5~2 小时即见升高,5~12 小时达到高峰,18~30 小时恢复正常,所以 Mb 可作为早期诊断 AMI 的指标,明显优于 CK-MB 和 LDH。Mb 增高还可见于缺血性心脏病、心绞痛、心肌损伤等。

2. 判断 AMI 病情 AMI 患者血清中增高的 Mb 很快从肾脏清除,一般于发病后 18~30 小时内即可恢复正常。如果此时 Mb 持续增高或反复波动,提示心肌梗死持续存在,或再次发生梗死以及梗死范围扩大等。

知识链接

脑 钠 肽

心力衰竭的生物标志物——脑钠肽(Brain Natriuretic Peptide,BNP)又称 B 型利钠肽(B-type Natriuretic Peptide),具有排钠、排尿和较强的舒张血管作用,是调节体液、钠平衡和血压的重要激素。BNP 主要来源于心室肌细胞。有生理活性的 BNP 和非活性的 N-末端 BNP(NT-proBNP)是临床常用的、稳定的心功能损伤标志物。

【参考值】

BNP:<50ng/L(<65 岁);<100ng/L(>65 岁);

NT-proBNP:<125ng/L(<65 岁);<250ng/L(>65 岁)。

笔记栏

【临床意义】

可用于心力衰竭诊断和分级。BNP 和 NT-proBNP 水平的升高幅度与心力衰竭严重程度呈正比,可作为心力衰竭早期诊断的筛选指标。BNP 和 NT-proBNP 水平结合临床表现可进一步对心力衰竭严重程度进行分级。

五、胰腺疾病的酶学检查

胰腺是一个具有内分泌和外分泌双重功能的器官。当急性胰腺炎,胰腺组织破坏时,胰腺的酶进入血液循环,导致血液中酶活性升高。检查血液中胰液特异酶的浓度,有助于急性胰腺炎的诊断。

(一)血清淀粉酶与尿淀粉酶检测

淀粉酶(amylase,AMY)主要来自胰腺和腮腺。胰腺病变时,其分泌的淀粉酶进入血液,致血中 AMY 升高,尿 AMY 也升高。

【参考值】

血液 AMY 35~135U/L;24 小时尿液 AMY<1 000U/L。

【临床意义】

1. AMY 增高 血液和尿液 AMY 增高可用于急性膜腺炎的诊断和急腹症的鉴别诊断。胰腺或腮腺发生病变时,血液 AMY 增高早,持续时间短;而尿液 AMY 增高晚,持续时间长。临床上主要以血液 AMY 变化为主要诊断依据。血 AMY 增高见于:

(1)胰腺炎(pancreatitis):①急性胰腺炎是 AMY 增高最常见的原因。血清 AMY 一般于发病 6~12 小时开始增高,12~72 小时达到峰值,3~5 天恢复正常。AMY 增高越明显,胰腺损伤越严重。②慢性胰腺炎急性发作、胰腺囊肿、胰腺管阻塞时 AMY 也可增高。

(2)胰腺癌:胰腺癌早期 AMY 增高,其原因为:①肿瘤压迫造成胰腺导管阻塞,并使其压力增高,使 AMY 溢入血液中。②短时间内大量胰腺组织破坏,组织中的 AMY 进入血液中。

(3)非胰腺疾病:腮腺炎、消化性溃疡穿孔、上腹部手术后、机械性肠梗阻、胆管梗阻、急性胆囊炎等时 AMY 也可有轻度或中度增高。

2. AMY 减低 见于:

(1)慢性胰腺炎:AMY 减低多由于胰腺组织严重破坏,导致胰腺分泌功能障碍所致。

(2)胰腺癌:AMY 减低多由于肿瘤压迫时间过久,腺体组织纤维化,导致分泌功能降低所致。

(3)其他:①肾衰竭晚期,肾脏排泄 AMY 减少,尿液 AMY 可减低;②巨淀粉酶血症尿液 AMY 减低。

(二)血清脂肪酶检测

脂肪酶(lipase,LPS)主要由胰腺分泌,经肾小球滤过,并被肾小管全部重吸收,所以尿液中没有 LPS。

【参考值】

酶法:<220U/L。

【临床意义】

1. LPS 增高 ①胰腺疾病:特别是急性胰腺炎。急性胰腺炎发病后 4~8 小时,LPS 开始

笔记栏

升高,24小时达到峰值,可持续 10~15 天,并且 LPS 增高可与 AMY 平行,但有时其增高的时间更早,持续时间更长,增高的程度更明显。LPS 诊断急性胰腺炎的灵敏度与特异性较 AMY 更高。AMY 与 LPS 联合检测的灵敏度可达 95%。由于 LPS 增高持续时间较长,在病程的后期检测 LPS 更有利于观察病情变化和判断预后。另外,LPS 增高也可见于慢性胰腺炎,但其增高的程度较急性胰腺炎为低。②非胰腺疾病:LPS 增高也可见于消化性溃疡穿孔、肠梗阻、急性胆囊炎等。

2. LPS 减低　胰腺癌或胰腺结石所致的胰腺导管阻塞时,LPS 活性可减低。LPS 减低的程度与梗阻部位、梗阻程度和剩余胰腺组织的功能有关。

第八节　临床常用免疫学检查

免疫学检查因具有高度特异性和敏感性,在临床上占有重要而不可替代的作用,这些检查项目主要用于感染性疾病、免疫系统疾病、变态反应性疾病、肿瘤的诊断、鉴别诊断和预后,以及抑制后免疫监测和治疗等。

一、体液免疫检测

(一) 免疫球蛋白检测

免疫球蛋白(immunoglobulin,Ig)是具有抗体活性的球蛋白,在免疫应答中 B 淋巴细胞转化为浆细胞,由浆细胞合成分泌。Ig 存在于人体的血液、体液、外分泌液和某些细胞膜上。按其功能和理化性质分为 IgG、IgA、IgM、IgE、IgD 五大类(表 7-5)。

表 7-5　各类 Ig 的特性及免疫功能

Ig 类型	特性	免疫功能
IgG	1. 占血清 Ig 总量的 70%~80% 2. 是唯一能通过胎盘的 Ig 3. 是半衰期最长的 Ig(16~24 日)	1. 机体抗感染起主要作用 2. 新生儿通过母体获得免疫力
IgA	1. 血清型占 Ig 总量的 10%~15% 2. 分泌型(SIgA)存在于分泌液(消化道、呼吸道、泌尿生殖道、泪液)	1. 机体局部抗感染起重要作用 2. 通过哺乳婴儿从母体初乳中获得局部免疫力
IgM	1. 占血清 Ig 总量的 5%~10% 2. 免疫应答中产生最早的 Ig 3. 是红细胞 ABO 血型的天然 Ig	1. 最早发挥免疫效应的 Ig 2. 具有很强的激活补体、凝集和溶解细胞作用
IgE	1. 占血清 Ig 总量的 0.002%,含量极微 2. 结合肥大细胞膜,是亲细胞性抗体	1. 与过敏反应的发生相关 2. 与寄生虫感染有关
IgD	占血清 Ig 总量的 0.02%~1%	功能尚不完全明确

【参考值】

免疫比浊法:血清 IgG 7.0~16.6g/L,血清 IgA 0.7~3.5g/L,唾液 SIgA 0.3g/L,泪液 SIgA 30~80g/L,初乳 SIgA 平均 5.06g/L,粪便 SIgA 平均 1.3g/L;IgM 0.5~2.6g/L。

ELISA(酶联免疫吸附试验)法:IgE 0.1~0.9mg/L。

【临床意义】

凡引起 B 淋巴细胞增生活跃或浆细胞增多的疾病均可导致 Ig 增高;凡各种原因导致免疫缺陷、免疫低下或使用免疫抑制剂,均可导致 Ig 降低。

1. Ig 增高

(1) IgG 增高:是再次免疫应答的标志。常见于各种慢性感染、慢性肝病、胶原血管病、淋巴瘤以及自身免疫性疾病如系统性红斑狼疮、类风湿关节炎等。单纯性 IgG 增高主要见于免疫增殖性疾病,如 IgG 型分泌型多发性骨髓瘤等。

(2) IgA 增高:见于系统性红斑狼疮、类风湿关节炎、肝硬化、湿疹和肾脏疾病、IgA 型多发性骨髓瘤等;在中毒性肝损伤时,IgA 浓度与炎症程度相关。

(3) IgM 增高:见于初期病毒性肝炎、肝硬化、系统性红斑狼疮、类风湿关节炎等。单纯 IgM 增加常提示为病原体引起的原发性感染。原发性巨球蛋白血症患者 IgM 呈单克隆显著升高。

(4) IgE 增高:见于肝脏病、结节病、类风湿关节炎、IgE 型多发性骨髓瘤,及各种过敏性疾病,如过敏性哮喘、过敏性鼻炎、荨麻疹、过敏性皮肤病、寄生虫感染等。

2. Ig 降低　见于各种先天性或获得性体液免疫缺陷病、长期使用免疫抑制剂、代谢性疾病(如甲状腺功能亢进、肌营养不良)等。

(二)血清补体检测

补体(complement,C)是一组存在于血清和组织液中的具有酶活性的蛋白质。补体由 30 余种可溶性蛋白质与膜结合蛋白组成,故称为补体系统,包括 $C_1 \sim C_9$、B、D、P 因子等。补体经传统途径或替代途径激活而具有酶活性。补体系统以非特异性方式参与免疫调节,与抗体协同或单独对机体防御起重要作用,但在某些状态下也引起炎症反应,导致自身组织细胞损伤。

1. 总补体溶血活性检测　总补体溶血活性也称为 50% 总补体溶血活性(CH_{50})。补体 $C_1 \sim C_9$ 能使经抗体致敏的绵羊红细胞溶解,其溶血程度与补体量呈正相关,为 S 形曲线关系。通常以 50% 溶血作为检测终点。

【参考值】

试管法:50~100kU/L。

【临床意义】

CH_{50} 主要反映补体传统活化途径 $C_1 \sim C_9$ 的活性程度。CH_{50} 增高见于急性炎症、急性组织损伤和恶性肿瘤等。CH_{50} 降低对疾病诊断更有意义,主要由于消耗过多、合成减少等原因导致,多见于各种自身免疫性疾病(如系统性红斑狼疮、类风湿关节炎、强直性脊柱炎等)、急性肾小球肾炎、感染性心内膜炎、大面积烧伤、严重感染、病毒性肝炎、慢性肝病、肝硬化等。

2. 补体 C_3 含量检测　C_3 是补体的第三成分,主要由吞噬细胞和肝细胞合成,在 $C_1 \sim C_9$ 中含量最高,是激活补体的传统途径和替代途径的关键物质。

【参考值】

0.8~1.5g/L。

【临床意义】

(1) C_3 增高:多见于急性炎症、传染病早期、肿瘤、排异反应、急性组织损伤等。

(2) C_3 降低:由于消耗、或丢失过多或是由于合成能力降低造成。见于系统性红斑狼疮

笔记栏

和类风湿关节炎活动期、大多数肾小球肾炎（如链球菌感染后肾小球炎、狼疮性肾炎、基底膜增殖性肾小球肾炎）、慢性活动性肝炎、慢性肝病、肝硬化、肝坏死、先天性补体缺乏等。

3. 补体 C_4 含量检测　C_4 是一种多功能 β_1 球蛋白，在补体活化、促进吞噬、中和病毒、防止免疫复合物沉淀等方面发挥重要作用。

【参考值】

0.20~0.60g/L。

【临床意义】

C_4 增高见于急性风湿热、结节性动脉周围炎、皮肌炎、心肌梗死、组织损伤等。C_4 降低见于系统性红斑狼疮、自身免疫性肝炎、多发性硬化症、类风湿关节炎、狼疮性肾病、1 型糖尿病、胰腺癌等。

二、细胞免疫检测

人体的淋巴细胞根据功能不同分为 T 淋巴细胞、B 淋巴细胞、NK 细胞和 K 细胞等。临床常对淋巴细胞表面标志进行检查，以了解机体细胞免疫情况。

（一）T 淋巴细胞表面标志测定

T 淋巴细胞表面有多种特异性抗原，称为白细胞分化抗原（cluster differentiation，CD）。主要有：CD_3 代表所有 T 细胞；CD_4 代表辅助性 T 细胞（TH），其功能是诱导 B 细胞增殖分化，产生抗体，发挥体液免疫效应；CD_8 代表抑制 T 细胞（TS）等，其功能是抑制机体的细胞免疫和体液免疫。

【参考值】

免疫荧光法（IFA）：CD_3：$63.1\%\pm10.8\%$；CD_4（TH）：$42.8\%\pm9.5\%$；CD_8（TS）：$19.6\%\pm5.9\%$；$CD_4/CD_8=(2.2\pm0.7)/1$。

【临床意义】

1. CD_3 降低　见于自身免疫性疾病，如系统性红斑狼疮（SLE）、类风湿关节炎等。

2. CD_4 降低　遗传性免疫缺陷病、免疫抑制剂应用者、恶性肿瘤等。

3. CD_8 降低　见于自身免疫性疾病、变态反应性疾病等。

4. CD_4/CD_8 比值降低　见于艾滋病等。

5. CD_4/CD_8 比值增高　见于恶性肿瘤、自身免疫性疾病、变态反应、病毒感染等。做器官移植手术后 CD_4/CD_8 比值增高，提示发生排斥反应。

（二）B 淋巴细胞表面标志检测

用 CD_{19}、CD_{20}、CD_{21}、CD_{22} 等单克隆抗体，在一定条件下分别与 B 淋巴细胞表面分化抗原结合，通过流式细胞法进行检测，分别算出 CD_{19}、CD_{20}、CD_{21}、CD_{22} 阳性细胞百分率。CD_{19} 为全部 B 淋巴细胞共有的表面标志，B 淋巴细胞活化后不消失，因此是最重要的 B 淋巴细胞标志分子。

【参考值】

流式细胞法：CD_{19} 细胞 $11.74\%\pm3.73\%$。

【临床意义】

CD_{19} 比率增高见于 B 淋巴细胞性恶性肿瘤；降低见于体液免疫缺陷。

> ### 知识链接
>
> ### 细 胞 因 子
>
> 细胞因子(cytokine,CK)是一类由免疫细胞(淋巴细胞、单核巨噬细胞等)和相关细胞(成纤维细胞、内皮细胞等)产生的调节细胞功能的高活性、多功能、低分子蛋白质,不包括免疫球蛋白、补体和一般生理性细胞产物。细胞因子检测是判断机体免疫功能的一个重要指标。目前,常用细胞因子有白细胞介素(IL-2、IL-4、IL-6、IL-8)、肿瘤坏死因子、干扰素、集落刺激因子、红细胞生成素等。

(三)肿瘤坏死因子测定

肿瘤坏死因子(tumor necrosis factor,TNF)由 T 淋巴细胞、单核细胞等产生,是能引起肿瘤组织出血坏死的细胞因子,并参与免疫调节,具有抗感染效应。

【参考值】

ELISA 法:(4.3±2.8)μg/L。

【临床意义】

TNF 具有抗肿瘤作用,杀伤和破坏肿瘤细胞;能抑制病毒复制和杀伤病毒感染细胞;有炎症介质作用,能阻止内毒素休克。血中 TNF 水平增高,对某些感染性疾病的病情观察有价值。

(四)白介素 -2 活性及其受体测定

白介素 -2(interleukin-2,IL-2)是白细胞介素中的一种。主要由活化 T 细胞产生,是具有多向性作用的细胞因子(主要促进淋巴细胞生长、增殖、分化)。它对机体的免疫应答和抗病毒感染等有重要作用。

【参考值】

IL2:^{3}HTdR 掺入法为 5~15kU/L。

【临床意义】

IL-2 增高可见于自身免疫性疾病(系统性红斑狼疮、类风湿关节炎等)、再生障碍性贫血、多发性骨髓瘤、排斥反应等。IL-2 降低见于免疫缺陷病(艾滋病、联合免疫缺陷病等)、恶性肿瘤、1 型糖尿病、某些病毒感染等。IL-2R 对急性排斥反应和免疫性疾病有诊断意义,可作为病情观察和药效监测的一项指标。

三、自身抗体检测

自身抗体检测用于诊断自身免疫性疾病。当机体免疫功能紊乱,对自身组织细胞发生免疫应答,产生自身抗体,造成组织损害和功能障碍,称为自身免疫性疾病(autoim-mune disease,AID)。检测自身抗体是诊断自身免疫性疾病的重要方法之一。

(一)类风湿因子测定

类风湿因子(rheumatoid factor,RF)是因变性的 IgG 成为自身抗原,刺激机体产生的一种自身抗体,主要为 IgM、IgG 和 IgA 型。

【参考值】

浊度分析法:<20U/ml。

【临床意义】

RF 增高主要见于类风湿性疾病。其中类风湿关节炎 RF 阳性率达 70%。IgG 型与类风湿关节炎患者对滑膜炎、血管炎和关节外症状相关;IgA、IgM 型与骨质破坏有关。RF 增高是类风湿关节炎活动性的指标。其他自身免疫性疾病也可见 RF 增高,如多发性肌炎、干燥综合征、硬皮病、系统性红斑狼疮、慢性活动性肝炎等。

(二) 抗核抗体测定

抗核抗体(antinuclear antibody,ANA)是以细胞核成分为靶细胞的自身抗体的总称,其细胞核成分包括脱氧核糖核蛋白(DNP)、DNA、RNA、核抗原(ENA)等。由于核抗原成分的多样性,每种抗原均可产生相对应的抗体,故形成了抗核抗体的多样性和复杂性,用免疫荧光法检测时形成不同的图像,是鉴别诊断的基础。

【参考值】

IFA 法:阴性,血清稀释度 <1∶40。

【临床意义】

ANA 阳性被作为自身免疫性疾病的筛选试验。当血清稀释度 >1∶40 认定为阳性,其中 <1∶80 为弱阳性,1∶(80~320)为中等阳性,>1∶320 为强阳性。系统性红斑狼疮患者 ANA 阳性率达 80%~100%,系统性红斑狼疮活动期 ANA 达 100% 阳性。ANA 阳性还见于混合性结缔组织病(100%)、全身硬皮病(85%~90%)、多发性肌炎(30%~90%)、狼疮性肝炎(95%~100%),以及类风湿关节炎、桥本甲状腺炎等。

(三) 抗 DNA 抗体测定

抗脱氧核糖核酸抗体(anti-DNA antibody,抗 -DNA)包括抗双链 DNA 抗体(ds-DNA)和抗单链 DNA 抗体(ss-DNA),其中抗 ds-DNA 抗体单靶细胞是细胞核中的 DNA 双螺旋结构,有重要的临床诊断意义。

【参考值】

阴性。

【临床意义】

抗 ds-DNA 抗体阳性是系统性红斑狼疮的重要诊断指标,有 70%~90% 的系统性红斑狼疮活动期患者呈阳性。此外,少数风湿患者也可呈阳性。

(四) 抗甲状腺球蛋白抗体测定

甲状腺球蛋白(thyroglobulin,TG)是由甲状腺细胞合成的一种糖蛋白,抗甲状腺球蛋白抗体主要是 IgG,对桥本甲状腺炎的诊断有重要意义。

【参考值】

阴性。

【临床意义】

有 90%~95% 的桥本甲状腺炎、52%~58% 的甲状腺功能亢进、35% 左右的甲状腺癌患者抗 TG 呈阳性。此外,重症肌无力、肝脏病、糖尿病以及少数 40 岁以上妇女也可呈阳性。

四、肿瘤标志物检测

肿瘤标志物(tumor marker,TM)是指由肿瘤细胞,自身合成、释放的某种蛋白质,或机体对肿瘤细胞反应而产生的某类物质,因与肿瘤的存在和发生发展密切相关,故称为肿瘤标志物。肿瘤标志物包括蛋白质类、酶类、激素、核酸和糖蛋白等。肿瘤标志物在肿瘤普查、辅助诊断、疗效观察和预后判断中有重要意义,同时因为是肿瘤相关抗原,其检测结果并非完全特异性,因此,利用肿瘤标志物进行诊断、鉴别诊断和疗效判断时,要结合临床表现和其他辅助检查,综合分析判断。

(一) 血清甲胎蛋白测定

甲种胎儿球蛋白简称甲胎蛋白(alpha fetoprotein,AFP)是在胎儿早期由肝脏合成的一种糖蛋白,正常人出生后 AFP 合成被抑制,AFP 检测呈阴性。当肝细胞和生殖腺胚胎组织发生恶性病变时,相关基因被重新激活,细胞重新合成 AFP,血中 AFP 升高。

【参考值】

定性试验:阴性;定量(ELISA 法):$<25\mu g/L$。

【临床意义】

1. AFP 增高主要见于原发性肝细胞癌,其诊断阈值为 $>300\mu g/L$,其阳性率为 67.8%~74.4%,约 10%~20% 的原发性肝细胞癌患者 AFP 可呈阴性。

2. 生殖腺胚胎癌(睾丸癌、卵巢癌、畸胎癌等)、胃癌、胰腺癌,AFP 可增高。

3. 病毒性肝炎、肝硬化、妊娠等,AFP 可有不同程度增高,一般 $<300\mu g/L$。

(二) 血清癌胚抗原测定

癌胚抗原(carcinoembryonic antigen,CEA)是胎儿早期合成的蛋白复合物,妊娠 6 个月后含量减少,出生后含量极低。部分恶性肿瘤患者血清中 CEA 含量明显增高,对肿瘤的诊断、预后、复发判断有一定价值。

【参考值】

定性试验:阴性;定量(ELISA 法):$<5\mu g/L$。

【临床意义】

1. CEA 明显增高见于胰腺癌、结肠癌、乳腺癌、肺癌等患者,常超过 $60\mu g/L$,其中 90% 胰腺癌患者检测 CEA 增高。

2. 动态观察病情,当病情好转时 CEA 下降,而病情加重时 CEA 增高。

3. 胰腺炎、结肠炎、肝脏疾病、肺气肿、支气管哮喘发作 CEA 轻度增高。

4. 胃液和唾液中 CEA 增高,对胃癌诊断有参考价值。

(三) 血清癌抗原 153 测定

【参考值】

ELISA 法:<2.5 万 U/L。

【临床意义】

血清癌抗原 153(CA153)是一种乳腺癌相关抗原,对于乳腺癌治疗效果和病情监测有一定价值,但不能用于乳腺癌的早期诊断。

(四) 血清癌抗原 125 测定

【参考值】

ELISA 法:<3.5 万 U/L。

【临床意义】

癌抗原 125(CA125)是一种糖蛋白性肿瘤相关抗原。CA125 明显增高见于卵巢癌,其阳性率 60%~90%,对诊断卵巢癌有重要价值。子宫内膜癌、宫颈癌、乳腺癌也可出现 CA125 增高。性卵巢癌、子宫肌瘤以及肝硬化失代偿 CA125 也可增高。

笔记栏

（五）糖链抗原 199 测定

【参考值】

ELISA 法：<3.7 万 U/L。

【临床意义】

目前认为，糖链抗原 199（carbohydrate antigen 199，CA199）是胰腺癌的首选肿瘤标志物，在胰腺癌早期即具有很高的敏感性和特异性。若与 CEA 同时测定，敏感性还可进一步提高。仅约 5%~10% 的胰腺癌患者 CA199 的血清浓度不升高。连续检测 CA199 对病情进展、手术疗效、预后估计及复发诊断有重要价值。CA199 在胆囊癌、胆管癌、胃癌、结肠癌等患者中也可明显升高，若结合 CEA 检测，对胃癌诊断符合率可达 85%。急性胰腺炎、胆汁淤积型胆管炎、胆石症、急性肝炎、肝硬化等患者，血清 CA 199 也可出现不同程度的升高。

（六）血清前列腺特异性抗原测定

前列腺特异抗原（prostate specific antigen，PSA）是一种由前列腺腺管上皮细胞分泌的糖蛋白，在前列腺癌时血清 PSA 明显增高。血清总 PSA（t-PSA）以两种形式存在，80% 以结合形式存在（c-PSA），20% 以游离形式存在（f-PSA），其比值对诊断更有特异性和准确性。

【参考值】

ELISA 法：t-PSA<4.0μg/L，f-PSA<0.8μg/L，f/t 比值 >0.25。

【临床意义】

前列腺癌患者 60%~90% 血清中 PSA 明显增高。当 t-PSA 处于 4.0~10.0μg/L，f-PSA/t-PSA<0.1 时常提示前列腺癌。90% 患者在手术切除肿瘤后，血清 PSA 明显下降，如术后 PSA 水平又增高，提示肿瘤已有转移或复发。良性前列腺瘤、前列腺肥大、急性前列腺炎时，约 14% 患者血清 PSA 水平轻度增高，此时应注意鉴别。

五、感染免疫检测

（一）C 反应蛋白检测

C 反应蛋白（C-reactive protein，CRP）是一种肝脏合成的，能与肺炎双球菌细胞壁上的多糖起反应的急性时相反应蛋白，广泛存在于血清和其他体液中。CRP 除了能结合多种细菌、真菌及寄生虫等体内的多糖，还可以与卵磷脂和核酸结合，有激活补体、促进吞噬和调节免疫的作用。

【参考值】

速率散射比浊法：<2.87mg/L。

【临床意义】

CRP 是急性时相反应极灵敏的指标。CRP 升高见于各类感染类疾病，如化脓性感染、组织坏死（如心肌梗死、严重创伤、大手术、烧伤等）、恶性肿瘤、结缔组织病及器官移植排斥反应等。CRP 在非细菌性感染中不升高，因此可用于鉴别细菌性或非细菌性感染；CRP 在风湿热活动期升高，稳定期不升高，可用于判断风湿热阶段；CRP 在器质性疾病中升高，功能性疾病中不升高。生理情况下，孕妇 CRP 含量较高。

（二）病毒性肝炎血清标志物检测

目前已知的肝炎病毒有 7 型，即甲型（HAV）、乙型（HBV）、丙型（HCV）、丁型（HDV）、戊型（HEV）、庚型（HGV）和输血传播肝炎病毒（TTV 病毒）。肝炎病毒标志物主要包括各型肝炎病毒相关抗原、抗体及核酸，一般实验室可通过检查相关病毒的血清学标志物来获取肝炎病毒的感染情况。本节主要介绍常见的甲型、乙型和丙型肝炎标志物检测。

1. 甲型肝炎病毒抗体测定 机体感染 HAV 后,可产生相关的抗体。临床常用酶标(EIA)和放射免疫(RIA)方法做血清学检查检测抗 HAV 抗体,包括抗 HAV-LgG 和抗 HAV-lgM 抗体。

【参考值】

ELISA 和 RIA 法:阴性;lgG 阳性可见于感染后的人群。

【临床意义】

(1) 抗 HAV-lgM:是甲型肝炎的特异性早期诊断标志,提示 HAV 感染期,在急性期早期即出现,特异性高,约持续半年。

(2) 抗 HAV-IgG:在急性期后期和恢复期出现,长期持续提示既往感染,是获得免疫力的标志。检测抗 HAV-IgG 可了解人群对 HAV 的免疫水平,可作为流行病学调查的指标。

2. 乙型肝炎病毒标志物测定 乙型肝炎病毒(HBV)为嗜肝 DNA 病毒,完整的 HBV 颗粒又称 Dane 颗粒,分为包膜与核心两部分。主要通过血液途径进行传播,亦可由性接触传播和母婴垂直传播。机体感染 HBV 后产生相应的免疫反应,形成三种不同的抗原抗体系统。

(1) 乙型肝炎病毒表面抗原(HBsAg):HBsAg 是 HBV 中 Dane 颗粒外层的脂蛋白膜,在感染后 1~2 个月出现于血清中,可持续数周,甚至数年。

【参考值】

阴性。

【临床意义】

阳性者见于急性乙型肝炎潜伏期、急性期、慢性或迁延性乙型肝炎活动期、肝炎后肝硬化或原发性肝癌、无症状 HBsAg 长期携带者。发病后 3 个月不转为阴性,则易发展成慢性乙型肝炎或肝硬化。HBsAg 本身不具传染性,但因其常与 HBV 同时存在,常作为传染性标志之一。

(2) 乙型肝炎病毒表面抗体(HBsAb):HBsAb 是针对 HBsAg 的保护性抗体,它对 HBsAg 有中和作用,是机体具有免疫力的标志。

【参考值】

阴性。

【临床意义】

阳性者见于:①受过 HBV 感染。②注射疫苗后如抗体滴度明显提高,表示疫苗免疫效果好。③观察乙型肝炎病程,HBsAb 出现即表示疾病处于恢复期,预后良好。HBsAb 约在感染后 3~6 个月出现,可持续多年。

(3) 乙型肝炎病毒 e 抗原(HBeAg):HBeAg 是 HBV 核心颗粒中的一种可溶性蛋白质,具有抗原性。

【参考值】

阴性。

【临床意义】

HBeAg 为 HBV 急性感染的早期标志。阳性者表明乙肝病毒处于复制期,肝细胞有进行性损害并具有高度传染性。HBeAg 存在于血清中的时间短,约 3~6 周,如患者持续阳性,表明肝细胞损害较重,可发展为慢性乙型肝炎或肝硬化;HBeAg 如长期阳性,无抗体出现表示慢性乙型肝炎活动期,而 HBeAg 转变成抗 -HBe 阳性表示疾病在恢复;慢性迁延性乙型肝炎患者和 HBsAg 携带者中如 HBsAg、HBeAg 和抗 -HBc 三项均为阳性称为大三阳,具高度传染

笔记栏

性、难以转阴。

（4）乙型肝炎病毒 e 抗体（HBeAb）：HBeAb 是患者或携带者经 HBeAg 刺激后产生的一种特异性抗体。

【参考值】

阴性。

【临床意义】

HBeAb 阳性表示大部分乙肝病毒被消除，病毒复制在减少，传染性在减低，但并非无传染性。一些慢性乙型肝炎、肝硬化、肝癌患者可检出 HBeAb。

（5）乙型肝炎病毒核心抗体（HBcAb）：HBcAb 有 IgM、IgG 和 IgA 三种，实验室通常检测抗 -HBc 总抗体和 IgM 类抗体。

【参考值】

抗 HBc 总抗体：阴性。

抗 HBc-IgM：阴性。

【临床意义】

急慢性乙肝、肝癌患者可见抗 -HBc 总抗体阳性，抗 -HBc 总抗体对机体无保护作用，阳性可持续数十年甚至终身。抗 -HBc-IgM 阳性见于急性乙型肝炎发病期，是乙肝病毒近期感染的敏感指标，也是 HBV 在体内持续复制的指标，提示患者有传染性；其检出率比 HBsAg 更敏感，可作为 HBsAg 阴性的 HBV 感染的敏感指标。抗 -HBc-IgM 阴转，提示乙肝逐渐恢复。HBcAb 也可用作乙型肝炎疫苗和血液制品的安全性鉴定和献血员的筛选，也可用于治疗药物选择及疗效观察（表 7-6）。

表 7-6　HBV 标志物检测与分析

HBsAg	抗 -HBs	HBeAg	抗 -HBe	抗 -HBc	检查结果分析
+	−	−	−	−	HBV 携带者 / 乙肝患者潜伏期
−	+	−	−	−	病后或接种乙肝疫苗后获得性免疫
−	−	−	−	+	既往 HBV 感染，未产生抗 -HBs
+	−	+	−	−	急性 HBV 感染早期，HBV 复制活跃
+	−	+	−	+	俗称"大三阳"，HBV 复制活跃，传染性强
+	−	−	+	+	俗称"小三阳"，HBV 复制停止，传染性低
−	+	−	−	+	HBV 感染恢复阶段

3. 丙型肝炎病毒抗体（HCVAb）

【参考值】

ELISA 和 RIA 法均为阴性。

【临床意义】

可用 ELISA 法测抗 -HCV 抗体，但出现晚，多用于献血员筛选；IgM 主要用于早期诊断，持续阳性常可作为转为慢性肝炎的指标，或提示病毒持续存在并有复制，是判断病情活动性的指标之一；IgG 阳性表明已有 HCV 感染，但不能作为感染的早期指标，在疾病早期如检测不到抗 -HCV 抗体，可做 HCV-RNA 检测，以排除 HCV 感染。

(三) 抗链球菌溶血素"O"检测

溶血素"O"是 A 群溶血性链球菌产生的毒素,具有溶解红细胞、杀伤白细胞、损害心肌等作用。人体感染链球菌后,溶血素"O"刺激机体产生的相应抗体称为抗链球菌溶血素"O"抗体(抗 O 或 ASO)。

【参考值】

阴性。乳胶法(LAT):<400U/L;免疫比浊法:0~200IU/L。

【临床意义】

1. ASO>400U/L 并逐渐增高,提示近期有 A 群溶血性链球菌感染,可辅助诊断活动性风湿热、风湿性关节炎、风湿性心脏病、急性肾小球肾炎等;当 ASO 滴度逐渐下降表明病情缓解;当 ASO 恒定在高水平疾病处于活动期。

2. ASO 增高还见于皮肤软组织化脓性感染、急性上呼吸道感染、A 群溶血性链球菌所致败血症等。

(四) 伤寒与副伤寒的血清学检查

伤寒沙门菌感染人体后,菌体 O 抗原和鞭毛 H 抗原可刺激人体产生相应的抗体;副伤寒杆菌分甲、乙、丙三型,其各自的菌体抗原和鞭毛抗原亦产生相应的抗体。

1. **肥达反应(Widal reaction,WR)** 为常用的伤寒和副伤寒感染的免疫学检测方法,它是利用伤寒和副伤寒菌液为抗原。检测患者血清中有无相应抗体的一种凝集试验。

【参考值】

直接凝集法:伤寒 H<1:160;O<1:80;副伤寒甲、乙、丙三型均<1:80。

【临床意义】

(1) 单份血清抗体效价 H≥1:160 及 O≥1:80 者有诊断意义。动态观察(每 5~7 天检测一次)若抗体效价随病程延长而升高 4 倍以上,更具有诊断价值。

(2) 感染伤寒菌后,O 抗体(IgM)出现较早,维持时间仅半年左右;H 抗体(IgG)出现稍晚,维持时间可达数年。若 O 增高而 H 不高,可能是感染早期或其他沙门菌引起的交叉反应;若 H 增高而 O 不高,可能是预防接种伤寒疫苗或非特异性回忆反应所致。

2. **伤寒和副伤寒沙门菌 IgM 测定**

【参考值】

ELISA 法:阴性;或抗体滴度<1:20。

副伤寒甲、乙、丙三型均<1:80。

【临床意义】

IgM 抗体于发病一周即出现升高,有早期诊断价值。

(五) 结核分枝杆菌抗体和 DNA 检测

用结核菌素纯蛋白衍生物(PPD)、分枝杆菌细胞壁中提取的脂阿拉伯甘露糖脂(LAM)或人型结核杆菌包膜蛋白作为抗原,检测血清中抗结核抗体,可帮助诊断结核病。

【参考值】

ELISA 法:结核抗体阴性;PCR 法:结核分枝杆菌 DNA 阴性。

【临床意义】

血清学方法检测结核抗体其敏感性和特异性可达 90%,比痰涂片抗酸染色、结核菌培养等方法更简便、快速、灵敏。结核抗体弱阳性可见于健康人群,应注意鉴别。PCR 法检测结核分枝杆菌 DNA 灵敏、快速且特异性强。

笔记栏

（六）梅毒血清学检测

梅毒螺旋体（treponema pallidum，TP）是人类梅毒的病原体，主要通过性接触传播，其次可通过胎盘母婴传播引起先天性梅毒。测定特异性抗体的确诊试验有：梅毒螺旋体血凝试验（TPHA）、荧光密螺旋体抗体吸收试验（FTA-ABS）；测定非特异性抗体的定性试验有：快速血浆反应素试验（RPR）、不加热血清反应素试验（USR）、性病研究实验室试验（VDRL）。

【参考值】

以上试验均为阴性。

【临床意义】

1. 非特异性抗体的定性试验用于初筛，一期梅毒阳性率为70%，二期梅毒阳性率为100%. 在此基础上进行确诊试验。

2. 确诊试验 FTA-ABS 敏感性高、特异性强，如为阳性可确诊梅毒。

（七）艾滋病抗体和 RNA 检测

获得性免疫缺陷综合征（acquired immunodeficiency disease，AIDS）简称为艾滋病（AIDS），是由人类免疫缺陷病毒（HIV，即艾滋病毒）感染引起的严重传染病。人感染 HIV 数周至半年后可在血清中产生抗 -HIV 抗体。HIV 进入细胞后即与宿主细胞 DNA 整合，不能在细胞内清除，因此，HIV 抗体阳性可持续终身。目前检测 HIV 抗体是确定 HIV 感染的主要手段。用 PCR 技术测定 HIV-RNA 有确诊价值。

【参考值】

筛选试验（ELISA 法）：抗体阴性；确诊试验（蛋白印迹试验）：RNA 阴性。

【临床意义】

抗 HIV 确诊试验阳性，特别是 HIV-RNA 阳性，对确定艾滋病毒感染诊断和早期诊断很有价值。对已有临床症状者可诊断为艾滋病；对 HIV 抗体阳性、无症状者 HIV 携带者，HIV 抗体可持续数年、数十年甚至终身。

第九节 血液气体分析和酸碱度测定

血液气体和酸碱平衡正常是机体内环境稳定、保证健康的一个重要方面。血液气体分析直接测定血液的酸碱度（pH）、氧分压（PO_2）、二氧化碳分压（PCO_2）三项指标，利用公式推算出其他指标，由此可以了解 O_2 的供应情况及酸碱平衡的情况，是危重患者抢救和手术患者监护的重要指标之一，尤其对重症呼吸系统患者进行监护、判定预后、呼吸衰竭及低氧血症分型、指导氧疗和机械通气有重要意义。

一、常用的血气分析指标

（一）动脉血氧分压

动脉血氧分压（PaO_2）是指动脉血中物理溶解的氧分子所产生的压力，随年龄增长而降低。

【参考值】

95~100mmHg（12.6~13.3kPa）。

【临床意义】

1. 判断有否缺氧及缺氧的程度 造成低氧血症的原因有肺泡通气不足、通气 / 血流比例失调、弥散功能障碍等。根据 PaO_2 的高低,将低氧血症分为轻、中、重三型:轻型 60~80mmHg(8.0~10.7kPa);中型 40~60mmHg(5.3~8.0kPa);重型 <40mmHg(5.3kPa)。当 PaO_2 低于 20mmHg 时,有氧代谢不能正常进行,生命难以维持。

2. 判断有无呼吸衰竭 若在安静状态下呼吸时 PaO_2<60mmHg(8kPa),且除外其他因素所致的低氧血症,即可诊断为呼吸衰竭。根据动脉血气,呼吸衰竭可分为Ⅰ型和Ⅱ型。Ⅰ型是指缺氧而无 CO_2 潴留(PaO_2<60mmHg,$PaCO_2$ 降低或正常);Ⅱ型是指缺氧伴有 CO_2 潴留(PaO_2<60mmHg,$PaCO_2$>50mmHg)。

(二) 动脉血氧饱和度

动脉血氧饱和度(SaO_2)是指动脉血中氧与血红蛋白结合的程度,是单位血红蛋白含氧的百分数,由于并非所有血红蛋白全部都能氧合,而且血中还存在其他血红蛋白,因此 SaO_2 难以达到 100%。

【参考值】

95%~98%。

【临床意义】

1. 可用于判断机体是否缺氧,但是反映缺氧并不敏感 SaO_2 与 PaO_2 的相关曲线称氧合血红蛋白解离曲线,呈 S 型,即 PaO_2 在 60mmHg 以上,曲线平坦,在此段即使 PaO_2 有大幅度变化,SaO_2 的增减变化很小;曲线中部陡直,组织中 PaO_2 稍减低,SaO_2 则明显减低,有利于 O_2 的释放以供组织需要。因此,较轻度缺氧时尽管 PaO_2 已有明显下降,SaO_2 可无明显变化。

2. 氧合血红蛋白解离曲线 受 pH、$PaCO_2$、温度和红细胞内 2,3 二磷酸甘油酸 (2,3-DPG)含量等因素影响而左右移动。pH 降低,曲线右移,在相同 PaO_2 条件下,SaO_2 有所下降,此时在肺内虽不利于血红蛋白从肺泡摄取氧,但在外周氧合血红蛋白易于释放氧,可防止组织缺氧;pH 升高,曲线左移,SaO_2 虽增高,但氧合血红蛋白不易释放氧,会加重组织缺氧。

(三) 动脉血二氧化碳分压

动脉血二氧化碳分压($PaCO_2$)是指动脉血中物理溶解的 CO_2 分子所产生的压力,是衡量肺泡通气功能的指标。

【参考值】

35~45mmHg(4.7~6.0kPa)。

【临床意义】

1. 判断呼吸衰竭类型与程度 Ⅰ型呼吸衰竭,无 CO_2 潴留,故 $PaCO_2$ 正常或略低;Ⅱ型呼吸衰竭,$PaCO_2$>50mmHg(6.67kPa);如发生肺性脑病,$PaCO_2$ 一般应 >70mmHg(9.93kPa)。

2. 判断酸碱平衡失调 患有慢性阻塞性肺病、哮喘、呼吸肌麻痹等疾病出现肺泡通气不足时,$PaCO_2$ 增高,当 $PaCO_2$>45mmHg 提示呼吸性酸中毒;各种原因所致的通气增加时,肺泡通气过度,$PaCO_2$ 下降,当 $PaCO_2$<35mmHg 提示呼吸性碱中毒。在代谢性酸碱平衡失调时,$PaCO_2$ 会发生相应变化,如代谢性酸中毒时,$PaCO_2$ 会代偿性降低,最大代偿极限为 $PaCO_2$ 降至 10mmHg;代谢性碱中毒时,$PaCO_2$ 会代偿性升高,最大代偿极限为 $PaCO_2$ 升至 55mmHg。

(四) pH 值

pH 值是血液中氢离子浓度[H^+]的负对数值,反映血液的酸碱度。pH 值的高低取决于血液中碳酸氢盐缓冲对($BHCO_3/H_2CO_3$),当两者比值为 20:1 时,血 pH 为 7.40,其中碳酸氢

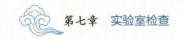

盐由肾脏调节,碳酸由肺脏调节。

【参考值】

动脉血 pH:7.35~7.45,平均 7.40;静脉血 pH:7.31~7.41;[H⁺]35~45mmol/L,平均 40mmol/L。

【临床意义】

pH 值是判断酸碱失调中机体代偿程度的重要指标。pH<7.35 为失代偿性酸中毒;pH>7.45 为失代偿碱中毒;pH 在正常范围有三种可能:无酸碱失衡、代偿性酸碱失衡或混合性酸碱失衡,需结合其他酸碱平衡检查指标进行综合判断。

(五) 碳酸氢盐

碳酸氢盐(HCO_3^-)包括标准碳酸氢盐(standard bicarbonate,SB)和实际碳酸氢盐(actual bicarbonate,AB),是反映机体酸碱代谢状况的指标。

1. 标准碳酸氢盐　SB 是指动脉血在 38℃、$PaCO_2$ 在 40mmHg(5.33kPa)、SaO_2 100% 的标准条件下,所测得的血浆碳酸氢盐(HCO_3^-)的含量。

【参考值】

22~27mmol/L,平均 24mmol/L。

【临床意义】

不受呼吸因素影响,为血液碱储备,能够准确地反映代谢性酸碱平衡的指标。

2. 实际碳酸氢盐　AB 是指隔绝空气的血标本,在实际条件下测得的 HCO_3^- 的含量。

【参考值】

22~27mmol/L,平均 24mmol/L。

【临床意义】

AB 受呼吸性和代谢性双重因素的影响。正常 AB=SB。AB 与 SB 的差值,反映呼吸因素对血浆 HCO_3^- 影响的程度。AB>SB,提示呼吸性酸中毒;AB<SB,提示呼吸性碱中毒;AB=SB 并处于正常值,提示酸碱平衡;AB=SB<22mmol/L,提示代谢性酸中毒失代偿;AB=SB>27mmol/L,提示代谢性碱中毒失代偿。

(六) 缓冲碱

缓冲碱(buffer bases,BB)是指血液中一切具有缓冲作用的碱性物质(负离子)的总和,主要包括 HCO_3^-、血红蛋白、血浆蛋白和 HPO_4^{2-}。HCO_3^- 是 BB 的主要成分,是反映代谢型因素的指标。

【参考值】

45~55mmol/L,平均 50mmol/L。

【临床意义】

BB 反映机体对酸碱平衡失调的总缓冲能力,不受呼吸因素、CO_2 改变的影响。在血浆蛋白和血红蛋白稳定情况下,BB 的增减取决于 SB;其减少提示代谢性酸中毒;其增加提示代谢性碱中毒。

(七) 剩余碱

剩余碱(bases excess,BE)是指在 38℃、$PaCO_2$ 40mmHg、SaO_2 100% 的标准条件下,将血浆标本滴定至 pH 为 7.40 时所需酸或碱的量,反映全血或血浆中碱储备增加或减少的情况。需加酸者,说明血中有多余的碱,BE 为正值,即缓冲碱增加,固定酸减少;需加碱者为负值,说明血中碱缺失,BE 为负值,即缓冲碱减少,固定酸增加。

【参考值】

−3~+3mmol/L

BE 不受呼吸因素影响,为反映代谢性酸碱失衡的重要指标,与 SB 的意义大致相同。

二、酸碱平衡失调的判断

人体的体液环境必须具有适宜的酸碱度才能维持机体正常的代谢和生理功能,正常人体血浆的酸碱度在范围很窄的弱碱性环境内变动,机体通过酸碱平衡调节机制调节体内酸碱物质含量及其比例,以使血液 pH 值维持在恒定范围内的过程,称为酸碱平衡。体内无论是酸性物质还是碱性物质过多,超出机体的代偿能力,或者肺和肾脏调节酸碱平衡功能发生障碍,均可导致酸碱平衡的失调。酸碱平衡失调在临床上表现有多种类型,包括有单纯型酸碱失调和混合型酸碱失调,本节主要介绍单纯型酸碱失调。

(一) 呼吸性酸中毒

呼吸性酸中毒是指因呼吸功能障碍导致原发的血浆 $PaCO_2$ 升高、H^+ 浓度增加,pH 下降的病理生理过程,多是由于肺泡通气不足,导致体内 CO_2 潴留,$PaCO_2$ 升高。常见于中枢麻痹或受抑制、神经肌肉疾病、急性气道梗阻、慢性阻塞性肺病、胸廓畸形等。

血气改变特点:急性呼吸性酸中毒时,$PaCO_2$ 增高,pH 下降,AB 正常或略升高,BE 基本正常。慢性呼吸性酸中毒时,$PaCO_2$ 增高,pH 正常或降低,AB 升高,AB>SB,BE 正值增大。急、慢性呼吸性酸中毒时,肾脏均可发生代偿,表现为 HCO_3^- 增高,但肾脏代偿有一定的限度,急性呼吸性酸中毒时,HCO_3^- 不超过 32mmol/L,慢性呼吸性酸中毒时 HCO_3^- 不超过 45mmol/L。

(二) 呼吸性碱中毒

呼吸性碱中毒是指由于过度通气使血浆 $PaCO_2$ 下降引起的一系列病理生理过程,由于肺泡通气过度,使体内 CO_2 排出增多,致 $PaCO_2$ 下降。常见于中枢神经疾患(如颅脑损伤、脑炎、脑肿瘤等)、缺氧、肝性脑病、精神因素(如癔症)、机械通气应用不当等。

血气改变特点:$PaCO_2$ 下降,pH 正常或升高,AB 在急性呼吸性碱中毒时正常或轻度下降,慢性呼吸性碱中毒时下降明显,AB<SB,BE 负值增大。在急、慢性呼吸性碱中毒时,肾脏均发生代偿,至 HCO_3^- 减少。

(三) 代谢性酸中毒

代谢性酸中毒是由于机体产酸过多、排酸障碍和碱性物质损失过多等原因所致,以 HCO_3^- 下降为原发改变而引起的一系列病理生理过程。常见于酮症酸中毒 (由糖尿病、饥饿性酮症及急慢性酒精中毒等导致)、乳酸性酸中毒(由休克、缺氧、高热、外伤等导致)、尿毒症、使用酸性药物过多(如大量使用水杨酸类药物等)。

血气改变的特点为:AB、SB、BB 下降,pH 接近或达到正常,BE 负值增大,$PaCO_2$ 下降。代谢性酸中毒可通过肺脏代偿,排出 CO_2,使 $PaCO_2$ 下降,但这种代偿有一定限度,当机体不能代偿时,$PaCO_2$ 正常或增高,pH 下降。

(四) 代谢性碱中毒

代谢性碱中毒是指由体液中 H^+ 和 Cl^- 丢失或原发的血浆 HCO_3^- 升高而引起的一系列病理生理过程。常见于严重低血钾或低血氯、呕吐导致大量胃液丢失、库欣综合征、用碱性药物或抗酸剂过多等,致体液中固定酸丧失过多或摄入碱性物质过多时。

血气改变特点:AB、SB、BB 增高,pH 接近正常,BE 正值增大,$PaCO_2$ 上升。代谢性碱中毒通过抑制呼吸,减少 CO_2 排出进行代偿,使 $PaCO_2$ 增高,但这种代偿有一定限度。机体失代偿时,$PaCO_2$ 反而降低或正常,pH 上升。

第十节 内分泌功能检查

一、甲状腺激素检测

甲状腺激素(thyroxine)具有重要的生理作用,参与人体的生长、发育、糖、蛋白质、脂肪的代谢调节,对神经系统、内分泌系统、心血管活动以及生殖功能也有相当的影响。甲状腺激素包括甲状腺素、游离甲状腺素、三碘甲腺原氨酸(3,5,3'-triiodothyronine,T_3)和游离三碘甲腺原氨酸(free-triiodothyronine,FT_3)、四碘甲腺原氨酸(3,5,3',5'-tetraiodothyronine,T_4)和游离四碘甲腺原氨酸(free thyroxine,FT_4)等。通过对这些激素的检测有助于甲状腺疾病的诊断和治疗。

(一)血清总 T_3、T_4(TT_3、TT_4)测定

甲状腺滤泡上皮主要合成和分泌两种碘化酪氨酸,即四碘甲腺原氨酸(T_4);三碘甲腺原氨酸(T_3)。T_3、T_4 均为具有活性的甲状腺激素,具有促进糖、脂肪、蛋白质代谢,产生能量和热,促进生长发育的作用。T_3、T_4 以与蛋白质结合的结合型甲状腺素和游离的游离型甲状腺素的形式存在,TT_3、TT_4 即分别是结合型与游离型 T_3、T_4 之和。

【参考值】

TT_3:1.6~3.0nmol/L。

TT_4:65~155nmol/L。

【临床意义】

1. TT_4 TT_4 是判断甲状腺功能的基本指标。

(1)TT_4 增高:主要见于甲状腺功能亢进症、亚急性甲状腺炎、先天性甲状腺素结合球蛋白增多症、原发性胆汁性肝硬化、大量服用甲状腺素、妊娠,以及口服避孕药或雌激素等。

(2)TT_4 减低:主要见于甲状腺功能减退症(包括原发、继发性)、缺碘性甲状腺肿、慢性淋巴细胞性甲状腺炎、低甲状腺素结合球蛋白血症等。

2. TT_3 T_3 的检测对甲状腺功能亢进症的诊断及复发的监测,比 T_4 灵敏。

(1)TT_3 增高:①甲状腺功能亢进时 TT_3 可高出正常人 4 倍,而 TT_4 为 2.5 倍。往往在 TT_4 增高前已有 TT_3 增高,故可作为甲状腺功能亢进症复发的先兆。②TT_3 是诊断 T_3 型甲状腺功能亢进症的特异性指标。T_3 增高而 T_4 不增高是 T_3 型甲状腺功能亢进症的特点,见于功能亢进型甲状腺腺瘤、多发性甲状腺结节性肿大等。

(2)TT_3 减低:甲状腺功能减退症的早期 TT_3 下降不明显,甚至代偿性轻度增高,因此,单独测定 TT_3 对甲状腺功能减退症的诊断意义不大。可见于肢端肥大症、肝硬化、肾病综合征和应用雌激素等。

(二)血清游离 T_3(FT_3)和游离 T_4(FT_4)测定

人体内大部分的 T_3、T_4 与血清甲状腺素结合球蛋白结合,因而游离 T_3(FT_3)、游离 T_4(FT_4)含量极少,它们之间处于可逆的平衡状态。甲状腺激素直接发挥生理效应的是血液循环中 FT_3、FT_4,它不受甲状腺球蛋白(TBG)改变的影响,因此,测定 FT_4 或 FT_3,对了解甲状腺功能比测定 TT_3 或 TT_4 更有意义。

【参考值】

FT_3：6.0~11.4pmol/L。

FT_4：10.3~25.7pmol/L。

【临床意义】

1. FT_4 FT_4不受血浆TBG的影响,直接测定FT_4对了解甲状腺功能状态较TT_4更有意义。

(1) FT_4增高:见于各种原因所致的甲状腺功能亢进症,FT_4增高对诊断甲状腺功能亢进症的灵敏度明显优于TT_4。FT_4增高还可见于甲状腺功能亢进危象、甲状腺激素不敏感综合征、多结节性甲状腺肿以及大量服用甲状腺激素后等。

(2) FT_4减低:常见于甲状腺功能减退症,应用抗甲状腺药物、糖皮质激素、苯妥英钠、多巴胺等,也可见于肾病综合征等。

2. FT_3 FT_3的测定也不受血浆TBG含量的影响,是反映甲状腺功能的灵敏指标。

(1) FT_3增高:见于各种原因所致的甲状腺功能亢进症,FT_3对诊断甲状腺功能亢进症非常灵敏。T_3型甲状腺功能亢进症时T_3增高较明显,FT_4可正常。

(2) FT_3减低:FT_3减低见于各种原因所致的甲状腺功能减退症、低T_3综合征、慢性淋巴细胞性甲状腺炎晚期、应用糖皮质激素等。

(三)血清反三碘甲腺原氨酸测定

反三碘甲腺原氨酸又称反T_3(reverse triiodothyronine,rT_3),是由T4在外周组织脱碘而生产,血清中的rT_3几乎全部(97%)由T_4在外周组织转化而来,rT_3生物活性很低,也是反映甲状腺功能的一个指标。

【参考值】

0.2~0.8nmol/L。

【临床意义】

1. rT_3增高 ①各种原因所致的甲状腺功能亢进症:rT_3增高诊断甲状腺功能亢进症的符合率为100%。②非甲状腺疾病:如AMI、肝硬化、尿毒症、糖尿病、脑血管病、心力衰竭、恶性肿瘤、创伤、烧伤、颅脑外伤,以及手术、饥饿等,rT_3也增高。③药物影响:普萘洛尔、胺碘酮、地塞米松、丙硫嘧啶等可抑制T_4向T_3转化,致rT_3增高。当甲状腺功能减退症应用甲状腺激素替代治疗时,rT_3、T_3正常说明用药量合适;若rT_3、T_3增高,而T_4正常或偏高,提示用药量过大。

2. rT_3减低 ①甲状腺功能减退症:甲状腺功能减退症时rT_3明显减低,对轻型或亚临床型甲状腺功能减退症诊断其灵敏性优于T_3、T_4。②慢性淋巴细胞性甲状腺炎:如rT_3减低,常提示发生甲状腺功能减退症。③药物影响:应用抗甲状腺药物治疗时,rT_3减低较T_3缓慢,当rT_3、T_4低于参考值时,提示用药过量。

(四)甲状腺素结合球蛋白测定

甲状腺素结合球蛋白(thyroxine-binding globulin,TBG)是一种酸性糖蛋白,由肝脏合成。TBG可特异性地与T_3、T_4结合,TBG与T_4的结合力是T_3的10倍。与TBG结合的T_3、T_4不能被肾小球滤过,延缓了激素的排泄,有利于激素到达靶细胞。

【参考值】

15~34mg/L。

【临床意义】

1. TBG增高

(1) 甲状腺功能减退症:甲状腺功能减退症时TBG增高,可随病情好转而逐渐恢复正常。

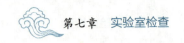

（2）肝脏疾病：如肝硬化、病毒性肝炎等疾病时，TBG 显著增高，可能与肝脏间质细胞合成、分泌 TBG 增多有关。

（3）其他：如 Graves 病、甲状腺癌、风湿病、先天性甲状腺素结合球蛋白增多症、应用雌激素、避孕药等可见 TBG 增高。

2. TBG 减低　TBG 减低常见于甲状腺功能亢进症、遗传性甲状腺素结合球蛋白减少症、肢端肥大症、肾病综合征、恶性肿瘤、严重感染、大量应用糖皮质激素和雄激素等。

（五）甲状旁腺素测定

甲状旁腺素（parathyroid hormone 或 parathormone，PTH）是甲状旁腺主细胞分泌的一种肽类激素，其主要靶器官有肾脏、骨骼和肠道等。血浆中 PTH 的主要生理作用是拮抗降钙素、动员骨钙释放、加快磷酸盐的排泄和维生素 D 的活化等。

【参考值】

免疫化学发光法：1~10pmol/L。

RIA：氨基酸活性端（N-terminal）：230~630ng/L。
　　　氨基酸无活性端（C-terminal）：430~1 860ng/L。

【临床意义】

1. PTH 增高　是诊断甲状旁腺功能亢进症的主要依据。若 PTH 增高，同时伴有高血钙、低血磷，可诊断为原发性甲状旁腺功能亢进症，见于维生素 D 缺乏、肾衰竭、吸收不良综合征等。还可见于肺癌、肾癌所致的异源甲状旁腺功能亢进等。

2. PTH 减低　主要见于甲状腺或甲状旁腺手术后、放射性治疗或特发性甲状旁腺功能减退症等。

（六）降钙素测定

降钙素（calcitonin，CT）是由甲状腺滤泡旁 C 细胞分泌的多肽激素。CT 的主要作用是降低血钙和血磷，其主要靶器官是骨骼，对肾脏也有一定的作用。CT 的分泌受血钙浓度的调节，当血钙浓度增高时，CT 的分泌也增高。CT 与 PTH 共同维持着血钙浓度的相对稳定。在病理条件下，此激素具有一定的异质性，主要由肾脏代谢。

【参考值】

<100ng/L。

【临床意义】

1. CT 增高　CT 增高是诊断甲状腺髓样癌的重要标志之一，对判断手术疗效及术后有无复发也有重要价值。

2. CT 减低　主要见于甲状腺切除术后、甲状腺功能减退症、单纯性甲状腺肿、重度甲状腺功能亢进症、糖尿病性骨质疏松等。

二、肾上腺皮质激素检测

（一）尿 17- 羟皮质类固醇测定

尿 17- 羟皮质类固醇（17 -hydroxycorticosteroid，17-OHCS）是肾上腺糖皮质激素及其代谢产物，其含量高低可以反映肾上腺皮质功能。由于糖皮质激素的分泌具有明显的昼夜节律性，因此，通常检测 24 小时的尿 17-OHCS。

【参考值】

男性：13.8~41.4μmol/24h。

笔记栏

女性:11.0~27.6μmol/24h。

【临床意义】

1. 17-OHCS 增高　常见于肾上腺皮质功能亢进症,如库欣综合征、肾上腺皮质腺瘤、双侧增生以及原发性肾上腺皮质肿瘤等。

2. 17-OHCS 减低　常见于原发性肾上腺皮质功能减退症、垂体功能减退症、甲状腺功能减退症、肝硬化等。

(二) 尿 17- 酮皮质类固醇测定

17- 酮皮质类固醇(17-ketosteroids, 17-KS)是雄激素代谢产物,包括雄酮、异雄酮、脱氧异雄酮及原胆烷醇酮等的总称。女性、儿童尿中 17-KS 主要来自肾上腺皮质,而男性 17-KS 约 2/3 来自肾上腺皮质,1/3 来自睾丸。因此,女性、儿童尿中 17-KS 含量高低主要反映了肾上腺皮质内分泌功能,而男性尿中 17-KS 含量则反映了肾上腺和睾丸的功能状态。

【参考值】

男性:34.7~69.4μmol/24h。

女性:17.5~52.5μmol/24h。

【临床意义】

1. 17-KS 增高　多见于肾上腺皮质功能亢进症、肾上腺皮质癌、睾丸癌、腺垂体功能亢进、女性多毛症等。若 17-KS 明显增高,多提示肾上腺皮质肿瘤及异源 ACTH 综合征等。

2. 17-KS 减低　多见于肾上腺皮质功能减退症、腺垂体功能减退、睾丸功能低下等。也可见于结核、肝硬化、糖尿病及重症营养不良等疾病。

(三) 肾素 - 血管紧张素 - 醛固酮系统测定

肾素是一种酸性蛋白水解酶,由肾小球旁细胞合成并分泌,可催化由肝脏生成的血管紧张素原生成血管紧张素Ⅰ、Ⅱ,后者可产生多种效应,还可促进肾上腺皮质释放醛固酮,此即肾素 - 血管紧张素 - 醛固酮系统。其主要作用是收缩全身微动脉及促进肾小管和集合管对 Na⁺ 和水的重吸收。

【参考值】

1. 肾素　普通饮食:立位采血 0.3~1.9ng/(ml·h),卧位采血 0.05~0.79ng/(ml·h);低钠饮食:卧位采血 1.14~6.13ng/(ml·h)。

2. 醛固酮　普通饮食:立位采血 (418.9±245.0) pmol/L,卧位采血 (238.6±104.0) pmol/L;低钠饮食:卧位采血 (646.6±333.4) pmol/L。

【临床意义】

1. 原发性醛固酮增多症　醛固酮升高,肾素降低。如肾上腺皮质肿瘤。

2. 继发性醛固酮增多症　醛固酮与肾素均升高。如心力衰竭、肾病综合征、肝硬化、腹水、高血压及长期低钠饮食等。但应用转化酶抑制剂治疗的高血压醛固酮可减少。

3. 醛固酮降低　常见于肾上腺皮质功能减退症。

三、肾上腺髓质激素检测

(一) 尿液儿茶酚胺测定

儿茶酚胺(catecholamines, CA)是肾上腺嗜铬细胞分泌的肾上腺素、去甲肾上腺素和多巴胺的总称。血液中的 CA 主要来源于交感神经和肾上腺髓质,测定 24 小时尿液 CA 含量不仅可以反映肾上腺髓质功能,也可以判断交感神经的兴奋性。

【参考值】

71.0~229.5nmol/24h。

【临床意义】

1. A增高 主要见于嗜铬细胞瘤,其增高程度可达正常人的2~20倍,但其发作期间CA多正常,应多次反复检测以明确诊断。此外,CA增高也可见于交感神经母细胞瘤、心肌梗死、高血压、甲亢、肾上腺髓质增生等。

2. CA减低 见于Addison病。

(二)尿液香草扁桃酸测定

香草扁桃酸VMA是儿茶酚胺的代谢产物。体内CA的代谢产物中有60%是VMA,其性质较CA稳定,且63%的VMA由尿液排出,故测定尿液VMA可以了解肾上腺髓质的分泌功能。由于VMA的分泌有昼夜节律性变化,因此,应收集24小时混合尿液用于测定VMA。

【参考值】

5~45μmol/24h。

【临床意义】

VMA主要用于观察肾上腺髓质和交感神经的功能。VMA增高主要见于嗜铬细胞瘤的发作期、神经母细胞瘤、交感神经细胞瘤和肾上腺髓质增生等。

(三)血浆肾素测定

肾素为肾小球旁细胞合成分泌的一种蛋白水解酶,其功能是催化血管紧张素原水解生成血管紧张素Ⅰ,后者再经血管紧张素Ⅰ转化酶催化水解生成血管紧张素Ⅱ。血管紧张素Ⅱ除直接产生多种效应外,还可促进肾上腺皮质释放醛固酮,此即肾素-血管紧张素-醛固酮系统。

【参考值】

普通饮食:成人立位:0.30~1.90ng/(ml·h),卧位:0.05~0.79ng/(ml·h)。

低钠饮食:卧位:1.14~6.13ng/(ml·h)。

【临床意义】

1. 诊断原发性醛固酮增多症 血浆肾素降低而醛固酮升高是诊断原发性醛固酮增多症重要指标。但应用转化酶抑制剂治疗的高血压、心力衰竭患者可出现相反的变化,即血浆肾素活性升高而醛固酮减少。若血浆肾素和醛固酮均升高见于肾性高血压、水肿、心力衰竭、肾小球旁细胞肿瘤等。严重肾脏病变时血浆肾素和醛固酮均降低。

2. 指导高血压治疗 高血压依据血浆肾素水平可分为高肾素性、正常肾素性和低肾素性。对高肾素性高血压,选用转化酶抑制剂拮抗血浆肾素功能,或减少肾素分泌的B肾上腺素受体阻断剂,可有较好的降压效果;而单用可升高血浆肾素水平的血管扩张剂、钙通道阻滞剂等降压药,则减弱降压效果。

四、性激素检测

(一)血浆睾酮测定

睾酮(testosterone)是男性最重要的雄激素(androgen),脱氢异雄酮(dehydroepian-drosterone,DHEA或dehydroisoandrosterone,DHIA)和雄烯二酮(androstenedione)是女性的主要雄性激素。血浆睾酮浓度可反映睾丸的分泌功能,血液中具有活性的游离睾酮仅为2%。

睾酮分泌具有昼夜节律性变化,上午 8 时为分泌高峰。因此,测定上午 8 时的睾酮浓度对评价男性睾丸分泌功能具有重要价值。

【参考值】

1. 男性

(1) 青春期(后期):100~200ng/L。

(2) 成人:300~1 000ngL。

2. 女性

(1) 青春期(后期):100~200ng/L。

(2) 成人:200~800mg/L。

(3) 绝经后:80~350ng/L。

【临床意义】

1. 睾酮增高　主要见于睾丸间质细胞瘤、男性性早熟、先天性肾上腺皮质增生症、肾上腺皮质功能亢进症、多囊卵巢综合征等,也可见于女性肥胖症、中晚期妊娠及应用雄激素等。

2. 睾酮减低　主要见于 Klinefelter 综合征(原发性小睾丸症)、睾丸不发育症、Kallmann 综合征(嗅神经 - 性发育不全综合征)、男性 Turner 综合征等,也可见于睾丸炎症、肿瘤、外伤、放射性损伤等。

(二) 血浆雌二醇测定

雌二醇(estradiol,E_2)是雌激素的主要成分,由睾丸、卵巢和胎盘分泌,或由雌激素转化而来。其生理功能是促进女性生殖器官的发育和副性征的出现,并维持正常状态。此外,E_2 对代谢也有显著的影响。

【参考值】

1. 男性

(1) 青春期前:7.3~36.7pmol/L。

(2) 成人:50~200pmo/L。

2. 女性

(1) 青春期前:7.3~28.7pmol/L。

(2) 卵泡期:94~433pmol/L。

(3) 黄体期:499~1 580pmol/L。

(4) 排卵期:704~220pmol/L。

(5) 绝经期:40~100pmol/L。

【临床意义】

1. E_2 增高　常见于女性性早熟、男性女性化、卵巢肿瘤以及性腺母细胞瘤、垂体瘤等,也可见于肝硬化、妊娠期。男性随着年龄增长,E_2 水平也逐渐增高。

2. E_2 减低　常见于各种原因所致的原发性性腺功能减退,如卵巢发育不全,也可见于下丘脑和垂体病变所致的继发性性腺功能减退等。E_2 减低也可见于卵巢切除、青春期延迟、原发性或继发性闭经、绝经、口服避孕药等。

(三) 血浆孕酮测定

孕酮是由黄体和卵巢所分泌,是类固醇激素合成的中间代谢产物。孕酮的生理作用是使增殖期的子宫内膜继续发育增殖、增厚肥大、松软和分泌黏液,为受精卵着床做准备,这对维持正常月经周期及正常妊娠具有重要作用。

【参考值】

1. 卵泡期(早)(0.7±0.1)μg/L。
2. 卵泡期(晚)(0.4±0.1)μg/L。
3. 排卵期(1.6±0.2)μg/L。
4. 黄体期(早)(11.6±1.5)μg/L。
5. 黄体期(晚)(5.7±1.1)μg/L。

【临床意义】

1. 孕酮增高　常见于葡萄胎、妊娠高血压综合征、原发性高血压、卵巢肿瘤、多胎妊娠、先天性肾上腺皮质增生等。

2. 孕酮减低　常见于黄体功能不全、多囊卵巢综合征、胎儿发育迟缓、死胎、原发性或继发性闭经、无排卵型子宫功能性出血等。

第十一节　浆膜腔积液检查

人体的胸腔、腹腔和心包腔等通常称为浆膜腔。生理状态下,浆膜腔内有少量液体,一般不易采集到。病理状态下,浆膜腔内液体生成增多并积累而形成浆膜腔积液(serous membrane fluid)。区别积液的性质对疾病的诊断、治疗和护理有重要意义。

📖 知识链接

浆膜腔积液分类和发生机制

根据浆膜积液产生的原因及性质不同,将其分为漏出液和渗出液两大类。

(一)漏出液

漏出液(transudate)为非炎性积液。其形成的主要原因有:①血浆胶体渗透压降低;②毛细血管内流体静脉压升高;③淋巴管阻塞。

(二)渗出液

渗出液(exudate)为炎性积液。渗出液形成主要原因有:感染性,如化脓性细菌、分枝杆菌、病毒或支原体等。非感染性,如外伤、化学性刺激(尿素、胰液、胆汁和胃液)。

一、一般性状检查

1. 颜色　漏出液多为淡黄色,渗出液的颜色随病因而变化,如血性积液可为淡红色或暗红色,见于恶性肿瘤、急性结核性胸腹膜炎、风湿性疾病、出血性疾病、外伤或内脏损伤等;淡黄色或黄色脓性见于化脓菌感染;绿色多见铜绿假单胞菌感染;乳白色见于胸导管或淋巴管阻塞引起的真性乳糜液,如积液含有大量脂肪变性细胞,也呈乳糜样,称假性乳糜液。

2. 透明度　漏出液多为清晰透明,渗出液因含有大量细胞、细菌而呈不同程度混浊。

3. 比重　漏出液比重多在 1.018 以下,渗出液因含有多量蛋白及细胞,比重多高于 1.018。

4. 凝固性 漏出液中纤维蛋白原含量少,一般不易凝固,渗出液因含有纤维蛋白原等凝血因子、细菌和组织裂解产物,往往自行凝固或有凝块出现。

二、化学检查

1. 黏蛋白定性试验(Rivalta 试验) 浆膜上皮细胞受炎症刺激分泌黏蛋白量增加,黏蛋白是一种酸性糖蛋白,可在稀醋酸溶液中析出,产生白色云雾状沉淀。漏出液黏蛋白含量很少,多为阴性反应,渗出液中因含有大量黏蛋白,多呈阳性反应。

2. 蛋白定量试验 总蛋白是鉴别渗出液和漏出液最有用的试验。漏出液蛋白总量常小于 25g/L,而渗出液的蛋白总量常在 30g/L 以上。蛋白如为 25~30g/L,则难以判明其性质。

3. 葡萄糖测定 漏出液中葡萄糖含量与血糖相似,渗出液中葡萄糖常因细菌或细胞酶的分解而减少,如化脓性胸(腹)膜炎、化脓性心包炎,积液中葡萄糖含量明显减少,甚至无糖。30%~50% 的结核性渗出液,10%~50% 的癌性积液中葡萄糖含量可减少。类风湿性浆膜腔积液糖含量常 <3.33mmol/L,红斑狼疮积液葡萄糖基本正常。

4. 乳酸测定 浆膜腔积液中乳酸含量测定有助于渗出液与漏出液的鉴别诊断,当乳酸含量 >10mmol/L 时,高度提示为细菌感染,尤其在应用抗生素治疗后的胸腔积液,一般细菌检查为阴性时更有价值。风湿性、心功能不全及恶性肿瘤引起的积液中乳酸含量可见轻度增高。

5. 乳酸脱氢酶(LDH) 乳酸脱氢酶测定有助于漏出液与渗出液的鉴别诊断,化脓性胸膜炎乳酸脱氢酶活性显著升高,可达正常血清 30 倍。癌性积液中度增高,结核性积液略高于正常。

三、显微镜检查

1. 细胞计数 漏出液白细胞数常 <100×10⁶/L,渗出液白细胞数常 >500×10⁶/L。但这是人为划定的界限,在鉴别漏出液与渗出液时,必须结合多项指标分析。

2. 细胞分类 抽取积液后立即离心沉淀,用沉淀物涂片作瑞氏染色、巴氏或 HE 染色检查。漏出液中细胞主要为淋巴细胞和间皮细胞,渗出液中各种细胞增多的临床意义不同:①中性粒细胞为主:常见于化脓性积液及结核性积液的早期。②淋巴细胞为主:多见于慢性炎症如结核性、梅毒性、肿瘤性以及结缔组织病引起的积液。③嗜酸性粒细胞增多:常见于气胸、血胸、过敏性疾病或寄生虫病所致的积液。④其他细胞:炎症时,积液中出现大量中性粒细胞的同时,常伴有组织细胞出现;浆膜刺激或受损时,间皮细胞增多;在狼疮性浆膜炎中,偶可查见狼疮细胞;陈旧性出血的积液中可见含铁血黄素细胞。

3. 脱落细胞检测 在浆膜腔积液中检出恶性肿瘤细胞是诊断原发性或继发性癌肿的重要依据。

四、细菌学检查

若肯定或疑为渗出液,则应经无菌操作离心沉淀,取沉淀物涂片作革兰染色或抗酸染色镜检,查找病原菌,必要时可进行细菌培养。培养出细菌后做药物敏感试验以供临床用药参考。

笔记栏

五、漏出液与渗出液的鉴别诊断

区别积液性质对某些疾病的诊断和治疗均有重要意义,两者鉴别要点见表7-7。

表7-7　漏出液及渗出液鉴别要点

鉴别要点	漏出液	渗出液
原因	非炎症所致	炎症、肿瘤、化学或物理性刺激
外观	淡黄,浆液性	不定,可为血性、脓性、乳糜性等
透明度	透明或微混	多混浊
比重	低于 1.018	高于 1.018
凝固	不自凝	能自凝
黏蛋白定性	阴性	阳性
蛋白定量	<25g/L	>30g/L
葡萄糖定量	与血糖相近	常低于血糖水平
细胞计数	常 $<100×10^6$/L	常 $>500×10^6$/L
细胞分类	以淋巴细胞、间皮细胞为主	不同病因分别以中性粒或淋巴细胞为主
细菌学检测	阴性	可找到病原菌
积液 / 血清总蛋白	<0.5	>0.5
积液 / 血清乳酸脱氢酶比值	<0.6	>0.6
乳酸脱氢酶	<200IU	>200IU

传统检测中,积液的比重和蛋白量测定被认为是最有价值的分类标准,但近年研究表明,应用积液 / 血清总蛋白的比值,积液 / 血清乳酸脱氢酶的比值和乳酸脱氢酶三项检测,可做出 100% 正确的积液分类。在解释实验室结果时应结合临床考虑,若为渗出液,要区别是炎症性还是肿瘤性,此时,应进行细胞学和细菌学检测。

第十二节　脑脊液检查

脑脊液(cerebrospinal fluid,CSF)是循环流动于脑和脊髓表面的一种无色透明液体,大约 70% 来自脑室系统脉络丛的超滤和分泌,其余由脑室的室管膜和蛛网膜下腔所产生,通过蛛网膜绒毛回吸收入静脉。正常脑脊液容量成人约为 90~150ml,新生儿约为 10~60ml。脑脊液主要功能包括:保护大脑和脊髓免受外界震荡损伤;调节颅内压力变化;供给大脑、脊髓营养物质并运走代谢产物;调节神经系统碱储量,维持正常 pH 等。生理状态下,血液和脑脊液之间的血脑屏障对某些物质的通透性具有选择性,并维持中枢神经系统内环境的相对稳定。中枢神经系统任何部位发生感染、炎症、肿瘤、外伤、水肿、出血、缺血和阻塞等都可以引起脑脊液性状和成分的改变,如脑脊液的颜色、浊度、细胞数量和化学成分发生变化及颅内压的增减。因此,通过脑脊液检查对神经系统疾病的诊断、疗效观察和预后判断均有重要意义。

一、一般性状检查

(一) 颜色

正常脑脊液为无色透明液体。病理状态下脑脊液颜色可正常,也可发生改变,不同疾病颜色改变不同。脑脊液可有如下颜色改变:

1. 红色　常因出血引起,主要见于穿刺损伤、蛛网膜下腔或脑室出血。前者在留取标本时,第1管为血性,以后2管颜色逐渐变浅,离心后红细胞全部沉至管底,上清则无色透明。如为蛛网膜下腔或脑室出血,3管均呈血性,离心后上清液为淡红色或黄色。

2. 黄色　又称黄变症(xanthochromia),常因脑脊液中含有变性的血红蛋白、胆红素或蛋白量异常增高引起,见于蛛网膜下腔出血,进入脑脊液中的红细胞溶解、血红蛋白破坏,释放氧合血红蛋白而呈现黄变;血清中胆红素超过256μmol/L或脑脊液中胆红素超过8.6μmol/L时,可使脑脊液黄染;椎管阻塞(如髓外肿瘤)、多神经炎和脑膜炎时,由于脑脊液中蛋白质含量升高(>1.5g/L)而呈黄变症。

3. 乳白色　多因白细胞增多所致,常见于各种化脓菌引起的化脓性脑膜炎。

4. 微绿色　见于铜绿假单胞菌、肺炎链球菌、甲型链球菌感染引起的脑膜炎等。

5. 褐色或黑色　见于脑膜黑色素瘤等。

(二) 透明度

正常脑脊液清晰透明。病毒性脑膜炎、流行性乙型脑膜炎、中枢神经系统梅毒等由于脑脊液中细胞数仅轻度增加,脑脊液仍清晰透明或微浊;结核性脑膜炎时细胞数中度增加,呈毛玻璃样混浊;化脓性脑膜炎时,脑脊液中细胞数极度增加,呈乳白色混浊。

(三) 凝固物

正常脑脊液不含有纤维蛋白原,放置24小时后不会形成薄膜及凝块。当有炎症渗出时,因纤维蛋白原及细胞数增加,可使脑脊液形成薄膜及凝块。急性化脓性脑膜炎时,脑脊液静置1~2小时即可出现凝块或沉淀物;结核性脑膜炎的脑脊液静置12~24小时后,可见液面有纤细的薄膜形成,取此膜涂片检查结核杆菌阳性率极高。蛛网膜下腔阻塞时,由于阻塞远端脑脊液蛋白质含量常高达15g/L,使脑脊液呈黄色胶冻状。

(四) 压力

正常成人压力一般为0.78~1.76kPa;儿童为0.4~1.0kPa;婴儿为0.29~0.78kPa。脑脊液压力大于200mmH$_2$O称为颅内压增高。脑脊液压力增高见于化脓性脑膜炎、结核性脑膜炎等颅内各种炎症性病变;脑肿瘤、脑出血,脑积水等颅内非炎症性病变;高血压、动脉硬化等颅外因素;其他,如咳嗽、哭泣、低渗溶液的静脉注射等。脑脊液压力减低主要见于脑脊液循环受阻、脑脊液流失过多、脑脊液分泌减少等因素。

二、化学检查

(一) 蛋白质测定

【参考值】

定性:阴性或弱阳性;定量:腰椎穿刺:0.20~0.4g/L。

【临床意义】

脑脊液蛋白质阳性常见于脑组织和脑膜炎症性病变,如化脓性脑膜炎、结核性脑膜炎、脊髓灰质炎、流行性脑炎等。强阳性见于脑出血、脑外伤等(血液混入脑脊液中)。

(二)葡萄糖测定

【参考值】

2.5~4.5mmol/L(腰池)。

【临床意义】

脑脊液中葡萄糖含量降低主要由于病原菌或破坏的细胞释出葡萄糖分解酶使糖无氧酵解增加;或中枢神经系统代谢紊乱,使血糖向脑脊液转送障碍,导致脑脊液中糖降低。

1. 化脓性脑膜炎 脑脊液中糖含量可显著减少或缺如,但其敏感性约为55%,因此,糖含量正常亦不能排除细菌性脑膜炎。

2. 结核性脑膜炎 糖减少不如化脓性脑膜炎显著。

3. 其他 累及脑膜的肿瘤(如脑膜白血病)、结节病、梅毒性脑膜炎、风湿性脑膜炎、症状性低血糖等都可有不同程度的糖减少。脑脊液中葡萄糖含量增高主要见于病毒性神经系统感染、脑出血、下丘脑损害、糖尿病等。

(三)氯化物测定

【参考值】

120~130mmol/L(腰池)。

【临床意义】

结核性脑膜炎时脑脊液中氯化物明显减少,可降至102mmol/L以下;化脓性脑膜炎时减少不如结核性脑膜炎明显,多为102~116mmol/L;非中枢系统疾病如大量呕吐、腹泻、脱水等造成血氯降低时,脑脊液中氯化物亦可减少。其他中枢系统疾病则多属正常。脑脊液中氯化物含量增高主要见于慢性肾功能不全、肾炎、尿毒症、呼吸性碱中毒等。

(四)酶学测定

正常脑脊液中含有多种酶,如天冬氨酸氨基转移酶、肌酸激酶、乳酸脱氢酶等,其含量低于血清,绝大多数酶不能通过血脑屏障。在炎症、肿瘤、脑血管障碍疾病时,由于脑组织破坏,脑细胞内酶的溢出或血脑屏障通透性增加使血清酶向脑脊液中移行;或肿瘤细胞内酶释放等均可使脑脊液中酶活性增高。

1. 乳酸脱氢酶及其同工酶测定

【参考值】

成人3~40U/L。

【临床意义】

(1)细菌性脑膜炎脑脊液中的乳酸脱氢酶活性多增高,同工酶以LDH_4、LDH_5为主,而病毒性脑膜炎脑脊液LDH多正常或轻度增高,因此,LDH可作为鉴别细菌性和病毒性脑膜炎的重要指标。

(2)颅脑外伤因新鲜外伤的红细胞完整,脑脊液中乳酸脱氢酶活性正常;脑血管疾病乳酸脱氢酶活性多明显增高。

(3)脑肿瘤、脱髓鞘病的进展期脑脊液中乳酸脱氢酶活性增高,缓解期下降。

2. 天冬氨酸氨基转移酶测定

【参考值】

5~20U/L。

【临床意义】

脑脊液中天冬氨酸氨基转移酶活性增高见于脑血管病变、中枢神经系统感染、脑肿瘤、脱髓鞘病、颅脑外伤等。

3. 肌酸激酶测定

【参考值】

$(0.94\pm0.26)U/L$（比色法）。

【临床意义】

CK-BB 增高主要见于化脓性脑膜炎，其次为结核性脑膜炎、脑血管疾病及肿瘤。病毒性脑膜炎 CK-BB 正常或轻度增高。

三、显微镜检查

细胞计数：正常脑脊液中无红细胞，仅有少量白细胞，当穿刺损伤引起血性脑脊液时，白细胞计数需经校正后才有价值，也可以以红细胞与白细胞之比为 700：1 的关系粗略估计白细胞数。

【参考值】

成人 $(0\sim8)\times10^6/L$。

儿童 $(0\sim15)\times10^6/L$。

【临床意义】

脑脊液中细胞增多见于：

1. 中枢神经系统感染性疾病 ①化脓性脑膜炎细胞数显著增加，白细胞总数常在 $(1\,000\sim2\,000)\times10^6L$ 之间，分类以中性粒细胞为主。②结核性脑膜炎细胞中度增加，多不超过 $500\times10^6/L$，中性粒细胞、淋巴细胞及浆细胞同时存在是本病的特征。③病毒性脑膜炎，细胞数仅轻度增加，以淋巴细胞为主。④新型隐球菌性脑膜炎，细胞数中度增加，以淋巴细胞为主。

2. 中枢神经系统肿瘤性疾病 细胞数可正常或稍高，以淋巴细胞为主，脑脊液中找到白血病细胞，可诊断为脑膜白血病。

3. 脑寄生虫 脑脊液中细胞数可升高，以嗜酸性粒细胞为主，脑脊液离心沉淀镜检可发现血吸虫卵、阿米巴原虫、弓形虫、旋毛虫的幼虫等。

4. 脑室和蛛网膜下腔出血 为均匀血性脑脊液，除红细胞明显增加外，还可见各种白细胞，但仍以中性粒细胞为主，出血时间超过 2~3 天可发现含有红细胞或含铁血黄素的吞噬细胞。

四、病原生物学检查

病原生物学检查可用直接涂片法或离心沉淀后取沉淀物涂片。疑为化脓性脑膜炎，做革兰染色后镜检；疑为结核性脑膜炎，将脑脊液静置 24 小时取所形成的薄膜，涂片做抗酸染色镜检；疑为隐球菌脑膜炎，则在涂片上加印度墨汁染色，可见未染色的荚膜。亦可用培养或动物接种法。常见脑或脑膜疾病的脑脊液检查结果见表 7-8。

表 7-8 常见脑或脑膜疾病的脑脊液检查结果

疾病	压力	外观	凝固	蛋白质	葡萄糖	氯化物	细胞增高	细菌
化脓性脑膜炎	↑↑↑	浑浊	凝块	↑↑	↓↓↓	↓	显著,多核细胞	化脓菌
结核性脑膜炎	↑↑	浑浊	薄膜	↑	↓↓	↓↓	中性粒细胞、淋巴细胞	结核菌

续表

疾病	压力	外观	凝固	蛋白质	葡萄糖	氯化物	细胞增高	细菌
病毒性脑膜炎	↑	透明或微浑	无	↑	正常	正常	淋巴细胞	无
隐球菌性脑膜炎	↑	透明或微浑	可有	↑↑	↓	↓	淋巴细胞	隐球菌
流行性乙脑	↑	透明或微浑	无	↑	正常或↑	正常	中性粒细胞、淋巴细胞	无
脑出血	↑	血性	可有	↑↑	↑	正常	红细胞	无
蛛网膜下隙出血	↑	血性	可有	↑↑	↑	正常	红细胞	无
脑肿瘤	↑	透明	无	↑	正常	正常	淋巴细胞	无
神经梅毒	↑	透明	无	正常	正常	↓	淋巴细胞	无

（王秋玲　马景双　金宁宁）

复习思考题

1. 实验室检查在临床工作中的地位如何,其优势体现在哪几个方面?

2. 试述网织红细胞计数的参考值和临床意义。

3. 试述尿比重的参考值和临床意义。

4. 碱性磷酸酶(ALP)病理性增高常见于哪些疾病?

5. 急性心肌损伤患者的心肌酶学变化有什么特点?

6. 如何根据常用血气分析指标判断酸碱平衡失调?

7. 漏出液与渗出液的鉴别要点是什么?

笔记栏

PPT 课件

❖❖❖ 第八章 ❖❖❖

心电图检查

📝 学习目标

识记:心电图的导联体系;正常心电图波形特点与正常值;常见异常心电图的特征。

理解:心电图产生原理;心电图各波段的形成与命名;药物和电解质紊乱对心电图的影响;心电图的临床应用价值。

运用:运用心电图的基本理论进行心电图的测量;运用科学发展观及心电图的基本理论,熟练进行心电图描记和心电图的分析,并能鉴别常见异常心电图。

第一节 心电图学基本知识

心脏在发生机械收缩之前,首先产生电激动。电激动沿心脏特殊传导系统下传,使心房和心室产生电活动变化,形成微弱的电流,可经人体组织传到体表。将测量电极放置在体表的不同部位,利用心电图仪将心脏每一心动周期所产生的电活动变化描记成的曲线图形,称为心电图(electrocardiogram,ECG)。

心电图检查是心血管疾病最常用的临床诊断技术,也是进行临床诊断或健康检查时不可缺少的检查项目之一,是记录心脏电生理特性的实用方法。观察并分析心电图曲线的变化规律及其与临床疾病的关系就是心电图学所研究的内容。

一、心电图产生原理

(一)心肌细胞的电位变化规律

心肌细胞的生物电变化表现为细胞膜内外的电位变化(图 8-1)。

1. **静息状态** 心脏电生理研究指出:静止的心肌细胞保持复极化状态,细胞膜外侧集聚着带正电荷的阳离子,细胞膜内侧集聚着同等数量带负电荷的阴离子,两侧保持平衡的极化状态,不产生电位变化,故细胞表面无电位差,此时探测电极描记出一水平线。

2. **心肌细胞的除极** 当心肌细胞一端的细胞膜受到一定强度的刺激(阈刺激)时,心肌细胞膜对钾、钠、氯、钙等离子的通透性发生改变,引起细胞膜内外阴、阳离子的流动,主要是钠离子内流,使细胞膜内外的正、负电荷分布发生逆转,受刺激部位的细胞膜出现除极化,使膜外侧带负电荷,膜内侧带正电荷,这一过程称为除极(depolarization)。由于已除极部位膜

271

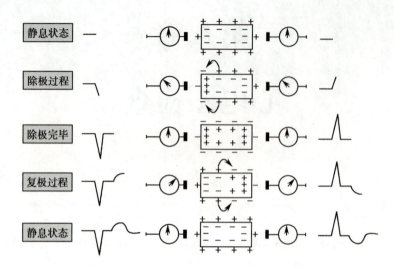

图 8-1　心肌细胞除极和复极过程以及细胞膜内外电位变化示意图

外带负电荷,邻近未除极部分仍保持正电荷,两者之间构成一对电偶,产生电流。电源(正电荷)在前,电穴(负电荷)在后,电流的方向由电源流入电穴,并沿着一定的方向迅速扩展,而除极的方向是由电穴指向电源。此时若在面对正电荷(即面对电源)端置一探测电极,可描记出向上的波,反之,探测电极面对负电荷(即面对电穴)则描记出向下的波。若探测电极置于细胞中央处则描记出先正后负的双向波。随着除极的迅速推进,直至整个心肌细胞除极完毕,细胞膜内外分别均匀地聚集正、负电荷,细胞膜外的电位差消失,无电流存在,则描记为一平线。

3. 心肌细胞的复极　心肌细胞完成除极后,由于心肌细胞的代谢作用,再经过细胞膜内外阴、阳离子的流动,主要是钾离子外流,使心肌细胞恢复到细胞膜外侧带正电荷,膜内侧带负电荷,这一过程称为复极(repolarization)。此时细胞内外两侧的各种离子基本回复到除极前的分布状态,复极完成后,整个心肌细胞恢复到静息状态水平。复极过程与除极过程方向一致,但因复极化的电偶是电穴在前,电源在后,复极方向总是由电源指向电穴,故描记的复极波方向与除极波方向相反(图 8-2)。

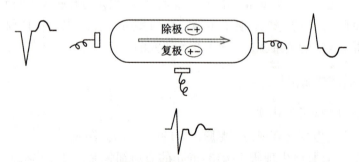

图 8-2　单个心肌细胞检测电极方位与除极、复极波形方向的关系
(箭头示除极、复极的方向)

心电图检查是将探测电极置于体表来记录心脏产生的电位变化,而不是置于单个心肌细胞膜内或膜外来记录其电位变化。因此,单个心肌细胞在除极和复极过程中膜内外的电位变化与心电图不同,正常人心室的除极是从心内膜逐渐向心外膜方向进行除极,而复极是从心外膜逐渐向心内膜方向进行的,故心电图检查所描记到的除极波方向与复极波方向一致。

在人体体表所描记到的心脏电位强度受多种因素的影响,其中心肌细胞的数量(心肌厚度)与其成正比;探测电极位置和心肌细胞之间的距离与其成反比;探测电极的方位和心肌除极的方向所构成的角度有关,夹角越大,心电位在导联上的投影越小,电位越弱(图 8-3)。

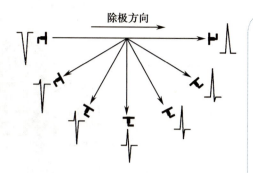

图 8-3 检测电极电位和波形与心肌除极方向的关系

(二) 心电向量

物理学上用来表明既有数量大小、又有方向性的量叫作向量(vector),亦称矢量。如前所述,心肌细胞在除极和复极时可产生电偶。电偶两极的电荷数目聚集得越多,两极间的电位差越大。电偶既有数量大小,又有方向性,故电偶是向量。通常规定电偶正极所指的方向作为电偶的方向,故电偶的方向是由电穴指向电源。由心脏所产生的心电变化不仅具有量值,而且还具有方向性,故称心电向量。通常用长度表示其电位的量值,而用箭头表示其方向。心肌细胞除极和复极时产生的心电向量分别称为除极向量和复极向量。除极向量的方向与除极方向一致,而复极向量的方向与复极方向相反。

心脏由许多心肌细胞组成,这些心肌细胞排列方向不一。心脏在电激动过程中将产生许多大小方向均不相同的心电向量。一般按照向量综合的原理把某一瞬间许多大小、方向不同的向量综合成一个向量,这就是瞬间心电综合向量。由无数个依次产生的瞬间心电综合向量组成了心脏的除极向量和复极向量。

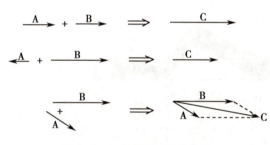

图 8-4 心电向量的综合方法

心电综合向量合成原理:若同一轴上的两个心电向量的方向相同者,其综合向量为两者之和,方向与原来的方向相同;若方向相反者,其综合向量为两者之差,方向与较大的向量方向一致;若两个心电向量的方向构成一定的角度者,则可按照平行四边形法则,取其对角线为综合向量(图 8-4)。

心脏是一个立体器官,它产生的瞬间心电综合向量在空间指向四面八方,将每一瞬间心电综合向量的尖端连成一点,则在整个心动周期中随着时间的推移,把移动的各点连接起来的环形轨迹就构成空间心电向量环,分别有 P 环、QRS 环及 T 环,它们分别代表心房除极的瞬间、心室除极和复极的瞬间产生的既有大小又有方向的瞬间综合心电向量。

因此,临床上由体表所描记的心电变化,均是全部参与电激动的心肌细胞所产生的电位变化按上述原理综合的结果。

二、心电图各波段的组成与命名

心脏的起搏传导系统由窦房结、结间束(分为前、中、后结间束)、房间束(起自前结间束,称 Bachmann 束)、房室结、房室束或希氏束(His bundle)、左束支(分为左前分支、左后分支)、右束支以及浦肯野纤维(Purkinje fibers,PF)所构成。心脏每一心动周期顺序出现的心电变化与其传导系统密切相关。正常心脏的电激动起源于窦房结,并从此出发沿此特殊传导系统的通道下传,先后兴奋心房和心室,使心脏收缩,执行心脏泵血功能(图 8-5)。这种先后有

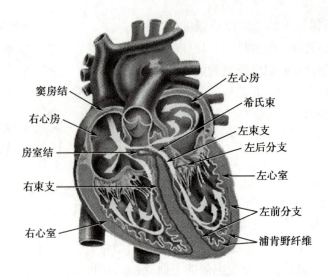

图 8-5　心脏特殊传导系统示意图

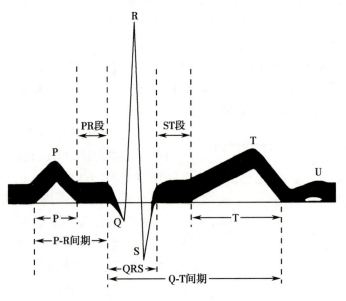

图 8-6　心电图各波段的示意图

序的电激动的传播,将引起心脏一系列的电位变化,形成了心电图上相应的波段(图 8-6)。

临床心电图学对正常心电图每一心动周期的一系列波、段和间期规定了统一的名称,分别命名为:

1. P 波(P wave)　即心房除极波,反映心房除极过程的时间和电位改变。窦房结位于右心房上腔静脉入口处,因此,正常窦房结所发出的冲动,从右心房开始逐渐向左心房扩展,故 P 波起始部分代表右心房除极,中间部分代表左右心房都在除极,终末部分代表左心房除极。

2. P-R 段(P-R segment)　指 P 波终点到 QRS 波群起点间的线段(实为 PQ 段,传统称为 P-R 段),反映心房复极过程及房室结、希氏束、束支的电活动所需的时间。

3. P-R 间期(P-R interval)　包括 P 波和 P-R 段在内,反映心房开始除极至心室开始除极的时间,即电激动从窦房结传到心室所需要的时间。

4. QRS 波群（QRS wave）　即心室除极波,反映左、右心室肌除极时的电位和时间变化。由于探测电极的位置不同,QRS 波在各导联上所形成心电图的波形不一,统一命名原则如下:在 QRS 波群中出现的第一个负向波称为 Q 波;第一个出现的正向波称为 R 波;R 波后的第一个负向波称为 S 波;S 波之后再出现的正向波称为 R′波;R′波后再出现的负向波称为 S′波。如 QRS 波群只有负向波统称为 QS 波。各波的大小,分别以英文字母的大、小写形式来表示。波形的波幅≥0.5mV,用大写的英文字母 Q、R、S 表示;波形的波幅<0.5mV,用小写的英文字母 q、r、s 表示。如果在等电线同侧,一个波上可见 2 个或 2 个以上的转折点,称为切迹或顿挫(图 8-7)。正常心室的除极始于室间隔中部,从左向右方向除极,然后左右心室游离壁从心内膜向心外膜方向除极,左心室基底部和右心室肺动脉圆锥部是心室肌最后除极的部位。这种规律的心室肌除极顺序,对于理解不同形态的 QRS 波群的形成尤为重要。

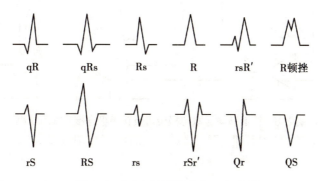

图 8-7　QRS 波群的命名示意图

5. ST 段（ST segment）　指 QRS 波终点至 T 波起点间的线段,反映心室复极早期缓慢复极过程的电位变化。其与 QRS 波的交接点称为 J 点。

6. T 波（T wave）　指 QRS 波后出现一个向上或向下的圆钝而较宽的波,反映心室晚期快速复极过程的电位变化。

7. QT 间期（QT interval）　指 QRS 波起点至 T 波终点间的时间,反映心室开始除极到心室复极完毕全过程所需要的总时间。

8. U 波（U wave）　T 波后的一个较小波,波幅很小,不是每个导联都出现。发生机制不清,多认为是心肌激动的激后电位。

9. TP 段（TP segment）　T 波结束后至下一个心动周期 P 波开始的平段。通常以 TP 段作为等电线(基线)。

 课堂互动

心电图各波段是如何形成的? QRS 波群怎样命名?

三、心电图导联体系

导联(lead)在电子学的原意是导线,指在电路中连接两点的电线。将电极置于人体的任何两点并通过导线与心电图机电流计的正负极相连接,这种放置电极与心电图机连接的线路,称为心电图导联。电极位置与连接方法不同,可组成不同的导联。目前临床应用最普遍的是由 Einthoven 创设的国际通用导联体系(lead system),称为常规心电图导联体系,共 12 导联。

(一) 双极肢体导联

双极肢体导联(bipolar limb leads)亦称标准导联(standard leads),反映心电变化在两肢体之间的电位差变化(图 8-8)。

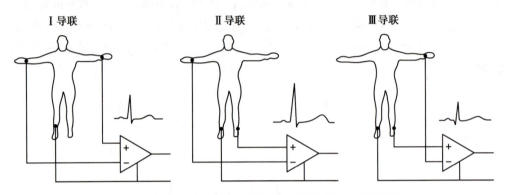

图 8-8　标准肢体导联电极位置及正负极连接方式示意图
Ⅰ导联:左臂(正极)右臂(负极);Ⅱ导联:左腿(正极)右臂(负极);Ⅲ导联:左腿(正极)左臂(负极)

1. **标准Ⅰ导联**　心电图机的正极与左上肢电极相连,负极与右上肢电极相连,反映左上肢与右上肢的电位差。

2. **标准Ⅱ导联**　心电图机的正极与左下肢电极相连,负极与右上肢电极相连,反映左下肢与右上肢的电位差。

3. **标准Ⅲ导联**　心电图机的正极与左下肢电极相连,负极与左上肢电极相连,反映左下肢与左上肢的电位差。

(二) 加压单极肢体导联

标准导联只是反映体表某两点之间的电位差,而不能探测某一点的电位变化,如果把心电图仪的负极接在零电位点上,把正极即探测电极接在人体任一点上,就可以测得该点的电位变化,这种导联方式称为单极导联。加压肢体导联基本上代表的是正极(探测电极)所置部位的电位变化,其负极为连接其余两个肢体的电极各通过 5 000 欧姆高电阻,然后用导线连接在一点,组成无干电极或称为中心电端(central terminal)。中心电端的电位在整个心脏激动过程中的每一瞬间始终稳定,接近于零。在临床上,就是将心电图仪的负极与中心电端连接,探测电极分别连接人体的左上肢、右上肢、左下肢,即构成单极肢体导联,分别称为左上肢单极导联(VL)、右上肢单极导联(VR)和左下肢单极导联(VF)。

由于单极肢体导联(VL、VR、VF)的心电图形波幅较小,不便于观测。为此,在描记某一个肢体的单极导联心电图时,将该肢体与中心电端的连接线断开,这样就可使心电图波形的波幅增加 50%,这种导联方式称为加压单极肢体导联(图 8-9)。加压单极肢体导联负极电位几乎为零,正极所测出的电位是该处的实际电位改变。

1. **加压单极右上肢导联(aVR)**　心电图机正极接右上肢,负极通过中心电端与左上肢和左下肢相连。

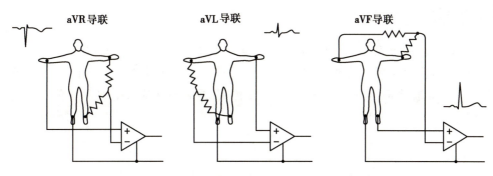

图 8-9　加压单极肢体导联位置及正负极连接方法示意图

2. 加压单极左上肢导联(aVL)　心电图机正极接左上肢,负极通过中心电端与右上肢和左下肢相连。

3. 加压单极左下肢导联(aVF)　心电图机正极接左下肢,负极通过中心电端与右上肢和左上肢相连。

(三) 胸导联

胸导联(chest leads)属单极导联。将探测电极分别放置于胸壁规定的标准部位,其负极与肢体导联 3 个电极各串联 5 000 欧姆电阻后并联起来构成的中心电端或无干电极相连。这种导联方式,探测电极离心脏很近,只隔着一层胸壁,因此,心电图波形波幅较大。常规胸导联有 $V_1 \sim V_6$,又称心前区导联(图 8-10),安放电极位置及其主要临床意义:

V_1 导联:探测电极置于胸骨右缘第 4 肋间,反映面对右心室壁的电位改变。

V_2 导联:探测电极置于胸骨左缘第 4 肋间,反映面对右心室壁的电位改变。

V_3 导联:探测电极置于 V_2 与 V_4 连线的中心,反映左、右心室移行处(过渡区)的电位改变。

V_4 导联:探测电极置于左锁骨中线与第 5 肋间相交处,反映左、右心室移行处(过渡区)的电位改变。

V_5 导联:探测电极置于左腋前线与 V_4 水平线相交处,反映面对左心室壁的电位改变。

V_6 导联:探测电极置于左腋中线与 V_4 水平线相交处,反映面对左心室壁的电位改变。

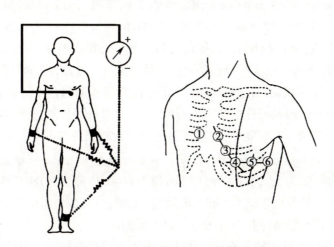

图 8-10　常规胸导联电极安放位置示意图

笔记栏

常规心电图导联共有 12 导联,分别是 6 个肢体导联和 6 个胸导联,并且对电极的放置部位和导联的连接方式都进行了明确规定。如果在给患者做心电图检查时,某一个导联的正、负电极与规定的放置相反,对其描记的心电波形有什么影响?为什么?

(四) 附加导联

附加导联是一种单极心前区导联,作为一般常规导联的补充。怀疑后壁心肌梗死时可加做 V_7、V_8、V_9 导联,怀疑右室壁心肌梗死或右心室肥大时可加做 V_3R、V_4R、V_5R 导联。其探测电极可根据需要置于:

V_7 导联:探测电极置于左腋后线与 V_4 同一水平处,有助于后壁心肌梗死的诊断。

V_8 导联:探测电极置于左肩胛线与 V_4 同一水平处,有助于后壁心肌梗死的诊断。

V_9 导联:探测电极置于后正中线左侧脊柱旁与 V_4 同一水平处,有助于后壁心肌梗死的诊断。

V_3R 导联:探测电极置于右胸前壁,位置与 V_3 处相对称处,有助于右心病变的诊断,尤其对右室壁心肌梗死的诊断有帮助。

V_4R 导联:探测电极置于右胸前壁,位置与 V_4 处相对称处,有助于右心病变的诊断,尤其对右室壁心肌梗死的诊断有帮助。

V_5R 导联:探测电极置于右胸前壁,位置与 V_5 处相对称处,有助于右心病变的诊断,尤其对右室壁心肌梗死的诊断有帮助。

(五) 导联轴

某一导联正负两极之间的假想连线称该导联的导联轴,方向由负极指向正极。这样,6 个肢体导联就可以有 6 个不同方向的导联轴。如果将右上肢、左上肢和左下肢设想为一个以心脏为核心的等边三角形的三个顶点 R、L、F,中心电端位于三角形的中心,于是,标准导联的导联轴可以画一个等边三角形来表示。R 与 L 的连线代表 I 导联的导联轴,R 侧为负,L 侧为正;同理 R 与 F 的连线代表 II 导联的导联轴,R 侧为负,F 侧为正;L 与 F 的连线代表 III 导联的导联轴,L 侧为负,F 侧为正。等边三角形的中心相当于零电位点或中心电端,按导联轴的定义不难看出 OR、OL、OF 分别是单极肢体导联 VR、VL、VF 的导联轴。标准导联和加压单极肢体导联的导联轴都位于额面。为了更清楚地表明这六个导联轴之间的关系,可将三个标准导联的导联轴平行移动到三角形的中心,使各导联轴均通过中心电端 O 点,再加上加压单极肢体导联的三个导联轴,这样就构成额面六轴系统(hexaxial system)(图 8-11C)。每一个导联轴从中心 O 点分为正负两半,各个轴之间均为 30°,从 I 导联正侧端顺钟向的角度为正,逆钟向的角度为负,例如 I 导联的正侧为 0 度,负侧为 ±180°;aVF 导联的正侧为 +90°,负侧为 −90°,II 导联的正侧为 +60°,负侧为 −120°(或 +240°),依次类推。六轴系统对测定额面心电轴及判断肢体导联心电图波形很大帮助。

同样,6 个胸导联的导联轴分别从人体水平面的不同部位探测心电活动,以中心电端为中心,探测电极侧为正,其对侧为负,构成了胸导联的横面六轴系统,对判断胸导联心电图波形有帮助(图 8-12)。

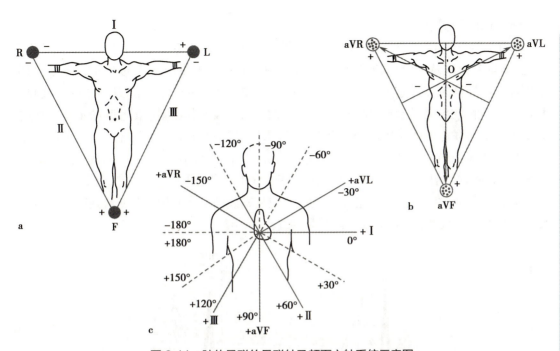

图 8-11　肢体导联的导联轴及额面六轴系统示意图

a. 标准肢体导联的导联轴；b. 加压肢体导联的导联轴；c. 肢体导联六轴系统

四、心电图的测量

心电图是一种具有正向波及负向波的波形曲线，可以直接将图形描记在心电图记录纸上。心电图记录纸是一种由纵线和横线划分成无数个 1mm×1mm 的小方格组成的记录纸（图 8-13），横向距离（小格的宽度）代表时间，用来计算各波和各间期所占的时间。按国内采用的 25mm/s 走纸速度描记心电图时，每两条纵线间（1mm）相当于 0.04 秒，5 小格（两根粗纵线之间）为 0.2 秒；纵向距离（小格的高度）代表电压，用来计算各波波幅的高度或深度。当输入定标电压为 1mV 时，正好能将心电记录器上的描笔上下移动 10mm，每两条横线间（1mm）相当于 0.1mV 的电压。5 小格（两根粗横线之间）为 5mm，相当于 0.5mV。

若改变走纸速度或定标电压，则一个小方格代表的时间或电压值亦随之改变。

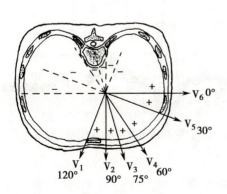

图 8-12　胸导联的导联轴系统示意图

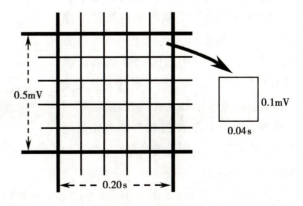

图 8-13　心电图记录纸示意图（走纸速度 25mm/s，定标电压 1mV=1cm）

(一) 时间的测量

近年来由于广泛使用 12 导联同步心电图仪描记心电图,各波、段的时间测量有了新的规定:测量 P 波应从 12 导联同步记录中最早的 P 波起点测量至最晚的 P 波的终点;测量 QRS 波应从最早的 QRS 波起点测量至最晚的 QRS 波的终点;P-R 间期应从最早的 P 波起点测量至最早的 QRS 波的起点;QT 间期应从最早的 QRS 波的起点测量至最晚的 T 波的终点。如果采用单导联心电图仪描记的心电图,仍应采用以往的测量方法:测量 P 波和 QRS 波的时间应选择波幅最大、波形清晰的导联进行测量;测量 P-R 间期应选择 P 波宽大且有 Q 波的导联;测量 QT 间期应选取 12 个导联中最长的 QT 间期(图 8-14)。一般从波形起点的内缘开始,量至波形终点的内缘。正向波的时间应从基线的下缘开始上升处量到终点的内缘。负向波的时间则从基线上缘开始下降处量到终点的内缘。

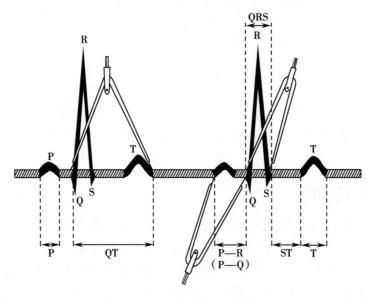

图 8-14　心电图各波段时间测量方法示意图

(二) 波幅的测量

测量一个正向波(如 R 波)的高度时,应从等电线的上缘量至该波的顶点间的垂直距离;测量一个负向波(如 Q 波或 S 波)的深度时,应从等电位线的下缘量至该波的最低处间的垂直距离;若为双向波,则以正负相加的代数和来计算(图 8-15)。P 波起始前的水平线是测量 P 波波幅的参考水平线,QRS 波起始部是测量 QRS 波群、ST 段、T 波和 U 波波幅采用的参考水平线。所测量的波幅(即高度和深度)可以 mm 计。

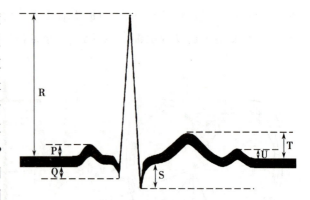

图 8-15　心电图各波波幅测量方法示意图

测量 ST 段移位时,通常取 J 点后 60ms 或 80ms 处为测量点。当 ST 段抬高时,测量该点 ST 段上缘至对照基线上缘的垂直距离;当 ST 段下移时,测量该点 ST 段下缘至对照基线下缘的垂直距离(图 8-16)。对照基线一般以 T-P 段为标准。临床上在报告 ST 段的测量结

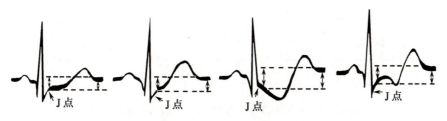

图 8-16 ST 段移位的测量示意图

果时,应说明 ST 段测量点和 ST 段移位的类型(水平型、下垂型、上斜型)。

(三) 心率的计算

1. 心律规则时 测量心率时,只需测量 1 个 P-P(或 R-R)间期时间(s),然后应用公式:每分钟心率(次 /min)=60(s)/P-P(或 R-R)间期(s)。例如:P-P 间期时间为 0.8 秒,则心率为 60/0.8=75 次 /min(图 8-17)。

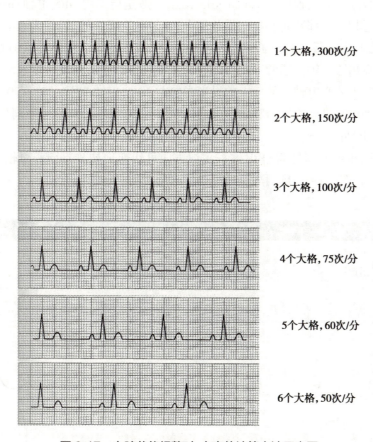

1 个大格,300 次/分

2 个大格,150 次/分

3 个大格,100 次/分

4 个大格,75 次/分

5 个大格,60 次/分

6 个大格,50 次/分

图 8-17 心脏节律规整时,心率的计算方法示意图

2. 心律不规则时 一般采用数个心动周期的平均值来测算。方法为:测量 5 个以上 P-P 或 R-R 间期时间(s),取其平均值,60 除以其平均值,即得每分钟心房率或心室率;也可以数 30 大格(共 6 秒)内的 P 波群或 QRS 波的个数乘以 10,即为每分钟的心房率或心室率(图 8-18)。

此外,还可以采用查表法或使用专门的心率尺直接读出相应的心率数。

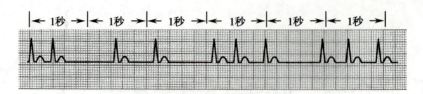

图 8-18　心脏节律不规整时，心率的计算方法示意图

课堂互动

　　心电图上正向波和负向波的波幅和时间是怎样测量的？当心脏节律规整时，如何计算心房率或心室率？

(四) 平均心电轴

　　平均心电轴亦称心电轴（cardiac electric axis），一般是指平均 QRS 电轴（mean QRS axis），它是心室除极过程中全部瞬间心电向量的综合，它是有空间性的，但临床心电图学通常是用它来代表左、右心室除极过程在额面上的总方向，可用任何两个肢体导联的 QRS 波群的振幅或面积来计算出心电轴。通常采用心电轴与 I 导联正侧端所构成角度表示平均心电轴的偏移方向。正常人的心电轴在额面上的投影指向左下方，正常范围 –30°~+90°。临床上每份心电图的心电轴均有自己的方向和角度，心脏病变时该心电轴可能发生不同程度的偏移。

　　1. 平均心电轴的测量

　　(1) 目测法：根据 I、Ⅲ导联 QRS 波群主波方向可快速地初步判断心电轴是否正常或左偏或右偏（表 8-1，图 8-19）。目测法是最简单的测量平均心电轴的方法。

表 8-1　目测法判断心电轴的标准

I导联 QRS 波群主波方向	Ⅲ导联 QRS 波群主波方向	心电轴
向上	向上	不偏
向下	向上	右偏
向上	向下	左偏
向下	向下	不确定

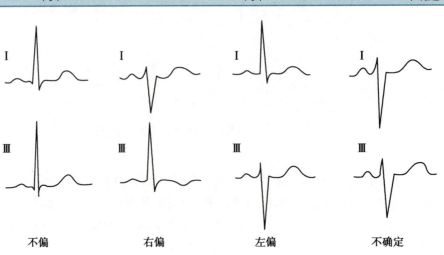

图 8-19　目测法判断心电轴的示意图

（2）作图计算法：分别测量Ⅰ、Ⅲ导联 QRS 波波幅，将Ⅰ导联中的 QRS 波波幅的代数和记于六轴系统的Ⅰ导联轴上，将Ⅲ导联中 QRS 波波幅的代数和记于Ⅲ导联轴上。然后分别在Ⅰ、Ⅲ导联轴上的代数和的位置引一条垂直线；两条垂直线相交于一点，该点与中心电端的连接线即为心电轴，该轴与Ⅰ导联轴正侧的夹角即为心电轴的角度。根据该心电轴的位置即可判断心电轴偏移的方向及程度（图 8-20）。

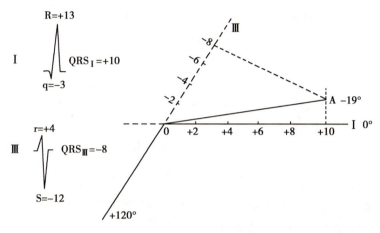

图 8-20　波幅计算法测定心电轴示意图

（3）查表法：分别计算Ⅰ导联及Ⅲ导联 QRS 波群正负波波幅的代数和，将其数值从一专用的心电轴表中直接查得相应的额面心电轴角度。

2. 平均心电轴偏移的临床意义　临床上根据额面心电轴偏移的方向与程度将其分为电轴左偏、电轴右偏和不确定电轴（indeterminate axis）（图 8-21）。心电轴的偏移，一般受年龄、体重、心脏在胸腔内的位置、左右心室的质量比、心室内传导系统的功能以及激动在室内的传导状态等因素的影响。正常人平均心电轴可变动于 $-30°\sim+90°$ 之间；心电轴在 $-30°\sim-90°$ 之间为"电轴左偏"，见于横位心（肥胖体型、晚期妊娠及

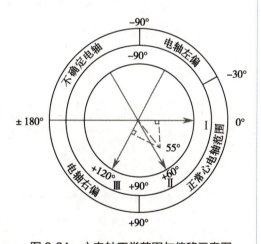

图 8-21　心电轴正常范围与偏移示意图

重症腹水等）、左心室肥厚、左前分支阻滞等。心电轴在 $+90°\sim+180°$ 之间为"电轴右偏"，见于右心室肥厚、侧壁心肌梗死、右束支传导阻滞、左后分支阻滞，肺心病等。若心电轴在 $-90°\sim-180°$ 为"不确定电轴"，不确定电轴可见于正常人，亦可见于肺心病、高血压、冠心病等某些病理情况。

（五）钟向转位

钟向转位指心脏沿其长轴（自心尖向心底部观察）发生顺钟向或逆钟向的转动。可通过胸导联中左右心室过渡区波形出现的位置来判断（图 8-22）。正常人过渡区波形多出现在 V_3 导联或 V_4 导联上，其正向波与负向波之比约为 1。当过渡区波形出现在 V_5 导联或 V_6 导联的位置时，提示心脏有顺钟向转位（clockwise rotation），常见于右心室肥大；过渡区波形出现在 V_1 导联或 V_2 导联的位置时，提示心脏有逆钟向转位（counter clcockwise rotation），常见于

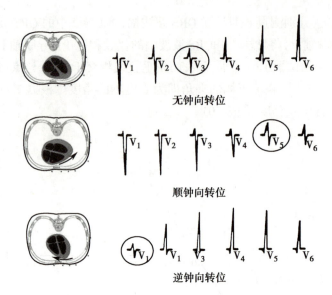

图 8-22 心脏钟向转位示意图

左心室肥大。正常人的心电图也可出现这种转位图形,提示这种图形改变有时是心电位的变化,并不都是心脏在解剖位置上转位的结果。

五、正常心电图的波形特点与正常值

正常 12 导联心电图波形特点(图 8-23)。

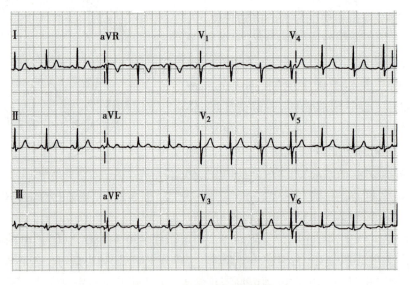

图 8-23 正常心电图示意图

(一)P 波

1. 形态 P 波的形态大部分导联呈圆钝形,有时可能有轻度切迹,但切迹双峰间距小于 0.04 秒。I、II、aVF、V₄~V₆ 导联直立,aVR 导联倒置,III、aVL、V₁~V₃ 导联可倒置、双向或低平(图 8-24)。

2. 时间 正常人 P 波时间一般 <0.12 秒。

3. 电压 在肢导联中,P 波波幅 <0.25mV;在胸导联中,P 波波幅 <0.20mV。V₁ 导联 P

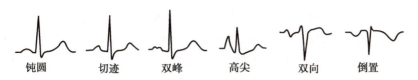

| 钝圆 | 切迹 | 双峰 | 高尖 | 双向 | 倒置 |

图 8-24 P 波的常见形态示意图

波为双向波时,其负向波的波幅与时间的乘积称为 V_1 导联 P 波终末电势(P terminal force)。正常人 Ptf_{V1}(绝对值)<0.04mm·s。

临床意义:P 波时间超过正常范围,见于左房肥大或不完全性房内传导阻滞;P 波电压超过正常范围,见于右房肥大或右房内压力增高。P 波在 aVR 导联直立,Ⅱ、aVF 导联倒置,称为逆行 P 波,表示激动起源于房室交界区。

(二) P-R 间期

成人 P-R 间期的正常范围为 0.12~0.20 秒。P-R 间期与年龄及心率快慢有关,年龄越小、心率越快,P-R 间期越短。

临床意义:P-R 间期延长,表示有房室传导阻滞;P-R 间期缩短,多见于预激综合征。

(三) QRS 波群

1. 形态与电压

(1) 肢体导联:①形态:一般 Ⅰ、Ⅱ、aVF 导联的 QRS 波群主波向上,呈 qR、RS 或 R 型;Ⅲ、aVL 导联变化较多;少数人在 aVL、aVF 导联中呈 QR 型;aVR 导联的 QRS 波群主波向下,可呈 rS、rSr'、Qr 或 QS 型。②电压:aVR 导联的 R 波 <0.5mV,aVL 导联的 R 波 <1.2mV,aVF 导联的 R 波 <2.0mV,Ⅰ 导联的 R 波 <1.5mV,$R_Ⅰ+S_Ⅲ$≤2.5mV。

(2) 胸导联:①形态:V_1、V_2 导联的 QRS 波群多呈 rS 型;V_5、V_6 导联的 QRS 波群多呈 qR、qRs、Rs 或 R 型;V_3、V_4 导联的 QRS 波群呈 RS 型(R 波与 S 波振幅大致相等)。②电压:V_1 导联的 R 波≤1.0mV,V_5 和 V_6 导联的 R 波≤2.5mV。胸导联的 R 波自 V_1 至 V_5 逐渐增高,V_6 的 R 波一般低于 V_5 的 R 波。通常 V_2 的 S 波较深,V_2 至 V_6 导联的 S 波逐渐变浅。V_1 导联的 R/S<1,V_5 导联的 R/S>1,$R_{V5}+S_{V1}$≤3.5mV(女性)或 4.0mV(男性),$R_{V1}+S_{V5}$≤1.2mV。

2. 时间 一般测量标准导联中最宽的 QRS 波群,或在 V_3 导联中测量之,正常成人 QRS 波时间多数为 0.06~0.10 秒,最宽不超过 0.11 秒。

临床意义:QRS 波群时间超过 0.12 秒,表示室内传导障碍。QRS 波群电压超过上述指标,考虑左或右心室肥厚;若每个肢体导联的 QRS 波群的正向波和负向波的绝对值相加都不超过 0.5mV 或每个胸导联 QRS 波群的正向波和负向波的绝对值相加都不超过 0.8mV,称为低电压,常见于心包积液、肺气肿、甲状腺功能低下、胸腔积液或积气、高度水肿和肥胖人等。

3. R 峰时间 指从 QRS 波群的起点到 R 波峰所做垂直线之间的水平距离。若 R 波有切迹或有 R'波,则以最后的 R 波峰为准。它代表心室激动波从心室肌的内膜面到达外膜面的时间,借以了解心室是否肥厚。正常人 V_1 导联的 R 峰时间不超过 0.03 秒,V_5 导联的 R 峰时间不超过 0.05 秒。

4. Q 波 除 aVR 导联可呈 QS 或 Qr 型外,其他导联的 Q 波波幅不超过同导联 R 波的 1/4,时间 <0.03 秒。V_1、V_2 导联不应有 q 波,但可以呈 QS 型;V_5、V_6 导联经常可见到正常范围的 q 波。如出现超过正常范围的 Q 波称为异常 Q 波,常见于心肌梗死、心肌病等。

(四) J 点

QRS 波群的终点与 ST 段起始的交接点,称为 J 点。一般位于等电线上,可随 ST 段的偏移而发生移位。有时可因心肌提早复极等原因发生 J 点上移,还可由于心动过速等原因,使心房复极与心室除极并存,导致心房复极波重叠于 QRS 波群的后段,发生 J 点下移。

辨别不清 J 点会直接影响 ST 段测量的准确性。

(五) ST 段

正常的 ST 段为一等电线,但可有轻度向上或向下偏移,下移在任一导联上不应超过 0.05mV;而 V_1、V_2 导联 ST 段上移不超过 0.3mV,V_3 导联 ST 段上移不超过 0.5mV,其余导联不应超过 0.1mV。

临床意义:ST 段下移超过 0.05mV 提示心肌缺血或心肌损伤;ST 段异常上抬多见于急性心肌梗死、变异型心绞痛、急性心包炎等。

(六) T 波

1. 形态　T 波钝圆而宽大,波形多不对称,其前肢(T 波起始点至波峰或波谷)较长,后肢(T 波波峰或波谷至 T 波终末)较短(图 8-25)。正常 T 波的方向常和 QRS 波群的主波方向一致,在 I、II、V_4~V_6 导联直立,aVR 导联倒置,其他导联可以直立、双向或倒置,但若 V_1 导联直立,V_2~V_6 导联就不应倒置。

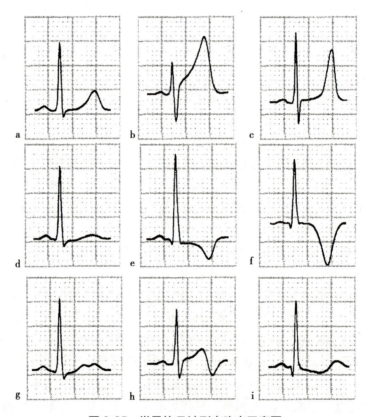

图 8-25　常见的 T 波形态改变示意图
a.正常 T 波;b.高耸 T 波;c.高尖 T 波;d.低平 T 波;e.倒置 T 波;f.冠状 T 波;g.双峰 T 波;h.正负双向 T 波;i.负正双向 T 波

2. 电压　心前区导联中,T 波较高,可高达 1.2~1.5mV,但不应超过 1.5mV,在以 R 波为主的导联上,T 波不应低于同导联 R 波的 1/10。

临床意义:T 波显著增高(尤其是双肢对称),可见于心肌梗死早期、高血钾;T 波低平或倒置,见于心肌缺血、心肌损伤、低血钾。

(七) QT 间期

QT 间期一般为 0.32~0.44 秒，其长短与心率的快慢有密切关系，心率越快，QT 间期越短，反之则越长。由于 QT 间期受心率的影响很大，所以常用校正的 QT 间期，即 $QTc=QT/\sqrt{R\text{-}R}$。正常 QTc 的最高值为 0.44 秒，超过此限即为延长。QT 间期延长伴 T 波异常可出现极为严重的心律失常。

临床意义：QT 间期延长，见于先天性长 QT 间期综合征、低血钾、低血钙、心肌缺血、心肌损害、胺碘酮等药物影响或中毒；QT 间期缩短：见于洋地黄效应、高血钙等。

(八) U 波

在 T 波后 0.02~0.04 秒出现的小波，其方向一般与 T 波一致，波幅很小，不高于同导联 T 波，一般在胸导联 V_2~V_4 导联较清楚，其电压可高达 0.2~0.3mV。

临床意义：U 波明显增高，常见于低血钾等；U 波倒置见于高血钾、心肌缺血、心肌梗死等。

六、小儿心电图特点

小儿心电图（infantile electrocardiogram）指小儿不同年龄组的心电图。小儿作为特殊群体，生理发育过程迅速，其解剖学与生理学特点均与成人不同，心电图也与成人有明显不同。小儿年龄越小，心电图变化越大。总的趋势可概括为自起初的右心室占优势型转变为左心室占优势型的过程，其具体特点归纳如下：

1. 小儿心率较成人快　不同的年龄，心率的波动范围较大，生后 1 周内的新生儿心率较慢。生后 1 周至 1 月心率最快，可达 120~140 次/min，以后随着发育，心率再逐渐减慢，至 10 岁以后即可大致保持在成人的心率水平，即 60~100 次/min。小儿的 P-R 间期较成人为短，7 岁以后趋于恒定（0.10~0.17 秒），小儿的 QTc 间期较成人略长。

2. 小儿的 P 波的时间较成人稍短　正常 P 波的时间为婴儿 0.04~0.07 秒；儿童 0.06~0.10 秒，超过应视为延长；P 波的电压在新生儿较高，新生儿由于肺动脉压较高，在肢体导联其电压可达 0.3mV，以后则较成人为低。

3. 婴幼儿常呈右心室占优势的 QRS 图形特征　可出现电轴右偏、右心室的部分表现：Ⅰ 导联有深 S 波；V_1 导联多呈高 R 波，而 V_5、V_6 导联常出现深 S 波；V_1 导联的 R 波电压随年龄增长逐渐减低，V_5 导联的 R 波随年龄增长逐渐增高。小儿 Q 波较成人为深（常见于 Ⅰ、Ⅲ、aVF 导联）；3 个月以内婴儿的 QRS 初始向量向左，因而 V_5、V_6 导联常缺乏 q 波。QRS 波时间为 0.04~0.08 秒。

4. 小儿 T 波的变异较大　在新生儿期，其肢体导联及右胸导联常出现 T 波低平、倒置。

七、老年人心电图特点

在老年人中，不论有无心脏病，其心血管系统在形态学和功能方面均发生了一系列生理上的退行性变化，心脏的电激动自起搏点经特殊传导系统到心肌普遍延缓，导致心电图各波的电压降低、时间延长。老年人心电图完全正常者不足受检总人数的 1/5~2/5，异常心电图的出现率可高达青年人的 3 倍以上。老年人心电图有以下特点：

1. P 波电压低　P 波电压低的主要原因与心房内传导阻滞有关。

2. P-R 间期轻度延长　与房室传导延缓有关。

3. QRS 波群时间延长　老年人心电图 QRS 波群时间比中青年人延长，这与肺气肿、脊柱后凸所引起的心脏位置改变有关,也与胸壁的厚度有关。

4. QT 间期延长　QT 间期随年龄增长而延长,但不超过青年人的正常上限值。

5. 可有心电轴左后偏移。

6. ST-T 波改变　可出现 T 波电压降低。

第二节　异常心电图

一、心房肥大、心室肥厚

(一) 心房肥大

心房壁较薄,故心房肥大时多表现为心房腔的扩大,较少表现为心房肌肥厚。心电图主要表现为 P 波形态、时间及振幅的改变。可分为左心房肥大、右心房肥大和双侧心房肥大。由于左、右心房的解剖位置、激动顺序和除极向量不同,从而使 P 波有不同的改变。

1. 左心房肥大(left atrial enlargement)　正常情况下左心房除极晚于右心房。当左心房肥大时,使左心房的除极时间延长,表现为 P 波时间延长、双峰间距增大。

(1) 心电图特征

1) P 波增宽,其时间延长≥0.12 秒,常呈双峰型,双峰间距≥0.04 秒,以 I、II、aVL 导联明显。

2) P-R 段缩短,P 波时间与 P-R 段时间之比 >1.6。

3) V_1 导联 P 波常呈先正后负的双向波(负向明显深宽),P 波终末电势(Ptf_{V1})的绝对值≥0.04mm·s(图 8-26)。P 波终末电势是 V_1 导联负向 P 波的时间乘以负向 P 波的振幅。

(2) 病因:常见于风湿性心脏病,尤其是二尖瓣狭窄,所以又称"二尖瓣型 P 波"。其他病因如扩张型心肌病、高血压、慢性左心衰竭等引起的左心房肥大也可出现类似的心电图表现。

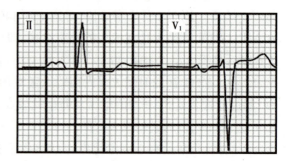

图 8-26　左心房肥大

2. 右心房肥大(right atrial enlargement)　正常情况下右心房除极早于左心房,且早结束。当右心房肥大时,其除极时间虽延长,但整个心房的总除极时间并不延长,心电图主要表现为 P 波振幅增高。

(1) 心电图特征

1) P 波高尖,振幅≥0.25mV,以 II、III、aVF 导联最明显。

2) V_1 导联 P 波,直立时振幅≥0.15mV;双向时其振幅的算术和≥0.20mV。

3) P 波时间正常,<0.12 秒(图 8-27)。

(2) 病因:常见于肺源性心脏病,所以又称"肺型 P 波"。房间隔缺损、肺动脉高压、法洛氏四联症等引起的右心室肥大也可出现类似的心电图表现。

3. 双心房肥大(biatrial enlargement)　双心房肥大时,心房除极向量增大,除极时间延长,心电图表现为 P 波振幅增大,时间延长。

(1) 心电图特征

1) P波高大、增宽，呈双峰型，振幅≥0.25mV，时间≥0.12秒，双峰间距离≥0.04秒。

2) V_1 导联P波高大双向，上下振幅均超过正常范围(图8-28)。

(2) 病因：多见于严重的先天性心脏病。

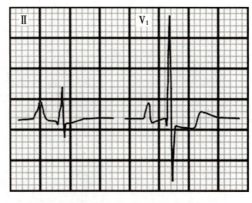

图8-27　右心房肥大

(二) 心室肥厚

心室肥厚主要表现为心室腔扩大和/或心室壁增厚，是由于心脏收缩期压力负荷或舒张期容量负荷过重所致，达到一定程度时可在心电图上出现特征性改变：QRS波群振幅增高，时间延长，心电轴偏移以及相应的ST-T改变。

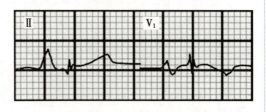

图8-28　双心房肥大

1. 左心室肥厚(left ventricular hypertrophy，LVH)　正常左心室位于心脏的左后下方，且左心室壁明显厚于右心室，故正常时心室除极的综合向量表现为左室占优势的特征。左心室肥厚时，可使这种优势会显得更加突出。

(1) 心电图特征

1) QRS波群电压增高：

肢体导联：$R_I>1.5mV$；$R_{avL}>1.2mV$；$R_{avF}>2.0mV$；$R_I+S_{III}>2.5mV$。

胸导联：R_{V5} 或 $R_{V6}>2.5mV$；$R_{V5}+S_{V1}>4.0mV$(男) 或 >3.5mV(女)。

2) 可出现心电轴左偏。

3) QRS波群时间延长到0.10~0.11秒，但一般<0.12秒。R峰时间V_5 或 $V_6>0.05$秒。

4) ST-T改变：在R波为主的导联，其ST段可呈下斜型压低达0.05mV以上，同时伴有T波低平、双向或倒置。在以S波为主的导联则可见直立的T波。

当QRS波群振幅增高同时伴有ST-T改变者，称左室肥厚伴劳损。此类ST-T变化多为继发性改变，亦可能同时伴有心肌缺血(图8-29)。

判断左心室肥厚，QRS电压增高是必备条件，在符合一项或几项QRS电压增高标准的基础上结合其他一项阳性指标，即可诊断。符合的条件越多及超过正常范围越大者，诊断左心室肥厚的可靠性越大。如仅有QRS电压增高，而无其他任何阳性指标者，诊断应为左心室高电压。

(2) 病因：临床上多见于高血压性心脏病、冠状动脉粥样硬化、肥厚型心肌病、二尖瓣关闭不全、主动脉瓣狭窄或关闭不全、动脉导管未闭等。

2. 右心室肥厚(right ventricular hypertrophy，RVH)　正常右心室壁厚度仅为左心室壁的1/3，故轻度右心室肥厚时，左心室的除极向量仍占优势，不会引起心电图的明显改变。只有当右心室肥厚到一定程度时，才会使综合向量由左心室优势转为右心室优势，出现特异性的心电图改变。

(1) 心电图特征

1) QRS波群形态与振幅改变：①V_1 导联 R/S≥1，呈 R 型或 Rs 型，$R_{V1}+S_{V5}>1.05mV$(重症 >1.2mV)；②V_5 导联 R/S≤1，或 S 波比正常加深；③aVR 导联以 R 波为主，R/q 或 R/S≥1，

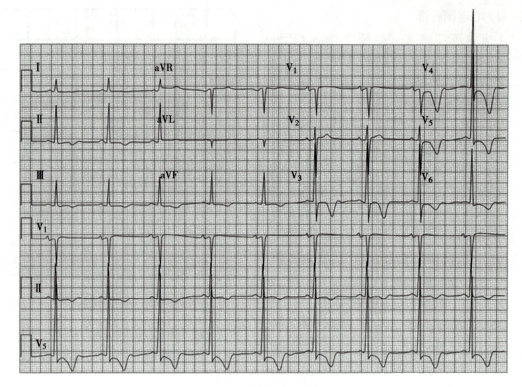

图 8-29　左心室肥厚伴劳损

$R_{aVR}>0.5mV$。

2）QRS 波群时间多正常,R 峰时间 $V_1>0.03$ 秒。

3）心电轴右偏 ≥+90°（重症可 >+110°）。

4）ST-T 改变:右胸导联（V_1、V_2）ST 段压低及 T 波双向或倒置。当以上心电图改变同时伴有 ST-T 改变者,称为右心室肥厚伴劳损（图 8-30）。

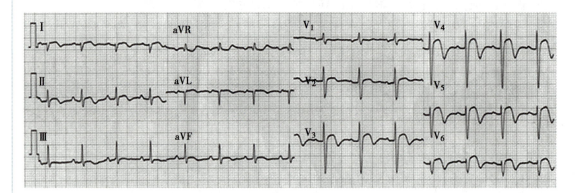

图 8-30　右心室肥厚伴劳损

　　诊断右心室肥厚,有时定性诊断（依据 V_1 导联 QRS 形态 R/S≥1 及电轴右偏等）比定量诊断更有价值。一般来说,阳性指标愈多,则诊断的可靠性越高。虽然心电图对诊断明显的右心室肥厚准确性较高,但敏感性较低。

　　（2）病因:右心室肥厚临床上多见于肺源性心脏病、二尖瓣狭窄、法洛氏四联症、原发性肺动脉高压、房间隔缺损、室间隔缺损、肺动脉瓣狭窄或关闭不全等。

3. 双侧心室肥厚(biventricular hypertrophy)　双侧心室肥厚的心电图改变并不是简单地把左、右心室的异常表现相加,而是取决于左、右心室肥厚的程度,心电图可出现各自相应及抵消的改变。

(1) 心电图特征

1) 大致正常心电图:是由于双侧心室肥厚程度较轻,不能在心电图上表现出来,或双侧心室虽明显肥厚,但增加的向量互相抵消所致。

2) 单侧心室肥厚心电图:常以一侧心室肥厚改变为主,另一侧心室肥厚的图形被掩盖。一般以仅表现为左心室肥厚多见。

3) 双侧心室肥厚心电图:改变既有右心室肥厚的心电图特征(如 V_1 导联 R 波为主,电轴右偏等),又存在左心室肥厚的某些征象(如 V_5 导联 R/S>1,R 波振幅增高等)(图 8-31)。

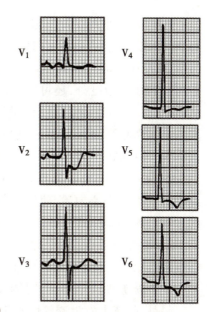

图 8-31　双侧心室肥厚

(2) 病因:双侧心室肥厚临床上多见于各种心脏疾病晚期。

二、心肌缺血

心肌缺血(myocardial ischemia)通常发生在冠状动脉粥样硬化基础之上。当心肌某一部位缺血时,直接影响心肌电活动,尤其引起心肌复极发生延迟,继而出现相关导联 ST-T 的改变。心肌缺血的心电图改变类型取决于缺血的严重程度、持续时间和缺血发生的部位。

(一)心肌缺血的心电图类型

1. 缺血型心电图改变　正常情况下,心室复极是从心外膜开始向心内膜方向进行的。发生心肌缺血时,复极过程异常改变,心电图上主要表现为 T 波变化。因缺血部位不同,T 波改变有以下类型(图 8-32):

(1) T 波高大直立:心内膜下心肌缺血时,心室复极的方向仍正常,只是缺血部位的心肌复极时间较正常延长,使原来存在的与心外膜复极向量相抗衡的心内膜复极向量减小或消失,致使 T 波向量增加,在相应导联出现高大直立的 T 波。

(2) T 波倒置:心外膜下心肌缺血(包括透壁性心肌缺血)时,心肌复极顺序的发生

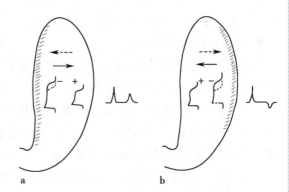

图 8-32　心肌缺血与 T 波变化的关系

a. 心内膜下缺血;b. 心外膜下缺血

(虚线箭头示复极方向,实线箭头示 T 波向量方向,动作电位中的虚线部分示未发生缺血时的动作电位时程)

逆转,即复极方向由心内膜开始向心外膜进行。已复极的心内膜膜外电位为正,而缺血的心外膜心肌尚未复极,膜外电位仍呈负性,于是在相应导联出现与正常方向相反的 T 波向量。此时面向缺血区的导联出现倒置的 T 波,甚至会出现双肢对称且倒置并逐渐加深的 T 波。由于这种倒置尖深、双肢对称的 T 波多出现于冠状动脉供血不足时,又称为"冠状 T 波"。

（3）T波低平或双向：心脏双侧对应部位心内膜下心肌均发生缺血或心内膜与心外膜下心肌同时缺血时，心肌心电向量的改变可相互抵消，在相应导联可表现出T波低平或双向。

2. 损伤型心电图改变　心肌缺血除了可出现T波改变外，还可出现损伤型的ST段改变。心肌损伤时，ST向量从正常心肌指向损伤心肌，相应导联表现为ST段压低和ST段抬高两种类型（图8-33）：

（1）心内膜下心肌损伤时，ST向量背离心外膜面指向心内膜，使位于心外膜面的导联出现ST段压低≥0.05mV。

（2）心外膜下心肌损伤时（包括透壁性心肌缺血），ST向量指向心外膜面导联，引起ST段抬高>0.1~0.3mV。

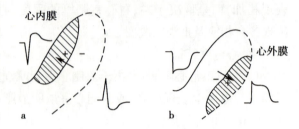

图8-33　心肌损伤与ST偏移的关系
a. 心内膜下损伤；b. 心外膜下损伤
（箭头示ST向量方向）

发生损伤型ST改变时，对侧部位的导联常可记录到相反的ST改变。

另外，临床上发生透壁性心肌缺血时，心电图往往表现为心外膜下缺血（T波深、倒置）或心外膜下损伤（ST段抬高）类型。有学者把引起这种现象的原因归为：

1）透壁性心肌缺血时，心外膜缺血范围常大于心内膜。

2）因检测电极靠近心外膜缺血区，故透壁性心肌缺血在心电图上主要表现为心外膜缺血的改变。

（二）心肌缺血心电图图形的临床意义

心肌缺血的心电图可仅仅表现为ST段改变或T波改变，也可同时出现ST-T改变。临床上约50%的冠心病患者未发生心绞痛时，心电图可以正常，而仅于心绞痛发作时才记录到ST-T动态改变。约10%的冠心病患者在心绞痛发作时心电图仍正常或仅有轻度ST-T变化。心肌缺血类型不同，心电图表现也不一：

1. 急性冠脉供血不足

（1）典型心绞痛的心电图表现为：面向缺血部位的导联呈缺血型ST段压低（水平型或下斜型下移≥0.1mV）和/或T波倒置。

（2）变异型心绞痛（冠状动脉痉挛为主要因素）的心电图表现为：面向缺血部位的导联呈暂时性ST段抬高并常伴有高大T波；对应导联出现ST段压低，这是急性严重心肌缺血的表现。若ST段持续抬高，提示将发生心肌梗死。

2. 慢性冠脉供血不足　心电图表现为长期持续且较恒定的ST改变（水平型或下斜型下移≥0.05mV）和/或T波低平、负正双向和倒置，而于心绞痛发作时出现ST-T改变加重或伪性改善。

（三）鉴别诊断

除冠心病外，其他疾病如心肌病、心肌炎、瓣膜病、心包炎、脑血管意外（尤其颅内出血）、低钾血症、高钾血症等电解质紊乱、药物（洋地黄、奎尼丁等）影响、自主神经调节障碍等均可引起ST-T改变。此外，心室肥厚、束支传导阻滞、预激综合征等也可引起继发性ST-T改变。因此，必须结合其他临床资料进行综合分析进行鉴别诊断。

三、心肌梗死

临床上，绝大多数心肌梗死（myocardial infarction，MI）是由冠状动脉粥样硬化所致，属于冠心病的严重类型。除了临床表现、心肌坏死标志物升高外,心电图的特征性改变及演变规律对确定心肌梗死诊断、治疗方案、判断病情和预后起着重要作用。

(一)心肌梗死的基本图形

急性冠状动脉发生闭塞后,随时间的推移在心电图上可先后出现缺血、损伤和坏死 3 种类型的图形改变。因梗死部位从中心到边缘的病变程度是不同的,故往往同时出现上述 3 种图形的改变。心肌各部分接受不同冠状动脉分支的血液供应,因此,图形改变常具有明显的区域特点。心电图显示的是梗死后心肌多种心电变化的综合结果(图 8-34)。

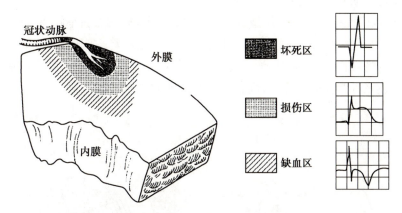

图 8-34　心肌梗死病变的分布及相应的坏死、损伤、缺血综合图形

1. **"缺血型"改变**　冠状动脉急性闭塞后,最早出现的变化是缺血性 T 波改变:①通常缺血最早出现在心内膜下肌层,使面向缺血区的导联出现高大而直立的 T 波。②若缺血发生在心外膜下肌层(包括透壁性心肌缺血),则面向缺血区的导联出现 T 波倒置,呈"冠状 T"。缺血使心肌复极时间延长,可引起 QT 间期延长。

2. **"损伤型"改变**　随着缺血时间延长,缺血程度进一步加重,继而造成心肌损伤,心电图上就会出现"损伤型"图形改变。主要表现为面向损伤心肌的导联出现 ST 段弓背向上抬高(图 8-35)。关于急性心肌缺血和心肌梗死引起 ST 段抬高的机制至今仍不清楚,通常认为与损伤电流有关。ST 段明显抬高可形成单向曲线,损伤型改变一般不会持久,可在心肌供血改善后恢复,或进一步发展为坏死型改变。

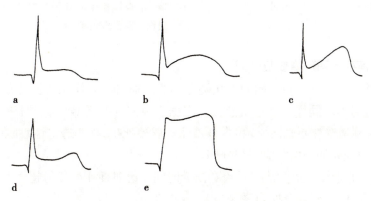

图 8-35　常见的"损伤型"ST 段抬高的形态
a. 平抬型;b. 弓背型;c. 上斜型;d. 凹面向上型;e. 单向曲线型

3. "坏死型"改变　长时间的缺血导致心肌细胞变性、坏死。坏死的心肌细胞丧失了电活动,不再产生心电向量,但正常心肌仍正常除极,故产生一个方向与坏死区域相反的心电综合向量。由于心肌梗死主要发生于室间隔或左室壁心肌,往往引起起始 0.03~0.04 秒除极向量背离坏死区。

心电图改变主要表现为:面向坏死区的导联出现异常 Q 波(时间≥0.03 秒,振幅≥同导联 R 波 1/4)或者呈 QS 波(图 8-36)。一般认为:梗死的心肌直径 >20~30mm 或厚度 >5mm 才可产生病理性 Q 波。

临床上急性心肌梗死描记出的心电图是三种改变的混合图形:坏死区的异常 Q 波或 QS 波;靠近坏死区周围受损心肌的损伤型改变;而外边受损较轻的心肌呈缺血型改变(图 8-37)。其中,缺血型 T 波较为常见,但对诊断心肌梗死的特异性较差;ST 段抬高、异常 Q 波是诊断急性心肌梗死的特征性改变,尤其是 ST 弓背向上抬高是急性心肌梗死最具诊断价值的心电图改变。若上述三种改变同时存在,则急性心肌梗死的诊断基本确立。

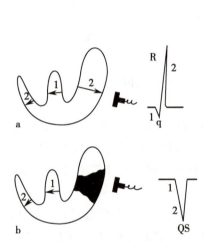

图 8-36　坏死型 Q 波及 QS 发生机制
a. 正常心肌除极顺序:1. 室间隔向量,产生 q 波;2. 左右心室综合除极向量,产生 R 波;b. 心肌坏死后,面向坏死区只能描记到相反的除极向量,产生 QS 波

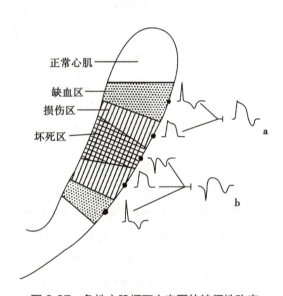

图 8-37　急性心肌梗死心电图的特征性改变
a. 位于坏死区周围的体表电极记录到缺血和损伤型的图形;b. 位于坏死区中心的体表电极同时记录到缺血、损伤、坏死型的图形
(图中"●"示直接置于心外膜的电极可分别记录到缺血、损伤、坏死型的图形)

(二)心肌梗死的图形演变及分期

急性心肌梗死发生后,心电图的变化随着心肌缺血、损伤、坏死的发展和恢复而呈现一定演变规律,这对诊断同样具有重要意义。根据心电图上有无 Q 波,心肌梗死可分为 Q 波型心肌梗死(又称透壁性心肌梗死)和非 Q 波型心肌梗死(又称非透壁性心肌梗死)。本节只介绍 Q 波型心肌梗死的心电图演变与分期。

临床上根据心电图图形的演变过程和演变时间将心肌梗死可分为超急性期、急性期、近期(亚急性期)和陈旧期(愈合期)(图 8-38)。

1. 超急性期　急性心肌梗死发生数分钟后,首先出现短暂的心内膜下心肌缺血,心电图表现为:

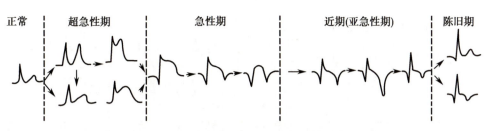

| 正常 | 超急性期 | 急性期 | 近期(亚急性期) | 陈旧期 |

图 8-38 典型的急性心肌梗死的图形演变过程及分期

（1）直立高大的 T 波。

（2）以后迅速出现 ST 段呈上斜型或弓背向上型抬高，与高耸直立 T 波相连。

（3）由于急性损伤性阻滞，可见 QRS 振幅增高，并轻度增宽。

（4）无异常 Q 波。

这些表现仅持续数小时，临床上多因持续时间太短而不易记录到。此期若能及时有效治疗，可避免发展为心肌梗死或使已发生梗死的范围趋于缩小。

2. 急性期 此期开始于梗死后数小时或数日，可持续 3~6 周。在此期内，坏死型 Q 波、损伤型 ST 段抬高和缺血型 T 波倒置可同时并存，心电图呈现一个动态演变过程：

（1）ST 段呈弓背向上抬高，抬高显著者可形成单向曲线，继而逐渐下降。

（2）心肌坏死导致面向坏死区导联的 R 波振幅降低或丢失，出现异常 Q 波或 QS 波。

（3）T 波由直立开始倒置，并逐渐加深。

3. 亚急性期（近期） 出现于梗死后数周至数月，一般持续 3~6 个月，此期以坏死及缺血图形为主要特征，心电图表现为：

（1）坏死型 Q 波持续存在。

（2）缺血型 T 波由倒置较深逐渐变浅。

（3）抬高的 ST 段恢复至基线。

4. 陈旧期 常出现在急性心肌梗死 3~6 个月之后或更久，心电图表现为：

（1）ST 段和 T 波恢复正常或 T 波持续倒置、低平，趋于恒定不变。

（2）残留坏死型的 Q 波。

理论上异常 Q 波将终生存在。但实际随着瘢痕组织的缩小和周围心肌的代偿性肥大，其范围在数年后有可能明显缩小。小范围梗死的图形改变有可能变得很不典型，异常 Q 波甚至可消失。

近年来，通过对急性心肌梗死患者早期实施有效治疗（溶栓、抗栓或介入性治疗等），已显著缩短整个病程，心电图的表现也出现了变化，可不再呈现上述典型的心电图演变过程。

（三）心肌梗死的定位诊断

心肌梗死的部位主要根据心电图坏死型图形（异常 Q 波或 QS 波）出现于哪些导联而做出判断（图 8-39，图 8-40）。发生心肌梗死的部位多与冠状动脉分支的供血区域相关，因此，心电图的定位基本上与病理一致（表 8-2）。

在急性心肌梗死早期（数小时内），尚未出现坏死型 Q 波，可根据 ST-T 异常（ST 段抬高或压低，或 T 波异常变化）出现于哪些导联来判断梗死的部位。

为提高心电图诊断急性心肌梗死的敏感性和准确性，应注意：

（1）描记的心电图应注意前后对比。

（2）对疑诊者，可描记 18 导联心电图，即加做 V_7~V_9、V_3R~V_5R。

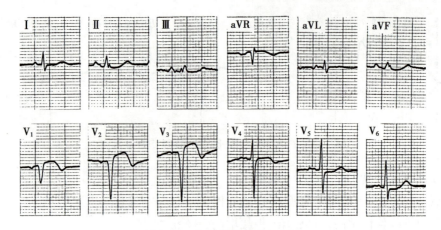

图 8-39　急性前间壁心肌梗死

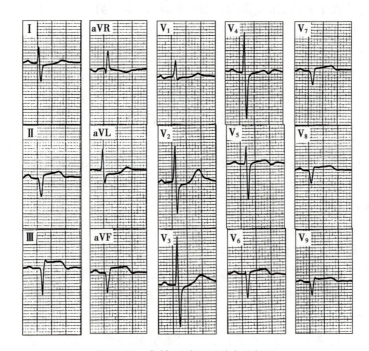

图 8-40　急性下壁及后壁心肌梗死

表 8-2　心电图导联与心室部位及冠状动脉供血区域的关系

导联	心室部位	供血的冠状动脉
V_1~V_3	前间壁	左前降支
V_3~V_5	前壁	左前降支
I、aVL、V_5、V_6	侧壁	左前降支或左回旋支
V_1~V_5	广泛前壁	左前降支
II、III、aVF	下壁	冠状动脉或左回旋支
V_7~V_9	正后壁	左回旋支或右冠状动脉
V_{3R}~V_{4R}	右心室	右冠状动脉

（3）除观察 QRS 波群和 ST 段变化外，还应注意 P-R 段和 P 波变化，如发现 P-R 段抬高或明显下移，提示心房梗死。

（4）应反复多次描记心电图，在发病 12~24 小时内，心电图可出现一过性伪正常化。

四、心律失常

（一）心律失常的概述

正常人的心脏起搏点位于窦房结，窦房结按一定的频率发出激动，并按正常传导系统顺序激动心房和心室。由于各种原因使心脏激动的起源和 / 或传导出现异常而引起的心脏节律改变，称为心律失常（arrhythmias）。心律失常的发生可由于：

1. 激动起源异常，可分为两类：

（1）为窦房结起搏点本身激动的程序与规律异常。

（2）为心脏激动全部或部分起源于窦房结以外的部位，称为异位节律，异位节律又分为主动性和被动性。

2. 激动的传导异常，最多见的一类为传导阻滞，包括传导延缓或传导中断；另一类为激动传导通过房室之间的附加异常旁路，使心肌某一部分提前激动，属传导途径异常。

3. 激动起源异常和激动传导异常同时存在，相互作用，此可引起复杂的心律失常表现。

心律失常目前按发生机制分类如下：

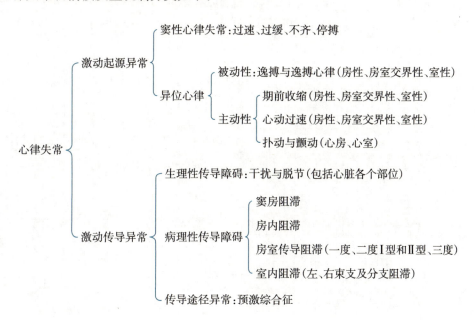

（二）窦性心律及窦性心律失常

窦房结为正常心脏的起搏点，由窦房结发出激动引起的心律称为窦性心律（sinus rhythm）。窦性心律属正常节律。

1. 窦性心律的心电图特征

心电图机一般描记不出窦房结激动电位，所以都是以窦性激动发出后引起的心房激动 P 波特点来推测窦房结的活动。正常成人窦性心律的心电图特征：

（1）P 波规律出现，频率 60~100 次 /min，呈钝圆形，且 P 波形态表明激动来自窦房结（即 P 波在 Ⅰ、Ⅱ、aVF、V₄~V₆ 导联直立，在 avR 导联倒置）。

(2) P-R 间期 0.12~0.20 秒。

(3) PP 间期固定,同一导联上 PP 间期相差 <0.12 秒(图 8-41)。

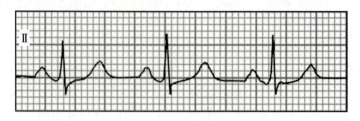

图 8-41 正常窦性心律

2. 窦性心动过速(sinus tachycardia)

(1) 心电图特征:①具有窦性心律特点;②成人窦性心律的频率 >100 次 /min;③P-R 间期及 QT 间期相应缩短,有时可伴有继发性 ST 段轻度压低和 T 波振幅降低(图 8-42)。

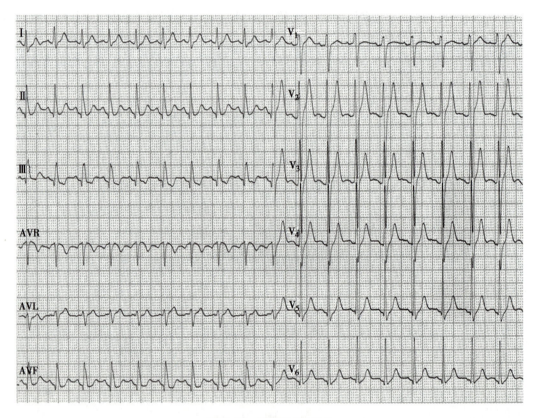

图 8-42 窦性心动过速

(2) 病因:常见于运动、情绪紧张、饮酒、饮浓茶或咖啡、吸烟等。病理可见于发热、甲状腺功能亢进、贫血、失血、休克、心功能不全等,及应用肾上腺素、阿托品等药物。

3. 窦性心动过缓(sinus bradycardia)

(1) 心电图特征:①具有窦性心律特点;②成人窦性心律的频率 <60 次 /min(图 8-43)。

(2) 病因:常见于老年人、运动员、重体力劳动者、睡眠等生理情况。也可见于病态窦房结综合征、颅内压增高、甲状腺功能低下、高钾血症等病理情况,及应用某些药物(例如 β 受体阻滞剂、洋地黄过量等)。

笔记栏

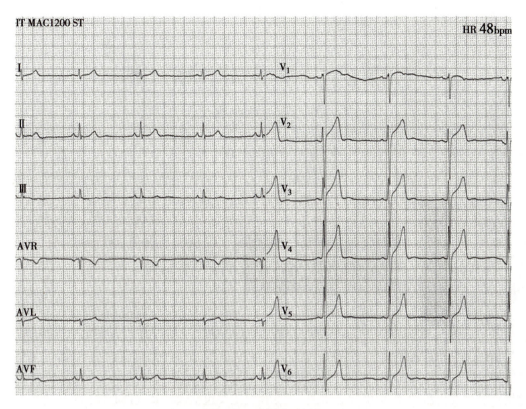

图 8-43　窦性心动过缓

4. 窦性心律不齐（sinus arrhythmia）

（1）心电图特征：①具有窦性心律特点；②在同一导联上，PP 或 RR 间期差值 >0.12 秒（图 8-44）。

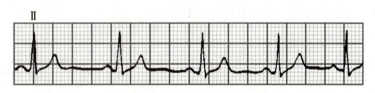

图 8-44　窦性心律不齐

（2）病因：较常见的一类心律不齐，与呼吸周期有关，称呼吸性窦性心律不齐，多见于正常儿童和青少年，一般无临床意义。另有一些比较少见与呼吸无关的窦性心律不齐，如与心室收缩排血有关的窦性心律不齐及窦房结内游走性心律不齐等。

5. 窦性停搏（sinus arrest）　亦称窦性静止。在规律的窦性心律中，有时因迷走神经张力增大或窦房结功能障碍，在一段时间内窦房结停止发放激动。

（1）心电图特征：①具有窦性心律特点；②规则的 PP 间距中突然出现 P 波脱落，形成长 PP 间距，且长 PP 间距与正常 PP 间距不成倍数关系；③窦性停搏后常出现逸搏或逸搏心律（图 8-45）。

（2）病因：常见于迷走神经张力增大，如吞咽、咽部刺激、按压颈动脉窦、气管插管等，病理可见于急性心肌梗死、窦房结退行性纤维化等，及应用洋地黄和奎尼丁过量等。

6. 病态窦房结综合征（sick sinus syndrome，SSS）　简称病窦综合征，是由于窦房结及其

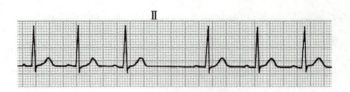

图 8-45　窦性停搏

周围组织的器质性病变,导致窦房结激动形成障碍和传导障碍而产生的心律失常。

(1) 心电图特征:①持续的窦性心动过缓,心率 <50 次 /min,且不易用阿托品等药物纠正;②多发窦性停搏或窦房阻滞;③慢—快综合征:在显著窦性心动过缓、窦性停搏等基础上,反复出现室上性快速心律失常(心房扑动、心房颤动等);④双结病变:若病变同时累及房室交界区,可出现房室传导障碍,或发生窦性停搏时,长时间不出现交界性逸搏。

(2) 病因:常见于冠状动脉粥样硬化性心脏病、高血压性心脏病、心肌炎(尤其是病毒性心肌炎)、心肌病及起搏传导系统退行性病变等。

(三) 异位心律

异位心律包括主动性异位心律和被动性异位心律。主动性异位心律是指窦房结以外的异位起搏点主动发出激动,引起心房或心室搏动,主要包括期前收缩、心动过速、扑动与颤动。被动性异位心律是指高位起搏点发生停搏、节律减慢或激动传导障碍不能下传时,低位起搏点被动发出激动,继而引起心房或心室搏动,主要包括逸搏和逸搏心律。

1. 期前收缩　又称过早搏动,简称早搏。是指起源于窦房结以外的异位起搏点自律性增高、折返激动或触发活动,在窦房结激动尚未抵达之前,抢先发出激动而引起的一次心脏搏动,是临床上最常见的心律失常。

根据异位起搏点发生的部位,可分为房性、交界性和室性期前收缩,其中以室性期前收缩最为常见,房性次之,交界性比较少见。

描述期前收缩心电图特征时常用到下列术语:

(1) 代偿间歇(compensatory pause):指提前出现的异位搏动代替了一个正常窦性搏动,其后出现一个较正常心动周期为长的间歇。由于房性异位激动,常易逆传侵入窦房结,使其提前释放激动,引起窦房结节律重整,因此,房性期前收缩大多为不完全性代偿间歇(即期前收缩前后两个窦性 P 波的间距小于正常 PP 间距的两倍)。而交界性和室性期前收缩,距窦房结较远,不易侵入窦房结,故往往表现为完全性代偿间歇(即期前收缩前后两个窦性 P 波的间距等于正常 PP 间距的两倍)。

(2) 联律间期(coupling interval)或称配对期:指期前收缩与其前正常搏动之间的时距。折返途径与激动的传导速度等可影响联律间期长短。房性期前收缩的联律间期应从异位 P 波起点测量至其前窦性 P 波起点;而室性期前收缩的联律间期应从异位搏动的 QRS 起点测量至其前窦性 QRS 起点。

(3) 单源性期前收缩:指期前收缩来自同一异位起搏点或有固定的折返路径,其形态、联律间期相同。

(4) 多源性期前收缩:指在同一导联中出现 2 种或 2 种以上形态及联律间期互不相同的异位搏动。如联律间期固定,而形态各异,则称为多形性期前收缩,其临床意义与多源性期前收缩相似。

(5) 频发性期前收缩:依据出现的频度可人为地分为偶发期前收缩(≤5 次 /min)和频发

（>5 次 /min）性期前收缩。二联律（bigeminy）与三联律（trigeminy）就是常见的有规律的频发性期前收缩。二联律是指期前收缩与窦性心搏交替出现；三联律是指每 2 个窦性心搏后出现 1 次期前收缩。

（6）心电图特征

1）室性期前收缩（P-Remature ventricular contraction）：①期前出现的 QRS-T 波前无 P 波或相关 P 波；②期前出现的 QRS 形态宽大畸形，时间 >0.12 秒，T 波方向多与 QRS 的主波方向相反；③伴有完全性代偿间歇（图 8-46）。

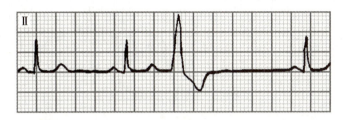

图 8-46　室性期前收缩

插入性室性期前收缩是指插入在两个相邻正常窦性心律之间，并不取代下一次窦性激动对心脏控制的室性期前收缩，又称间位性室性期前收缩，此种期前收缩常无代偿间歇，多发生于窦性心律较缓慢时。

2）房性期前收缩（P-Remature atrial contraction）：①期前出现的异位 P' 波，形态与窦性 P 波不同；②P'R 间期 >0.12 秒；③期前出现的 QRS 波群形态多正常；④常为不完全性代偿间歇（图 8-47）。

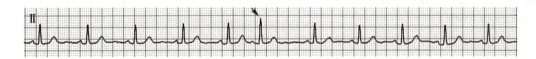

图 8-47　房性期前收缩

房性期前收缩的 P'R 间期可以延长；如异位 P' 波后无 QRS-T 波，则称为未下传的房性期前收缩；有时 P' 下传心室引起 QRS 波群增宽变形，多呈右束支阻滞图形，称房性期前收缩伴室内差异性传导。

3）交界性期前收缩（P-Remature junctional contraction）：①期前出现的 QRS 波群，形态多正常，个别伴有室内差异传导可畸形；②逆行 P' 波可发生于 QRS 波群之前（P'R 间期 <0.12 秒）、QRS 波群之后（RP' 间期 <0.20 秒）或与 QRS 波群相重叠；③多为完全性代偿间歇（图 8-48）。

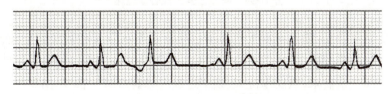

图 8-48　交界性期前收缩

（7）病因及临床意义：期前收缩可见于情绪激动、剧烈运动、饱餐、过量饮酒、吸烟、过度劳累等生理情况；但更多见于器质性心脏病如冠状动脉粥样硬化性心脏病、高血压、心肌炎、心肌病等。此外也可见于甲状腺功能亢进、低钾血症及儿茶酚胺类、抗心律失常药、三环类抗抑郁药、洋地黄等药物影响。偶发性期前收缩多无重要临床意义，而频发性（图 8-49）、多源性（图 8-50）的室性期前收缩多见于病理情况。

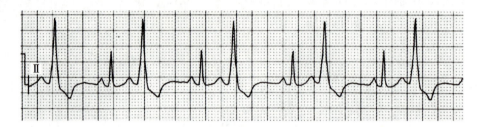

图 8-49　室性期前收缩二联律

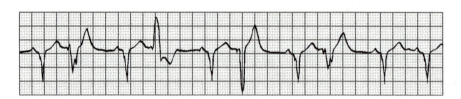

图 8-50　多源性室性期前收缩

2. 心动过速　心动过速为心脏的异位起搏点自律性增高或折返激动，致使出现连续 3 次或 3 次以上的前期收缩，是一种发作性快速异位心律。根据异位起搏点发生的部位，可分为房性、交界性及室性心动过速 3 种类型：

（1）阵发性室上性心动过速（paroxysmal suP-Raventricular tachycardia，PSVT）：阵发性室上性心动过速理论上分为阵发性房性心动过速、阵发性交界性心动过速，但常因 P' 不易辨别，故统称为阵发性室上性心动过速。

1）心电图特征：①连续 3 次或以上快速均齐的 QRS 波群，形态与时间正常。若伴有室内差异传导或束支阻滞时，QRS 波群可畸形、增宽；②心率多在 160~250 次 /min，心律绝对规则；③可伴有继发性 ST-T 改变。（图 8-51）

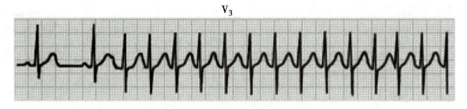

图 8-51　阵发性室上性心动过速

2）病因及临床意义：阵发性室上性心动过速常见于正常人和预激综合征者，少数可见于风湿性心脏病、心肌梗死、甲状腺功能亢进等。无器质性心脏病者发生阵发性室上性心动过速，一般不引起严重后果，但发作持久、频率过快或原有心脏病者，可出现血压下降、眩晕、心绞痛、晕厥、心力衰竭。

（2）阵发性室性心动过速（paroxysmal ventricular tachycardia，PVT）：连续 3 次室性异位激动，可称为短阵室性心动过速，若持续数 10 秒或数分钟则称为阵发性室性心动过速。

1）心电图特征：①连续 3 次或以上快速、宽大畸形的 QRS 波群，时间 >0.12 秒；②心室率 140~200 次 /min，节律可稍不齐；③多无 P 波，如能发现 P 波，并且 P 波频率慢于 QRS 波频率，P-R 无固定关系（房室分离），则可明确诊断；④常伴有继发性 ST-T 改变；⑤偶有心室夺获或发生室性融合波，也支持室性心动过速的诊断（图 8-52）。

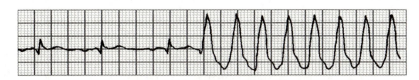

图 8-52　阵发性室性心动过速

心室夺获是指窦房结激动到达交界区时，恰遇交界区已脱离不应期，使窦性激动得以下传，从而激动心室，形成的 QRS 波群提前出现，形似窦性心律。室性融合波是指若窦性激动下传仅激动心室一部分，心室的另一部分被室性异位节律点所激动，形成的 QRS 波群形态介于窦性心律和室性异位心律之间。

2）病因及临床意义：阵发性室性心动过速是一种严重的心律失常，90%~95% 并发严重心脏病，如冠状动脉粥样硬化性心脏病、急性心肌梗死、风湿性心脏病和心肌病等；也可见于洋地黄中毒、低钾血症或高钾血症等电解质紊乱；偶见于无器质性心脏病者。其临床症状取决于发作时的心室率、发作持续时间以及原心脏功能状况，严重者可发展为心室扑动或心室颤动。

（3）扭转型室性心动过速（torsade de pointes，TDP）：此类心动过速是一种特殊类型的阵发性室性心动过速，是一种严重的室性心律失常。

1）心电图特征：表现为一系列宽大畸形的 QRS 波群围绕基线不断扭转其主波的正负方向，通常以每 3~10 个 QRS 波群即扭转一次，心室率为 180~250 次 /min（图 8-53）。

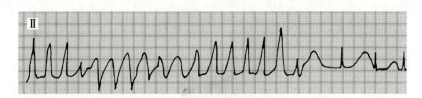

图 8-53　扭转型室性心动过速

2）病因及临床意义：可见于先天性长 QT 间期综合征、严重的房室传导阻滞、严重低钾血症，以及奎尼丁、胺碘酮等药物不良反应。每次发作持续数秒至数十秒而自行终止，但极易复发或转为心室颤动，预后凶险。患者表现为反复发作心源性晕厥或称为阿 - 斯综合征，甚至猝死。

3. 扑动与颤动　扑动与颤动是一种比频率比阵发性心动过速更快的异位心律，主要发生机制是异位起搏点自律性增高，不应期缩短，同时伴有一定的传导障碍，形成环形激动及多发微折返。根据异位心律的起源与节律不同，可分为心房扑动、心房颤动、心室扑动、心室颤动。

（1）心房扑动和心房颤动：为临床上较常见的心律失常，多与心房肥大和心房肌受损有关。

1）心房扑动（atrial flutter，AFL）的心电图特征：①正常 P 波消失，代之以形态、间距及振幅均一致的连续呈大锯齿状的心房扑动波（F 波），多在 Ⅱ、Ⅲ、aVF 导联中清楚；F 波间无等电位线,频率为 250~350 次 /min;②大多不能全部下传,常以固定房室比例(2∶1、3∶1 或 4∶1)下传,故心室律规则。如果房室传导比例不恒定或伴有文氏传导现象,则心室律可以不规则;③QRS 波形态、时间正常,可伴有差异传导(图 8-54)。

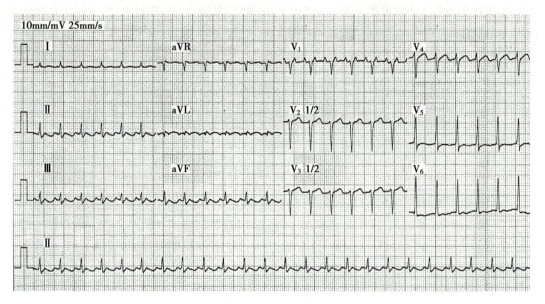

图 8-54　心房扑动

2)心房颤动(atrial fibrillation,AF)的心电图特征:①P 波消失,代之以大小、形状、间距均不等的心房颤动波(f 波),多以 V_1 导联最明显;频率为 350~600 次 /min;②心室律绝对不规则;③QRS 波形态、时间正常,可伴有差异传导(图 8-55)。

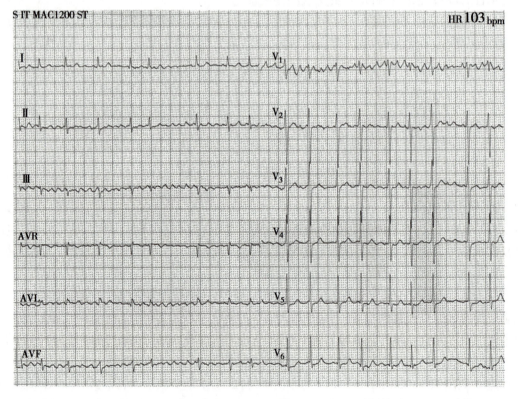

图 8-55　心房颤动

3）病因及临床意义：临床上很常见的心律失常，多见于器质性心脏病、冠状动脉粥样硬化性心脏病、高血压心脏病、心肌病、肺心病等；也可见于低钾血症、洋地黄中毒、甲状腺功能亢进等；偶见于无器质性心脏病者。心房颤动时，整个心房失去协调一致的收缩，对心排出量的影响较心房扑动严重，且长时间的心房颤动易形成附壁血栓。

（2）心室扑动及心室颤动：心室扑动和心室颤动是最严重的心律失常，其出现一般具有两个条件：①心肌明显受损、缺氧或代谢异常；②异位激动落在易颤期。

1）心室扑动（ventricular flutter）的心电图特征：正常 P、QRS、T 波均消失，代之以连续、快速而节律相对规则的大振幅波，频率 200~250 次 /min（图 8-56）。

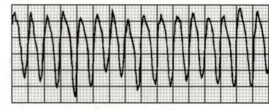

图 8-56　心室扑动

心室扑动时心脏失去排血功能，常不能持久，不是很快恢复，就是转为室颤而导致死亡。

2）心室颤动（ventricular fibrillation）的心电图特征：正常 P、QRS、T 波均消失，代之以形态、节律极不规则的连续的小振幅波，频率为 250~500 次 /min（图 8-57）。

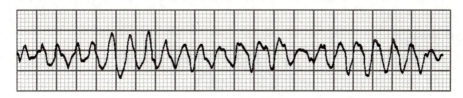

图 8-57　心室颤动

3）病因及临床意义：心室颤动时由于心脏出现多灶性局部兴奋，以致完全失去排血功能。往往是心脏停跳前的短暂征象，也可因急性心肌缺血或心电紊乱而发生。

心室扑动和心室颤动均是极严重的致死性心律失常，多见于严重的器质性心脏病、电解质紊乱、严重药物中毒、各种疾病的终末期等。

4. 逸搏与逸搏心律　当高位节律点发生病变或受到抑制而出现停搏或节律明显减慢时（如病态窦房结综合征），或因传导障碍而不能下传时（如窦房或房室传导阻滞），或其他原因造成长的间歇时（如期前收缩后的代偿间歇等），作为一种保护性的反应，低位起搏点就会发出一个或一连串的冲动，激动心房或心室。仅发生 1~2 次称为逸搏（escape），连续 3 次或以上称为逸搏心律（escape rhythm）。

按发生的部位分为房性、房室交界性和室性逸搏。其 QRS 波群的形态特点与各相应的期前收缩相似，二者的差别是期前收缩属提前发生，为主动节律，而逸搏则在长间歇后出现，属被动节律。临床上以房室交界性逸搏最为多见，室性逸搏次之，房性逸搏较少见。

（1）心电图特征

1）房性逸搏与逸搏心律：长间歇后出现的 P'-QRS-T 波群，形态符合房性期前收缩的特点。房性逸搏心律的频率多为 50~60 次 /min。

2）交界性逸搏与逸搏心律：长间歇后出现的 P'-QRS-T 波群，形态符合交界性期前收缩的特点。交界性逸搏心律的频率多为 40~60 次 /min，慢而规则（图 8-58）。

交界性逸搏心律是最常见的逸搏心律，见于窦性停搏以及三度房室传导阻滞等情况。

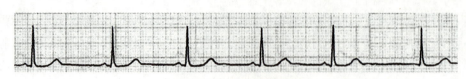

图 8-58　交界性逸搏心律

3）室性逸搏与逸搏心律：长间歇后出现的 QRS-T 波群，形态符合室性期前收缩的特点。室性逸搏心律的频率多为 20~40 次 /min。若心室率 <22 次 /min，称为室性自主心律（图 8-59）。

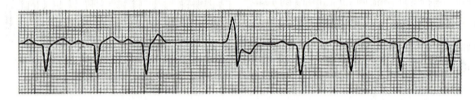

图 8-59　室性逸搏心律

（2）病因及临床意义：逸搏与逸搏心律多见于严重的窦性心动过缓、窦性心律不齐、窦性停搏、双结病变、Ⅱ度以上房室传导阻滞、期前收缩后的长间歇等。患者可出现头晕、心悸等供血不足的临床表现。

（四）传导阻滞

心脏传导阻滞（heart block）的病因可以是传导系统的器质性损害，也可能是迷走神经张力增高引起的功能性抑制或是药物作用及位相性影响。

按阻滞发生的部位分为窦房传导阻滞、心房内传导阻滞、房室传导阻滞和心室内传导阻滞。其中以房室传导阻滞最常见，其次为心室内传导阻滞。

1. 房室传导阻滞（atrioventricular block，AVB）　房室传导阻滞是由于房室交界区不应期延长，使激动从心房向心室传导过程中发生传导延缓或中断，心电图表现为 P 与 QRS 波的关系异常。根据阻滞程度，可将房室传导阻滞分为三度：①一度房室传导阻滞：全部激动均可下传至心室，但传导时间延长。②二度房室传导阻滞：部分激动因阻滞而不能下传至心室。③三度房室传导阻滞：由于房室交界区的绝对不应期极度延长，以致房室交界区以上的激动完全不能通过阻滞部位，又称完全性房室传导阻滞。

（1）心电图特征

1）一度房室传导阻滞：心电图主要表现为 P-R 间期延长。P-R 间期可随年龄、心率而变化，故诊断标准需相适应。即：①P 波规律出现，每个 P 波后都跟有一个 QRS 波群；②成人 P-R 间期 >0.20 秒，老年人 P-R 间期 >0.22 秒；③对前后两次检测结果进行比较，心率没有明显改变情况时，即使 P-R 间期仍在正常范围内，但两次的差值 >0.04 秒也可诊断为一度房室传导阻滞（图 8-60）。

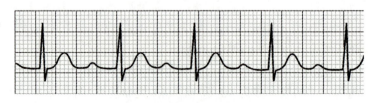

图 8-60　一度房室传导阻滞

2）二度房室传导阻滞：主要表现为部分 P 波后 QRS 波脱漏。按其脱漏的特点可分为两种类型：①二度 I 型房室传导阻滞，又称莫氏 I 型（Morbiz I）：表现为 P 波规律地出现，P-R 间期逐渐延长（通常每次延长的绝对增加值多呈递减），直到一个 P 波后脱漏一个 QRS 波群，漏搏后房室传导阻滞得到一定改善，P-R 间期又趋缩短，之后又复逐渐延长，如此周而复始地出现，称为文氏现象（wenckebach phenomenon）。通常以 P 波个数与 P 波下传个数的比例来表示房室阻滞的程度，例如 3：2 传导表示 3 个 P 波中有 2 个 P 波下传到心室，而只有 1 个 P 波不能下传（图 8-61）。②二度 II 型房室传导阻滞，又称莫氏 II 型（Morbiz II）：表现为 P-R 间期恒定（可正常或也可延长），部分 P 波后有 QRS 波群脱漏，可形成 2：1、3：2、4：3、5：4 等房室传导（图 8-62）。凡连续出现 2 次或 2 次以上的 QRS 波群脱漏者（如呈 3：1、4：1 传导的房室传导阻滞），称高度房室传导阻滞，易发展为完全性房室传导阻滞。

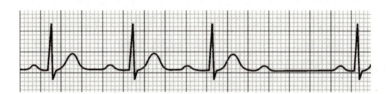

图 8-61　二度 I 型房室传导阻滞

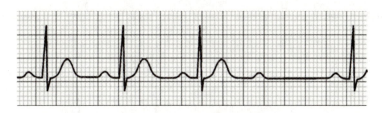

图 8-62　二度 II 型房室传导阻滞

3）三度房室传导阻滞：又称完全性房室传导阻滞。表现为①P 波与 QRS 波互不相关（P-R 间期不固定），但 PP 间期和 RR 间期各自有其节律；②心房率快于心室率；③QRS 波群的形态、时间和频率取决于潜在起搏点的位置。若阻滞部位在希氏束以上，潜在起搏点多在房室交界区内，形成交界性逸搏心律，即 QRS 波群形态、时间正常，频率在 40~60 次/min；若阻滞部位在希氏束以下，潜在起搏点位于心室，形成室性逸搏心律，即 QRS 波群宽大畸形，频率多在 40 次/min 以下。如果偶尔出现 P 波下传心室者，称为几乎完全性房室传导阻滞（图 8-63）。

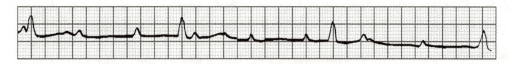

图 8-63　三度房室传导阻滞

（2）病因及临床意义：多见于冠状动脉粥样硬化性心脏病、心肌炎、心肌病、药物中毒（洋地黄、奎尼丁等）、严重电解质紊乱及传导系统退行性变等。

一度和二度 I 型房室传导阻滞可见于正常人，与迷走神经张力增高有关。二度 I 型房室传导阻滞较 II 型常见，前者多为功能性或病变位于房室结或希氏束的近端，预后较好，而后者多属器质性损害,病变大多位于希氏束远端或束支部位,预后较差。一般阻滞部位越低,潜在起搏点的稳定性越差,危险也就越大。

2. 室内传导阻滞 发生在房室束以下的阻滞,统称为室内传导阻滞或束支传导阻滞。根据阻滞部位可分为右束支阻滞、左束支阻滞、左束支分支(左前或左后分支)阻滞、室内双束支阻滞和室内三束支阻滞。按阻滞的程度可分为完全性和不完全性阻滞。

(1) 右束支阻滞(right bundle branch block,RBBB):

因右束支细长,由单侧冠状动脉分支供血,其不应期比左束支长,故传导阻滞比较多见。右束支阻滞时,心室除极仍始于室间隔中部,自左向右方向除极,接着正常快速激动左室,最后通过缓慢的心室肌传导激动右室。因此 QRS 波群前半部接近正常,主要表现在后半部 QRS 时间延迟和形态发生改变。

1) 心电图特征:①QRS 波群时间≥0.12 秒;②V₁ 或 V₂ 导联 QRS 呈 rsR' 型,此为最具特征性的改变;Ⅰ、V₅、V₆ 导联 S 波增宽而有切迹,其时间≥0.04 秒;aVR 导联呈 QR 型,其 R 波增宽且有切迹;③V₁ 导联的 R 峰时间 >0.05 秒;④继发性 ST-T 改变:V₁、V₂ 导联 ST 段压低,T 波倒置;Ⅰ、V₅、V₆ 导联 ST 段抬高,T 波直立(图 8-64)。

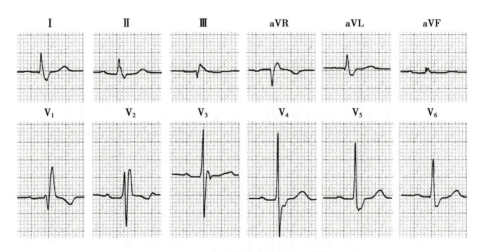

图 8-64 完全性右束支传导阻滞

不完全性右束支阻滞时,QRS 形态和完全性右束支阻滞相似,仅 QRS 波群时间 <0.12 秒。

2) 病因及临床意义:右束支阻滞可以发生在各种器质性心脏病,如风湿性心脏病、冠状动脉粥样硬化性心脏病、高血压性心脏病、先天性心脏病等,也可见于健康人。正常人出现右束支阻滞的图形,其发生机制多为右心室圆锥部延缓除极的结果,并非右束支真正受累;也可能是局限性心肌病变后遗留瘢痕所致。在年轻人,如过去心电图一直正常,突然出现右束支阻滞,则应视为异常;40 岁以上出现右束支阻滞,应考虑冠状动脉粥样硬化性心脏病的可能。

(2) 左束支阻滞(left bundle branch block,LBBB):左束支粗而短,由双侧冠状动脉分支供血,不易发生传导阻滞。如有发生,多为器质性病变所致。

左束支阻滞时,激动沿右束支先使室间隔从右向左除极,即心室除极顺序从开始就发生改变。由于室间隔除极变为右向左除极,导致Ⅰ、V₅、V₆ 导联室间隔除极波(q 波)消失;左室除极时间明显延长;心室除极向量主要向左后,其 QRS 向量中部及终末部除极过程缓慢,使 QRS 主波(R 波或 S 波)增宽、粗钝或有切迹。

1）心电图特征:①QRS 波群时间≥0.12 秒;②V₁、V₂ 导联 QRS 波群呈 rS 型或 QS 型;Ⅰ、aVL、V₅、V₆ 导联 R 波增宽、顶部粗钝或有切迹,Ⅰ、V₅、V₆ 导联 q 波一般消失;③心电轴左偏;④V₅、V₆ 导联的 R 峰时间 >0.06 秒;⑤继发性 ST-T 改变:以 R 波为主的导联 ST 段下移,T 波倒置;以 S 波为主的导联 ST 段上抬,T 波直立(图 8-65)。

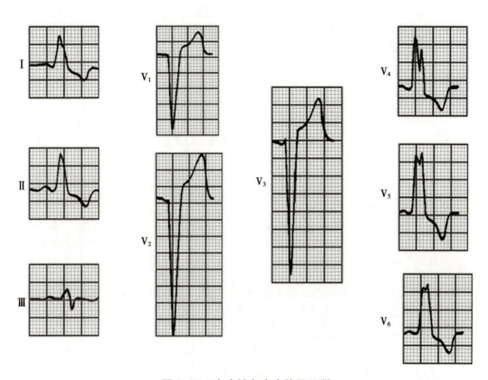

图 8-65　完全性左束支传导阻滞

不完全性左束支阻滞时,QRS 形态和完全性左束支阻滞相似,仅 QRS 波群时间 <0.12 秒。

2）病因及临床意义:主要见于器质性心脏病,约 90% 以上为冠状动脉粥样硬化性心脏病、原发性高血压或主动脉瓣疾病所引起。左束支阻滞多为永久性。

(3) 左前分支阻滞(1eft anterior fascicular block,LAFB):左前分支细长,由一侧冠状动脉分支供血,易发生传导阻滞。左前分支阻滞时,激动先沿左后支向下方使室间隔的后下部及膈面内膜除极,然后向左上激动心室前侧壁,主要变化在前额面。

1）心电图特征:①心电轴左偏在 –30°~–90°,以≥–45°有较肯定的诊断价值;②Ⅱ、Ⅲ、aVF 导联的 QRS 波群呈 rS 型,$S_Ⅲ>S_Ⅱ$;Ⅰ、aVL 导联呈 qR 型,$R_{aVL}>R_Ⅰ$;③QRS 时间轻度延长,但 <0.12 秒(图 8-66)。

2）病因及临床意义:常见于冠状动脉粥样硬化性心脏病、原发性高血压、心肌退行性变、心肌炎等;也可见于高钾血症、冠状动脉造影、肺梗死、休克等引起的暂时性左前分支阻滞;偶可见于正常人。

(4) 左后分支阻滞(1eft posterior fascicular block,LPFB):左后分支粗短,向下向后散开分布于左室的隔面,具有双重血液供应,故左后分支阻滞比较少见。

1）心电图特征:①电轴右偏在 +90°~+180°,以超过 +120°有较肯定的诊断价值;②QRS 波群在 Ⅰ、aVL 导联呈 rS 型,Ⅱ、Ⅲ、aVF 导联呈 qR 型;$R_Ⅲ>R_Ⅱ$;③QRS 时间 <0.12 秒(图 8-67)。

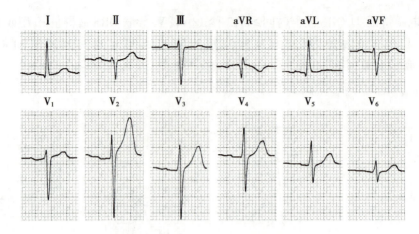

图 8-66　左前分支传导阻滞

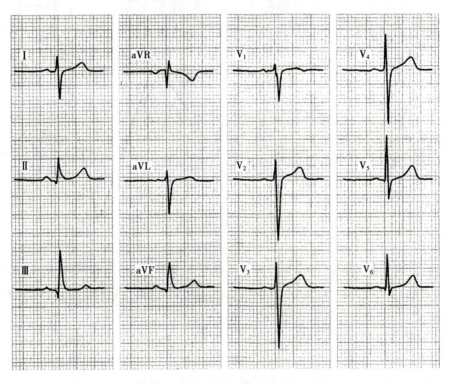

图 8-67　左后分支传导阻滞

2) 病因及临床意义：临床上诊断左后分支阻滞时应首先排除引起心电轴右偏的其他原因（右心室肥厚、肺气肿、肺梗死、垂位心等）。

（五）预激综合征

预激综合征（P-Reexcitation syndrome）属传导途径异常，是指在正常的房室传导途径之外，沿房室环周围还存在附加的房室传导束（旁路），使激动抢先抵达心室并提前激动一部分心室肌的一类心律失常。

1. 预激综合征的类型及其心电图特征

（1）WPW 综合征（Wolff-Parkinson-While syndrome）：又称经典型预激综合征。其解剖学基础为房室环存在直接连接心房与心室的一束纤维（Kent 束）。窦房结激动或心房激动可经传导很快的旁路纤维下传预先激动部分心室肌，同时经正常房室结途径下传激动其他部分心室肌。

心电图特征：①P-R 间期缩短 <0.12 秒；②QRS 波群增宽≥0.12 秒；③QRS 波群起始部有粗钝的预激波（δ 波,delta 波）；④P-J 间期正常；⑤继发性 ST-T 改变（图 8-68）。

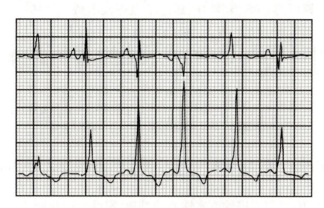

图 8-68 WPW 预激综合征

根据 V₁ 导联预激波和 QRS 主波方向可对旁路进行初步定位。如 V₁ 导联预激 δ 波正向且以 R 波为主,为左侧旁路,称 A 型预激,一般为左侧旁路;如 V₁ 导联预激波负向或 QRS 主波以负向波为主,为右侧旁路,称 B 型预激,大多为右侧旁路。

部分患者的房室旁路没有前向传导功能,仅有逆向传导功能,心电图上 P-R 间期正常,QRS 起始部无预激波,但可反复发作房室折返性心动过速（AVRT）,此类旁路称之为隐匿性旁路。

（2）LGL 综合征（Lown-Ganong-Levine syndrome）：又称短 P-R 综合征。目前 LGL 综合征的解剖生理有两种观点：①存在绕过房室结传导的旁路纤维 James 束；②房室结较小发育不全,或房室结内存在一条传导异常快的通道引起房室结加速传导。

心电图表现：P-R 间期 <0.12 秒,但 QRS 波群起始部无预激波。

（3）Mahaim 型预激综合征：其解剖学基础是存在连接右心房与左束支远端或右心房与三尖瓣环下右心室旁道,即 Mahaim 束。此类旁路只有前传功能,没有逆传功能。心电图上表现为 P-R 间期正常或长于正常值,QRS 波起始部可见预激波。

2. **病因及临床意义** 预激综合征多见于健康人,其主要危害是常可引发房室折返性心动过速。WPW 综合征如合并心房颤动,还可引起快速的心室率,甚至发生室颤,属一种严重心律失常类型。

五、电解质紊乱和药物影响

（一）电解质紊乱（electrolytes disturbance）

心肌细胞内外各种电解质的平衡对维持心脏的正常功能有一定的作用,一旦其发生紊乱,将影响心肌的电活动,可反映在心电图上。心电图虽有助于电解质紊乱的诊断,但由于受其他因素的影响,心电图改变与血清中电解质水平并不完全一致。如同时存在各种电解质紊乱时又可互相影响,加重或抵消心电图改变。因此,在利用心电图诊断电解质紊乱时,应密切结合病史和临床表现进行判断。

1. **低钾血症（hypokalemia）** 低钾血症是指血清钾浓度低于 3.5mmol/L。心电图主要改变为：

（1）ST 段压低，T 波低平或倒置。

（2）u 波显著增高：u 波 >0.1mV 或同导联 T 波的振幅，并可与 T 波融合呈双峰型。

（3）QT 间期一般正常或轻度延长，表现为 QT 间期实为 QU 间期延长。

（4）严重的低血钾可使 QRS 波群时间延长，P 波振幅增高（图 8-69）。

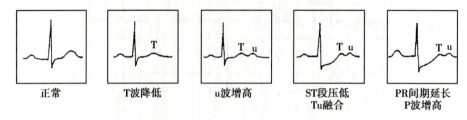

图 8-69　低血钾：随血钾水平逐渐降低引起的心电图改变示意图

低钾血症（图 8-70）可引起房性或室性心动过速、室性期前收缩、室内传导阻滞、房室传导阻滞等各种心律失常。

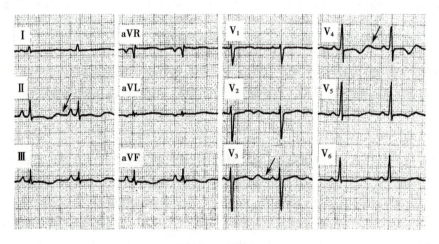

图 8-70　低血钾

2. 高钾血症（hyperkalemia）　高钾血症是指血清钾浓度超过 5.5mmol/L。高钾血症的心电图特征与血清钾浓度密切相关：

（1）血钾 >5.5mmol/L，QT 间期缩短，T 波高尖，基底部变窄，两肢对称，此为高钾血症最早出现且最常见的心电图改变（图 8-71）。

（2）血钾 >6.5mmol/L 时，QRS 波群增宽，P-R 间期及 QT 间期延长，R 波电压降低及 S 波加深，ST 段压低。

（3）血钾 >7mmol/L，QRS 波群继续增宽，P-R 间期及 QT 间期继续延长，P 波增宽，振幅减低甚至消失，出现"窦室传导"。此时窦房结仍在发出激动，并沿 3 个结间束经房室交界区传入心室，因心房肌受抑制而无 P 波，称之为"窦室传导"。

（4）高钾血症的最后阶段，宽大的 QRS 波与 T 波融合呈正弦波（图 8-72，图 8-73）。

高钾血症可引起室性心动过速、心室扑动或心室颤动，甚至心脏停搏。

3. 低钙血症（hypocalcemia）　低钙血症是指血清钙浓度低于 2.25mmol/L。心电图主要改变为：

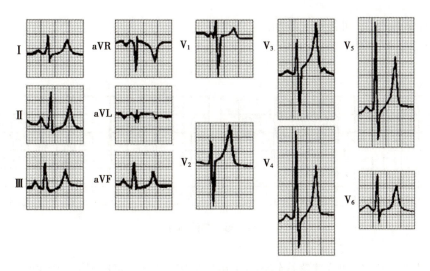

图 8-71　高钾血症（T 波高尖）

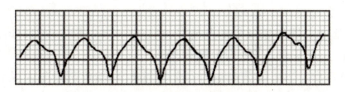

图 8-72　高钾血症 QRS 与 T 融合

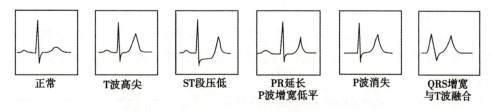

图 8-73　不同水平高血钾引起心电图改变示意图

（1）ST 段明显延长、致使 QT 间期显著延长。

（2）T 波变窄、低平或倒置（图 8-74）。

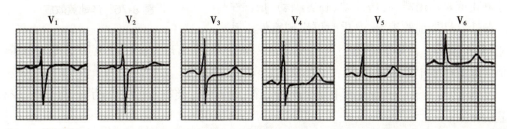

图 8-74　低钙血症

（3）一般很少发生心律失常。

4. 高钙血症（hypercalcemia）　高钙血症是指血清钙浓度超过 2.58mmol/L。心电图主要改变为：

（1）ST 段缩短或消失。

（2）QT 间期缩短,可伴有 u 波增高。

（3）T 波低平或倒置(图 8-75)。

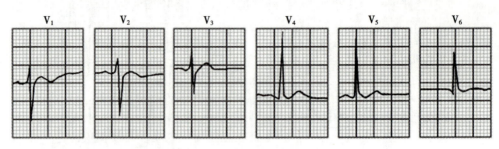

图 8-75　高钙血症

严重高钙血症(例如快速静注钙剂时),可发生窦性静止、窦房阻滞、室性期前收缩、阵发性室性心动过速等。

(二) 药物影响

许多药物可影响心肌的除极和复极过程,使心电图发生相应改变,如洋地黄类药、抗心律失常药物(奎尼丁、胺碘酮、β 受体阻滞剂)等。

1. 洋地黄类药物　洋地黄类药物的安全范围狭窄,治疗剂量与中毒剂量十分接近,且个体差异大,用药后容易出现中毒反应。洋地黄类药物的治疗剂量与中毒剂量所引起的心电图变化有所不同,前者称为洋地黄效应或洋地黄作用心电图,后者则称为洋地黄中毒或洋地黄过量心电图。

（1）洋地黄效应(digitalis effect)的心电图特征性表现:①ST-T 改变:以 R 波为主的导联,先出现 T 波低平、负正双向或倒置,ST 段下斜型压低,然后 ST 与 T 波融合呈"鱼钩型";②QT 间期缩短。

上述心电图表现常为已经接受洋地黄治疗的标志,即所谓洋地黄效应(图 8-76)。

（2）洋地黄中毒(digitalis toxicity)的患者可以有胃肠道症状和神经系统症状,但出现各种心律失常是洋地黄中毒的主要表现。常见的心律失常有:窦性静止或窦房阻滞、心房扑动、心房颤动、频发性及多源性室性期前收缩等,严重时可出现室性心动

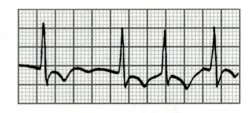

图 8-76　洋地黄效应

过速,甚至室颤。洋地黄中毒还可出现房室传导阻滞,当出现二度或三度房室传导阻滞时,则是洋地黄严重中毒表现。

2. 奎尼丁　奎尼丁是临床上用于治疗心律失常的 I_A 类抗心律失常药物,对心电图有较明显的作用。

（1）奎尼丁治疗剂量时的心电图表现:①QT 间期延长;②T 波低平或倒置;③u 波增高;④P 波稍宽可有切迹,P-R 间期稍延长。

（2）奎尼丁中毒时的心电图表现:①QT 间期明显延长;②QRS 波群时间明显延长(用药过程中,QRS 时间不应超过原来的 25%,如达到 50% 应立即停药);③各种程度的房室传导阻滞,以及窦性心动过缓、窦性静止或窦房阻滞;④各种室性心律失常,严重时发生扭转型室性心动过速,甚至室颤引起晕厥和突然死亡。

3. 其他药物　如胺碘酮及索他洛尔等也可使心电图 QT 间期延长。β 受体阻滞剂可出现窦性心动过缓、房室传导阻滞、窦性静止、窦房阻滞等。

课堂互动

心电图 ST-T 异常改变的临床意义是什么?

第三节　心电图描记、分析和临床应用

一、心电图描记

合乎标准的心电图是正确诊断的重要保证。为了获得质量符合标准的心电图,除了心电图机性能必须合格以外,还要求环境符合条件,受检者的配合和医务人员的正确操作方法。

(一) 环境要求

1. 室内保持温暖,一般室温不低于 18℃,以避免因寒冷而引起的肌电干扰。

2. 使用交流电源的心电图仪必须有可靠的接地线,一般接地线的接地电阻应低于 0.5 欧姆。

3. 放置心电图仪的位置应使其电源线尽可能远离检查床和导联线,床旁不要摆放其他电器用具(不论通电与否)或交叉穿行的电源线。

4. 检查床的宽度不应过窄,一般不窄于 80cm,以免肢体紧张而引起肌电干扰,如果检查床的一侧靠墙,则必须确定墙内无电线通过。

(二) 准备工作

1. 检查前按申请单核对姓名。

2. 对初次接受心电图检查者,必须事先做好解释工作,说明心电图检查对人体无害也无痛苦,消除受检者的紧张心理。

3. 在每次做常规心电图之前受检者应经充分休息,解开上衣,取平卧位进行检查,放松肢体,在描记心电图时不能移动四肢及躯体,保持平静呼吸。

(三) 皮肤处理

1. 如果放置电极部位的皮肤有污垢或毛发过多,则应预先清洁皮肤或剃毛。

2. 应该用导电膏或盐水或酒精涂擦于受检者两手腕曲侧腕关节上方约 3cm 处及两内踝上部约 7cm 处的皮肤,而不应该只把导电膏涂在电极上,以减少伪差。

(四) 电极安置

1. 肢体导联　导联末端接电极板处有颜色标记:红色端电极接右上肢;黄色端电极接左上肢;绿色端电极接左下肢;黑色端电极接右下肢。这样可记录 6 个肢体导联的心电图。

2. 胸导联　导联末端接电极板处的颜色排列依次为红色、黄色、绿色、褐色、黑色、紫色,一般分别代表 V_1~V_6 导联。但它们也可任意记录各胸导联心电图,关键取决于其电极安

笔记栏

放的相应位置。必要时应加做其他胸壁附加导联,若女性乳房下垂,应托起乳房,将 V_3、V_4、V_5 导联的电极安置在乳房下缘胸壁上,而不应安置在乳房上。

课堂互动

如果护理人员在体格检查时发现受检者是右位心,那么心电图各导联电极安放位置与左位心的受检者安放位置是否一致?请说明理由。

(五) 描记心电图

1. 接通电源,一般选择走纸速度 25mm/s,定标电压 1mV。记录笔调节在记录纸的中心位置上。心电图仪的性能必须符合标准。若使用热笔式的记录纸,其热敏感性和储存性应符合标准。单通道记录纸的可记录范围不窄于 40mm。

2. 导联切换,按照心电图仪使用说明进行操作,依次记录肢体导联的 I、II、III、aVR、aVL、aVF 及胸导联的 V_1~V_6 导联,共 12 个导联。每次切换导联后,必须等到基线稳定后再启动记录纸,每个导联记录 3~5 个完整的心动周期(即需记录 3~5 个 QRS 波)即可。

3. 在记录纸上立即注明日期、受检者姓名、性别、年龄、病区、床号等,并标明各导联。

知识链接

动态心电图

动态心电图(ambulatory electrocardiography,AECG)是连续描记 24 小时或更长时间的心电图。该项检测技术首先由美国学者 Norman J.Holter 发明,于 20 世纪 60 年代初期用于临床,因此又称为 Holter 心电图检测。动态心电图能够对被检查者在日常生活活动情况下,以及在身体和精神状态不断变化的情况下进行连续的心电图监测,可提供被检查者白天和夜间不同状态下的心电活动信息。动态心电图检查具有常规心电图等其他检查无法替代的作用和价值,已广泛应用于无创性心血管疾病的检查和诊断手段之一。

二、心电图的分析方法和步骤

心电图在临床上是很重要的客观资料,当面对一份心电图做出诊断时,由于业务水平不同,可能会出现不同的结果。因此,在临床上做心电图检查时,单纯地死记硬背正常心电图的标准范围及常见异常心电图的诊断标准是远远不行的,甚至会发生误诊。分析心电图必须熟练掌握心电图分析的方法和技巧,按照一定的程序进行分析,并善于把心电图的各种变化与具体病例的临床情况密切结合起来,才可能对心电图做出正确的诊断和解释。

1. **快速浏览**　将各导联的心电图大致浏览一遍,确认定标电压、走纸速度等,注意有无伪差。凡不是由于心脏电激动而发生的心电图改变,都称为伪差。产生伪差的常见原因有:

（1）交流电干扰：在心电图上出现每秒50次规则而纤细的锯齿状波形，应将附近可能发生交流电干扰的电源关闭，如电扇、电脑、电灯等。

（2）肌肉震颤干扰：由于被评估者精神紧张、寒冷或震颤性麻痹等，在心电图上出现杂乱不整的小波，频率10~300次/s，有时很像心房颤动的f波。

（3）基线不稳：由于患者身体移动或呼吸影响，使心电图基线不完全在一水平线上，而是上下移动。基线不稳将影响对心电图各波，尤其是ST段的判断。

（4）导联有无连接错、松脱或断离：常见于左右手互换，可观察有关导联图形以判断。

（5）定标电压是否准确：临床心电图一般定标电压为1mV。

（6）电极板生锈、皮肤准备不当，导致电极板与皮肤接触不良。

（7）心电图机性能不合格。

2. 判断心律与心率　首先找出P波，根据P波的有无、形态来确定其基本心律是窦性心律或是异位心律并进一步确定其为房性、房室交界性或室性。一般P波在Ⅱ、V_1导联最清楚。然后测量P-P间期或R-R间期，分别计算出心房率或心室率。

3. 判断心电轴是否偏移及钟向转位　观察Ⅰ、Ⅲ导联，判断心电轴有无偏移；观察胸导联，判断心脏的钟向转位。

4. 分析各导联波形的特点　观察和测量各导联的P波、QRS波群、ST段和T波的形态、方向、电压和时间，以及各波之间的相互关系，尤其注意分析P波与QRS波群的相互关系。

5. 测量P-R间期和QT间期。

6. 做出心电图诊断　心电图描记的只是心肌激动的电活动，心电图检查技术本身有一定的局限性且受个体差异等多方面的影响。很多心脏疾病在早期阶段，心电图可以正常，多种疾病也可引起同一种图形改变，如心肌炎、心肌病等都可出现异常Q波。因此，除综合各导联图形及测量结果外，还必须结合心电图申请单上的各项目，注意年龄、性别、用药情况、临床诊断以及其他检查结果等临床资料，最后做出心电图诊断。

三、心电图的临床应用价值

随着心电图在临床上的广泛应用，心电图检查已成为临床诊断疾病，尤其是诊断心血管疾病的重要方法。主要用途及临床意义：

1. 分析与鉴别各种心律失常，心电图是最精确的方法。

2. 观察冠状动脉血循环状况，判定有无心肌缺血等。特征性的心电图变化及其演变规律是诊断心肌梗死的可靠方法。心电图可以准确地反映心肌有无缺血、损伤或坏死，并能对心肌缺血、损伤或坏死部位、范围及演变状况做出较为明确的诊断。

3. 可提示心脏有无房、室肥大，对各种心脏疾病的诊断提供有价值的资料。

4. 观察某些药物对心肌的影响，以及对心律失常的治疗效果，为临床用药提供依据。

5. 协助判断有无电解质紊乱，如血钾和血钙的高低等。

6. 用于监测手术麻醉、心导管检查、人工心脏起搏、电击转复心律等；以及监测登山运动员、宇航员的心脏情况。

7. 监护各种危重患者的心脏变化。

尽管心电图有如此重要的应用价值，但对心力衰竭等则难以做出诊断，并且某些较轻的心脏病，特别是疾病早期，心电图可以是正常的，所以心电图在临床应用上有一定的局限性，检查时应注意掌握心电图使用的适应证，并结合临床其他资料做出相应诊断。

📖 知识链接

心电图运动负荷试验

心电图运动负荷试验是判断是否存在心肌缺血和早期发现冠心病的一种检查手段,其操作方法简便实用、无创伤、相对安全,一直被公认为是一项重要的心血管疾病检查手段。

心电图运动负荷试验应根据患者的年龄和病情情况设定运动负荷量。其运动负荷量分为极限负荷量和亚极限负荷量两种。极限负荷量是指心率达到人体生理极限的运动量。这种极限量一般多采用统计所得各年龄组的预计最大心率为指标。最大心率估算方法为:220- 被评估者年龄。亚极限负荷量是心率达到 85%~90% 最大心率的运动量。临床上大多采用亚极限运动负荷试验。

对于规范运动试验的检查和正确判断心电图改变的意义,运动试验导联系统的选择是非常重要的。国际上普遍采用 Mason-Likar 对标准 12 导联进行改进的导联系统来描记运动试验心电图。目前推荐 12 导联同步心电图描记,以便全面准确地了解患者在运动试验中出现的心肌缺血的程度、部位和心律失常等情况。

目前采用的方法是踏车运动试验和平板运动试验两种。

运动试验的结果判定:目前国内外公认的阳性标准为:①运动中出现典型的心绞痛的表现;②运动中出现 ST 段水平型或下斜型下移≥0.1mV,持续时间超过 1 分钟。

第四节　多参数心电监护仪的使用

一、概述

心电监护是通过显示屏连续观察监测心脏电活动情况的一种是无创的监测方法。心电监护仪的基本原理是通过传感器感应各种生理变化,然后放大器会把信息强化,再转换成电信息,这时数据分析软件就会对数据进行计算,分析和编辑,最后在显示屏中的各个功能模块显示出来,或根据需要打印记录下来。

多参数心电监护仪可以同时对患者的多项生理或生化参数如心电变化、呼吸、脉搏、体温、血压、血氧饱和度等进行长时间、连续自动监测,并可与已知设定值进行比较,若出现超标则发出警报。可实时观察病情,为医护人员的临床诊断、治疗及抢救提供重要依据,以最大限度减少并发症,缓解并消除危重病情,尤其为恶性心律失常患者赢得抢救时间。

二、多参数心电监护仪的临床应用

随着医学科学的发展,多参数心电监护仪在临床上的使用范围日益广泛,主要用于:

1. 心肺复苏　有助于分析心搏骤停的病因和指导治疗;及时发现心律失常;复苏成功后应继续监测心率和心律变化,直至病情稳定为止。

2. 恶性心律失常　心电监护是临床发现各种恶性心律失常、预防猝死和指导治疗的重要方法之一。

3. 危重患者　急性心肌梗死、心力衰竭、心源性休克、重症感染和心脏手术等应进行心电监护。

4. 接受某些有心肌毒性或影响心脏传导系统药物治疗的患者应进行心电监护。

5. 一些诊断、治疗操作(心导管检查、心包穿刺等)均可能发生心律失常,导致猝死,必须进行心电监护。

6. 高压氧舱和分娩室。

三、多参数心电监护仪的操作程序

护士是多参数心电监护仪的直接操作者和观察者,其识别和处理各种影响监护效果的原因的能力高低直接决定监护仪能否发挥其最大的效能。现就使用方法及注意事项介绍如下:

(一) 操作程序

1. 准备用品:多参数心电监护仪及模块、导联线、电极、袖带、氧饱和度传感器、生理盐水及棉球等。

2. 核对床号、姓名,做好心理护理和健康指导:

(1) 评估患者的心理状态及合作程度,清醒患者做好解释工作,取得患者配合,安置患者舒适卧位。

(2) 告知患者不要自行移动或摘除电极。

(3) 严禁在监测仪附近使用手机等电子产品,以免干扰监测。

3. 安放电极片,连接各通道插孔和插头。

(1) 五监测导联的电极安放:

左臂电极 LA(黑色):左锁骨中线锁骨下或左上肢连接躯干部位。

右臂电极 RA(白色):右锁骨中线锁骨下或右上肢连接躯干部位。

左腿电极 LL(红色):左锁骨中线第 6~7 肋间或左髋部。

参照电极 RL(绿色):右锁骨中线第 6~7 肋间或右髋部。

胸部电极 C(棕色):胸骨左缘第 4 肋间。

(2) 三监测导联的电极安放:

左臂电极 LA(黑色):左锁骨中线锁骨下或左上肢连接躯干部位。

右臂电极 RA(白色):右锁骨中线锁骨下或右上肢连接躯干部位。

左腿电极 LL(红色):左锁骨中线第 6~7 肋间或左髋部。

4. 打开心电监护仪主机电源开关,调整各项所需监测项目参数,根据病情合理设定报警限并始终处于开启状态,调至主屏。必要时床边备吸氧装置、吸引器和抢救车等。

5. 密切观察心电图波形及相应指标并记录,严格交接班,发现异常及时处理。如出现监测数据与病情不符,应及时找明原因,给予处理。

6. 填好登记卡,包括床号、姓名、诊断、开机时间等。

7. 询问患者需要,交代注意事项。

(二) 使用的注意事项

1. 心电监护　放置电极时避开伤口及除颤部位。在监护过程中,电缆线应尽量稳定在某一处,不要乱动。定时观察(尤其对躁动患者)有无电极和导线脱落及导线打折缠绕,观察电极周围皮肤状况,如有异常及时处理。

2. 血压测量　血压袖带分为成人袖带、儿童袖带、新生儿袖带,不能混用。选择合适的袖带,袖带缠扎松紧要适宜,气囊中央应固定在上臂肱动脉搏动处。袖带与心脏应在同一水平。

佩戴袖带的上臂在每次充气时,应自然放置且保持静止、放松。在充气过程中,患者若晃动手臂、反复用力握拳或挤压袖带、橡胶管,监护仪将自动识别为有外界干扰而不予测量,从而出现连续充气现象。

如果充气时间过长(>1 分钟)、袖带充不上气、放气过慢或过快,应检查气路、接头是否严密、漏气。每次测量时间间隔,最短不少于 1 分钟,以 2 分钟以上为宜。

3. 血氧饱和度测量　血氧探头指夹分为成人、儿童、新生儿三种型号,标准配置为成人血氧探头指夹。监测时,手指及指甲应用酒精把烟渍、指甲油等颜色、污垢清洗干净,指夹内发光处应对准指甲壳。

不要把血氧探头指夹夹在正测血压的手臂上。不要长时间夹在同一手指上,以免血流不畅引起患者手指的不适。长时间监测应定时更换所夹手指。

血氧探头指夹属于易损部件,应避免用力挤压血氧探头指夹。

4. 脉率测量　监测脉率时,原理上血氧探头上的传感器从手指处监测到的脉率与心率数值相同,鉴于血氧饱和度的测量原理,传感器感受到的是手指组织表层毛细血管里血流的动脉搏动的次数,在测量过程中,手指、手臂、手腕的活动都会引起肌肉给毛细血管以外力,从而给血流以搏动力,类似心脏传来的搏动力,从而和心脏的搏动叠加在一起,增加了脉动次数,影响了脉率的数值。

用血氧探头指夹传感器测出的脉率值一般高于心率值,有时可高出 20 次/min,在相对静止时,这两个数值相近或相等。

5. 体温测量　探头正常情况是夹紧在患者腋下,若是昏迷危重患者,则可用胶布将探头粘贴牢靠。因为体温传感器是通过金属表面的热传导实现体表温度测量,所以一定要将探头的金属面与皮肤良好接触,且在 5 分钟后可得到稳定的数值。

6. 外接电源的注意事项　配电盒质地应优良可靠,插接应牢靠。以免会出现插头接触不良,使主机不能正常工作,甚至造成主机电源损坏。供电线路要求交流电 220V±10%(不能把 380V 接入配电盒)。以电源供应不间断、稳定为原则。

7. 地线连接的注意事项　地线连接时应把带有铜片套的一端,接在主机后面板的接地端上。地线另一端带有夹子,请夹在建筑设施的公共接地端(自来水管、暖气片上等与大地直接相通的地方)。切不可随意把地线夹在与接地无关的病床或其他金属上,如果不接地线或地线连接不好可能会造成心电波形干扰较大,同时可能对仪器操作人员的人身安全带来伤害。

8. 为监护仪制定有效的维护计划,定期进行清洁、消毒,在清洁或消毒之前应断开监护仪的电源线。

9. 当监护仪不能启动、工作或出现其他故障时,应向厂家或专业人员咨询维修。

(彭正禄　武学润)

复习思考题

1. 试述正常心电图各波段的临床意义。
2. 举例说明心率测量的方法。
3. 试述超急性期(早期)急性心肌梗死心电图特点。
4. 房性、交界性与室性期前收缩的心电图特征有哪些不同?

PPT 课件

◆◆◆ **第九章** ◆◆◆

影像学检查

> 📝 **学习目标**
>
>   识记:能描述各种影像学检查的方法及图像特点;能列举不同影像学检查在临床中的应用;能说出不同影像学检查前的准备及检查注意事项。
>
>   理解:能解释各种影像学检查成像的基本原理;能分析比较不同影像学检查的优缺点。
>
>   运用:能根据患者的具体情况指导患者做好各种影像学检查前的准备;能识别各系统正常的X线表现及基本病变的X线表现;能根据影像学检查的结果分析患者可能存在的健康问题。

    影像诊断学是通过不同的成像手段检查获取的影像显示人体内部组织器官的形态、生理功能状态及病理改变,借以达到诊断疾病目的多种检查的总称。随着医学影像技术的快速发展,形成了包括X线、超声、计算机体层成像、磁共振成像、发射体层等的影像诊断学体系。

第一节 X 线 检 查

一、概述

    1895年,德国科学家威廉·康德拉·伦琴发现了X线,之后X线被广泛用于医学领域并形成了X线诊断学科,为影像学发展奠定了基础。

(一) X线的产生与特性

1. X线的产生　X线是高速行进的电子群轰击钨靶时产生的一种波长很短的电磁波。

2. X线的特性

(1) 穿透性:X线波长很短,具有很强的穿透力,能穿透一般可见光不能穿透的物质(包括人体),穿透性是X线成像的基础。

(2) 荧光效应:X线能激发荧光物质,如硫化锌、硫化锡及钨酸钙等,使波长很短的X线转换成波长较长的肉眼可见的荧光,这种效应称为荧光效应,是X线透视检查的基础。

(3) 感光效应:感光效应是X线摄影的基础。X线照射涂有溴化银的胶片后,可使其感光产生潜影:感光的溴化银中的银离子(Ag^+)被还原成金属银(Ag),并沉积于胶片内,呈黑色,而未感光的溴化银,在定影过程中,从X线胶片上被清除,因而显出胶片片基的透明本色,由于金属银沉积的多少不同,产生黑白不同灰度的影像。

(4)生物效应:生物细胞在一定量X线照射下,可产生抑制、损伤,甚至坏死,称为生物效应或电离效应。生物效应是放射治疗学和放射防护学的基础。

(二)X线成像基本原理

X线能使人体组织结构在荧光屏或胶片上显影成像,一方面是基于X线的穿透性、荧光效应和感光效应;另一方面是基于人体组织结构有密度和厚度的差别。当X线穿过人体不同组织结构时,被吸收的程度不同,密度高、厚度厚的部分吸收X线多,密度低、厚度薄的部分吸收X线少,因此到达荧光屏或胶片上的X线量出现差异,从而形成黑白对比不同的影像。

X线图像的形成,基于以下三个基本条件:①X线具有一定的穿透力,能穿透人体的组织结构;②被穿透的组织结构间存在密度和厚度的差异,X线在穿透过程中被吸收的量不同,以致剩余X线量有差别;③有差别的剩余X线肉眼不可见,须经过显像过程(如用X线胶片显示),才能获得具有黑白对比、层次差异的X线影像。

人体组织器官的密度和厚度的差别是产生影像对比的基础,人体组织结构,根据密度的高低及其对X线吸收的差异可分为三类:①高密度组织:骨骼和钙化灶等,在X线片上呈白色;②中等密度:软骨、肌肉、神经、实质器官、结缔组织以及体液等,在X线片上呈灰白色;③低密度:脂肪组织以及有气体存在的呼吸道、胃肠道、鼻窦和乳突气房等,在X线片上呈灰黑或黑色。

病理变化可使人体组织密度和/或厚度发生改变,达到一定程度时就可使X线影像上的黑白灰度对比发生变化,这就是X线检查进行疾病诊断的基本原理。

(三)X线检查的方法

1. 普通检查 包括荧光透视和X线摄影。

(1)荧光透视(fluoroscopy):利用透过人体被检查部位的X线在荧光屏上形成影像的检查方法。其优点是简单易行,可通过转动患者的体位,从多方位、多角度观察器官的活动状态、功能变化及病变形态,如心、大血管搏动胃肠蠕动等;费用低;根据影像可立即得出结论。其主要缺点是影像对比度及清晰度较差,难以观察密度差别小的组织器官、病变以及密度与厚度较大的部位,例如头颅、脊柱、骨盆等。现临床多用于胸部检查和胃肠道钡剂造影检查。

(2)X线摄影(radiography):简称摄片,是利用透过人体被检查部位的X线使胶片感光形成影像的检查方法。其优点是对比度及清晰度均较好;不难使密度、厚度较大的部位或密度、厚度差异较小的病变部位显影。其缺点是被检范围受胶片大小限制、不能动态观察器官活动、不能从多角度观察病变的形态结构等。临床应用最为广泛。

2. X线造影检查(Angiography revealed) 人体组织结构自然存在的密度差别,在X线胶片或荧光屏上形成黑白或明暗对比影像,称为自然对比。对于缺乏自然对比的组织或器官,可人为地引入一定量密度高于或低于该结构或器官的物质,使之产生密度差,从而形成黑白或明暗对比影像,称为人工对比。这种检查方法称为造影检查,引入的物质称为对比剂也称造影剂。造影检查的应用,扩大了X线检查的范围。

(1)对比剂:按影像密度高低分为高密度对比剂和低密度对比剂两类。①高密度对比剂:为原子量高、相对密度大的物质,常用的有钡剂和碘剂。钡剂为医用硫酸钡粉末,主要用于消化道造影,并可用气钡双重造影。碘剂分为有机碘和无机碘制剂两类。主要用于心血管、尿路等造影检查和CT增强扫描。②低密度对比剂:为气体、二氧化碳等,主要用于器官腔内或组织间隙内造影,如气腹造影、腹膜后充气造影及关节造影等,现临床已少用。

(2) 造影方法:根据造影剂导入的途径不同分为直接引入法和间接引入法。①直接引入法:通过口服、灌注、穿刺等方法,将对比剂直接引入组织器官的方法。口服法,如食管和胃肠道钡餐检查;灌注法,如钡剂灌肠、逆行尿路造影及子宫输卵管造影等;穿刺注入或经导管直接注入气管或组织内,如支气管造影和心血管造影等。②间接引入法:先将对比剂引入某一特定组织器官,后经吸收或排泄聚集于检查组织器官内,从而使之显影,包括吸收性和排泄性两类。吸收性如淋巴管造影,排泄性如口服胆道造影、静脉肾盂造影等。

3. 特殊检查 有软X线摄影、体层摄影、放大摄影和荧光摄影等。自应用CT等现代成像技术以来,只有软X线摄影还在应用,软X线摄影是应用钼靶或铑靶X线管的摄影技术,现多用于乳腺检查。

4. 数字化X线成像 数字化X线成像是将普通的X线装置同电子计算机结合起来,使X线成像由模拟信息转换成数字信息,而得到数字图像的成像技术。数字化X线成像设备分为计算机X线成像(computed radiography,CR)及数字X线成像(digital radiography,DR)设备。

(1) 计算机X线成像(CR):CR设备可与传统X线设备进行组合,CR以影像板(image plate,IP板)代替X线胶片作为透过人体X线信息的载体,影像板上的影像信息经过读取、图像处理和显示步骤,显示出数字图像。

(2) 数字X线成像(DR):DR设备不能与原有X线设备兼容,DR用平板探测器(flat panel detectors,FPD)将X线信息转换成电信号,再进行数字化,所得X线信息损失少,噪声小,图像质量好。

与传统X线摄影相比,数字化X线成像有如下优势和特点:①普通X线能成像的部位都可进行数字成像;②不需要洗片过程;③对骨结构、软组织的显示和胃肠黏膜皱襞的显示均优于传统的X线图像;④对肺部结节性病变的检出率高于传统的X线图像;⑤数字化图像质量优于传统X线图像;⑥数字化图像可通过图像处理系统调节影像对比,得到最佳的视觉效果;⑦患者接受的X线量较少;⑧图像信息可打印成照片或由光盘存储,可输入图像存储与传输系统(picture archiving and communication system,PACS)。

5. 数字减影血管造影 数字减影血管造影(digital subtraction angiography,DSA)是将影像增强技术、电视技术和计算机技术与常规X线血管造影相结合的计算机处理数字化影像信息技术。

DSA应用计算机程序进行两次成像完成,在注入造影剂之前,首先进行第一次成像,并用计算机将图像转换成数字信号储存起来(图9-1a);血管内注入造影剂后,再次成像并转换成数字信号(图9-1b);两次数字相减,消除相同的信号,得到一个只有造影剂的血管图像(图9-1c)。应用数字减影方法,有效避免血管影与邻近骨和软组织影像重叠,可清晰显示血管,这种图像较以往所用的常规脑血管造影所显示的图像,更清晰和直观,一些精细的血管结构亦能显示出来。DSA还能够三维立体实时成像,加上旋转,可从不同方位进行动态观察,特别有利于介入诊疗操作。DSA对于全身各部位血管性病变的诊断和介入治疗均具有不可替代的重要作用,对肿瘤的经血管化疗栓塞也很有帮助。目前,DSA检查仍然是诊断心血管和某些肿瘤性疾病的金标准,也是血管内介入治疗不可或缺的成像手段。

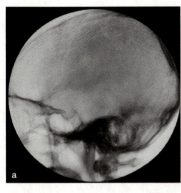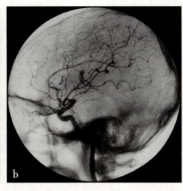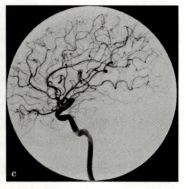

图 9-1　数字减影血管造影的基本原理
a. 蒙片；b. 血管造影图像；c. 数字减影血管造影图像

（四）X线图像特点

1. 灰阶图像　X线图像是由从黑到白的灰度构成的影像。在被照组织厚度相同的条件下，低密度、中等密度和高密度组织在X线片图像上分别表现为黑影、灰影和白影。这些不同灰度反映组织器官对X线的吸收程度。

2. 叠加图像　X线图像为X线束穿透人体某部位的不同密度和厚度组织结构的综合投影，是该路径上各层组织结构投影相互叠加在一起的影像，这种叠加可使某些位置的病变较难或不能显示。

3. 放大失真　X线束从X线管向人体作锥形投射，因此，X线有一定的放大，并使被照射组织形状失真。

（五）X线的防护

X线穿过人体就会产生生物效应，过量照射会产生放射反应甚至放射损害，因此必须做好X线的防护，保护工作人员和患者的健康。放射防护方法和措施有以下几个方面：

1. 遵循时间防护、距离防护和屏蔽防护原则：①时间防护：X线的辐射剂量与照射时间成正比，因此应避免不必要的检查、尽量缩短照射时间。②距离防护：X线的辐射剂量与距离的平方成反比，因此应增加人体与X线源的距离。③屏蔽防护：常用铅制品作为屏障阻断X线，如铅门、铅玻璃、铅屏风及铅衣、铅帽、铅围脖等。

2. 应为患者选择恰当的X线检查方法和检查程序，检查时注意照射范围和照射条件，保护性腺等敏感器官。

3. 放射工作者应遵照国家有关放射防护卫生标准的规定，执行保健条例，采取必要的防护措施，正确进行X线检查操作，定期进行剂量监测和身体检查。

二、X线检查前的准备及检查注意事项

（一）X线检查的前常规准备及注意事项

在X线检查前，应常规做好如下准备：①检查前向患者说明X线检查的目的、方法和注意事项，消除其紧张和恐惧心理；②指导患者按要求暴露检查部位，并采取正确的体位、姿势和动作；③协助患者去除检查部位的金属饰品、膏药、敷料、发卡等影响X线穿透的物品，以免干扰检查结果。

（二）X检查前的特殊准备及注意事项

在进行以下X线检查前除了做好常规检查准备之外，还应做好如下相应准备。

笔记栏

1. 腹部平片检查　除急腹症外,还应做好如下准备:①检查前 1~3 天禁服不透 X 线的药物,如铋剂、铁剂和钙剂等;②检查前 1 天禁食产气和多渣食物,以免肠内气体或食物残渣对检查产生影响;③检查前 1 天晚口服轻泻剂,如番泻叶、蓖麻油等,防止粪便对检查产生影响;④检查当日早晨禁饮禁食;⑤检查前排尿或导尿。

2. 口服钡餐造影检查　①检查前 3 天禁服不透 X 线的药物(铋剂、铁剂、钙剂等)和影响胃肠功能的药物。②检查前 1 天进食少渣易消化的食物。③检查前 12 小时禁饮禁食,胃内有大量滞留液者,应清除胃内容物。④检查前肌内注射盐酸山莨菪碱(654-2),松弛平滑肌,降低胃肠张力,但心动过速、青光眼、前列腺增生患者禁用。⑤近期有上消化道大出血的患者,应在出血停止和病情稳定数天后进行检查。⑥疑有胃肠道穿孔、肠梗阻的患者及妊娠 3 个月内孕妇禁行检查。

3. 钡剂灌肠造影检查　①检查前连续 2 日进无渣饮食;②检查前 1 天晚遵医嘱口服缓泻剂清洁肠道;③检查前 24 小时内禁服所有影响胃肠道功能及 X 线显影的异物;④检查当日早晨禁饮禁食;⑤检查前 2 小时清洁灌肠。

4. 碘剂造影检查

(1) 了解患者有无造影禁忌证,如有无严重心、肾疾病、甲状腺功能亢进症或过敏体质等。

(2) 碘剂造影检查前准备:①签署知情同意书:检查前患者或其监护人应签署"碘对比剂使用患者知情同意书"。②过敏试验:检查前按要求行碘过敏试验。③建立抢救机制:配备抢救物品和药物,建立碘对比剂不良反应应急机制。④患者使用碘对比剂后,患者需留置观察至少 30 分钟。

(3) 碘剂造影不良反应的观察及处理:按照不良反应程度分为轻度、中度和严重反应:①轻度反应:表现为发热、恶心、皮肤瘙痒和皮疹等;②中度反应:表现为寒战、高热、头疼、眩晕、胸闷、心悸、皮疹、呕吐等;③重度反应:表现为胸闷、心悸、面色苍白、意识丧失、血压下降等。轻度不良反应者给予对症处理;中重度不良反应者给予对症处理,同时终止使用碘剂,较严重过敏反应者及时给予抗过敏、扩充血容量和吸氧等抗休克处理。

三、X 线检查的临床应用

(一) 呼吸系统

1. 检查方法　摄影和透视检查临床常用,特殊检查及支气管造影检查现临床已少用。

(1) 摄影:即胸部平片,简称胸片,是临床常规检查,也是检查胸部疾病首选方法。患者常用站立位,于深吸气末屏气后摄片,常用摄片位置:①正位(后前位):患者双肩关节内旋,双手叉腰,前胸壁靠近成像架,X 线自背部射入。②侧位:患者侧胸壁靠成像架,双手抱头,X 线自对侧射入。③根据需要选择可其他位置:如斜位、前弓位等。

(2) 透视:常取立位,可转动患者,多体位、多角度观察病变和胸部各器官的形态及动态变化,可以发现被心脏、骨骼等遮盖的病变。常作为胸片的补充检查。

2. 正常胸部的 X 线表现　正常胸部 X 线影像是胸腔内、外各种组织和器官重叠的综合投影(图 9-2)。

(1) 胸廓:胸廓由胸壁软组织和骨骼组成,正常时两侧胸廓对称。

1) 软组织:胸片上能显示较清楚的软组织影有胸锁乳突肌及锁骨上皮肤皱褶、胸大肌、女性乳房影等。

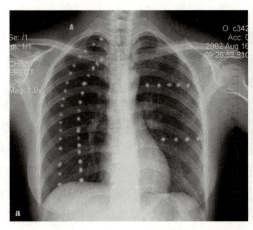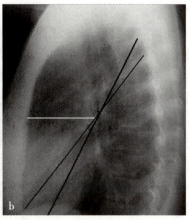

图 9-2　正常胸部正侧位片

a. 后前位,肺野划分如虚线所示;b. 侧位,细黑线代表右侧斜裂,白线代表水平裂,黑粗线代表左侧斜裂

2) 骨骼:骨性胸廓由胸骨、胸椎、肋骨、锁骨及肩胛骨组成。

(2) 肺野、肺门和肺纹理:①肺野:充满空气的两肺在胸片上显示为均匀一致的透明区域,称肺野。正常时两侧肺野透明度相等。为了病变定位,人为分别将两侧肺野纵行分为三等分,分别称内、中、外带。在两侧第 2、4 肋骨前端下缘连一水平线,分别将两肺野分为上、中、下三野(图 9-2a)。②肺门影:是肺动静脉、支气管和淋巴组织的综合投影。③肺纹理:是由肺门向肺野发出呈放射状分布由粗变细的树枝状影,主要由肺动、静脉分支组成,支气管和淋巴管也参与其组成。

(3) 气管、支气管:气管在第 5~6 胸椎平面分为左、右主支气管,气管分叉角为 60°~85°,胸片上表现为透明管状影,左右肺支气管在肺内逐级分支直至不能分辨。

(4) 纵隔:纵隔位于两肺之间,X 线胸片除了气管及主支气管可分辨外,因其余纵隔内结构缺乏良好的自然对比,所以只能观察其与肺部相邻的外形轮廓。正常时纵隔影居中,两侧为纵隔胸膜和肺门。胸腔压力改变时可致纵隔出现相应的移位。

(5) 膈:膈在外侧及前、后方分别与胸壁相交形成肋膈角,在内侧与心脏形成心膈角,站立位时后肋膈角为胸腔最低位置。正位胸片上显示心膈角和侧肋膈角。侧位胸片上显示前肋膈角与后肋膈角。正常时两侧膈面光滑,肋膈角锐利。胸、腹腔压力的改变可致膈位置发生相应改变。

(6) 胸膜:胸膜极薄,分为脏层和壁层,胸膜折返处且 X 线与胸膜走行方向平行时,胸膜可显示为线状致密影。

3. 基本病变的 X 线表现

(1) 支气管阻塞性改变:支气管阻塞的病因、程度和时间不同,可引起不同类型的支气管阻塞性改变,包括阻塞性肺气肿、阻塞性肺炎和阻塞性肺不张。

1) 阻塞性肺气肿:①局限性阻塞性肺气肿:X 线表现为局部肺野透明度增加,肺纹理稀疏。②弥漫性阻塞性肺气肿:X 线表现为两肺野透明度增加;肺纹理稀疏;肋间隙增宽;胸廓前后径及横径增加;膈肌低平,活动度明显减弱;心影狭长呈垂位心。

2) 阻塞性肺不张:因阻塞部位不同,X 线表现也不同。其共同特征是阻塞远端的肺组织体积缩小,密度增高,周围结构向患侧移位。

（2）肺部病变

1）渗出和实变影：X 线表现为边缘模糊的，密度稍高、较为均匀的小片云絮状阴影，当实变扩展至肺门附近，实变区可见含气的支气管低密度影，称为"支气管气像"或"空气支气管征"。常见于各种炎症性浸润、渗出性肺结核、肺出血和肺水肿等。

2）空洞与空腔：①空洞：是肺内病变组织发生坏死、液化，经支气管引流排出形成的含气腔隙。X 线表现为病变阴影内出现大小不等、形态不同的透明区。根据洞壁的厚度分为薄壁空洞和厚壁空洞。薄壁空洞：洞壁厚度 <3mm，洞壁内外缘光滑清楚，空洞内多无液平面，其周围无大片状实变，但可有斑点状病灶，多见于肺结核，有时肺转移瘤也可呈薄壁空洞。厚壁空洞：洞壁厚度 ≥3mm，内壁光滑或凸凹不平，空洞周围有实变区，多见于肺脓肿、周围型肺癌、肺结核。②空腔：为肺内生理性腔隙的病理性扩大，X 线表现为薄壁透亮区，壁厚多在 1mm，周围无实变，腔内无液体，肺大泡、含气肺囊肿及肺气囊均属空腔。

3）结节与肿块：多为肿瘤或肿瘤样病变。直径 <2cm 者称为结节，直径 >2cm 者称为肿块。X 线表现为规则球形或不规则形高密度影，密度均匀或不均匀，边缘光滑锐利或模糊不清，或伴有毛刺。肿块与结节的 X 线表现与其病理基础密切相关，可见于肺内良性或恶性肿瘤、结核球、转移瘤、机化性肺炎或血肿等。

4）网状、细线状及条索影：是间质性病变的表现。病理改变主要由纤维结缔组织或肉芽组织增生所组成，也可以是肺间质内渗出或漏出、肿瘤细胞或炎性细胞浸润。X 线表现可以为边缘锐利的条索状、细线状或网状较高密度影，也可以为肺纹理模糊、增粗和紊乱。见于慢性支气管炎、特发性肺纤维化、癌性淋巴管炎、慢性肺结核、尘肺或结缔组织病等。

5）钙化：是退行性变或坏死组织内钙盐的沉积，多为病变愈合的表现。X 线表现为高密度、边缘锐利、形状不一的斑点状、团块状或球形影。可呈局限性或弥散性分布。

（3）胸膜病变

1）胸腔积液：①少量胸腔积液：极少量积液，X 线表现为站立位时患侧后肋膈角变钝；当积液量达到 250ml 时，患侧外侧肋膈角变钝、变平；随着液体量增加，肋膈角消失，积液掩盖膈顶，呈外高内低的弧形均匀致密影，致密影上缘在第 4 肋前端下缘水平以下。②中等量积液：表现为患侧中下肺野外高内低的弧形均匀致密影，致密影上界在第 4 肋前端下缘水平以上、第 2 肋前端下缘水平以下（图 9-3）。③大量积液：表现为患侧肺野均匀致密影，致密影上缘超过第 2 肋前端下缘水平，可仅见肺尖部透明区，患侧肋间隙增宽，横膈下降，纵隔向健侧移位。局限性胸腔积液 X 线表现为局限性均匀致密影，边缘清楚，形态各异。

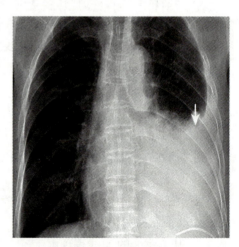

图 9-3　胸腔积液
胸部平片，左侧中等量积液（箭头）

2）气胸：是指空气进入胸膜腔。X 线表现为肺体积缩小，被压缩的肺边缘呈纤细的线状致密影，被压缩的肺与胸壁间出现无肺纹理的透亮区（图 9-4）。大量气胸时，无肺纹理的透亮区占据肺野的中外带，肺组织被压缩移向肺门呈软组织密度影，患侧肋间隙增宽，横膈下降，纵隔向健侧移位。

3）液气胸：胸膜腔内液体和气体并存称为液气胸。立位 X 线胸片可见气—液平面，液面上面为空气和被压缩的肺。

　　4) 胸膜肥厚、粘连和钙化:①局限性胸膜肥厚、粘连,X 线表现为肋膈角变钝、变平,膈肌运动轻度受限;②广泛胸膜肥厚、粘连:X 线表现为患侧胸廓塌陷,肋间隙变窄,膈肌运动明显受限,肺野密度增高,肋膈角近似直角或闭塞,纵隔向患侧移位;③胸膜钙化:X 线表现为沿肺野边缘分布的片状、不规则点状或条状高密度影。

　　4. 常见疾病的 X 线表现

　　(1) 大叶性肺炎:多由肺炎双球菌引起,常累及一个或多个完整的肺叶。好发于冬春季节,多见于青壮年。

　　X 线表现:①充血期:可无阳性发现或仅表现为病变区肺纹理增多。②红色或灰色肝变期:可见呈大叶或肺段分布的均匀致密影,在实变的肺组织中可见透明的支气管影,即"空气支气管征"(图9-5)。③消散期:表现为致密影范围缩小、密度减低,呈散在、大小不等、密度不均匀的斑片状阴影,最后可完全吸收。

　　(2) 支气管肺炎:又称小叶性肺炎,多见于婴幼儿、老年及极度衰弱者或为手术后并发症。

　　X 线表现:病变多位于两肺中下野内、中带,沿肺纹理分布,表现为多发散在斑片状影,边缘模糊,密度不均,可融合为大片状影。支气管充血水肿可致肺纹理增多、模糊。

　　(3) 肺结核:由结核杆菌引起的肺部慢性传染性疾病。

　　1) 原发型肺结核(Ⅰ型):包括原发综合征和胸内淋巴结结核。多见于儿童和青少年。

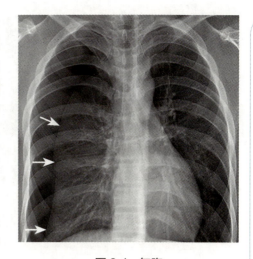

图9-4　气胸
胸部平片,右侧带状透明影,内无肺纹理,可见被压缩肺的边缘(箭头)

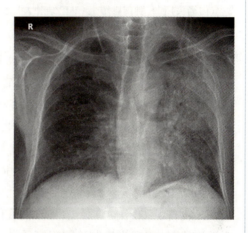

图9-5　左上肺大叶性肺炎
X 线胸部平片,可见左上肺大片状高密度实变影,边缘模糊,其内隐约可见"空气支气管征"

　　X 线表现:原发综合征 X 线具有三个典型影像征象:①原发浸润灶:多表现为斑片状或大片状实变,多位于中上肺野,邻近胸膜,常呈云絮样,边缘模糊;②肺门、纵隔淋巴结肿大:表现为肺门影增大或纵隔淋巴结肿大;③淋巴管炎:表现为原发浸润灶与肺门之间的不规则索条影(图9-6)。当原发灶已吸收或病灶小被掩盖不能发现时,原发型肺结核即只表现为肺门或纵隔淋巴结肿大,即为胸内淋巴结结核。

　　2) 血行播散型肺结核(Ⅱ型):是结核杆菌经血行播散所致。根据结核杆菌进入血液循环的途径、数量、次数以及机体反应不同,可以分为急性、亚急性和慢性血行播散型肺结核。急性血行播散型肺结核又称为急性粟粒型肺结核。

　　X 线表现:①急性血行播散型肺结核:表现为双肺弥漫性粟粒样结节阴影,结节的分布、大小、密度"三均匀",其大小为 1~3mm,边缘清楚(图9-7)。②亚急性和慢性血行播散型肺结核:表现为双肺上、中野粟粒样结节阴影,结节的分布、大小、密度"三不均匀",有时可见

笔记栏

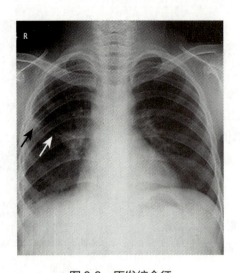

图 9-6 原发综合征

X 线胸片,可见典型"哑铃"状表现,即右肺中野外带斑片状原发浸润病灶(黑箭头)、条索状淋巴管炎(白箭头)和右肺门影增大(淋巴结肿大)突向肺野

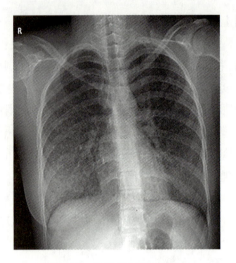

图 9-7 急性粟粒型肺结核

X 线胸片,两肺野透亮度下降,可见弥漫性粟粒阴影(直径 <3mm),表现为"三均匀"特点,即大小一致、分布均匀、密度均匀

纤维条索、胸膜增厚。

3) 继发型肺结核(Ⅲ型):为成人结核最常见类型,表现多种多样,包括浸润性肺结核、结核球、干酪性肺炎和纤维空洞型肺结核。

X 线表现:X 线表现多种多样,病灶多位于两肺上叶尖后段或下叶背段,为中心密度较高而边缘模糊的致密影,或小片云絮状影,病灶范围呈肺段或肺叶性浸润。病变发展过程较为复杂,可以有渗出、增殖、播散、纤维和空洞等,可一种征象为主或多种征象同时存在。

4) 结核性胸膜炎(Ⅳ型):分为干性胸膜炎和渗出性胸膜炎。

X 线表现:①干性胸膜炎:无异常或仅表现为患侧膈肌活动受限,患侧肋膈角变钝。②渗出性胸膜炎:表现为患侧不同程度的游离性或局限性胸腔积液,慢性者可见患侧胸膜增厚、粘连、钙化。

5) 其他肺外结核(Ⅴ型):可按结核病变部位及脏器命名,如骨结核、肾结核等。X 表现呈现多种多样。

(4) 原发性支气管肺癌:是起源于支气管、细支气管肺泡上皮及腺上皮的恶性肿瘤,常简称为肺癌。根据肺癌的发生部位可将其分为三型:①中央型:系发生于肺段及以上支气管的肺癌;②周围型:系发生于肺段以下支气管直到细支气管以上的肺癌;③弥漫型:系发生于细支气管或肺泡壁的肺癌。

X 线表现:1)中央型肺癌:①早期中央型肺癌:X 线胸片常无异常表现,偶可见局限性肺气肿或阻塞性肺炎表现;②中晚期中央型肺癌:X 线表现为肺门影增大或肺门区分叶状或不规则形肿块,常同时伴有病变支气管远侧肺组织阻塞性炎症或阻塞性肺不张。(图 9-8)。

2) 周围型肺癌:X 线表现为肺内密度增高、轮廓模糊的结节状或球形肿块阴影(图 9-9)。边缘毛糙,可有分叶、短的毛刺及厚壁空洞形成。

3) 弥漫型肺癌:X 线表现为双肺广泛分布的细小结节影或斑片状影。病变进行性发展,有融合倾向。病变进展为整个肺叶的实变时,其内可见充气的支气管影,即"空气支气管征"。

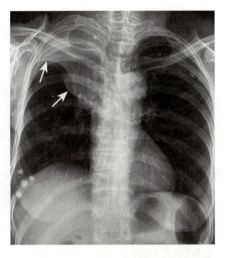

图 9-8 中晚期中央型肺癌

X 线胸片,示右肺门肿块伴右上肺不张,肿块与不张肺下缘共同构成反"S"征(白箭头)

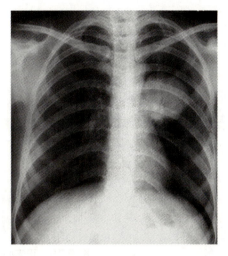

图 9-9 周围型肺癌

X 线胸片,示左肺中野肺门分叶状肿块

(二)循环系统

1. 检查方法

(1)透视:很少使用,只在特殊需要时采用。

(2)摄影:摄影常规投照位置为站立后前位(正位),可加右前斜位、左前斜位和/或左侧位(服钡),简称心脏三/四位像。

(3)心血管造影:目前临床多用 DSA,经导管将碘对比剂注入心脏和大血管腔内,可观察心脏和血管内部解剖结构、运动及血流状态。造影方法包括右心造影、左心造影、主动脉造影和冠状动脉造影等。冠状动脉造影仍然是显示冠状动脉狭窄程度最准确的方法。

2. 正常心脏大血管的 X 线表现

(1)心脏大血管的正常投影:心脏各房室在平片上的投影相互重叠,仅能显示各房室及大血管的轮廓,心内结构不能显示。①后前位:有左右两缘。心右缘分上下两段,上段略平直,为上腔静脉与升主动脉的复合投影;下段由右心房组成;心左缘可分 3 段,自上而下依次为主动脉结、肺动脉段、左心室(图 9-10)。②右前斜位:前缘自上而下为升主动脉、肺动脉、右心室前壁和左心室;后缘上段为左心房,下段为右心房。③左前斜位:前缘上段为右心房,下段为右心室;后缘上方为左心房,下方为左心室,后者与脊椎前缘相邻近。

(2)心脏大小:测量心胸比率是判断心脏有无增大最简单的方法。心胸比率为心影最大横径与胸廓最大横径之比。心胸比率 $=(T_1+T_2)/T$(图 9-11)。正常成人心胸比率≤0.5。

3. 基本病变的 X 线表现

(1)心脏位置异常:整体位置异常包括心脏移位和异位。①心脏移位:表现为心脏偏离其正常位置,多为胸肺疾患或畸形所致;②心脏异位:指心脏位置先天异常,常与胸腹部脏器转位及心内畸形并存。

(2)心脏形态异常:心脏大血管疾病致心脏各房室大小的改变,使心脏失去正常形态,X 线胸片分为三种心型(图 9-12)。

1)二尖瓣型:又称梨形心,主动脉结较小,肺动脉段丰满或突出,左心缘下段圆钝,右心

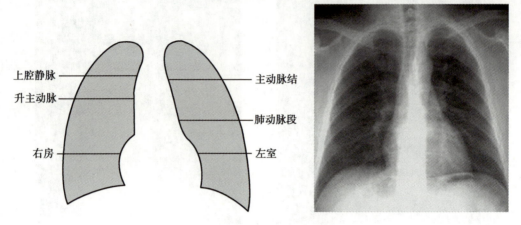

图 9-10 正常心脏 X 线表现（后前位）

左心缘分三段，自上向下依次分为主动脉结、肺动脉段和左心室；心右缘分两段，上段由升主动脉或上腔静脉构成，下段为右心房。

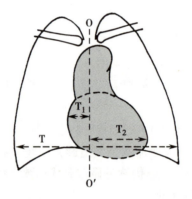

图 9-11 心胸比率测量图

胸廓最大横径（T）是在右膈顶平面胸廓两侧肋骨内缘间连线的长度，心影最大横径（T_1+T_2）是心影左右缘最突出一点至胸廓中线垂直距离之和；心胸比率 =（T_1+T_2）/T

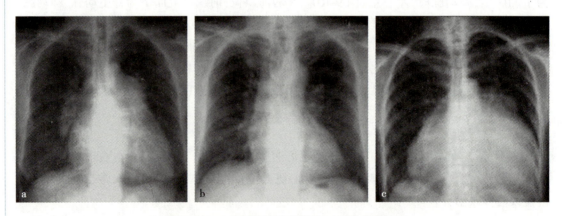

图 9-12 心脏整体形态异常的 X 线胸片分型

a. 二尖瓣型（梨形心）；b. 主动脉型（靴形心）；c. 普大型

缘下段较膨隆。常见于二尖瓣狭窄、肺源性心脏病、房间隔缺损及肺动脉狭窄。

2) 主动脉型:又称靴形心,主动脉结凸出,肺动脉段凹陷,左心缘下段向左下延长。常见于主动脉瓣病变、高血压性心脏病等。

3) 普大型:心脏向两侧均匀增大,肺动脉段平直。常见于心肌炎、全心衰竭、大量心包积液等。

(3) 心脏增大:可以是心壁增厚或心腔扩大,或二者并存。①轻度增大:心胸比率 0.5~0.55;②中度增大:心胸比率 0.55~0.6;③重度增大:心胸比率 >0.6。

(4) 肺血和肺血管异常

1) 肺血增多:指肺动脉内血流量异常增多,又称肺充血。常见于左向右分流的先天性心脏病、甲状腺功能亢进和贫血等。X 线表现肺动脉主干和分支成比例的增粗且向外周伸展,边缘清晰锐利,肺野透明度正常。

2) 肺血减少:指肺动脉血流量异常减少,又称肺缺血。常见于三尖瓣狭窄、肺动脉狭窄等。X 线表现为肺门影缩小;肺野内肺纹理变细、稀疏;肺野透明增加。

3) 肺淤血:指肺静脉回流受阻,血液淤滞于肺内。常见于二尖瓣疾病、左心功能不全等。X 线表现为两肺纹理增多、增粗,边缘模糊,以中、下肺野明显。间质性肺水肿时于肋膈角处可见到与外侧胸壁垂直的水平间隔线(Kerley B 线),长约 2~3cm,宽约 1~3mm。

4) 肺动脉高压:指肺动脉收缩压 >30mmHg 或平均压 >20mmHg,由肺血流量增加或肺循环阻力增高所致。常见于肺源性心脏病、先天性心脏病及肺栓塞等。X 线表现为肺动脉段突出,右下肺动脉主干超过 15mm,肺门动脉扩张而外周分支相对变细,二者间有一截然分界,即肺门截断现象或残根样表现。

4. 常见疾病的 X 线表现

(1) 心脏瓣膜病:先天性或后天获得性疾病累积心脏瓣膜,均可导致心脏瓣膜病。获得性最常见疾病:风湿性心脏病,瓣膜退行性变,感染性心内膜炎累积瓣膜等。

1) 二尖瓣狭窄:X 线表现为:①心脏呈二尖瓣型;②左心房和右心室增大;③左心室及主动脉结缩小;④可出现肺淤血和间质性肺水肿。

2) 二尖瓣关闭不全:X 线表现为:①轻度反流者,左心房可轻度增大;②中度以上反流时,左心房、左心室明显增大;③右心室亦可增大,但不如左心室增大明显;④重者可出现肺淤血和间质性肺水肿。

3) 主动脉瓣关闭不全:X 线表现:①心脏为主动脉型;②左心衰竭者可出现肺淤血和间质性肺水肿。

(2) 慢性肺源性心脏病:慢性肺源性心脏病是由长期肺部原发病变所引起的心脏病。X 线表现为:①肺部慢性原发病改变,常见慢性支气管炎、广泛肺组织纤维化及肺气肿表现;②肺动脉高压的表现:常出现在心影形态改变之前,表现为肺动脉段凸出,右下肺动脉主干超过 15mm;③右心室增大时,心脏呈二尖瓣型,心胸比率不大或比正常小。

(3) 高血压性心脏病:指由于长期动脉血压过高引起的心脏病。早期 X 线无心脏形态的变化,长期血压增高可使左心室增大显著,心腰凹陷,主动脉结明显突出,主动脉升部、弓部及降部扩张延长,心脏呈主动脉型。左心衰竭时,心影可明显增大。

(三) 消化系统

1. 检查方法

(1) 普通摄影检查即腹部平片,主要用于食管、胃肠相关急症的筛查,包括食管、胃肠道的金属异物、穿孔和肠梗阻等。

（2）胃肠道造影检查是消化系统首选且最常用的 X 线检查方法。造影检查用来动态观察胃肠道形态、结构、功能异常。常用的造影剂为医用硫酸钡,临床常用气钡双重对比造影法(简称双重造影)。口服钡餐造影主要检查食管、胃和小肠的病变;钡灌肠、气钡双重造影主要检查结肠的病变。

（3）血管造影主要用于胃肠道血管性病变、胃肠道出血的定位检查和介入治疗。

2. 正常胃肠道的 X 线表现

（1）食管:口服钡剂后食管轮廓光整,管壁伸缩自如,食管充盈宽度为 2~3cm。食管黏膜皱襞表现为数条纵行且平行的细条状透亮影,下端通过贲门与胃小弯黏膜皱襞相连。右前斜位是观察食管的常用位置,食管前缘有 3 个压迹,自上而下为主动脉弓、左主支气管和左心房压迹。

（2）胃:分为胃底、胃体、胃窦 3 部分及胃小弯、胃大弯、角切迹、贲门、幽门等。胃小弯转弯处为角切迹。胃的形状与患者体型、胃的张力、体位和神经功能状态有关,分为牛角型胃、钩型胃、长型胃和瀑布型胃。胃小弯和胃窦大弯侧轮廓光滑整齐,胃底及胃体大弯侧轮廓呈锯齿状。胃底部的黏膜皱襞粗而弯曲,呈不规则网状;胃体部黏膜皱襞为纵行条纹影,胃小弯处较细、整齐与小弯平行,向大弯处渐粗而横行或斜行,胃窦部黏膜皱襞主要与小弯平行,可呈斜行。

（3）十二指肠:全程呈 C 形,分为球部、降部、水平部和升部。球部轮廓光滑整齐,近似等腰三角形或圆锥形。球部黏膜皱襞呈纵行平行的条纹,降部及以下黏膜皱襞呈羽毛状。球部的运动为整体性收缩,降部及以下运动多呈波浪状蠕动。

（4）空肠和回肠:空肠、回肠之间无明显分界。空肠主要位于左上、中腹部,黏膜皱襞分布较密,呈环形条状或羽毛状,回肠位于右下腹部和盆腔,黏膜皱襞少而浅。空肠蠕动迅速有力,回肠蠕动慢而弱。

（5）结肠:结肠充盈时可见多个大致对称的结肠袋,结肠黏膜皱襞呈纵、横、斜 3 种方向交错的不规则纹理,盲肠、升结肠和横结肠明显,以横行、斜行为主,降结肠以下黏膜皱襞稀少,以纵行为主。

3. 基本病变的 X 线表现

（1）内腔的改变:①管腔狭窄:持续性的内腔缩小为狭窄,常见于胃肠道炎症、肿瘤、粘连、痉挛、外在压迫或先天发育不良等。②管腔扩张:持续性内腔扩大为扩张,常见于远端管腔狭窄、梗阻及肠麻痹。

（2）轮廓的改变:①龛影(niche sign):胃肠道壁局限性溃疡形成的局限性缺损被钡剂充填,在切线位 X 线呈局限性突出于胃肠轮廓之外或之内的钡影,称为龛影(图 9-13)。腔外龛影多见于溃疡性病变。腔内龛影多见于恶性肿瘤。②充盈缺损(filling defect):钡剂充盈时,由于来自胃壁的肿块向腔内突出而造成局限性钡剂不能充盈的密度减低区,称充盈缺损。良性肿瘤充盈缺损形态规则、边缘整齐,恶性肿瘤充盈缺损形态多不规则,边缘不规整,甚至呈"虫蚀样"(图 9-14)。

（3）黏膜皱襞的改变:①黏膜皱襞的破坏、中断或消失,代之以不规则的钡影,多表示恶性肿瘤浸润。②黏膜皱襞的纠集:皱襞从四周向病变区集中,呈放射状,多见于慢性溃疡瘢痕收缩,少数提示肿瘤的存在。③黏膜皱襞的平坦:表现为黏膜皱襞的条纹状影变得不明显或完全消失,见于恶性肿瘤破坏区周围或溃疡龛影周围。④黏膜皱襞的迂曲、增宽、紊乱,表

图 9-13　胃小弯龛影

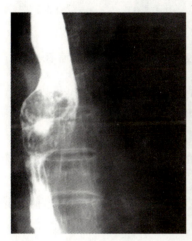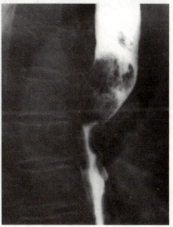

图 9-14　食管内充盈缺损

现为透明条纹状影的增宽、迂曲、紊乱,常见于慢性胃炎和黏膜下静脉曲张。

(4) 功能性改变常见的有张力、蠕动、运动力及分泌功能的改变。

4. 常见疾病的 X 线表现

(1) 食管静脉曲张:食管静脉曲张是门静脉高压的重要并发症,常见于肝硬化。X 线造影检查是食管静脉曲张的首选检查方法。

X 线表现:早期食管静脉曲张发生于食管下段,钡剂造影表现为食管下段黏膜皱襞稍宽或略为迂曲。进展期可见典型表现:食管中下段黏膜皱襞增宽,迂曲,呈蚯蚓状或串珠状充盈缺损,管壁边缘呈锯齿状。病变加重,还可出现食管张力降低,管腔扩张,蠕动减弱,钡剂排空延迟。

(2) 食管癌:40 岁以上男性多见,主要症状为进行性吞咽困难。

X 线表现为:钡剂造影显示:①黏膜皱襞消失、中断、破坏,代之以肿瘤表面杂乱不规则的影像。②管腔狭窄:表现为局限性狭窄,钡餐通过受阻,其上方食管扩张(图 9-15a)。③充盈缺损:腔内形状不规则、大小不等的充盈缺损,是增生型癌的主要表现(图 9-15b)。④不规则的龛影,是典型溃疡型癌的表现(图 9-15c)。⑤受累段食管局限性僵硬。以上表现常不同程度的同时存在。

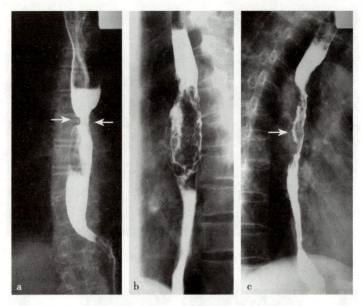

图 9-15　食管癌(食管钡餐造影检查)
a. 食管中段癌(浸润型),食管中段局限性狭窄(箭头),表面不规则,
黏膜皱襞中断、破坏;b. 食管中段癌(增生型),肿块向腔内突起造成
充盈缺损,表面不规则;c. 食管中段癌(溃疡型),在突向腔内肿块基
础上可见与食管纵轴平行的长条状不规则的龛影(箭头)

　　(3) 胃及十二指肠溃疡:是消化道较常见的疾病。好发于 20~50 岁。临床主要症状为反复上腹部疼痛,具有周期性、节律性的特点。

　　X线表现:1)胃溃疡:钡剂造影显示:①直接征象:龛影,多见于小弯侧,切线位呈乳头状、锥状、或其他形状,边缘光滑整齐,密度均匀,底部平整或稍不平。其口部有一圈由黏膜水肿所致的透明带,为良性溃疡的特征(图 9-16a)。轴位像观察龛影呈白色钡点或钡斑,周围黏膜皱襞呈星芒状向龛影口部集中,是良性溃疡的特征(图 9-16b)。②间接征象:痉挛性改变、分泌增加、胃运动及张力改变,胃腔局部变形和狭窄。

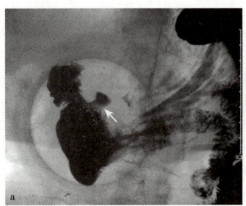
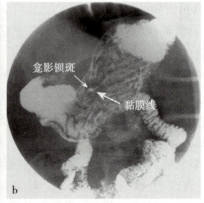

龛影钡斑
黏膜线

图 9-16　胃溃疡(上消化道钡餐造影检查)
a. 胃窦部小弯侧胃溃疡切线位投影,溃疡呈乳头状突向腔外,边缘光滑整齐,底部平整,
龛影口狭小(狭颈征)(箭头);b. 胃体部溃疡正面投影,龛影内钡斑和周围的黏膜线直达
溃疡

2）十二指肠溃疡：钡剂造影显示：①直接征象：龛影，90%位于球部，由于十二指肠球部腔小壁薄，发生溃疡后球部容易变形，表现为"山"字形、花瓣形或管状等，此时龛影常不易显示。②间接征象：球部变形；激惹征：表现为钡剂不在球部停留，迅速通过；幽门痉挛，开放延迟；胃分泌增多；球部有固定压痛。

（4）胃癌：胃癌是消化道最常见的肿瘤。好发于40岁以上的男性，胃癌可以发生在胃的任何部位，但以胃窦部和胃小弯最为常见。X线检查是早期发现病变的检查方法之一。

X线表现：中晚期胃癌X线钡剂造影显示：①局部扁平的充盈缺损，形状不规则。②胃腔狭窄，胃壁僵硬。③龛影边缘不整，位于胃腔轮廓内，可见"半月综合征"（图9-17）。④黏膜皱襞破坏、中断、消失，形态固定不变。⑤肿瘤区胃蠕动消失。

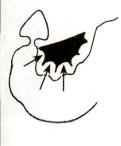

图 9-17　胃小弯溃疡型胃癌（半月综合征）（上消化道钡餐造影检查）
胃小弯见不规则半月状龛影（线图示黑色区域），龛影外缘平直、内缘不整齐，有多个尖角，龛影周围绕以宽窄不等的透亮环堤，环堤表面有"指压痕"（箭头），指压痕见"裂隙征"

（5）结肠癌：好发于直肠和乙状结肠。临床表现主要有便血、腹泻或便秘。

X线表现：X线气钡双重对比造影显示：①充盈缺损：形态常不规则。②肠管狭窄：狭窄较局限，可偏于一侧或形成环状狭窄。③龛影：形状不规则，边缘有尖角，周围常有不同程度的充盈缺损。④病变段肠壁僵硬，结肠袋消失。

（四）骨与关节系统

骨与关节的疾病种类繁多而较复杂，X线能反映这些疾病的部位及某些病理变化，应用相当普遍。

1. 检查方法

（1）透视：主要用于外伤性骨折、关节脱位的诊断与复位，不透X线异物的定位与摘除。

（2）摄影：摄影是骨、关节疾病影像学检查首选的检查方法。常规摄影体位包括正位、侧位，必要时可加斜位、切线位、轴位等。摄影时要包括周围的软组织及邻近的一个关节，脊柱摄影时要包括相邻部位，以便于定位，对称的骨关节，需同时投照双侧，以便对比。

（3）造影检查：目前多被关节镜、CT或MRI检查取代。

2. 正常骨的X线表现　骨质按其结构分为密质骨和松质骨两种。骨皮质和颅骨的内外板为密质骨，X线表现为均匀高密度影。松质骨由骨小梁组成，骨小梁间隙内充以骨髓，X线表现为密度低于骨密质的网状致密影。软骨未钙化时，X线不显影。

337

（1）长骨：小儿长骨可分为骨干、干骺端、骺板和骨骺，主要特点是有骺软骨，且未完全骨化（图9-18）。成人长骨的外形与小儿长骨相似，但骨发育完全。只有骨干和由松质骨构成的骨端。骨端有一薄层壳状骨板，为骨性关节面，表面光滑。其外方覆盖一层软骨，即关节软骨，X线上不能显示（图9-19）。

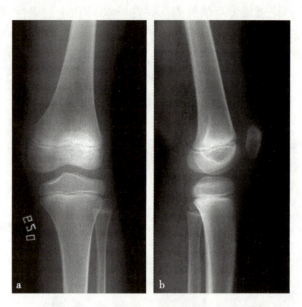

图9-18　正常儿童长骨及膝关节X线平片
a. 正位；b. 侧位

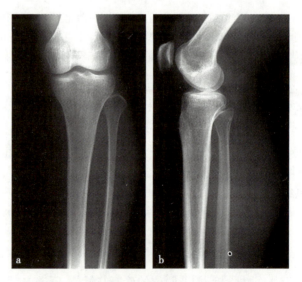

图9-19　正常成人长骨及膝关节X线平片
a. 正位；b. 侧位

（2）脊柱：脊柱由脊椎和其间的椎间盘所组成。除颈1、2椎体，每一脊椎分椎体和椎弓两部分。椎弓由椎弓根、椎板、棘突、横突和关节突组成。

正位片上，椎体呈长方形，从上而下逐渐增大，周围为一层致密的骨皮质，内部为骨松质。椎体两侧有横突影。在横突内侧可见椭圆形环状致密影，为椎弓根横断面影像，称椎弓环。在椎弓根的上、下方为上、下关节突的影像。

侧位片上,椎体也呈长方形,其上、下缘与后缘呈直角。椎弓居其后方。在椎体后方的椎管显示为纵行的半透明区。椎板位于椎弓根与棘突之间。棘突在上胸段斜向后下方,不易观察,于腰段则向后突,易于显示。椎间盘系软组织密度,呈宽度匀称的横行透明影,称椎间隙。椎间孔居相邻椎弓、椎体、关节突及椎间盘间,呈半透明影。

(3) 关节:四肢关节的基本构造是关节囊、关节面、关节软骨和关节腔。

1) 关节囊:连接包绕整个关节,分为两层,外层为纤维层,内层为滑膜层。滑膜能分泌滑液,以润滑、营养软骨。在X线片上关节囊和周围其他软组织相似而不易区分。

2) 关节面:是关节骨端的一层骨皮质。正常骨关节面光滑整齐、完整。

3) 关节间隙:由关节软骨及解剖学上的关节腔所形成。因此,X线上的关节间隙和解剖学上的关节腔不同,关节间隙要比关节腔宽。X线片上显示两相对骨关节面之间的透光间隙,宽度均匀,其宽度因年龄和部位不同而异。如儿童由于骨骺周围的软骨尚未完全骨化,关节间隙比成人宽。

3. 基本病变的X线表现

(1) 骨的基本病变

1) 骨质疏松:指一定单位体积内正常钙化的骨组织减少。X线主要表现为骨密度减低,骨小梁变细、减少,间隙增宽,骨皮质出现分层和变薄现象,脊椎椎体可变扁甚至压缩呈楔状,椎间隙增宽呈梭形。

2) 骨质软化:指一定单位体积内骨组织有机成分正常,矿物质含量减少。X线主要表现为骨密度减低,与骨质疏松不同的是骨小梁和骨皮质边缘模糊。

3) 骨质破坏:指局部骨组织被病理组织所代替。X线表现为骨质局限性密度减低,骨小梁疏松或形成骨质缺损。

4) 骨质增生硬化:指一定单位体积内骨量的增多。X线表现为骨质密度增高,骨小梁增多、增粗、密集,骨皮质增厚、致密,骨髓腔变窄或消失。

5) 骨膜增生:又称骨膜反应,系因骨膜受到刺激,骨膜内层成骨细胞活动增加所引起的骨质增生。X线表现为一段长短不定,与骨皮质平行或垂直的细线状致密影,呈线状、层状、针状、放射状、葱皮样。

6) 骨质坏死:指骨组织局部代谢的停止,坏死的骨质称为死骨。形成死骨的原因主要是血液供应的中断。X线表现为骨质局限性密度增高。

(2) 关节的基本病变

1) 关节肿胀:关节肿胀常由于关节积液或关节囊及其周围软组织充血、水肿、出血和炎症所致。其X线表现为关节周围软组织影增大、密度增高,大量关节积液可见关节间隙增宽。

2) 关节破坏:关节破坏是关节软骨及其下方的骨性关节面骨质为病理组织侵犯、代替所致。X线表现:当破坏累及关节软骨时,仅见关节间隙变窄;累及关节面骨质时,则出现相应区的骨质破坏和缺损;严重时可引起关节半脱位和变形。

3) 关节退行性变:早期改变开始于软骨,为缓慢发生的软骨变性、坏死和溶解。继而造成骨性关节面骨质增生硬化,并与边缘形成骨赘。早期X线主要表现为骨性关节面模糊、中断、消失。中、晚期表现为关节间隙狭窄、软骨下骨质囊变和骨性关节面边缘骨赘形成,不发生明显骨质破坏,一般无骨质疏松。这种变化多见于老年,是组织衰退老化的表现。

4) 关节强直:可分为骨性与纤维性两种。骨性强直系由于关节明显破坏后,关节骨端由骨组织连接所致。X线表现为关节间隙明显变窄或消失,并有骨小梁通过关节连接两侧骨端。纤维性强直也是关节破坏的后果。虽然关节活动消失,但 X 线上仍可见狭窄的关节间隙,且无骨小梁贯穿。常见于关节结核。

5) 关节脱位:关节脱位是组成关节骨骼的脱离和错位。有完全脱位和半脱位两种。X 线表现为构成关节的骨端间隙加大、分离或错位,常伴有关节囊的撕裂,有时还伴有骨折。

4. 常见疾病的 X 线表现

(1) 骨折:骨折是骨的连续性中断。

1) 长骨骨折:X 线平片上表现为骨折断端间不规则的透明线,称为骨折线(图 9-20),骨皮质断裂时骨折线显示清楚整齐,骨松质断裂则表现为骨小梁中断、扭曲和错位。严重骨折时骨骼常弯曲变形,嵌入性或压缩型骨折骨小梁紊乱,甚至局部骨密度增高,可能看不到骨折线。

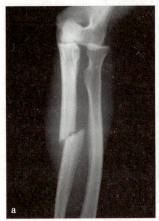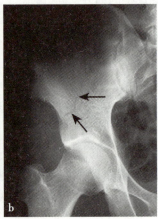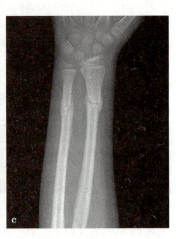

图 9-20 骨折

a. 尺骨上段斜行骨折,可见骨折线、断端移位,另可见肱桡关节脱位;b. 髂骨骨折,仅见骨折线(箭头);c. 尺、桡骨远端骨折,周围可见骨痂生成

2) 儿童骨折:①骨骺骨折:儿童长骨骨折由于骨骺未与干骺端未结合,外力可经过骨骺板达干骺部引起骨骺分离,称为骨骺骨折,又称骺离骨折。由于骨骺板软骨不显影,所以此类骨折 X 线片上只见骺线增宽,骨骺与干骺端对位异常。②青枝骨折:儿童的骨骼柔韧性大,外力不易使骨质完全断裂,仅见局部骨皮质和骨小梁的扭曲,而不见骨折线或只引起骨皮质发生皱折、凹陷或隆起,即青枝骨折。

3) 脊椎骨折:暴力使脊柱骤然高度弯曲,可致应力的脊椎发生骨折。多发生在活动度较大的胸椎下段和腰椎上段,以单个椎体多见。X 线表现:为椎体压缩呈楔形,不见骨折线,可见不规则线状致密带。有时,椎体前上方有分离的骨碎片,上、下椎间隙一般保持正常(图 9-21)。严重时常并发脊椎后突成角、侧移,甚至发生椎体错位。

(2) 椎间盘突出:椎间盘突出多为慢性损伤的结果。下段腰椎多见。X 线平片一般不能明确诊断,主要依靠临床表现、CT 和 MRI 检查进行诊断。

(3) 骨结核:是以骨质破坏和骨质稀疏为主的慢性病,系继发性结核病,原发灶主要在肺部,多发生于儿童和青年。结核杆菌经血行到骨,停留在血供丰富的松质骨内。脊椎是好发部位,其次是髋和膝部。多为单发,临床经过缓慢。

1) 长骨结核:好发部位为骺及干骺端。干骺端结核病灶内干酪坏死物可形成脓肿。X 线可见松质骨中出现一局限性类圆形、边缘较清楚的骨质破坏区,邻近无明显骨质增生现

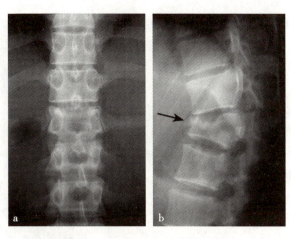

图 9-21 脊椎椎体压缩性骨折(平片)
a. 正位片,示胸 12 椎体变扁;b. 侧位片,示该椎体呈楔
形,上缘密度增高,其前方见一小骨碎片(箭头)

象。骨膜反应较少见或轻微,在骨质破坏区有时可见碎屑状死骨,密度不高,边缘模糊,成为"泥沙"状死骨。病变发展易破坏骨骺而侵入关节,形成关节结核。干骺部结核很少向骨干发展,但病灶可破坏骨皮质和骨膜,穿破软组织而形成瘘管,并引起继发感染。此时则可出现骨质增生和骨膜增生。骨干结核少见。

2)脊椎结核:以腰椎最多。病变常累及相邻的两个椎体,附件较少受累,椎体结核主要引起松质骨的破坏。由于骨质破坏和脊柱承重的关系,椎体塌陷变扁或呈楔形。病变开始多累及椎体的上下缘,邻近软骨板,较早引起软骨板破坏而侵入椎间盘,使椎间隙变窄,甚至消失,椎体可互相嵌入融合而难于分辨,表现为局限性软组织肿胀,边缘清楚。主要 X 线表现是椎体骨质破坏、变形,椎间隙变窄或消失及冷性脓肿的形成。

(4)骨肿瘤

1)骨软骨瘤:骨软骨瘤是常见的良性骨肿瘤,多见于青少年,好发于长骨的两端,肿瘤生长慢,随着骨发育成熟而停止生长。可单发或多发,多发患者有家族史和恶变的可能。

X 线表现:自长骨骨端一侧向外生长的骨性突起,常背向骨骺,肿瘤以细蒂或广基与骨相连,瘤体内为松质骨,外缘为一层薄的骨皮质,顶部覆盖一层软骨,无钙化者不显影,软骨钙化则呈不规则斑片状致密影(图 9-22)。

2)骨巨细胞瘤:骨巨细胞瘤是起源于骨骼非成骨性结缔组织的骨肿瘤。肿瘤局部破坏性大,有良性、生长活跃与恶性之分,故需重视。骨巨细胞瘤好发于四肢长骨。

X 线表现:多为偏侧性骨破坏,边界清楚,有不规则、多少不等的骨嵴,破坏区似有分隔为大小不等的小房,呈泡沫状表现。局部骨骼膨大,骨皮质变薄,但轮廓光整,易发生骨折,如无骨折很少有骨膜增生。肿瘤明显膨胀生长时,周围只留薄层骨壳包绕。骨壳不完整,并于周围软组织中出现肿块影者表示肿瘤恶变。

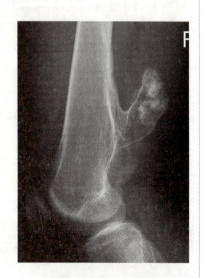

图 9-22 骨软骨瘤
股骨远端侧位片,股骨干骺端后侧一骨性突起,背向关节生长,其皮质及松质骨均与股骨皮质和松质骨相延续

3）骨肉瘤：骨肉瘤是起于骨间叶组织最常见的恶性骨肿瘤。多见于青年，男性较多。好发于股骨下端、胫骨上端和肱骨上端。干骺端为好发部位。病变进展迅速。

X 线表现：骨髓腔内不规则骨质破坏和增生；骨皮质破坏、不同形式（平行、层状或放射针状等）骨膜增生及骨膜新生骨的破坏；软组织肿胀和肿瘤骨形成等，表现较为典型（图 9-23）。一般根据其瘤骨形成和骨质破坏的程度不同大致分为成骨型、溶骨型和混合型。

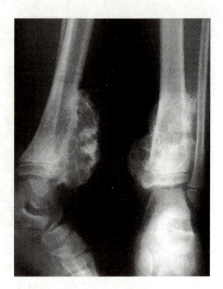

图 9-23　骨肉瘤

（五）泌尿系统

1. 检查方法

（1）腹部平片泌尿系统腹部平片常规取仰卧前后位摄取，临床上常称之为 KUB（kindey-ureter-bladder），仅用于检查是否存在泌尿系统阳性结石。

（2）造影检查是泌尿系统疾病常用检查方法。主要用于观察肾盏、肾盂、输尿管和膀胱的内壁和内腔，分为排泄性和逆行性造影。

1）排泄性尿路造影：又称静脉肾盂造影（intravenous pyelography，IVP），是将有机碘剂注入静脉后，经肾小球滤出、排入肾盏、肾盂，输尿管、膀胱，尿路，使之形成密度增高的影像，IVP 可以了解肾盏、肾盂、输尿管、膀胱整个尿路的器质性或功能性改变。IVP 能大致了解双肾的排泄功能。对 X 线阴性结石的检出有一定帮助，但尿路内的对比剂可掩盖小的 X 线阳性结石。

2）逆行肾盂造影：是在膀胱镜检查下，将特制的导管插入两侧输尿管，注入造影剂而使输尿管、肾盂、肾盏显影。用于检查尿路梗阻性病变，能明确梗阻部位，有时还可判断病因。可用于 IVP 显影不清或不适用于做 IVP 的患者。

2. 正常泌尿系统的 X 线表现

（1）腹部平片（KUB）：前后位腹部平片双肾呈豆状肾影，密度略高于肾周围脂肪，呈"八"字状，位于脊柱两侧，边缘光整，内缘中部稍内陷，为肾门所在。长 12~13cm，宽 5~6cm，其上缘约在第 12 胸椎上缘，下缘位于第 3 腰椎下缘水平。一般右肾略低于左肾。

（2）静脉肾盂造影（IVP）：排泄性尿路造影的肾、输尿管和膀胱表现随摄片时间而异。静脉注射造影剂后 1~2 分钟，肾实质显影，密度均匀；2~3 分钟后肾盂和肾盏开始显影；15~30 分钟时，肾盂和肾盏显影最佳。①肾盏、肾盂：双肾各有 2~4 个肾大盏和 6~14 个肾小盏，肾大盏边缘光整，顶部连接一个或数个肾小盏，基底部与肾盂汇合；肾盂呈喇叭状，形态可有变异。②输尿管：全长约 25cm，上接肾盂，下连膀胱，有 3 个生理性狭窄区包括：与肾盂相连处、与髂总血管交叉处和膀胱入口处。③膀胱：正常容量为 200~300ml 时，形态、大小取决于充盈的程度。充盈良好的膀胱呈卵圆形，横置于耻骨联合之上，其下缘多与耻骨上缘相平。边缘光滑整齐，密度均匀。

（3）逆行尿路造影与排泄性尿路造影的正常影像表现相似。

3. 常见疾病的 X 线表现

（1）泌尿系统结石：可发生于肾至尿道的任何部位，最常见部位为肾和膀胱。结石的成分不同，X 线检查时密度有很大差异。约 90% 结石由腹部平片显示，称为阳性结石；其余少数结石,如尿酸盐结石很难在平片上发现,称为阴性结石。

1) 肾结石:X 线平片显示肾盂肾盏有一个或数个大小不等的圆形、卵圆形、鹿角形或不定形的密度增高结石影。侧位摄片,肾结石常与椎体相重叠。

2) 输尿管结石:平片可见圆形、卵圆形、桑椹形或枣核样结石影,多位于输尿管生理狭窄处。结石上方输尿管和肾盂常有不同程度的扩张和积水。

3) 膀胱结石:位于骨盆中下部、耻骨联合上方,呈圆形或椭圆形致密影,大小不等、边缘光整或毛糙,密度均匀、不均或分层。

(2) 泌尿系统结核:病变先侵犯肾脏,然后蔓延至输尿管及膀胱,多为单侧性。X 线平片检查多无异常表现,有时可见肾内有云絮状、环状和花瓣状钙化,有时可描绘出脓腔轮廓。全肾致密钙化为肾自截。肾结核钙化并不代表病灶痊愈,而表示有干酪样空洞存在。

1) 肾结核:诊断肾结核有赖于尿路造影检查。肾结核初期表现为肾小盏顶端圆钝且边缘不齐如虫蚀状。当病变发展为肾盏、肾盂广泛破坏或形成肾盂积脓时,排泄性尿路造影常不显影或显影延迟。逆行肾盂造影肾盏、肾盂呈一个不规则的腔,常波及整个肾脏。

2) 输尿管结核:表现为病侧输尿管边缘不整齐、宽窄不等,有时呈假串珠状表现或短缩而僵直。晚期可出现管壁条状钙化。

3) 膀胱结核:轻微膀胱结核 X 线变化不明显。病变发展广泛时膀胱挛缩,体积可变小,边缘不整齐及毛糙。

(3) 泌尿系统肿瘤

1) 肾癌:中老年多见,男性多于女性。临床表现主要为无痛性血尿,有时可触及腹部肿物。腹部平片可见肾影局部增大,呈分叶或局限性隆凸。肾癌的诊断主要依赖于超声和 CT 检查。

2) 膀胱癌:多为乳头状,可单发或多发。临床表现为血尿,可伴有尿痛、尿急及膀胱区疼痛。膀胱造影可显示大小不同的结节状或菜花状充盈缺损。

第二节　计算机体层成像

计算机体层成像(computed tomography,CT)是用 X 线束环绕扫描人体某一层面后,由探测器采集数据,经计算机处理重建形成的图像。CT 扫描装置由英国工程师 Hounsfield 1969 年设计成功,经神经放射诊断学家 Ambrose 应用于临床。

一、概述

(一) CT 成像的基本原理及设备

1. CT 成像的基本原理　CT 是用 X 线束对人体某部位一定厚度的层面进行多方向扫描,由对侧的探测器接收透过该层面组织的 X 线,将其转变为可见光后,由光电转换器转变为电信号,再经模拟/数字转换器转为数字,输入计算机处理。图像处理时将选定的层面分成若干个体积相同的长方体,称为体素(voxel),扫描所得信息经过计算而获得每个体素的 X 线衰减系数或吸收系数,再排列成数字矩阵,经数字/模拟转换器把数字矩阵中的每个数字转为由黑到白不等灰度的小方块,即像素(pixel),并按原有矩阵排列,构成 CT 图像。所以,CT 图像是由一定像素组成的计算机重建的断面图像。

2. CT 设备　CT 设备包括 3 部分:①扫描部分,由 X 线管、探测器和扫描架组成,用于对检查部位进行扫描。②计算机系统,将扫描收集的数据信息进行处理、存储及后处理。③图像显示和存储系统,将经计算机处理、重建的图像显示在显示器上或经打印机输出到胶片或存储于光盘或磁盘中。

CT 设备发展迅速,探测器从原始的 1 个发展到现在的 4 800 个,扫描方式也从平移 / 旋转式发展到螺旋 CT 扫描(spiral CT,SCT)。SCT 采用滑环技术,对目标区进行不间断的容积性数据采集,扫描时间大大缩短。

(二) CT 检查方法

1. 平扫　又称普通扫描或非增强扫描,是指不用对比增强剂或造影的扫描。CT 扫描方位多采用横轴位,检查颅脑以及头面部病变时可加用冠状位扫描。

2. 增强扫描　是经血管内注射对比剂后再进行扫描的方法。对比剂进入血液循环后,提高正常组织与病变组织的密度差,可显示平扫时未被显示或显示不清的病变。增强检查时,正常组织结构及病变内因对比剂进入而密度增高,称为强化。通过病变有无强化、强化的程度和方式等,有利于病变的检出及病变的定性诊断。

3. CT 造影　是指对某一组织器官进行造影再行扫描的方法,能更好地显示结构、发现病变。分为 CT 血管造影和 CT 非血管造影。

(1) CT 血管成像(computed tomography angiography,CTA):静脉内注入对比剂后进行 CT 扫描,通过后处理技术,可立体地显示血管影像,用于血管病变的诊断。其优势是快速、无创,可多平面、多方位、多角度显示血管腔、管壁及病变与血管的关系。目前,CTA 的诊断效果已类似 DSA,常作为筛查动脉狭窄与闭塞、动脉瘤、血管畸形等血管病变的首选方法。

(2) CT 脊髓造影及 CT 关节造影:CT 脊髓造影:在椎管蛛网膜下腔内注射对比剂(非离子型水溶性碘)后,让患者翻动体位,再行 CT 扫描,以显示椎管内病变。CT 关节腔造影:向关节腔内注入气体(空气、二氧化碳)等对比剂后,再行 CT 扫描,可清晰观察关节的解剖结构。目前,这些检查多已被 MRI 检查取代。

(三) CT 图像的特点

1. CT 图像是数字化模拟灰阶图像　CT 图像是由一定数目从黑到白不同灰度的像素按矩阵排列所构成的灰阶图像。这些像素的灰度反映的是相应体素的 X 线吸收系数。CT 图像和 X 线摄影图像一样,用灰度反映组织器官对 X 线的吸收程度。

2. CT 图像密度分辨力高　密度分辨力高是 CT 图像的突出特点和优点,CT 图像的密度分辨力相当于常规 X 线图像的 10~20 倍。CT 可以较好地显示由软组织构成的器官,如脑、脊髓、纵隔、肝、脾、肾以及盆腔组织等。

3. CT 图像的密度能够进行量化分析　CT 图像将组织的 X 线吸收系数换算成 CT 值,用 CT 值表示组织密度高低。CT 值的单位为亨氏单位(Hounsfield unit,HU)。X 线吸收系数与 CT 值换算关系如下:水的吸收系数为 1.0,CT 值定为 0Hu,人体中密度最高的骨皮质吸收系数为 2.0,CT 值定为 +1 000Hu,而密度最低的空气气体吸收系数为 0,CT 值定为 –1 000Hu;人体中密度不同的各种组织 CT 值则在 –1 000Hu~+1 000Hu 的 2 000 个分度之间。临床工作中,要使图像上欲观察的组织结构和病变达到最佳的显示效果,可根据其 CT 值范围,选用不同的窗设置(window setting),包括窗位(window level)和窗宽(window width)。例如胸部 CT 图像中,肺组织及其病变在肺窗显示最佳,纵隔及其病变在纵隔窗显示最佳(图 9-24)。

4. CT 图像常规为多幅断层图像　CT 图像常规是断层图像,常用的是横断面或称轴面。

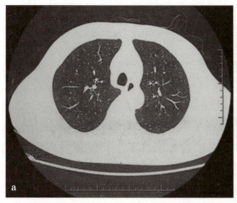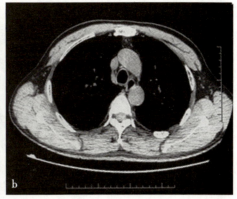

图 9-24 CT 检查窗技术的应用

a、b 为同一扫描层面,分别用两种不同的窗位和窗宽进行显示,分别获得最佳观察肺组织和纵隔结构的图像。a. 肺窗,窗位 −700HU,窗宽 1 500HU;b. 纵隔窗,窗位 +35HU,窗宽 400HU

图像组织结构影像无重叠,解剖关系清楚。

5. CT 图像具有强大的图像后处理技术 CT 图像是数字化成像,能够应用计算机技术对成像数据进行处理,获得各种重建图像。①再现技术:通过图像的重建及多平面重组,可重组冠状、矢状乃至任意方位的断层图像,可获得被检查器官的三维立体图像,通过旋转可在不同方位上观察。常用的再现技术有表面再现、最大强度投影(MIP)和容积再现(VR)技术等。②CT 血管造影(CTA):可立体地显示血管影像。③仿真内镜显示:可模拟内镜检查的过程,逐步显示管腔器官的内腔,患者无痛苦,易接受。仿真结肠镜可发现直径仅为 5mm 的息肉,尤其是带蒂息肉,其不足之处是不能进行活检。

二、CT 检查前的准备及检查注意事项

(一) CT 检查前的常规准备及注意事项

在 CT 检查前,应常规做好如下准备:①检查前向患者说明 CT 检查的目的、方法和注意事项,消除其紧张和恐惧心理。②指导患者按要求暴露检查部位,并采取正确的体位、姿势和动作。③嘱患者不要服含金属或含碘的药物,协助患者去除检查部位的金属饰品、膏药、敷料、发卡等影响 X 线穿透的物品,以免干扰检查结果。④检查前应将患者的有关资料提供给 CT 医生以备参考。

(二) CT 平扫检查前的准备及检查注意事项

1. 眼球检查 检查前指导患者进行眼睛直视训练。
2. 喉部检查 检查前指导训练患者在检查时避免吞咽动作。
3. 胸部、腹部检查 检查前指导患者进行呼吸及屏气训练。
4. 上腹部检查检查 前 1 周不能做钡餐检查,检查前禁食、禁饮 4~6 小时,检查前 30 分钟口服 1.5%~3% 泛影葡胺溶液 500~800ml,检查前再追加 200ml,使对比剂充盈胃、十二指肠及近端小肠。
5. 盆腔检查 检查前 1 晚需口服缓泻剂,检查前嘱咐患者饮水,以充盈膀胱利于检查。

(三) CT 增强及造影检查前准备及检查注意事项

CT 增强及造影检查的患者需要使用碘对比剂,除了做好常规准备及平扫前患者的准备之外,还应做好碘对比剂检查的相应准备和处理(详见 X 线检查前的准备和检查注意事项)。

(四) 特殊情况

1. 不能配合检查的患者,可采用镇静措施如水合氯醛灌肠后进行检查。

2. 妊娠患者、情绪不稳定或急性持续痉挛患者不宜做此检查。

三、CT 检查的临床应用

CT 检查临床应用范围广泛,适用范围几乎涵盖了人体各个系统和解剖部位。

1. 中枢神经系统　CT 平扫是颅脑疾病的常规检查方法,CT 平扫发现颅内病变时,多需行 CT 增强扫描。对颅内肿瘤、脓肿、肉芽肿、寄生虫病、外伤性血肿、脑损伤、脑梗死、脑出血以及椎管内肿瘤、椎间盘突出等 CT 诊断效果较好而且可靠。但是,对于某些脑变性疾病、较小的病变及椎管内包括脊髓病变,CT 检查价值有限。

2. 骨骼与肌肉系统　CT 检查显示骨骼、关节和软组织改变明显优于 X 线摄影,常作为常规 X 线摄影检查后的补充检查技术。对骨骼解剖较复杂的部位如盆腔、髋、肩、膝等关节和脊柱,可首选 CT 检查。CT 对椎间盘突出及退行性病变诊断效果较好。

3. 呼吸系统　CT 检查易于发现胸部病变,可显示 X 线胸片上心影后及后肋膈角等部位的隐匿性病变,CT 已成为呼吸系统疾病的主要检查方法。CT 动态增强扫描还可以了解病变的血流供应情况,提高了良恶性病变鉴别的准确性。

4. 循环系统　CT 平扫对显示心血管内结构有很大局限性。CT 增强扫描主要用于冠状动脉、心脏、大血管的检查。CT 可以用冠心病诊断及术后评价;也广泛用于先天性心脏病、心包疾病、心脏肿瘤、各种主动脉和外周血管疾病、肺血管疾病等的诊断。

5. 消化系统与腹膜腔及腹膜后间隙　CT 对消化系统、脾、泌尿系统、肾上腺、腹膜腔及腹膜后间隙疾病诊断,尤其是占位性病变的诊断有较大帮助。在急腹症的影像检查中,CT 检查是腹部 X 线平片的重要补充手段。

6. 头面部五官及颈部　CT 对五官疾病的诊断也很有价值。如用以诊断眶内占位性病变、早期鼻窦癌、中耳小胆脂瘤、听骨破坏与脱位、内耳骨迷路的轻微破坏、耳先天性发育异常等。CT 是颈部的主要影像检查技术,但是对显示和诊断局限于甲状腺内的病变不及超声。CT 增强扫描是颈部及其病变的常规检查方法。

第三节　超声检查

一、概述

超声检查(ultrasound examination)是利用超声波的物理特性和人体器官组织声学特性,将二者相互作用后产生的声学信息接收、放大、处理,形成图形、曲线,借此对人体组织器官的物理特性、形态结构与功能状态及病变做出诊断的非创伤性检查方法。

(一) 超声检查的基本原理

1. 超声波的物理特性　超声波(ultrasound)是指振动频率大于 20 000 赫兹(Hz),超过人耳听觉阈值的机械波。超声检查所用的超声波频率多在 2~15MHz。超声波具有以下物理特性:

(1) 指向性:超声波频率高,波长很短,在介质中呈直线传播,具有良好的指向性。指向性是超声对人体组织进行定向探测的基础。

（2）反射、折射和散射：两种声阻抗不同的物质接触形成界面,声阻抗(Z)为声波传递介质的密度(P)与声速(C)的乘积。超声波传播途中遇到大于其波长的界面时,部分声束被阻挡而发生反射(reflection),而另一部分声束则以折射(refraction)的形式进入第二种介质。反射、折射声束的多少与构成界面的两种介质间的声阻抗差的大小有关。声阻抗差越大,反射越多、折射越少;声阻抗差越小,反射越少、折射越多。超声波传播过程中遇到小于其波长的界面时,入射超声波能量向各个方向散开辐射,称为散射(scattering)。反射、折射和散射是超声检查显示组织脏器轮廓及组织脏器内部微细结构的基础。

（3）吸收与衰减：超声在介质中传播时,由于介质导热性、黏滞性等,一部分的声能不可逆的转化成其他形式的能量,使声能损耗,称为吸收。超声波在介质中传播时,其声能随着传播距离的增加而逐渐减少,称为衰减。超声波衰减主要由于界面反射和散射、声束的远场扩散及吸收。

在人体不同组织和体液中,超声波衰减程度一般规律是:尿液与胆汁＜血液＜脂肪＜肝实质＜肌腱与软骨＜骨质与钙质。

（4）多普勒效应(Doppler effect)：超声波遇到运动的界面时,声波的反射波的频率不同于发射频率,这种现象称为多普勒效应。发射频率与反射频率之差称为多普勒频移(Doppler shift)。频移的大小与相对运动的方向和速度有关。利用运动目标所产生的频移,可以计算出运动的方向和速度。因此,利用多普勒效应可检测有组织器官无血流,还可以检测人体中组织的活动、活动方向及活动速度。

2. 超声成像基本原理　医学诊断用超声诊断仪包括换能器(探头)、信号处理系统和显示器。

通常采用压电晶体作为换能器,压电晶体具有两种可逆的能量转变效应:①逆压电效应:在交变电场的作用下,压电晶体产生应力,发生形变,产生振动,电能转变为声能,向介质发出超声波,称逆压电效应。②正压电效应:声波的压力变化使压电晶体两端的电极随声波的压缩与弛张发生正负电位交替变化,称为正压电效应。在逆压电效应中,压电晶体成为超声波发生器,在正压电效应中,压电晶体成为回声接收器。

超声换能器发射的超声波,在人体组织中传播时,通过不同器官、组织的多层界面,在每层界面发生不同程度的反射和散射回波,回波含有超声波传播途中所经过的不同组织的声学信息,回波被换能器接收、经过主机信号处理系统的处理,在显示器上以不同波形或图像显示,形成声像图。

（二）超声检查技术

1. A型超声　是幅度调制型,以振幅的高低来表达回声信号的强弱。目前,临床应用较少,由于其测量距离的精度高,仅在眼科生物辅助测量方面尚在应用。

2. B型超声　是辉度调制型,以光点的辉度反映回声的强弱。回声越强则光点越亮,回声越弱则光点越暗。

B型超声显示的是人体组织器官的二维解剖断面,又称二维超声或切面超声。改变探头位置和探头扫查角度可获得组织器官不同方位的切面图像,从而分辨组织器官解剖结构的层次。B型超声分为静态和动态实时两种,能清晰地、直观地实时显示各脏器的形态结构、空间位置、连续关系等,并可区分实质性、液性或含气性组织,能够实时观察心脏的运动、胎心搏动以及胃肠蠕动等。

3. M型超声　是辉度加幅度调制型。以单声束垂直取样获得活动界面回声,并以辉度调节的方式显示回声的强弱(与B型相似),再以慢扫描方式将某一取样线上的活动界面各回声光点从左到右连续移动,从而取得声束上各反射点运动的轨迹图,获得"距离-时间"曲线,横轴代表时间,纵轴代表界面深浅(距离)。主要用于心脏和血管检查,可分析心脏和大血管的随时间的运动幅度。

4. D型超声 又称多普勒超声,是超声频移诊断法。包括彩色多普勒血流显像(color Doppler flow imaging,CDFI)和频谱多普勒(spectral Doppler echocardiogram)、彩色多普勒能量图(color Doppler energy,CDE)、组织多普勒成像(tissue Doppler imaging,TDI)等。

(1)彩色多普勒血流显像(CDFI):CDFI以实时彩色编码显示血流。血流方向朝向探头的血流用红色表示,血流方向背离探头的血流用蓝色表示,湍流以多彩或绿色表示。血流速度越快颜色越鲜亮,血流速度越慢颜色越暗淡。CDFI不仅能清楚地显示心脏大血管的形态结构,而且能直观形象地显示血流的方向、速度、性质、分布范围、有无反流及异常分流等,但对血流速度只能粗略估计。

(2)频谱型多普勒:频谱多普勒显示回声的形式是频移形成的示波曲线。频谱多普勒的横轴表示时间,纵轴表示血流速度。用于检测心脏大血管有无血流,血流的方向、时相、速度等血流动力学参数。频谱多普勒超声结合B型超声或M型超声所得的资料,可以定量估测血流量、流率,对心功能做出较为准确的评估。

(3)彩色多普勒能量图(CDE):能有效显示低速血流信号,对末梢血流、肿瘤滋养血管和组织器官血流灌注提供重要信息。

(4)组织多普勒成像(TDI):是以多普勒成像原理为基础,利用血流滤波器滤去低幅高频(血流)信息,来显示心肌组织的运动情况。利用TDI可评估心室壁运动异常,可对心肌运动进行定性和定量分析。

5. 超声诊断新技术 包括超声造影、声学定量、斑点追踪超声心动图、三维超声、超声弹性成像等。

目前,一台彩色多普勒显像仪具备B型超声显像、M型超声显像、彩色多普勒血流显像、彩色多普勒能量图和频谱多普勒显像功能。新近的彩色多普勒显像仪还具有三维超声显像、组织多普勒成像、超声造影、超声弹性成像等新功能。

知识链接

超声声学造影

超声声学造影(contrast enhanced ultrasound imaging,CEUS)被誉为无创性微循环血管造影,是在常规超声检查的基础上,向血管内注入微气泡型造影剂,以动态增强显示微小血管的新型超声检查技术。CEUS可提供组织结构和血流灌注两个方面的信息,能实时动态显示病变的血流灌注方式、血管构架及走行,可以显著提高超声检查对低速血流的敏感性。

第二代微气泡造影剂是由磷脂包裹的六氟化硫气体,直径2.5μm,其只存在于毛细血管床内,不透过细胞壁,不进入组织间隙。经静脉注射数秒钟后显影,持续时间可达10余分钟,能提高超声信号300倍。超声造影剂不经肝肾代谢,无肝肾毒性,无辐射,罕见过敏。

目前,CEUS广泛应用于腹部脏器、心脏、浅表器官、周围血管的检查。CEUS具有操作简便、实时动态、无放射性、安全性能高等优势,是超声医学发展史的一个里程碑。

(三) 超声回声强弱

由于介质声阻抗及界面声阻抗差的大小不同等,不同人体组织所产生的超声回声强度可分为六个等级。

1. 强回声　B型超声显示为极高亮度的光点,后方常伴声影,见于结石、骨骼、钙斑、含气的肺及胃肠等。

2. 高回声　B型超声显示为高亮度的光点,后方不伴有声影,见于肝脾等脏器的包膜、血管壁、纤维组织等。

3. 等回声　B型超声显示中亮度光点,见于肝、脾实质等。

4. 低回声　B型超声显示低亮度光点,见于皮下脂肪组织、肾实质等。

5. 弱回声　B型超声显示更低亮度光点,见于肾锥体、淋巴结等。

6. 无回声　B型超声显示无光点(黑色),见于胆汁、尿液、囊液、胸腔积液、腹腔积液等。

二、超声检查前的准备及检查注意事项

检查前应就检查的必要性、安全性和检查步骤对患者做必要的解释和说明,以缓解其紧张心理,更好地配合检查。

(一) 腹部超声检查

1. 常规肝脏、胆囊、胆道及胰腺超声检查　一般空腹进行,必要时饮水400~500ml,使胃充盈作为透声窗,以使胃后方的胰腺及腹部血管等结构充分显示。

2. 胃超声检查　检查前需饮水及服造影剂,以显示胃黏膜及胃腔。

(二) 泌尿生殖系统超声检查

1. 经腹壁早孕、妇科、膀胱、前列腺超声检查　患者于检查前2小时饮水400~500ml以充盈膀胱。

2. 经阴道超声检查　患者需为已婚患者,一般于非月经期检查,检查前须排空膀胱。

3. 经直肠超声检查　患者检查前须排空膀胱。

(三) 心脏、大血管、外周血管、浅表器官及组织、颅脑检查

1. 一般无需做特殊准备。

2. 经食道超声心动图检查　①检查前告知患者及监护人检查中可能发生的危险和并发症,征得患者或其监护人知情同意并签署知情同意书;②检查前8小时禁饮禁食,检查后2小时禁饮。

(四) 特殊检查

1. 检查不合作者可给予水合氯醛灌肠,待患者安静入睡后再进行检查。

2. 介入性超声、术中超声等检查需做好相应检查前的有关准备,并向患者及其监护人说明有关的并发症,征得患者或其监护人知情同意并签署知情同意书后方可进行。

三、超声检查的临床应用

超声诊断已广泛应用于内科、外科、妇产科和儿科等临床各科,成为许多脏器、软组织器官病变首选的影像学检查方法,而且可以在超声引导下进行一些治疗。

(一) 肝脏

超声检查是肝脏疾病的首选和主要影像检查技术。

1. 正常声像图　正常肝脏呈楔形,肝右叶最大斜径:10~14cm,肝右叶前后径:8~10cm;

切面轮廓清晰,包膜呈细线状高回声,光滑完整。肝实质呈均匀细小的点状中等回声。门静脉主干内径 1.0~1.2cm,肝内门静脉管壁较厚,回声较高。肝静脉管壁较薄,回声较低(图 9-25)。彩色多普勒检查,肝内门静脉为入肝红色血流,而肝静脉为出肝蓝色血流,肝动脉为花色高速血流。

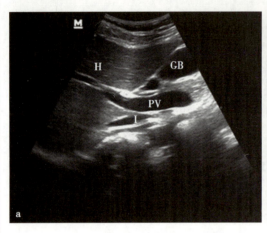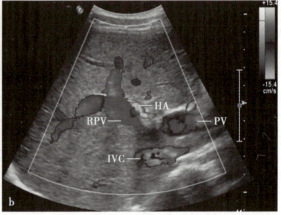

图 9-25　肝脏正常声像图

a. B 型超声(GB:胆囊;PV:门静脉;H:肝;I:下腔静脉);b. 彩色多普勒(HA:肝动脉;PV:门静脉;RPV:门静脉右支;IVC:下腔静脉)

2. 常见肝脏疾病声像图

(1) 肝硬化:肝硬化是一种以肝细胞变性坏死、肝组织弥漫性纤维化、肝细胞结节状再生、假小叶形成特征的慢性肝病。

声像图表现:①肝脏形态失常,体积缩小,肝包膜不光整,典型者呈锯齿状。②肝实质回声不均匀增粗、增强。③肝静脉变细,走行迂曲。④门脉高压征象:门静脉主干内径 >1.3cm、脾静脉扩张,脐静脉再通,脾肿大,腹水。⑤胆囊壁增厚呈双边影。⑥彩色多普勒:可见肝静脉粗细不一的彩色血流;门静脉血流呈低速血流、部分呈双向血流甚至反向的出肝血流;门静脉内有血栓形成时,血栓处出现彩色血流充盈缺损;肝动脉流速增快,呈条状花色血流(图 9-26)。

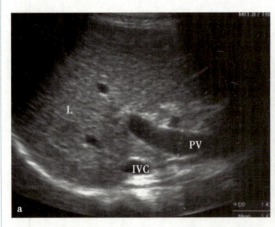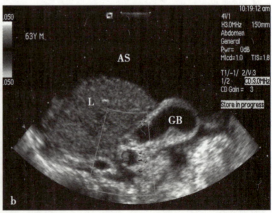

图 9-26　肝硬化声像图

a. B 型超声示增宽的门静脉;b. B 型超声示肝脏体积缩小,实质回声增粗;胆囊壁(GB)增厚;腹水形成(AS)

（2）原发性肝癌：原发性肝癌是指起源于肝细胞或肝内胆管上皮细胞的恶性肿瘤，其中80%~90% 为肝细胞癌。好发于 30~60 岁，男性多于女性，为我国常见的恶性肿瘤之一。早期无症状，有症状时多属于中晚期。超声检查可检出早期肝癌，并可做出确切定位。

声像图表现：①直接征象：肝实质内单发或多发圆形或类圆形实质性肿块。肿块内部回声不均，可表现为不均质的低、等、高回声或混合回声，以低回声和混合者多见；瘤体中心可坏死、液化而呈现不规则的暗区。部分肿块周围可有完整或不完整的环形低回声带（称为声晕），有较高诊断特异性。彩色多普勒可于结节周围及内部检出彩色血流信号，呈线状或分枝状，以动脉血供为主（图 9-27）。②间接征象：a. 驼峰征：肝包膜下肿瘤引起局部肝包膜的隆起；b. 肝内管道受压；c. 晚期肝癌患者出现腹腔积液、胸腔积液；d. 转移征象：淋巴结转移者可于肝门、腹腔、腹膜后探及肿大淋巴结，血行转移者可于门静脉、肝静脉或下腔静脉内的检出低、中等回声癌栓。

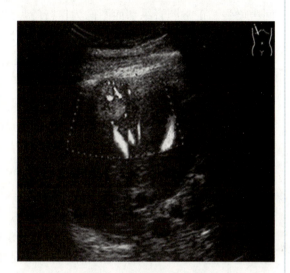

图 9-27　原发性肝癌声像图
结节呈高回声，周边及内部见血流信号

（3）转移性肝肿瘤：全身各组织器官的恶性肿瘤均可转移至肝脏，转移的主要途径有经血行转移和邻近器官肿瘤的直接侵犯，亦可经淋巴系统转移，以经血行转移最为常见。

声像图表现：①直接征象：肝内出现多个大小相近的实质肿块，肿块内部回声多样化，以"牛眼征"（周边为实质性高或稍低回声，中央坏死液化呈低回声）较常见，肿块内部回声主要与原发灶的病理类型有关，但同一患者肝内所有肿瘤回声应相同，肿块内一般无血流信号或少量血流信号。②间接征象：发现邻近器官转移瘤和/或原发肿瘤。

（4）肝囊肿：是肝脏常见的良性病变，临床多无症状，巨大囊肿可致上腹胀痛，偶有囊肿破裂、出血。

声像图表现：肝内单发或多发圆形或椭圆形无回声区，囊壁菲薄、光滑呈高回声，边缘整齐；囊肿两侧壁可出现"回声失落"现象及侧壁声影；囊肿后方回声增强；彩色多普勒检查：囊肿内无彩色血流信号，囊壁偶见短条状彩色血流信号。

（5）肝海绵状血管瘤：是肝脏最常见的良性肿瘤，多见于 30~60 岁，好发于女性。临床多无症状，多在体检中发现；巨大肿瘤者可出现上腹胀痛不适、肿瘤破裂。

声像图表现：在肝内出现圆形或椭圆形高回声，少部分为低回声或混合性回声；边界清晰，边缘不整齐，呈花边状（图 9-28）。较大者探头加压可变形；生长速度较慢；彩色多普勒检查多数血管瘤因其内血管细小流

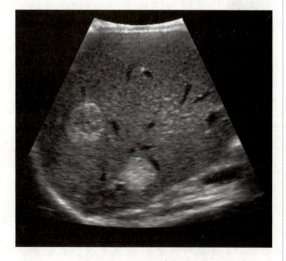

图 9-28　肝血管瘤声像图

速极低,而无血流信号显示。

(二)胆道系统

超声检查是胆道系统疾病的首选和主要影像检查方法之一。

1. 正常声像图　正常胆囊横切面和纵切面呈圆形、类圆形和长圆形,长径≤9cm,前后径≤4cm;胆囊壁为纤细光滑的高回声带,壁厚0.2~0.3cm。胆囊内为均匀无回声,胆囊后方回声增强。正常胆管纵切面图像为伴行门静脉的管道,壁为纤细光滑的高回声带,管道内为无回声区,管径较细,左、右肝管内径≤2mm,肝总管内径0.3~0.4cm,胆总管内径0.6~0.8cm,或其内经≤伴行门静脉内径的1/3,胆总管下段因受肠道气体的干扰,超声不易显示。

2. 常见胆道系统疾病声像图

(1)胆囊炎:急性胆囊炎是由结石梗阻、细菌感染、胰腺反流等因素造成的一种化脓性炎症。主要临床表现为右上腹绞痛、高热、呕吐、Murphy征阳性。慢性胆囊炎常与胆结石并存,也可由急性胆囊炎反复发作演变而来,临床表现为反复、突然发作的右上腹绞痛,可向背部和右肩胛区放射。

1)急性胆囊炎声像图:单纯性胆囊炎胆囊略增大,囊壁略厚且粗糙。形成化脓性胆囊炎后可见:①胆囊体积增大,囊壁模糊增厚,厚度超过0.3cm,可呈现"双边影"。②胆囊内可见疏散或密集的细小或粗大回声斑点,呈云雾状,是胆囊积脓的表现。③多伴有胆囊结石。④胆囊发生穿孔时,可见胆囊局部膨出或缺损、胆囊周围局限性积液。

2)慢性胆囊炎声像图:轻者无明显的声像图特征,仅囊壁稍增厚。典型者可见胆囊肿大或萎缩,囊壁增厚毛糙,腔内可见结石或由组织碎屑所致的沉积性回声图像。多数胆囊丧失收缩功能。

(2)胆囊结石:在胆汁淤积和胆道感染等因素影响下,由胆汁中的胆色素、胆固醇、钙盐等析出、凝聚而成胆结石。胆结石依部位分为胆管结石和胆囊结石,统称为胆石症。胆囊结石是最常见的胆囊疾病,常与胆囊炎同时出现,二者互为因果。

1)典型胆囊结石声像图:①胆囊内一个或数个强回声团。②在强回声团后方伴有声影,其宽度与结石大小一致(图9-29)。③体位改变时,强回声团沿重力方向移动。

2)非典型胆囊结石声像图:①充满型胆囊结石:胆囊无正常轮廓,胆囊腔内胆汁的无回声消失,胆囊区出现弧形强回声光带,后方伴声影,此型有一种特征性声像图表现:增厚的胆囊壁弱回声包围结石强回

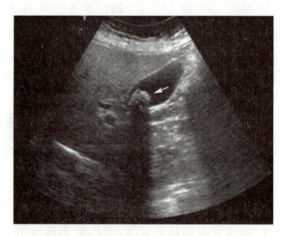

图9-29　典型胆囊结石声像图(箭头所示处为结石,后方伴声影)

声,后方伴有声影,简称"囊壁结石声影"三联征(wall-echo-shadow征,WES征);②胆囊颈部结石:胆囊体积增大,形态饱满,胆囊颈部探及强回声团,其后伴声影,改变体位时,强回声团不移动;③泥沙样结石:胆囊内出现点状强回声沉积在胆囊后壁,后方多无声影或有弱声影;改变体位时,点状强回声的沉积带形态及位置发生改变;④胆囊壁内结石:胆囊壁往往增厚,胆囊壁内可见单发或多发的数毫米大小的强回声斑,其后伴"彗星尾"征,改变体位时不移动。

（三）泌尿系统

超声检查通常作为泌尿、生殖系统、肾上腺和腹膜后间隙疾病的首选影像学检查技术。

1. 正常声像图

（1）肾：正常肾脏长 10~12cm，宽 5~6cm，厚 4~5cm。肾随着扫查方向不同可以呈圆形、卵圆形或豆形；肾包膜清晰光滑，呈线状高回声；肾实质包含肾皮质和肾髓质（肾锥体）回声，呈低回声，肾髓质较肾皮质回声更低；中央部为肾盂、肾盏、肾内血管及脂肪构成的肾窦区，呈不规则的高回声区。彩色多普勒检查可清晰显示肾动脉及其各级分支及伴行静脉。

（2）输尿管：正常输尿管超声检查不能显示。

（3）膀胱：膀胱形态大小根据尿液充盈情况不同而变化。膀胱充盈状态，膀胱壁呈高回声带，厚 0.1~0.3cm，膀胱内尿液为均匀无回声。

（4）前列腺：正常前列腺长 3.0cm，宽 4.0cm，厚 2.0cm，内腺小于 2.0cm×2.0cm。横切时呈栗形，包膜呈线状高回声，左右对称，内腺实质为均匀分布低回声，外腺包绕在内腺后方及两侧，回声略高。纵切呈倒三角形，尖端位于后下方。前列腺可经腹壁、直肠或会阴部探查，经直肠探查的声像图更清晰。

2. 常见泌尿系统疾病声像图

（1）泌尿系统结石：尿液中的矿物质结晶沉积在肾盂肾盏内形成结石。

声像图表现：①肾结石：肾窦区内可见一个或多个点状或团块状强回声，后方伴有声影，直径小于 0.3cm 的结石后方可无声影；若结石引起梗阻可出现肾积水。②输尿管结石：输尿管内可见强回声，后伴声影，无移动性，伴结石上方输尿管扩张，可出现不同程度的肾积水。③膀胱结石：膀胱无回声区内出现单个或多个点状或团块状强回声，其后伴有声影，强回声团可随体位改变沿重力方向移动。超声检查可发现 X 线平片检查的阴性结石，弥补了 X 线检查的不足。

（2）肾积水：肾积水是指尿路梗阻导致肾盂和肾盏扩张，重者伴有不同程度的肾实质萎缩。梗阻部位可在肾盏、肾盂、输尿管、膀胱和尿道的任何部分，最常见原因为输尿管结石。

声像图表现：为肾窦高回声分离扩张，其内出现前后径超过 1.5cm 的长条形、椭圆形无回声区，多个液腔互相通连。轻度肾积水，肾外形及肾实质无改变；中度肾积水，肾脏可轻度增大，肾实质正常或略变薄，肾窦区呈手套状或烟斗状无回声区；重度肾积水，肾脏增大，形态失常，肾实质受压变薄，肾窦区被巨大无回声区所代替，呈调色板样或巨大囊肿样，肾实质内血流信号减少或消失。

（3）膀胱癌：膀胱癌是泌尿系最常见的肿瘤，好发于 40 岁以上男性。肿瘤好发于膀胱三角区，可向外侵犯肌层，进而延伸至周围组织和器官。临床表现多为无痛性血尿，可伴尿频、尿急、尿痛等。

声像图表现：膀胱壁不规整，膀胱壁可见向腔内突起的宽基底或带蒂的中等回声团块，大小形态不一，可呈结节状、菜花状或海藻样，表面不光滑，无移动性，有蒂肿瘤随体位变化可有漂浮感。彩色多普勒检查肿瘤的基底部及内部有血流信号，多为动脉频谱。

（4）前列腺增生症：前列腺增生症是由于前列腺组织和基质组织增生导致的前列腺体积增大，是中、老年男性的常见病、多发病。临床主要表现为尿频、尿急、排尿困难和夜尿增多。

声像图表现:前列腺均匀对称性增大,形态饱满,接近圆球形且向膀胱腔凸出;内外腺比例异常,内腺增大为主,外腺受压变薄;多数患者在前列腺内出现边界清楚的增生结节;有时前列腺内腺与外腺间可见强回声结石影;彩色多普勒检查内腺部位彩色血流信号增多。

(四)妇产科

超声检查是女性生殖系统首选,也是最主要、最常用的检查方法。对妇产科疾病的诊断有较高的应用价值。可了解子宫、附件的大小、形态及有无发育异常;诊断子宫、附件病变,确定节育环的位置;早期妊娠诊断;监测胎儿发育情况,有无畸形,以及羊水、胎盘情况等;并可在超声引导下进行诊断性穿刺和治疗。

1. 正常声像图

(1)子宫:育龄期妇女子宫大小参考值:长径:5.0~7.5cm,横径 4.5~6.0cm,前后径 3.0~4.5cm,宫颈长 2.5~3.5cm,厚度 <3.0cm。子宫纵切面一般呈倒置的梨形,横面子宫底部呈三角形,子宫体部轮廓清晰,被膜光滑,子宫肌层呈均匀中等回声,宫腔呈线状高回声;宫颈回声较宫体稍高且致密,其内宫颈管呈带状高回声。

(2)输卵管及卵巢:育龄期妇女卵巢大小为 4cm×3cm×1cm,卵巢呈扁椭圆形,边界稍有凹凸,内部回声略高于子宫,中央部回声略高,周围为低回声皮质,其内可见大小不等、边界清楚、壁薄的圆形无回声区,为卵泡回声。双侧输卵管呈边缘高回声的管状结构,其内径小于 5mm,一般不易显示。

(3)妊娠:①早期妊娠:超声诊断早孕的依据是在宫腔内(或其他部位)发现妊娠囊。一般在妊娠第 5 周时即可显示,第 6 周时妊娠囊的检出率达 100%,声像图表现为圆形或椭圆形光环,其内呈无回声;第 7 周妊娠囊内可见胚芽回声;第 8 周可发现原始血管搏动。②中、晚期妊娠:超声检查多用于明确妊娠有无异常、评定胎儿生长发育情况、孕龄估计或做胎儿生理评分。

2. 常见妇产科疾病声像图 子宫肌瘤是子宫最常见的良性肿瘤,好发于 30~50 岁女性。临床主要表现为月经改变、邻近器官受压、不孕等。声像图表现:①子宫增大,形态不规则,尤其浆膜下肌瘤和多发子宫肌瘤者,子宫形态更不规则;②肌瘤结节呈圆形低回声或等回声,周边有假性包膜形成的回声晕;③肌壁间肌瘤子宫内膜移向对侧且变形,黏膜下肌瘤则内膜增宽或显示出瘤体。④彩色多普勒检查肌瘤周边和内部有较丰富血流信号。

(五)其他

1. 心血管系统 超声在心血管方面可准确地诊断瓣膜病、先天性心脏病、冠心病、心肌病、主动脉夹层、外周血管硬化与血栓形成等多种心血管疾病。

2. 眼 眼球位置比较表浅,结构精细,高频超声检查可对内膜(视网膜、脉络膜)性病变、眼内或眶内肿瘤性病变及眼外伤等多种疾病进行诊断。

3. 甲状腺与乳腺 高频超声可探查甲状腺与乳腺病灶并判断物理特性,初步鉴定病灶的良恶性。

4. 介入性超声 为现代超声医学的一门新技术。其主要特点是在实时超声引导或监视下,完成各种穿刺活检、抽吸引流、X 线造影及注药治疗等操作,以满足临床诊断及治疗的需要,如实质性肿瘤穿刺活检、肝肾囊肿的抽吸硬化治疗、肿瘤的局部药物治疗等。

第四节　磁共振成像检查

一、概述

磁共振成像（magnetic resonance imaging，MRI）是利用人体组织中氢原子核即氢质子（^{1}H）在磁场中受到射频脉冲的激励而发生磁共振现象，脉冲停止后受激励的质子产生磁共振信号，该信号被 MRI 成像仪采集并经计算机处理后转换成图像的一种成像技术。

（一）磁共振成像原理

带有奇数质子的原子核均具有自旋和磁矩。^{1}H 是人体内数量最多，且原子核只含一个质子，是人体内最活跃、最易受外界磁场影像的原子核，故目前磁共振成像大多采用氢质子成像。

氢质子在外加磁场的影响下，产生磁化和进动运动。在此基础上使用一个射频脉冲使其激发并获取能量，当射频脉冲终止后，氢质子便会逐渐释放所获得的能量并回复常态。此回复过程称为弛豫过程，所需时间称为弛豫时间。弛豫时间有两种，T_1 弛豫时间和 T_2 弛豫时间。T_1 是指射频脉冲停止后，磁化分量在纵轴方向（Z 轴）恢复到 63% 所需的时间。T_1 短的组织，信号强，如脂肪；T_1 长的组织，信号弱，如脑脊液。主要利用组织 T_1 的差别形成的图像称 T_1 加权像（T_1WI），T_1WI 反映组织结构清楚。T_2 是指射频脉冲停止后，磁化分量在横轴方向（X、Y 轴）衰减到原来值的 37% 所需的时间。T_2 短的组织，信号弱，如骨皮质；T_2 长的组织，信号强，如水。主要利用组织 T_2 的差别形成的图像称 T_2 加权图像（T_2WI），T_2WI 反映病变灵敏。人体不同正常与病理组织具有不同的 T_1、T_2 值，且是相对固定的，这是 MRI 成像的基础。

成像原理可概括如下：①人体处于主磁场中被磁化产生纵向磁化矢量；②发射射频脉冲后，人体内氢质子发生共振从而产生横向磁化矢量；③射频脉冲停止后，质子发生纵向、横向弛豫，同时梯度系统进行空间编码；④质子恢复到原有状态释放出 MR 信号，经计算机处理转换为 MR 图像。（图 9-30）

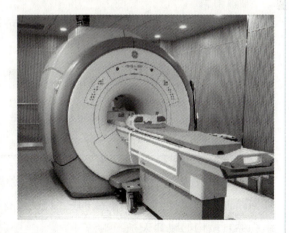

图 9-30　MRI 设备图

（二）MRI 检查方法

1. MRI 常规扫描（平扫）　通过人体正常和病理组织本身的特性获得扫描图像的方法。一般采取轴位扫描，根据不同情况选用矢状面或 / 和冠状面扫描。MRI 常规扫描方法很多，如 T_1 加权像（T_1WI）、T_2 加权图像（T_2WI）、质子密度加权成像（PdWI）、水抑制等。

2. MRI 增强扫描　当人体正常组织或病理组织彼此缺乏差别时，可人为引入对比剂，从而改变其 T_1、T_2 弛豫时间，得到更为清楚的图像。从静脉注入 MRI 对比剂检查，称增强扫描。目前常用的对比剂为含轧（gadolinium，Gd）的顺磁性对比剂，常规剂量按体重 0.1mmol/kg 计算。当人体正常组织或病理组织彼此缺乏差别时，MRI 对比剂能缩短 T_1 或者 T_2 弛豫时间，

笔记栏

增高靶区与相邻结构的对比,得到更为清楚的图像。用于血管造影、各种病变的显示等,临床应用广泛。

MRI 检查方法很多,除了常用的常规扫描(平扫)、增强扫描外,还有磁共振血管成像、磁共振波谱、磁共振水成像、磁共振弥散加权成像、磁共振灌注成像和脑功能性成像。

(三)磁共振成像图像特点

1. MRI 图像是数字化模拟灰度图像,即经过计算机重建的灰阶图像。但是,MRI 图像上的灰度代表的是 MRI 信号强度,反映的是 T_1 或 T_2 时间的长短,而并非 CT 所表示组织和病变的密度。

T_1 加权像(T_1WI)主要反映的是组织间的 T_1 值的差别,T_2 加权图像(T_2WI)反映的是组织间的 T_2 值的差别。人体不同组织以及不同病变具有不同的 T_1 或 T_2 值,因此,在 T_1WI 和 T_2WI 图像上产生不同的信号强度,具体表现为不同的灰度。组织信号越强,图像上相应部分就越白(亮);组织信号越弱,图像上相应部分就越黑(暗)。一些正常组织和病理组织在 T_1WI 和 T_2WI 上的信号强度及灰度见表 9-1。

表 9-1　人体正常组织和病理组织在 T_1WI 和 T_2WI 上的信号强度及灰度

组织	T_1WI		T_2WI	
	信号强度	灰度	信号强度	灰度
脑白质	中高	灰白	中低	灰黑
脑灰质	中低	灰黑	中高	灰白
脑脊液	低	黑	高	白
脂肪	高	白	中高	灰白
骨皮质	低	黑	低	黑
骨髓	高	白	中高	灰白
肌腱、韧带	低	黑	低	黑
气体	低	黑	低	黑
血流	低	黑	低	黑
水肿	低	黑	高	白
含水囊肿	低	黑	高	白
亚急性血肿	高	白	高	白
钙化	低	黑	低	黑

2. MRI 图像为直接获取的多方位断层成像,MRI 可获得人体横断面、冠状面、矢状面和任何断面的图像,能够进行病变的三维显示,有利于显示病变的大小、位置、形态以及与周围组织器官结构的毗邻关系。

3. MRI 图像受流动效应影响,流动的液体,如心血管中流动的血液,在激发后开始采集该层面 MR 信号时,血液中被激发的质子已流出该层面,因此不能采集到来自血管的信号而表现出无信号的黑色,这种现象称为流空效应。利用流空效应可不使用对比剂即可使血管和血管病变显影。

4. 对比增强效应,顺磁性物质作为对比剂可缩短周围质子的弛豫时间,称为质子弛豫增强效应,利用此效应可进行 MRI 的增强扫描。

5. 伪彩色功能成像,利用不同的功能成像技术,可使正常组织或病变组织以伪彩色的影像显示。如脑皮质功能区和脑白质纤维束的彩色显示,脑灌注彩色显示等。

二、磁共振成像前的准备及检查注意事项

1. 检查时应携带血管检查资料,尤其是相关检查部位的 X 线片、CT 等影像检查资料,供 MRI 检查时参考。

2. 腹部检查前 4 小时禁食禁水。

3. 对于进行 MRCP(胆道水成像)的患者需在检查前一天晚 10 点后禁食禁水。

4. 设备具有强磁场,如装有心脏起搏器、体内有金属(如弹片、金属假肢)或磁性物植入的患者和妊娠 3 个月以内的早孕患者不能进行检查,以免发生意外。

5. 患者勿穿戴任何有金属的内衣,检查头、颈部的患者应在检查前日洗头,勿擦头油、摩丝等护发品。

6. 磁共振检查时间较长,且患者所处环境幽暗、噪声较大,嘱其要有思想准备,不要急躁,在医师指导下保持体位不动,耐心配合。

7. 有意识障碍、昏迷、精神症状等不能有效配合检查的患者,除非经相关专业临床医师同意,否则不能进行此检查;有幽闭恐怖症、高热或散热功能障碍者不能进行检查。

8. 不能配合的儿童患者须采取镇静措施,如水合氯醛灌肠等。

9. 宫内节育器有可能对检查产生影响,必要时须将其取出后再行检查。

三、磁共振成像的临床应用

1. MRI 在神经系统的应用日趋成熟并广泛应用于临床。对颅底区、脊髓神经的显示明显优于 CT。除对颅骨骨质和颅内超急性出血不敏感外,对脑部的炎性病变、脑脱髓鞘疾病、早期脑梗死、肿瘤、先天性异常等诊断价值较高。

2. MRI 显示纵隔时,能将脂肪和血管形成良好的对比,有利于心脏和大血管病变的诊断,也可用于观察纵隔肿瘤及其与血管之间的解剖关系、肺门肿块以及纵隔淋巴结的转移情况。近年来,MRI 应用在鉴别良恶性肺结节中有临床意义。

3. MRI 对乳腺良恶性肿瘤的诊断有较高的应用价值。

4. MRI 广泛应用于肝、肾、膀胱、前列腺和子宫等疾病的诊断。

5. MRI 在显示骨骼、肺、胃肠道方面有一定的局限性,但是对于肌肉软组织和韧带较其他影像学检查具有诊断优势。

6. MRI 用于对血流量、生物化学和代谢功能方面进行研究,对恶性肿瘤的早期诊断提供重要的影像资料。

第五节　核医学检查

一、概述

(一) 核医学检查的诊断原理和特点

核医学就是利用放射性核素进行疾病诊断与治疗的医学学科。分为基础核医学和临床

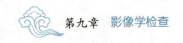

核医学;临床核医学又分为诊断核医学和治疗核医学。通常所讲的放射性核素显像即为诊断核医学。

将放射性核素及其标记化合物引入体内并进行脏器成像的诊断方法称为放射性核素显像。用于显像的放射性核素或其标记化合物称为显像剂或示踪剂。将显像剂通过静脉注射、口服或吸入等途径引入体内后,依其化学性质和生物学特性,可选择性聚集在某组织器官中或参与某种细胞的新陈代谢。显像剂在组织中的聚集程度与脏器的功能、病变性质等密切相关,并形成脏器或病变部位与周围邻近组织的放射性分布差异。应用放射性核素显像仪器在体外接收放射性核素衰变过程中发射出的射线,以一定方式成像,即可显示脏器或组织的位置、大小、形态及其功能变化。

(二) 核医学检查的内容

内容非常广泛,主要包括神经系统、心血管系统、内分泌系统、呼吸系统、消化系统、骨骼系统、泌尿系统。如神经系统的脑血管灌注显像、心血管系统的心功能显像、内分泌系统的甲状腺吸 ^{131}I 率测定、呼吸系统的肺通气显像及消化系统的肝胶体显像等。

二、核医学检查前的准备及检查注意事项

(一) 常规准备

向患者说明该项检查的目的及其临床意义,取得患者的理解和配合。向患者解释检查的必要性、优点和安全性,清除患者对核素检查的畏惧心理。

(二) 脑血流灌注显像

1. 器官封闭　注射显像剂前 1 小时口服过氯酸钾 400mg,抑制脉络丛分泌,减少对脑灌注图像的干扰。服用显像剂后饮水 200ml 加以稀释,减少药物腐蚀性等不良反应。

2. 视听封闭　令受检者安静、戴眼罩和耳塞 5 分钟后,注射显像剂,并继续封闭 5 分钟,保持周围环境安静,以减少声音、光线等对脑血流灌注和功能的影响。

3. 保持体位不变和安静　对于检查时不能保持体位不变或保持安静的患者或患儿,需应用镇静剂。

4. 相对禁忌证　脑压升高性疾病是介入试验的相对禁忌证。

(三) 脑葡萄糖代谢显像

1. 检查前禁食 4~8 小时。

2. 视听封闭同脑血流灌注显像。注射显像剂后继续保持安静 45 分钟后进行 PET 显像。

(四) 心肌灌注显像

1. 检查前 2 日停服 β 受体阻滞剂及血管扩张药物。

2. 检查当日空腹 4 小时以上。

3. ^{99m}Tc-MIBI 显像时带脂餐(全脂奶粉、油煎鸡蛋等),于注射显像剂后 30 分钟服用。

(五) 心肌灌注负荷试验

1. 运动试验前 1 天停用扩张血管药物及抑制心率药物(如 β 受体阻滞剂)。

2. 检查当日饮食应清淡,忌咖啡类饮料。

3. 药物负荷试验前 1 天停用双嘧达莫及茶碱类药物。

(六) 心肌代谢显像

1. 检查当日至少空腹 12 小时。

2. 显像前监测患者血糖水平,血糖高于正常者或糖尿病患者应调节血糖水平至正常范围。

（七）甲状腺吸碘率测定

1. 停用含碘的食物和药物及影响甲状腺功能的药物 2~6 周。

2. 检查当日空腹，保证 ^{131}I 的充分吸收，用药后继续禁食 1~2 小时。

（八）肝胆动态显像

检查前禁食 4~12 小时。患者取仰卧位静脉注入放射性药物。

（九）胃肠道出血显像

注射显像剂前 1 小时口服 $KClO_4$，减少胃黏膜摄取和分泌 $^{99m}TcO_4$ 以免进入肠道造成干扰。

（十）全身骨显像

1. 注射骨显像剂后嘱患者饮水 500~1 000ml，多次排尿，促进显像剂的排出，避免放射性膀胱炎的产生。

2. 显像前排空尿液，不要污染衣裤及皮肤，以免造成假阳性结果；若发现污染，及时更换衣裤和擦洗皮肤。

3. 输尿管肠道吻合口术后患者的尿袋需尽量排空。

4. 显像前去除受检者戴有的金属物品、假乳房等，防止影响检查结果的判断。

（十一）肾动态显像和肾图检查

1. 尽可能在检查前 3 天停服任何利尿药物，前 2 天不进行静脉肾盂造影。

2. 检查前 30 分钟饮水 300~500ml，检查前排尿，以减少因肾血流量减少及憋尿对结果的判断。

三、核医学检查的临床应用

（一）内分泌系统

1. 甲状腺吸碘试验　甲状腺吸 ^{131}I 率正常值因地域不同，食物、饮水中碘含量不同而有所不同，但共同规律是随着时间的推移而增加，摄 ^{131}I 高峰为 24 小时。本试验主要用于甲状腺功能亢进症 ^{131}I 小于治疗患者 ^{131}I 用量的计算；亚急性甲状腺炎的诊断；甲状腺功能亢进症、甲状腺功能减退症的辅助诊断等。

2. 甲状腺激素抑制试验　抑制率 >50% 为正常抑制，25%~50% 为部分抑制，<25% 为不抑制。本检查主要用于鉴别突眼的性质，如有些甲状腺功能亢进突眼者，临床症状不典型，血清甲状腺激素正常，而以垂体 - 甲状腺轴调节关系被破坏为主要特征，其抑制率 <25%。

3. 促甲状腺激素（TSH）兴奋试验　其兴奋值 >11%。主要用于鉴别原发性和继发性甲状腺功能减退症；判断甲状腺储备功能，指导甲状腺功能减退症患者用药；功能自主性甲状腺结节的诊断和鉴别诊断。

4. 甲状腺显像　主要用于甲状腺结节功能的判定、异位甲状腺的诊断、甲状腺癌转移灶的探测、颈部肿块与甲状腺关系的确定、甲状腺质量的估计、亚急性甲状腺炎和慢性淋巴细胞性甲状腺炎的辅助诊断。

（二）心血管系统

1. 放射性核素心功能显像　主要应用于冠心病心肌缺血的诊断及心功能评价；心脏疾病治疗前后心功能的判断；室壁瘤的诊断与鉴别诊断；束支传导异常及预激综合征的辅助诊断；心肌病、心肌炎及瓣膜疾病的辅助诊断和心功能评价。

2. 心肌血流灌注显像　正常心肌灌注显像左室显影，右心室显影不明显。左室各壁放射性分布均匀,心尖部位稍稀疏(图 9-31)。异常灌注图像表现为在两个不同断面向一心肌节段连续出现 2 个或 2 个以上层面的放射性分布稀疏或缺损区。

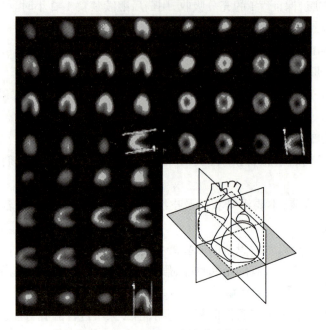

图 9-31　正常心肌血流灌注图像

此项检查主要应用于冠心病的早期诊断、危险程度及预后评估;评价心肌细胞活力;评价心肌缺血患者动脉搭桥术;评价急性心肌梗死患者溶栓疗效;心肌病和心肌炎的辅助诊断等。

3. 心肌葡萄糖代谢显像　与心肌血流灌注图像相似,主要用于冠心病心肌活性测定。

（三）神经系统

1. 脑血流灌注显像　放射性药物静脉注入人体后,可以通过血 - 脑脊液屏障,进入脑实质内,并可在脑实质内停留足够的时间,其进入脑实质细胞的量与局部脑血流量成正相关。

此项检查多用于脑血管疾病的早期诊断、血流灌注和功能受损范围的评价;癫痫致病灶的定位诊断;Alzheimer 病和多发性脑梗死痴呆的诊断与鉴别诊断;锥体外系和共济失调疾病的诊断与鉴别诊断;偏头痛的定位诊断与疗效评价;精神心理疾病的辅助诊断;震颤麻痹的诊断;小儿缺血缺氧性脑病的诊断等。

2. 脑葡萄糖代谢显像　正常脑葡萄糖代谢影像与脑血流灌注影像相似。局部放射性异常增高或减低区皆为糖代谢异常。

（四）呼吸系统

1. 肺通气显像　用核医学显像装置在体外可获得放射性气溶胶在呼吸道的分布情况,据此判断气道通畅情况。

2. 肺灌注显像　应用核医学显像装置在体外可获得反映肺部血流灌注的图像。当肺血管阻塞时,相应部位的血流灌注减少或中断,肺灌注图像上表现为相应部位的放射性稀疏或缺损区。

以上两种检查方法主要用于肺动脉血栓栓塞症的诊断和疗效评价、慢性阻塞性肺疾病的诊断、肺血管高压的诊断、肺癌的诊断和根治切除的可能性估计。

（五）消化系统

1. 肝胶体显像　主要用于观察肝脏位置、形态、大小及功能状态；肝内有无占位性病变及其部位、数量等。

2. 肝血流灌注和肝血池显像　对诊断肝海绵状血管瘤有较高的特异性。

3. 肝胆动态显像　主要用于急性胆囊炎的诊断；新生儿肝炎与新生儿胆道闭锁的鉴别诊断；胆管先天性囊状扩张的诊断；胆总管梗阻的诊断；肝胆手术后评价等。

4. 胃肠道出血显像　主要用于急性下消化道出血的定位诊断和间歇性下消化道出血的定位诊断。

（六）骨骼系统

骨显像用于早期诊断肿瘤骨转移、确定骨转移范围、指导治疗方案的选择及疗效监测。还可用于探测不明原因骨痛是否由肿瘤骨转移引起、原发性骨肿瘤的诊断与鉴别诊断、确定肿瘤侵犯范围并指导治疗。

（七）泌尿系统

1. 肾图与肾动态显像　可了解肾脏位置、大小和形态，了解肾脏功能，进行尿路梗阻、尿道损伤的诊断以及移植肾监护等。

2. 利尿肾图　可以鉴别单纯性与机械性尿路梗阻。

（李潇　陈明霞）

复习思考题

1. X线检查的防护原则是什么？

2. 如何评估碘剂造影检查的不良反应？发生不良反应如何处理？

3. 总结比较X线检查和超声检查对泌尿系统结石诊断的优缺点。

4. 磁共振成像前的准备及检查注意事项有哪些？

5. 核医学检查的内容有哪些？

◆◆◆　**第 十 章**　◆◆◆

护理诊断与思维

> **✎ 学习目标**
>
> 　识记:护理诊断的定义、构成、陈述;合作性问题的定义及陈述。
> 　理解:护理诊断的步骤;护理诊断与合作性问题的区别;护理诊断的步骤与思维。
> 　运用:灵活应用评判性思维进行资料的分析和评判,准确地确定患者的护理诊断,
> 并将其用于临床护理实践中。

第一节　护　理　诊　断

一、护理诊断的定义

护理诊断(nursing diagnosis)是护士针对个体、家庭、社区对现存的或潜在的健康问题/生命过程的反应所做的临床判断。护理诊断为选择护理措施以达到护士可负责的结局提供了依据。该定义于 1990 年由北美护理诊断协会(North American Nursing Diagnoses Association,NANDA)提出并通过。

护理诊断的定义表明护理的内涵与实质是诊断和处理人类对现存的和潜在健康问题的反应。护理的对象包括患者、健康人;护理的范围也从个体扩展到家庭及社区。此外,护理诊断不仅关注患者现有的健康问题,同时还关注潜在的健康问题,体现护理的预见性。

二、护理诊断的构成

NANDA 将护理诊断分为现存性、危险性、健康促进护理诊断和综合征。

(一) 现存性护理诊断

现存性护理诊断(actual nursing diagnoses)是对患者已出现的对健康状况或生命过程的反应所做的临床判断。现存性护理诊断由名称、定义、诊断依据和相关因素 4 部分组成。

1. 诊断名称(label)　名称是对患者健康状态或疾病反应的概括性描述,以简明扼要的术语表达诊断的意义。按照 NANDA 分类法Ⅱ规定护理诊断名称可由 7 个部分组成,包括诊断概念、时间、护理单位、年龄、健康状态、部位和修饰语,但这 7 个组成部分可以不要求同时出现在一个护理诊断中。

2. 定义(definition)　为对护理诊断名称的清晰、准确的描述,并以此与其他诊断相鉴

别。每个护理诊断都有与之相应的特征性的定义。即使部分护理诊断的名称相似,但仍可从其各自的定义上发现彼此的差别。如"便秘"是指个体处于一种正常排便习惯发生改变的状态,主要特征为排便次数减少和 / 或排出干、硬便;"感知性便秘"是指个体自我诊断为便秘,并通过应用缓泻剂、灌肠和栓剂以保证每天排便 1 次;"结肠性便秘"则指个体处于因食物残渣通过停滞,以致其排便型态以干、硬便为特征的状态。

3. 诊断依据(defining characteristics) 即做出护理诊断的临床判断标准,多来自经健康评估后所获得的有关患者健康状况的主观和客观资料,或者是危险因素。诊断依据可分为:①主要依据:为做出某一护理诊断必须具备的依据。②次要依据:是指做出某一护理诊断时有支持作用的依据,但不一定每次做出该诊断时都存在的依据。例如,护理诊断"体温过高"的主要诊断依据:体温高于正常范围;次要依据:皮肤发红,触之有热感;呼吸频率增快;心动过速;痉挛或惊厥等。

4. 相关因素(related factors) 指可能造成或影响患者健康状况或个人处境的因素,为促成护理诊断成立和维持的原因或情境。相关因素主要来自以下四个方面。

(1) 病理生理因素:如"体温过高"的相关因素可能是体温调节障碍、脱水、排汗能力下降或不能排汗。

(2) 治疗因素:如患者接受肾上腺皮质激素治疗时出现的库欣综合征,恶性肿瘤患者接受化疗出现脱发,可引起"身体意象紊乱"等护理问题。

(3) 心理因素:如"营养失调:低于机体需要量"可以是心理因素引起摄入减少,或消化吸收营养障碍所致;如"便秘"也可因应激事件引起患者情绪波动所致。

(4) 情境因素:即涉及环境、有关人员、生活习惯、生活经历、角色等方面的因素。如"睡眠型态紊乱"的相关因素可以是心情焦虑、环境改变、工作压力过大等;如"营养失调:高于机体需要量"的相关因素可以是不良的饮食习惯、缺乏运动或饮食结构不合理等。

(5) 成熟发展因素:指与年龄相关的各个方面发展情况,包括认知、生理、心理、社会、情感等的发展状况,比单纯年龄因素所包含的内容更广泛。如老年人"躯体活动障碍"的相关因素可以是机体老化带来的活动或运动能力减退所致。

护理诊断的相关因素往往涉及多个方面,一个护理诊断通常不只与单一方面的相关因素有关。如"睡眠型态紊乱"的相关因素可以是伤口疼痛、心情焦虑、连续输液、住院环境改变等各种因素所致。

(二) 危险性护理诊断

危险性护理诊断(risk nursing diagnoses)是护士对易感的个体、家庭、社区对健康状况或生命过程可能出现反应所做出的临床判断。做出此类诊断,必须要有"危险因素"作为依据。如长期卧床患者存在"有皮肤完整性受损的危险";白血病患者血小板计数减少存在"有出血的危险";患者免疫能力低下则存在"有感染的危险"。因此,这一类型的护理诊断要求护理人员具有预见性,当患者存在导致易感性增加的危险因素时,要能够预测到可能会出现的健康问题。其护理诊断由名称、定义和危险因素 3 部分组成。

1. 名称 即对患者对健康状况或疾病可能出现的反应的描述,以"有……危险"表述,如"有皮肤完整性受损的危险""有受伤的危险"。

2. 定义 与现存性诊断相同,应清楚、准确地表明某一诊断的定义。

3. 危险因素 指导致患者健康状况改变发生可能性增加的因素,是确认有危险的护理诊断的依据。其来源与现存性护理诊断的相关因素相同。

（三）健康促进护理诊断

健康促进护理诊断（health-promotion nursing diagnoses）是护士对个体、家庭或社区增进健康、实现人的健康潜力的动机和愿望做出的临床判断。如"母乳喂养有效""有增进精神健康的趋势""执行治疗方案有效"等。健康促进护理诊断仅包含名称而无相关因素。

（四）综合征

综合征（syndrome）是对一组由特定且同时发生的，最好采用相似的措施进行干预的现存的或潜在的护理诊断。如"强暴创伤综合征""有废用综合征的危险"等。综合征的表述也仅有名称。

📖 知识链接

护理诊断分类系统

护理诊断分类系统（Nursing Diagnoses Definitions and Classification，NANDA-Ⅰ）是于 1982 年以北美护理诊断学之名建立的一套由美国护理学会（American Nurses Association，ANA）及国际标准组织（International Standards Organization，ISO）认可的标准护理术语分类系统。NANDA-Ⅰ被翻译成近 20 种语言，是目前国际上应用最普遍的一套护理诊断系统。20 世纪 80 年代，NANDA-Ⅰ被引入我国护理领域的临床和教学。学习、使用和研究 NANDA-Ⅰ是培养护士临床护理思维、提高护理水平和逐步研发符合中国国情的护理分类系统的基础。NANDA-Ⅰ持续每 3 年根据使用者、临床护士及专家学者们的建议加以修订，每个新诊断的提出需要提供循证依据，然后提交至诊断发展委员会（Diagnosis Development Committee，DDC）进行评审，最后由北美护理协会进行投票表决。因其论证严谨，每版修订的条目皆遵循证据层级（level of evidence，LOE）准则，临床护士通过学习 NANDA-Ⅰ，针对所照顾个体延伸的健康问题能有一致的认知和共识，进而能提供持续性照护，还可当作指导护士评估病情的依据。

三、护理诊断的陈述

护理诊断的陈述是对个体或整体健康状态的反应及相关因素或危险因素的描述，可有 3 种陈述方式：三部分陈述、两部分陈述和一部分陈述。

（一）陈述分类

1. 三部分陈述　即 PES 公式。其中 P 代表问题（problem），即护理诊断名称；E 代表原因（etiology），即相关因素；S 为症状和体征（signs and symptoms），也包括实验室检查与辅助检查的结果。如"活动无耐力（P）：活动后心悸、气促（S）：与心功能不全所致心输出量减少有关（E）。"三部分陈述多用于现存的护理诊断，在护士熟练应用时可省略 S 部分。

2. 二部分陈述　即 PE 公式。包含诊断名称和相关因素，常用于有危险的和可能的护理诊断。如"有皮肤完整性受损的危险：与患者长期卧床有关"；"有感染的危险：与营养不良有关"。

3. 一部分陈述　仅包含诊断名称（P），如"寻求健康行为"，常用于健康的护理诊断。对于健康的护理诊断来说，相关因素是不必要的，因其均具有共同的提高健康水平的意愿。

(二)陈述护理诊断的注意事项

1. 规范使用 NANDA 认可的护理诊断名称,而不是医疗诊断、某一症状、护理目标或护理措施,不可随意创造护理诊断。如 NANDA 认可的护理诊断名称为"体温过高",不应写成"体温升高"或者"体温上升"等臆造的护理诊断名称。

2. 相关因素的陈述,应使用"与……有关"的方式。必须明确每个护理诊断的相关因素,为每一个护理诊断找出明确的相关因素非常重要,相关因素应是导致此护理诊断出现的最直接原因。确定病因必须是护理人员职责范围内可以独立处理的。如"清理呼吸道无效:与体弱、咳嗽无力有关"比"清理呼吸道无效:与肺气肿伴感染有关"更具针对性,明确导致清理呼吸道无效的直接原因是患者体弱和咳嗽无力。

3. 在陈述护理诊断时,应明确每个护理诊断只能解决一个实际的护理问题,但允许一个问题包含多个病因。同一护理诊断可因相关因素不同而具有不同的护理措施,例如"清理呼吸道无效:与术后伤口疼痛有关""清理呼吸道无效:与痰液黏稠有关",均是"清理呼吸道无效"的问题,但前者的护理措施是帮助患者在保护伤口、不加重疼痛的前提下将痰咳出,后者是使痰液稀释而易于咳出。因此,只有相关因素正确,才能选择有效的护理措施。

4. "知识缺乏"这一护理诊断的陈述方式是"知识缺乏(具体的):缺乏……的知识"。在陈述时应注意描述具体的知识,而不应写得太笼统,或者直接写上医疗诊断的名称。如"知识缺乏:缺乏冠心病方面的知识"应改为"知识缺乏:缺乏冠心病饮食方面的知识",后者更为具体而有利于护理人员实施护理措施和评价护理目标的达成。同时不要书写成"知识缺乏:与……有关"的陈述结构,会使得整个结构缺乏逻辑。

5. 陈述护理诊断时,应避免将临床表现误认为是相关因素。如"疼痛:胸痛:与心绞痛有关"应改成"疼痛:胸痛:与心肌缺血缺氧有关"。再如"睡眠型态紊乱:与醒后不易入睡有关",醒后不易入睡是其临床表现,而非相关因素。

6. 在书写护理诊断时要避免引起法律纠纷的护理诊断陈述方式。

7. 相关因素有时从已有的资料分析中无法确定,则可以写成"与未知因素有关",护理人员需进一步收集资料,明确相关因素。

课堂互动

患者,男性,50岁,上消化道出血伴柏油样便,两位护士在收集、分析和归纳资料的基础上分别做出与之相关的护理诊断。现将所作的护理诊断陈述如下。

护士 A:上消化道出血 与十二指肠球部溃疡有关。

护士 B:排便异常:柏油样便 与进食不规则所致消化性溃疡有关。

请分析并判断上述两位护士谁的陈述正确,为什么?

四、护理诊断与医疗诊断的区别

医疗诊断是医生使用的名词,用于确定一个具体疾病或病理状态,以指导治疗。护理诊断是护士使用的名词,用于判断个体或群体对健康问题的现存的、潜在的、健康的、综合的反应,以指导护理。医疗诊断的侧重点在于对患者的健康状态及疾病的本质做出判断,特别是要对疾病做出病因诊断、病理解剖诊断和病理生理诊断,而护理诊断则侧重于对患者现存的或潜在的健康问题或疾病的反应做出判断。每个患者的医疗诊断数目较少且在疾病发展过程中相对稳定,护理诊断数目较多,并可随着患者病情发展的不同阶段和不同反应而随时发生变化。

第二节　合作性问题

一、合作性问题的定义

在临床护理实践中存在某些虽未被包含在现有护理诊断体系中,但确实需要护理干预的情况。1983 年 Carpenito 提出了合作性问题(collaborative problems)的概念,又可称为潜在并发症(potential complications)。由此,可以将护理人员需要提供护理的情况分为两大类:一类是护士可以通过护理措施独立预防和处理的,属于护理诊断;另一类是需要与其他医务人员,尤其是与医生合作方可解决的,属于合作性问题。

合作性问题是指不能通过护理措施独立解决的由疾病、治疗、检查所引起的并发症。对于合作性问题,护士的职责在于通过观察监测,及时发现和预防问题的发生和发展,并协助医生共同处理,以减少并发症的出现。但并非所有的并发症都是合作性问题,如果是护士能独立处理和预防的并发症,属于护理诊断;护士不能预防和独立处理的并发症才是合作性问题。

二、合作性问题的陈述

合作性问题往往不用 PES 公式来陈述,它有其独特的表达方式,即"潜在并发症:×××"或"PC:×××",如"潜在并发症:心力衰竭""潜在并发症:出血性休克""潜在并发症:胎儿窘迫"。在书写合作性问题时,应注意在之前写上"潜在并发症",一旦被护士诊断为潜在并发症,就说明患者可能发生或正在发生某种并发症,护士应注意病情监测,及时发现并发症的发生,及早与医生配合共同处理。在书写合作性问题时,护士应确保不要漏写"潜在并发症",以表明与之相关的是护理措施,以此与医疗诊断相区别。

三、护理诊断与合作性问题的区别

护理诊断是有关个人、家庭或社会对现存的或潜在的健康问题和生命过程的一种临床判断。这些反应属于护士职责范围内的,并能通过护理手段解决的。如"体温过高"时护士可以通过给予患者冰袋、物理降温等护理措施来达到降温的目的。再如患者长期卧床导致皮肤受压相关的"有皮肤完整性受损的危险",肌肉、骨骼疾病不能活动导致的"有废用综合征的危险"等均为护理诊断。合作性问题则是需要医生、护士、技师多方面的协作来解决,对于合作性问题护士的作用重点在于监测,护士运用医嘱和护理措施来共同处理以减少或解决并发症的发生。如急性广泛前壁心肌梗死的患者于发病后 24 小时内最易出现频发期前收缩、室性心动过速,甚至室颤等严重的心律失常,由于护士无法通过护理措施预防心律失常并发症的发生,护士的职责是通过连续的心电监测,及时发现严重的心律失常,此时应提出"潜在并发症:心律失常"这一合作性问题。再如"潜在并发症:脑出血",护士只能通过连续心电监护和瞳孔的检查来发现术后有无发生脑出血,同时在制定护理目标时也需要注意这一点。护理诊断与合作性问题的区别见表 10-1。

表 10-1 护理诊断与合作性问题的区别

护理诊断	合作性问题
描述各种类型的人类反应	包含人类反应:主要指疾病、治疗和检查所产生的生理并发症
护士能做出诊断	护士能做出诊断
护士独立治疗和预防(不需要医嘱)	护士协助医生治疗和预防(需要医嘱)
护理焦点:预防和治疗,独立性的护理活动	护理焦点:预防、监测疾病发生和情况变化;有时是独立性护理活动,更多的是监测和预防
变化慢	变化快

第三节 护理诊断程序

护理诊断的形成包括 4 个步骤:资料的收集和整理、资料的分析和归纳、选择并确定护理诊断,整个过程需要临床辩证思维方法,而后尚需动态地观察和验证护理诊断。

一、资料的收集和整理

(一)资料的收集

护士通过问诊、体格检查、参阅实验室及其他辅助检查的结果获取资料。收集资料是做出护理诊断的基础,护士收集到的有关患者的资料是否全面、正确将直接影响护理诊断及护理计划的准确性。收集资料的重点在于确认患者目前和既往的健康状况、对治疗和护理的反应、潜在健康问题的危险因素、对更高健康水平的期望等等。

(二)资料的整理

1. 资料的核实 为保证资料的全面、真实与准确,在完成收集资料后首先要做的就是对资料进行核实。

(1)资料的全面性:根据收集资料的不同组织形式的要求,逐项检查是否遗漏。所收集的资料不仅包括患者的身体健康和功能状况,还包括心理健康和社会适应情况;不仅要获取有关患者健康状况的主观资料,还要获取客观资料。这些资料除了经体检获得,还包括实验室及其他检查的结果。

(2)资料的真实性和准确性:在收集资料的过程中,可能因护士、患者及辅助检查器械等因素的干扰,从而影响所收集资料的真实性和准确性。为此,护士应根据具体情况对资料的真实性和准确性做出恰当的判断,确认是否存在上述情况导致资料的相互矛盾和不真实。一旦发现,护士一定要采取适当的方式及时予以纠正。

2. 资料的分类 在将经问诊、体格检查、实验室和特殊检查所获得的资料进行综合归纳的基础上,将相关资料组合在一起进行分类。常用的分类方法如下:

(1)生理 - 心理 - 社会系统模式:将资料按生理系统、心理系统和社会系统进行分类组织。该系统模式源于传统的身体系统模式,随着医学模式的转变,又增加了心理、社会内容,便形成了目前国内护理评估较常用的系统模式。

（2）功能健康型态模式：按照 Marjory Gordon 的 11 项功能性健康型态对资料进行分类。该分类方法与临床上常用的护理诊断分类法能够相对应，从而帮助护士顺利找出护理诊断，并作为护士收集、整理、分析资料的框架，目前已得到越来越广泛的应用。

（3）Maslow 需要层次模式：按需要层次将资料分为生理需要、安全需要、爱与归属的需要、尊重与被尊重的需要及自我实现的需要 5 个方面。

（4）人类反应型态模式：2001 年 NANDA 在分类法 I 的基础上提出了新的护理诊断分类系统，即分类法Ⅱ。这一分类系统是在马乔里·戈登（Marjory Gordon）功能性健康型态基础上进行的改进和发展，更具有可操作性。

二、资料的分析和归纳

资料的分析是对所收集的资料及其相互关系进行解释和推理，以做出尽可能合理的解释，提出护理诊断及相关因素。

1. 寻找有意义的资料和线索　护士利用所学的基础医学知识、护理学知识、人文社会学科知识及自己的临床经验，根据不同年龄阶段、不同家庭、社会、文化背景等，对所收集到的资料与评估模式进行全面比较，以发现异常所在。

2. 找出可能的护理诊断及其相关因素　根据所找到的有意义资料及其相互关系，做出可能的合理解释，并形成诊断假设。再经进一步的分析和推理，提出可能的护理诊断及相关因素。然后再根据所提出的护理诊断及相关因素，寻找其他可能支持或否定的资料与线索。

三、选择和确定护理诊断

护士经过反复综合、分析、推理，对所提出的护理诊断进行评价和筛选，并对照相应的护理诊断依据以确认这些资料与假设的一个或几个护理诊断的主要诊断依据及次要诊断依据之间的匹配关系，确定符合该护理诊断的定义特征，即做出恰当的初步护理诊断，并找出明确的相关因素。

1. 护理诊断的名称应规范　护理诊断同医疗诊断一样，具有严谨性、科学性，应使用 NANDA 认可的护理诊断，不可随意编造护理诊断。护理诊断名称的统一与标准化有利于护士之间的探讨与交流，有利于与国际接轨，有利于护理教学的规范，也有利于护理学科的发展。

2. 选择护理诊断必须恰当、准确　护理诊断是制定护理计划的依据，这就要求提出的护理诊断要恰当、准确。在 NANDA 护理诊断中，有些护理诊断的概念非常接近，需要根据定义和诊断依据仔细加以甄别。

3. 严格依照诊断依据　诊断依据是做出护理诊断的判断标准。护士必须熟知每一个护理诊断的依据，并在临床工作中不断实践提高。

4. 遵循"一元化"原则　即在护理诊断中尽量用一个护理诊断名称解释多种健康问题的原则。"一元化"的主要适用情况是由一种原因造成的多种结果，而这多种结果可用一个适用范围大的护理诊断涵盖。

5. 验证和修订诊断　初步护理诊断是否正确，应在临床护理实践中进一步验证。护士需要进一步收集资料或核实数据，以确认或否定诊断性假设。客观、细致地观察病情变化，随时提出问题，查阅文献寻找证据，对新的发现、新的检查结果不断进行反思，予以解释，是进一步验证和修订护理诊断的方法。此外，随着患者健康状况的改变，其对健康问题的反应也在改变。因此,还要通过动态的评估以维持护理诊断的有效性。

6. 护理诊断的排序　护理诊断确立后,若同时存在多个护理诊断和合作性问题时,还需要将这些护理诊断或合作性问题按其重要性和紧迫性排出主次顺序。通常按优先诊断、次优诊断、其他诊断的顺序排列,同时还应注意排序的可变性。

(1) 优先诊断的确定:优先诊断是指威胁患者生命的紧急情况,需要护士立即采取措施处理的护理诊断。如气道(airway)、呼吸(breathing)、心脏或循环(cardiac/circulation)等的问题,以及生命体征(如体温、血压、脉搏等)异常的问题等。

(2) 次优诊断的确定:次优诊断是指虽然尚未处于威胁生命的紧急状态,但需要护士及早采取措施,以避免情况的进一步恶化。如意识改变、急性疼痛、急性排尿障碍、感染的危险、受伤的危险、实验室检查异常(如高钾血症等),以及需要及时处理的医疗问题(如糖尿病患者未注射胰岛素)等。

(3) 其他诊断的确定:其他诊断对患者的健康同样重要,但对护理措施的必要性和及时性的要求并不严格。如知识缺乏、家庭应对障碍、活动耐力下降等。

(4) 排序的可变性:根据问题的严重程度及问题之间的相互关系,护理诊断的排序可相应发生变化。如某患者因急性疼痛(次优诊断)而发生呼吸受限(诊断问题),但由于疼痛是引起呼吸受限的原因,此时疼痛应为优先诊断,应排在呼吸受限之前。

所确立的护理诊断是否全面、准确与资料的收集、整理和分析过程密切相关,需要在临床实践中培养发现问题、分析问题及解决问题的能力,并需反复实践,才能逐渐熟练掌握、运用。

第四节　临床辩证思维方法

辩证思维是指以变化发展的视角认识事物的思维方式,是唯物辩证法在思维中的运用,是科学认识论的基础。辩证思维有三种方法:对立统一、量变质变、否定之否定。对立统一规律是反映存在特点的规律,量变质变规律和否定之否定规律则为反映运动特点的规律。在健康评估过程中,护士分析患者疾病,不仅要分析患者的病症表现,还要分析其产生的原因(相关因素),更要注意变化发展趋势(潜在并发症),判断可能导致的严重后果;要善于抓住主要矛盾,更要注意矛盾地位、性质的变化,把看似独立的病症放到更大的生理-心理-社会系统中去认识、去把握。

1. 应用认识论观点,强调临床实践的重要性　临床护理实践不只是简单的技术操作。每个患者都有各自不同的情况,患者病情不同,经济条件不同,存在问题不同,因此每个患者的评估方法都具有个性或特殊性。同时每个患者的护理过程都有旧矛盾的解决和新矛盾的产生,需要不断地对护理方案进行调整和修正,这就需要护士对患者存在的问题有正确清晰的认识,而正确的认识来源于实践。

2. 坚持系统论观点,提高健康评估的整体性　在护理诊断的思维过程中,要有系统论整体化的观念,在健康评估时不仅仅从生理、病理、心理层面,还要从社会、精神和文化等多层面去评估,根据之间的相互关系,全面地反映健康问题的身心反应,找出健康问题的相关因素,针对性地制订护理措施,从而为服务对象提供包含生理、心理、社会等要素在内的整体性护理照顾。

3. 借助矛盾论观点,突出护理问题的主次性　矛盾是指事物内部或者外部关系互相对立、互相依存的辩证关系。在临床护理中也存在主要矛盾和次要矛盾的关系。因患者的病情不同,疾病发展或康复治疗的阶段不同,主要矛盾(健康问题)也发生变化,因此必须对患者进行个体化的评估分析,坚决抓住主要矛盾,恰当处理次要矛盾,统筹兼顾,确定个体化的护理诊断与计划,这是临床护理的艺术体现。

4. 培养评判性思维,探究诊断思维的科学性　评判性思维是具有一定目标的思维过程,以客观证据作为做出判断的依据,具有逻辑推理、深思熟虑、质疑、自主思维等特点。在评估过程中运用评判性思维能使收集的资料更具相关性、更有深度;确定护理诊断时,不仅能发现现存的护理问题,而且能预测其潜在问题,还能确定有助于健康的各种因素;能够深入地思考问题,对于患者即将发生的问题及时采取有效的措施,并能根据患者的需要调整措施;在评价效果时能分析护理诊断的正确性、目标的适当性,以及促进或阻碍目标实现的相关因素等,从而改进护理工作。

因此,护士应学习和掌握临床辩证思维方法,自觉将这些方法内化为自己的思维方式和思维习惯,灵活应用比较、分类、分析、归纳、演绎、综合等多种思维活动,对具体的护理问题进行综合比较、逻辑联系、判断推理,并能够运用在临床护理实践中,最终提高护理服务水平。

 课堂互动

讨论临床辩证思维方法对确定护理诊断的意义。

(马景双)

复习思考题

1. 护理诊断的陈述方法有几种? 分别用于描述哪种护理诊断? 请举例说明。
2. 如何在资料收集过程中,保证所收集资料的全面、真实和准确?

第十一章

健康评估记录

学习目标

识记:健康评估记录的基本要求。

理解:健康评估记录的意义。

运用:规范、熟练地书写入院患者护理评估记录单、一般护理记录单、危重护理记录单、观察记录单。

第一节 概 述

一、健康评估记录的意义

健康评估记录是护理文件的重要组成部分,是护理人员将通过问诊、体格检查和实验室及其他辅助检查获得的资料进行总结归纳、分析和整理,并为解决护理对象的健康问题、提供护理服务全过程的书面记录或电子记录。一份完整有效的健康评估记录是有关护理对象的健康状况、护理诊断、护理计划、护理措施、预期目标及效果评价等护理活动动态的系统记录,是住院病历的重要组成部分。

健康评估记录既可以对患者的信息进行存档、又可为循证护理科研和护理教学提供原始资料,体现着护理质量和专业水平,直接促进护理学科的发展,同时在医疗纠纷及诉讼中也是重要的法律依据之一。因此,以认真负责、实事求是的工作态度书写好健康评估记录是护理人员最基本的职责。

二、健康评估记录的基本要求

(一) 内容全面,记录客观

健康评估记录内容必须以客观真实为准则,反映护理对象的健康状况、病情变化以及实施护理计划后的结果等,这不仅关系到病历质量,更能体现护理人员的品德和作风。健康评估各项记录须保持完整,不可漏记或丢失。

因此,检查者应认真仔细、全面系统地收集护理对象的有关资料,依据被检查者的实际情况变化和治疗进行客观、公正、完整的描述与记录,绝不能掺杂"我认为……""患者主诉正常"等个人主观意见、臆想和虚构的描述。

(二) 描述精练,用词准确

健康评估记录要求所记录的资料准确无误,同时语言表述要具体确切,不能用"大概""估计""也许"等词,并且文字工整;使用通用的医学词汇和术语表达病情和治疗护理情况,避免使用俗语和地方习语。

健康评估记录书写应使用中文或通用的外文缩写,无正式译名的症状、体征或疾病名称等可以使用外文书写。度量单位一律使用国家统一规定的名称和标准。书写内容力求精炼、具逻辑性,重点突出、条理清晰,不重复记录。

(三) 格式规范,记录及时

健康评估记录(health assessment record)是记录患者健康状况、生理、心理、社会需求以及护理人员对其进行治疗、抢救、所采取护理措施的依据与见证,所以应按规定格式,适时、适地、有效地记录,以随时反映护理对象的健康状况,并进行比较分析,避免记录与患者病情的客观事实出现偏差。一般新入院患者记录书写应在 24 小时内完成。因抢救急、危患者,未能及时书写时,检查者应在抢救结束后 6 小时内据实补充记录并加以说明。

(四) 字迹清晰,署名齐全

健康评估记录书写要字迹工整,不得采用刮、粘、涂、擦等方式掩盖或去除原来的字迹。如书写中出现错字、错句时,应用双线划在其上,并在其上方写上正确的内容,并签全名和注明修改时间,保持原始记录清晰可辨。上级检查者有审查修改下级检查者书写记录的责任。

署名处要求签全名以明确责任;若是实习学生、试用期护士、未取得护士资格证书或未经注册的护士,须经本医疗机构具有合法执业资格的护士审阅、修改并签全名;进修护士由接受进修的医疗机构认定其工作能力后方可书写护理病历。署名方式是:老师姓名 / 学生姓名;按照有关规定需要患者书面签名的,应由患者本人签署,患者不具备完全民事能力,或保护性医疗措施不宜向患者说明情况,或因疾病无法签名时,应当由其近亲属签字,没有近亲属的由患者的法定代理人或关系人签字,并及时记录。

第二节　健康评估记录格式与内容

健康评估记录书写的内容主要包括入院患者护理评估记录单和护理记录单等,书写格式基本采取表格式。

一、入院护理评估记录单

入院护理评估记录单是护理病历的首页,是对患者的健康状况经过客观分析整理后所做的系统的、总结性的首次健康评估记录。其内容包括患者一般资料、功能性健康型态评估、生理 - 心理 - 社会评估等信息。

(一) 书写内容

1. 一般资料　包括患者姓名、性别、年龄、职业、文化程度、民族、婚姻状况、联系电话、入院时间、入院方式及书写记录时间等。

2. 健康史　现有健康状况(医疗诊断)、既往史(包括疾病史、手术或外伤史、输血史、预防接种史、过敏史等)、家族史等。

3. 体格检查　通过护理体检进行身体、心理、社会状况评估。

笔记栏

4. 辅助检查　其他相关实验室检查、心电图检查和影像学检查等结果。

5. 初步确定护理问题　包括护理诊断和合作性问题。

（二）书写要求

1. 应由责任护士或值班护士在患者入院后 24 小时内完成。

2. 必须由护士通过问诊、体格检查、查阅记录及诊断报告等方式取得患者各项健康资料,经评估而逐项填写。

3. 患者的年龄为实足年龄。

4. 填写要求无漏项,凡栏目前面有"□",应当根据评估结果在相应"□"内打"√";有横线的地方,根据评估结果填写具体的内容。

5. 建议按照时间由近及远、病情由急到缓、病史资料从重点到一般的原则进行询问和记录,即主诉-现病史-日常生活状况-既往史-婚姻史-生育史-月经史-家族史-系统回顾-心理评估-社会评估。

（三）书写格式

首次入院护理评估记录单的书写格式有直接填写式、表格式、混合式三种,临床多采用以表格为主,填写为辅的混合式评估记录单。因其记录方式以在备选项中打"√"为主,必要时可添加简单的文字描述,可有效地减少书写时间与书写负担。但又因其形式固定,在一定程度上限制了使用者的主动性和评判思维能力的发挥。

国内外有关入院患者护理评估记录单的格式和内容并无统一的规定。目前国内应用较多的是按生理-心理-社会模式,或戈登(Gordon)的 11 个功能性健康型态模式,或介于两者之间的模式组织护理评估单的内容。只要既能够体现整体护理的理念和需要,又简洁省时,还能起到标准化护理评估表的作用,上述记录格式和内容都是可行的。表 11-1 是参照生理-心理-社会模式设计的。

1. 生理-心理-社会模式

(1) 一般资料:包括姓名、性别、年龄、民族、职业、婚姻状况、文化程度、宗教信仰、入院时间、入院方式、入院诊断、书写记录时间、联系电话等。

(2) 健康史:包括入院原因(主诉和现病史)、既往史(包括疾病史、手术史、输血史、过敏史、预防接种史等)、婚育史、月经史(女性)、日常生活状况、家族史、系统回顾和心理社会史。

(3) 体格检查:包括生命体征和全身各系统检查。重点检查与护理工作相关的、有助于发现护理问题的项目,比如皮肤、营养、视力、听力等的检查。

(4) 辅助检查:包括对医疗和护理诊断有支持意义的实验室及其他辅助检查的结果。

(5) 初步确定护理问题:护理诊断应属于护理工作的范畴,所涉及的问题能通过护理干预得以解决。同时注意护理诊断的名称应准确,表述应规范。

不同医疗机构可以上述内容为基础,结合专科特色对评估项目进行调整和增减。例如,入院患者护理评估记录单可包含"住院患者跌倒/坠床危险因素评估""压疮危险因素评估"和"导管滑脱危险因素评估"等内容。

2. 功能性健康型态模式

(1) 一般资料:同生理-心理-社会模式。

(2) 病史:包括主诉、现病史、既往史、目前用药情况和功能性健康型态所属 11 个方面的问诊内容。

(3) 体格检查:包括全身状态检查和全身各系统检查。

笔记栏

（4）实验室及其他辅助检查：包括可作为护理诊断依据的各种实验室、器械检查结果。

（5）初步确定护理问题。

表 11-1　入院患者护理评估记录单

姓名＿＿＿＿　性别＿＿＿＿　年龄＿＿＿＿　科别＿＿＿＿　病区＿＿＿＿　床号＿＿＿＿　住院号＿＿＿＿

一、一般资料

入院日期、时间＿＿＿＿＿＿　工作单位＿＿＿＿＿＿＿＿＿＿＿＿＿＿＿＿＿＿＿

职业＿＿＿＿　文化程度＿＿＿＿　民族＿＿＿＿　出生地＿＿＿＿＿＿＿＿　婚否＿＿＿＿

家庭住址＿＿＿＿＿＿＿＿＿＿＿　电话＿＿＿＿＿＿　邮编＿＿＿＿＿＿＿＿＿＿＿＿

紧急时联系人＿＿＿＿＿＿　与患者关系＿＿＿＿＿＿　联系电话＿＿＿＿＿＿＿＿＿＿＿

入院医疗诊断：＿＿＿＿＿＿＿＿＿＿＿＿＿＿＿＿＿＿＿＿＿＿＿＿＿＿＿＿＿＿＿

入院方式：□步行　□扶行　□轮椅　□平车　□担架　□其他＿＿＿＿＿＿＿＿＿＿＿＿

入院护送：□家属　□邻里　□其他＿＿＿＿＿＿＿＿＿＿＿＿＿＿＿＿＿＿＿＿＿＿

由何处来院：□家　□门诊　□急诊　□福利院　□外院　带入自理药：□有　□无

入院带入：□门诊卡　□急诊病历　□辅助检查资料＿＿＿＿＿＿＿＿＿＿＿＿＿＿＿＿

病历保管：□患者　□家属　□医生　□其他人＿＿＿＿＿＿＿＿＿＿＿＿＿＿＿＿＿

可靠程度：□可靠　□基本可靠　□不可靠　记录时间：＿＿＿＿＿＿＿＿＿＿＿＿＿＿

二、健康史

主诉：＿＿＿＿＿＿＿＿

现病史：＿＿＿＿＿＿＿＿＿＿＿＿＿＿＿＿＿＿＿＿＿＿＿＿＿＿＿

日常生活情况

膳食种类：□普食　□半流质　□流质　□禁食　□鼻饲　□治疗膳食

进食方式：□正常　□鼻饲　□空肠造瘘　□全静脉营养　□其他

食欲：□正常　□增加　□亢进　□下降　□厌食

排尿：□正常　□尿失禁　□尿潴留　□排尿困难　□留置尿管　□其他

排便：□正常　□便秘(1 次 /＿＿＿日；辅助排便：□无　□有)腹泻：(＿＿＿次 / 日)

睡眠：□正常　□失眠(药物辅助　□无　□有)

吸烟：□无　□偶吸　□大量　＿＿＿支 / 日

饮酒：□无　□偶吸　□大量　＿＿＿两 / 日

既往史

既往健康状况：□良好　□一般　□较差

既往患病 / 住院史：□无　□有(描述：　　　　　)

传染病史：□无　□有(描述：　　　　　)

预防接种史：□无□有(描述：　　　　　)

手术 / 外伤史：□无　□有(描述：　　　　　)

输血史：□无　有　血型：　Rh 因子：□阴性　□阳性　□不详

过敏史：□无　□药物(描述：　　　　) □食物(描述：　　　　　)

　　　　□其他(描述：　　　　) □不详

婚姻史：结婚年龄＿＿＿　配偶健康状况：□健在　□患病　□已故　□死因＿＿＿＿＿＿＿＿＿

生育史：妊娠＿＿＿次　顺产＿＿＿胎　流产＿＿＿胎　早产＿＿＿胎　死产＿＿＿胎

月经史：初潮＿＿＿岁　经期＿＿＿天　月经周期＿＿＿天　绝经年龄＿＿＿岁或末次月经日期＿＿＿＿

家族史

父：□健在　□患病　□已故　□死因＿＿＿＿＿＿＿

母：□健在　□患病　□已故　□死因＿＿＿＿＿＿＿

子女:□健在　□患病　□已故　□死因_____

兄弟姐妹:□健在　□患病　□已故　□死因_____

心理评估

对自我的看法:□满意　□不满意　□其他_____

情绪:□镇静　□焦虑　□恐惧　□其他_____

对疾病和住院反应:□否认　□适应　□依赖

过去 1 年内重要生活事件:□无　□有_____

适应能力:□能独立解决问题　□需要帮助　□依赖他人解决

社会评估

家庭关系:□和睦　□冷淡　□紧张

婚姻状况:□未婚　□已婚　□离婚　□丧偶　□其他_____

社会交往:□正常　□较少　□回避

家庭及个人经济情况:□足够　□勉强够　□不够

三、体格检查

生命体征

体温:　℃　脉搏:　次 /min　呼吸:　次 /min　血压:　mmHg

一般状况

身高:　cm　体重:　kg

营养:□良好　□中等　□不良　□肥胖　□消瘦　□恶病质

面容:□正常　□病容(类型:　　　)

意识状态:□清醒　□障碍(　　　)

体位:□自动体位　□被动体位　□强迫体位(类型:　　　　)

步态:□正常　□异常(类型:　　　)

皮肤黏膜

色泽:□正常　□潮红　□苍白　□发绀　□黄染　□色素沉着

湿度:□正常　□干燥　□潮湿

温度:□正常　□热　□冷

弹性:□正常　□减退

完整性:□完整　□皮疹　□皮下出血(部位及分布:　　　　)

压疮:□无　□有(　　)

瘙痒:□无　□有(　　)

水肿:□无　□有(　　)

淋巴结:□正常　□肿大(　　)

头部

眼睑:□正常　□水肿　□其他_____

结膜:□正常　□水肿　□出血

巩膜:□正常　□黄染

瞳孔:□等大　□等圆　左　mm,右　mm

对光反射:□正常　□迟钝　□消失

口唇:□红润　□发绀　□苍白　□疱疹

口腔黏膜:□正常　□出血点　□溃疡　其他_____

颈部

颈项强直:□无　□有

颈静脉:□正常　□充盈　□怒张

笔记栏

续表

气管:□居中 □偏移( )

肝颈静脉回流征:□阴性 □阳性

胸部

呼吸方式:□自主呼吸 □机械呼吸

呼吸节律:□规则 □不规则(类型:)

呼吸困难:□无 □有(类型:)

吸氧:□无 □有(类型及氧浓度:)

呼吸音:□正常 □异常(类型:)

啰音:□无 □有(类型:)

心率: 次/min 心律:□齐 □不齐(类型:)

杂音:□无 □有( )

腹部

外形:□正常 □膨隆 □蛙状腹(腹围 cm) □肠型

腹肌紧张:□无 □有( )

肝肿大:□无 □有( )

压痛:□无 □有( )

反跳痛:□无 □有( )

移动性浊音:□阴性 □阳性

肠鸣音:□正常 □亢进 □减弱 □消失

肛门直肠

□未查 □正常 □异常( )

生殖器

□未查 □正常 □异常( )

脊柱四肢

脊柱:□正常 □畸形( ) 活动:□正常 □受限

四肢:□正常 □畸形( ) 活动:□正常 □受限

神经系统

肌张力:□正常 □增强 □减弱

瘫痪:□无 □有( )

肌力: 级

巴宾斯基征:□阴性 □阳性

四、实验室及其他检查(可作护理诊断依据的各种实验室、器械等检查结果)

五、主要护理诊断:

记录时间:_____ 护士签名_____ 护士长(护师)签名_____

二、护理记录

护理记录是有关患者在整个住院期间健康状况的变化及护理过程的全面记录。护理记录包括一般护理记录、危重护理记录、观察记录等部分。

(一)一般护理记录

一般护理记录是指护士根据医嘱和病情对患者在住院期间护理过程的客观记录,其内容包括日期,时间,病情、护理措施及效果和签名,见表11-2。

表 11-2　一般护理记录单

科室_____　病室_____　床号_____　姓名_____　住院号_____　医疗诊断_____

时间	生命体征	基础护理措施	病情观察、措施及效果评价	护士签名

一般护理记录主要记录患者住院期间经常性、连续性的护理过程,包括主要护理诊断、护理计划、实施的治疗和护理措施及其效果评价。首次一般护理记录应与护理病历首页同步完成。一般护理记录频次要求为:一级护理患者每班记录,1 日 2~3 次;二级护理患者至少每 3 日记录 1 次;三级护理患者至少每 5 日记录 1 次。如患者病情有变化应随时记录。

(二) 危重护理记录

危重护理记录适用于住院的病危或病重的患者,其内容包括日期、时间、体温、脉搏、呼吸、血压、血氧饱和度、吸氧、药物治疗、出入量、病情观察、护理措施及效果和签名等,见表 11-3。

表 11-3　危重护理记录单

科室_____　病室_____　床号_____　姓名_____　住院号_____　医疗诊断_____

时间	意识	体温	脉搏	呼吸	血压	血氧饱和度	吸氧	入量	出量	病情观察、措施及效果评价	护士签名

危重护理记录单中病情观察是指患者的意识、肢体活动、皮肤颜色,是否有发绀、黄染等异常情况;护理措施及效果指护士为患者进行的相关护理,如物理降温、导尿、吸氧,或使用特殊药物如镇痛药、利尿药、血管活性药后的效果观察。患者在本班内的主要护理问题和护理措施、效果评价及继续观察的内容和项目,记录于病情、护理措施和效果一栏内,每天每班均应有小结。

(三) 观察记录

观察记录适用于需要记录某些专项内容而又无需记录危重护理记录单的患者,如化疗药物使用的记录、高热患者的观察记录等。观察记录的内容包括日期、时间、体温、脉搏、呼吸、血压、血氧饱和度、治疗情况、特殊观察内容和签名等,见表 11-4。

表 11-4　观察记录单

科室_____　病室_____　床号_____　姓名_____　住院号_____　医疗诊断_____

时间	生命体征	血氧饱和度	治疗情况	特殊观察内容	护士签名

观察记录的记录频次同一般护理记录单。

(陈明霞)

复习思考题

1. 一份"客观真实、及时完整"的健康评估记录在书写中应遵循哪些基本要求？
2. 临床工作中护士应为哪些患者记录危重记录单，主要记录项目及内容是什么？

◇◇◇ 主要参考文献 ◇◇◇

［1］张雅丽.健康评估［M］.2版.北京:人民卫生出版社,2016.

［2］孙玉梅,张立力.健康评估［M］.4版.北京:人民卫生出版社,2017.

［3］万学红,卢雪峰.诊断学［M］.9版.北京:人民卫生出版社,2018.

［4］刘成玉.健康评估［M］.4版.北京:人民卫生出版社,2018.

［5］徐克,龚启勇,韩萍.医学影像学［M］.8版.北京:人民卫生出版社,2018.

［6］Weber JR,Kelley JH. Health Assessment in Nursing［M］. 6th ed. Philadelphia:Wolters Kluwer Health丨Lippincott Williams & Wilkins,2017.

［7］王瑞莉,文红艳.健康评估［M］.3版.北京:中国中医药出版社,2017.

［8］王庭槐.生理学［M］.9版.北京:人民卫生出版社,2018.

［9］王建枝,钱睿哲.病理生理学［M］.9版.北京:人民卫生出版社,2018.

［10］薛博瑜,吴伟.中医内科学［M］.3版.北京:人民卫生出版社,2016.

［11］Jose Biller,Gregory Gruener,Paul W.Brazis.DeMyer 神经系统检查［M］.7版.李晓光,主译.北京:科学技术出版社,2020.

［12］T. Heather Herdman,Shigemi Kamitsuru.NANDA-I 护理诊断:定义与分类(2018-2020)［M］.11版.李小妹,周凯娜,主译.西安:世界图书出版公司,2020.

［13］刘哲宁,杨芳宇.精神科护理学［M］.4版.北京:人民卫生出版社,2017.

［14］李小寒,尚少梅.基础护理学［M］.6版.北京:人民卫生出版社,2017.

［15］姚树桥.心理评估［M］.3版.北京:人民卫生出版社,2018.

［16］姚树桥,杨艳杰.医学心理学［M］.7版.北京:人民卫生出版社,2018.

［17］苑杰,程淑英.抑郁新视界［M］.北京:人民卫生出版社,2018.

［18］王福顺.情绪心理学［M］.北京:人民卫生出版社,2018.

［19］王卫平.儿科学［M］.9版.北京:人民卫生出版社,2018.

［20］徐丛剑,严非.医学社会学［M］.上海:复旦大学出版社,2020.

［21］金征宇,龚启勇.医学影像学［M］.3版.北京:人民卫生出版社,2015.

［22］侯键,许茂盛.医学影像学［M］.2版.北京:中国中医药出版社,2016.

［23］尹志勤,尹海鹰.健康评估［M］.3版.北京:人民卫生出版社,2020.

［24］张抒扬,冯雪.心脏康复流程［M］.北京:人民卫生出版社,2017.

［25］中国医师协会超声医师分会.中国超声造影临床应用指南［M］.北京:人民卫生出版社,2017.

［26］陈琴,岳林先.浅表器官超声造影诊断图谱［M］.北京:人民卫生出版社,2015.

［27］饶堃,彭刚艺.北美国际护理诊断定义与分类(2018-2020)修订解读［J］.中华护理教育,2020,17(3):285-288.

复习思考题
答案要点

模拟试卷